1	Datenbanken: Grundlagen und Überblick	19
2	Informationsmodellierung	44
3	Relationales Datenmodell	67
4	Die Datenbanksprache SQL	99
5	Datenbank-Anwendungsprogrammierung	144
6	Datenbanken im Web	189
7	Komponenten eines Datenbankmanagementsystems	227
8	Dateiorganisation und Indexe	269
9	Optimierung von Datenbanken und Leistungsbewertung	287
10	Objektrelationale Datenbanken	322
11	XML und Datenbanken	345
12	NoSQL-Datenbanksysteme	368
13	Verteilte und föderierte Datenbanksysteme	394
14	Data Warehouse	430
15	Data Mining	461
16	Multimedia-Datenbanken	478
17	Geodatenbanken	499

E-Book inside.

Mit folgendem persönlichen Code
können Sie die E-Book-Ausgabe
dieses Buches downloaden.

```
1081r-65p6x-
16500-lzsv1
```

Registrieren Sie sich unter
www.hanser-fachbuch.de/ebookinside
und nutzen Sie das E-Book
auf Ihrem Rechner*, Tablet-PC
und E-Book-Reader.

Der Download dieses Buches als E-Book unterliegt gesetzlichen
Bestimmungen bzw. steuerrechtlichen Regelungen, die Sie unter
www.hanser-fachbuch.de/ebookinside nachlesen können.

* Systemvoraussetzungen: Internet-Verbindung und Adobe® Reader®

Kudraß
Taschenbuch Datenbanken

Bleiben Sie auf dem Laufenden!

Unser **Computerbuch-Newsletter** informiert
Sie monatlich über neue Bücher und Termine.
Profitieren Sie auch von Gewinnspielen und
exklusiven Leseproben. Gleich anmelden unter

www.hanser-fachbuch.de/newsletter

Herausgeber

Prof. Dr. Thomas Kudraß, Hochschule für Technik, Wirtschaft und Kultur Leipzig

Autoren

Prof. Dr. Thomas Brinkhoff
Jade Hochschule Wilhelmshaven/Oldenburg/Elsfleth

Prof. Dr. Olaf Herden
Duale Hochschule Baden-Württemberg Stuttgart, Campus Horb

Prof. Dr. Harm Knolle
Hochschule Bonn-Rhein-Sieg

Prof. Dr. Thomas Kudraß
Hochschule für Technik, Wirtschaft und Kultur Leipzig

Prof. Dr. Klaus Meyer-Wegener
Friedrich-Alexander-Universität Erlangen-Nürnberg

Prof. Dr. Thomas Rakow
Fachhochschule Düsseldorf

Prof. Dr. Norbert Ritter
Universität Hamburg

Prof. Dr. Kai-Uwe Sattler
Technische Universität Ilmenau

Prof. Dr. Petra Sauer
Beuth Hochschule für Technik Berlin

Prof. Dr. Bernhard Schiefer
Hochschule Kaiserslautern, Campus Zweibrücken

Dr. Harald Schöning
Software AG Darmstadt

Prof. Dr. Uta Störl
Hochschule Darmstadt

Dr. Can Türker
Functional Genomics Center Zürich

Taschenbuch Datenbanken

2., neu bearbeitete Auflage

herausgegeben von
Thomas Kudraß

Mit 163 Bildern und 30 Tabellen

Fachbuchverlag Leipzig
im Carl Hanser Verlag

Alle in diesem Buch enthaltenen Programme, Verfahren und elektronischen Schaltungen wurden nach bestem Wissen erstellt und mit Sorgfalt getestet. Dennoch sind Fehler nicht ganz auszuschließen. Aus diesem Grund ist das im vorliegenden Buch enthaltene Programm-Material mit keiner Verpflichtung oder Garantie irgendeiner Art verbunden. Autor und Verlag übernehmen infolgedessen keine Verantwortung und werden keine daraus folgende oder sonstige Haftung übernehmen, die auf irgendeine Art aus der Benutzung dieses Programm-Materials oder Teilen davon entsteht.

Die Wiedergabe von Gebrauchsnamen, Handelsnamen, Warenbezeichnungen usw. in diesem Werk berechtigt auch ohne besondere Kennzeichnung nicht zu der Annahme, dass solche Namen im Sinne der Warenzeichen- und Markenschutz-Gesetzgebung als frei zu betrachten wären und daher von jedermann benutzt werden dürften.

Bibliografische Information der Deutschen Nationalbibliothek

Die Deutsche Nationalbibliothek verzeichnet diese Publikation in der Deutschen Nationalbibliografie; detaillierte bibliografische Daten sind im Internet über <http://dnb.d-nb.de> abrufbar.

ISBN   978-3-446-43508-7
E-Book-ISBN   978-3-446-44026-5

Dieses Werk ist urheberrechtlich geschützt.
Alle Rechte, auch die der Übersetzung, des Nachdruckes und der Vervielfältigung des Buches, oder Teilen daraus, vorbehalten. Kein Teil des Werkes darf ohne schriftliche Genehmigung des Verlages in irgendeiner Form (Fotokopie, Mikrofilm oder ein anderes Verfahren), auch nicht für Zwecke der Unterrichtsgestaltung – mit Ausnahme der in den §§ 53, 54 URG genannten Sonderfälle –, reproduziert oder unter Verwendung elektronischer Systeme verarbeitet, vervielfältigt oder verbreitet werden.

© 2015 Carl Hanser Verlag München
Internet: http://www.hanser-fachbuch.de

Lektorat: Franziska Jacob, M. A.
Herstellung: Der Buch*macher*, Arthur Lenner, München
Satz: Satzherstellung Dr. Naake, Brand-Erbisdorf
Coverrealisierung: Stephan Rönigk
Druck und Bindung: Kösel, Krugzell
Printed in Germany

Vorwort

Informationen sind der Rohstoff des Informationszeitalters, in dem wir heute leben. Der größte Teil davon wird auf digitalen Medien gespeichert, wobei Datenbanksysteme zur Verwaltung der Inhalte eine zentrale Rolle spielen. Datenbanken bilden quasi das Rückgrat von Informationssystemen in allen Bereichen – oft gar nicht sichtbar für den Endanwender. So ist es nicht verwunderlich, dass sich das Fach Datenbanken in den letzten Jahren als Kerndisziplin der Informatik etabliert hat, zugleich aber auch immer stärker in die Ausbildung anderer Berufe eingeflossen ist.

Das Taschenbuch Datenbanken erscheint in der bekannten Taschenbuchreihe des Fachbuchverlags Leipzig, von dem auch die Anregung für ein solches Buch kam. Das gesamte Buch ist als Nachschlagewerk für das heutzutage etablierte Wissen im Fach Datenbanken konzipiert. Grundlegende Fakten und Zusammenhänge werden in kompakter und übersichtlicher Form dargestellt. Alle Begriffe sind darüber hinaus in einem umfangreichen Sachwortverzeichnis zu finden. An vielen Stellen gibt es Querverweise und Empfehlungen zu weiterführender Literatur.

Im Taschenbuch werden die wichtigsten theoretischen Grundlagen von Datenbanken behandelt, zugleich aber auch eine Vielzahl von Technologien, die Bestandteil moderner Datenbanksysteme sind. Angesichts des begrenzten Umfangs konnten dabei nicht alle Themen berücksichtigt werden, insbesondere wenn sie noch Gegenstand der Forschung sind.

Das Buch ist in 17 Kapitel gegliedert. Die Kapitel 1 bis 6 dienen vor allem dem Einstieg in das Gebiet und beinhalten Grundlagenwissen über den Datenbankentwurf und die Entwicklung von Datenbankanwendungen. Dabei wird der Datenbanksprache SQL breiter Raum eingeräumt, ebenso der Verbindung von Web und Datenbanken. Die Kapitel 7 bis 9 behandeln die interne Arbeitsweise von Datenbanksystemen, deren Verständnis für die Datenbankoptimierung und -administration notwendig ist. Die Kapitel 10 bis 13 beinhalten Basistechnologien, die für den fortgeschrittenen Datenbanknutzer interessant sind, z. B. objektrelationale und XML-Datenbanken. Zunehmende Bedeutung in Unternehmen erlangt auch die Verteilung und Integration von Datenbanken, so dass diesem Thema ein gesondertes Kapitel gewidmet ist. Die Kapitel 14 bis 17 behandeln Datenbanktechnologien, wie sie in speziellen Informationssystemen genutzt werden. So werden Data Warehouse und Data Mining als Basis entscheidungsunterstützender Systeme dargestellt. Multimediale Daten und Geodaten unterscheiden sich gegenüber „klassischen" Daten und werden deshalb in eigenen Kapiteln beschrieben.

Die Idee des Buches besteht darin, vor allem allgemeingültige Konzepte und Technologien darzustellen, nicht aber Produkte einzelner Anbieter. Aufgrund der weitgehenden Standardisierung von Sprachen und Schnittstellen bildet das im Buch präsentierte Wissen eine solide Grundlage zum Verständnis herstellerspezifischer Systeme. Somit eignet es sich für jeden an Datenbanken interessierten Leser: ob Student, Praktiker oder „Quereinsteiger". Für weiterführende Informationen und Aktualisierungen sei noch auf die zugehörige Webseite verwiesen.

Als Herausgeber möchte ich mich ganz herzlich bei allen Autoren bedanken, die zu den einzelnen Kapiteln ihr spezielles Fachwissen beigetragen haben. Mein besonderer Dank geht an Erika Hotho und Franziska Kaufmann vom Fachbuchverlag Leipzig für die hervorragende Betreuung und die stets angenehme Zusammenarbeit, ebenso an PTP-Berlin für das gelungene Layout. Danken möchte ich auch Hans-Peter Leidhold und Dörte König für Korrekturhinweise zum Manuskript. Gleichfalls ein Dank an Pieter Hauffe für seine Unterstützung bei der technischen Vorbereitung des Buchprojekts.

Ich hoffe, dass das Buch für den Leser zu einer wertvollen Hilfe im Begriffsdschungel der Datenbankwelt wird. Anregungen, Verbesserungsvorschläge oder Kritik werden jederzeit gern entgegengenommen.

Leipzig, im August 2007　　　　　　　　　　　　　　　　　Thomas Kudraß

Vorwort zur 2. Auflage

In dieser 2. Auflage wurden die Ausführungen überarbeitet und aktuelle Entwicklungen aus dem Bereich „Big Data" aufgegriffen. NoSQL-Datenbanken, Column Stores in Data-Warehouse-Systemen und Cloud-Datenbanken sind dabei einige der neuen Themen, die ins Buch aufgenommen wurden. Ein Dank gilt den Rezensenten der Erstauflage, von denen zahlreiche Hinweise berücksichtigt wurden. Ebenso möchte ich mich herzlich für die angenehme Zusammenarbeit bedanken: bei Franziska Jacob vom Fachbuchverlag Leipzig, bei Arthur Lenner und Dr. Steffen Naake, die für Lektorat, Herstellung und Satzlegung verantwortlich waren. Kommentare zu dieser 2. Auflage werden wiederum gern entgegengenommen.

Leipzig, im Januar 2015　　　　　　　　　　　　　　　　　Thomas Kudraß

Inhaltsverzeichnis

1 Datenbanken: Grundlagen und Überblick 19
1.1 *Dateien und Dateisysteme* 19
1.2 *Terminologie* 20
1.3 *Merkmale eines DBMS* 23
    1.3.1 Aufgaben eines DBMS 23
    1.3.2 Vorteile des Datenbankeinsatzes 24
    1.3.3 Nachteile von Datenbanksystemen 25
    1.3.4 Produkte 25
1.4 *Architektur eines Datenbanksystems* 26
    1.4.1 Architekturen 26
    1.4.2 Schemaarchitektur 27
        1.4.2.1 Datenbankschema 27
        1.4.2.2 Drei-Ebenen-Architektur 28
    1.4.3 Datenunabhängigkeit 29
1.5 *Benutzerrollen bei Entwurf und Betrieb von Datenbanken* 30
1.6 *Datenbanken und Informationssysteme* 32
1.7 *Fachgebiet Datenbanken im Überblick* 33
    1.7.1 Themenbereiche und Zusammenhänge 33
    1.7.2 Einordnung des Fachs innerhalb der Informatik 35
1.8 *Historische Entwicklung* 37
    1.8.1 Frühzeit 38
    1.8.2 Prärelationale DBMS 38
    1.8.3 Durchbruch der relationalen Datenbanken 39
    1.8.4 Neue Anwendungsfelder für Datenbanken 40
    1.8.5 Neuzeit 40
1.9 *Datenbanken in der Forschung* 41
    1.9.1 Fachverbände 41
    1.9.2 Aktuelle Forschungstrends 42

2 Informationsmodellierung 44
2.1 *Datenbankentwurf* 44
    2.1.1 Phasenmodell 44
    2.1.2 Anforderungsanalyse 45
    2.1.3 Konzeptioneller Entwurf 46
    2.1.4 Logischer Entwurf 47
    2.1.5 Datendefinition 48
    2.1.6 Physischer Entwurf 49
    2.1.7 Implementierung und Wartung 49
2.2 *Grundlagen des Entity-Relationship-Modells (ERM)* 49
    2.2.1 Semantische Datenmodelle 50
    2.2.2 Grundkonzepte des klassischen ERM 50
        2.2.2.1 Konzepte auf der Instanzebene 51

		2.2.2.2	Konzepte auf der Typebene	52

        2.2.2.3 Rollenmodellierung 53
    2.2.3 Kardinalitäten von Beziehungstypen 54
        2.2.3.1 Kardinalitäten im klassischen ERM 54
        2.2.3.2 Intervalle und Komplexitätsgrade 54
    2.2.4 Existenzabhängigkeit vs. Optionalität 55
    2.2.5 Rekursive und n-äre Beziehungstypen 56
        2.2.5.1 Rekursive Beziehungstypen 56
        2.2.5.2 N-äre Beziehungstypen 57
    2.2.6 Attribute 58
    2.2.7 Modellierungsbeispiel 59
2.3 *Erweiterungen des ERM* 60
    2.3.1 Erweiterungen bei Attributen 60
    2.3.2 Generalisierung und Spezialisierung 61
    2.3.3 Aggregation 64
    2.3.4 Modellierung zeitlicher Aspekte 65

3 Relationales Datenmodell 67

3.1 *Konzepte und Grundbegriffe des relationalen Datenmodells* 67
    3.1.1 Relationen, Tupel, Attribute und Wertebereiche 67
    3.1.2 Eigenschaften von Relationen 69
3.2 *Integritätsbedingungen* 70
    3.2.1 Grundbegriffe 70
    3.2.2 Entitätsintegrität 71
    3.2.3 Referenzielle Integrität 71
        3.2.3.1 Begriff 71
        3.2.3.2 Regeln für Fremdschlüssel 72
        3.2.3.3 Gewährleistung der referenziellen Integrität bei kritischen DML-Operationen 73
3.3 *Abbildung des EERM auf das relationale Datenmodell* 75
    3.3.1 Problemstellung 75
    3.3.2 Abbildungsregeln für Attribute und Entitytypen 75
    3.3.3 Abbildungsregeln für Beziehungstypen 76
    3.3.4 Abbildungsregeln für die Generalisierung 79
3.4 *Optimierung von Relationen* 80
    3.4.1 Problemstellung 80
    3.4.2 Anomalien bei DML-Operationen auf Relationen 81
    3.4.3 Abhängigkeiten 82
        3.4.3.1 Funktionale Abhängigkeiten 82
        3.4.3.2 Mehrwertige Abhängigkeiten 83
    3.4.4 Verbundtreue und Abhängigkeitstreue 84
    3.4.5 Normalformenlehre 85
        3.4.5.1 Erste Normalform (1NF) 85
        3.4.5.2 Zweite Normalform (2NF) 86
        3.4.5.3 Dritte Normalform (3NF) 87
        3.4.5.4 Boyce-Codd-Normalform (BCNF) 88
        3.4.5.5 Vierte Normalform (4NF) 89

		3.4.5.6	Fünfte Normalform (5NF)	90
		3.4.5.7	Denormalisierung	92
3.5	*Operationen der Relationenalgebra*			92
	3.5.1		Einführung	92
	3.5.2		Relationenorientierte Operationen	93
	3.5.3		Mengenoperationen	95
	3.5.4		Relationalgebra und relationale Sprachen	96
	3.5.5		Relationenkalkül	97

4 Die Datenbanksprache SQL ... 99

4.1	*Grundkonzepte*		99
4.2	*Historie*		101
4.3	*Spezifikationsdokumente*		102
4.4	*Beispieldatenbank*		103
4.5	*Datenbankanfragen*		103
	4.5.1	Einführende Beispielanfragen	104
	4.5.2	Grundgerüst von Anfragen	105
	4.5.3	Anfragen mit Aggregatfunktionen	107
	4.5.4	Anfragen mit Tabellenfunktionen	108
	4.5.5	Anfragen mit Mengenoperationen	108
	4.5.6	Anfragen mit Verbundoperationen	110
	4.5.7	Verschachtelte Anfragen	112
	4.5.8	Rekursive Anfragen	114
	4.5.9	Anfragen mit sortierter Ausgabe	115
4.6	*Datenmanipulation*		116
	4.6.1	Einfügen von Tabellenzeilen	116
	4.6.2	Ändern von Tabellenzeilen	117
	4.6.3	Löschen von Tabellenzeilen	118
	4.6.4	Zusammenführen von Tabellenzeilen	118
4.7	*Datendefinition*		119
	4.7.1	SQL-Datentypen	119
	4.7.2	Erzeugen und Löschen von Schemata	124
	4.7.3	Erzeugen, Ändern und Löschen von Tabellen	124
	4.7.4	Erzeugen und Löschen von Domänen	127
	4.7.5	Erzeugen und Löschen von Integritätsbedingungen	128
	4.7.6	Erzeugen und Löschen von Sichten	130
	4.7.7	Erzeugen und Löschen von Routinen	131
		4.7.7.1 Prozedurale SQL-Konstrukte	131
		4.7.7.2 Erzeugen von SQL-Routinen	135
		4.7.7.3 Erzeugen von externen Routinen	136
		4.7.7.4 Löschen von Routinen	136
	4.7.8	Erzeugen und Löschen von Triggern	137
	4.7.9	Erzeugen und Löschen von Sequenzgeneratoren	138
4.8	*Transaktionssteuerung*		138
	4.8.1	Transaktionsanweisungen	139
	4.8.2	Isolationsebenen	140
	4.8.3	Überprüfung von Integritätsbedingungen	141

4.9 *Zugriffskontrolle* 141
    4.9.1 Vergabe von Zugriffsrechten 141
    4.9.2 Zurücknahme von Zugriffsrechten 143
    4.9.3 Erzeugen und Löschen von Rollen 143

5 Datenbank-Anwendungsprogrammierung 144
5.1 *Grundlagen der Datenbank-Anwendungsprogrammierung* 144
    5.1.1 Impedance Mismatch 144
    5.1.2 Einbettungstechniken 145
    5.1.3 Einbettungsarten 145
        5.1.3.1 Statische Programmierspracheneinbettung 145
        5.1.3.2 Dynamische Programmierspracheneinbettung 146
    5.1.4 Architekturansätze 147
        5.1.4.1 Fat-Client-Architektur 148
        5.1.4.2 Thin-Client-Architektur 148
        5.1.4.3 Thin-Client-Architektur mit Applikationsserver 150
5.2 *Embedded SQL* 151
    5.2.1 Grundidee und Architektur 151
    5.2.2 Syntax 152
    5.2.3 Host-Variablen 152
    5.2.4 Das Cursor-Konzept 152
    5.2.5 Statische Einbettung 154
    5.2.6 Dynamische Einbettung 155
    5.2.7 Indikatorvariablen 156
    5.2.8 SQLJ 156
5.3 *Aufrufschnittstellen* 158
    5.3.1 Überblick 158
    5.3.2 SQL/CLI 158
    5.3.3 JDBC 160
        5.3.3.1 Treibertypen 161
        5.3.3.2 Verbindung aufbauen 161
        5.3.3.3 Verbindung schließen 163
        5.3.3.4 Transaktionen 163
        5.3.3.5 Leseanweisungen – das ResultSet 164
        5.3.3.6 Änderungen 165
        5.3.3.7 Zugriff auf Metadaten 167
5.4 *Relationale Datenbankprogrammiersprachen* 168
    5.4.1 Datenbankinterne Ansätze 168
        5.4.1.1 SQL/PSM 168
        5.4.1.2 Benutzerdefinierte Routinen 169
        5.4.1.3 Trigger 170
    5.4.2 4GL-Programmiersprachen 174
        5.4.2.1 Überblick 174
        5.4.2.2 Beispiel: ABAP 174
5.5 *Objektrelationale Abbildung* 177
    5.5.1 Java Persistence API (JPA) 179
        5.5.1.1 Schemaabbildung 180

| | | 5.5.1.2 | Datenzugriff .... 181 |
| | | 5.5.1.3 | Formulieren von Anfragen .... 183 |

    5.5.2 JDO – Java Data Objects 184
    5.5.3 Entity Beans 188

6 Datenbanken im Web 189
6.1 *Grundlagen des Web* 189
6.2 *Eigenschaften von Webanwendungen* 191
    6.2.1 Anforderungen 192
    6.2.2 Webseiten 192
    6.2.3 Dynamische Webseiten 195
    6.2.4 Adressierung 197
    6.2.5 Kommunikation 198
6.3 *Datenbankanbindung im Web* 200
    6.3.1 Architekturen 201
    6.3.2 Programmierung 202
    6.3.3 Überblick 204
6.4 *Datenbankanbindung über Datenexport* 206
6.5 *Clientseitige Datenbankanbindung* 206
    6.5.1 Skripteinbettung 207
    6.5.2 Programmeinbettung 209
    6.5.3 Weitere Techniken 212
6.6 *Serverseitige Datenbankanbindung* 212
    6.6.1 Webseitengeneratoren 212
    6.6.2 Skripteinbettung 215
    6.6.3 Programmeinbettung 219
    6.6.4 Applikationsserver 221
    6.6.5 Webservices 223

7 Komponenten eines Datenbankmanagementsystems 227
7.1 *Architektur von DBMS* 227
    7.1.1 Schichtenmodell 227
    7.1.2 Prozessarchitektur 229
7.2 *Pufferverwaltung* 230
    7.2.1 Notwendigkeit und Aufgabe 231
    7.2.2 Speicherzuteilung 232
    7.2.3 Seitenersetzung 233
7.3 *Speicher- und Zugriffssystem* 234
    7.3.1 Aufgabe 235
    7.3.2 Seiten und Sätze 235
    7.3.3 Adressierung von Sätzen 237
7.4 *Anfrageprozessor* 238
    7.4.1 Basisoperatoren 238
        7.4.1.1 Unäre Operatoren 239
        7.4.1.2 Binäre Operatoren 241
    7.4.2 Anfrageplanung und -optimierung 242
    7.4.3 Kosten und Statistiken 247

7.5 *Transaktionsverwaltung* 249
   7.5.1 Aufgabe 249
   7.5.2 Serialisierbarkeit 251
   7.5.3 Sperrverfahren 253
   7.5.4 Nicht sperrende Verfahren 257
7.6 *Recovery* 259
   7.6.1 Fehlerklassen 259
   7.6.2 Recovery-Strategien 260
   7.6.3 Logging 261
   7.6.4 Wiederanlauf im Fehlerfall 264
   7.6.5 Schattenspeicherverfahren 266
7.7 *Datenbanktechniken für moderne Hardware-Architekturen* ... 266

8 Dateiorganisation und Indexe 269
8.1 *Organisation von Dateien* 269
   8.1.1 Formen der Dateiorganisation 269
   8.1.2 Dateiorganisationsformen im Vergleich 269
      8.1.2.1 Basisoperationen 270
      8.1.2.2 Kosten 270
8.2 *Zugriffsstrukturen* 271
   8.2.1 Grundlagen von Zugriffsverfahren 271
   8.2.2 Eigenschaften von Indexen 272
8.3 *Baumbasierte Verfahren* 274
   8.3.1 ISAM-Bäume 274
   8.3.2 Balancierte Mehrwegbäume 275
   8.3.3 Digitale Bäume 277
8.4 *Hash-Verfahren* 278
   8.4.1 Prinzip des Hashing 278
   8.4.2 Erweiterbares Hashing 279
   8.4.3 Weitere Hash-Verfahren 280
8.5 *Mehrdimensionale Zugriffsverfahren* 281
   8.5.1 Mehrdimensionale Baumverfahren 281
   8.5.2 Grid-File 281
8.6 *Clusterung und Partitionierung* 283
   8.6.1 Clusterung 283
   8.6.2 Partitionierung 283
8.7 *Umsetzung in SQL-Systemen* 284
   8.7.1 Definition von Tabellen 285
   8.7.2 Definition von Indexen 285

9 Optimierung von Datenbanken und Leistungsbewertung 287
9.1 *Motivation der Datenbankoptimierung* 287
   9.1.1 Kosten von Datenbankanfragen 288
   9.1.2 Optimierungspotenzial 289
   9.1.3 Zielbestimmung der Datenbankoptimierung 290
9.2 *Phasen der Datenbankoptimierung* 292

9.3 *Phase 1.1 – Optimierung des Datenbankschemas* 293
   9.3.1 Konzeptuelles Schema 294
       9.3.1.1 Attribute 294
       9.3.1.2 Tabellen 294
       9.3.1.3 Redundanz 296
   9.3.2 Externes Schema 297
       9.3.2.1 Sichten 298
       9.3.2.2 Prozedurale SQL-Erweiterungen 298
   9.3.3 Internes Schema 298
       9.3.3.1 Materialisierte Sichten 298
       9.3.3.2 Zugriffspfadstrukturen 299
9.4 *Phase 1.2 – Anwendungsoptimierung* 301
   9.4.1 Optimierung von Unternehmensfunktionen 301
   9.4.2 Optimierung der Anwendung 301
   9.4.3 Optimierungen im Mehrbenutzerbetrieb 302
   9.4.4 Formulierung von SQL-Anweisungen 304
9.5 *Phase 2 – Hauptspeicheroptimierung* 306
   9.5.1 Gestaltung des Datenbankpuffers 306
       9.5.1.1 Komponenten des Datenbankpuffers 307
       9.5.1.2 Größe des Datenbankpuffers 308
       9.5.1.3 Blockfüllgrad 308
   9.5.2 Schreiben des Datenbankpuffers 309
       9.5.2.1 Sicherungspunkt-Intervalle 309
       9.5.2.2 Protokolldatei 310
   9.5.3 Optimierer 310
       9.5.3.1 Statistiken 311
       9.5.3.2 Planhinweise (Hints) 311
9.6 *Phase 3 – Optimierung der Sekundärspeicherzugriffe* 312
   9.6.1 Zusammenspiel mit dem Betriebssystem 312
   9.6.2 Verteilung der Eingabe-/Ausgabelast 313
       9.6.2.1 Verteilung der Daten- und Indexdateien 313
       9.6.2.2 Verteilung der Daten 313
       9.6.2.3 Verteilung der Protokolldatei 314
       9.6.2.4 RAID-Level 314
   9.6.3 Optimierung physischer Speicherstrukturen 315
       9.6.3.1 Blockgröße 315
       9.6.3.2 Cluster-Techniken 316
       9.6.3.3 Kompressions-Techniken 317
       9.6.3.4 Reorganisation 317
9.7 *Leistungsbewertung* 318
   9.7.1 Transaction Processing Performance Council 319
   9.7.2 Vergleichbarkeit der Benchmark-Ergebnisse 320

10 Objektrelationale Datenbanken **322**
10.1 *Objektorientierte Konzepte* 322
   10.1.1 Objekte 322
   10.1.2 Methoden 323

    10.1.3 Kapselung 323
    10.1.4 Objektidentität 323
    10.1.5 Klassen 324
    10.1.6 Spezialisierung 325
10.2 *Objektorientierung in Datenbanken* 326
10.3 *Objektrelationale Standard-SQL-Konzepte* 327
    10.3.1 Typkonstruktoren 328
    10.3.2 Distinct-Typen 330
    10.3.3 Strukturierte Typen 330
    10.3.4 Methoden 333
    10.3.5 Benutzerdefinierte Konstruktoren 335
    10.3.6 Benutzerdefinierte Casts 336
    10.3.7 Benutzerdefinierte Ordnungen 337
    10.3.8 Typisierte Tabellen 338
    10.3.9 Typisierte Sichten 339
10.4 *Objektrelationale Anfragen* 341
    10.4.1 Anfragen auf Kollektionen 341
    10.4.2 Anfragen mit Pfadausdrücken 342
    10.4.3 Anfragen mit Methodenaufrufen 342
    10.4.4 Anfragen auf flachen Tabellenextensionen 343
    10.4.5 Typspezifische Anfragen 343
    10.4.6 Anfragen mit temporärer Typanpassung 343

11 XML und Datenbanken **345**
11.1 *Überblick über XML* 345
    11.1.1 Der XML-Standard und verwandte Standards 345
    11.1.2 XML Schema 347
11.2 *Anfragesprachen für XML* 350
    11.2.1 Pfadausdrücke (XPath und XQuery) 351
    11.2.2 XQuery 352
11.3 *XML und relationale Datenbanksysteme* 356
    11.3.1 Relationale Speicherung von XML 356
    11.3.2 SQL/XML 358
    11.3.3 Realisierung in kommerziellen Systemen 361
11.4 *Reine XML-Datenbanksysteme* 366

12 NoSQL-Datenbanksysteme **368**
12.1 *Motivation und Grundbegriffe* 368
12.2 *Klassifikation* 369
    12.2.1 Key-Value-Datenbanksysteme 370
        12.2.1.1 Datenmodell und Schema 370
        12.2.1.2 Anfragen und Datenmanipulation 371
        12.2.1.3 Einsatzbereiche und Systeme 371
    12.2.2 Dokumentenorientierte Datenbanksysteme 372
        12.2.2.1 Datenmodell und Schema 372
        12.2.2.2 Anfragen und Datenmanipulation 373
        12.2.2.3 Einsatzbereiche und Systeme 374

12.2.3 Column-Family-Datenbanksysteme 374
    12.2.3.1 Datenmodell und Schema 374
    12.2.3.2 Anfragen und Datenmanipulation 377
    12.2.3.3 Einsatzbereiche und Systeme 377
12.2.4 Weitere NoSQL-Datenbanksysteme 378
12.3 *Datenmodellierung* 378
  12.3.1 Generelle Aspekte der Datenmodellierung in NoSQL-Datenbanksystemen 378
  12.3.2 Datenmodellierung für dokumentenorientierte Datenbanken 380
  12.3.3 Datenmodellierung für Column-Family-Datenbanken 382
    12.3.3.1 Eingebettete Speicherung in Column-Family-Datenbanksystemen 382
    12.3.3.2 Spaltenfamilien 384
  12.3.4 Datenmodellierung für Key-Value-Datenbanken 385
12.4 *Anwendungsentwicklung mit NoSQL-Datenbanksystemen* 385
  12.4.1 MapReduce 386
    12.4.1.1 MapReduce-Prinzip 387
    12.4.1.2 MapReduce-Beispiel 388
    12.4.1.3 MapReduce-Frameworks 389
    12.4.1.4 MapReduce-Trends 389
  12.4.2 Schema-Management 389
12.5 *Skalierbarkeit, Verfügbarkeit und Konsistenz* 390
12.6 *Auswahl eines geeigneten Datenbanksystems* 392
  12.6.1 Kriterienkatalog 392
  12.6.2 Performance 392
  12.6.3 Polyglotte Persistenz 393

13 Verteilte und föderierte Datenbanksysteme **394**
13.1 *Überblick, Grundbegriffe, Abgrenzung* 394
  13.1.1 Verteilte vs. parallele Datenbanksysteme 395
  13.1.2 Verteilte vs. föderierte Datenbanksysteme 397
13.2 *Schemaarchitektur und Entwurf verteilter Datenbanksysteme* 400
13.3 *Fragmentierung* 401
  13.3.1 Horizontale Fragmentierung 401
  13.3.2 Vertikale Fragmentierung 403
  13.3.3 Kombinierte Fragmentierung 403
13.4 *Verteilungstransparenz* 404
  13.4.1 Vorteile verteilter Datenbanksysteme 404
  13.4.2 Transparenzeigenschaften verteilter Datenbanksysteme 404
13.5 *Verteilte Anfrageverarbeitung* 405
  13.5.1 Datenlokalisierung 407
  13.5.2 Globale Optimierung der Join-Auswertung 409
13.6 *Transaktionsverwaltung in verteilten Datenbanksystemen* 412
  13.6.1 Koordination 412
  13.6.2 Synchronisation 414
  13.6.3 Deadlock-Behandlung 415
  13.6.4 Synchronisation bei Replikation 416

13.7 *Föderierte Datenbanksysteme* 417
　13.7.1 Autonomie und Heterogenität 418
　13.7.2 Architektur föderierter DBS 419
　13.7.3 Integrationsprozess 420
　13.7.4 Anfrageverarbeitung in föderierten DBS 421
　13.7.5 Synchronisation in föderierten DBS 422
13.8 *Cloud-Datenbanken* 423
　13.8.1 Cloud Data Management und Big Data 423
　13.8.2 Das CAP-Theorem 424
　13.8.3 Database as a Service (DBaaS) 425
　13.8.4 Skalierbarkeit und Verfügbarkeit 426
13.9 *Trends* 428

14 Data Warehouse 430
14.1 *Architektur* 430
　14.1.1 Datenquellen 430
　14.1.2 Back-End-Bereich 430
　　14.1.2.1 Monitore 431
　　14.1.2.2 Extraktionskomponenten 432
　　14.1.2.3 Transformationskomponente 433
　　14.1.2.4 Ladekomponente 434
　14.1.3 Datenbank 434
　　14.1.3.1 Data Warehouse 434
　　14.1.3.2 Data Marts 436
　　14.1.3.3 Archiv-Datenbank 437
　14.1.4 Front-End-Werkzeuge 437
　　14.1.4.1 Berichts- und Anfragewerkzeuge 437
　　14.1.4.2 OLAP-Werkzeuge 438
　　14.1.4.3 Data-Mining-Werkzeuge 438
　　14.1.4.4 Sonstige Front-End-Werkzeuge 438
　14.1.5 Sonstige Werkzeuge 439
　　14.1.5.1 DWS-Manager 439
　　14.1.5.2 Metadaten-Repository 439
14.2 *Multidimensionale Datenmodelle* 440
　14.2.1 Statische Aspekte 440
　14.2.2 Dynamische Aspekte 444
14.3 *Speicherung und Schemagestaltung* 446
　14.3.1 Relationale Speicherung 446
　14.3.2 Multidimensionale Speicherung 447
　14.3.3 Spaltenorientierte Speicherung 448
14.4 *Erweiterung relationaler Datenbanken* 451
　14.4.1 Materialisierte Sichten 452
　14.4.2 Partitionierung 453
　14.4.3 Bitmap-Index 455
　14.4.4 SQL-Erweiterungen zum Einfügen 456
　14.4.5 Komplexes Gruppieren 457

14.4.6 Star Query 458
14.4.7 Bulk Loader 460

15 Data Mining **461**
15.1 *KDD-Prozess* 461
15.2 *Clustering* 462
    15.2.1 Definition und Beispiele 462
    15.2.2 Anforderungen und Probleme 463
    15.2.3 Verfahren 463
        15.2.3.1 Partitionierende Verfahren 464
        15.2.3.2 Hierarchische Verfahren 465
        15.2.3.3 Dichtebasierte Methoden 468
15.3 *Assoziationsanalyse* 468
    15.3.1 Definition und Beispiel 468
    15.3.2 Anforderungen und Probleme 468
    15.3.3 Verfahren 469
15.4 *Klassifikation* 472
    15.4.1 Definition und Beispiele 472
    15.4.2 Anforderungen 472
    15.4.3 Verfahren 473
        15.4.3.1 Entscheidungsbaum-Klassifikatoren 473
        15.4.3.2 Regelbasierte Klassifikatoren 473
        15.4.3.3 Weitere Verfahren 474
15.5 *Anomalieentdeckung* 474
    15.5.1 Definition und Beispiele 474
    15.5.2 Anforderungen und Probleme 475
    15.5.3 Verfahren 475
        15.5.3.1 Grafische und statistikbasierte Verfahren .. 476
        15.5.3.2 Distanzbasierte Ansätze 476

16 Multimedia-Datenbanken **478**
16.1 *Einführung* 478
16.2 *Mediendaten* 482
16.3 *Suche nach Mediendaten* 485
    16.3.1 Textsuche 485
    16.3.2 Bildsuche 487
    16.3.3 Audiosuche 488
    16.3.4 Videosuche 489
16.4 *Mediendatentypen* 490
16.5 *Einbettung in Datenbanksysteme* 494
    16.5.1 Schemastrukturen 494
    16.5.2 Anfrageformulierung 496
16.6 *Einsatz* 497

17 Geodatenbanken **499**
17.1 *Geodaten* 499
    17.1.1 Eigenschaften von Geodaten 499
    17.1.2 Metadaten 501

17.2 *Datenschemata* 502
   17.2.1 Standardisierung 502
   17.2.2 ISO 19107 Spatial Schema 502
   17.2.3 ISO 19125 Simple Feature Access 504
      17.2.3.1 Datenschema 504
      17.2.3.2 Datenrepräsentationen 506
   17.2.4 ISO/IEC 13249-3 SQL/MM Spatial 507
   17.2.5 Räumliche Bezugssysteme 508
      17.2.5.1 EPSG-Bezugssysteme 510
      17.2.5.2 Lineare Bezugssysteme 510
17.3 *Funktionen* 510
   17.3.1 Geometrische Funktionen 511
   17.3.2 Topologische Prädikate 512
      17.3.2.1 Boolesches Modell 512
      17.3.2.2 Dimensionsmodell 513
17.4 *Räumliche Anfragen* 515
   17.4.1 Räumliche Basisanfragen 515
      17.4.1.1 Räumliche Selektion 515
      17.4.1.2 Räumlicher Verbund 516
      17.4.1.3 Nächste-Nachbarn-Anfrage 517
   17.4.2 Mehrstufige Anfragebearbeitung 517
   17.4.3 Approximationen 518
17.5 *Räumliche Indexe* 520
   17.5.1 Grundtechniken 520
      17.5.1.1 Clipping 520
      17.5.1.2 Punkttransformationen 521
      17.5.1.3 Raumfüllende Kurven 521
      17.5.1.4 Überlappende Blockregionen 522
   17.5.2 Quadtrees 523
   17.5.3 R-Bäume 525
17.6 *Geodatenbanksysteme* 527

Abkürzungsverzeichnis **529**

Literaturverzeichnis **534**

Sachwortverzeichnis **554**

1 Datenbanken: Grundlagen und Überblick

Thomas Kudraß

In diesem Kapitel werden die wichtigsten Grundbegriffe und Konzepte im Fachgebiet Datenbanken eingeführt und zueinander in Beziehung gesetzt (→ 1.1 bis 1.6). Darauf aufbauend, erfolgt eine Einordnung des Fachgebiets Datenbanken in die Informatik sowie ein Überblick über die zentralen Themen des Faches, die den Gegenstand der Kapitel 2 bis 17 dieses Buches bilden (→ 1.7). Die Historie (→ 1.8) und ein Blick auf aktuelle Trends in der Forschung (→ 1.9) ermöglichen eine zeitliche Einordnung des erreichten Entwicklungsstandes von Datenbanksystemen.

1.1 Dateien und Dateisysteme

Informationen werden durch Daten repräsentiert, die in einem Kontext interpretiert werden. Die Information wird dazu in Zeichen bzw. Zeichenketten codiert, was auf der Grundlage von Regeln erfolgt, die man als Syntax bezeichnet. Die Codierung geschieht auf der Grundlage von Codierregeln.

Daten sind maschinell lesbar und verarbeitbar. Sie beinhalten die ursprünglichen Benutzerdaten sowie andere zusätzliche Elemente, die für eine maschinelle Verarbeitung erforderlich sind.

❏ *Beispiel:* 04275 kann eine Postleitzahl sein und damit zu den Daten gehören. Wenn dazu der Name des Ortes genannt wird, so wird daraus eine Information. Der Wert der Postleitzahl kann durch eine Folge von 5 Zeichen repräsentiert werden: „04275". Die Codierung dieser Zeichen erfolgt auf der Grundlage des ASCII-Codes. Somit wird diese Zeichenkette hexadezimal als Bytefolge X'3034323735' repräsentiert.

Man unterscheidet
- strukturierte Daten, z. B. Telefonbücher, Adresslisten,
- unstrukturierte Daten, z. B. Textdokumente, digitale Bilder,
- semistrukturierte Daten, z. B. Produktkataloge, Patientenakten.

Eine **Datei** (file) ist ein Bestand inhaltlich zusammengehöriger Daten, der auf einem Datenträger persistent abgelegt ist. Daten sind *persistent*, wenn sie über die Laufzeit des Programms hinaus, in dem sie verarbeitet werden, weiter existieren. Anderenfalls spricht man von *transienten* Daten.

Dateien werden in den meisten Betriebssystemen über Dateisysteme verwaltet und können auf unterschiedliche Art und Weise organisiert sein

(→ 7.3, 8.1). Logisch lässt sich eine strukturierte Datei als eine Folge von **Datensätzen** (records) betrachten. Ein Datensatz besteht aus mehreren Feldern (fields), deren Anzahl und Struktur in jedem Datensatz dieser Datei gleich ist.

❑ *Beispiel:* Die Datei Stadt besteht aus Datensätzen mit den Feldern PLZ und Ort: 04275,Leipzig; 64289,Darmstadt; 99425,Weimar.

Zur Arbeit mit Dateien stehen verschiedene Operationen zur Verfügung:
- Anlegen (create) und Löschen (drop) von Dateien.
- Öffnen (open) und Schließen (close) von Dateien. Das Öffnen einer Datei ist die Voraussetzung, um auf diese zuzugreifen.
- Lesen (read) und Schreiben (write) von Dateien.

Bei der herkömmlichen Dateiverarbeitung definiert und implementiert jeder Benutzer die Dateien, die für eine bestimmte Anwendung benötigt werden, als Teil der Anwendungsentwicklung.

❑ *Beispiel:* So könnte ein Handelsunternehmen die Adressdaten seiner Kunden für Marketingmaßnahmen in einer Datei verwalten. In einer anderen Software zur Abwicklung der Bestellungen werden ebenfalls die Adressen der Kunden erfasst.

Die herkömmliche Arbeit mit Dateien führt zu dem Problem der **Redundanz**, d. h. dem mehrfachen Vorhandensein ein und derselben Information, die in unterschiedlichen Dateien gespeichert werden kann.

Nachteile redundanter Datenhaltung:
- erhöhter Speicherplatzbedarf für die Mehrfachspeicherung.
- erhöhter Aufwand zur Synchronisation von Datenänderungen. Dabei muss ein geänderter Datensatz mit anderen Datensätzen, die die gleiche Information beinhalten, abgeglichen werden.

Redundante Speicherung birgt immer die Gefahr von *Inkonsistenz*, d. h. die widersprüchliche Speicherung gleicher Informationen.

1.2 Terminologie

> Eine **Datenbank** (DB) ist eine Sammlung von Daten, die einen Ausschnitt der realen Welt beschreiben.

Der übliche Gebrauch des Begriffs Datenbank wird in vielen Fällen aber eingeschänkt. Demnach hat eine Datenbank folgende Eigenschaften:
- Eine Datenbank stellt Aspekte der realen Welt dar. Dieser Weltausschnitt wird auch als Diskursbereich (universe of discourse) bezeichnet.

- Eine Datenbank ist eine integrierte, d. h. logisch zusammenhängende Sammlung von Daten für einen festgelegten Zweck. Sie wird von einer bestimmten Benutzergruppe in Anwendungen eingesetzt.

> Ein **Datenbankmanagementsystem (DBMS)** ist ein Softwaresystem (d. h. eine Sammlung von Programmen), das dem Benutzer das Erstellen und die Pflege einer Datenbank ermöglicht. Dies umfasst die Definition, die Erzeugung und Manipulation von Datenbanken.

Das DBMS legt das *Datenmodell* der Datenbank (*Datenbankmodell*) fest. Die Auswahl des DBMS ist eine kritische Entscheidung. Hierbei ist zu unterscheiden zwischen kommerzieller und freier Software.

▶ *Hinweis:* Für ein DBMS wird selten auch der Begriff Datenbankverwaltungssystem (DBVS) oder Datenbankbetriebssystem verwendet.

Ein DBMS zusammen mit einer oder mehreren Datenbanken wird als **Datenbanksystem (DBS)** bezeichnet.

> Ein **Datenmodell** enthält drei Bestandteile:
> - *Datenstrukturen*: Objekte und deren Beziehungen (statische Eigenschaften),
> - *Operationen* und Beziehungen zwischen Operationen (dynamische Eigenschaften),
> - *Integritätsbedingungen* auf Objekten und Beziehungen. Dies sind Regeln, die die Menge der erlaubten Zustände bzw. Zustandsübergänge definieren. Sie können modellinhärent sein oder explizit definiert werden.

❑ *Beispiel:* Objekte sind dabei etwa Kunden, Artikel, Lieferanten, aber auch Ereignisse wie Bestellungen. Eine Beziehung zwischen diesen Objekten ist beispielsweise die Bestellung von Artikeln durch Kunden. Operationen auf Objekten sind das Erfassen von Neukunden und die Pflege der Artikeldaten. Weiterhin kann man Integritätsbedingungen an Kundenobjekte formulieren, z. B. dass ihre Kundennummer jeweils unterschiedlich ist (Schlüsselbedingung) und dass eine Bestellung genau einem Kunden zugeordnet werden muss.

> Ein **Datenbankmodell** ist ein Datenmodell für ein Datenbanksystem. Es bestimmt, auf welche Art und Weise Daten prinzipiell gespeichert werden und wie man die Daten manipulieren kann.

▶ *Hinweis:* Datenbankmodelle werden im Kontext von Datenbanksystemen oft einfach nur als Datenmodelle bezeichnet.

Ein Datenmodell kann auf Basis eines Datenbankmodells implementiert werden oder selbst als Datenbankmodell dienen.

❑ *Beispiel 1:* Das mehrdimensionale Datenmodell kann relational in einer Datenbank umgesetzt werden, was als ROLAP (Relational Online Analytical Processing) bezeichnet wird (→ 14.3).

❑ *Beispiel 2:* XML kann in einer relationalen Datenbank (→ 11.3) oder in einer reinen XML-Datenbank (nativ) gespeichert werden (→ 11.4).

Daneben gibt es abstrakte Datenbankmodelle, die im Datenbankentwurf eingesetzt werden, aber keine Entsprechung in einem konkreten DBMS haben. Solche Modelle werden oft als **semantische Datenmodelle** oder **Informationsmodelle** bezeichnet, ein typisches Beispiel ist das *Entity-Relationship-Modell* (*ERM*) (→ 2).

Die ersten (prärelationalen) Datenbankmodelle waren satzorientiert, das **hierarchische** und das **Netzwerk-Datenmodell**, angelehnt an die Datenstrukturen von kommerziellen Programmiersprachen. Bei hierarchischen Datenmodellen können Datensätze (record types) nur in hierarchischen Beziehungen (1:N) stehen, beim Netzwerkmodell auch in vernetzten $M:N$-Beziehungen. Das hierarchische Datenmodell erlebt eine Renaissance durch das Aufkommen von Dokument-Datenbanken und die Nutzung von Datenformaten wie XML als Datenmodell.

Das **relationale Datenmodell** (RDM) beruht auf dem Begriff der Relation, der im Wesentlichen ein mathematisches Modell für eine Tabelle beschreibt. Die Daten werden in Form von zweidimensionalen Tabellen verwaltet, die über Schlüssel (Primärschlüssel, Fremdschlüssel) miteinander verknüpft werden können (→ 3). Die meisten in der Praxis eingesetzten Datenbanksysteme beruhen auf einem relationalen DBMS (RDBMS).

Während das relationale Datenmodell eine klare mathematische Grundlage hat, gibt es eine Vielzahl objektorientierter Datenbankmodelle, die sich oft an objektorientierte Programmiersprachen (z. B. C++) angelehnt haben. Demgegenüber haben die großen DBMS-Hersteller ihren relationalen Systemen objektorientierte Eigenschaften hinzugefügt und diese zu **objektrelationalen** Systemen weiterentwickelt.

Nicht-relationale Datenbankmodelle zur flexiblen Speicherung hierarchischer oder unstrukturierter Daten bilden die Grundlage für NoSQL-Datenbanksysteme unterschiedlicher Kategorien (→ 12).

▶ *Hinweis:* Allgemeine Lehrbücher über Datenbanken sind u. a. /1.1/, /1.2/, /1.4/, /1.5/, /1.9/.

1.3 Merkmale eines DBMS

1.3.1 Aufgaben eines DBMS

Gemäß seiner Definition muss ein DBMS folgende Funktionalitäten bieten:

Integrierte Datenhaltung. Das DBMS ermöglicht die *einheitliche* Verwaltung *aller* von den Anwendungen benötigten Daten. Somit wird jedes logische Datenelement, wie beispielsweise der Name eines Kunden, *an nur einer* Stelle in der Datenbank gespeichert. Dabei muss ein DBMS die Möglichkeit bieten, eine Vielzahl komplexer Beziehungen zwischen den Daten zu definieren sowie zusammenhängende Daten schnell und effizient miteinander zu verknüpfen. In manchen Fällen kann eine *kontrollierte Redundanz* allerdings nützlich sein, um die Effizienz der Verarbeitung von Anfragen zu verbessern (→ 9.3.1.3).

Sprache. Das DBMS stellt an seiner Schnittstelle eine Datenbanksprache (*query language*) für die folgenden Zwecke zur Verfügung:
- Datenanfrage (retrieval),
- Datenmanipulation (Data Manipulation Language, DML),
- Verwaltung der Datenbank (Data Definition Language, DDL),
- Berechtigungssteuerung (Data Control Language, DCL).

Da viele verschiedene Benutzer mit unterschiedlichen technischen Kenntnissen und Anforderungen auf eine Datenbank zugreifen, sollte ein DBMS eine Vielzahl von Benutzeroberflächen bereitstellen. Dazu zählen Anfragesprachen für gelegentliche Benutzer, Programmierschnittstellen und grafische Benutzeroberflächen (*Graphical User Interface, GUI*). Die Möglichkeit eines Webzugriffs ist heute eine Grundvoraussetzung für den Einsatz eines DBMS.

Katalog. Der Katalog (*data dictionary*) ermöglicht Zugriffe auf die Datenbeschreibungen der Datenbank, die auch als Metadaten bezeichnet werden.

❑ *Beispiele:* Eigentümer und Erzeugungszeit von Datenbankobjekten (Tabellen), Beschreibung von Tabellen und ihren Spalten (Datentyp, Länge).

Benutzersichten. Für unterschiedliche Klassen von Benutzern sind verschiedene Sichten (*views*) erforderlich, die bestimmte Ausschnitte aus dem Datenbestand beinhalten oder diesen in einer für die jeweilige Anwendung benötigten Weise strukturieren. Die Sichten sind im externen Schema der Datenbank definiert (→ 1.4.2.2).

Konsistenzkontrolle. Die Konsistenzkontrolle, auch als *Integritätssicherung* bezeichnet, übernimmt die Gewährleistung der Korrektheit von Datenbankinhalten und der korrekten Ausführung von Änderungen. Ein korrekter Datenbankzustand wird durch benutzerdefinierte Integritätsbedingungen (*constraints*) im DBMS definiert, die während der Laufzeit der Anwendungen vom System kontrolliert werden. Daneben wird aber auch die physische Integrität sichergestellt, d. h. die Gewährleistung intakter Speicherstrukturen und Inhalte (Speicherkonsistenz).

Datenzugriffskontrolle. Durch die Festlegung von Regeln kann der unautorisierte Zugriff auf die in der Datenbank gespeicherten Daten verhindert werden (*access control*). Dabei kann es sich um personenbezogene Daten handeln, die datenschutzrechtlich relevant sind, oder um firmenspezifische Datenbestände. Rechte lassen sich auch auf Sichten definieren.

Transaktionen. Mehrere Datenbankänderungen, die logisch eine Einheit bilden, lassen sich zu Transaktionen zusammenfassen, die als Ganzes ausgeführt werden sollen (Atomarität) und deren Effekt bei Erfolg permanent in der Datenbank gespeichert werden soll (Dauerhaftigkeit).

Mehrbenutzerfähigkeit. Konkurrierende Transaktionen mehrerer Benutzer müssen synchronisiert werden, um gegenseitige Beeinflussung, z. B. bei Schreibkonflikten auf gemeinsam genutzten Daten, zu vermeiden (*concurrency control*). Dem Benutzer erscheinen die Daten so, als ob nur eine Anwendung darauf zugreift (Isolation).

Datensicherung. Das DBMS muss in der Lage sein, bei auftretenden Hard- oder Softwarefehlern wieder einen korrekten Datenbankzustand herzustellen (*Recovery*).

1.3.2 Vorteile des Datenbankeinsatzes

Zusätzlich zu den genannten Merkmalen ergibt sich bei Einsatz eines Datenbanksystems eine Reihe von Vorteilen:

Nutzung von Standards. Der Einsatz einer Datenbank erleichtert Einführung und Umsetzung zentraler Standards in der Datenorganisation. Dies umfasst Namen und Formate von Datenelementen, Schlüssel, Fachbegriffe.

Effizienter Datenzugriff. Ein DBMS gebraucht eine Vielzahl komplizierter Techniken zum effizienten Speichern und Wiederauslesen (retrieval) großer Mengen von Daten.

Kürzere Softwareentwicklungszeiten. Ein DBMS bietet viele wichtige Funktionen, die allen Anwendungen, die auf eine Datenbank zugreifen wollen, gemeinsam ist. In Verbindung mit den angebotenen Datenbanksprachen wird somit eine schnellere Anwendungsentwicklung ermöglicht, da der Programmierer von vielen Routineaufgaben entlastet wird.

Hohe Flexibilität. Die Struktur der Datenbank kann bei sich ändernden Anforderungen ohne große Konsequenzen für die bestehenden Daten und die vorhandenen Anwendungen modifiziert werden (Datenunabhängigkeit, → 1.4.3).

Hohe Verfügbarkeit. Viele transaktionsintensive Anwendungen (z. B. Reservierungssysteme, Online-Banking) haben hohe Verfügbarkeitsanforderungen. Ein DBMS stellt die Datenbank allen Benutzern dank der Synchronisationseigenschaften *gleichzeitig* zur Verfügung. Änderungen werden nach Transaktionsende sofort sichtbar.

Große Wirtschaftlichkeit. Die durch den Einsatz eines DBMS erzwungene Zentralisierung in einem Unternehmen erlaubt die Investition in leistungsstärkere Hardware, statt jede Abteilung mit einem eigenen (schwächeren) Rechner auszustatten. Somit reduziert der Einsatz eines DBMS die Betriebs- und Verwaltungskosten.

1.3.3 Nachteile von Datenbanksystemen

Trotz der Vorteile eines DBMS gibt es auch Situationen, in denen ein solches System unnötig hohe Zusatzkosten im Vergleich zur traditionellen Dateiverarbeitung mit sich bringen würde:

- Hohe Anfangsinvestitionen für Hardware und Datenbanksoftware.
- Ein DBMS ist Allzweck-Software, somit weniger effizient für spezialisierte Anwendungen.
- Bei konkurrierenden Anforderungen kann das Datenbanksystem nur für einen Teil der Anwendungsprogramme optimiert werden.
- Mehrkosten für die Bereitstellung von Datensicherheit, Mehrbenutzer-Synchronisation und Konsistenzkontrolle.
- Hochqualifiziertes Personal erforderlich, z. B. Datenbankdesigner, Datenbankadministrator.
- Verwundbarkeit durch Zentralisierung (Ausweg Verteilung).

Unter bestimmten Umständen ist der Einsatz regulärer Dateien sinnvoll:

- Ein gleichzeitiger Zugriff auf die Daten durch mehrere Benutzer ist nicht erforderlich.
- Für die Anwendung bestehen feste Echtzeitanforderungen, die von einem DBMS nicht ohne weiteres erfüllt werden können.
- Es handelt sich um Daten und Anwendungen, die einfach und wohldefiniert sind und keinen Änderungen unterliegen werden.

1.3.4 Produkte

Tabelle 1.1 gibt einen Überblick über heute verfügbare DBMS verschiedener Hersteller und die zugrunde liegenden Datenbankmodelle, die eine große Vielfalt aufweisen. Ein „*" in der Hersteller-Spalte bedeutet, dass das jeweilige DBMS von einem Entwicklerteam verantwortet wird.

Tabelle 1.1 DBMS-Produkte und -Hersteller

DBMS	Hersteller	Modell/Charakteristik
Adabas	Software AG	NF^2-Modell (nicht normalisiert)
Caché	InterSystems	multidimensional, „postrelational"
Cassandra	Apache	NoSQL, spaltenorientiert
CouchDB	Apache	NoSQL, dokumentenorientiert
DB2	IBM	objektrelational
db4o	Versant	objektorientiert, leichtgewichtig
Derby	Apache	relational, Java-basiert, leichtgewichtig
Firebird	*	relational, basierend auf InterBase
IMS	IBM	hierarchisch, Mainframe-DBMS
Informix	IBM	objektrelational
InterBase	Embarcadero	relational
MongoDB	MongoDB	NoSQL, dokumentenorientiert
MS Access	Microsoft	relational, Desktop-System
MS SQL Server	Microsoft	objektrelational
MySQL	Oracle	relational
Neo4J	Neo Technology	NoSQL, Graphdatenbank
Oracle	Oracle	objektrelational
PostgreSQL	*	objektrelational
SAP HANA	SAP	In-Memory-Datenbank
SQLite	*	relational, leichtgewichtig
Sybase ASE	Sybase/SAP	relational
Versant	Versant	objektorientiert
Visual FoxPro	Microsoft	relational, Desktop-System
Teradata	Teradata	relational, massiv parallel

1.4 Architektur eines Datenbanksystems

1.4.1 Architekturen

Der Begriff **Architektur** kann bei Datenbankanwendungen einen unterschiedlichen Kontext haben. Hierbei lassen sich nennen:
- *Systemarchitektur* eines DBMS: Es werden die Komponenten eines DBMS beschrieben, die sich in einem Schichtenmodell anordnen lassen. In Standardisierungsvorschlägen werden die Schnittstellen zwischen den DBMS-Komponenten genormt, nicht jedoch diese selbst.

- *Schemaarchitektur* eines DBS: Diese unterscheidet zwischen verschiedenen Abstraktionsebenen, in denen die Daten einer Datenbank repräsentiert werden (→ 1.4.2).
- *Anwendungsarchitektur*: In datenbankbasierten Anwendungen erfolgt die Aufteilung der Funktionalität in verschiedene logische Schichten (tiers), z. B. unter Performance-Gesichtspunkten. Dabei wird die Datenhaltung zumeist einem DBMS zugeordnet (Back-End) sowie das Zusammenwirken der Benutzerkomponenten bei der Abarbeitung einer DB-Anwendung beschrieben.
- *Verteilte Architektur*: Aspekte der Verteilung können alle drei der oben genannten Architekturen betreffen. Sie bilden somit eine eigenständige Dimension von Architektur. So kann ein DBS als verteiltes DBS auf mehreren Knoten eines Netzwerks operieren oder als föderiertes DBS aus mehreren (heterogenen) DBS bestehen.

▶ *Hinweis:* Architektur und Komponenten eines Datenbanksystems werden vertiefend in /1.3/, /1.6/, /1.7/ beschrieben.

1.4.2 Schemaarchitektur

1.4.2.1 Datenbankschema

Für jedes Datenmodell ist es wichtig, zwischen der Beschreibung der Struktur und dem Inhalt der Datenbank zu unterscheiden. Die strukturelle Beschreibung einer Datenbank auf Basis eines Datenmodells wird als **Datenbankschema** bezeichnet, das im Verlauf des Datenbankentwurfs jeweils in einer bestimmten Sprache (DDL) spezifiziert wird. Ein grafisch dargestelltes Schema wird Schemadiagramm genannt.

❑ *Beispiel:* Für die Speicherung von Lieferantendaten gibt es je nach Datenmodell (Text, Relationenmodell, XML) unterschiedliche Schemadefinitionen (→ Bild 1.1).

Ein Datenbankschema kann spezifisch für eine Anwendung definiert werden. Daneben gibt es aber auch vordefinierte Schemata für bestimmte Kategorien von Anwendungen, auch als *Referenzmodell* bezeichnet. Diese unterliegen einer Standardisierung, erleichtern den Datenaustausch und verkürzen die Entwicklungszeit von DB-Anwendungen.

❑ *Beispiel:* Für geografische Objekte in Geodatenbanken steht das ISO 19107 Spatial Schema als Referenzmodell zur Verfügung (→ 17.2.2).

Die in der Datenbank zu einem bestimmten Zeitpunkt gespeicherten Daten werden als Datenbankzustand bezeichnet. Jeder Datensatz stellt eine **Instanz** dar und entspricht einem Objekt (entity). Mit jeder Veränderung

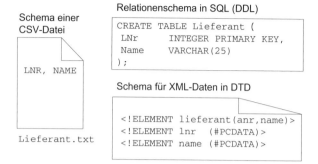

Bild 1.1 Schemadefinitionen im Vergleich

der Datenbank erhalten wir einen anderen Datenbankzustand. Das Schema wird auch als **Intension**, der Datenbankzustand als **Extension** bezeichnet. Die Veränderung des Schemas heißt **Schemaevolution**.

1.4.2.2 Drei-Ebenen-Architektur

Die Drei-Ebenen-Architektur (oder auch Drei-Schema-Architektur) beschreibt den grundlegenden Aufbau eines Datenbanksystems. Die Architektur wurde 1975 vom Standards Planning and Requirements Committee (SPARC) des American National Standards Institute (ANSI) entwickelt und formuliert das Prinzip der *Separation of Concerns* für Datenbanken /1.26/.

Die drei Ebenen umfassen Folgendes:
1. Auf der internen Ebene wird ein **internes Schema** definiert. Das physische Schema beschreibt die Details der physischen Speicherung der Daten ($\rightarrow$ 9.3.3) und die Zugriffspfade wie z. B. Indexe ($\rightarrow$ 8).
2. Auf der konzeptuellen Ebene wird ein **konzeptuelles Schema** definiert, das die Struktur der *gesamten* Datenbank für alle Benutzer der Datenbank beschreibt. Das konzeptuelle Schema verbirgt die Details der physischen Speicherung und konzentriert sich auf die Beschreibung der Objekte, Datentypen, Beziehungen, Operationen und Constraints. Auf dieser Ebene kann ein von den Speicherstrukturen abstrahierendes *logisches Datenmodell* benutzt werden, z. B. das relationale Datenmodell oder das Entity-Relationship-Modell.
3. Die externe Ebene beinhaltet eine Reihe **externer Schemata** oder **Benutzersichten (views)** basierend auf dem konzeptuellen Schema. Jedes externe Schema beschreibt einen anwendungsspezifischen Ausschnitt aus dem gesamten Datenbestand, der für eine bestimmte Benutzergruppe interessant ist, wobei die übrigen Daten aus der Datenbank

verborgen werden. Auf dieser Ebene kann ebenfalls ein von den Speicherstrukturen abstrahierendes logisches Datenmodell benutzt werden.

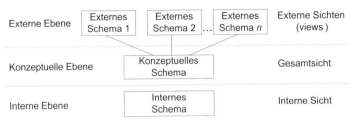

Bild 1.2 Drei-Ebenen-Architektur nach ANSI/SPARC

Zwischen den verschiedenen Schemaebenen müssen Abbildungen (mappings) festgelegt werden, durch die die Transformation von Anfragen und Datendarstellung in zwei Richtungen beschrieben werden kann:

- Die Anfragebearbeitung erfordert eine Übersetzung von Anfragen, die bezüglich der Sichten formuliert werden, in Operationen auf den internen Datenstrukturen (über den Zwischenschritt der konzeptuellen Ebene).
- Ergebnisse einer Anfrage müssen von den internen Datenstrukturen auf der physischen Ebene in das Datenmodell der externen Ebene umgewandelt werden.

Allerdings bedeuten beide Transformationen zusätzlichen Aufwand zur Laufzeit der Programme. Aus diesem Grund wird die volle Drei-Ebenen-Architektur nicht in allen DBMS unterstützt.

1.4.3 Datenunabhängigkeit

Ein wesentlicher Aspekt bei Datenbankanwendungen ist die Unterstützung der Datenunabhängigkeit durch das DBMS. Das Konzept der **Datenunabhängigkeit** hat das Ziel, eine oft langlebige Datenbank von notwendigen Änderungen der Anwendung abzukoppeln und umgekehrt. Die Datenabhängigkeit drückt die Möglichkeit aus, das Schema auf einer Ebene zu ändern, ohne das Schema der nächsthöheren Ebene modifizieren zu müssen. Datenunabhängigkeit kann auf zwei Arten definiert werden:

Logische Datenunabhängigkeit

Dies besagt, dass das konzeptuelle Schema geändert werden kann, ohne externe Schemata oder Anwendungsprogramme anpassen zu müssen. Nur für die von einer Änderung der Datenbankstruktur betroffenen externen

Schemata müssen die Sichtdefinitionen modifiziert werden. Auf andere Sichten gibt es keine Auswirkungen.

- *Beispiel:* Das konzeptuelle Schema beinhaltet Tabellen über Artikel, Lieferanten und deren Lieferungen:

  ```
  Lieferant (LNr,Name,...)
  Artikel   (ANr,Bezeichnung,...)
  Lieferung (ANr,LNr,Preis,... )
  ```

  Auf der externen Ebene sind verschiedene Sichten denkbar. Zur Analyse der Umsätze könnte man z. B. ermitteln, welcher Artikel wie oft geliefert wurde. Die Sicht wird in einer Tabelle dargestellt: `ArtikelLief (ANr,Anzahl)`. In der Sichtdefinition ist die Berechnung der jeweils gelieferten Anzahl von Artikeln verborgen. Änderungen im konzeptuellen Schema (z. B. die Erweiterung um eine neue Spalte Lieferdatum) haben keine Auswirkung auf die bestehende Sicht.

Physische Datenunabhängigkeit

Dies bedeutet, dass das interne Schema modifiziert werden kann, ohne dass Schemaänderungen auf der konzeptuellen oder externen Ebene erforderlich sind. Änderungen des internen Schemas können z. B. geschehen bei der Reorganisation physischer Dateien oder der Erstellung zusätzlicher Indexe zur Zugriffsbeschleunigung. Wenn die gleichen Daten in der Datenbank bleiben wie zuvor, muss das konzeptuelle Schema nicht angepasst werden.

- *Beispiel:* Für die Artikelbezeichnungen wird eine Hash-Tabelle (→ 8.4) als zusätzlicher Suchindex angelegt, die Lieferungs-Datensätze sollen in einer Heap-Datei (→ 8.1) unsortiert abgelegt werden. Für die Tabellen `Artikel` und `Lieferung` ändert sich auf der konzeptuellen Ebene nichts.

1.5 Benutzerrollen bei Entwurf und Betrieb von Datenbanken

Bei Entwurf, Benutzung und Pflege einer großen Datenbank mit ein paar hundert Anwendern sind viele Personen mit unterschiedlichen Rollen beteiligt. Je nach Größe eines Unternehmens kann eine Person mehrere Rollen haben, oder eine Rolle kann auf mehrere Personen verteilt sein.

Endbenutzer sind Personen, die den Zugriff auf die Datenbank zur Erledigung ihrer Aufgaben in einem Unternehmen benötigen. Zu den Aufgaben zählen der Abruf oder die Erzeugung von Berichten (Reports) und die Aktualisierung von Daten. Endbenutzer können in mehrere Kategorien gegliedert werden:

- **Gelegentliche Benutzer** sind sehr häufig auf der Management-Ebene angesiedelt. Sie benötigen ausdrucksstarke, aber einfach zu handhabende Möglichkeiten des Datenzugriffs.

1.5 Benutzerrollen bei Entwurf und Betrieb von Datenbanken

- **„Naive" oder parametrische Benutzer** greifen auf die Datenbank für immer wiederkehrende Aktivitäten zu; sie verwenden dabei vordefinierte Anfragen und Standardprogramme. Beispiele sind Mitarbeiter an Fahrkartenschaltern oder Online-Banking-Anwender.
- **Professionelle Endbenutzer** haben komplexe Anforderungen und sind mit den Möglichkeiten eines DBMS gut vertraut, was ihnen die Entwicklung spezieller Anwendungen ermöglich. Dazu gehören z. B. Ingenieure, Naturwissenschaftler, Analysten.

Anwendungsprogrammierer implementieren auf Basis einer Spezifikation und mit einem gegebenen Datenbankschema die Applikationen, insbesondere für die naiven oder parametrischen Endbenutzer.

Softwarearchitekten benötigen universelles Wissen über Zusammenhänge und technische Möglichkeiten bei der Entwicklung komplexer Informationssysteme.

Datenbankdesigner ermitteln die Anforderungen der Benutzer, um die zu speichernden Daten festzulegen. Sie kommunizieren mit allen Benutzergruppen und entwickeln für jede von ihnen Sichten, die dann zu einem konzeptuellen Schema zusammengefasst werden. Der Datenbankdesigner ist zusammen mit dem Administrator verantwortlich für die Umsetzung dieses Schemas in einem spezifischen DBMS, ehe die Datenbank tatsächlich realisiert wird.

Der **Datenbankadministrator (DBA)** ist für die Verwaltung von Datenbank und DBMS verantwortlich. Dabei hat er überwiegend operative Aufgaben:
- Vergabe von Zugriffsrechten an Benutzer (Autorisierung),
- Sicherstellung des reibungslosen Betriebs des Datenbanksystems (Verfügbarkeit),
- Regelmäßige Datensicherungen und Archivkopien der Datenbank,
- Installation neuer Versionen des DBMS einschließlich kleinerer Software-Updates (Patches),
- Ansprechpartner für Probleme, die mit dem Datenbanksystem auftreten können, z. B. Sicherheit, Leistungsverhalten (Performance).

DBMS-Entwickler sind Softwareentwickler, die an der Implementierung eines DBMS beteiligt sind. Ein DBMS besteht als ein komplexes Softwaresystem aus vielen Komponenten und Schnittstellen. Hierfür beschäftigt ein DBMS-Hersteller (*vendor*) eine Vielzahl hochspezialisierter Entwickler. Diese haben normalerweise keinen Kontakt mit Endbenutzern der Datenbanksysteme.

1.6 Datenbanken und Informationssysteme

Datenbanksysteme haben sich in vielen Unternehmen zu einem festen Bestandteil der Informationssysteme entwickelt und finden darin ihr Hauptanwendungsgebiet.

> Ein **Informationssystem** (IS) dient der rechnergestützten Erfassung, Speicherung, Verarbeitung, Pflege, Analyse, Verbreitung, Übertragung und Anzeige von Informationen. Es ist ein soziotechnisches System, das menschliche und maschinelle Komponenten (Teilsysteme) für die optimale Bereitstellung von Information und Kommunikation umfasst.

Informationssysteme bestehen aus Hardware (Rechner oder Rechnerverbund), Software (System- und Anwendungssoftware, Middleware) und Daten (meist in einer Datenbank organisiert). Aus der Vielzahl unterschiedlicher Informationssysteme ergibt sich ein breites Einsatzfeld für Datenbanksysteme.

Klassifikation von Informationssystemen

Informationssysteme lassen sich in Bezug auf die benötigte Datenbankfunktionalität in drei Dimensionen charakterisieren: Datentyp, Operation, Suchalgorithmus.

Datentyp. Komplexität der zu verarbeitenden Daten
1. unformatierte Daten: Texte, Bilder, Audio-Files,
2. semistrukturierte Daten: HTML-Dateien, XML- oder JSON-Dokumente,
3. einfach strukturierte Daten: Tabellen,
4. komplex strukturierte Daten: CAD-Entwurfsobjekte, Proteinsequenzdaten.

Operation. Komplexität der Operationen zur Verarbeitung der Daten
1. retrievalorientiert (read-only): überwiegend lesende Transaktionen, die kurz sein können (bei Suche nach einzelnen Datensätzen) oder auch große Datenbestände verarbeiten müssen, z. B. für statistische Anwendungen,
2. updateorientiert: einfache Lese-Schreib-Transaktionen,
3. komplexe, lange Transaktionen: Transaktionen können sehr viele Operationen umfassen.

Suchalgorithmus. Komplexität der Algorithmen zur Gewinnung von Informationen aus der Datenbank
1. einfache Anfragen: exakte Suche, korrektes Ergebnis,

2. retrievalorientierte Anfragen: vage Suche, unvollständiges oder unsicheres Ergebnis,
3. Wissensextraktion (knowledge discovery): Data-Mining-Methoden.

❏ *Beispiele:* für Informationssysteme:

Management-Informationssystem (MIS): Daten in Tabellen – lange Lesetransaktionen – einfache und komplexe Suchalgorithmen

Geoinformationssystem (GIS): unformatierte, einfach und komplex strukturierte Daten – einfache und komplexe Lese- und Schreiboperationen – beliebig komplexe Suchalgorithmen (bis hin zu Spatial Mining)

1.7 Fachgebiet Datenbanken im Überblick

1.7.1 Themenbereiche und Zusammenhänge

Das Fachgebiet Datenbanken lässt sich in sechs Themenbereiche unterteilen, zwischen denen viele Abhängigkeiten bestehen (→ Bild 1.3). Bei der Entwicklung einer Datenbankanwendung wirken alle Bereiche zusammen. Entsprechend ist dieses Buch konzipiert.

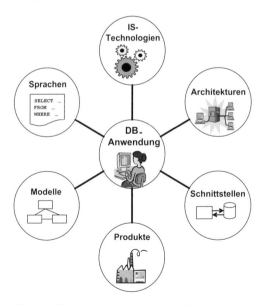

Bild 1.3 Themenbereiche im Fachgebiet Datenbanken

Modelle. Die Modellbildung ist fundamental für den DB-Entwurfsprozess. Dabei werden semantische Modelle (zur Informationsmodellierung) und Datenbankmodelle unterschieden (→ 1.2).

▶ *Hinweis:* Im Buch erfolgt schwerpunktmäßig die Darstellung des ERM zur Informationsmodellierung (→ 2). Als Datenbankmodell wird das Relationenmodell (→ 3) mit objektorientierten Erweiterungen (→ 10.1) vorgestellt, ergänzend dazu XML (→ 11) und NoSQL-Datenmodelle (→ 12.3). Mehrdimensionale Datenmodelle sind eine besondere Kategorie für OLAP-Systeme (→ 14.2, 14.3). Geodatenmodelle kommen bei GIS zum Einsatz (→ 17.1, 17.2).

Sprachen. Der Funktionsumfang einer Datenbanksprache ist abhängig vom Datenbankmodell, dessen Operationen den Benutzern oder anderen Systemkomponenten außerhalb des DBMS angeboten werden.

▶ *Hinweis:* Im Buch erfolgt schwerpunktmäßig die Darstellung von SQL als relationale Datenbanksprache (→ 4) zusammen mit den objektrelationalen Erweiterungen (→ 10). Für XML werden XML Schema als Datendefinitionssprache (→ 11.1) sowie XQuery als Anfragesprache (→ 11.2) vorgestellt. Anfragesprachen für NoSQL-Datenbanken befinden sich noch in Entwicklung (→ 12.4).

Bezeichner in Sprachen (z. B. bei Tabellen) werden in allen Kapiteln zur Unterscheidbarkeit gegenüber denen in Modellen (z. B. bei Relationen) im `Letter-Gothic`-Font dargestellt.

Schnittstellen. Die Kommunikation zwischen der Datenbank und höherliegenden Informationssystem-Komponenten erfolgt durch Nutzung von Schnittstellen der Datenbanksprache (zumeist SQL). Dabei kann SQL in eine Umgebungssprache (host language) eingebettet werden oder in dynamische Dokumente (XML, HTML). Durch die Einführung von SQL/PSM (→ 5.4.1) und andere Erweiterungen erreicht SQL mittlerweile die Ausdrucksmächtigkeit von Programmiersprachen, was neue Fragen nach der Softwarearchitektur einer DB-Anwendung aufwirft.

▶ *Hinweis:* Das Buch behandelt Schnittstellen einer Datenbank zu Programmiersprachen am Beispiel von Java (→ 5) sowie zum Web über Skriptsprachen, dynamisches HTML und Webservices (→ 6). XML-Dokumente können zum Zwecke des Datenaustauschs aus Datenbanken heraus generiert werden (→ 11.3.2).

Architekturen. Die Architektur eines DB-basierten Anwendungssystems umfasst verschiedene Sichtweisen (→ 1.4.1), beeinflusst durch das zugrunde liegende Datenbankmodell, die physische Verteilung der Komponenten (→ 13) sowie die Wahl der Schnittstellen.

▶ *Hinweis:* Im Buch werden die Komponenten eines DBMS vorgestellt (→ 7) sowie Basismechanismen der Dateiorganisation und Indexierung (→ 8). Diese Kenntnisse sind eine fundamentale Voraussetzung zum Verständnis der Optimierung von großen Datenbanken (→ 9).

IS-Technologien. Die erweiterte Funktionalität eines DBMS umfasst Technologien, die die spezifischen Anforderungen bestimmter Informationssysteme (IS) erfüllen, z. B. Management-Informationssysteme oder Geoinformationssysteme.

▶ *Hinweis:* Im Buch werden als IS-spezifische Technologien Data Warehousing (→ 14), Data Mining (→ 15), Multimedia-Datenbanken (→ 16) sowie Geodatenbanken (→ 17) vorgestellt. Dazu gehört eine Darstellung von IS-spezifischen Architekturen, Datenmodellen und Sprachen.

Produkte. Produkte von DBMS-Anbietern unterscheiden sich im Datenbankmodell und in den mitgelieferten Werkzeugen. Auch bei gleichem Datenbankmodell weisen sie im Detail Unterschiede auf, z. B. in Form von SQL-Dialekten oder unterschiedlichen Typsystemen.

▶ *Hinweis:* Einzelne DBMS werden in diesem Buch nicht behandelt, da die gemeinsamen Datenbankkonzepte im Vordergrund stehen. Es erfolgen jedoch exemplarisch Hinweise auf bestimmte DBMS. Aufgrund der ständigen technologischen Weiterentwicklung der DBMS sei auf produktspezifische Literatur (z. B. die Reihe Oracle Press^{TM}) verwiesen.

1.7.2 Einordnung des Fachs innerhalb der Informatik

Das Fach Datenbanken besitzt innerhalb der Informatik (und darüber hinaus) eine Vielzahl von Schnittstellen zu anderen Disziplinen /1.8/. Dabei baut es auf diesen auf oder leistet selbst Beiträge zu den weiteren Fachgebieten. Perspektivisch ist eine stärkere *Konvergenz* in vielen Bereichen zu erwarten. Nachfolgend werden einige Zusammenhänge skizziert.

Softwaretechnik. Entwurf und Implementierung einer Datenbank sind Bestandteil des Entwicklungsprozesses eines Softwaresystems, sofern dieses datenbankbasiert ist. Die in der Softwaretechnik beschriebenen Vorgehensmodelle sind auch für den Datenbankentwurf nutzbar, z. B. für die Erhebung der Datenanforderungen (requirements engineeering).

Programmiersprachen. Datenbankmodelle folgen als polymorphe Typsysteme den Konventionen formaler Sprachen. Datenbanksprachen hatten sich zunächst unabhängig von Programmiersprachen entwickelt. Die Erweiterungen von SQL durch Konstrukte von Programmiersprachen und objektorientierte Merkmale lassen jedoch eine deutliche Tendenz zum Zusammenwachsen mit herkömmlichen Programmiersprachen erkennen.

Algorithmen und Datenstrukturen. Sortierverfahren und Indexstrukturen bilden einen wesentlichen Bestandteil der Implementierung eines DBMS auf der physischen Ebene.

Betriebssysteme. Einige Komponenten eines DBMS weisen Gemeinsamkeiten zu Betriebssystemen auf. Dies betrifft z. B. die Dateiverwaltung oder die Synchronisation von parallelen Prozessen.

Verteilte Systeme. Die Verteilung von Datenbanken in Netzwerken hat zahlreiche Auswirkungen auf den Entwurf von Datenbanken und Schnittstellen sowie die Architektur eines DBMS, da neue Aspekte wie Kommunikationskosten, Verfügbarkeit oder Parallelverarbeitung hinzukommen. *Mobile Datenbanken* als moderne Entwicklung sind zusätzlich durch Drahtlosigkeit und räumliche Beweglichkeit gekennzeichnet.

Künstliche Intelligenz. Datenbanken sind nicht nur passive Datenspeicher, sondern können auch zur Repräsentation und Verarbeitung von Regeln (constraints) genutzt werden, oft als Wissensbanken bezeichnet. Die Repräsentation von Wissen in Ontologien spielt eine zunehmende Rolle bei der Integration heterogener Datenbanken sowie als Grundlage von intelligenten Suchmaschinen im Semantic Web. Dabei können Zusammenhänge zwischen Daten mittels RDF (Resource Description Framework) beschrieben und abgefragt werden. Data-Mining-Methoden nutzen Algorithmen zur Mustererkennung in großen Datenbeständen.

Information Retrieval. Retrieval-Techniken (auf Basis von Indexen) sind seit vielen Jahren etabliert und gewinnen durch neue Einsatzfelder für Datenbanken wie Dokumente oder Multimedia an Bedeutung. Dabei etabliert sich *Information Extraction*, die automatisierte Gewinnung von Wissen aus unstrukturierten Informationen, als eigenständiges Gebiet.

Wirtschaftsinformatik. Datenbanken sind die Basis betrieblicher Informationssysteme und als Repository (Speicher) zur Verwaltung von Metadaten über Informationen und Geschäftsprozesse unverzichtbar zur Integration heterogener Systeme in einem Unternehmen. Der Datenbankentwurf ist dabei ein wichtiger Bestandteil der Modellbildung und wird davon beeinflusst.

Datenschutz. Das Bundesdatenschutzgesetz (BDSG) definiert rechtliche Anforderungen zum Schutz persönlicher Daten und formuliert dabei den Grundsatz der Datenvermeidung und Datensparsamkeit. Die Beachtung dieser Rahmenbedingungen ist für den Datenbankentwurf unabdingbar. Hierzu zählt auch der Umgang mit biometrischen Daten (Fingerabdrücke, Iris). Darüber hinaus gewinnen Techniken zum Schutz von Anonymität und Unbeobachtbarkeit (privacy) in Datennetzen wachsende Bedeutung.

1.8 Historische Entwicklung

Folgende Ereignisse sind von besonderer Bedeutung in der Geschichte der Datenbanksysteme und können als **Meilensteine** für die Entwicklung der Datenbanktechnologie angesehen werden:

1889 Erfindung der Lochkarte durch Hermann Hollerith zur schnelleren Abwicklung der Volkszählung in den USA.

1935 Erfindung des Trommelspeichers durch Gustav Tauschek.

1956 Erste Festplatte „IBM 350" mit einer Kapazität von ca. 5 MB.

1968 IMS, erstes hierarchisches DBMS, geht bei Rockwell in Betrieb.

1970 Veröffentlichung des Relationenmodells durch Edgar F. Codd /1.16/.

1971 Erste Veröffentlichung des offiziellen Netzwerkmodells durch die CODASYL DBTG auf Basis der Arbeiten von Charles Bachman.

1975 Die ANSI-SPARC-Architektur (Drei-Ebenen-Architektur) wird als Referenz für Datenbanksysteme veröffentlicht.

1976 Publikation des Entity-Relationship-Modells (ERM) durch Peter Chen /1.15/.

1976 System R, Prototyp eines relationalen DBMS, wird von IBM vorgestellt (Vorläufer von SQL/DS bzw. DB2).

1979 Oracle, erstes kommerzielles RDBMS, erscheint auf dem Markt.

1982 dBase II, RDBMS für den IBM-PC, ist auf dem Markt erhältlich.

1986 Erster Standard der Datenbanksprache SQL (ANSI).

1989 Das „Object Oriented Database Manifesto" beschreibt die wesentlichen Anforderungen an objektorientierte Datenbanken /1.12/.

1989 Erfindung des World Wide Web (WWW) durch Tim Berners Lee am CERN Genf.

1995 MySQL wird erstmals im Internet als kostenloses Open-Source-DBMS angeboten.

1998 Veröffentlichung der W3C Recommendation für XML 1.0.

2000 Das *Sloan-Digital-Sky-Survey*-Projekt zur digitalen Erfassung des Himmels gilt als erstes Projekt im Bereich Big Data.

2004 Google Inc. veröffentlicht MapReduce /1.18/, ein Programmiermodell zur Verarbeitung großer Datenmengen.

2009 Entwickler-Treffen über verteilte strukturierte Datenspeicher prägt den Begriff NoSQL für nichtrelationale Web-2.0-Datenbanken.

2014 SAP stellt zusammen mit Technologiepartnern einen neuen Rekord für die weltweit größte Datenbank auf. Das Data Warehouse basiert auf SAP HANA und hat eine Kapazität von 12.1 PB (Petabyte).

Nachfolgend werden die wichtigsten **Entwicklungslinien** skizziert.

1.8.1 Frühzeit

Der Ingenieur Hermann Hollerith gilt als Pionier der modernen Datenverarbeitung. Das von ihm erfundene **Lochkartenverfahren** wurde erstmalig 1890 zur Volkszählung in den USA eingesetzt. Aus der von Hollerith 1896 gegründeten Tabulating Machine Company ging 1924 die IBM hervor. Mit der Entwicklung der ersten Computer im 20. Jahrhundert etablierten sich zunächst Lochkarten als Medium zur langfristigen Speicherung der zu verarbeitenden Daten. Die Entwicklung **elektromagnetischer Speichermedien** für digitale Daten eröffnete in den 1950er und 1960er Jahren dann neue Möglichkeiten

Der erstmalige Gebrauch des Begriffs „data base" geht zurück auf ein Symposium im Juni 1963 unter dem Titel „Development and Management of a Computer-centered Data Base", ausgerichtet von der US-Softwarefirma SDC (System Development Corporation) /1.25/. In Deutschland wurde 1967 in einer Fachzeitschrift die Frage thematisiert: „Was ist eine Datenbank?" /1.23/. Die ersten deutschsprachigen Lehrbücher, die bereits Datenbanken als Grundlage von Informationssystemen beschreiben, erschienen 1970 bzw. 1971 /1.27/, /1.24/. Einen Schwerpunkt bildete in dieser Zeit die Organisation der Daten in Dateien und deren Indexierung, wobei **ISAM** als indexsequenzielle Methode besondere Popularität genoss.

1.8.2 Prärelationale DBMS

Die ersten (*prärelationalen*) Datenbankmanagementsysteme wurden in den 1960er Jahren entwickelt. Ausgangspunkt waren Probleme bei der Verarbeitung herkömmlicher Dateien, die bisher nur anwendungsspezifisch angelegt und verwaltet wurden. DBMS konzipierte man hingegen als Softwareschicht zur Verwaltung der Daten zwischen Betriebssystem (Dateiverwaltung) und Anwendungsprogramm.

Einer der ersten Pioniere auf diesem Gebiet war Charles Bachman, der für die Entwicklung von Datenbanken das Potenzial der damals neuen **Plattenspeicher** mit der Möglichkeit des *Direktzugriffs* erkannte. Die Database Task Group des Konsortiums **CODASYL** (Conference On Data Systems Languages) entwickelte ein Netzwerk-Datenbankmodell, basierend auf den Ideen von Bachman („the programmer as a navigator") /1.13/. Auf dieser Grundlage wurde eine Vielzahl von kommerziellen DBMS entwickelt, so z. B. das 1976 eingeführte *UDS* (Universelles Datenbank-System) von Siemens.

Unabhängig davon wurde etwa zur gleichen Zeit auf der Basis des hierarchischen Modells eines der ersten großen DBMS von North American Rockwell implementiert, das später von IBM im System **IMS** zusammen mit der Sprache *DL/I* übernommen wurde.

1.8.3 Durchbruch der relationalen Datenbanken

Einen wesentlichen Fortschritt erzielte seit Ende der 1960er Jahre Edgar F. Codd am IBM Almaden Research Center. Das von ihm 1970 vorgeschlagene **Relationenmodell** /1.16/ überwand die Vermischung von logischen Informationsstrukturen und physischen Zugriffsmechanismen, die für die damals existierenden Datenbankmodelle kennzeichnend war. Über viele Jahre hinweg war das Relationenmodell nur von akademischem Interesse, wohingegen CODASYL und IMS als Systeme für die Praxis galten. Bei IBM wurden die Grundlagen des ersten experimentellen relationalen Datenbanksystems im Projekt **System R** gelegt /1.11/. Darauf aufbauend entwickelten Don D. Chamberlin und Raymond F. Boyce die relationale Datensprache *SEQUEL* (Structured English Query Language), aus der später SQL hervorging. Parallel dazu entstand unter Michael Stonebraker an der Berkeley University das relationale System **Ingres** mit der Abfragesprache *QUEL*.

Oracle (damals noch unter den Firmennamen SDL und RSI) verwertete die Ergebnisse von System R und führte **SQL** zum kommerziellen Erfolg. IBM folgte mit *SQL/DS* und **DB2**. Die relationalen Datenbanksysteme verdrängten seit Beginn der 1980er Jahre die hierarchischen und netzwerkartigen Systeme, und der Großteil der Anwender stellte seine IT auf Datenbanksysteme um. Der Siegeszug der relationalen Systeme lag in der Standardisierung von SQL sowie in deren zusätzlicher Verbreitung auf Personalcomputern begründet. Hier war **dBASE** das erste erfolgreiche Produkt für die PC-Betriebssysteme CP/M und MS-DOS.

Deutsche Forscher leisteten schon in dieser Zeit hervorragende Beiträge. So begründete Hartmut Wedekind das Fach Datenbanken als *wissenschaftliche Disziplin* in Deutschland. Rudolf Bayer gilt (zusammen mit E. McCreight) als der Erfinder des *B-Baums* zur Indexierung von Datensätzen in einem DBMS /1.14/. Theo Härder hatte mit seinen Arbeiten über die *Architektur von DBMS* großen Einfluss auf deren Entwicklung /1.21/. So führte er auch den Begriff *ACID* bei der Definition von Transaktionen ein, basierend auf /1.19/. Bereits im Jahre 1971 brachte die Software AG ein kommerzielles DBMS, *Adabas* (Adaptable Database System), auf den

Markt, das auf invertierten Listen beruhte und noch heute in der Industrie eingesetzt wird.

Datenbanksysteme wurden in den 1980er Jahren überwiegend für *administrativ-betriebswirtschaftliche* Anwendungen eingesetzt. Die Vernetzung von Rechnern führte zu neuen Fragestellungen hinsichtlich verteilter und heterogener Datenbanken, die man bisher ausschließlich zentralisiert betrachtet hatte /1.17/.

1.8.4 Neue Anwendungsfelder für Datenbanken

Ende der 1980er Jahre richtete sich die Aufmerksamkeit auf die Entwicklung von **objektorientierten DBMS** /1.12/. Diese wurde insbesondere durch neuartige Ingenieur-Anwendungen (z. B. CAD) getrieben, auch als Non-Standard-Anwendungen bezeichnet. Sie benötigten die Verwaltung komplexer Datenstrukturen, wofür Relationen ungeeignet erschienen. Einige der dort entwickelten Ideen, z. B. die Erweiterbarkeit des Datenbankmodells um neue Typen, fanden Eingang in die Produkte der relationalen Anbieter, die ihre Systeme um entsprechende Features erweiterten und dafür den Begriff **objektrelational** prägten. Davon profitierten insbesondere *Multimedia-Datenbanken* und *Geodatenbanken*.

Mit der Verbreitung des Internet und des **WWW** ab Mitte der 1990er Jahre entstand der Bedarf, Inhalte von Webseiten dynamisch zu erzeugen. Hierfür wurde eine Vielzahl von Technologien zur Anbindung von Datenbanken entwickelt, die Zahl der Datenbankbenutzer nahm rasant zu.

Management-Informationssysteme als klassische Anwendungsgebiete von Datenbanken erhielten neue Impulse durch die Entwicklung von Data-Warehouse-Technologien und Data-Mining-Algorithmen, wofür auch der Begriff *Business Intelligence* geprägt wurde. Bill Inmon gilt als „Vater" der **Data Warehouses** /1.22/, Rakesh Agrawal hat mit seinen Arbeiten das Gebiet des **Data Mining** entscheidend beeinflusst /1.10/.

1.8.5 Neuzeit

Während in den 1990er Jahren wenige kommerzielle Hersteller von Datenbank-Software faktisch den Markt beherrschten (Oracle, IBM, Informix und Microsoft mit SQL Server), erlangten in den 2000ern die **Open-Source-Datenbankmanagementsysteme** eine immer größere Bedeutung. Vor allem MySQL erfreute sich wachsender Beliebtheit mit weltweit mehreren Millionen Installationen. Als Reaktion darauf bieten die führenden kommerziellen Hersteller gebührenfreie Versionen ihrer Datenbank-Software an.

Eine weitere Innovation seit der Jahrtausendwende bestand in der Entwicklung von **XML-Datenbanken** durch eine Vielzahl kleiner Anbieter (ähnlich wie zu den Zeiten der Objektdatenbanken). Mittlerweile wurden etablierte relationale Datenbanksysteme um XML-Funktionalität erweitert. **NoSQL-Datenbanken** mit unterschiedlichen Modellen entstanden als Alternative zu relationalen Systemen als Plattform für Web-2.0-Anwendungen wie Facebook oder Twitter. Diese zeichnen sich durch große Flexibilität und hohe Leistungsfähigkeit im Umgang mit großen Datenmengen durch verteilte Verarbeitung aus.

Parallel dazu eroberten die Datenbanken weitere neue Anwendungsgebiete als Scientific Databases (z. B. in der Biologie) oder als Plattform digitaler Bibliotheken. Große Datenbanken erreichen den Petabyte-Bereich (1 PB = 10^{15} Byte). Für den Umgang mit großen Datenmengen wurden neue Technologien entwickelt, die unter dem Begriff **Big Data** zusammengefasst werden und dabei die Grenzen klassischer Datenbanksysteme überwinden. Datenbanken können dabei auch im Rahmen des so genannten **Cloud Computing** als Dienst angeboten werden.

1.9 Datenbanken in der Forschung

1.9.1 Fachverbände

Datenbankexperten aus Lehre, Forschung und Industrie sind in der Gesellschaft für Informatik (**GI**) im Fachbereich „Datenbanken und Informationssysteme" (DBIS) /www.gi.de/ organisiert. Der GI-Fachbereich vereinigt verschiedene Fachgruppen (FG), darunter auch die FG Datenbanksysteme. Die FG Datenbanksysteme veranstaltet halbjährlich ein nationales Treffen und alle 2 Jahre die wissenschaftliche Tagung **BTW** (Datenbanken in Business, Technology & Web). Die Zeitschrift „Datenbank-Spektrum" informiert die Mitglieder der FG regelmäßig über aktuelle Trends in Forschung und Entwicklung. Darüber hinaus gibt es innerhalb der Fachgruppe Arbeitskreise für spezielle oder aktuelle Themen.

Anwender von kommerziellen DBMS können sich Anwendergruppen (user groups) anschließen. In Deutschland ist in diesem Bereich die **DOAG** (Deutsche Oracle-Anwendergruppe) sehr aktiv /www.doag.de/, die auch eine Reihe von Special Interest Groups (SIG) für einzelne Themen sowie Regionalgruppen umfasst.

International ist die **SIGMOD** (Special Interest Group on Management Of Data) innerhalb der amerikanischen **ACM** (Association of Computing Machinery) hervorzuheben /www.sigmod.org/. Die weltweit renommiertesten wissenschaftlichen Datenbank-Tagungen sind die ACM SIGMOD Conference sowie die **VLDB** Conference (Very Large Databases) – beide seit 1975.

1.9.2 Aktuelle Forschungstrends

Jim Gray formuliert in /1.20/ Thesen, die die möglichen Veränderungen von Datenbanksystemen beschreiben. Die darin skizzierten Forschungstrends haben auf die künftige Entwicklung der Datenbanktechnologie revolutionären Einfluss.

Sehr bedeutsam ist die Zusammenführung von Algorithmen und Daten durch die Integration von (objektorientierten) Programmiersprachen mit dem Datenbanksystem zu einem *objektrelationalen* System. Damit zusammenhängend ist jedes DBMS zugleich auch ein *Service*, was große Auswirkungen auf die Anwendungsarchitektur hat. Im Rahmen der Virtualisierung können in einer Cloud Datenbankdienste angeboten werden, die jeweils von unterschiedlichen Mandanten genutzt werden.

DBMS werden zunehmend um Datenwürfel und *OLAP*-Funktionalität erweitert. Alternative Ansätze zur Speicherung und Verarbeitung dünnbesetzter Tabellen mit sehr vielen Spalten gewinnen dabei an Bedeutung (column stores). Darüber hinaus werden Algorithmen des *Data Mining* und des maschinellen Lernens Bestandteil eines DBMS. Dazu gehören z. B. Entscheidungsbäume, neuronale Netze, Zeitreihenanalysen.

Methoden zum Zugriff auf *Text, temporale und räumliche Daten* vergrößern den Funktionsumfang eines DBMS bei Erweiterung des Typsystems. Dies beinhaltet probabilistisches (d. h. unsicheres) Schließen und unscharfe Antworten, wie sie aus dem *Information Retrieval* bekannt sind. DBMS müssen relationale Daten und schwach strukturierte Daten in prinzipiell gleicher Weise behandeln können. So kann ein Datenbanksystem auch auf einem hoch skalierbaren verteilten Dateisystem basieren, das Daten mit geringer oder flexibler Struktur verarbeitet. Methoden zur Extraktion und Integration von Informationen aus unterschiedlichsten Quellen, z. B. Webdaten aus sozialen Netzwerken, gehören seit Jahren zu den Forschungsthemen der Datenbankwelt.

Eine wachsende Menge von Daten wird durch Beobachtung der Umwelt erzeugt (z. B. RFID-Scanner, Monitoring von Patientendaten oder Straßenverkehr). Diese Mengen nennt man auch *Datenströme* (data streams). Hierfür werden spezielle Datenstrommanagementsysteme (DSMS) entwickelt, die eine datengetriebene Verarbeitung der Datenströme ermöglichen, ohne diese persistent in einer herkömmlichen Datenbank zu halten. Hierfür steht auch der Begriff *Complex Event* Processing (*CEP*), der die kontinuierliche und zeitnahe Verarbeitung von Ereignissen beschreibt mit dem Ziel der Erkennung von Situationen durch Kombination vieler Einzelereignisse. *Publish-Subscribe-Systeme* kehren das traditionelle Verhältnis von Anfrage und Daten um, d. h., ankommende Daten werden mit Tausenden oder Millionen von Anfragen (sog. standing queries) verglichen – umgekehrt zum gewohnten Vorgehen. Diese Technologie stellt eine Weiterentwicklung der Ideen aktiver Datenbanken aus den 1990er Jahren dar. Sie ermöglicht Benachrichtigungsmechanismen bei Anwendungen, die flexibel auf Ereignisse (z. B. Preisänderungen) reagieren müssen. Periphere Geräte (z. B. Disk-Controller, Sensoren) können sich selbst wie eine Datenbank verhalten, werden somit zu *Smart Objects* im Internet der Dinge. Diese Mini-Datenbanken (embedded databases) müssen sich als *adaptierbare* und *autonome* Systeme selbst administrieren, ein Trend, der auch für herkömmliche DBMS gilt.

Die jüngsten Fortschritte bei Hardware und Rechnerarchitektur sind die Basis eines aktuellen Forschungsgebiets in der Datenbank-Szene, *Data Management on New Hardware*. Dabei geht es um neue Ansätze durch moderne Prozessorarchitekturen und Speichermedien als Alternative zur herkömmlichen Festplatte. Prozessoren mit mehreren Kernen (Multicore) ermöglichen neue Algorithmen zur Indexierung und Anfrageverarbeitung durch Parallelisierung. Ebenso erlauben größere Hauptspeicher im Terabyte-Bereich oder neue Medien wie Solid-State-Disks effizientere Implementierungen von Anfrage-Operationen und erweitern die bisherige Systemarchitektur eines DBMS (z. B. als In-Memory-Datenbanken). Im Ergebnis können noch größere Datenmengen noch schneller verarbeitet werden, als dies bisher denkbar war.

Fazit

Das Fachgebiet Datenbanken als eine zentrale Säule der Informatik wird sich auch künftig weiterentwickeln in Richtungen, die durch die Forschung bereits angedeutet sind und durch Hardware-Verbesserungen möglich werden. Davon sind alle Bereiche betroffen: Modellierung, Sprachen, Schnittstellen, Architekturen und Technologien – letztendlich auch die Produkte. Dabei können *alternative Paradigmen* eingeführt werden, z. B. im Verhältnis von Anfragen und Daten.

Der auffälligste Trend besteht hierbei im *Zusammenwachsen* mit anderen Disziplinen der Informatik. So ist eine Konvergenz zwischen Daten und Algorithmen, zwischen exaktem und probabilistischem Schließen bei Anfragen sowie eine einheitliche Repräsentation von unstrukturierten, strukturierten und gemischten Daten zu verzeichnen. Dies macht in Vielem eine Neubestimmung der Position des Faches Datenbanken erforderlich. Die häufigste Prognose lautet hierbei: „Datenbanken werden überall sein, allerdings nahezu unsichtbar." Auch in Zukunft werden also Datenbanken den Fortschritt der Informatik entscheidend mitprägen und damit letztendlich auch die Gesellschaft (positiv) verändern.

2 Informationsmodellierung

Petra Sauer

Die Informationsmodellierung beschäftigt sich mit der (formalen) Beschreibung der Datenbestände eines Anwendungsbereiches. Als eine der Kerntätigkeiten des Datenbankentwurfs hat sie entscheidenden Einfluss auf die Qualität einer Datenbank (DB). Als Beschreibungsformalismus werden das Entity-Relationship-Modell (ERM) (→ 2.2) oder der Standard UML (Unified Modelling Language) /2.10/ verwendet.

2.1 Datenbankentwurf

Das Hauptanliegen des Datenbankentwurfs ist die Definition der Struktur der DB. Zur Umsetzung der Drei-Ebenen-Architektur (→ 1.4) gehört die Entwicklung der externen sowie des konzeptuellen und internen Schemas. Als weiteres Entwurfsdokument wird das logische Schema definiert. Die Entwicklung der Schemata unterliegt einer strengen Reihenfolge und führt von einer zunächst abstrakten zu einer zunehmend konkreten Beschreibung der DB. Die Abhängigkeit von der konkreten Realisierung mit einem DBMS wird dabei immer größer: zunächst von dessen Datenmodell (DM), schließlich von System und DB-Sprache. Die Unabhängigkeit der frühen Entwurfsdokumente vom DBMS ermöglicht eine stabile Bezugsbasis für unterschiedliche Implementierungen der DB.

2.1.1 Phasenmodell

Der Entwurf einer DB findet meistens im Zusammenhang mit der Entwicklung eines Informationssystems (→ 1.6) statt und orientiert sich an den Entwurfsschritten des Phasenmodells des Software Engineering. Die Phasen des Datenbankentwurfs sind angepasst an die Bedürfnisse der Datenbankentwicklung: Anforderungsanalyse, konzeptioneller Entwurf, logischer Entwurf, Datendefinition auf Basis einer Datendefinitionssprache (Data Definition Language, DDL), physischer Entwurf, Implementierung und Wartung (→ Bild 2.1).

▶ *Hinweis:* In diesem Kapitel wird das grundsätzliche Vorgehen bei der Entwicklung einer DB behandelt. In Abhängigkeit von der geplanten Architektur der DB können weitere Phasen hinzukommen. Soll eine verteilte DB entwickelt werden, so ist ein Verteilungsentwurf vor dem logischen Entwurf vorzunehmen (→ 13.2). Ist eine DB auf Basis existierender Datenbestände zu entwerfen, ist eine Integration der vorhandenen Datenbanken vorzunehmen. Hierzu existieren verschiedene Ansätze wie u. a. die DB-Föderation, die Gegenstand von Kapitel 13 sind.

Wie auch im Software Engineering werden die Phasen nicht streng sequenziell durchlaufen. Der Datenbankentwurf ist ein iterativer Prozess.

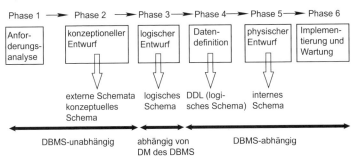

Bild 2.1 Phasenmodell des Datenbankentwurfs

2.1.2 Anforderungsanalyse

Die Anforderungen der potenziellen Benutzer an die DB werden erfasst, analysiert und klassifiziert. Die Beschreibung erfolgt *informal* in Form von Texten, Tabellen etc. Dabei werden Informations- von Bearbeitungsanforderungen unterschieden.

> **Informationsanforderungen** werden im Rahmen der **Datenanalyse** erfasst und beschreiben die Daten unabhängig von der Auswertung.

Der DB-Entwurf beschäftigt sich mit den Informationsanforderungen.

> **Bearbeitungsanforderungen** werden im Rahmen der **Funktionsanalyse** erfasst und beschreiben die Auswertungs- und Bearbeitungserfordernisse auf der DB.

Zu den Bearbeitungsanforderungen gehören Angaben über
- die Art der auszuführenden Bearbeitungsprozesse, wie z. B. Anfragen, Updates, Berichtsgenerierung,
- Quantitäten und Prioritäten der auszuführenden Bearbeitungsprozesse, z. B. Häufigkeit einzelner Prozesse, Datenvolumen, Zuwachsraten, Anforderungen an die Effizienz,
- Sicherheits- und Schutzanforderungen, z. B. Zugriffsrechte und Zugangsbestimmungen.

Der Funktionsentwurf auf Basis der Bearbeitungsanforderungen ist Gegenstand des Software Engineering /1.8/ und wird hier nicht behandelt.

2.1.3 Konzeptioneller Entwurf

Datenbanken stellen ein abstrahiertes Abbild der Realität dar. Da es sich dabei immer nur um Teilbereiche handelt, ist dafür auch der Begriff *Weltausschnitt* (**Universe of Discourse, UoD**) gebräuchlich.

❑ *Beispiel:* Weltausschnitte können sein: die Abteilung eines Unternehmens (z. B. Vertrieb), ein komplettes Unternehmen, eine bestimmte Funktion des Unternehmens (z. B. Web-Präsenz).

Auf Basis der Ergebnisse der Anforderungsanalyse erfolgt im konzeptionellen Entwurf eine *erste formale Beschreibung* des abzubildenden Weltausschnitts, auch als Modellierung des **Universe of Discourse** bezeichnet. Diese Beschreibung erfolgt unabhängig von der Realisierung in einem konkreten DBMS und unabhängig von konkreten Anwendungen, um eine stabile Basis für die weiteren Entwurfsphasen zu besitzen. Als Beschreibungsformalismus wird ein abstraktes Datenmodell, wie das ERM eingesetzt. Die Anforderungen der Benutzer werden in formale Schemabeschreibungen überführt. Daraus resultieren das **konzeptuelle** und die **externen Schemata**, Letztere auch als **Sichten** (views) bezeichnet.

Für die Schemaentwicklung in dieser Phase existieren zwei Ansätze:
- Beim **Top-Down-Ansatz** wird zunächst das konzeptuelle Schema modelliert. Externe Schemata werden als nicht notwendig disjunkte Ausschnitte des konzeptuellen Schemas abgeleitet.
- Beim **Bottom-Up-Ansatz** werden die externen Schemata modelliert. Das konzeptuelle Schema resultiert aus deren Integration. Externe Schemata spiegeln die Anforderungen einzelner Anwender wider. Diese können sich überschneiden und Widersprüche enthalten. Eine wichtige Tätigkeit im Rahmen der Schemaintegration ist die Analyse der Schemata, die Erkennung von Konflikten und deren Auflösung.

Bei der **Analyse der Sichten** werden Konflikte zwischen Sichten, Redundanzen und Widersprüchlichkeiten (Inkonsistenzen) aufgedeckt. Konflikte treten u. a. auf:
- als **Namenskonflikt,** bei unbeabsichtigten Namensüberschneidungen oder -abweichungen durch die Verwendung von Synonymen und Homonymen,
- als **Typkonflikt**, indem verschiedene Datenstrukturen für das gleiche Element, basierend auf unterschiedlichen Aussagen von Benutzern zum UoD, modelliert werden,

- als **Bedingungskonflikt**, durch die Verwendung unterschiedlicher Integritätsbedingungen in Sichten,
- als **Strukturkonflikt**, durch die Verwendung von verschiedenen Modellierungsvarianten zu einem Sachverhalt.

Bei der *Schemaintegration* werden diese Konflikte gelöst und Beziehungen zwischen den Sichten identifiziert ($\to$ 13.7.3).

2.1.4 Logischer Entwurf

Auf Basis des konzeptuellen Schemas wird eine *weitere formale Beschreibung* der Datenstrukturen vorgenommen, wobei der Beschreibungsformalismus wechselt. Das logische Schema wird modelliert.

> Das **logische Schema** beschreibt die Datenstrukturen des UoD in Abhängigkeit vom konkreten Datenmodell des DBMS (Datenbankmodell).

Beispielsweise ist in dieser Phase die Entscheidung zu treffen, ob die Realisierung der DB mit einem konventionellen, meist relationalen DBMS ($\to$ 3) oder einem objektorientierten oder objektrelationalen DBMS ($\to$ 10) erfolgen soll. Es werden damit Voreinstellungen hinsichtlich der Modellierungskonzepte des Zielsystems vorgenommen. Die Entscheidung für das konkrete Zielsystem kann später fallen.

Die Entwicklung des logischen Schemas erfolgt in zwei Schritten ($\to$ Bild 2.2):

1. Im ersten Schritt kommt es zur **Transformation** des konzeptuellen Schemas auf ein (initiales) logisches Schema. Wird hier vom ERM auf das relationale Datenmodell abgebildet, kann dieser Schritt weitestgehend automatisiert werden, da ein etabliertes System von **Transformationsregeln** ($\to$ 3.3) existiert.
2. Der zweite Schritt dient der Verbesserung bzw. **Nachbearbeitung des logischen Schemas**. Ein wichtiges Optimierungskriterium ist die Minimierung der Redundanz. Weitere Kriterien, wie schneller Zugriff auf die Daten, können teilweise konkurrieren. Liegt das logische Schema im relationalen Datenmodell vor, erfolgt in diesem Schritt die **Normalisierung** ($\to$ 3.4). Mit Hilfe der Normalisierung können relationale Datenstrukturen so gestaltet werden, dass Einfüge-, Änderungs- und Löschoperationen auf den Datenbeständen ohne Probleme (*Anomalien*) ablaufen. Dazu werden Redundanzen durch Aufteilung von Relationen schrittweise reduziert.

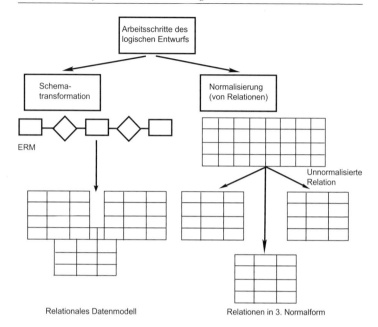

Bild 2.2 Arbeitsschritte des logischen Entwurfs

2.1.5 Datendefinition

In der Datendefinitionsphase werden die entwickelten logischen und externen Schemata mit Hilfe der Datenbanksprache des DBMS beschrieben. Für die **Beschreibung des logischen Schemas** steht die DDL, für die **Beschreibung der Sichten** die Sichtendefinitionssprache (View Definition Language, VDL) als Teil der DDL zur Verfügung.

Mit Hilfe der DDL werden beim relationalen Datenmodell Relationen, Attribute und Wertebereiche definiert. DDL und VDL sind Bestandteile der Sprache **SQL** (→ 4). Obwohl SQL standardisiert ist, existieren Dialekte, die in dieser Phase eingesetzt werden. Die Datendefinitionen sind also *vom DBMS abhängig*.

Neben den Datenstrukturen werden die Integritätsbedingungen mit den Mitteln der Datenbanksprache beschrieben, wie beispielsweise die Primär- und Fremdschlüsselbeziehungen beim relationalen Datenmodell. Ergebnis dieser Phase sind die DB-Schemata für das konkrete DBMS.

2.1.6 Physischer Entwurf

Gegenstand des physischen Entwurfs ist die **Entwicklung des internen Schemas** mit Hilfe der Speicherstruktursprache (Storage Structure Language, SSL) des DBMS. Dazu gehört die Definition der geeigneten Speicherform und möglicher Zugriffspfade für die Daten, z. B. der effektive Zugriff auf die Werte häufig genutzter Attribute über Indexdateien.

Ziel des physischen Entwurfs ist es, eine möglichst hohe Leistungsfähigkeit des DBS zu gewährleisten. Dazu gehören geringe Zugriffszeiten, hohe Durchsatzraten von Transaktionen und die optimale Ausnutzung des Speicherplatzes. In gewisser Weise erfolgt in dieser Phase eine **Optimierung** der DB-Definition ($\rightarrow$ 9).

2.1.7 Implementierung und Wartung

Der Entwurfsprozess schließt mit der tatsächlichen **Installation des DBS** in der Umgebung ab, in der der Dauerbetrieb realisiert wird. Hierzu gehört auch die Erfassung oder Generierung der Datenbestände mit Hilfe der Datenmanipulationssprache (Data Manipulation Language, DML) des DBMS. Bei Übernahme aus anderen (DB)-Systemen kommen weitere Migrationsaufgaben zum DB-Entwurf hinzu. Hierzu gehört u. a. der Abgleich der Datenstrukturen sowie die Entwicklung von Konvertierungsprogrammen.

Mit der Inbetriebnahme der DB beginnt die **Wartung**. Das DBS unterliegt einer fortlaufenden Anpassung an neue Anforderungen, wie u. a. strukturelle Veränderungen, Optimierung der physischen Realisierung der DB, Anpassung an neue Systemplattformen, Portierung auf neue DBMS.

2.2 Grundlagen des Entity-Relationship-Modells (ERM)

Das ERM gehört zu den semantischen Datenmodellen. Als abstraktes Datenmodell wird es zum Entwurf des konzeptuellen Schemas sowie zur Modellierung von Benutzersichten in der Phase des konzeptionellen Entwurfs eingesetzt. Es ermöglicht eine **erste formale Beschreibung** des Weltausschnitts, noch unabhängig von Datenmodell und DBMS der Realisierung der DB-Anwendung. Als allgemeiner Beschreibungsformalismus für Datenstrukturen jedweder Anwendung ist es der De-facto-Standard der Informationsmodellierung.

Entwickler des ERM ist Peter P. Chen. Er stellte die grundlegenden Bestandteile des ERM im Jahre 1976 vor /2.2/. Diese ersten Ideen von Chen werden als das klassische ERM bezeichnet. Teilmengen der in den Folgejahren publizierten Erweiterungen zum ERM werden unter der Bezeichnung EERM (Extended ERM) zusammengefasst /2.1/, /2.13/, /2.14/, /2.15/.

2.2.1 Semantische Datenmodelle

Semantische Datenmodelle wurden in den 70er Jahren entwickelt und gelten als stark vom relationalen Datenmodell (→ 3) beeinflusst. Sie berücksichtigen stärker semantische Aspekte.

> **Semantische Datenmodelle** beschreiben einen Weltausschnitt als Menge von Gegenständen (Objekten), zwischen denen wohldefinierte Beziehungen existieren und die durch Eigenschaften charakterisiert werden.

Ausgewählte Vertreter der semantischen Datenmodelle sind:
- das Relational Model/Tasmania (RM/T) von Codd,
- das Semantic Data Model (SDM) von Hammer/McLeod,
- das Functional Data Model (FDM) von Kerschberg,
- das Entity-Relationship-Modell (ERM) von Chen.

Durchgesetzt hat sich das ERM. Gründe sind u. a.
- die Beschränkung auf einfache und wenige Basiskonzepte,
- die Orientierung auf eine gute grafische Repräsentation,
- keine Beschränkung bez. des zu modellierenden Weltausschnitts, d. h. eine umfassende Anwendbarkeit des Datenmodells,
- die Unabhängigkeit von konkreten Datenmodellen der DBMS.

2.2.2 Grundkonzepte des klassischen ERM

Die grundlegenden *Modellelemente* des klassischen ERM sind das Entity als zu modellierende Informationseinheit, der Entitytyp, die Relationship oder Beziehung, der Relationship- oder Beziehungstyp, das Attribut, der Wert, der Wertebereich sowie die Rolle.

Die grafische Repräsentation des ERM ist das ER-Diagramm. Ein einfaches Beispiel für eine Modellierung im ERM zeigt Bild 2.3. Die Entitytypen Artikel und Lieferant werden über den Beziehungstyp Lieferung assoziiert (→ 2.2.2.2).

Bild 2.3 Beispiel für ein ER-Diagramm: Weltausschnitt „Artikellieferung"

2.2.2.1 Konzepte auf der Instanzebene

> Ein **Entity** ist ein abgrenzbarer, selbstständiger Gegenstand, ein Begriff, ein Ding, eine Person oder auch ein Ereignis des zu modellierenden Weltausschnitts.

Einzelne Entities werden im ER-Diagramm nicht dargestellt, sondern stets Mengen von gleichartigen Entities (*Entitymengen, entity sets*), die über den Entitytyp definiert werden.

❑ *Beispiel:* Entities sind in Bezug auf das Beispiel Artikellieferung (→ Bild 2.3) der Lieferant „Koch & Krug", der Artikel „SCSI-Kabel" etc.

Zwischen Entities werden Beziehungen oder Relationships definiert.

> Eine **Beziehung** ist die logische Verknüpfung von zwei oder mehreren Entities.

❑ *Beispiel:* Beziehungen in Bezug auf das Beispiel sind die logische Verknüpfung „liefert" zwischen dem konkreten Lieferanten und Artikel. Der Lieferant „Koch & Krug" liefert den Artikel „SCSI-Kabel".

Aus den gleichen Gründen, die für Entities gelten, werden auch Beziehungen im ER-Diagramm nicht dargestellt, sondern stets Beziehungsmengen, die über den Beziehungstyp definiert werden. Eine *Beziehungsmenge (relationship set)* ist die Menge aller Beziehungen zwischen den Entities von zwei oder mehreren Entitymengen. In Bild 2.4 wird eine eigene Notation verwendet, um beispielhaft einige Entities und Beziehungen des Weltausschnitts zu visualisieren.

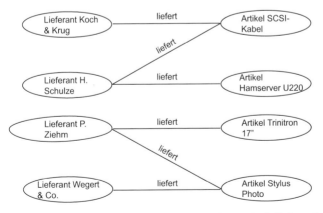

Bild 2.4 Entities und Beziehungen eines Weltausschnitts „Artikellieferung"

> Entities und Beziehungen werden über **Werte** (values) näher beschrieben. Wertemengen gehören einem **Wertebereich** (domain) an.

Der Wertebereich wird in der Regel über einen Standard-Datentyp wie z. B. CHAR() für Zeichenketten, INTEGER für ganze Zahlen, DATE für Datumswerte beschrieben.

- *Beispiel:* In Bild 2.4 werden die Entities Lieferant über die Werte des Namens repräsentiert, die Entities Artikel über die Werte der Bezeichnung.

2.2.2.2 Konzepte auf der Typebene

> Mengen gleichartiger Entities werden über einen **Entitytyp** definiert und im ER-Diagramm als *Rechteck* dargestellt. Kriterium der Gleichartigkeit von Entities sind deren Eigenschaften.

- *Beispiel:* Alle Lieferantenobjekte können über den Entitytyp Lieferant definiert werden, wenn sie über gemeinsame Eigenschaften wie Nummer, Name, Ort und Bankverbindung verfügen.

Eine DB enthält endlich viele Entitytypen. Die Entitymengen der Entitytypen müssen nicht disjunkt zueinander sein. Beispielsweise kann eine DB Informationen zu Kunden und Lieferanten beinhalten. Die Entitymenge des Typs Kunde kann Überschneidungen zur Entitymenge des Typs Lieferant aufweisen: Es gibt Kunden, die gleichzeitig Lieferant sind.

Entitytypen werden aus einer textlichen Beschreibung des Weltausschnitts und dabei häufig aus *Substantiven* abgeleitet.

> Gleichartige Beziehungen werden über den **Beziehungstyp** definiert und im ER-Diagramm als *Raute* dargestellt. Kriterium für die Gleichartigkeit der Beziehungen sind gleichartige Eigenschaften sowie die Verknüpfung gleichartiger Entities.

- *Beispiel:* Die Beziehungen „liefert" zwischen den Entities der Entitytypen Lieferant und Artikel können über den Beziehungstyp „Lieferung" definiert werden.

> **Attribute** werden Entitytypen und Beziehungstypen als **Eigenschaften** zugeordnet. Sie erlauben deren Charakterisierung, Identifizierung und Klassifizierung.

- *Beispiel:* Attribute des Entitytyps Lieferant sind u. a. Name, Ort und Bankverbindung, Attribute des Beziehungstyps Lieferung sind Menge und Preis.

2.2 Grundlagen des Entity-Relationship-Modells (ERM)

Attribute werden im ER-Diagramm den Entity- bzw. Beziehungstypen über *Ellipsen* zugeordnet (→ Bild 2.5).

Bild 2.5   ER-Diagramm „Artikellieferung" mit Attributen

Oftmals werden sie aus Vereinfachungsgründen aus dem Diagramm ausgeblendet und sind textuell den Entity- und Beziehungstypen zugeteilt. Die textuelle Notation ist /1.2/, /1.4/:

Entitytyp (Attribut$_1$: Datentyp$_1$, ..., Attribut$_n$: Datentyp$_n$).

❑ *Beispiel:* Eine textuelle Notation des Entitytyps Lieferant mit Attributen ist: Lieferant (Name: char(25), Ort: char(50), Bank: char(50)).

2.2.2.3   Rollenmodellierung

Jedes Entity eines Entitytyps erfüllt eine *Funktion* in einer Beziehung. Diese Funktion wird als **Rolle** bezeichnet und über eine Beschriftung der

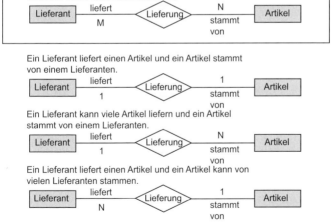

Bild 2.6   Kardinalitäten des Beziehungstyps Lieferung

Kantenenden des Beziehungstyps im ER-Diagramm dargestellt /2.4/, /2.8/, /2.16/.

❑ *Beispiel:* Das Lieferantenobjekt hat in der Beziehung „Lieferung" zu den Artikelobjekten die Rolle „liefert", das Artikelobjekt die Rolle „stammt von" (→ Bild 2.6).

2.2.3 Kardinalitäten von Beziehungstypen

2.2.3.1 Kardinalitäten im klassischen ERM

Beziehungstypen werden auch *quantitativ* beschrieben. Dafür existieren grundsätzlich *zwei Ansätze*, die mit unterschiedlicher Genauigkeit die Quantifizierung des Beziehungstyps möglich machen. Im klassischen ERM wird die mengenmäßige Beschreibung der Beziehungstypen mit der $(1, M, N)$-Notation vorgenommen und die Angabe als *Kardinalität* bezeichnet /2.4/, /2.11/.

> Die **(1, M, N)-Notation** liefert folgende Aussage: Wie viele Entities eines Entitytyps *können* mit wie vielen Entities eines anderen Entitytyps *maximal* in Beziehung stehen?

Bei der Beschreibung eines konkreten Beziehungstyps wird jede Beziehung in zwei gerichtete Teilbeziehungen zerlegt und getrennt betrachtet. Hierbei können die Rollen eine gute Unterstützung bieten.

❑ *Beispiel:* Für die Betrachtung der Beziehung „Lieferung" zwischen Lieferant und Artikel resultieren folgende Überlegungen: Ein Lieferantenobjekt steht mit wie vielen Artikelobjekten maximal in Beziehung bzw. wie viele Artikel liefert ein Lieferant? Ein Artikelobjekt steht mit wie vielen Lieferantenobjekten maximal in Beziehung bzw. ein Artikel stammt von wie vielen Lieferanten?

Als mögliche Maxima kommen bei der $(1, M, N)$-Notation in Betracht: 1 und viele (N bzw. M). Daraus ergeben sich als Möglichkeiten der Quantifizierung von Beziehungstypen: $1:1$, $1:N$, $N:1$, $M:N$.

Angewendet auf das Beispiel des Beziehungstyps Lieferung sind die Kardinalitäten wie in Bild 2.6 zu interpretieren. Sinnvoll ist hier insbesondere die umrahmte $M:N$-Beziehung.

2.2.3.2 Intervalle und Komplexitätsgrade

Zur Quantifizierung wird aktuell in der Regel mit der **(min,max)-Notation** gearbeitet. Diese stellt eine Erweiterung zur $(1, M, N)$-Notation dar:

■ Der Wertebereich wird durch die Einbeziehung des Minimums 0 erweitert.

2.2 Grundlagen des Entity-Relationship-Modells (ERM)

- Kardinalitätsangaben werden als Intervalle über einen minimalen und maximalen Wert realisiert. Die möglichen Wertebereiche sind {0,1} beim Minimum und {1,*} beim Maximum. Das Symbol '*' hat die Bedeutung von „unbegrenzt".
- Die Kardinalitätsangaben fungieren als Teilnahmezahlen eines Entities an einer Beziehung und beschreiben den *Komplexitätsgrad*. Die Angabe des Maximums erfolgt dadurch seitenverkehrt zur (1, *M*, *N*)-Notation.

> Bei Verwendung von **Komplexitätsgraden** wird die Beziehung gedanklich geteilt und folgende Aussage je Hälfte getroffen: Ein Entity eines Entitytyps *muss minimal* und *kann maximal* an wie vielen Beziehungen beteiligt sein?

❏ *Beispiel:* Angewendet auf das Beispiel des Beziehungstyps Lieferung wird nun folgende Aussage möglich: Ein Lieferant muss minimal einen Artikel liefern: Minimum 1. Er ist als Lieferant in der DB nicht zulässig, solange er nicht mindestens einen Artikel geliefert hat. Maximal wird ein Lieferant viele Artikel liefern: Maximum *. Ein Artikel muss nicht unbedingt geliefert werden, da er auch eigenproduziert sein kann: Minimum 0. Ein Artikel kann von vielen Lieferanten stammen: Maximum * (→ Bild 2.7).

▶ *Hinweis:* Im praktischen Einsatz werden für Intervallangaben oft verkürzte Schreibweisen genutzt: $(0, 1) = c$, $(1, 1) = 1$, $(1, *) = n$, $(0, *) = cn$. Auch grafische Varianten sind in Nutzung: Krähenfuß-, Bachman- sowie toolspezifische Notationen.

Bild 2.7 Kardinalitäten des Beziehungstyps Lieferung mit (min, max)-Notation

2.2.4 Existenzabhängigkeit vs. Optionalität

Durch die Verwendung der (min, max)-Notation können **Existenzabhängigkeiten** zwischen Entities beschrieben werden. Ein Entity ist von einem anderen existenzabhängig, wenn es nur bestehen kann, solange das andere Entity existiert.

❏ *Beispiel:* Ein Objekt Lieferant ist existenzabhängig von einem Objekt Artikel. Ein Lieferant muss mindestens einen Artikel liefern (→ Bild 2.7).

Die Existenzabhängigkeit wird über das *Minimum 1* der (min, max)-Notation ausgedrückt:

> Liegt das *Minimum 1* genau *einmal* in einem Beziehungstyp vor, so handelt es sich um eine **einseitige** Existenzabhängigkeit.
>
> Liegt das *Minimum 1* *mehr als einmal* in einem Beziehungstyp vor, so handelt es sich um eine **wechselseitige** Existenzabhängigkeit.

Existenzabhängigkeiten haben Auswirkung auf die DML-Operationen.

❑ *Beispiel:* Wenn ein Lieferantenobjekt *eingefügt* werden soll, so muss ihm ein Artikelobjekt zugeordnet werden, wird ein Lieferantenobjekt *gelöscht*, so müssen sämtliche Zuordnungen zu Artikelobjekten gelöscht werden.

Existenzabhängigkeiten sollten bei großen Diagrammen überschaubar dargestellt werden: Die unabhängigen Entitytypen werden weiter links, die von ihnen abhängigen Entitytypen stufenweise rechts positioniert /2.11/.

Existenzabhängigkeiten spielen bei der Abbildung auf das relationale Datenmodell eine wichtige Rolle (→ 3.3.3).

2.2.5 Rekursive und *n*-äre Beziehungstypen

Bisher wurden ausschließlich Beziehungen zwischen Entities zweier unterschiedlicher Entitytypen betrachtet. Diese werden als **binäre Beziehungstypen** bezeichnet. Neben diesen existieren weitere Konstellationen in Bezug auf die *Anzahl* der beteiligten **Entitytypen**: rekursive und *n*-äre Beziehungstypen.

2.2.5.1 Rekursive Beziehungstypen

> Ein **rekursiver Beziehungstyp** setzt Entities ein und desselben Entitytyps in Beziehung.

Entities eines Entitytyps können in einem rekursiven Beziehungstyp zwei unterschiedliche *Rollen* einnehmen. Um eine korrekte Quantifizierung des rekursiven Beziehungstyps zu erreichen, ist die Rollenmodellierung zwingend.

❑ *Beispiel:* Soll ausgedrückt werden, dass sich ein Artikel aus verschiedenen anderen Artikeln zusammensetzen kann, so ist dazu ein rekursiver Beziehungstyp auf dem Entitytyp Artikel notwendig (→ Bild 2.8). Der Artikel kann die Rollen „geht ein in" sowie „ist zusammengesetzt aus" annehmen. Der Komplexitätsgrad für beide Rollen des Artikels ist (0,*).

2.2 Grundlagen des Entity-Relationship-Modells (ERM)

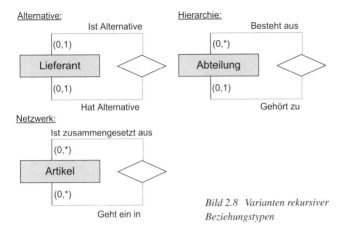

Bild 2.8 Varianten rekursiver Beziehungstypen

Rekursive Beziehungstypen treten auf:
- als *Alternative* mit den Komplexitätsgraden (0,1),
- als *Hierarchie* mit den Komplexitätsgraden (0,1) und (0,*) sowie
- als *Netzwerk* mit den Komplexitätsgraden (0,*).

Um eine endliche Anzahl von Beziehungen zu garantieren, ist das Minimum 0 zwingend. Insofern sind andere als die genannten Kombinationen von Komplexitätsgraden nicht sinnvoll.

❑ *Beispiel:* Hier wurde zum einen eine Abteilungshierarchie modelliert. Beim Beispiel für eine Alternative wurde angenommen, dass zu einem Lieferanten (höchstens) ein Alternativlieferant möglich ist (→ Bild 2.8).

2.2.5.2 *N*-äre Beziehungstypen

> Über einen **n-ären Beziehungstyp** werden Entities von mehr als zwei Entitytypen miteinander in Beziehung gesetzt.

N-äre Beziehungstypen lassen sich nicht verlustfrei auf binäre Beziehungstypen reduzieren.

❑ *Beispiel:* Ein *n*-ärer Beziehungstyp ist zur Abbildung des folgenden Sachverhalts zwingend notwendig (→ Bild 2.9): Artikel werden von Lieferanten für Projekte geliefert. Die Komplexitätsgrade ergeben sich folgendermaßen: Ein Lieferant muss mindestens einen Artikel liefern: (1,*). Ein Artikel muss nicht für ein Projekt (Eigenproduktion), kann aber für viele Projekte geliefert werden: (0,*). Ein Projekt verwendet mindestens einen Artikel: (1,*).

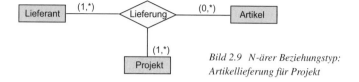

Bild 2.9 N-ärer Beziehungstyp: Artikellieferung für Projekt

2.2.6 Attribute

Attribut vs. Entitytyp

Attribute unterscheiden sich von *Entitytypen* durch folgende Merkmale:
- Ein Entitytyp ist eigenständig, ein Attribut ist einem Entitytyp zugeordnet.
- Ein Entitytyp besitzt Merkmale, ein Attribut wird nur durch seinen Namen und seinen Wertebereich repräsentiert.

Die Entscheidung Attribut vs. Entitytyp ist kontextabhängig.

❏ *Beispiel:* Der Lieferant ist als Entitytyp zu modellieren, wenn man Eigenschaften wie z. B. Name, Ort und auch Beziehungen hinterlegen möchte. Ist nur der Name als Information ausreichend, erfolgt die Modellierung als Attribut.

Schlüssel- vs. Nichtschlüsselattribut

Nach dem Kriterium der *Zugehörigkeit zum Schlüssel* werden Schlüssel- von Nichtschlüsselattributen unterschieden.

> Eine Attributmenge wird als **Schlüssel** bezeichnet, wenn sie eine *eindeutige* Identifizierung eines Entities eines Entitytyps ermöglicht und *minimal* ist.

Minimalität ist gegeben, wenn keine Attribut-Teilmenge identifizierend ist. Oft werden einzelne Attribute als Schlüssel „künstlich" eingebaut. Für einen Entitytyp kann es mehrere Schlüssel geben. Der zur Identifizierung genutzte Schlüssel wird als Primärschlüssel bezeichnet und unterstrichen.

❏ *Beispiel:* Schlüsselattribut des Entitytyps Lieferant ist die Lieferantennummer.

Alle Attribute außerhalb des Schlüssels werden als **Nichtschlüsselattribute** bezeichnet. Sie *charakterisieren* Entity- und Beziehungstypen. Um Redundanzen zu vermeiden, sollte bei der Zuordnung von Nichtschlüsselattributen beachtet werden: Jedes Nichtschlüsselattribut muss bezüglich der gesamten Attributmenge des konzeptuellen Schemas eindeutig sein, d. h. es sollte nicht mehrfach in einem Schema zugeordnet werden. Homonyme sind erlaubt.

2.2 Grundlagen des Entity-Relationship-Modells (ERM)

❏ *Beispiel:* Der Name des Lieferanten dürfte insofern nicht dem Lieferanten und der Lieferung (zweifach) zugeordnet werden. Ein Attribut Name bei Lieferant und Artikel ist zulässig, wenn damit einerseits der Firmenname und andererseits die Artikelbezeichnung umgesetzt wird.

2.2.7 Modellierungsbeispiel

Anhand nachfolgender Aufgabenstellung soll die Modellierung eines konzeptuellen Schemas auf Basis des ERM zusammenfassend dargestellt werden. Mit der Beschreibung des Sachverhaltes wird ein mögliches Ergebnis der Phase *Anforderungsanalyse* vorgegeben.

Beschreibung des Sachverhaltes

❏ *Beispiel:* Ein Unternehmen verkauft bestimmte Artikel über ein Netz von Vertretern. Vertreter sind hierarchisch jeweils einem Hauptvertreter unterstellt, Hauptvertreter müssen nicht unterstellt sein. Jeder Vertreter betreut einen ihm zugewiesenen Kreis von Kunden. Er ist Hauptansprechpartner für genau einen Kunden. Ein Kunde wird von genau einem Vertreter betreut. Kunden gehören zu einer Branche, z. B. Chemie, Fahrzeugbau etc., und werden in Abhängigkeit vom Auftragsvolumen einer Kundengruppe zugeordnet. Als Beispiel einer Kundengruppe sollen hier Großabnehmer, Normalkunde und Kleinabnehmer dienen. Kunden erteilen Aufträge, die jeweils ein bis mehrere Artikel des Sortiments des Unternehmens in bestimmten Mengen umfassen. Das Artikelsortiment des Unternehmens ist in verschiedene Produktgruppen unterteilt, wie Server, Drucker und Monitore. Die Kundenaufträge werden nach Bearbeitungsstand in Status-Kategorien eingeordnet: erfasst, bestätigt, fakturiert und geliefert. Jeder Auftrag kann zu einem Zeitpunkt genau einen Status annehmen.

Vorgehen bei der Entwicklung des ER-Diagramms. Um aus der oben genannten textlichen Beschreibung ein ER-Diagramm abzuleiten, empfiehlt sich folgendes Vorgehen:
- Zunächst werden aus den *Substantiven* die *Entitytypen* und *Attribute* abgeleitet. Kontextbezogen erfolgt deren Zuweisung.
- Den *Verben* werden Hinweise auf *Beziehungstypen* entnommen. Entity- und Beziehungstypen stellt man im ER-Diagramm dar. Die Kardinalitäten werden definiert.
- Jetzt erfolgt die Zuordnung der Attribute zu den Entity- und Beziehungstypen.

Das resultierende ER-Diagramm für das Modellierungsbeispiel ist aus Bild 2.10 ersichtlich. Das Schema wurde nach den Existenzabhängigkeiten von links nach rechts aufgebaut: Unabhängige Entitytypen sind die Kundengruppe und die Kundenbranche, von denen der Entitytyp Kunde abhängig ist. Ebenfalls als unabhängig wurden die Produktgruppe und der Auftragssta-

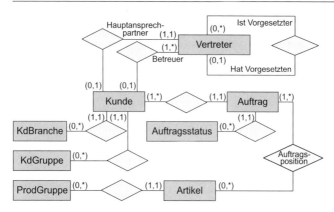

Bild 2.10 Resultierendes ER-Diagramm für den Weltausschnitt

tus modelliert. Der Vertreter ist vom Kunden abhängig. Das am stärksten abhängige Modellelement ist die Auftragsposition.

2.3 Erweiterungen des ERM

Neben dem klassischen ERM existieren viele Erweiterungen unter der Bezeichnung **EERM** (*Extended ERM*). Diese dienen u. a. der Präzisierung der Modellelemente des klassischen ERM. Als eine wichtige Klasse von Erweiterungen wird nachfolgend die Präzisierung der Attribute durch Verwendung *abgeleiteter* und *mehrwertiger* Attribute behandelt /1.2/, /1.4/.

Eine bedeutsame Erweiterung des ERM, die darauf abzielt, Möglichkeiten zur *Abstraktion* in einem Schema zu schaffen, betrifft die Erweiterung um Abstraktionsarten. Diese geht auf einen Artikel von J. M. Smith und D. C. P. Smith aus dem Jahre 1977 zurück /2.13/ und behandelt Generalisierung und Aggregation. Abschließend wird auf die Modellierung zeitlicher Aspekte eingegangen.

2.3.1 Erweiterungen bei Attributen

Abgeleitete Attribute

Bisher wurden Attribute betrachtet, deren Werte abgespeichert werden. Diese sind nachfolgend als **primär** bezeichnet. Als **abgeleitet** werden Attribute bezeichnet, deren Wert über eine Berechnungsvorschrift erzeugt wird. In der Regel liegen primäre Attribute vor. Abgeleitete Attribute werden über die Abfrage zur Ermittlung ihres aktuellen Wertes deklariert und durch gepunktete Begrenzungslinien im ER-Diagramm notiert.

- ❏ *Beispiel:* Aus den primären Attributen Umsatzsoll und Umsatzhaben könnte der Saldo abgeleitet werden.

Mehrwertige Attribute

Nach dem *Kriterium des Wertebereiches* werden **elementare** und **mehrwertige** Attribute unterschieden.

In der Regel liegen **elementare** Attribute vor, die einen Wert je Entity besitzen. **Mehrwertige** Attribute liegen dann vor, wenn für ein Entity zu einem Attribut mehrere Werte existieren. Sind diese Werte strukturell verschieden, so ist das Attribut zusammengesetzt, anderenfalls mengenwertig. **Zusammengesetzte Attribute** werden durch die hierarchische Aufspaltung in Teilattribute (Attributbaum) dargestellt. **Mengenwertige Attribute** sind mit einer doppelten Begrenzungslinie markiert.

- ❏ *Beispiel:* Das Attribut Name des Entitytyps Lieferant weist einen Wert auf: Es ist ein elementares Attribut. Das Attribut Telefonnummer eines Lieferanten kann mehrere Werte aufweisen, es handelt sich um ein mengenwertiges Attribut. Die Anschrift des Lieferanten besteht aus PLZ, Ort, Straße und ist ein zusammengesetztes Attribut.

2.3.2 Generalisierung und Spezialisierung

> Bei der **Generalisierung** wird eine Menge als ähnlich betrachteter Objekte zu einem neuen, generischen Objekt zusammengefasst.

Ein Objekt im Sinne der Generalisierung ist ein Bestandteil eines Schemas. Insofern können ähnliche Werte, Entities oder Beziehungen zusammengefasst werden. Das Gegenteil der Generalisierung ist die **Spezialisierung**. Die Generalisierung wird implizit im ERM bei der Bildung von Attributen, Entity- und Beziehungstypen angewendet (→ 2.2.2.2). Als Erweiterung ist sie notwendig, um gleichartige Entitytypen zusammenzufassen und Redundanzen im Schema zu minimieren. Die gleichartigen Entitytypen werden als Subtypen bezeichnet, der generische Entitytyp als Supertyp. Super- und Subtypen sind im ER-Diagramm über Kanten mit einem Richtungssymbol verbunden und bilden die Generalisierungshierarchie (→ Bild 2.11, 2.12).

Bei der Generalisierung ist zu beachten:
- Dem **Supertyp** werden allgemein zutreffende Attribute zugeordnet.
- Der Supertyp kann einen **Diskriminator** als weiteres Attribut aufnehmen, dessen Wertebereich die Bezeichner aller Subtypen umfasst.

- Jeder **Subtyp** besitzt die speziellen **Attribute**.
- Subtypen und Supertyp besitzen den **gleichen Schlüssel**.
- Subtypen sind einseitig **existenzabhängig** vom Supertyp.

Eine Hierarchie von Super- und Subtypen beschreibt Entities, die gedanklich und strukturell zerlegt werden. Ein Teil der Eigenschaften der Entities wird dem Supertyp zugeordnet, ein anderer, der spezielle Teil der Eigenschaften, dem Subtyp. Um die Information zum kompletten Entity abzufragen, sind Supertyp und Subtypen einzubeziehen.

❑ *Beispiel:* Die Entitytypen Kunde und Lieferant enthalten gemeinsame Attribute mit ähnlichen Datentypen, wie z. B. Kunden-/Lieferantennummern als Schlüssel, Name, PLZ, Ort, Straße. Diese Attribute kennzeichnen die Menge der Kunden und die Menge der Lieferanten als Geschäftspartner des Unternehmens. Andererseits existieren beim Kunden spezielle Attribute, wie z. B. Umsatzsoll und Umsatzhaben, die beim Lieferanten nicht vorkommen. Wichtige spezielle Attribute des Lieferanten sind Kontonummer und Bankleitzahl. Durch Generalisierung entsteht aus den gemeinsamen Attributen der Entitytyp Geschäftspartner als Supertyp. Die Entitytypen Kunde und Lieferant bilden Subtypen.

Arten von Subtypen

Bei der Bildung von Generalisierungshierarchien sind – ähnlich den Kardinalitäten der Beziehungstypen – quantitative Aussagen erforderlich /2.7/, /2.17/. Diese betreffen

- die mengenmäßigen Beziehungen der Entities der Subtypen untereinander und
- die mengenmäßigen Beziehungen der Entities des Supertyps in Bezug auf die Entities aller Subtypen.

Die Betrachtung der quantitativen Beziehungen der Subtypen erfolgt unter dem Aspekt der Disjunktheit. Seien E_1 und E_2 Subtypen in einer Generalisierungshierarchie, dann gilt:

- **Disjunkte Objektmengen** der Subtypen ($E_1 \cap E_2 = \emptyset$) werden durch den Eintrag „ISA" (abgeleitet aus „is a") im Dreieck gekennzeichnet.
- Bei **nicht disjunkten Objektmengen** ($E_1 \cap E_2 \neq \emptyset$) wird kein Eintrag oder das Teilmengensymbol im Dreieck vermerkt.

Ohne spezielle grafische Notation ist die Disjunktheit durch das *Maximum* des Komplexitätsgrades beim Supertyp definiert: Bei disjunkten Mengen ist das Maximum genau 1, bei nicht disjunkten Mengen ergibt sich das Maximum aus der Anzahl der Subtypen (→ Bild 2.11, 2.12).

Bei der Betrachtung der Beziehungen zwischen den Super- und Subtypobjekten sind folgende Varianten relevant. Seien E_1 und E_2 Subtypen einer Generalisierungshierarchie, G der Supertyp:

- Die Menge der Entities der Subtypen ist identisch zur Menge der Entities des Supertyps. Die Menge der Subtypobjekte **überdeckt vollständig** die Menge der Supertypobjekte.

  Für E_1, E_2, G gilt: $E_1 \cup E_2 = G$

- Die Menge der Entities des Supertyps ist größer als die Menge der Entities der Subtypen insgesamt. Diese Objektmengen **überdecken nicht vollständig** die Menge der Supertypobjekte.

  Für E_1, E_2, G gilt: $E_1 \cup E_2 \subset G$.

Die Darstellung dieser mengenmäßigen Beziehungen erfolgt im ER-Diagramm durch die Angabe des *Minimums* im Komplexitätsgrad des Supertyps: Bei vollständiger Überdeckung ist das Minimum 1, bei unvollständiger Überdeckung ist das Minimum 0.

❑ *Beispiel:* Für die Generalisierungshierarchie Geschäftspartner gelte: Gibt es Geschäftspartner, die sowohl Kunde als auch Lieferant sind, sowie daneben noch weitere Geschäftspartner, so handelt es sich um nicht disjunkte Objektmengen der Subtypen und eine unvollständige Überdeckung (→ Bild 2.11).

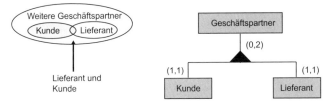

Bild 2.11 Generalisierungshierarchie mit unvollständiger Überdeckung und nicht disjunkten Objektmengen

❑ *Beispiel:* Soll dargestellt werden, dass Geschäftspartner entweder Kunde oder Lieferant sind und daneben keine weiteren Geschäftspartner existieren, so liegen disjunkte Objektmengen vor, die sich vollständig überdecken (→ Bild 2.12). Die beiden weiteren Varianten resultieren entsprechend.

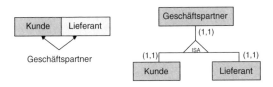

Bild 2.12 Generalisierungshierarchie mit vollständiger Überdeckung und disjunkten Objektmengen

Generalisierungshierarchien können mehr als zwei Subtypen umfassen und über *mehrere Hierarchiestufen* definiert werden. Ein Supertyp in einer Zwischenstufe kann gleichzeitig Subtyp eines übergeordneten Typs sein.

Eine Definition von Subtypen nach unterschiedlichen Kategorien ist möglich und kann je Kategorie einen eigenen Diskriminator erfordern.

❏ *Beispiel:* Der bisherige Diskriminator der Generalisierungshierarchie des Beispiels ist die Partnerart, ein weiterer würde sich aus der Zugehörigkeit zum EU-Wirtschaftsraum ergeben.

2.3.3 Aggregation

Mitunter ist es notwendig, Teile eines komplexen Schemas zusammenzufassen, um Details auszublenden. Das Aggregat, gebildet aus den Teilen, wird als Blackbox gesehen. Es erhält einen Namen und wird mit – möglicherweise – weiteren Aggregaten oder auch dem verbleibenden, detaillierten Schema verbunden. Dabei können Mengen von Entitytypen, Beziehungstypen und Attributen zu einem Aggregat gehören. Insbesondere Beziehungstypen lassen sich auf einer höheren Abstraktionsebene als (aggregierter) Entitytyp betrachten.

> Bei der **Aggregation** wird eine Menge verschiedener Objekte eines Schemas zu einem zusammengesetzten Objekt verdichtet.

Aggregation ist insbesondere bei großen, komplexen konzeptuellen Schemata angebracht, um die Komplexität zu reduzieren.

❏ *Beispiel:* Im Modellierungsbeispiel aus Bild 2.10 sind u. a. folgende Aggregate sinnvoll: ein Aggregat Kunde als Zusammenfassung der Entitytypen Vertreter, Kundengruppe, Kundenbranche und Kunde mit ihren Beziehungstypen und Attributen; ein Aggregat Auftrag als Zusammenfassung der Entitytypen Auftrag und Auftragsstatus sowie ein Aggregat Artikel als Zusammenfassung der Entitytypen Artikel und Produktgruppe (→ Bild 2.13).

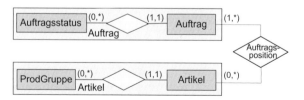

Bild 2.13 Aggregation am Beispiel von Auftrag und Artikel

Aggregate können selbst Gegenstand der Aggregation sein. Dadurch wird es möglich, ein stufenförmiges System von Verdichtungen zu einem Schema zu erzeugen. Durch die Aggregation wird beispielsweise auch ein komplexes Schema wie das eines SAP-Systems stufenweise lesbar.

▶ *Hinweis:* Das Gesamtschema eines SAP-Systems besteht aus einigen tausend Entitytypen mit einigen tausend Beziehungstypen. Eine Aggregationsstufe existiert beispielsweise auf der Ebene der Module, wie z. B. der Materialwirtschaft, Personalwirtschaft, Produktionsplanung und -steuerung. Innerhalb der Module gibt es weitere Aggregationsstufen.

2.3.4 Modellierung zeitlicher Aspekte

Die meisten Objekte eines UoD existieren zu einer bestimmten Zeit, sie durchlaufen eine Evolution. Ausprägungen von Eigenschaften und Beziehungen von Objekten zu anderen Objekten können sich im Verlaufe der Zeit ändern. Existiert die Anforderung, neben aktuellen auch historische (und evtl. zukünftige) Daten zu Objekten eines UoD in einer DB vorzuhalten, so verlangt dies eine Beachtung des Zeitaspekts bei der Modellierung des konzeptuellen Schemas. Man spricht von temporalen Daten.

> **Temporale Daten** verändern sich im UoD oder in der abbildenden DB und die Änderungshistorie soll gespeichert werden.

Die Zeitbindung eines Objektes wird über das Konzept der **Zeitstempelung** ausgedrückt. Erfolgt die Zeitstempelung nach dem Auftreten des Sachverhaltes im UoD, wird von **Gültigkeitszeit** gesprochen. Der Fakt ist innerhalb der Gültigkeitszeit wahr. Erfolgt die Zeitstempelung nach dem Zeitpunkt der Speicherung in der DB, dann wird der Zeitstempel als **Transaktionszeit** bezeichnet. Die Berücksichtigung beider Dimensionen wird als **bitemporale** Zeitstempelung bezeichnet

Zeitliche Aspekte betreffen alle Basiskonstrukte des ERM:
- Entitäten eines **Entitätstyps**
- Beziehungen eines **Beziehungstyps**
- Ausprägungen von Werten eines **Attributs**

Die Modellierung von Zeitstempeln kann im ERM erfolgen über:
- ein **Attribut Zeit**, das als Schlüsselattribut den existierenden Schlüssel erweitert, oder
- einen speziellen **Entitytyp**, der die **Zeit** ausdrückt, und der in Beziehung zu dem Entitytyp gesetzt wird, für den ein Zeitstempel abgebildet werden soll.

66   2 Informationsmodellierung

❏ *Beispiel:* Ein Artikel (Entität) wird innerhalb eines definierten Zeitraums produziert und ist in dieser Zeit im Artikelsortiment des Unternehmens verfügbar. Der Preis (Attributwert) des Artikels ändert sich zu definierten Zeiten (→ Bild 2.14).

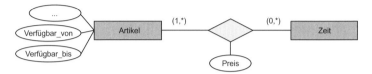

Bild 2.14   Zeitvariable Eigenschaft Preis und Zeitvariable Entität Artikel

❏ *Beispiel:* Der Status eines Auftrags (Beziehung) wechselt zu einem Zeitpunkt z. B. von „bestätigt" in „geliefert". Die Abbildung der Historie von Statusänderungen resultiert in einer *M:N*-Beziehung oder unter Einbeziehung eines Entitytyps Zeit in einer ternären Beziehung (→ Bild 2.15)).

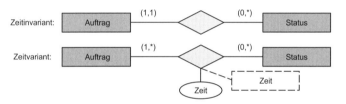

Bild 2.15   Zeitvariable Beziehung „Auftrag hat Status"

3 Relationales Datenmodell

Petra Sauer

Das relationale Datenmodell ist das am weitesten verbreitete Datenmodell und hat sich in einer großen Anzahl von Implementierungen in DBMS im praktischen Einsatz bewährt. Als Datenbankmodell für die Realisierung von DBS wird es im Datenbankentwurf für das logische Schema sowie zur Definition von Benutzersichten eingesetzt ($\rightarrow$ 2.1). Seine Vorzüge gegenüber anderen Datenmodellen bestehen in seiner Einfachheit und strikten mathematischen Fundierung.

Entwickler des relationalen Datenmodells ist E. F. Codd. Er stellte die grundlegenden Bestandteile des Datenmodells in den Jahren 1970 bis 1973 vor. Die klassische Arbeit, die die Grundlagen des Relationenmodells vorstellt, stammt aus dem Jahre 1970 /3.1/. In den Folgejahren entwickelte Codd das relationale Datenmodell weiter und schuf darauf aufbauend beispielsweise das Datenmodell RM/T. 1985 gab Codd 12 Regeln für ein **vollständig relationales DBMS** heraus /3.2/, /3.4/.

3.1 Konzepte und Grundbegriffe des relationalen Datenmodells

3.1.1 Relationen, Tupel, Attribute und Wertebereiche

Die grundlegende Datenstruktur des relationalen Datenmodells ist die **Relation**, die wie eine *Wertetabelle* aussieht. Die *Zeilen* werden als **Tupel**, die *Spalten* als **Attribute** der Relation bezeichnet. Die Deklaration der Relation erfolgt über ihr Relationenschema.

Jedes **relationale Datenbankschema** D besteht aus einer Menge von **Relationenschemata** $R: D := \{R_1, \ldots, R_n\}$. Aus einem Relationenschema lassen sich die **Relationen** ableiten. Ein solches Schema beschreibt inhaltlich einen Typ von Informationselementen des Weltausschnitts. Verglichen mit den Konzepten des ERM, können Entitytypen und Beziehungstypen über ein Relationenschema beschrieben werden, beide sind im Weiteren als Objekttyp und ihre Ausprägungen als Objekt bezeichnet. Im engeren Sinne ist die Beschreibung eines Relationenschemas auf die Datenstruktur begrenzt, im weiteren Sinne enthält sie auch die zur korrekten Handhabung der Daten erforderlichen Integritätsbedingungen ($\rightarrow$ Bild 3.1).

Zur Beschreibung der Datenstruktur werden die Modellelemente Attribut, Wertebereich, Relation und Tupel verwendet.

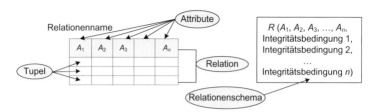

Bild 3.1 Grundlegende Konzepte des relationalen Datenmodells

> Ein **Attribut** repräsentiert eine Eigenschaft eines Objekttyps und wird über eine Tabellenspalte abgebildet.

❑ *Beispiel:* Als Eigenschaften der Objekte des Objekttyps Lieferant existieren u. a. Lieferantennummer, Name, Ort und Bankverbindung ($\to$ Bild 3.2).

> Ein **Wertebereich** oder eine Domäne dom(A) fasst die Menge der zulässigen Werte eines Attributes A zusammen und wird über Standarddatentypen wie INTEGER, STRING, DATE etc. abgebildet. Einschränkungen über Subwertebereiche oder Aufzählungsdatentypen sind möglich.

❑ *Beispiel:* Wertebereiche der Attribute des Objekttyps Lieferant könnten sein: ein Zeichenkettentyp der festen Länge 2 für die Lieferantennummer sowie Zeichenkettentypen variabler Länge für die weiteren Attribute.

> Eine **Relation** ist eine Teilmenge des *kartesischen Produktes* über den Wertebereichen ihrer Attribute. Inhaltlich repräsentiert die Relation eine Menge von Objekten eines Objekttyps.

Formal ist eine Relation r mit einer endlichen Menge von Attributen $\{A_1, A_2, \ldots, A_n\}$ und ihren Wertebereichen dom(A_1), dom(A_2), ..., dom(A_n) definiert als Teilmenge:

$$r \subseteq (\text{dom}(A_1) \times \text{dom}(A_2) \ast \ldots \ast \text{dom}(A_n)).$$

Die Relation r ist eine Ausprägung oder ein Zustand des Relationenschemas R: $r(R)$. Das Relationenschema ist die **Intension**, die Relation die **Extension**. Die aktuell vorhandene Relation als Ausprägung eines Relationenschemas wird als **Basisrelation** bezeichnet. Ein Relationenschema R mit der Attributmenge $\{A_1, A_2, \ldots, A_n\}$ wird dargestellt durch die Schreibweise: $R(A_1, A_2, \ldots, A_n)$. Später treten noch Integritätsbedingungen hinzu ($\to$ 3.2).

3.1 Konzepte und Grundbegriffe des relationalen Datenmodells 69

❑ *Beispiel:* Die Relation Lieferant stellt eine mögliche Ausprägung des Relationenschemas Lieferant dar (→ Bild 3.2). Das Relationenschema ist definiert: Lieferant (LiefNr, Name, Ort, Bank).

LiefNr	Name	Ort	Bank
L1	H. Schulz	Berlin	Neue Bank
L2	Koch & Krug	Köln	Sparkasse
L3	P. Ziehm	Berlin	Sparkasse
L4	Wegert & Co.	Köln	Sparkasse

Bild 3.2 Relation Lieferant

Die Anzahl der Attribute der Relation bestimmt den **Grad der Relation**. Im Beispiel der Relation Lieferant ist der Grad 4.

> Ein **Tupel** ist ein Element einer Relation. Es repräsentiert ein Objekt eines Objekttyps, für den die Relation definiert ist, und wird über eine Tabellenzeile dargestellt.

❑ *Beispiel:* Jedes Tupel der Relation Lieferant umfasst die verfügbaren Daten zu einem konkreten Lieferanten.

3.1.2 Eigenschaften von Relationen

Für die Verwendung der Modellelemente des relationalen Datenmodells sind die folgenden Grundregeln zu beachten /3.5/, /3.7/, /3.9/, /3.12/:

- Jede Relation wird als **zweidimensionale Tabelle** mit einer definierten Anzahl von Attributen und variabler Anzahl von Tupeln dargestellt.
- Tupel einer Relation müssen einzig sein, d. h., es dürfen keine zwei identischen Tupel existieren. Die Position eines Tupels in der Relation ist variabel.
- Der Name eines Attributs muss eindeutig sein. Die Position des Attributs in der Relation ist variabel.
- **Attributwerte** müssen **atomar** sein, d. h., zusammengesetzte und mehrwertige Attribute sind nicht zulässig. Diese Regel wird über die erste Normalform der Normalformenlehre definiert (→ 3.4.5).
- Ein Attributwert kann ein **Nullwert** sein. Ein Nullwert steht für einen nicht bekannten oder nicht verfügbaren Wert.
- Information wird ausschließlich über Werte ausgedrückt. Relationenübergreifende Information wird durch Übernahme von Attributwerten als **Fremdschlüssel** (→ 3.2) realisiert.

3.2 Integritätsbedingungen

3.2.1 Grundbegriffe

Die Grundregeln für das relationale Datenmodell schränken die erlaubten Werte einer Relation kaum ein. Lediglich die Mengeneigenschaft der Relation fordert **Einzigkeit der Tupel**. Eine Relation kann insofern alle möglichen (z. T. unsinnigen und unrealistischen) Wertekombinationen beinhalten, z. B. die Kombination „Koch & Krug", „Nürnberg" in der Relation Lieferant, obwohl der Ort in anderen Tupeln den Wert „Köln" hat. Um logische Widerspruchsfreiheit des Datenbestandes zu erreichen, sind deshalb Einschränkungen der zulässigen Werte einer Relation erforderlich. Dazu verwendet man **Integritätsbedingungen**.

Zum relationalen Datenmodell gehören die Primärschlüsselbedingung oder *Entitätsintegrität* (→ 3.2.2) und die Fremdschlüsselbedingung oder *referenzielle Integrität* (→ 3.2.3).

In jeder Relation existieren identifizierende Attribute bzw. Attributkombinationen (Mengen von Attributen). Jeder Wert einer identifizierenden Attributmenge identifiziert ein Tupel eindeutig. Gilt für die identifizierende Attributmenge, dass keine Teilmenge ihrer Attribute ebenfalls jedes Tupel eindeutig identifizieren kann, so nennt man diese Attributmenge einen *Schlüssel*.

> Ein **Schlüssel** ist jede *identifizierende* Attributmenge, die *minimal* ist. **Minimalität** ist erreicht, wenn keine Untermenge der Attribute bereits einen Schlüssel darstellt.

❑ *Beispiel:* Im Relationenschema Lieferant sind als Schlüssel vorhanden: {LiefNr} und {Name}. Andere Attributmengen können keinen Schlüssel bilden, weil sie nicht identifizieren können ({Ort, Bank}) oder nicht minimal sind ({Name, Bank}).

Alle Attribute eines Relationenschemas bilden zusammen eine identifizierende Attributmenge, aber nicht notwendigerweise einen Schlüssel.

3.2.2 Entitätsintegrität

In einer Relation können mehrere Schlüssel existieren. Diese werden als *Schlüsselkandidaten* bezeichnet.

> Ein **Schlüsselkandidat** ist ein Schlüssel einer Relation. Er ist eine minimale identifizierende Attributkombination.
>
> Ein Schlüssel, der die Funktion der Identifizierung in einer Relation übernehmen soll, muss für das DBMS ausgezeichnet werden. Er wird als **Primärschlüssel** bezeichnet. Im Relationenschema werden die Attribute des Primärschlüssels durch Unterstreichung gekennzeichnet.

Das DBMS überwacht die Attributwerte des Primärschlüssels, nicht aber die der Schlüsselkandidaten. Die Entitätsintegrität fordert für die Attributwerte eines Primärschlüssels:

- Sie sind *eindeutig* und
- sie enthalten *keinen Nullwert*.

Als Empfehlung gilt: Liegen mehrere Schlüsselkandidaten vor, wird derjenige als Primärschlüssel ausgezeichnet, der mit einer *minimalen Anzahl von Zeichen* auskommt.

❑ *Beispiel:* Im Relationenschema Lieferant können das Attribut LiefNr und das Attribut Name als Primärschlüssel ausgezeichnet werden. Da die Lieferantennummer mit nur 2 Zeichen auskommt, wird das Attribut LiefNr als Primärschlüssel definiert: Lieferant(LiefNr, Name, Ort, Bank).

Attribute, die Teil eines Schlüsselkandidaten sind, werden im Weiteren als **Schlüsselattribute** bezeichnet. Demgegenüber sind alle anderen Attribute **Nichtschlüsselattribute**.

3.2.3 Referenzielle Integrität

3.2.3.1 Begriff

Neben den Primärschlüsseln haben die Fremdschlüssel für die Sicherung der Konsistenz einer relationalen DB große Bedeutung.

> Ein **Fremdschlüssel** ist eine Attributmenge, die einen Primärschlüssel einer (anderen) Relation referenziert.

❑ *Beispiel:* Das Attribut *LiefNr* der Relation Lieferung ist ein Fremdschlüssel und referenziert das gleichnamige Attribut der Relation Lieferant. Das Attribut *ArtNr* in der Relation Lieferung ist Fremdschlüssel in Bezug auf den gleichnamigen Primärschlüssel der Relation Artikel (→ Bild 3.3).

> Die Fremdschlüsselbedingung oder **referenzielle Integrität** besagt, dass zu jedem Wert eines Fremdschlüssels einer Relation r_1 ein *gleicher* Wert des Primärschlüssels in einem Tupel der Relation r_2 vorhanden sein muss. r_1 und r_2 können zusammenfallen.

Lieferant

LiefNr	Name	Ort	Bank
L1	H. Schulze	Berlin	Neue Bank
L2	Koch & Krug	Köln	Sparkasse

Artikel

ArtNr	Bezeichnung	Beschreibung
5000	SCSI-Kabel	breit
2000	Hamserver U	Server

Korrespondierende Attributwerte

Lieferung

LiefNr	ArtNr	Menge	Termin	Preis
L1	5000	20	05. KW	28,00
L1	2000	100	10. KW	9250,00
L2	5000	5	12. KW	29,50

Bild 3.3 Zulässige Fremdschlüsselwerte am Beispiel der Relation Lieferung

❏ *Beispiel:* In der Relation Lieferung ist die Fremdschlüsselbedingung erfüllt: Die Lieferantennummer als Fremdschlüssel in der Relation Lieferung weist die Attributwerte L1 und L2 auf, die in der Relation Lieferant existieren. Die Artikelnummer in der Relation Lieferung weist die Attributwerte 2000 und 5000 auf, die in der Relation Artikel existieren. Jeder andere Wert ist unzulässig.

▶ *Hinweis:* Eine Fremdschlüsselbedingung kann formal als *Inklusionsabhängigkeit* $R_1.X < R_2.Y$ zwischen zwei Attributmengen X und Y aus den Relationenschemata R_1 bzw. R_2 spezifiziert werden. Dies bedeutet, dass die Menge der Werte in X eine Teilmenge der Werte in Y ist. Mehr Details findet man in /1.9/.

3.2.3.2 Regeln für Fremdschlüssel

Im Zusammenhang mit der Fremdschlüsselbedingung sollten die folgenden Regeln eingehalten werden:

- Fremdschlüssel und referenzierter Primärschlüssel sind auf dem *gleichen Wertebereich* definiert.
- Der Fremdschlüssel kann *Teil des Primärschlüssels* sein. Dann unterliegt er der Fremdschlüssel- und der Primärschlüsselbedingung.
- Der Fremdschlüssel ist möglicherweise auch ein *Nichtschlüsselattribut* und darf dann auch den *Nullwert* aufweisen.
- Ein Fremdschlüssel kann sich aus *mehreren Attributwerten* zusammensetzen.
- Eine *Relation* kann *mehrere Fremdschlüssel* besitzen, die die gleiche oder auch verschiedene Relation(en) referenzieren.
- Ein Fremdschlüssel ist in der Lage, den *Primärschlüssel der eigenen Relation zu referenzieren*.

- Ein Fremdschlüssel kann grundsätzlich jeden *Schlüsselkandidaten* einer Relation referenzieren, selbst wenn dieser nicht als Primärschlüssel definiert wurde.
- *Beispiel:* Die Relation Lieferung enthält einen zusammengesetzten Primärschlüssel, der aus den beiden Fremdschlüsseln LiefNr und ArtNr besteht.

3.2.3.3 Gewährleistung der referenziellen Integrität bei kritischen DML-Operationen

Insbesondere bei den *DML-Operationen Einfügen, Ändern und Löschen* muss die Einhaltung der referenziellen Integrität überwacht werden /3.6/, /3.11/. Sei r_1 die (referenzierende) Relation, die den Fremdschlüssel enthält, und r_2 die referenzierte Relation, dann sind folgende Operationen für die Konsistenz der DB kritisch:
- das Einfügen eines Tupels in Relation r_1,
- das Löschen eines Tupels in Relation r_2,
- das Verändern eines Primärschlüsselwertes in Relation r_2 und das Verändern eines Fremdschlüsselwertes in Relation r_1.

Folgende Beispiele sollen die **kritischen DML-Operationen** illustrieren ($\rightarrow$ Bild 3.4):
- Wird in der Relation Lieferant ein Tupel gelöscht, dann entstehen in der Relation Lieferung undefinierte Fremdschlüsselwerte. Das DBMS müsste in diesem Fall das Löschen eines Lieferantendatensatzes verbieten. Erst wenn die entsprechenden Datensätze in Lieferung gelöscht sind, darf der Lieferant in der Lieferantenrelation entfallen.
- Wird in der Relation Lieferant eine Lieferantennummer verändert, dann entstehen in der Relation Lieferung undefinierte Fremdschlüsselwerte. Das DBMS würde auch in diesem Falle die Veränderung zurückweisen müssen.
- Wird in der Relation Lieferung ein Tupel hinzugefügt, dann müssen dessen Fremdschlüsselwerte hinsichtlich eines zuordenbaren Primärschlüsselwertes in einer anderen Relation überwacht werden. Die zu verwendenden Lieferanten- und Artikelnummern müssen also bereits existieren.

Die aufgezeigten kritischen DML-Operationen kann das DBMS unterbinden. Dies ist der Standardfall. Diese Reaktion des DBMS gestaltet sich mitunter als nicht zweckmäßig, wenn dadurch viele Fehlermeldungen erzeugt werden. Deshalb existieren grundsätzlich die Optionen:
- Zurückweisen der DML-Operation (**Verbot**),
- Durchführung der kritischen DML-Operation (**Erlaubnis**).

74 3 Relationales Datenmodell

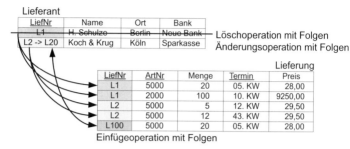

Bild 3.4 *Probleme bei Einfüge-, Änderungs- und Löschoperationen*

Im Falle des Verbots werden Änderungs- und Löschoperationen *zurückgewiesen*, wenn referenzierende Tupel existieren.

Im Falle der Erlaubnis sind die folgenden Optionen zu unterscheiden:
- **kaskadierende Operationen** durch Propagierung,
- Setzen von **Null- oder Default-Werten** für Fremdschlüssel.

Hier wird eine Lösch- oder Änderungsoperation an den referenzierten Attributwerten *nicht zurückgewiesen*. Im Falle der kaskadierenden Operation wird die DML-Operation für die referenzierenden Fremdschlüsselwerte *propagiert*, d. h. diese Operationen pflanzen sich über die Tupel der referenzierenden Fremdschlüsselwerte fort.

❑ *Beispiel 1:* Wird ein Lieferantentupel gelöscht, dann werden kaskadierend alle zugehörigen Lieferungstupel gelöscht.

❑ *Beispiel 2:* Wird die Lieferantennummer L2 auf L20 in der Relation Lieferant verändert, dann gewährleistet die kaskadierende Operation die adäquate Änderung in der Relation Lieferung.

Soll die kritische DML-Operation erlaubt sein, aber nicht das Weiterpropagieren, kann über Null- oder Default-Werte der betroffene Fremdschlüsselwert angepasst werden. Das Setzen eines Nullwertes funktioniert nur, wenn der Fremdschlüssel ein Nichtschlüsselattribut ist.

❑ *Beispiel:* Eine Lieferantennummer oder eine Artikelnummer darf nicht auf den Nullwert gesetzt werden, da beide Bestandteil des Primärschlüssels der Relation Lieferung sind. Ein Default-Wert, z. B. 99, kann gesetzt werden. Wird ein Lieferantentupel gelöscht, dann können die Tupel mit den Lieferungsdaten zu diesem Lieferanten erhalten bleiben. Die Lieferantennummer bekommt den Vorgabewert.

Diese Optionen stellen Varianten zum Umgang mit referenzieller Integrität dar und sind im Rahmen des Datenbankentwurfs kontextbezogen festzulegen. Der SQL-Standard (→ 4.7.5) unterstützt alle Optionen /3.13/.

3.3 Abbildung des EERM auf das relationale Datenmodell

3.3.1 Problemstellung

Beim Datenbankentwurf wird zunächst, ausgehend von der Anforderungsanalyse, ein **konzeptuelles Schema** entwickelt und mit den Mitteln des EERM ($\rightarrow$ 2.3) beschrieben. Realisierungen des konzeptuellen Schemas erfolgen auf der Grundlage derjenigen Datenmodelle, für die DBMS verfügbar sind, wie beispielsweise das Relationenmodell. Insofern kann das dem konzeptuellen Schema in der Entwicklung folgende **logische Schema** mit den Mitteln des relationalen Datenmodells beschrieben werden. Das logische Schema wird aus den Vorgaben des konzeptuellen Schemas abgeleitet. Für diese Ableitung sind Regeln erforderlich. Sie definieren, wie die Konstrukte der Datenmodelle aufeinander abgebildet werden /3.10/, /3.14/.

Die **Ziele** bei der Abbildung sind:
- Die *Information* des konzeptuellen Schemas muss möglichst *vollständig erhalten* bleiben. Dieses Ziel wird nicht immer erreicht, da das EERM weitaus mehr Konzepte besitzt als das relationale Datenmodell.
- Die entstehenden *Relationen* sollten minimal redundant sein, d. h. in der 3. Normalform vorliegen ($\rightarrow$ 3.4).
- Eine möglichst geringe Anzahl von Relationen sollte resultieren.
- Die Abbildung muss transparent und nachvollziehbar sein.

Nachfolgend werden die grundlegenden Abbildungsregeln vorgestellt. Mitunter existieren Varianten, auf die kurz eingegangen wird. Die Erläuterungen beziehen sich auf das konzeptuelle Schema aus Abschnitt 2.2.7. Es wird von den in Kapitel 2 eingeführten Konstrukten des EERM ausgegangen.

3.3.2 Abbildungsregeln für Attribute und Entitytypen

Zunächst sollen die Attribute betrachtet werden. Elementare Attribute sind den mehrwertigen Attributen gegenüberzustellen.

> **Elementare Attribute** und ihre **Wertebereiche** des ERM werden auf Attribute und Wertebereiche des relationalen Datenmodells abgebildet.

❏ *Beispiel:* Die Kundennummer, der Kundenname etc. werden transformiert in:
 Kunde(KundenNr char(4), Name varchar(30), ...).

> **Mengenwertige Attribute** werden in einer eigenen **Relation** abgelegt. Sie enthält das mengenwertige Attribut und den Primärschlüssel des zugehörigen Entity- oder Beziehungstyps als Fremdschlüssel.

❏ *Beispiel:* Die Telefonnummer des Kunden, die sich aus den Werten Vorwahl und Telefonnummer zusammensetzt und je Kunde in variabler Anzahl auftreten kann, wird in eine Relation Telefon ausgelagert. In die Relation Telefon wird die Kundennummer als Fremdschlüssel aufgenommen:
Telefon(*Kundennummer*, Vorwahl, Telefonnummer).

> **Strukturierte Attribute** werden in **elementare Attribute** zerlegt.

❏ *Beispiel:* Die Anschrift des Kunden, die sich aus den Werten Strasse, PLZ und Ort zusammensetzt, wird in die elementaren Attribute zerlegt.

> Ein **Entitytyp** wird mit seinen elementaren Attributen auf eine **Relation** abgebildet.

❏ *Beispiel:* Aus den Entitytypen und Attributen des Beispielschemas (→ 2.2.7) resultieren die Relationen:

Vertreter(VertreterNr, Nachname, Vorname, PLZ, Ort, Strasse, Provision)

Kundengruppe(KdGruNr, Beschreibung)

Kundenbranche(KdBraNr, Name, Kriterium)

Kunde(KundenNr, Name, PLZ, Ort, Strasse, Umsatzsoll, Umsatzhaben)

Telefon(Vorwahl, Telefonnummer, KundenNr)

Auftrag(AuftragsNr, Lieferscheindatum, LieferscheinNr, Rechnungsdatum, RechnungsNr)

Auftragsstatus(StatusNr, Statustext)

Artikel(ArtNr, Bezeichnung, Einkaufspreis, Verkaufspreis, Mengeneinheit, Bestand)

Produktgruppe(ProdGruNr, Name, Beschreibung, Kriterium)

3.3.3 Abbildungsregeln für Beziehungstypen

Beziehungstypen werden grundsätzlich auf Relationen abgebildet und enthalten die Primärschlüssel der am Beziehungstyp beteiligten Entitytypen. Die resultierenden Relationen können teilweise mit denjenigen Relationen zusammengefasst werden, die aus der Abbildung der Entitytypen entstehen. Kriterium für die Zusammenfassung ist die Gleichheit des Primärschlüssels. Nachfolgend werden beide Schritte zusammengefasst und für jeden der drei Beziehungstypen eine eigene Regel definiert.

> **Beziehungstypen der Kardinalität 1:1** werden auf Relationen abgebildet, indem der Primärschlüssel eines der beteiligten Entitytypen in die Relation des anderen Entitytyps als Fremdschlüssel übernommen wird. Die Richtung der Übernahme ist frei.

❑ *Beispiel:* Ein Beziehungstyp der Kardinalität 1:1 liegt bei der Beziehung zwischen Vertreter und Kunde vor, die die Aussage modelliert: Ein Vertreter ist Hauptansprechpartner für *genau einen* Kunden. Ein Kunde *kann* von einem Vertreter betreut werden (→ 2.2.7). Die Vertreternummer könnte in die Relation Kunde als Fremdschlüssel übernommen werden wie auch die Kundennummer in die Relation Vertreter. Beide Varianten wären korrekt. Man würde hier, in Anbetracht der Aussage, dass ein Vertreter Hauptansprechpartner für *genau einen* Kunden ist, die Kundennummer in die Relation Vertreter übernehmen. Die Vertreternummer in der Relation Kunde hätte z. T. einen Nullwert (Minimum 0). Die resultierende Relation hat folgendes Aussehen: Vertreter(VertreterNr, Nachname, Vorname, PLZ, Ort, Strasse, Provision, *Referenzkunde*).

Als (seltene) Variante der Transformation eines Beziehungstyps der Kardinalität 1:1 kann auch Folgendes verwendet werden: Der Beziehungstyp wird mit den beteiligten Entitytypen auf *eine einzige Relation* abgebildet. Diese Variante setzt eine *einseitige Existenzabhängigkeit* eines Entitytyps voraus (→ 2.2.4) und ist zu empfehlen bei *wechselseitiger Existenzabhängigkeit*.

❑ *Beispiel:* Bei einer 1:1-Beziehung zwischen Mitarbeiter und (Ehe-)Partner würde diese Transformationsvariante durchaus sinnvoll sein, wenn keine weiteren Beziehungstypen zu Ehepartner gehören.

> Ein **Beziehungstyp der Kardinalität 1:N** wird abgebildet, indem der N-Seite (bzw. derjenigen Seite mit dem Maximum 1) der Primärschlüssel des Entitytyps der 1-Seite (bzw. derjenigen Seite mit dem Maximum *) als Fremdschlüssel übergeben wird. Eventuell vorhandene Attribute des Beziehungstyps werden auch auf der N-Seite notiert.

❑ *Beispiel:* 1:N-Beziehungen existieren zwischen: Vertreter – Kunde, Kundengruppe – Kunde, Kundenbranche – Kunde, Produktgruppe – Artikel, Kunde – Auftrag, Auftragsstatus – Auftrag. Daraus resultieren Erweiterungen der Relationen Kunde, Auftrag und Artikel um die jeweiligen Fremdschlüssel. Die resultierenden Relationen sind:

Kunde(KundenNr, Name, PLZ, Ort, Strasse, Umsatzsoll, Umsatzhaben, *VertreterNr, KdGruNr, KdBraNr*)

Auftrag(AuftragsNr, Lieferscheindatum, LieferscheinNr, Rechnungsdatum, RechnungsNr, *KundenNr, StatusNr*)

Artikel(ArtikelNr, Bezeichnung, Einkaufspreis, Verkaufspreis, Mengeneinheit, Bestand, *ProdGruNr*)

▶ *Hinweis:* Die Übernahme des Primärschlüssels zur „falschen" Seite hat zur Folge, dass hochredundante Relationen entstehen: Im Beispiel Kunde – Branche müssten so viel redundante Datensätze zu einer Branche angelegt werden, wie Kunden zugeordnet sind.

> **Beziehungstypen der Kardinalität M:N** werden auf eine *eigene Relation* abgebildet. Die Primärschlüssel der beteiligten Entitytypen sind als Fremdschlüssel zu übergeben und können den zusammengesetzten Primärschlüssel der neuen Relation bilden. Alle Nichtschlüsselattribute des Beziehungstyps werden Nichtschlüsselattribute der Relation.

❑ *Beispiel:* Es existiert eine $M:N$-Beziehung zwischen Auftrag und Artikel. Daraus resultiert die Relation Auftragsposition, die die Primärschlüssel ArtNr und AuftragsNr der beteiligten Entitytypen als Kopie übernimmt und eigene Nichtschlüsselattribute aufweist: Auftragsposition (*AuftragsNr*, *ArtNr*, PositionsNr, BestellMenge, LieferMenge, Liefertermin, Auftragspreis).

> ***N*-äre Beziehungstypen** werden auf eine *eigene Relation* abgebildet. Der Primärschlüssel der Relation kann sich aus den Primärschlüsseln der beteiligten Entitytypen zusammensetzen, die als Fremdschlüssel in die Relation übergeben werden. In die Relation werden die eigenen Nichtschlüsselattribute des n-ären Beziehungstyps übernommen.

❑ *Beispiel:* Im Modellierungsbeispiel existiert kein n-ärer Beziehungstyp. Es wird auf das Beispiel bei der Einführung des n-ären Beziehungstyps in Abschnitt 2.2.5 zurückgegriffen: Ein Artikel wird von einem Lieferanten für ein Projekt geliefert. Für den Beziehungstyp resultiert die Relation Lieferung: Lieferung(*LiefNr,ArtNr, ProjektNr*,Menge).

> Ein **rekursiver Beziehungstyp** lässt sich auf eine *Relation* wie folgt abbilden: Der Primärschlüssel des Entitytyps wird zweimal als Fremdschlüssel aufgenommen, dabei sind durch Umbenennung eindeutige Namen zu gewährleisten. Hinzu kommen mögliche Nichtschlüsselattribute des Beziehungstyps.

❑ *Beispiel:* Im Modell existiert ein rekursiver Beziehungstyp Hierarchie auf dem Entitytyp Vertreter ($\rightarrow$ Bild 2.10). Er wird abgebildet auf die neue Relation: VertHierarchie(*Mitarbeiter, HauptVertreter*).

Als Modellierungsvariante für ausgewählte rekursive Beziehungstypen gilt: Die Abbildung erfolgt auf die Relation des Entitytyps, indem der Primärschlüssel dupliziert wird. Diese Variante ist nur für *rekursive Beziehungstypen der Kardinalitäten* 1:1 *und* 1:N anwendbar.

3.3 Abbildung des EERM auf das relationale Datenmodell

❑ *Beispiel:* Der rekursive Beziehungstyp auf Vertreter kann als Hierarchie auf die Relation Vertreter abgebildet werden: Vertreter(VertreterNr, Nachname, Vorname, PLZ, Ort, Strasse, Provision, *Referenzkunde, HauptVertreter*).

3.3.4 Abbildungsregeln für die Generalisierung

Für Generalisierungshierarchien existieren drei verschiedene Varianten der Transformation.

> Eine **Generalisierungshierarchie** wird derart abgebildet, dass *eigene Relationen* für den *Supertyp* und *alle Subtypen* angelegt werden. Der Supertyp enthält generalisierbare Attribute, den Primärschlüssel und evtl. ein Typkennzeichen. Die Subtypen beinhalten die speziellen Attribute und erben den Primärschlüssel des Supertyps.

❑ *Beispiel:* Die Generalisierungshierarchie Geschäftspartner zwischen den Subtypen Kunde und Lieferant wird auf drei Relationen abgebildet (→ Bild 3.5).

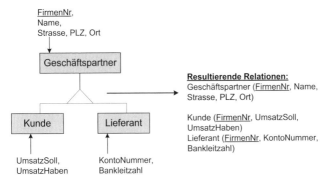

Bild 3.5 Transformation einer Generalisierungshierarchie

Neben dieser Modellierungsregel existieren zwei weitere Varianten für die Abbildung einer Generalisierungshierarchie:
- Die *komplette Hierarchie* wird in eine *Relation* überführt.
- Die *Generalisierungshierarchie* wird auf *so viel Relationen* abgebildet, *wie Subtypen* existieren. Dabei erfolgt quasi ein vertikaler Schnitt der Generalisierungshierarchie: Jede Relation übernimmt alle Attribute des Supertyps sowie diejenigen Attribute eines Subtyps.

Die **erste Modellierungsvariante** führt zu einer sehr großen Relation, bei der in jedem Tupel viele Nullwerte vorkommen. Alle Aussagen sind in dieser Relation enthalten, damit entfällt die Verbundoperation.

Die **zweite Modellierungsvariante** führt zu Relationen, die redundante Tupel beinhalten können, wenn die Subtypen nicht disjunkt sind. Anfragen nach Daten müssen teilweise über zwei Relationen laufen.

3.4 Optimierung von Relationen

3.4.1 Problemstellung

Beim Datenbankentwurf wird nach der Abbildung des konzeptuellen auf das logische Schema dessen Optimierung vorgenommen. Basiert das logische Schema auf dem relationalen Datenmodell, so sind bei der Zuordnung von Attributen zu einer Relation bestimmte Regeln zu beachten. Die von E. F. Codd aufgestellten Grundsätze sind als **Normalformenlehre** (NFL) bekannt geworden /3.3/. Diese Lehre beinhaltet aufeinander aufbauende Regeln (→ Bild 3.6), die Normalformen, von denen in der Praxis die ersten drei eine besondere Bedeutung erlangt haben. Erreicht ein Relationenschema die dritte Normalform (3NF), so sagt man, es ist **normalisiert**.

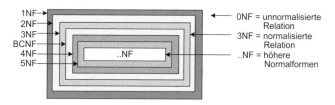

Bild 3.6 Aufeinander aufbauendes System von Normalformen

Für ein Relationenschema gilt also, dass eine Normalform die nächst niedrigere impliziert. Allgemein lautet der Zusammenhang:

5NF $\Rightarrow$ 4NF $\Rightarrow$ BCNF $\Rightarrow$ 3NF $\Rightarrow$ 2NF $\Rightarrow$ 1NF.

Eine Relation, die keiner Normalform genügt, wird als **unnormalisiert** (0NF) bezeichnet, mitunter auch als *NF^2-Relation* (Non First Normal Form).

Eine nicht normalisierte Relation ($< 3NF$) ist für die Handhabung äußerst problematisch. Der DB-Benutzer muss mit Redundanzen umgehen, die unkontrolliert entstanden sind und nicht vom DBMS überwacht werden können. Diese Anomalien betreffen ausschließlich DML-Operationen. Zur Beseitigung bestimmter Anomalien (→ 3.4.2) sind meist mehrere Normalisierungsstufen zu durchlaufen (→ 3.4.5).

3.4.2 Anomalien bei DML-Operationen auf Relationen

Bei der Arbeit mit unzureichend normalisierten Relationen kann beim Einfügen neuer Tupel folgendes Problem auftreten: Die Einfügeoperation erfordert Daten, die nicht zum Objekt gehören und deshalb evtl. auch (noch) nicht verfügbar sind. Abhängigkeiten von Daten werden nicht erkannt und verletzt. Dies wird als **Insert-Anomalie** bezeichnet.

❏ *Beispiel:* Die Relation Artikellieferung ist wegen der Mehrwertigkeit des Attributs Lieferant unnormalisiert (→ Bild 3.7). Bei Einfügeoperationen ergibt sich nachstehendes Problem: Soll ein neuer Lieferant aufgenommen werden, von dem man noch nicht weiß, welche Artikel er liefert, so fehlen die Attributwerte der Artikel, insbesondere der Primärschlüsselwert.

ArtNr	Bezeichnung	Lieferant
2000	Hamserver U	H. Schulze
3000	Trinitron 17″	H. Schulze, Koch & Krug
5000	SCSI-Kabel	H. Schulze, Koch & Krug

Bild 3.7 Unnormalisierte Relation Artikellieferung

Bei Änderungsoperationen auf unzureichend normalisierten Relationen tritt folgendes Problem auf: *Eine einzige logische Änderung betrifft meist viele Tupel.* Dies wird als **Update-Anomalie** bezeichnet. Verändert man nicht alle betreffenden Tupel gleichermaßen, so ist der Datenbestand logisch widersprüchlich (inkonsistent).

❏ *Beispiel:* Firmiert einer der Lieferanten um, hat dies Auswirkungen auf viele Tupel. Wird aus H. Schulze beispielsweise Schulze & Co., dann muss diese Veränderung in momentan drei Tupeln vorgenommen werden (→ Bild 3.7).

Bei Löschoperationen entsteht ein weiteres Problem im Umgang mit einer unzureichend normalisierten Relation: Beim gezielten Löschen von Informationen gehen *ungeplant* und möglicherweise *unbemerkt Aussagen verloren*, die weiter benötigt werden. Dies wird als **Delete-Anomalie** bezeichnet.

❏ *Beispiel:* Werden die Artikel mit den Artikelnummern 5000 und 3000 aus dem Sortiment genommen, entfällt gleichzeitig die komplette Information zum Lieferanten Koch & Krug (→ Bild 3.7). Beim Datenbestand des Beispiels ist sicherlich noch sehr schnell zu übersehen, welche ungeplanten Löschungen resultieren. Dies dürfte aber bei 1000 Tupeln schon äußerst schwierig sein.

Um diese Anomalien zu vermeiden, wird ein Relationenschema systematisch in eine höhere Normalform überführt. Dies geschieht durch **Zerlegung**. Dadurch werden Redundanzen der Nichtschlüsselattribute beseitigt. Um weiterhin die Zusammenhänge aus der ursprünglichen Relation aufrechterhalten zu können, sind die Relationen durch Übernahme von Fremdschlüsseln zu verbinden. Im Rahmen der Normalisierung wird somit gezielt Redundanz von Schlüsselattributen erzeugt, um die Redundanz von Nichtschlüsselattributen zu beseitigen. Schlüsselredundanzen kann das DBMS selbständig überwachen, Redundanzen bei Nichtschlüsselattributen muss der DB-Benutzer kontrollieren.

3.4.3 Abhängigkeiten

Datenabhängigkeiten ermöglichen Aussagen zur Qualität von Relationen in Bezug auf die DML-Operationen. Sie werden bei der Normalisierung überprüft. Relevant sind insbesondere *funktionale* und *mehrwertige Abhängigkeiten*.

3.4.3.1 Funktionale Abhängigkeiten

Funktionale Abhängigkeiten sind die beim relationalen DB-Entwurf bedeutsamsten Kriterien zur Definition von Relationenschemata.

> Eine **funktionale Abhängigkeit** in Bezug auf zwei Attributmengen X und Y einer Relation liegt dann vor, wenn der Attributwert von X den Attributwert von Y festlegt. Y ist funktional abhängig von X: $X \rightarrow Y$.

Alle Tupel, deren Wert in X übereinstimmt, stimmen auch bezüglich ihres Wertes in Y überein. X wird auch als **Determinante** von Y bezeichnet.

❏ *Beispiel:* Die Relation Artikellieferung wird erweitert um: Beschreibung, Lieferantennummer, Menge, Preis, Adressangaben des Lieferanten (→ Bild 3.8).

ArtNr	Bezeichnung	Beschreibung	LiefNr	Name	Ort	PLZ	Menge	Preis
2000	Hamserver U	Server	L1	H. Schulze	Berlin	12207	100	9250,00
3000	Trinitron 17″	Monitor	L1	H. Schulze	Berlin	12207	100	399,00
3000	Trinitron 17″	Monitor	L2	Koch & Krug	Köln	65000	120	375,00
5000	SCSI-Kabel	breit	L1	H. Schulze	Berlin	12207	20	28,00
5000	SCSI-Kabel	breit	L2	Koch & Krug	Köln	65000	5	29,50

Bild 3.8 Relation Artikellieferung

❏ *Beispiel:* In Artikellieferung gelten die folgenden funktionalen Abhängigkeiten:
ArtNr → {Bezeichnung, Beschreibung}
LiefNr → {Name, Ort, PLZ}
{ArtNr, LiefNr} → {Menge, Preis}

Die funktionale Abhängigkeit

ArtNr → {Preis, Menge}

gilt nicht, da ein Artikel zu verschiedenen Preisen und in verschiedenen Mengen bestellt werden kann.

Schlüssel sind Spezialfälle von funktionalen Abhängigkeiten. Alle Nichtschlüsselattribute sind funktional abhängig von einem Schlüssel. Nichtschlüsselattribute bilden die rechte Seite, Schlüssel die linke Seite der Schlüsselabhängigkeiten. Da Schlüssel im Rahmen der DDL als Primärschlüssel deklariert und über das DBMS überwacht werden können, werden bei der Normalisierung alle *funktionalen Abhängigkeiten* von Attributen in *Schlüsselabhängigkeiten* transformiert.

> Eine funktionale Abhängigkeit $\{X_1, X_2\} \rightarrow Y$ wird als **volle funktionale Abhängigkeit** bezeichnet, wenn Y *nicht* von X_1 oder von X_2, also einem Teil der Determinante, abhängig ist.

❏ *Beispiel:* Die funktionale Abhängigkeit ArtNr → {Bezeichnung, Beschreibung} ist gleichzeitig eine volle funktionale Abhängigkeit, da der Schlüssel nicht zusammengesetzt ist. Die funktionale Abhängigkeit {ArtNr, LiefNr} → {Menge, Preis} ist gleichzeitig eine volle funktionale Abhängigkeit. Die funktionale Abhängigkeit {ArtNr, LiefNr} → Bezeichnung ist keine volle funktionale Abhängigkeit, da gilt: ArtNr → Bezeichnung.

Aus einer Menge F von funktionalen Abhängigkeiten lässt sich die (vollständige) Menge aller daraus herleitbaren funktionalen Abhängigkeiten bestimmen. Diese Menge F^+ bezeichnet man auch als Hülle von F. Sie lässt sich durch Anwendung der **Armstrong-Axiome** berechnen. Dabei seien X, Y und Z Attributmengen in R:

- *Reflexivität:* Wenn $X \supseteq Y$, dann $X \rightarrow Y$. Insbesondere gilt $X \rightarrow X$.
- *Erweiterbarkeit:* Falls $X \rightarrow Y$, dann gilt auch $XZ \rightarrow YZ$.
- *Transitivität:* Wenn $X \rightarrow Y$ und $Y \rightarrow Z$, dann gilt auch $X \rightarrow Z$.

3.4.3.2 Mehrwertige Abhängigkeiten

Mitunter müssen neben funktionalen weitere Abhängigkeiten betrachtet werden, wenn beispielsweise einem Attributwert X eine Menge von Attributwerten Y zugeordnet ist, unabhängig von Werten weiterer Attribute. Man spricht dann von einer mehrwertigen Abhängigkeit: $X \twoheadrightarrow Y$.

> Eine **mehrwertige Abhängigkeit** in Bezug auf zwei Attributmengen X und Y einer Relation liegt vor, wenn zu jeder Kombination eines Wertes aus X mit einem Wert aus einer weiteren Attributmenge Z eine identische Menge von Werten aus Y erscheint: $X \twoheadrightarrow Y$.

Sind außer X und Y keine weiteren Attribute vorhanden, spricht man von *trivialer* mehrwertiger Abhängigkeit.

❑ *Beispiel:* Das Relationenschema Lieferung wird variiert: Lieferung(ArtNr, Bezeichnung, Lieferant, VerpGr). Zu jedem Artikel gehören mehrere Lieferanten. Jeder Artikel kann in verschiedenen Verpackungsgrößen (VerpGr) vorliegen. Die Verpackungsgröße des Artikels ist unabhängig vom Lieferanten. Es gelten die mehrwertigen Abhängigkeiten:

ArtNr $\longrightarrow\!\!\!\rightarrow$ Lieferant sowie Bezeichnung $\longrightarrow\!\!\!\rightarrow$ Lieferant,
ArtNr $\longrightarrow\!\!\!\rightarrow$ VerpGr sowie Bezeichnung $\longrightarrow\!\!\!\rightarrow$ VerpGr.

3.4.4 Verbundtreue und Abhängigkeitstreue

Da Normalisierung in einer stufenweisen Zerlegung von Relationenschemata besteht, ist einerseits auf die Korrektheit der Zerlegung, andererseits auf die Rückgewinnung der Ursprungsinformation des Relationenschemas zu achten (Verbundtreue).

> Die Zerlegung der Ausgangsdaten muss so erfolgen, dass eine sinnvolle Verknüpfung der Fragmente möglich ist. Aus den fragmentierten Tupeln sollte unter Verwendung der *Verbundoperation* ($\rightarrow$ 3.5.2) das komplette Ausgangstupel rekonstruiert werden können. Es dürfen keine inkorrekten Zuordnungen (**unechte Tupel**) resultieren. Diese Eigenschaft wird als **Verbundtreue** und die Zerlegung als **verlustlos** bezeichnet.

Verbundtreue kann durch korrekte Beachtung der funktionalen Abhängigkeiten realisiert werden. Bei einer Zerlegung einer Relation $R(XY)$ in zwei Relationen $R_1(X)$ und $R_2(Y)$ ist die gemeinsame Attributmenge $X \cap Y$ Schlüsselkandidat in R_1 oder R_2.

❑ *Beispiel:* Die Zerlegung der Relation Artikellieferung ($\rightarrow$ Bild 3.8) in die Relationen Artikel(ArtNr, Bezeichnung, Beschreibung), Lieferant(LiefNr, Name, Ort, PLZ) und Lieferung(LiefNr, Menge, Preis) ist nicht verbundtreu ($\rightarrow$ Bild 3.9). Aus den Relationen kann nicht durch Verbund die Information rekonstruiert werden, welcher Artikel von welchem Lieferanten geliefert wird, da aus der Menge der Artikel-Lieferant-Zuordnungen die inkorrekten Zuordnungen nicht identifiziert werden können. Ein Ausschnitt der Artikel-Lieferant-Zuordnung ist in Bild 3.10 zu sehen. Zeile 5 enthält ein unechtes Tupel.

> Es sollten nur semantisch sinnvolle und konsistente Zerlegungen der Ausgangsdaten gebildet werden. Dazu wird gefordert: Jede funktionale Abhängigkeit muss nach der Zerlegung in mindestens einer Relation enthalten sein. Dies wird als **Abhängigkeitstreue** bezeichnet.

3.4 Optimierung von Relationen

LiefNr	Name	Ort	PLZ
L1	H. Schulze	Berlin	12207
L2	Koch & Krug	Köln	65000

ArtNr	Bezeichnung	Beschreibung
5000	SCSI-Kabel	breit
2000	Hamserver U	Server
3000	Trinitron 17"	Monitor

LiefNr	Menge	Preis
L1	20	28,00
L2	5	29,50
L1	100	9250,00
L1	100	399,00
L2	120	375,00

Bild 3.9 Nicht abhängigkeitstreue Zerlegung

ArtNr	Bezeichnung	LiefNr	Name
5000	SCSI-Kabel	L1	H. Schulze
2000	Hamserver U	L1	H. Schulze
3000	Trinitron 17″	L1	H. Schulze
5000	SCSI-Kabel	L2	Koch & Krug
2000	**Hamserver U**	**L2**	**Koch & Krug**
3000	Trinitron 17″	L2	Koch & Krug

Bild 3.10 Korrekte und inkorrekte Artikel-Lieferant-Zuordnungen

❏ *Beispiel:* Eine Zerlegung der Relation Artikellieferung (→ Bild 3.8) in die Relationen Artikel(ArtNr, Bezeichnung, Beschreibung), Lieferant(LiefNr, Name, Ort, PLZ) und Lieferung(LiefNr, Menge, Preis) ist nicht abhängigkeitstreu (→ Bild 3.9). Die funktionale Abhängigkeit {ArtNr, LiefNr} → {Menge, Preis} ist nicht berücksichtigt.

Bei der Normalisierung sind beide Kriterien zu berücksichtigen. Das Kriterium der *Verbundtreue* ist *zwingend*. Das Kriterium der *Abhängigkeitstreue* ist *wünschenswert*, aber nicht zwingend.

3.4.5 Normalformenlehre

Die Beachtung der Abhängigkeiten erfolgt über die Normalformen. Die 1., 2., 3. und Boyce-Codd-Normalform (BCNF) beruhen auf funktionalen Abhängigkeiten in Relationenschemata. Bei der Bildung der 4. und 5. Normalform stehen mehrwertige Abhängigkeiten im Mittelpunkt.

3.4.5.1 Erste Normalform (1NF)

Die 1NF erlaubt in einem Relationenschema nur **atomare Attributwerte**. Atomare Attributwerte sind nicht teilbar und liegen in Form der Standarddatentypen INTEGER, STRING etc. vor. Als Attributwerte sind so genannte *Wiederholgruppen* nicht erlaubt: strukturierte Attributwerte im Sinne von Tupeln oder Relationen und mehrwertige Attributwerte im Sinne von Arrays und Sets.

> Eine Relation befindet sich in **erster Normalform (1NF)**, wenn sie ausschließlich *atomare Attributwerte* enthält.

Treten Wiederholgruppen auf, so sind diese auf (stark redundante) Tupel aufzuteilen oder in eine eigenständige Relation auszulagern. Die Zerlegung der Relation muss unter Beachtung des Kriteriums *Verbundtreue* erfolgen. Bei der Übernahme der Attributwerte in mehrere Tupel ist der *Primärschlüssel* ggf. zu *erweitern*.

❏ *Beispiel:* In der Relation Artikellieferung ist das Attribut Lieferant nicht atomar (→ Bild 3.7). Atomarität wird erreicht, indem für jede Artikel-Lieferanten-Zuordnung ein Tupel gebildet wird (→ Bild 3.11). Der Primärschlüssel wird um das Attribut LiefNr erweitert. So entsteht der zusammengesetzte Primärschlüssel: {ArtNr, LiefNr}.

ArtNr	Bezeichnung	LiefNr	Name
5000	SCSI-Kabel	L1	H. Schulze
5000	SCSI-Kabel	L2	Koch & Krug
2000	Hamserver U	L1	H. Schulze
3000	Trinitron 17″	L1	H. Schulze
3000	Trinitron 17″	L2	Koch & Krug

Bild 3.11 Relation Artikellieferant in 1NF

Die Relation Artikellieferung enthält nun nur noch atomare Attributwerte, aber Redundanzen bei Bezeichnungen von Artikeln und Namen von Lieferanten. Diese werden durch die weiteren Normalformen eliminiert. Das Beispiel wird dazu auf die vollständige Relation Artikellieferung erweitert, die in Bild 3.8 gegeben ist.

3.4.5.2 Zweite Normalform (2NF)

Die 2NF betrachtet die funktionalen Abhängigkeiten der Attribute. Alle Nichtschlüsselattribute müssen voll funktional abhängig (→ 3.4.3.1) von jedem Schlüsselkandidaten sein.

> Eine Relation ist in **zweiter Normalform (2NF)**, wenn jedes Nichtschlüsselattribut von einem Schlüssel *voll funktional abhängig* ist.

Gibt es Nichtschlüsselattribute, die von einem Teil eines Schlüssels funktional abhängig sind, so sind diese in eine eigene Relation auszulagern. Der Teil des Schlüssels, von dem sie voll funktional abhängig sind, wird bei der Normalisierung als Schlüssel in die neue Relation kopiert.

3.4 Optimierung von Relationen

Trivialerweise sind 1NF-Relationen mit nicht zusammengesetzten Schlüsseln sofort in 2NF.

Im Beispiel enthält die 1NF-Relation Artikellieferung ($\rightarrow$ Bild 3.8) die folgenden vollen funktionalen Abhängigkeiten:

ArtNr $\rightarrow$ {Bezeichnung, Beschreibung}
LiefNr $\rightarrow$ {Name, Ort, PLZ}
{LiefNr, ArtNr} $\rightarrow$ {Menge, Preis}

Ausgelagert werden müssen die Attribute Bezeichnung und Beschreibung, die nur von ArtNr voll funktional abhängig sind. ArtNr ist in die neue Relation als Kopie aufzunehmen. Ausgelagert werden müssen die Attribute Name, Ort, PLZ, die nur von LiefNr voll funktional abhängig sind. Das Attribut LiefNr ist in die neue Relation als Kopie aufzunehmen.

Die resultierenden Relationen in 2NF sind demnach ($\rightarrow$ Bild 3.12):

Artikel(<u>ArtNr</u>, Bezeichnung, Beschreibung),
Lieferant(<u>LiefNr</u>, Name, Ort, PLZ) und
Lieferung(<u>*LiefNr*</u>, *ArtNr*, Menge, Preis).

LiefNr	Name	Ort	PLZ
L1	H. Schulze	Berlin	12207
L2	Koch & Krug	Köln	65000

ArtNr	Bezeichnung	Beschreibung
2000	Hamserver U	Server
3000	Trinitron 17"	Monitor
5000	SCSI-Kabel	breit

LiefNr	ArtNr	Menge	Preis
L1	5000	20	28,00
L2	5000	5	29,50
L1	2000	100	9250,00
L1	3000	100	399,00
L2	3000	120	375,00

Bild 3.12   Relationen in 2NF

Die Zerlegung in die 2NF ist abhängigkeits- und verbundtreu ($\rightarrow$ 3.4.4).

3.4.5.3   Dritte Normalform (3NF)

Die 3NF analysiert funktionale Abhängigkeiten zwischen Nichtschlüsselattributen und formt sie in Schlüsselabhängigkeiten um. Alle Nichtschlüsselattribute sind gemäß 2NF voll funktional von einem Schlüssel abhängig. Existiert eine funktionale Abhängigkeit zwischen Nichtschlüsselattributen $Y \rightarrow Z$, so resultiert daraus für das abhängige Attribut Z eine **transitive Abhängigkeit** von Schlüsselattribut X: $X \rightarrow Y \rightarrow Z$. Dies führt zu Anomalien ($\rightarrow$ 3.4.2), weil XY-Wertepaare mehrfach gespeichert sein können. Die durch solche transitiven Abhängigkeiten hervorgerufenen Redundanzen werden durch die 3NF eliminiert.

> Eine Relation befindet sich in **dritter Normalform (3NF)**, wenn keine *transitiven Abhängigkeiten* der *Nichtschlüsselattribute* existieren.

Gibt es Nichtschlüsselattribute, die transitiv von einem Schlüssel abhängig sind, so werden diese in eine eigene Relation ausgelagert. Zur Umsetzung der Abhängigkeitstreue wird in die neue Relation das Nichtschlüsselattribut *Y* kopiert, das die Schlüsselfunktion für *Z* übernimmt.

Trivialerweise ist eine 2NF-Relation mit höchstens einem Nichtschlüsselattribut sofort in 3NF.

Innerhalb der 2NF-Relationen aus dem Beispiel (→ Bild 3.12) existiert eine weitere funktionale Abhängigkeit: Die PLZ-Werte bestimmen die Werte des Attributes Ort. Es gilt also PLZ → Ort und damit die transitive Abhängigkeit LiefNr → PLZ → Ort. Zur Umformung in eine Schlüsselabhängigkeit wird für PLZ und Ort eine neue Relation definiert: Adresse (<u>PLZ</u>, Ort). In der Relation Lieferant verbleibt die PLZ, um die funktionale Abhängigkeit LiefNr → PLZ zu wahren.

Die resultierenden Relationen in 3NF sind demnach (→ Bild 3.13):

>Artikel (<u>ArtNr</u>, Bezeichnung, Beschreibung),
>Lieferant (<u>LiefNr</u>, Name, *PLZ*),
>Adresse (<u>PLZ</u>, Ort) und
>Lieferung (<u>*LiefNr, ArtNr*</u>, Menge, Preis).

ArtNr	Bezeichnung	Beschreibung
2000	Hamserver U	Server
3000	Trinitron 17"	Monitor
5000	SCSI-Kabel	breit

<u>LiefNr</u>	<u>ArtNr</u>	Menge	Preis
L1	5000	20	28,00
L2	5000	5	29,50
L1	2000	100	9250,00
L1	3000	100	399,00
L2	3000	120	375,00

<u>LiefNr</u>	Name	PLZ
L1	H. Schulze	12207
L2	Koch & Krug	65000

<u>PLZ</u>	Ort
12207	Berlin
65000	Köln

Bild 3.13 Relationen in 3NF

Damit sind aus *einer* unnormalisierten Relation *vier* normalisierte Relationen entstanden. Die Anomalien bei DML-Operationen treten hier nicht mehr auf.

▶ *Hinweis:* Im Beispiel abstrahieren wir von der Betrachtung der Vergabe von PLZ für Großgemeinden mit mehreren Orten zu einer PLZ.

3.4.5.4 Boyce-Codd-Normalform (BCNF)

Bisher wurden Redundanzen bei Nichtschlüsselattributen beseitigt. Mitunter treten Redundanzen innerhalb von Schlüsseln auf, die nicht erkannt werden und zu ähnlichen Anomalien führen. Als Verschärfung der 3NF kümmert sich die BCNF um schädliche Redundanzen bei Schlüsselattributen, indem sie transitive Abhängigkeiten innerhalb der Schlüsselattribute analysiert und behandelt.

> Eine Relation befindet sich in **Boyce-Codd-Normalform (BCNF)**, wenn keine *transitiven Abhängigkeiten* der *Schlüsselattribute* existieren, d. h., jede Determinante ist Schlüsselkandidat.

Treten transitive Abhängigkeiten der Schlüsselattribute auf, so sind diese zu beseitigen, indem das abhängige Attribut ausgelagert und in diese neue Relation das Schlüsselattribut kopiert wird, von dem es direkt abhängig ist (Determinante).

Zugrunde liegt eine Erweiterung der Relation Adresse:

AdresseLand (PLZ, Ort, Bundesland, Hauptstadt).

Wir gehen von den folgenden funktionalen Abhängigkeiten aus:

PLZ → {Ort, Bundesland, Hauptstadt},
Bundesland → Hauptstadt,
Hauptstadt → Bundesland,
{Ort, Bundesland} → PLZ.

In der Relation AdresseLand sind PLZ, {Ort, Bundesland} und {Ort, Hauptstadt} Schlüsselkandidaten, die Determinanten Bundesland und Hauptstadt sind es jedoch nicht. Die Relation ist in 3NF, besitzt jedoch Redundanzen hinsichtlich der Zuordnung Hauptstadt–Bundesland. Die transitive Abhängigkeit PLZ → Bundesland → Hauptstadt kann eliminiert werden, indem das Attribut Hauptstadt ausgelagert und das Attribut Bundesland (Determinante) in diese Relation als Schlüssel kopiert wird. Die resultierenden Relationen sind:

Adresse(<u>PLZ</u>, Ort, *Bundesland*) und Land(<u>Bundesland</u>, Hauptstadt).

3.4.5.5 Vierte Normalform (4NF)

Nachdem sich die bereits eingeführten Normalformen ausschließlich mit funtionalen Abhängigkeiten beschäftigten, analysiert die 4NF mehrwertige Abhängigkeiten (→ 3.4.3.2). Treten *zwei voneinander verschiedene mehrwertige Abhängigkeiten* in einer Relation auf, so resultieren daraus Redundanzen.

> Eine Relation ist in **vierter Normalform (4NF)**, wenn sie *keine paarweise unabhängigen mehrwertigen Abhängigkeiten* zwischen ihren Attributen enthält.

Treten zwei mehrwertige Abhängigkeiten innerhalb einer Relation auf, wird diese so in zwei Relationen zerlegt, dass beide jeweils ein mehrwertig abhängiges Attribut mit seinem Schlüssel enthalten.

Ausgegangen wird von einer variierten Relation Artikellieferung (→ Bild 3.14): Ein Artikel kann von mehreren Lieferanten geliefert werden und steht in verschiedenen Verpackungsgrößen zur Verfügung.

ArtNr	LiefNr	VerpGr
5000	L1	Palette
5000	L1	Karton
5000	L1	Stück
5000	L2	Palette
5000	L2	Karton
5000	L2	Stück
2000	L2	Stück
3000	L1	Palette
3000	L1	Stück
3000	L2	Palette
3000	L2	Stück

Bild 3.14 Relation Artikellieferung mit mehrwertigen Abhängigkeiten

Die Relation ist in BCNF und enthält dennoch Redundanzen. Diese resultieren aus paarweise unabhängigen mehrwertigen Abhängigkeiten:

ArtNr →→ LiefNr und ArtNr →→ VerpGr.

Die Redundanzen werden eliminiert, indem die Relation zerlegt wird in:

ArtikelHerkunft(ArtNr, LiefNr) und ArtikelEinheit(ArtNr, VerpGr).

Diese zwei Relationen entsprechen der 4NF und sind redundanzfrei. Die Ausgangsrelation kann durch die Verbundoperation rekonstruiert werden.

3.4.5.6 Fünfte Normalform (5NF)

Die 5NF beschäftigt sich mit der verlustlosen vertikalen Zerlegung einer Relation durch Projektion und deren Rekonstruktion durch Verbund. Sie wird deshalb auch als **Projektion-Verbund-Normalform** bezeichnet. Anwendung findet die 5NF auf Relationen, die aus zusammengesetzten Schlüsseln bestehen. Hier existieren Fälle, bei denen eine Zerlegung in zwei Relationen nicht verlustfrei rekonstruiert werden kann, für die aber eine Zerlegung in weitere Relationen verlustfrei ist. Diese Abhängigkeit von der verlustlosen Verknüpfung wird als **Join-Abhängigkeit** bezeichnet und gilt als Kriterium für das Erreichen der 5NF.

3.4 Optimierung von Relationen

> Eine Relation ist in **fünfter Normalform** (**5NF**), wenn sie keine *Join-Abhängigkeit* enthält.

Ausgegangen wird von einer Relation Artikellieferung, die derjenigen ähnlich ist, die als Ausgangsrelation zur Betrachtung der 4NF verwendet wurde (→ Bild 3.15).

ArtNr	LiefNr	VerpGr
5000	L1	Palette
5000	L2	Karton
5000	L2	Stück
2000	**L2**	**Stück**
3000	L1	Palette
3000	L2	Stück

Bild 3.15 Relation Artikellieferung

In diesem Beispiel sind die mehrwertigen Abhängigkeiten nicht unabhängig voneinander: In Abhängigkeit vom Lieferanten wird *ein bestimmter Artikel in einer bestimmten Verpackungsgröße* geliefert. Eine Zerlegung in zwei Relationen ArtikelHerkunft(ArtNr, LiefNr) und ArtikelEinheit(ArtNr, VerpGr) ist *nicht verlustfrei*. Durch den Verbund entstehen z. T. unechte Tupel, beispielsweise für Artikel 5000 (→ Bild 3.16).

ArtNr	LiefNr	VerpGr
5000	L1	Palette
5000	**L1**	**Karton**
5000	**L1**	**Stück**
5000	**L2**	**Palette**
5000	L2	Karton
5000	L2	Stück

Bild 3.16 Relation Artikellieferung mit unechten Tupeln (Ausschnitt)

Eine verlustfreie Zerlegung der Relation Artikellieferung ist nur durch die folgenden drei Relationen gegeben:

ArtikelHerkunft(ArtNr, LiefNr),
ArtikelEinheit(ArtNr, VerpGr) und
LiefEinheit(LiefNr, VerpGr).

Während jeder Verbund von nur zwei dieser Relationen unechte Tupel erzeugt, resultieren aus dem Verbund aller drei Relationen genau die Tupel der Ausgangsrelation. Damit liegen diese Relationen in 5NF vor.

3.4.5.7 Denormalisierung

Im Verlaufe der Normalisierung werden stufenweise Relationenschemata zerlegt, um Redundanzen zu beseitigen und Anomalien bei DML-Operationen zu vermeiden. Problematisch kann nun allerdings der Verbund dieser Relationen sein, der rechenzeitintensiv ist und zu Lasten der Performance geht. Relationen in höheren Normalformen sind optimiert in Bezug auf die DML-Operationen, aber suboptimal bezüglich der Anfragen. Hier greifen Mechanismen der Denormalisierung

> **Denormalisierung** ist ein Vorgang, bei dem bestimmte Normalisierungsschritte wieder zurückgenommen werden, wodurch einzelne Relationen eine niedrigere Normalform erreichen.

Während für die Normalisierung anwendungsunabhängige Kriterien relevant sind, steht für die Denormalisierung die Betrachtung der Anfragen der DB-Benutzer im Mittelpunkt ($\rightarrow$ 9.3.1.3).

❑ *Beispiel:* Bei der 3NF wurden die Attribute PLZ und Ort in die Relation Adresse ausgelagert ($\rightarrow$ Bild 3.13). Ist für häufige Anfragen zum Lieferanten neben der PLZ auch der Ort aufzulisten, so kann das Zurückgehen zur 2NF eine Lösung sein.

3.5 Operationen der Relationenalgebra

3.5.1 Einführung

Neben dem *Datenstrukturteil*, der in den Abschnitten 3.1 bis 3.4 Gegenstand war, gehört ein **Operationenteil** zu einem Datenmodell ($\rightarrow$ 1.2). Der Operationenteil umfasst die zulässigen Operationen zur Handhabung der Datenstrukturen und wird durch DB-Sprachen umgesetzt. Relationale DB-Sprachen basieren auf der **Relationenalgebra**, die eine Menge algebraischer Operatoren definiert. Diese wirken auf einer Menge von Relationen und liefern als Ergebnis stets eine Relation.

Zu den Operatoren der Relationenalgebra gehören **mengen- und relationenorientierte Operatoren**. Als Operationen basierend auf den relationenorientierten Operatoren sind definiert: die *Selektion*, die *Projektion*, der *natürliche Verbund* sowie die *Umbenennung*. Mit Hilfe der mengenorientierten Operatoren können die Mengenoperationen *Vereinigung*, *Differenz*,

Durchschnitt, kartesisches Produkt und Division realisiert werden. Da das Ergebnis jedes Operators eine Relation ist, sind alle Operatoren frei miteinander kombinierbar.

3.5.2 Relationenorientierte Operationen

Mit Hilfe der relationalen Basisoperationen können Teilrelationen gebildet werden. Selektion und Projektion realisieren horizontale bzw. vertikale Teilrelationen.

> Die **Selektion** realisiert eine Auswahl einer Tupelmenge aus einer Relation (**Zeilenauswahl**). Der **Selektionsoperator** $\sigma_P(r)$ selektiert die Menge der Tupel aus Relation r, für die das Selektionsprädikat P wahr ist.

Als Selektionsprädikat sind ein **Attribut-Konstanten-Vergleich** und ein **Attribut-Attribut-Vergleich** möglich. Ein Selektionsprädikat kann beliebig komplex werden durch Verknüpfungen mit Hilfe der logischen Operatoren AND, OR und NOT.

- *Beispiel:* Durch die Selektion $\sigma_{\text{LiefNr = 'L1'}}(\text{Lieferung})$ kann die Auswahl aller Lieferungen des Lieferanten L1 aus der Relation Lieferung erfolgen ($\rightarrow$ Bild 3.17). Als Selektionsprädikat dient hier ein Attribut-Konstanten-Vergleich.

LiefNr	ArtNr	Menge	Termin	Preis
L1	5000	20	05. KW	28,00
L1	2000	100	10. KW	9250,00
L2	5000	5	12. KW	29,50
L2	5000	12	43. KW	29,50

Ergebnistabelle

Bild 3.17 Ergebnis der Selektion auf der Relation Lieferung

> Die **Projektion** realisiert eine Auswahl einer Attributliste aus einer Relation (**Spaltenauswahl**). Der **Projektionsoperator** $\pi_A(r)$ führt die Projektion auf die Attribute der Liste A aus Relation r durch.

- *Beispiel:* Durch die Projektion $\pi_{\text{LiefNr,Name}}(\text{Lieferant})$ in der Relation Lieferant entsteht eine Teilrelation, die sich auf ausgewählte Informationen über alle Lieferanten der Relation bezieht ($\rightarrow$ Bild 3.18).

- *Beispiel:* Ein Beispiel für eine Kombination aus Selektion und Projektion in Bezug auf die Relation Lieferung ist: Finde alle Lieferungen des Lieferanten L1 und gib die Lieferanten- und Artikelnummer aus:

$\sigma_{\text{LiefNr = 'L1'}}(\pi_{\text{LiefNr,ArtNr}}(\text{Lieferung}))$ oder

$\pi_{\text{LiefNr,ArtNr}}(\sigma_{\text{LiefNr = 'L1'}}(\text{Lieferung}))$.

94   *3 Relationales Datenmodell*

LiefNr	Name	Ort	Bank
L1	H. Schulze	Berlin	Neue Bank
L2	Koch & Krug	Köln	Sparkasse

— Ergebnistabelle

Bild 3.18 Ergebnis der Projektion auf der Relation Lieferant

> Der **Verbund** oder auch **Join** realisiert das Zusammenführen von Relationen. Der Verbundoperator $r_1 \bowtie_P r_2$ verkettet Tupel aus Relation r_1 und Relation r_2 miteinander, wenn sie das Verbundprädikat P erfüllen.

Das Verbundprädikat P wird über einen *Attribut-Attribut-Vergleich* realisiert, wobei aus jeder beteiligten Relation ein Attribut stammt. Sinnvoll wird in der Regel der *Verbund* von Relationen über die *Primär-/Fremdschlüsselbeziehung*. Neben dem Verbund von zwei Relationen kann in Form des **Self-Join** ein Zusammenführen von Tupeln einer einzigen Relation erfolgen. Häufig wird als Vergleichsoperator des Prädikats P „=" verwendet und der Verbund als Gleichheitsverbund (**Equi-Join**) bezeichnet.

Als **natürlicher Verbund** (**Natural Join**) wird ein Verbund bezeichnet, der zwei Relationen r_1 und r_2 verknüpft, die gleichnamige Attribute enthalten. Die Verknüpfung erfolgt auf diesen Attributen über gleiche Attributwerte. Die explizite Angabe des Verbundprädikats entfällt.

❑ *Beispiel:* Durch einen Natural Join könnte die komplette Lieferinformation zu Lieferanten aus den Relationen Lieferant und Lieferung zusammengeführt werden: Lieferant $\bowtie$ Lieferung.

Da Verbund, Selektion und Projektion beliebig kombinierbar sind, ist es auch denkbar, nur zum Lieferanten L1 die folgende Information zusammenzustellen: Name, Ort, Bank, ArtNr, Menge, Preis ($\rightarrow$ Bild 3.19):

$\pi_{Name,Ort,Bank,ArtNr,Menge,Preis}(\sigma_{LiefNr = 'L1'}(\text{Lieferant} \bowtie \text{Lieferung}))$.

Lieferant

LiefNr	Name	Ort	Bank
L1	H. Schulze	Berlin	Neue Bank
L2	Koch & Krug	Köln	Sparkasse

Lieferung

LiefNr	ArtNr	Menge	Termin	Preis
L1	5000	20	05. KW	28,00
L1	2000	100	10. KW	9250,00
L2	5000	5	12. KW	29,50
L2	5000	12	43. KW	29,50

Ergebnistabelle

Name	Ort	Bank	ArtNr	Menge	Preis
H. Schulze	Berlin	Neue Bank	5000	20	28,00
H. Schulze	Berlin	Neue Bank	2000	100	9250,00

Bild 3.19 Ergebnis des Verbundes der Relationen Lieferant und Lieferung

Eine weitere Operation ist die Umbenennung.

> Die **Umbenennung** ändert den Namen eines Attributes einer Relation und damit dessen Relationenschema. Der Operator $\rho_{Aneu \leftarrow Aalt}(r)$ benennt in der Relation r das Attribut $Aalt$ in $Aneu$ um.

❏ *Beispiel:* Soll das Attribut Name von Relation Lieferant in Firma geändert werden, so erfolgt dies über: $\rho_{Firma \leftarrow Name}$(Lieferant).

3.5.3 Mengenoperationen

Da eine Relation eine Menge von Tupeln darstellt, können verschiedene Relationen über Mengenoperationen verknüpft werden. Für die Ausgangsrelationen gilt allerdings die Bedingung, dass diese vereinigungsverträglich sind. **Vereinigungsverträglich** sind Relationen dann, wenn
- sie vom gleichen Grad und
- die Datentypen der korrespondierenden Attribute kompatibel sind.

Zur Betrachtung der Mengenoperationen dienen die Relationen:

Lieferung (LiefNr, ArtNr, Menge, Preis),
Lieferant (LiefNr, Name, Ort, Bank),
Kunde (KNr, Name, Ort).

Geschäftspartner können Kunden, Lieferanten oder beides sein.

> Der **Vereinigungsoperator** $r_1 \cup r_2$ übernimmt aus Relation r_1 und r_2 alle Tupel in die Ergebnisrelation und entfernt doppelte Tupel.

❏ *Beispiel:* Zusammenstellung aller Geschäftspartner mit Name und Ort:

$\pi_{Name,Ort}$(Lieferant) $\cup$ $\pi_{Name,Ort}$(Kunde).

> Der **Differenzoperator** $r_1 - r_2$ entnimmt aus Relation r_1 die Tupel, die nicht in Relation r_2 enthalten sind.

❏ *Beispiel:* Zusammenstellung aller Geschäftspartner, die *nur* Lieferant sind:

$\pi_{Name,Ort}$(Lieferant) $-$ $\pi_{Name,Ort}$(Kunde).

> Der **Durchschnittsoperator** $r_1 \cap r_2$ übernimmt die Tupel, die sowohl in Relation r_1 als auch in Relation r_2 enthalten sind.

❏ *Beispiel:* Zusammenstellung aller Geschäftspartner, die sowohl Lieferant als auch Kunde sind:

$\pi_{Name,Ort}$(Lieferant) $\cap$ $\pi_{Name,Ort}$(Kunde).

Der Durchschnittsoperator kann durch Basisoperationen ausgedrückt werden: $r_1 \cap r_2 = r_1 - (r_1 - r_2)$.

> Das **kartesische Produkt** (**Kreuzprodukt**) $r_1 \times r_2$ multipliziert die Tupel der Relation r_1 mit den Tupeln der Relation r_2. Ein natürlicher Verbund von $r_1(X)$ und $r_2(Y)$ wird zum kartesischen Produkt, wenn keine gemeinsamen Attribute existieren und somit kein Verbundprädikat definiert werden kann, d. h. $X \cap Y = \{\ \}$.

❏ *Beispiel:* Zusammenstellung aller insgesamt möglichen Kombinationen aus Lieferant und Kunde: Lieferant × Kunde.

▶ *Hinweis:* Beim Kreuzprodukt müssen die Relationen nicht vereinigungsverträglich sein.

> Die **Division** $r_1(Z) \div r_2(Y)$ erzeugt eine Relation $r(X)$, die alle Tupel $t[X]$ aus $r_1(Z)$ beinhaltet, welche in r_1 in Kombination mit jedem Tupel aus $r_2(Y)$ erscheinen, wobei gilt: $Z = X \cup Y$ (X, Y, Z Attributmengen).

❏ *Beispiel:* Ermittlung der Artikel, die von *allen* Lieferanten geliefert werden:

$\pi_{\text{LiefNr,ArtNr}}(\text{Lieferung}) \div \pi_{\text{LiefNr}}(\text{Lieferant})$.

3.5.4 Relationenalgebra und relationale Sprachen

Die Operatoren der Relationenalgebra stellen nicht nur ein theoretisches Konzept dar, sondern finden ihre Anwendung in relationalen DB-Sprachen wie beispielsweise SQL ($\rightarrow$ 4). Dabei werden die Operatoren durch entsprechende Sprachelemente dargestellt ($\rightarrow$ Tabelle 3.1). SQL wird daher auch als relational vollständig bezeichnet.

> Eine DB-Sprache ist dann **relational vollständig**, wenn sie mindestens die relationenorientierten Operatoren Projektion, Selektion und Umbenennung und die mengenorientierten Operatoren Vereinigung, Differenz und kartesisches Produkt umsetzt.

Die Operatoren der Relationenalgebra bilden das Grundgerüst relationaler Anfragesprachen. Relationale DB-Sprachen müssen über weitere Konzepte verfügen, wie:

- Einfüge-, Änderungs- und Löschoperationen für Relationenschemata,
- Einfüge-, Änderungs- und Löschoperationen für Tupel,
- Aggregatfunktionen zur Berechnung aggregierter Werte,
- Sortierungs- und Gruppierungsfunktionen,

- Operationen zur Rechteerteilung und -rücknahme,
- Operationen zur Synchronisation von Mehrbenutzerzugriffen.

Tabelle 3.1 Relationenalgebra und DB-Sprache SQL

Relationenalgebra	Anfragesprache SQL
Projektion: $\pi_{x,y,z}(R)$	`SELECT x, y, z FROM R`
Selektion: $\sigma_{x<5}(R)$	`SELECT * FROM R WHERE x < 5`
Join: $R \bowtie_{R.nr=S.nr} S$	`SELECT R.*, S.* FROM R, S` `WHERE R.nr = S.nr`
Umbenennung: $\rho_{\text{nummer} \leftarrow \text{nr}}(R)$	`SELECT nr AS nummer FROM R`
Vereinigung: $R \cup S$	`SELECT * FROM R UNION` `SELECT * FROM S`
Differenz: $R - S$	`SELECT * FROM R EXCEPT` `SELECT * FROM S`
Durchschnitt: $R \cap S$	`SELECT * FROM R INTERSECT` `SELECT * FROM S`
Kartesisches Produkt: $R \times S$	`SELECT R.*, S.* FROM R, S`

3.5.5 Relationenkalkül

Gleich mächtig wie die Relationenalgebra ist der **Relationenkalkül** /1.2/, /1.5/, /1.8/, /3.8/. Ein Kalkül-Ausdruck legt fest, *was* und nicht *wie* etwas zu suchen ist (*deklarativ*). Aus diesem Grund gilt der Relationenkalkül im Gegensatz zur Relationenalgebra als *nicht prozedurale* Sprache. Er basiert auf Konzepten der Logik und realisiert Anfragen als abgeleitete **Prädikate**. Ein Prädikat bezieht sich auf eine Tupelvariable einer Relation, die alle Tupel repräsentiert, die das Prädikat erfüllen.

Prädikate können durch die logischen Operatoren zusammengesetzt werden. Zusätzlich können **Quantoren** wie All- und Existenz-Quantor genutzt werden, um die Tupel einzuschränken, die das Prädikat erfüllen.

Die allgemeine Form einer Anfrage ist hier: $\{t \mid \phi(t)\}$, wobei t eine Tupelvariable und $\phi(t)$ eine Formel, basierend auf Prädikaten, ist.

❏ *Beispiel:* Zugrunde liegt wieder das Relationenschema Lieferant(LiefNr, Name, Ort, Bank). Bestimme die Adresse des Lieferanten L1:

$\{t.\text{Ort} \mid \text{Lieferant}(t) \wedge t.\text{LiefNr} = \text{'L1'}\}$.

Auch der Relationenkalkül ist kein abstraktes Konstrukt, sondern Basis für relationale DB-Sprachen. Elemente von SQL orientieren sich am Relationenkalkül, so z. B. die Korrelationsvariablen (alias) in der FROM-Klausel

(→ 4.5.2) oder die Quantoren in Unteranfragen (→ Tabelle 4.3). Die Sprache **QUEL** des DBMS Ingres ist eine relativ direkte Umsetzung des Relationenkalküls. Die Sprache **QBE** (Query By Example) ist als grafische Anfragesprache – mit minimaler Syntax – für das DBMS DB2 von IBM verfügbar und weist große Verwandtschaft mit dem (Wertebereichs)-Relationenkalkül auf. Dabei wird die Anfrage nicht wie in SQL durch einen Text repräsentiert, sondern durch ein Tabellengerüst, das mit Spezial-Editoren bearbeitet werden kann. Hierfür stehen dem Benutzer Beispielelemente, Vergleichsoperationen und Kommandos zur Verfügung.

4 Die Datenbanksprache SQL

Can Türker

SQL (Structured Query Language) ist die Datenbanksprache, die von allen bedeutenden (relationalen) Datenbanksystemen unterstützt wird. Dieses Kapitel stellt die zentralen Sprachkonstrukte von Standard-SQL vor. Spezialitäten der herstellerspezifischen SQL-Dialekte werden hier nicht betrachtet. Die objektrelationalen Erweiterungen von SQL sind separat in Kapitel 10 dargestellt.

4.1 Grundkonzepte

SQL beruht auf dem Relationenmodell und der Relationenalgebra (→ 3.5). Das zentrale Konzept von SQL sind jedoch **Tabellen** (*table*) (→ 4.7.3) anstelle von Relationen. Im Gegensatz zu einer Relation im Relationenmodell entspricht eine Tabelle in SQL einer *Multimenge* von Tupeln. Die echte Mengeneigenschaft, d. h. der Ausschluss von Tupelduplikaten, muss (falls gewünscht) durch Definition von Integritätsbedingungen erzwungen werden. In einer SQL-Datenbank bieten Tabellen die einzige Datenstruktur zur Speicherung von Daten. Eine Tabelle besteht aus **Spalten** (*columns*) und **Zeilen** (*rows*). Die Spalten haben einen innerhalb der Tabelle eindeutigen Namen. Die Felder einer Tabelle enthalten Werte aus Wertebereichen, die durch Datentypen festgelegt werden.

SQL bietet **Basisdatentypen** (→ 4.7.1) für numerische, alphanumerische, binäre, Datum-Zeit- und XML-Werte. Jeder Datentyp definiert einen Wertebereich mit zugehörigen Operationen. Das Konzept der **Domänen** (→ 4.7.4) ermöglicht die Definition von benutzerdefinierten Wertebereichen durch Einschränkung existierender Datentypen. Ferner gibt es in SQL die Möglichkeit, **benutzerdefinierte Datentypen** (*user-defined types*, UDT) (→ 10.3.3) zu erzeugen.

Integritätsbedingungen (*constraints*) (→ 4.7.5) erlauben die Einschränkung von Wertebereichen auf semantisch gültige Werte. SQL unterscheidet zwischen *Spalten-* und *Tabellenbedingungen*. Während Erstere eine Bedingung über genau einer Spalte formulieren, können Letztere spaltenübergreifende Bedingungen realisieren.

Eine **Anfrage** (*query*) (→ 4.5) in SQL extrahiert Daten aus der Datenbank und gibt diese in Form einer Tabelle zurück. Etwas genauer formuliert, eine Anfrage nimmt eine oder mehrere Tabellen entgegen und transformiert diese in eine Ergebnistabelle.

Das Konzept einer **Sicht** (*view*) (→ 4.7.6) ermöglicht die Speicherung einer benannten und damit wiederverwendbaren Anfrage. Eine Sicht stellt somit eine Tabelle dar, deren Inhalt nicht materialisiert ist, sondern immer wieder neu zum Zeitpunkt der Anfrage berechnet wird. Sichten bieten eine Reihe von Vorteilen. Sie ermöglichen die Umsetzung einer feingranularen Zugriffskontrolle, unterstützen die *logische Datenunabhängigkeit* (→ 1.4.3) und vereinfachen die Anfrageformulierung.

Mit dem Konzept der **benutzerdefinierten Routinen** (*user-defined routines*, UDR) (→ 4.7.7) bietet SQL die Möglichkeit, Anwendungsfunktionalität in der Datenbank aufrufbar abzulegen. Neben der Wiederverwendbarkeit und damit Vereinfachung der Anwendungsprogrammierung bieten benutzerdefinierte Routinen den Vorteil, dass durch ihre Ausführung auf dem Server die Last des Netzwerkes erheblich reduziert werden kann. Dies trifft vor allem bei Routinen zu, die viele Daten zur Berechnung benötigen, jedoch nur wenige als Ergebnis zurückliefern.

Mit dem Konzept eines **Triggers** (→ 4.7.8) gibt es darüber hinaus die Möglichkeit, automatisch auf vordefinierte Ereignisse in der Datenbank durch das Ausführen benutzerdefinierter Anweisungen zu reagieren. Trigger haben den Vorteil, Anwendungsfunktionalität zentral in der Datenbank zu verwalten und damit die Wartbarkeit des gesamten Anwendungssystems zu erhöhen.

Sequenzgeneratoren (→ 4.7.9) sind Konstrukte, mit denen Werte sequenziell generiert werden können. Dieses Konzept ist besonders nützlich für das Erzeugen von Schlüsselwerten zur eindeutigen Identifikation von Zeilen in einer Tabelle.

Zusammengefasst besteht eine SQL-Datenbank aus einer Reihe von unterschiedlichen Objekten. Nach Standard-SQL werden diese Objekte wie folgt „hierarchisch" organisiert:
- Kataloge
  - Schemata
    * Tabellen, Domänen, Integritätsbedingungen, Sichten, Routinen, Trigger, Sequenzgeneratoren, ...

Eine SQL-Datenbank besteht aus einem oder mehreren Katalogen. Jeder **Katalog** umfasst ein oder mehrere Schemata. Ein **Schema** (→ 4.7.2) bildet eine Einheit bestehend aus „zusammengehörenden" Schemaobjekten. Der eindeutige Zugriff auf ein Schemaobjekt ist mit Hilfe der folgenden Pfadnotation möglich:

```
Katalogname.Schemaname.Schemaobjektname
```

Für den Zugriff auf ein Schemaobjekt benötigt der Benutzer ein **Zugriffsrecht** ($\rightarrow$ 4.9.1). Ein Zugriffsrecht kann vom Besitzer des Schemaobjektes vergeben und wieder entzogen werden.

SQL stellt Sprachkonstrukte zum Arbeiten mit den oben genannten Konzepten bereit, die verschiedenen Teilsprachen von SQL zugeordnet werden:

- Die **Datendefinitionssprache** (Data Definition Language; DDL) dient zum Erzeugen, Ändern und Löschen von Schemata und Schemaobjekten ($\rightarrow$ 4.7).
- Die **Datenmanipulationssprache** (Data Manipulation Language; DML) ermöglicht das Erzeugen, Ändern und Löschen von Tabelleninhalten ($\rightarrow$ 4.6).
- Die **Datenanfragesprache** (Data Query Language; DQL) dient zur Abfrage der Tabelleninhalte ($\rightarrow$ 4.5).
- Die **Datenüberwachungssprache** (Data Control Language; DCL) wird zur Vergabe und Zurücknahme von Zugriffsrechten eingesetzt ($\rightarrow$ 4.9).

Für das Erzeugen und Löschen von Katalogen sieht der SQL-Standard keine Sprachkonstrukte vor. Dementsprechend sind die Lösungen der verschiedenen kommerziellen Produkte in diesem Fall sehr unterschiedlich. Das Gleiche gilt für die Steuerung der internen Organisation einer SQL-Datenbank. Hier bieten herstellerspezifische SQL-Dialekte Erweiterungen an, etwa die Unterstützung von Indexen zum Beschleunigen des Datenzugriffs. Der SQL-Standard stellt auch keine Anweisungen für die Benutzerverwaltung bereit.

4.2 Historie

Historisch gesehen sind folgende Daten im Zusammenhang mit der Entwicklung von SQL von Bedeutung:

1970 IBM-Forscher Edgar F. Codd /4.12/ stellt das Relationenmodell und die Relationenalgebra vor.

1974 Darauf aufbauend entwerfen die IBM-Wissenschaftler Don D. Chamberlin und Raymond F. Boyce /4.11/ mit SEQUEL (Structured English QUEry Language) den „SQL-Urvater".

1976 IBM stellt mit System R /4.10/ einen auf SEQUEL basierenden Prototypen eines relationalen Datenbanksystems vor.

1979 Die Firma Relational Software (später in Oracle Corporation umbenannt) bringt mit Oracle das erste kommerzielle SQL-Datenbanksystem auf den Markt.

1981 IBM liefert mit SQL/DS ein Konkurrenzprodukt aus.

1982 ANSI (American National Standards Institute) beginnt mit der Normierung von SQL.

1983 IBM bringt mit DB2 ein weiteres relationales Datenbanksystem auf den Markt.
1985 Informix und Ingres stellen ihre Datenbanksysteme auf SQL um.
1986 SQL wird ANSI-Norm.
1987 SQL wird von der ISO (International Standards Organization) ratifiziert.
1989 SQL-89 ist eine revidierte und ergänzte Fassung der ISO-Norm.
1992 SQL-92 (auch SQL2 genannt) ist erste gemeinsame ISO/ANSI-Norm.
1997 Informix, Oracle und DB2 liefern ihre SQL-Datenbanksysteme mit ersten objektrelationalen Erweiterungen aus.
1999 SQL:1999 (auch als SQL-3 bekannt) löst SQL-92 mit vielen neuen Features ab und stellt die erste Norm für objektrelationales SQL dar.
2003 SQL:2003 löst SQL:1999 mit relativ geringfügigen Erweiterungen ab, die allerdings das Zusammenspiel von XML und SQL festlegen.
2008 SQL:2008 kommt mit wenigen Neuerungen, unter anderem Instead-Of-Trigger und XQuery-Erweiterungen.
2011 SQL:2011 führt temporale Features in SQL ein.

4.3 Spezifikationsdokumente

Der aktuelle Standard SQL:2011 umfasst folgende Dokumente:
- *Part 1: Framework (SQL/Framework)* /4.1/ gibt einen Überblick über den kompletten Standard und stellt insbesondere die verschiedenen Sprachebenen vor.
- *Part 2: Foundation (SQL/Foundation)* /4.2/ beschreibt das Datenmodell von SQL und die Sprachkonstrukte zur Datendefinition, -abfrage und -manipulation. Die Einbettung von SQL-Anweisungen in Anwendungsprogrammen wird ebenfalls definiert.
- *Part 3: Call-Level Interfaces (SQL/CLI)* /4.3/ beinhaltet die Definition von niederen Schnittstellen für den Zugriff von Anwendungen auf Datenbanken über Funktionsaufrufe.
- *Part 4: Persistent Stored Modules (SQL/PSM)* /4.4/ normiert die prozedurale Erweiterung von SQL.
- *Part 9: Management of External Data (SQL/MED)* /4.5/ definiert Datentypen und Funktionen, um auf externe Daten zugreifen zu können.
- *Part 10: Object Language Bindings (SQL/OLB)* /4.6/ normiert die Java-Anbindung an SQL-Datenbanken.
- *Part 11: Information and Database Schemata (SQL/Schemata)* /4.7/ enthält die Spezifikation der Metatabellen.

- *Part 13: SQL Routines and Types Using the Java Programming Language (SQL/JRT)* /4.8/ spezifiziert die Registrierung von externen Routinen und Datentypen, die in Java definiert wurden.
- *Part 14: XML-related Specifications (SQL/XML)* /4.9/ normiert die Verknüpfung von SQL und XML. Er definiert den Basisdatentyp XML mit zugehörigen Funktionen und Abbildungen zwischen SQL und XML.

Da die Standardisierungsdokumente aufgrund der zum Teil unübersichtlichen Definitionen, bestehend aus vielen Klauseln und Ausnahmen, nur bedingt als „Lektüre" zu empfehlen sind, sei hier auf Literatur verwiesen, in der Standard-SQL aufbereitet präsentiert wird: /4.16/, /4.14/, /4.15/, /4.13/.

Im Folgenden werden hauptsächlich die SQL-Konstrukte behandelt, die aus den Parts 2, 4, 13 und 14 stammen.

4.4 Beispieldatenbank

Die einzelnen SQL-Sprachkonstrukte werden, soweit es geht, am Beispiel einer einfachen kleinen SQL-Datenbank illustriert. Bild 4.1 zeigt diese Datenbank, die aus drei Tabellen besteht. Bei Bedarf werden weitere einfache Tabellen zur Demonstration herangezogen.

Artikel

ANr	Bezeichnung
101	SCSI Kabel
102	Hamserver
103	Trinitron
104	Stylus Photo

Lieferant

LNr	Name
1	Koch
2	Schulze
3	Ziehm
4	Wegert

Lieferung

ANr	LNr	Preis
101	1	9.90
101	2	7.90
102	2	69.90
103	3	159.90
103	4	249.90
104	4	259.90

Bild 4.1 Beispieltabellen

Die Datenbank verwaltet Daten über Artikel und über Lieferanten, die diese Artikel zu einem bestimmten Preis liefern. Hier liegt die Annahme zugrunde, dass die Spalten ANr bzw. LNr jeweils Schlüssel der Tabelle Artikel bzw. Lieferant darstellen, d. h. jeweils eindeutige Werte zur Identifikation der Artikel bzw. Lieferanten aufweisen.

4.5 Datenbankanfragen

In SQL stellt eine Anfrage eine Funktion dar, die eine oder mehrere Eingangstabellen als Input empfängt, Verknüpfungen und Berechnungen darauf ausführt und als Ergebnis eine Tabelle zurückliefert.

4.5.1 Einführende Beispielanfragen

❑ *Beispiel:* Ausgabe des gesamten Inhalts der Tabelle Lieferant:
```
SELECT *
FROM Lieferant;
```

Das Symbol * ist ein Kürzel für „alle Spalten" der Eingangstabelle. Soll die Ergebnistabelle nur bestimmte Spalten bzw. Zeilen der Ausgangstabelle enthalten, müssen entsprechende Auswahlkriterien formuliert werden. Die Auswahl der Spalten erfolgt mit der SELECT-Klausel, die Einschränkung auf bestimmte Zeilen der Tabelle geschieht mit der WHERE-Klausel.

❑ *Beispiel:* Kombination von Projektion und Selektion, die aus der Tabelle Lieferant die Spalte Name von allen Zeilen ausgibt, deren Spalte LNr einen Wert größer oder gleich 3 hat:
```
SELECT Name
FROM Lieferant
WHERE LNr >= 3;
```

Die Ergebnistabelle sieht in dem konkreten Beispiel wie folgt aus:

Name
Ziehm
Wegert

Diese SQL-Anfrage entspricht dem folgenden Relationenalgebraausdruck ($\rightarrow$ 3.5):

$\pi_{Name}(\sigma_{LNr \geq 3}(Lieferant))$

Das Zusammenführen von Daten aus mehreren Tabellen ist mit Hilfe von *Verbundoperationen* möglich.

❑ *Beispiel:* Ein natürlicher Verbund verknüpft alle Zeilen der Tabelle Artikel mit den Zeilen der Tabelle Lieferung, wobei nur die Zeilenpaare in die Ergebnistabelle kommen, bei denen die Werte der gleichnamigen Spalten jeweils übereinstimmen:
```
SELECT *
FROM Artikel NATURAL JOIN Lieferung;
```

Die traditionelle Formulierung dieser Anfrage ohne expliziten Verbundoperator lautet wie folgt:
```
SELECT a.ANr, Bezeichnung, LNr, Preis
FROM Artikel a, Lieferung l
WHERE a.ANr = l.ANr;
```

Die Ergebnistabelle sieht in dem konkreten Beispiel so aus:

ANr	Bezeichnung	LNr	Preis
101	SCSI Kabel	1	9.90
101	SCSI Kabel	2	7.90
102	Hamserver	2	69.90
103	Trinitron	3	159.90
103	Trinitron	4	249.90
104	Stylus Photo	4	259.90

In der Relationenalgebra würde die obige SQL-Anfrage wie folgt notiert:

Artikel ⋈ Lieferung

4.5.2 Grundgerüst von Anfragen

Eine Anfrage in SQL ist ein Ausdruck, der sich wie folgt zusammensetzt:

```
SELECT Projektionsliste
FROM Tabellenreferenzliste
[WHERE Selektionsbedingung]
[GROUP BY Gruppierungsliste]
[HAVING Selektionsbedingung]
[ORDER BY Sortierliste]
```

▶ *Hinweis:* Sofern nicht explizit anders erwähnt, stehen eckige Klammern in Syntaxbeschreibungen für [optionale Elemente] und geschweifte Klammern für eine {obligatorische Auswahl}, wobei Alternativen durch vertikale Striche | voneinander getrennt werden.

Die einzelnen Klauseln einer SQL-Anfrage haben folgende Aufgaben:

- Die **SELECT-Klausel** beschreibt die Spalten der Ergebnistabelle. Die *Projektionsliste* besteht aus Wertausdrücken, welche die jeweiligen Spaltenwerte berechnen. Ein Wertausdruck ermittelt eine Instanz, d. h. den Wert eines beliebigen SQL-Datentyps. Ein trivialer Wertausdruck ist zum Beispiel der Name einer Tabellenspalte. In diesem Fall wird der Wert der entsprechenden Spalte geliefert. Bei komplexeren Wertausdrücken, z. B. der Addition der Werte zweier Spalten, sollten die Ergebnisspalten mit „sprechenden" Namen versehen werden. Das (Um)Benennen einer Spalte wird wie folgt notiert:

Wertausdruck [[AS] Spaltenname]

▶ *Hinweis:* Sollen Zeilenduplikate aus der Ergebnistabelle eliminiert werden, muss das Schlüsselwort DISTINCT der Projektionsliste vorangestellt werden.

- Die **FROM-Klausel** gibt an, welche Tabellen in die Berechnung der Anfrage eingehen. Die *Tabellenreferenzliste* enthält diese Tabellen. Eine *Tabellenreferenz* steht hierbei für einen Tabellenausdruck. Dieser kann im einfachsten Fall der Name einer Tabelle sein. Die Tabellenreferenz kann aber auch aus einem Verbundausdruck bestehen, der zwei oder mehr Tabellen miteinander verknüpft (→ 4.5.6). Weitere mögliche Tabellenreferenzen sind tabellenwertige Funktionen (→ 4.5.4) und Unteranfragen (→ 4.5.7).

  Mit der Angabe eines Tabellennamens wird implizit eine *Korrelationsvariable* (alias) eingeführt, die so heißt wie die Tabelle. Kommt eine Tabelle in einer Anfrage mehrfach vor, ist die Eindeutigkeit der Tabellenreferenz nicht gewährleistet. In diesem Fall müssen *explizite* Korrelationsvariablen mit eindeutigen Namen wie folgt deklariert werden:

  ```
  Tabellenreferenzausdruck
  [[AS] Korrelationsvariablenname]
  [(Spaltennamensliste)]
  ```

  Mit der optionalen Spaltennamensliste können zudem die Spalten der Korrelationsvariablen (um)benannt werden.

- Die optionale **WHERE-Klausel** spezifiziert eine Bedingung an die Zeilen der Ergebnistabelle. Eine *Selektionsbedingung* definiert einen *booleschen* Wertausdruck. Dieser Wertausdruck kann beliebig komplex sein, insbesondere Unteranfragen enthalten.

- Die optionale **GROUP-BY-Klausel** gibt eine oder mehrere so genannte Gruppierungsspalten an, nach denen die Zeilen der Tabelle aggregiert werden sollen. Die *Gruppierungsliste* spezifiziert die Merkmale, nach welchen gruppiert wird. Ein Gruppierungsmerkmal ist eine Spaltenreferenz. SQL erzeugt für jede Gruppe eine Zeile, wobei die Spalten, die nicht Teil des Gruppierungsmerkmals sind, aggregiert werden. Abgesehen von den aggregierten Spalten, müssen alle in der SELECT-Klausel aufgeführten Spalten auch in der GROUP-BY-Klausel genannt werden.

- Die optionale **HAVING-Klausel** definiert eine Bedingung, die alle aggregierten Zeilen erfüllen müssen. Dieser boolescher Wertausdruck darf sich nur auf Gruppierungsspalten und Aggregatfunktionen beziehen.

- Die optionale **ORDER-BY-Klausel** dient zum Sortieren des Anfrageergebnisses nach einem frei wählbaren Kriterium.

Die Auswertung eines Anfrageausdrucks liefert eine temporäre Tabelle, die zunächst nur im transienten Speicher existiert und ohne weitere Ergänzungen nach dem Ende der Anzeige der Daten verworfen wird. Das Ergebnis einer Anfrage kann jedoch auch in eine neue persistente Tabelle kopiert oder einer existierenden persistenten Tabelle hinzugefügt werden (→ 4.7.3, 4.6.1).

▶ *Hinweis:* In der Sprechweise der SQL-Norm werden die Begriffe „Anfrageausdruck" und „Anfragespezifikation" unterschieden. Eine *Anfragespezifikation* ist ein Anfrageausdruck, der keine ORDER-BY-Klausel enthält. Anfragespezifikationen können mit Hilfe von Mengen- und Verbundoperatoren zu einer komplexeren Spezifikation zusammengesetzt werden (→ 4.5.5, 4.5.6).

4.5.3 Anfragen mit Aggregatfunktionen

Eng verbunden mit der Gruppierung sind Aggregatfunktionen, die eine Gruppe von Spaltenwerten oder allgemeiner eine Menge von Werten auf einen Wert abbilden.

Tabelle 4.1 zeigt die in Standard-SQL fest verankerten Aggregatfunktionen. In den SQL-Dialekten finden sich zusätzliche herstellerspezifische Aggregatfunktionen, wie z. B. MEDIAN oder VARIANCE in Oracle, auf die hier nicht weiter eingegangen wird.

Tabelle 4.1 Aggregatfunktionen

Funktion	liefert
COUNT(X)	die Anzahl der Werte der Spalte X
COUNT(*)	die Anzahl der Zeilen in der Tabelle
SUM(X)	die Summe der Werte der Spalte X
AVG(X)	das arithmetische Mittel der Werte der Spalte X
MIN(X)	den kleinsten Wert der Spalte X
MAX(X)	den größten Wert der Spalte X

Alle Aggregatfunktionen können mit oder ohne Duplikateliminierung aufgerufen werden. Die Syntax hierfür sieht wie folgt aus:

```
Aggregatfunktion([ALL | DISTINCT] Spaltenreferenz)
```

Das Schlüsselwort DISTINCT schließt Duplikate aus; die Voreinstellung ALL behält die Duplikate. Allgemein gilt, dass Nullwerte in der Aggregatberechnung nicht berücksichtigt werden.

❑ *Beispiel:* Anfrage zum Ermitteln aller Artikel, die mindestens zweimal geliefert wurden. Für jeden dieser Artikel werden neben der Artikelnummer die Gesamtzahl der jeweiligen Lieferungen sowie der mit diesen Lieferungen erzielte Durchschnittspreis ausgegeben.

```
SELECT ANr AS Artikelnummer,
       COUNT(*) AS AnzahlLieferungen,
       AVG(Preis) AS Durchschnittspreis
FROM Lieferung
GROUP BY ANr
HAVING COUNT(*) >= 2;
```

Diese Anfrage illustriert nicht nur die Verwendung einer Aggregatfunktion, sondern die der GROUP-BY- und HAVING-Klauseln. Angewandt auf die Beispieltabelle (→ Bild 4.1) zeigt sich folgendes Ergebnis:

ANr	AnzahlLieferungen	Durchschnittspreis
101	2	8.90
103	2	204.90

4.5.4 Anfragen mit Tabellenfunktionen

> Eine **Tabellenfunktion** ist eine benutzerdefinierte Funktion, die eine Tabelle zurückliefert. Der Aufruf einer Tabellenfunktion kann mit Hilfe des TABLE-Konstrukts als Tabellenreferenz in einer Anfrage verwendet werden.

❑ *Beispiel:* Anfrage, die aus dem Ergebnis einer Tabellenfunktionen ausgewählte Spalten ausgibt.

```
SELECT Name, Preis
FROM TABLE(ArtikelUnter(10));
```

Es sei angenommen, dass die Funktion ArtikelUnter (→ 4.7.7.2) eine Tabelle liefert. Dort sind alle Artikel aus der Tabelle Artikel aufgeführt, deren Preis einen bestimmten Betrag, der als Eingabeparameter dieser Funktion mitgegeben wird, nicht übersteigt. Dann liefert die obige Anfrage den Namen und den Preis aller Artikel, die weniger als zehn (Euro) kosten.

Die Ergebnistabelle sieht in dem konkreten Beispiel wie folgt aus:

Name	Preis
SCSI Kabel	9.90
SCSI Kabel	7.90

4.5.5 Anfragen mit Mengenoperationen

SQL unterstützt die drei klassischen Mengenoperationen **Vereinigung** (UNION), **Durchschnitt** (INTERSECT) und **Differenz** (EXCEPT) auf Basis von

Tabellen sowohl mit Mengen- als auch mit Multimengensemantik, d. h. sowohl mit als auch ohne Duplikateliminierung (→ 3.5.3; Mengoperationen in der Relationenalgebra). Die beiden Eingangstabellen müssen paarweise typverträgliche Spalten besitzen, wobei die Spaltennamen nicht notwendigerweise gleich benannt sein müssen. Die Ergebnistabelle übernimmt immer die Spaltennamen der zuerst notierten Tabelle.

Die Syntax für eine Anfrage, die mit Mengenoperatoren kombiniert ist, sieht so aus:

```
Anfragespezifikation
{UNION | INTERSECT | EXCEPT}
[ALL | DISTINCT]
[CORRESPONDING [BY (Spaltennamensliste)]]
Anfragespezifikation
```

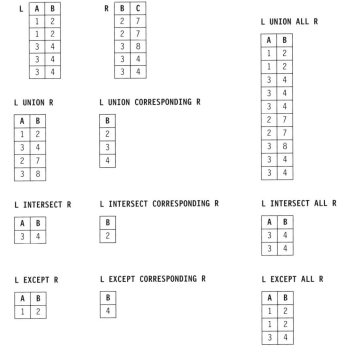

Bild 4.2 *Demonstration der Mengenoperatoren*

Die Voreinstellung DISTINCT nimmt eine Duplikateliminierung vor. Ist dies nicht gewünscht, muss der Zusatz ALL verwendet werden.

Die optionale CORRESPONDING-Klausel sorgt dafür, dass die Mengenoperation nur auf den gleichnamigen bzw. auf den explizit angegebenen Spalten der beiden Eingangstabellen ausgeführt wird.

Bild 4.2 illustriert die Wirkungsweise der verschiedenen Mengenoperatoren an zwei einfachen Beispieltabellen.

4.5.6 Anfragen mit Verbundoperationen

Werden in der FROM-Klausel einer Anfrage zwei oder mehr Tabellen durch Kommata getrennt aufgelistet, verbindet SQL diese Tabellen durch ein **kartesisches Produkt (Kreuzprodukt)**. Die Ergebnistabelle enthält dann die Vereinigung aller Spalten der Eingangstabellen sowie alle Kombinationen der Zeilen aus beiden Eingangstabellen. Unerwünschte Zeilenkombinationen sind durch die Angabe einer entsprechenden WHERE-Klausel auszuschließen. Redundante Spalten können über eine Projektionsliste in der SELECT-Klausel herausprojiziert oder umbenannt werden.

Neben dem Kreuzprodukt unterstützt SQL eine Reihe von expliziten **Verbundoperatoren** (→ Tabelle 4.2).

Tabelle 4.2 Verbundarten; L und R seien Tabellenausdrücke

Verbundart	Notation
Kreuzprodukt	L , R bzw. L CROSS JOIN R
Innerer Verbund	L [INNER] JOIN R Bedingung
Linker äußerer Verbund	L LEFT [OUTER] JOIN R Bedingung
Rechter äußerer Verbund	L RIGHT [OUTER] JOIN R Bedingung
Voller äußerer Verbund	L FULL [OUTER] JOIN R Bedingung
Natürlicher innerer Verbund	L NATURAL [INNER] JOIN R
Natürlicher linker äußerer Verbund	L NATURAL LEFT [OUTER] JOIN R
Natürlicher rechter äußerer Verbund	L NATURAL RIGHT [OUTER] JOIN R
Natürlicher voller äußerer Verbund	L NATURAL FULL [OUTER] JOIN R

▶ *Hinweis:* Sowohl beim Verbund mit der USING-Klausel als auch beim natürlichen Verbund erscheinen in der Ergebnistabelle zunächst die Verbundspalten und danach die restlichen Spalten der linken bzw. rechten Eingangstabelle.

Die Semantik der verschiedenen Verbundoperationen wird in Bild 4.3 anhand von zwei einfachen Beispieltabellen demonstriert (→ 3.5.2; Verbundoperationen in der Relationenalgebra).

L	A	B
	1	2
	4	3

R	B	C
	3	8
	5	9

L, R WHERE L.B = R.B

A	B	B	C
4	3	3	8

L JOIN R USING(B)

B	A	C
3	4	8

L JOIN R ON L.B = R.B

A	B	B	C
4	3	3	8

L NATURAL JOIN R

B	A	C
3	4	8

L LEFT JOIN R ON L.B = R.B

A	B	B	C
4	3	3	8
1	2	-	-

L NATURAL LEFT JOIN R

B	A	C
3	4	8
2	1	-

L RIGHT JOIN R ON L.B = R.B

A	B	B	C
4	3	3	8
-	-	5	9

L NATURAL RIGHT JOIN R

B	A	C
3	4	8
5	-	9

L FULL JOIN R ON L.B = R.B

A	B	B	C
4	3	3	8
1	2	-	-
-	-	5	9

L NATURAL FULL JOIN R

B	A	C
3	4	8
2	1	-
5	-	9

Bild 4.3 Demonstration der Verbundoperatoren

Der **innere Verbund** (*join*) verbindet die passenden Zeilen zweier Tabellen anhand einer Verbundbedingung, die mit einer der beiden folgenden Klauseln angegeben wird:

```
ON Prädikat
```

oder

```
USING (Spaltennamensliste)
```

Die ON-Klausel erlaubt die Angabe beliebiger Verbundbedingungen. Die USING-Klausel dagegen führt einen *Gleichheitsverbund* über alle in der Liste aufgeführten Spalten durch. In der Ergebnistabelle sind diese Spalten nur einmal enthalten.

Der **äußere Verbund** (*outer join*) übernimmt je nach Typ – linker, rechter oder voller Verbund – alle Zeilen der äußeren Tabelle, d. h. auch die Zeilen, für die es keine passende Zeile in der jeweils anderen Tabelle gibt. Die Spalten der anderen Tabelle werden in diesem Fall mit Nullwerten aufgefüllt. Der volle äußere Verbund ist die Kombination (Vereinigung) des linken und rechten äußeren Verbundes.

Der **natürliche Verbund** (*natural join*) verbindet die Zeilen der Eingangstabellen über die gleichnamigen Spalten und eliminiert implizit die Spaltenduplikate. Ein natürlicher Verbund kann als innerer oder äußerer Verbund formuliert werden.

▶ *Hinweis:* Verbundklauseln aller Arten lassen sich beliebig verketten oder verschachteln, d. h., sowohl die linke als auch die rechte Eingangstabelle können selbst verbundene Tabellen sein. Um die Verbundreihenfolge zu bestimmen, setzt man Klammern um die Verbundklauseln. Ansonsten werden die Verbundklauseln von links nach rechts ausgewertet.

4.5.7 Verschachtelte Anfragen

Unter einer **verschachtelten Anfrage** (*nested query*) versteht man üblicherweise eine Anfrage, deren WHERE-Klausel ein Prädikat enthält, das mit Hilfe einer **Unteranfrage** (*subquery*) ausgewertet wird. Je nachdem, ob die Unteranfrage genau eine oder mehrere Zeilen liefert, können hier unterschiedliche Arten von Prädikaten eingesetzt werden. Die skalaren Vergleichsoperatoren $\theta \in \{=, <>, <, <=, >=, >\}$ sind nur dann verwendbar, wenn die Unteranfrage eine Tabelle mit maximal einer Zeile ausgibt. Für den Fall, dass die Unteranfrage eine Tabelle mit mehr als einer Zeile liefert, kommen die in Tabelle 4.3 dargestellten Arten von Prädikaten in Betracht.

❏ *Beispiel:* Gib die Nummer der Artikel aus, die zum niedrigsten Preis geliefert wurden.

```
SELECT ANr
FROM Lieferung
WHERE Preis = (SELECT MIN(Preis) FROM Lieferung);
```

Die Unteranfrage liefert hier genau einen Wert, den niedrigsten Preis. Obige Anfrage kann auch mit einer nicht skalaren Unteranfrage formuliert werden.

```
SELECT ANr
FROM Lieferung
WHERE Preis <= ALL(SELECT Preis FROM Lieferung);
```

4.5 Datenbankanfragen

Tabelle 4.3 Prädikate auf Unteranfragen

Prädikat	wird TRUE, wenn
W IN (Q)	der angegebene Wertausdruck W im Resultat der Unteranfrage Q enthalten ist
W θ ALL(Q)	jede Zeile im Resultat der Unteranfrage Q das Vergleichsprädikat θ erfüllt
W θ ANY(Q)	Unteranfrage Q mindestens eine Zeile liefert, die das Vergleichsprädikat θ erfüllt
EXISTS(Q)	Unteranfrage Q ein nicht leeres Resultat liefert
UNIQUE(Q)	Unteranfrage Q keine Duplikate liefert

▶ *Hinweis:* Statt ANY kann auch das äquivalente Konstrukt SOME verwendet werden.

❏ *Beispiel:* Gib die Artikel aus, die nicht zum geringsten Preis geliefert wurden.

```
SELECT ANr
FROM Lieferung
WHERE Preis > ANY(SELECT Preis FROM Lieferung);
```

Hier gibt es mindestens eine Lieferung mit einem niedrigeren Preis.

Verschachtelte Anfragen können beliebig komplex werden, da eine Unteranfrage wiederum selbst eine Unteranfrage enthalten kann.

Unteranfragen können überall dort in einer Anfrage auftauchen, wo Tabellenausdrücke zulässig sind, d. h., ihre Verwendung ist nicht auf die WHERE-Klausel beschränkt.

❏ *Beispiel:* Verwendung einer Unteranfrage in der SELECT-Klausel:

```
SELECT LNr,
       (SELECT MAX(Preis)
        FROM Lieferung l2
        WHERE l1.LNr = l2.LNr) AS MaxPreis
FROM Lieferant l1;
```

Die Unteranfrage dient zur Berechnung des höchsten Preises, den der jeweilige Lieferant mit einer Lieferung erzielen konnte.

▶ *Hinweis:* Bei der Verwendung einer Unteranfrage in der SELECT-Klausel ist zu beachten, dass diese skalar ist, d. h., eine einspaltige Tabelle mit maximal einer Zeile liefert.

❏ *Beispiel:* Verwendung einer Unteranfrage in der FROM-Klausel:

```
SELECT *
FROM Artikel NATURAL JOIN
     (SELECT LNr, ANr, COUNT(*) AS AnzahlLieferungen
      FROM Lieferant NATURAL JOIN Lieferung
```

```
       WHERE Preis < 10
       GROUP BY LNr, ANr
       HAVING COUNT(*) > 1000)
WHERE Bezeichnung LIKE '%oto%';
```

Die obige Anfrage ermittelt alle Artikel, deren Bezeichnung das Wort 'oto' enthält und für die es mindestens einen Lieferanten gibt, der diesen Artikel mehr als 1000-mal zu einem Preis niedriger als 10 geliefert hat. Neben der Nummer und Bezeichnung der Artikel wird die Nummer des jeweiligen Lieferanten mit der Anzahl seiner Lieferungen ausgegeben.

4.5.8 Rekursive Anfragen

Bei einer **rekursiven Anfrage** wird ein Tabellenausdruck so lange wiederholt ausgeführt, bis der Ausdruck keine weiteren neuen Daten berechnet. Damit lassen sich hierarchische bzw. transitive Beziehungen beliebiger Tiefe berechnen. Die SQL-Notation einer rekursiven Anfrage besteht aus folgendem Grundgerüst:

```
WITH RECURSIVE Rekursionstabelle (Spaltenliste) AS (
-- Rekursionsinitialisierung
SELECT ...
FROM Tabelle
[WHERE Initialisierungsprädikat]
-- Rekursionsschritt
UNION ALL
SELECT ...
FROM Tabelle, Rekursionstabelle
WHERE Rekursionsbedingung
)
[Traversierungsklausel]
[Zyklusklausel]
SELECT ...
FROM Rekursionstabelle
```

Der erste Teil der Anfrage initialisiert die Rekursion. Im zweiten Teil wird der Rekursionsschritt angegeben. Dort wird die transitive Ableitung neuer Zeilen anhand der Verknüpfung der bisher berechneten Zeilen mit den Zeilen einer beliebigen Tabelle spezifiziert.

▶ *Hinweis:* Standard-SQL sieht keine Fixpunktberechnung zur Gewährleistung der Sicherheit vor, d. h., die Terminierung einer rekursiven Anfrage ist nicht garantiert. Der Anfragesteller kann jedoch mit Hilfe der Zyklusklausel eine Zyklenerkennung und -behandlung umsetzen. Mit der zusätzlichen Traversierungsklausel wird der Pfad der rekursiven Berechnung gesteuert. Die Abarbeitung kann in Form einer Breiten- oder Tiefensuche erfolgen (mehr in /4.16/).

Abflug	Ziel
Frankfurt	Paris
Frankfurt	London
Paris	New York
Athen	New York
Frankfurt	Berlin
Paris	Istanbul
London	Berlin

Bild 4.4 Tabelle Flug

❑ *Beispiel:* Berechne alle von Frankfurt aus erreichbaren Ziele.

```
WITH RECURSIVE Erreichbar(Abflug, Ziel) AS (
  SELECT Abflug, Ziel
  FROM Flug
  WHERE Abflug = 'Frankfurt'
  UNION ALL
  SELECT e.Abflug, f.Ziel
  FROM Erreichbar e, Flug f
  WHERE e.Ziel = f.Abflug
)
SELECT DISTINCT *
FROM Erreichbar;
```

Das Ergebnis dieser Anfrage auf der Beispieltabelle lautet:

Abflug	Ziel
Frankfurt	Paris
Frankfurt	London
Frankfurt	New York
Frankfurt	Berlin
Frankfurt	Istanbul

4.5.9 Anfragen mit sortierter Ausgabe

Das Ergebnis einer Anfrage (d. h. die Zeilen der Ergebnistabelle) ist üblicherweise nicht sortiert. Ist eine Ordnung gewünscht, so muss eine ORDER-BY-Klausel der folgenden Form an die Anfragespezifikation angehängt werden:

```
ORDER BY Sortierliste
```

Die *Sortierliste* umfasst einen oder mehrere Sortierspaltenausdrücke, die wie folgt notiert werden:

```
Sortierspaltenausdruck [ASC | DESC]
```

Die Voreinstellung ASC (ascending) legt eine aufsteigende Sortierreihenfolge fest, DESC (descending) eine absteigende.

▶ *Hinweis:* Die Sortierspaltenausdrücke müssen nicht notwendigerweise in der SELECT-Klausel auftauchen. Es genügt, wenn sie eindeutig aus einer der Tabellen in der FROM-Klausel hervorgehen.

Werden in der ORDER-BY-Klausel mehrere Sortierspaltenausdrücke angegeben, erfolgt die Sortierung geschachtelt. Zunächst wird nach dem ersten Sortierspaltenausdruck sortiert, dann innerhalb der Zeilen mit dem gleichen Wert für den ersten Sortierspaltenausdruck, dann innerhalb der Zeilen mit dem gleichen Wert für die Kombination aus erstem und zweitem Sortierspaltenausdruck usw.

❑ *Beispiel:* Gib alle gelieferten Artikel absteigend sortiert nach der Artikelnummer aus, wobei die Artikel mit derselben Nummer geschachtelt nach dem gelieferten Preis aufsteigend sortiert sind.

```
SELECT *
FROM Artikel NATURAL JOIN Lieferung
ORDER BY ANr DESC, Preis ASC;
```

Die Ergebnistabelle sieht in dem konkreten Beispiel so aus:

ANr	Bezeichnung	LNr	Preis
104	Stylus Photo	4	259.90
103	Trinitron	3	159.90
103	Trinitron	4	249.90
102	Hamserver	2	69.90
101	SCSI Kabel	2	7.90
101	SCSI Kabel	1	9.90

4.6 Datenmanipulation

Die Datenmanipulation erfolgt in SQL durch Einfügen, Ändern und Löschen von Tabellenzeilen.

4.6.1 Einfügen von Tabellenzeilen

Es gibt zwei Varianten für das Einfügen von Zeilen in eine Tabelle. Die erste Variante erzeugt eine Zeile aus einer gegebenen Werteliste und fügt diese in die Tabelle ein. Die Syntax lautet wie folgt:

```
INSERT INTO Tabellenname [(Spaltennamensliste)]
VALUES (Werteliste)
```

Die in der Werteliste angegebenen Werte müssen typkonform zu den korrespondierenden Spalten der Tabelle sein. Möchte man nur für eine bestimmte Auswahl von Spalten Werte erzeugen, muss die optionale Spaltennamensliste entsprechend angegeben werden.

- *Beispiel:* Einfügen von neu erzeugten Zeilen in eine Tabelle.
  ```
  INSERT INTO Artikel VALUES (101, 'SCSI Kabel');
  INSERT INTO Artikel (ANr) VALUES (501);
  ```

Die zweite Variante der INSERT-Anweisung füllt eine Tabelle mit dem Ergebnis einer Anfrage. Sie wird syntaktisch wie folgt notiert:

```
INSERT INTO Tabellenname [(Spaltennamensliste)]
Anfrageausdruck
```

Hier muss die aus der Anfrage resultierende Tabelle typkonform zur Tabelle sein, in die eingefügt werden soll.

- *Beispiel:* Einfügen in eine Tabelle mittels einer Anfrage.
  ```
  INSERT INTO TeureArtikel (Name, Verkaufspreis)
     SELECT Bezeichnung, Preis
     FROM Artikel NATURAL JOIN Lieferung
     WHERE Preis > 100;
  ```

4.6.2 Ändern von Tabellenzeilen

Die UPDATE-Anweisung ändert Werte bzw. Zeilen in einer Tabelle:

```
UPDATE Tabellenname
SET Spaltenzuweisungsliste
[WHERE Bedingung]
```

Die Spaltenzuweisungsliste kann mehrere durch Kommata getrennte Zuweisungen der folgenden Form enthalten, wobei der Wertausdruck typkonform zur zugewiesenen Spalte sein muss:
Spaltenname = Wertausdruck

Fehlt die optionale WHERE-Klausel in der UPDATE-Anweisung, sind alle Zeilen der angegebenen Tabelle von der Änderung betroffen; ansonsten nur die, welche die in der WHERE-Klausel angegebene Bedingung erfüllen.

- *Beispiel:* Ändern von Zeilen in einer Tabelle.
  ```
  -- ändert den Preis aller gelieferten Artikel
  UPDATE Lieferung
  SET Preis = 1.05 * Preis + 100;
  ```

```
-- ändert die Bezeichnung eines Artikels (ANr=103)
UPDATE Artikel
SET Bezeichnung = 'Plasma Monitor'
WHERE ANr = 103;
```

4.6.3 Löschen von Tabellenzeilen

Die DELETE-Anweisung löscht Zeilen aus einer Tabelle:

```
DELETE FROM Tabellenname
[WHERE Bedingung]
```

Mit der optionalen WHERE-Klausel wird das Löschen auf die Zeilen reduziert, welche die angegebene Bedingung erfüllen.

❑ *Beispiel:* Lösche alle Lieferungen, die mehr als 100 kosten.
```
DELETE FROM Lieferung
WHERE Preis > 100;
```

4.6.4 Zusammenführen von Tabellenzeilen

Die MERGE-Anweisung steht für eine Kombination von UPDATE- und INSERT-Anweisungen, die ausgewählte Spaltenwerte bzw. Zeilen aus einer Tabelle in eine andere Tabelle übernimmt. Die Syntax dieser Anweisung lautet:

```
MERGE INTO Zieltabellenname [[AS] Korrelationsname]
USING Tabellenreferenz
ON Verbundbedingung
[WHEN MATCHED THEN UPDATE SET Spaltenzuweisungsliste]
[WHEN NOT MATCHED THEN INSERT [(Spaltenliste)]
                    VALUES (Werteliste)]
```

▶ *Hinweis:* Es muss immer mindestens eine der beiden WHEN-Klauseln angegeben werden. Je nachdem, ob die Verbundbedingung erfüllt ist oder nicht, wird die jeweilige Klausel ausgeführt.

Nr	Name
104	Foto Sharp
105	Plasma TV

Bild 4.5 Tabelle Katalogartikel

❏ *Beispiel:* Integriere den Inhalt der Tabelle Katalogartikel in die Tabelle Artikel.

```
MERGE INTO Artikel a
  USING (SELECT Nr, Name FROM Katalogartikel) k
  ON (a.ANr = k.Nr)
  WHEN MATCHED THEN
    UPDATE SET a.Bezeichnung = k.Name
  WHEN NOT MATCHED THEN
    INSERT VALUES (k.Nr, k.Name);
```

Bei Übereinstimmung der Artikelnummern wird die Bezeichnung in der Tabelle Artikel durch den Namen aus der Tabelle Katalogartikel ersetzt. Sind die Artikelnummern nicht gleich, wird der Artikel aus der Tabelle Katalogartikel in die Tabelle Artikel eingefügt.

Die Ergebnistabelle sieht im konkreten Beispiel wie folgt aus:

ANr	Bezeichnung
101	SCSI Kabel
102	Hamserver
103	Trinitron
104	Foto Sharp
105	Plasma TV

▶ *Hinweis:* Man beachte, dass Spalten, die in der ON-Klausel vorkommen, nicht das Ziel einer Zuweisung sein dürfen.

4.7 Datendefinition

Bevor die SQL-Anweisungen zum Erzeugen, Ändern und Löschen von Schemaobjekten präsentiert werden, erfolgt ein grober Überblick über die Datentypen, die SQL unterstützt.

4.7.1 SQL-Datentypen

SQL bietet eine Reihe von Basisdatentypen (siehe Tabelle 4.4). Jeder Datentyp definiert einen Wertebereich mit zugehörigen Operationen und unterstützt den Wert NULL, den so genannten **Nullwert**, als Platzhalter für einen Wert des entsprechenden Datentyps. Der Nullwert kann in SQL für „unbekannt", „nicht vorhanden" oder „nicht anwendbar" stehen (→ 3.1.2).

Bei numerischen und alphanumerischen Datentypen können die Stellenangaben p bzw. q weggelassen werden. In diesem Fall werden Default-Werte verwendet. Bei numerischen Datentypen sind diese herstellerspezifisch, bei alphanumerischen 1. Eine Obergrenze für die *maximal zulässige* Anzahl an

Tabelle 4.4 Basisdatentypen in Standard-SQL

Basisdatentyp	Instanz
BOOLEAN	Wahrheitswert
SMALLINT INTEGER BIGINT	ganze Zahl
DECIMAL(p,q) NUMERIC(p,q)	Dezimalzahl (p-stellig, davon q Nachkommastellen)
REAL	Gleitpunktzahl, einfache Genauigkeit
DOUBLE PRECISION	Gleitpunktzahl, doppelte Genauigkeit
FLOAT(p)	Gleitpunktzahl, mindestens p Stellen Genauigkeit
CHAR(q)	Zeichenkette mit genau q Zeichen
VARCHAR(q)	Zeichenkette mit maximal q Zeichen
CLOB	Character Large Object; lange Zeichenkette
NCLOB	National (zeichensatzspezifisches) CLOB
BLOB	Binary Large Object; binäre Zeichenkette
DATE	Datum
TIME	Zeit
TIMESTAMP	Datum-Zeit-Stempel
INTERVAL	Zeitintervall
XML	XML-Wert

Stellen bzw. Zeichen wird nicht von Standard-SQL definiert. Der Standard legt nur relative Rangfolgebeziehungen zwischen vergleichbaren Datentypen fest. Die maximal zulässige Anzahl der Stellen von SMALLINT muss zum Beispiel kleiner gleich der von INTEGER sein. In SQL-Dialekten werden oft zwei Byte für SMALLINT, vier Byte für INTEGER und acht Byte für BIGINT vorgesehen.

Die drei Arten von Large-Object-Datentypen unterscheiden sich wie folgt:
- CLOB (Character Large Object) speichert Zeichenketten bestehend aus 1-Byte-Zeichen
- NCLOB (National Character Large Object) speichert Zeichenketten, die sprachspezifische Sonderzeichen wie z. B. Umlaute enthalten können
- BLOB (Binary Large Object) speichert binäre Zeichenketten

Die Definition eines LOB-Datentyps kann optional eine Einschränkung der maximalen Länge enthalten. Die Angabe erfolgt in Byte. Die Kürzel K, M und G stehen für die Einheitenvorsätze Kilo, Mega bzw. Giga.

Die Datentypen VARCHAR und CLOB unterscheiden sich von CHAR im Wesentlichen dadurch, dass sie Zeichenketten *variabler* Länge zulassen. Sie definieren nur eine maximale Länge, die es einzuhalten gilt. Der Unterschied zwischen VARCHAR und CLOB liegt vor allem in der möglichen Länge der Zeichenketten, die herstellerspezifisch sehr unterschiedlich ausfallen kann. Bei Oracle zum Beispiel kann ein VARCHAR Zeichenketten bis zu einer Länge von 4000 Zeichen aufnehmen, während ein CLOB eine Größe bis zu 128 Terabyte annehmen kann.

Die Datum-Zeit-Datentypen setzen sich aus folgenden Bestandteilen zusammen:
- DATE: YEAR MONTH DAY
- TIME: HOUR MINUTE SECOND
- TIMESTAMP: YEAR MONTH DAY HOUR MINUTE SECOND
- INTERVAL: YEAR MONTH oder DAY HOUR MINUTE SECOND

Der Datentyp XML ermöglicht die Darstellung von XML-Werten ($\rightarrow$ 11.3.2). In SQL kann ein XML-Wert ein XML-Inhalt oder ein vollständiges XML-Dokument sein. Ein XML-Inhalt ist ein XML-Element bzw. Wald (Sequenz) von XML-Elementen. XML-Elemente können hierarchisch geschachtelt sein. Ein XML-Dokument ist ein XML-Element mit Vorspann.

Operationen auf Basisdatentypwerten

Der Basisdatentyp BOOLEAN basiert auf einer dreiwertigen Logik mit den Wahrheitswerten TRUE, FALSE und UNKNOWN und den booleschen Operatoren NOT, AND, OR und IS. Die Semantik dieser Operatoren ist Tabelle 4.5 zu entnehmen.

Alle numerischen Datentypen unterstützen die vier Grundrechenoperationen *Addition* (+), *Differenz* (-), *Multiplikation* (*) und *Division* (/). Darüber hinaus gibt es eine Reihe von Funktionen, die Berechnungen auf numerischen Werten durchführen. Tabelle 4.6 fasst die wesentlichen Funktionen überblicksartig zusammen (N1 und N2 seien numerische Werte).

Für die Zeichenketten-Datentypen sind u. a. die in Tabelle 4.7 aufgelisteten Funktionen vorgesehen (S1 und S2 seien Zeichenkettenwerte).

Das Muster des LIKE-Operators enthält in der Regel mindestens eines der Spezialsymbole % und _, wobei % für „kein oder beliebig viele beliebige Zeichen" und _ für „genau ein beliebiges Zeichen" steht.

Das Muster des SIMILAR-TO-Operators ist ein regulärer Wertausdruck, der neben % und _ die üblichen Grammatiksymbole +, * und | für obligatorisches, optionales bzw. alternatives Vorkommen enthalten kann. Darüber hinaus kann es Zeichenaufzählungen, z. B. [abc] oder [a-z], sowie

122   4 Die Datenbanksprache SQL

Tabelle 4.5 Boolesche Operatoren in Standard-SQL

NOT	TRUE	FALSE	UNKNOWN
	FALSE	TRUE	UNKNOWN

AND	TRUE	FALSE	UNKNOWN
TRUE	TRUE	FALSE	UNKNOWN
FALSE	FALSE	FALSE	FALSE
UNKNOWN	UNKNOWN	FALSE	UNKNOWN

OR	TRUE	FALSE	UNKNOWN
TRUE	TRUE	TRUE	TRUE
FALSE	TRUE	FALSE	UNKNOWN
UNKNOWN	TRUE	UNKNOWN	UNKNOWN

IS	TRUE	FALSE	UNKNOWN
TRUE	TRUE	FALSE	FALSE
FALSE	FALSE	TRUE	FALSE
UNKNOWN	FALSE	FALSE	TRUE

Tabelle 4.6 Numerische Operationen in Standard-SQL

Funktion	berechnet
N1 + N2	N1 plus N2
N1 − N2	N1 minus N2
N1 * N2	N1 mal N2
N1 / N2	N1 geteilt durch N2
ABS(N1)	den absoluten Wert von N1
MOD(N1, N2)	N1 modulo N2
LN(N1)	den natürlichen Logarithmus von N1
EXP(N1)	zwei hoch N1
SQRT(N1)	die Quadratwurzel von N1
POWER(N1, N2)	N1 hoch N2
FLOOR(N1)	die größte ganze Zahl, die kleiner gleich N1 ist
CEILING(N1)	die kleinste ganze Zahl, die größer gleich N1 ist

Einschränkungen auf Zeichen bestimmter Zeichengruppen definieren, etwa [:UPPER:], [:LOWER:], [:DIGIT:] oder [:ALPHA:].

Die wesentlichen Datum-Zeit-Operationen sind in Tabelle 4.8 zusammengefasst. Darüber hinaus werden die *Addition* (+) und *Differenz* (−) auf Datum-Zeit-Werten unterstützt. Zum Beispiel ergibt die Differenz zweier Zeitpunk-

Tabelle 4.7 Alphanumerische Operationen in Standard-SQL

Funktion	liefert
BITLENGTH(S1)	die Länge von S1 in Bit
CHARLENGTH(S1)	die Länge von S1 in Zeichen
LOWER(S1)	S1 umgewandelt in Kleinbuchstaben
UPPER(S1)	S1 umgewandelt in Großbuchstaben
CONVERT(S1 USING T)	S1 konvertiert gemäß T in eine andere Darstellungsform im gleichen Zeichensatz
TRANSLATE(S1 USING T)	S1 konvertiert in den Zeichensatz T
POSITION(S1 IN S2)	die Position des ersten Vorkommens von S1 in S2; 0, falls S1 kein Substring von S2 ist
SUBSTRING(S1 FROM P [FOR S])	von der Position P beginnend S Byte bzw. Zeichen von S1 (ohne Angabe von S bis zum Ende von S1)
TRIM(LEADING Z FROM S1)	S1 ohne Zeichen Z am Anfang
TRIM(TRAILING Z FROM S1)	S1 ohne Zeichen Z am Ende
TRIM([BOTH] Z FROM S1)	S1 ohne Zeichen Z am Anfang und Ende
OVERLAY(S1 PLACING S2 FROM P [FOR S])	S1, wobei von der Position P beginnend S Byte bzw. Zeichen durch S2 ersetzt werden
S1 || S2	die Konkatenation (Verkettung) von S1 und S2
S1 LIKE S2	TRUE, wenn S1 das Muster S2 aufweist
S1 SIMILAR TO S2	TRUE, wenn S1 das Muster S2 aufweist, wobei S2 hier ein regulärer Ausdruck ist

Tabelle 4.8 Datum-Zeit-Operationen in Standard-SQL

Funktion	liefert
CURRENT_DATE	das aktuelle Datum
CURRENT_TIME	die aktuelle Zeit
CURRENT_TIMESTAMP	den aktuellen Datum-Zeit-Stempel
EXTRACT P FROM D	Komponente P aus Datum-Zeit-Wert D; P ∈ {YEAR, MONTH, DAY, HOUR, MINUTE, SECOND}

Tabelle 4.9 XML-Funktionen in Standard-SQL

Funktion	erzeugt
XMLELEMENT	ein XML-Element aus einer Liste von Wertausdrücken
XMLATTRIBUTES	XML-Attribute in einem XML-Element
XMLFOREST	aus SQL-Wertausdrücken einen Wald von XML-Elementen
XMLCONCAT	durch Konkatenation einen Wald von XML-Elementen

te ein Zeitintervall. Ferner kann ein Zeitintervall einem Zeitpunkt hinzuaddiert oder davon abgezogen werden. Aus Sicht des Ausgangszeitpunkts ist das Ergebnis ein Zeitpunkt in der Zukunft bzw. in der Vergangenheit. Ebenso ist es möglich, ein Zeitintervall durch Addition oder Differenz eines Zeitpunktes in die Zukunft bzw. Vergangenheit zu verlagern.

Der XML-Datentyp unterstützt u. a. die in Tabelle 4.9 aufgelisteten Funktionen. Für die detaillierte Syntax siehe /4.16/ oder (→ 11.3.2), wo weitere XML-Funktionen besprochen werden.

4.7.2 Erzeugen und Löschen von Schemata

Die folgende Anweisung erzeugt ein Schema:

```
CREATE SCHEMA Schemaidentifier
```

Der Name (identifier) des Schemas muss eindeutig innerhalb des zugehörigen Katalogs sein.

Ein Schema wird mit folgender Anweisung aus der Datenbank gelöscht:

```
DROP SCHEMA Schemaidentifier {RESTRICT | CASCADE}
```

Die Option RESTRICT führt dazu, dass das Löschen des Schemas fehlschlägt, wenn das Schema Objekte enthält. Die Option CASCADE dagegen sorgt dafür, dass das Schema zusammen mit seinen Objekten gelöscht wird. Hierbei werden kaskadierend auch Objekte anderer Schemata gelöscht, die ein Objekt des gelöschten Schemas referenzieren.

4.7.3 Erzeugen, Ändern und Löschen von Tabellen

Erzeugen von Tabellen

Die klassische Anweisung zum Erzeugen einer Tabelle sieht wie folgt aus:

```
CREATE TABLE Tabellenname (
  Tabellenelementliste
)
```

Ein *Tabellenelement* spezifiziert entweder eine *Spalte* oder eine *Tabellenbedingung*. Die Definition einer Spalte geschieht syntaktisch so:

```
Spaltenname Datentyp [DEFAULT Wert]
[Spaltenbedingungsliste]
```

4.7 Datendefinition

Jede Spalte wird mit einem Datentyp und einem Default-Wert assoziiert. Wenn nicht explizit anders angegeben, ist der Default-Wert NULL. Mit der Default-Klausel kann ein beliebiger Wert aus dem assoziierten Wertebereich der Spalte als Default-Wert zugewiesen werden. Darüber hinaus kann für jede Spalte eine Menge von Integritätsbedingungen formuliert werden (→ 4.7.5).

❑ *Beispiel:* Definition der zuvor skizzierten Tabellen mit den Daten über Artikel, Lieferanten und Lieferungen.

```
CREATE TABLE Artikel (
  ANr         INTEGER,
  Bezeichnung VARCHAR(25)
);

CREATE TABLE Lieferant (
  LNr         INTEGER,
  Name        VARCHAR(25)
);

CREATE TABLE Lieferung (
  ANr         INTEGER,
  LNr         INTEGER,
  Preis       DECIMAL(12,2)
);
```

Die nun folgende Anweisung erzeugt eine Tabelle mittels einer Anfrage:

```
CREATE TABLE Tabellenname [(Spaltennamensliste)]
AS Anfrageausdruck
[WITH [NO] DATA]
```

Wird diese Anweisung mit der WITH-DATA-Klausel abgesetzt, wird nicht nur die Definition, sondern auch der Inhalt der aus der Anfrage berechneten Tabelle übernommen.

Die Spalten einer so erzeugten Tabelle werden durch die Projektion der Anfrage bestimmt. Die Spaltentypen lassen sich aus den ursprünglichen Spalten der in die Anfrage eingegangenen Tabellen ableiten. Treten Namenskonflikte auf, d. h., haben zwei Spalten denselben Namen, ist die optionale Spaltennamensliste mit eindeutigen Spaltennamen zu verwenden.

▶ *Hinweis:* Nachdem eine Tabelle abgeleitet wurde, besteht keine Abhängigkeit zu den im Anfrageausdruck aufgelisteten Tabellen, d. h., nachträgliche Änderungen in diesen Tabellen haben keinen Effekt auf die abgeleitete Tabelle.

❑ *Beispiel:* Erzeugen einer Tabelle, deren Definition und Inhalt sich aus einer Anfrage ergeben.
```
CREATE TABLE GelieferteArtikel
AS SELECT ANr, AVG(Preis) AS Durchschnittspreis
   FROM Artikel NATURAL JOIN Lieferung
WITH DATA;
```

Ändern von Tabellendefinitionen

Die Definition einer Tabelle wird mit der folgenden Anweisung geändert:

```
ALTER TABLE Tabellenname Manipulation
```

Folgende Schemamanipulationen werden von Standard-SQL unterstützt:
- Hinzufügen einer neuen Spalte:

```
ADD [COLUMN] Spaltendefinition
```

- Ändern einer Spaltendefinition:

```
ALTER [COLUMN] Spaltenname Änderung
```

Mögliche Änderungen sind das Zuweisen eines neuen Datentyps, Default-Wertes und/oder einer Spaltenbedingung.
- Löschen einer Spalte:

```
DROP [COLUMN] Spaltenname {RESTRICT | CASCADE}
```

- Hinzufügen einer neuen Tabellenbedingung:

```
ADD [CONSTRAINT Name] Tabellenbedingung
```

- Löschen einer Integritätsbedingung:

```
DROP CONSTRAINT Name {RESTRICT | CASCADE}
```

Diese Anweisung setzt voraus, dass der Name der zu löschenden Integritätsbedingung bekannt ist. Integritätsbedingungen, die nicht explizit benannt sind, erhalten vom DBMS einen Namen. Dieser ist über den Schemakatalog abfragbar. Da die Benennung herstellerspezifisch ist, empfiehlt es sich, Integritätsbedingungen explizit mit einem Namen anzulegen.

Löschen von Tabellen

Die folgende Anweisung löscht eine Tabelle samt Inhalt und Definition aus der Datenbank:

```
DROP TABLE Name {RESTRICT | CASCADE}
```

Die Option RESTRICT verhindert das Löschen, wenn es in der Datenbank Schemaobjekte gibt, die von dieser Tabelle abhängig sind. Dies können zum Beispiel Sichten, Routinen, Trigger oder Fremdschlüsselbedingungen sein, die auf diese Tabelle verweisen.

Mit der Option CASCADE werden einige dieser abhängigen Schemaobjekte kaskadierend gelöscht, während andere invalidiert bzw. angepasst werden. Tabellen, die eine Fremdschlüsselbedingung mit Referenz auf die zu löschende Tabelle enthalten, werden zum Beispiel nicht automatisch gelöscht. Hier wird lediglich die Fremdschlüsselbedingung eliminiert.

4.7.4 Erzeugen und Löschen von Domänen

Eine Domäne wird mit der folgenden Anweisung erzeugt:

```
CREATE DOMAIN Name Datentyp
[DEFAULT Wert]
[Domänenbedingungsliste]
```

Hierbei ist ein in der Datenbank existierender Datentyp anzugeben. Der Wertebereich dieses Datentyps kann durch die Angabe von Domänenbedingungen eingeschränkt werden. Eine Domänenbedingung wird durch eine CHECK-Klausel ausgedrückt:

```
CHECK(Prädikat)
```

Das Prädikat der CHECK-Klausel kann das Schlüsselwort VALUE als Platzhalter für einen beliebigen Wert aus dem Wertebereich enthalten.

Für die Instanzen einer Domäne gelten immer die Operationen des zugrunde liegenden Datentyps.

- *Beispiel:* Erzeuge eine Domäne Geschlecht, die einen Wertebereich mit nur zwei vorgegebenen Zeichen bereitstellt.
  ```
  CREATE DOMAIN Geschlecht CHAR(1) CHECK(VALUE IN ('W', 'M'));
  ```

▶ *Hinweis:* Domänen unterliegen nicht dem Prinzip der strengen Typisierung. Werte unterschiedlicher Domänen sind vergleichbar, wenn die Domänen auf vergleichbaren Datentypen definiert sind.

Mit der folgenden Anweisung wird eine Domäne aus der Datenbank gelöscht:

```
DROP DOMAIN Name {RESTRICT | CASCADE}
```

RESTRICT verhindert das Löschen, wenn es von dieser Domäne abhängige Schemaobjekt gibt. Bei CASCADE werden alle Referenzen auf diese Domäne automatisch durch den Datentyp ersetzt, welcher der Domäne zugrunde liegt.

4.7.5 Erzeugen und Löschen von Integritätsbedingungen

SQL ermöglicht die Definition von Integritätsbedingungen sowohl beim Erzeugen einer Tabelle als auch nachträglich beim Ändern einer Tabellendefinition. Folgende Arten von Integritätsbedingungen werden in SQL unterstützt:

- NOT NULL (Not-Null-Bedingung): Spalte bzw. Spaltenkombination darf nicht den Wert NULL annehmen.
- UNIQUE (Unique-Bedingung): Tabelle darf keine zwei Zeilen enthalten, die denselben Wert in der Spalte bzw. Spaltenkombination haben.
- PRIMARY KEY (Primärschlüsselbedingung): Werte in der Spalte bzw. Spaltenkombination müssen eindeutig und zudem nicht NULL sein. Jede Tabelle darf maximal einen Primärschlüssel haben.
- REFERENCES Tabelle (Spalte) (Fremdschlüsselbedingung): Werte in der Spalte bzw. Spaltenkombination müssen auf existierende Werte der referenzierten Tabelle verweisen.
- CHECK(Prädikat) (Check-Bedingung): Boolesches Prädikat erlaubt die Angabe einer beliebigen Integritätsbedingung.

❏ *Beispiel:* Definition der Beispieltabellen mit Integritätsbedingungen.

```
CREATE TABLE Artikel (
   ANr          INTEGER PRIMARY KEY,
   Bezeichnung VARCHAR(25) NOT NULL
);

CREATE TABLE Lieferant (
   LNr          INTEGER PRIMARY KEY,
   Name         VARCHAR(25) NOT NULL
);

CREATE TABLE Lieferung (
   ANr          INTEGER NOT NULL REFERENCES Artikel,
   LNr          INTEGER NOT NULL REFERENCES Lieferant,
   Preis        DECIMAL(12,2) CHECK(Preis > 0)
);
```

Die Spalte ANr ist Primärschlüssel der Tabelle Artikel, analog die Spalte LNr für die Tabelle Lieferant. Die beiden Fremdschlüsselbedingungen in der Tabelle

Lieferung sorgen dafür, dass die Lieferungsbeziehung nur zwischen existierenden Artikeln und Lieferanten aufgebaut werden kann. Sie schließen das Löschen eines Artikels bzw. eines Lieferanten aus, solange es einen Verweis auf diese in der Tabelle Lieferung gibt. Die Check-Bedingung kontrolliert, dass nur positive Werte als Preise eingetragen werden.

Referenzielle Aktionen

Eine Fremdschlüsselbedingung kann prinzipiell durch das Löschen einer Zeile aus der referenzierten Tabelle sowie durch das Ändern von Schlüsselwerten einer Zeile in der referenzierten Tabelle verletzt werden. SQL bietet mit dem Konzept der **referenziellen Aktionen** mehrere Möglichkeiten an, wie man mit einer solchen Verletzung umgehen kann:

- NO ACTION: Jede Anweisung, die zu einer Verletzung der Fremdschlüsselbedingung führt, wird zurückgewiesen. Dies ist die Voreinstellung.
- CASCADE: Die Anweisung wird kaskadierend auf der referenzierenden Tabelle durchgeführt, so dass am Ende die Fremdschlüsselbedingung gilt.
- SET NULL: Diese Option setzt voraus, dass die referenzierende Fremdschlüsselspalte Nullwerte annehmen darf. In diesem Fall wird die Anweisung auf der referenzierten Tabelle durchgeführt und alle betroffenen Fremdschlüsselwerte werden in der referenzierenden Tabelle auf den Wert NULL gesetzt. Anderenfalls wird die Anweisung zurückgewiesen.
- SET DEFAULT: Analog zur vorangegangenen Option werden hier die betroffenen Fremdschlüsselwerte auf den Default-Wert der Fremdschlüsselspalte gesetzt. Dies setzt allerdings voraus, dass die referenzierte Tabelle eine Zeile mit dem entsprechenden Schlüssel enthält. Ist dies nicht der Fall, wird die Anweisung zurückgewiesen.
- RESTRICT: Die Anweisung wird ähnlich zu NO ACTION zurückgewiesen, wobei das Zurückweisen unmittelbar nach Auswertung der Anweisung erfolgt. Bei NO ACTION hingegen kann eine nach der Auswertung der Anweisung vorliegende Integritätsverletzung durch die Ausführung von referenziellen Aktionen (CASCADE, SET NULL oder SET DEFAULT) zum Zeitpunkt der Überprüfung bereits behoben sein, so dass hier kein Zurückweisen mehr erforderlich ist.

Jede Fremdschlüsselbedingung lässt sich mit einer referenziellen Aktion für das Löschen sowie das Ändern definieren. Hierzu sind bei der Definition der Fremdschlüsselbedingung folgende Lösch- bzw. Änderungsklauseln in beliebiger Reihenfolge als Zusatz anzugeben. Dabei kann jeweils eine der fünf genannten Aktionen gewählt werden:

```
ON DELETE Aktion ON UPDATE Aktion
```

4.7.6 Erzeugen und Löschen von Sichten

Das Erzeugen einer Sicht geschieht mit folgender Anweisung:

```
CREATE VIEW Sichtenname
[(Spaltennamensliste)]
AS Anfragespezifikation
[WITH CHECK OPTION]
```

Die Anfragespezifikation legt implizit die Namen und Datentypen der Spalten der Sicht fest. Eine explizite Umbenennung der Spalten ist durch die Angabe der Spaltennamensliste möglich.

Mit der Angabe der WITH-CHECK-OPTION-Klausel werden INSERT- und UPDATE-Anweisungen auf der Sicht ausgeschlossen, wenn sie Zeilen einfügen bzw. ändern, die das WHERE-Prädikat der Anfragespezifikation nicht erfüllen.

Standard-SQL fordert, dass jede Änderung auf einer Sicht eindeutig auf Änderungen auf den zugrunde liegenden Tabellen abgebildet werden kann (View-Update-Problem). Änderungen auf Sichten sind daher nur unter folgenden Bedingungen erlaubt:

- Die Anfragespezifikation besteht aus einer Selektion, die auf genau einer Tabelle oder Sicht ausgeführt wird.
- Die Anfragespezifikation darf weder eine Duplikateliminierung noch eine Gruppierung durchführen.
- Arithmetische und Aggregatfunktionen dürfen nicht in der SELECT-Klausel der Anfragespezifikation enthalten sein.
- Besteht die Anfragespezifikation aus Vereinigung, Differenz, Schnitt oder Verbund zweier oder mehrerer Tabellen, dann muss die Anfragespezifikation ohne Duplikateliminierung und der Verbund nur über Primär- und Fremdschlüsselspalten gebildet werden.

❏ *Beispiel:* Erzeuge eine änderbare Sicht.

```
CREATE VIEW EinEuroArtikel AS
  SELECT ANr, Preis
  FROM Lieferung
  WHERE Preis < 1;
```

▶ *Hinweis:* Man bemerke, dass das Verbot von arithmetischen Funktionen für änderbare Sichten zu strikt ist. Es gibt durchaus arithmetische Funktionen, für die eine Rückabbildung existiert.

❏ *Beispiel:* Definiere eine nicht änderbare Sicht.

```
CREATE VIEW ArtikelDurchschnittspreise AS
  SELECT ANr, AVG(Preis)
```

```
FROM Lieferung
GROUP BY ANr;
```

Eine Sicht wird mit folgender Anweisung aus der Datenbank gelöscht:

```
DROP VIEW Sichtenname {RESTRICT | CASCADE}
```

4.7.7 Erzeugen und Löschen von Routinen

Der Begriff **Routine** subsumiert Prozeduren und Funktionen. Prozeduren unterscheiden sich von Funktionen u. a. in ihrem Aufruf. Eine Prozedur wird mit der CALL-Anweisung aufgerufen, eine Funktion dagegen als Teil eines Wertausdrucks, beispielsweise in der SELECT- oder WHERE-Klausel einer Anfrage.

Standard-SQL unterscheidet zwischen SQL- und externen Routinen. SQL-Routinen sind in SQL implementiert, externe Routinen dagegen in einer anderen Programmiersprache, etwa Java.

4.7.7.1 Prozedurale SQL-Konstrukte

Die Implementierung von SQL-Routinen erfolgt mit der prozeduralen Erweiterung von SQL, die typische Programmiersprachenkonstrukte umfasst.

SQL unterstützt folgende grundlegende Programmiersprachenkonstrukte:
- Deklaration einer Variablen:

```
DECLARE Variablenname Datentypname [DEFAULT Wert];
```

- Deklaration eines Cursors:

```
DECLARE Cursorname CURSOR FOR (Anfrageausdruck);
```

- Wertzuweisung an eine Variable:

```
SET Variablenname = Wert;
```

- Verlassen einer Funktion mit einem Rückgabewert:

```
RETURN Rückgabewert;
```

- Aufruf einer Prozedur:

```
CALL Prozedurname([Parameterliste]);
```

SQL-Anweisungen werden wie folgt zu einer Einheit zusammengefasst:

```
BEGIN [[NOT] ATOMIC]
  SQL-Anweisung_1;
  ...
  SQL-Anweisung_n;
END;
```

Die Klausel ATOMIC legt eine atomare Ausführung der Einheit fest. Schlägt eine der Anweisungen fehl, z. B. aufgrund einer Integritätsverletzung, werden automatisch alle bis dahin ausgeführten Anweisungen der Einheit rückgängig gemacht. NOT ATOMIC ist jedoch die Voreinstellung.

▶ *Hinweis:* Wenn im Folgenden von einer SQL-Anweisung gesprochen wird, so kann dies eine einzelne oder zusammengesetzte SQL-Anweisung sein.

Verzweigungskonstrukte

SQL bietet drei verschiedene Verzweigungskonstrukte an.

Die klassische IF-THEN-ELSE-Anweisung ist:

```
IF Prädikat_1 THEN SQL-Anweisung_1
  [ELSEIF Prädikat_2 THEN SQL-Anweisung_2]
  ...
  [ELSEIF Prädikat_n THEN SQL-Anweisung_n]
  [ELSE SQL-Anweisung_n+1]
END IF;
```

Die folgende CASE-Anweisung unterscheidet sich von der obigen IF-Anweisung darin, dass sie eine Ausnahmebedingung auslöst, wenn keines der WHEN-Prädikate erfüllt ist und zudem keine ELSE-Klausel angegeben wurde:

```
CASE
  WHEN Prädikat_1 THEN SQL-Anweisung_1
  ...
  [WHEN Prädikat_n-1 THEN SQL-Anweisung_n-1]
  [ELSE SQL-Anweisung_n]
END CASE;
```

Die nachstehende Variante der CASE-Anweisung führt einen WHEN-Zweig aus, wenn der zugehörige Wert gleich dem Wert hinter CASE ist:

```
CASE Wert_1
  WHEN Wert_2 THEN SQL-Anweisung_1
  ...
  [WHEN Wert_n THEN SQL-Anweisung_n-1]
  [ELSE SQL-Anweisung_n]
END CASE;
```

Wert_1 bis Wert_n sind Wertausdrücke, die auch Variablen enthalten können. Üblicherweise enthält Wert_1 mindestens eine Variable.

Schleifenkonstrukte

SQL unterstützt vier Arten von Schleifen.

Eine **LOOP-Schleife** beinhaltet keinen Schleifenabbruchtest. Ein Abbruch erfolgt durch die explizite Ausführung einer Schleifenterminierungsanweisung (siehe nächsten Abschnitt „Ausnahmebedingungen und -behandlung").

```
LOOP
  SQL-Anweisung
END LOOP;
```

Eine **WHILE-Schleife** wird so lange durchlaufen, bis das Prädikat nicht mehr TRUE ist.

```
WHILE Prädikat DO
  SQL-Anweisung
END WHILE;
```

Eine **REPEAT-Schleife** dagegen wird so lange durchlaufen, bis das Prädikat zu TRUE ausgewertet wird.

```
REPEAT
  SQL-Anweisung
  UNTIL Prädikat
END REPEAT;
```

Eine **FOR-Schleife** iteriert über alle Elemente der Ergebnismenge einer Anfrage bzw. eines Cursors.

```
FOR Loop-Variable AS
  [Cursor-Name CURSOR FOR] Anfragespezifikation DO
    SQL-Anweisung
END FOR;
```

Die Verwendung eines Cursors wird detaillierter in ($\rightarrow$ 5.2.4) thematisiert.

▶ *Hinweis:* Jede Schleife kann mit einem Label versehen werden, welches sich für das (vorzeitige) Beenden einer Schleife verwenden lässt.

SQL bietet zwei Konstrukte zur Terminierung einer Schleife. Die erste Variante erzwingt das Verlassen der Schleife zum Ende der aktuellen Iteration:

```
ITERATE Label;
```

Die nachfolgende Anweisung führt zu einem unmittelbaren Verlassen der mit Label gekennzeichneten Schleife:

```
LEAVE Label;
```

Ausnahmebedingungen und -behandlung

Das Setzen einer Ausnahmebedingung erfolgt mit dieser Anweisung:

```
SIGNAL {Bedingungsname | SQLSTATE [VALUE] Name}
[SET Informationsliste];
```

Die Informationsliste kann Zuweisungen der Form MESSAGE_TEXT = Informationstext enthalten.

Eine Ausnahmebedingung kann über Handler abgefangen und behandelt werden. Es gibt drei Arten von Handlern, die sich darin unterscheiden, wie sie die Kontrolle an das Programm zurückgeben, das die Ausnahmebedingung gesetzt hatte:

- CONTINUE setzt das Programm mit der nächsten Anweisung fort.
- EXIT verlässt den aktuellen Block und führt den nächsten Block aus.
- UNDO verlässt den aktuellen Block, setzt alle Änderungen dieses Blocks zurück und fährt mit dem nächsten Block fort.

Ein Handler wird wie folgt deklariert:

```
DECLARE {CONTINUE | EXIT | UNDO} HANDLER
FOR Werteliste
SQL-Anweisung;
```

Die Werteliste kann folgende Werte enthalten: Name eines SQLSTATE, SQL EXCEPTION, SQL WARNING und NOT FOUND.

4.7.7.2 Erzeugen von SQL-Routinen

Bei SQL-Routinen erfolgen Deklaration und Implementierung gemeinsam. Der Rumpf einer SQL-Routine besteht aus einer SQL-Anweisung, die zusammengesetzt sein kann. Jedoch sind nicht alle Arten von SQL-Anweisungen in Routinen erlaubt. Ausgeschlossen sind u. a. DDL-Anweisungen, Transaktionsanweisungen (COMMIT und ROLLBACK) und Datenbankverbindungsanweisungen (CONNECT und DISCONNECT).

Die Definition einer SQL-Prozedur hat folgende Syntax:

```
CREATE PROCEDURE Prozedurname(Parameterdefinition)
[Routinencharakteristikaliste]
SQL-Prozedurrumpf
```

Bei Prozeduren markieren IN, OUT und INOUT die Eingabe-, Ausgabe- bzw. kombinierten Eingabe- und Ausgabeparameter. Der Prozedurrumpf besteht aus einer (möglicherweise zusammengesetzten) SQL-Anweisung. Mit der Charakteristikaliste können dem Datenbanksystem bestimmte Eigenschaften der Routine explizit bekannt gemacht werden, etwa ob sie Anweisungen enthält, welche die Datenbank manipulieren oder zu nicht deterministischem Verhalten führen können.

❏ *Beispiel:* Erzeuge eine SQL-Prozedur, die den höchsten Preis für einen Artikel berechnet, der mit einer Lieferung erzielt wurde.

```
CREATE PROCEDURE MaxPreis(IN Nr INTEGER, OUT Preis DECIMAL)
BEGIN
  SELECT MAX(Preis)
  INTO Preis         -- Setzen des OUT-Parameters
  FROM Lieferung
  WHERE ANr = Nr;
END;
```

Im Gegensatz zu Prozeduren besitzen Funktionen einen Rückgabeparameter, dafür aber keine Ausgabeparameter. Die Syntax für das Erzeugen einer SQL-Funktion sieht wie folgt aus:

```
CREATE FUNCTION Funktionsname(Parameterdefinition)
RETURNS Rückgabetyp
[Routinencharakteristikaliste]
SQL-Funktionsrumpf
```

Der Funktionsrumpf enthält eine (möglicherweise zusammengesetzte) SQL-Anweisung, die einen Rückgabewert zurückliefert.

❏ *Beispiel:* Definition einer Tabellenfunktion, die eine zweispaltige Tabelle mit den Namen und Preisen der Artikel bereitstellt, die weniger als der Wert des Argumentes kosten.

```
CREATE FUNCTION ArtikelUnter (MaxPreis DECIMAL)
RETURNS TABLE(Name VARCHAR, Preis DECIMAL) AS
RETURN (SELECT Bezeichnung, Preis
        FROM Artikel NATURAL JOIN Lieferung
        WHERE Preis < MaxPreis);
```

4.7.7.3 Erzeugen von externen Routinen

Bei externen Routinen erfolgen Deklaration und Implementierung getrennt. Die Implementierung geschieht in einer Host-Programmiersprache wie Java oder C. Mit der Deklaration wird eine externe Routine in der Datenbank registriert und ist dann wie eine SQL-Routine aufrufbar.

❏ *Beispiel:* Registrierung einer Java-Methode als externe Funktion.

```
CREATE FUNCTION Artikelname(Nr INTEGER)
RETURNS VARCHAR
LANGUAGE JAVA
EXTERNAL NAME 'Artikel/Artikelname_Java';
```

4.7.7.4 Löschen von Routinen

Benutzerdefinierte Routinen werden mit den folgenden Anweisungen aus der Datenbank gelöscht:

```
DROP PROCEDURE Prozedurname {RESTRICT | CASCADE}
DROP FUNCTION Funktionsname {RESTRICT | CASCADE}
```

Der DROP-Modus RESTRICT verhindert das Löschen, wenn es ein von dieser Routine abhängiges Schemaobjekt gibt; CASCADE löscht diese Objekte kaskadierend.

4.7.8 Erzeugen und Löschen von Triggern

Ein **Trigger** wird in SQL mit der nachstehenden Anweisung erzeugt:

```
CREATE TRIGGER Triggername
{BEFORE | AFTER | INSTEAD OF}
{INSERT | DELETE | UPDATE [OF Spaltenliste]}
  ON Tabellenname
[REFERENCING Transitionsvariablen]
[FOR EACH {ROW | STATEMENT}]
[WHEN (Prädikat)]
Triggerrumpf
```

Die folgenden Eigenschaften eines Triggers sind obligatorisch anzugeben:
- *Triggeraktivierung*: Ein Trigger wird entweder vor (BEFORE), nach (AFTER) oder anstelle (INSTEAD OF) der *effektiven* Abarbeitung des Aktivierungsereignisses gefeuert.
- *Triggeraktivierungsereignis*: Ein Trigger wird durch eine auf einer Tabelle ausgeführte DML-Anweisung (INSERT, UPDATE oder DELETE) angestoßen.
- *Triggerrumpf*: Ein Trigger kann bis auf Datenbankverbindungs- und Transaktionsanweisungen alle Anweisungen der prozeduralen Erweiterung von SQL enthalten.

Optional können weitere Eigenschaften eines Triggers festgelegt werden:
- *Transitionsvariablen*: Sie ermöglichen den Zugriff auf die von der Aktivierungsanweisung betroffenen Zeilen. OLD und NEW beziehen sich dabei auf den Zustand der Zeilen *vor* bzw. *nach* der Ausführung des Aktivierungsereignisses.
- *Aktivierungsgranularität*: Ein Trigger kann entweder separat für alle Einzeländerungen (FOR EACH ROW) oder einmal pro Aktivierungsereignis (FOR EACH STATEMENT) gefeuert werden. Letzteres ist die Voreinstellung.
- *Ausführungsbedingung*: Mit der WHEN-Klausel kann die Ausführung des Triggerrumpfes an eine Bedingung geknüpft werden.

BEFORE- und AFTER-Trigger werden auf Basistabellen definiert; INSTEAD-OF-Trigger auf Sichten, die nicht rekursiv sind. Letztere haben zudem keine Aktivierungsbedingung sowie Spaltenliste beim Aktivierungsereignis.

❏ *Beispiel:* Definition eines Triggers, der die referenzielle Aktion ON DELETE CASCADE für eine Fremdschlüsselbedingung umsetzt.

```
CREATE TRIGGER OnDeleteCascadeLieferant
BEFORE DELETE ON Lieferant
```

```
REFERENCING OLD AS alt
FOR EACH ROW
BEGIN
  DELETE FROM Lieferung
  WHERE LNr = alt.LNr;
END;
```

Ein Trigger wird aus der Datenbank mit der folgenden Anweisung gelöscht:

```
DROP TRIGGER Triggername
```

4.7.9 Erzeugen und Löschen von Sequenzgeneratoren

Die folgende Anweisung erzeugt einen Sequenzgenerator:

```
CREATE SEQUENCE Sequenzname AS Typname
[START WITH Initialwert]
[INCREMENT BY Schrittwert]
[NO MINVALUE | MINVALUE Minimalwert]
[NO MAXVALUE | MAXVALUE Maximalwert]
[[NO] CYCLE]
```

Die Angabe der Sequenzoptionen ist reihenfolgeunabhängig. Die START-Klausel legt den Initialwert fest, mit dem die Sequenz beginnt. Die INCREMENT-Klausel gibt an, mit welchem Abstand der nächste Sequenzwert generiert wird. Ist dieser Wert negativ, erfolgt ein Dekrementieren. Wird beim Inkrementieren der Maximalwert (bzw. beim Dekrementieren der Minimalwert) erreicht, wird die Generierung mit dem Minimalwert (bzw. Maximalwert) fortgesetzt, es sei denn, NO CYCLE ist definiert. In diesem Fall wird die Generierung mit dem Setzen einer Ausnahmebedingung beendet.

▶ *Hinweis:* Der Zugriff auf den nächsten Wert einer Sequenz geschieht mit dem Ausdruck NEXT VALUE FOR Sequenzname.

Ein Sequenzgenerator wird mit folgender Anweisung aus der Datenbank gelöscht:

```
DROP SEQUENCE Sequenzname
```

4.8 Transaktionssteuerung

Eine **SQL-Transaktion** ist eine Sequenz von SQL-Anweisungen, die atomar ausgeführt wird (→ 7.5). Das bedeutet, dass die Transaktion entweder vollständig ausgeführt wird oder keinerlei Effekte auf die Datenbank hinterlässt.

4.8.1 Transaktionsanweisungen

Jede SQL-Transaktion besitzt nachstehende Charakteristika:
- *Zugriffsmodus* (nur Lese- versus Lese-Schreib-Anweisungen)
- *Isolationsebene* (Ausschluss bestimmter Arten von Beeinflussungen durch nebenläufige Transaktionen)
- *Diagnostiklimit* (maximale Anzahl von Ausnahmebedingungen, welche die Transaktion setzen darf)

Diese Charakteristika können vor dem Start der Transaktion mit der folgenden Anweisung bestimmt werden:

```
SET TRANSACTION
[READ ONLY | READ WRITE]
[ISOLATION LEVEL Isolationsebene]
[DIAGNOSTICS SIZE Limit]
```

Der Start einer SQL-Transaktion erfolgt entweder implizit mit dem Aufruf einer SQL-Anweisung (falls gerade keine Transaktion läuft) oder explizit mit dem Aufruf der folgenden Anweisung:

```
START TRANSACTION [Charakteristikaliste]
```

Mit der Angabe der optionalen Charakteristikaliste können der Zugriffsmodus, die Isolationsebene und/oder das Diagnostiklimit neu gesetzt werden.

Eine SQL-Transaktion endet entweder mit einem COMMIT oder mit einem ROLLBACK. Mit der COMMIT-Anweisung werden alle Änderungen der Transaktion in die Datenbank übernommen:

```
COMMIT [WORK] [AND [NO] CHAIN]
```

Mit der CHAIN-Option wird nach dem Ende der Transaktion automatisch eine neue Transaktion erzeugt, welche die Charakteristika der beendeten Transaktion übernimmt.

Die ROLLBACK-Anweisung setzt die laufende Transaktion entweder bis zum Anfang der Transaktion oder bis zu einem Sicherungspunkt zurück:

```
ROLLBACK [WORK] [AND [NO] CHAIN]
[TO SAVEPOINT Sicherungspunktname]
```

Ein **Sicherungspunkt** wird mit folgender Anweisung angelegt:

```
SAVEPOINT Sicherungspunktname
```

Das Löschen eines Sicherungspunktes geschieht wie folgt:

```
RELEASE SAVEPOINT Sicherungspunktname
```

4.8.2 Isolationsebenen

Das nebenläufige Ausführen von Transaktionen kann zu diversen Anomalien führen, die aus der gegenseitigen Beeinflussung der Transaktionen resultieren. Das Konzept der SQL-Transaktionen setzt sich mit folgenden **Anomalien** auseinander ($\rightarrow$ 7.5.1):

- *Lost-Update* (LU): Eine Änderung geht verloren, wenn zwei nebenläufige Transaktionen zunächst das gleiche Datenobjekt lesen und danach unabhängig voneinander ändern und in die Datenbank zurückschreiben.
- *Dirty-Read* (DR): Eine Transaktion liest ein Datenobjekt, das zuletzt von einer anderen, noch nicht abgeschlossenen Transaktion geschrieben wurde. Bricht die „schreibende" Transaktion nach dem Commit der „lesenden" Transaktion ab, so hat Letztere *möglicherweise ungültige* Werte gelesen.
- *Non-Repeatable-Read* (NR): Eine Transaktion liest in zwei aufeinander folgenden Leseoperationen zwei *verschiedene* Werte desselben Datenobjektes.
- *Phantom Read* (PR): Eine Transaktion liest Datenobjekte, während nebenläufig eine andere Transaktion Datenobjekte einfügt oder löscht.

Standard-SQL definiert vier **Isolationsebenen** für die Ausführung von Transaktionen, in denen bestimmte Anomalien ausgeschlossen werden. Tabelle 4.10 gibt einen Überblick über die Anomalien, die in den jeweiligen Ebenen möglich sind (X) bzw. ausgeschlossen werden (-).

Tabelle 4.10 Isolationsebenen und assoziierte Synchronisationsprobleme

Isolationsebene	LU	DR	NR	PR
READ UNCOMMITTED	-	X	X	X
READ COMMITTED	-	-	X	X
REPEATABLE READ	-	-	-	X
SERIALIZABLE	-	-	-	-

▶ *Hinweis:* Die Isolationsebene READ UNCOMMITTED impliziert den Zugriffsmodus READ ONLY. Für die anderen Isolationsebenen ist der Zugriffsmodus READ WRITE voreingestellt.

4.8.3 Überprüfung von Integritätsbedingungen

Eine Integritätsbedingung kann entweder *unmittelbar* (IMMEDIATE) nach der Ausführung einer potenziell integritätsverletzenden SQL-Anweisung oder *verzögert* (DEFERRED) spätestens am Ende der laufenden Transaktion überprüft werden. Eine SQL-Transaktion verwaltet für jede Integritätsbedingung einen **Überprüfungsmodus**, der den Zeitpunkt der jeweiligen Überprüfung festlegt. Der Überprüfungsmodus wird mit folgender Anweisung gesetzt:

```
SET CONSTRAINT {ALL | Bedingungsnamensliste}
               {IMMEDIATE | DEFERRED}
```

Die Anweisung SET ... IMMEDIATE erzwingt die Überprüfung der jeweiligen Integritätsbedingung(en) nach der nächsten SQL-Anweisung. Mit der Ausführung der COMMIT-Anweisung wird der Überprüfungsmodus aller Integritätsbedingungen implizit auf IMMEDIATE gesetzt und somit deren Überprüfung angestoßen.

4.9 Zugriffskontrolle

Der Zugriff auf eine SQL-Datenbank wird über **Zugriffsrechte** kontrolliert. Grundsätzlich gilt, dass der Datenbankadministrator (DBA) alle Zugriffsrechte hat. Der Besitzer eines Schemaobjektes verfügt über die Rechte an diesem Objekt. Diese Benutzer können Zugriffsrechte an andere Benutzer vergeben und sie gegebenenfalls auch wieder zurücknehmen.

4.9.1 Vergabe von Zugriffsrechten

Die Syntax für die Vergabe von Zugriffsrechten sieht wie folgt aus:

```
GRANT Privilegienliste
TO Benutzernamensliste
[WITH GRANT OPTION]
```

Folgende Privilegien können dabei vergeben werden:
- Anfragen auf einer Tabelle bzw. Sicht

```
SELECT [(Spaltennamensliste)] ON Tabellenname
```

- Einfügen in eine Tabelle bzw. Sicht

  ```
  INSERT [(Spaltennamensliste)] ON Tabellenname
  ```

- Ändern einer Tabelle bzw. Sicht

  ```
  UPDATE [(Spaltennamensliste)] ON Tabellenname
  ```

- Löschen aus einer Tabelle bzw. Sicht

  ```
  DELETE ON [TABLE] Tabellenname
  ```

- Referenzieren einer Tabelle (in einer Fremdschlüsselbedingung)

  ```
  REFERENCES [(Spaltennamensliste)] ON Tabellenname
  ```

- Definition eines Triggers auf einer Tabelle bzw. Sicht

  ```
  TRIGGER ON Tabellenname
  ```

- Verwenden einer Domäne

  ```
  USAGE ON DOMAIN Domainname
  ```

- Verwenden eines Sequenzgenerators

  ```
  USAGE ON SEQUENCE Sequenzname
  ```

- Ausführen einer Routine

  ```
  EXECUTE ON Routinenname
  ```

- Alle auf dem Schemaobjekt möglichen Privilegien

  ```
  ALL PRIVILEGES ON Schemaobjektname
  ```

Die WITH-GRANT-Option erlaubt dem Benutzer das gewährte Zugriffsrecht an Dritte weitergeben zu dürfen.

▶ *Hinweis:* Soll allen Benutzern des Datenbanksystems ein bestimmtes Zugriffsrecht gewährt werden, kann man das Schlüsselwort PUBLIC anstelle einer Aufzählung der Benutzer verwenden.

4.9.2 Zurücknahme von Zugriffsrechten

Zugriffsrechte werden mit der folgenden Anweisung zurückgenommen:

```
REVOKE [WITH GRANT OPTION] Privilegienliste
FROM Benutzernamensliste
```

Wird die Klausel WITH GRANT OPTION angegeben, wird dem Benutzer lediglich das Recht zur Weitergabe der Zugriffsrechte entzogen. Ansonsten geschieht dies implizit mit dem Entzug des Zugriffsrechtes.

4.9.3 Erzeugen und Löschen von Rollen

Standard-SQL unterstützt das Konzept der **Rollen** zur besseren Steuerung der Zugriffsrechteverwaltung. Eine Rolle wird mit einer Menge von Zugriffsrechten assoziiert. Durch Zuweisung einer Rolle an einen Benutzer erhält dieser die mit der Rolle assoziierten Zugriffsrechte.

Eine Rolle wird mit der folgenden Anweisung erzeugt:

```
CREATE ROLE Rollenname
```

Zugriffsrechte können mit der GRANT-Anweisung einer Rolle zugeordnet werden, indem der Name der Rolle anstelle des Benutzernamens angegeben wird. Die Zuweisung einer Rolle an einen Benutzer erfolgt ebenfalls über die GRANT-Anweisung, indem man die Rolle als Privileg notiert.

Die folgende Anweisung löscht eine Rolle aus der Datenbank:

```
DROP ROLE Rollenname
```

▶ *Hinweis:* Mit dem Löschen einer Rolle werden automatisch alle Zugriffsrechte, die über diese Rolle verliehen wurden, den jeweiligen Benutzern entzogen.

5 Datenbank-Anwendungsprogrammierung

Bernhard Schiefer

Zur Entwicklung von Anwendungen, die Zugriff auf Datenbanken benötigen, stehen zahlreiche Alternativen zur Verfügung. Welcher Ansatz für das eigene Problem die optimale Lösung darstellt, hängt von verschiedenen Randbedingungen, wie zum Beispiel der in Frage kommenden Programmiersprache, der vorhandenen Infrastruktur, den Besonderheiten der Anwendung und nicht zuletzt auch von den Möglichkeiten des Datenbanksystems ab.

In diesem Kapitel werden die relevanten Begriffe und Techniken dargestellt, um als Basis für Design-Entscheidungen und die anschließende Umsetzung zu dienen.

5.1 Grundlagen der Datenbank-Anwendungsprogrammierung

5.1.1 Impedance Mismatch

> Der Begriff **Impedance Mismatch** wird verwendet, um auf Anpassungsprobleme hinzuweisen. Im Datenbankumfeld resultieren diese Probleme aus der Abbildung der Konzepte relationaler Datenbanksysteme auf die Konzepte aus der Programmiersprachenwelt.

Das relationale Modell unterscheidet sich sowohl bezüglich der Operatoren als auch bezüglich der Datentypen deutlich von dem, was in aktuellen Programmiersprachen Stand der Technik ist. Der SQL-Standard wurde in den letzten Jahren immer mehr um Konzepte erweitert, die es erlauben, ohne spürbare Brüche Anwendungen zu entwickeln (→ 10.3). Soll jedoch eine Integration mit einer konventionellen 3GL-Programmiersprache /1.8/ wie z. B. Java, C++ oder PHP erfolgen, so müssen Entwickler in zwei Welten zu Hause sein und sich mit unterschiedlichen Philosophien bezüglich Datenverwaltung und Zugriff auseinandersetzen.

Eine Gegenüberstellung der wichtigsten Unterschiede zwischen den Konzepten findet sich in Tabelle 5.1.

5.1 Grundlagen der Datenbank-Anwendungsprogrammierung

Tabelle 5.1 Gegenüberstellung „Impedance Mismatch"

Relationales Datenbanksystem	Programmiersprache
zentraler Datentyp für Kollektionen von Daten: Tabelle ($\to$ 4.1)	zahlreiche Datentypen mit unterschiedlicher Semantik und unterschiedlichen Operatoren: Mengen, Listen, Bäume, Hash-Tabellen, ...
mengenwertige Operationen – jede einzelne DML-Operation kann sehr viele Datensätze betreffen	Einzelsatzoperationen – sollen mehrere Datensätze verändert werden, müssen Schleifen genutzt werden
Attribute aller Datentypen können den Wert „unbekannt" (NULL) annehmen	Attribute müssen immer einen Wert aus dem ihnen zugeordneten Wertebereich annehmen
dreiwertige Logik bei Aussagen (TRUE, FALSE, UNKNOWN)	eine Aussage ist immer entweder TRUE oder FALSE

5.1.2 Einbettungstechniken

> Unter **Einbettungstechnik** versteht man die Technik, die zur Integration der Datenbankschnittstelle in eine Programmiersprache eingesetzt wird.

Man trifft hier im Wesentlichen auf drei unterschiedliche Ansätze:
1. Erweiterung einer konventionellen Programmiersprache um zusätzliche Sprachelemente zum Zugriff auf die Datenbank ($\to$ 5.2)
2. Nutzung von Aufrufschnittstellen, also Bibliotheken von Funktionen oder Klassen, als Verbindung zur Datenbank ($\to$ 5.3)
3. Einsatz einer eigens für den Datenbankzugriff entwickelten Programmiersprache ($\to$ 5.4)

5.1.3 Einbettungsarten

Die Einbettung von Datenbankanweisungen in Programmiersprachen kann auf zwei Arten vorgenommen werden: Die erste, die statische Programmierspracheneinbettung, erfordert, dass die Anweisung zum Übersetzungszeitpunkt bereits komplett feststeht. Die zweite Art, die dynamische Programmierspracheneinbettung, kann auch dann eingesetzt werden, wenn die Anweisung erst zur Laufzeit erstellt wird.

5.1.3.1 Statische Programmierspracheneinbettung

> Bei der **statischen Programmierspracheneinbettung** wird die Datenbankanweisung in einem von einem Vorübersetzer oder dem Parser der Programmiersprache erkennbaren Format im Programm festgeschrieben.

Die statische Programmierspracheneinbettung erfordert also spezielle Spracherweiterungen und ist daher bei Aufrufschnittstellen (→ 5.3) nicht einsetzbar.

Sie kann nur dann genutzt werden, wenn die Datenbankanweisung bis auf Parameterwerte zum Übersetzungszeitpunkt bereits feststeht. Wenn die Anfrage erst dynamisch zur Laufzeit konstruiert wird, kommt diese Alternative also nicht in Frage.

Die syntaktische Korrektheit kann hier zur Programmübersetzungszeit geprüft werden. Für die Anfrage lässt sich dabei auch bereits eine Optimierung durchführen und die Anfrage auch vorübersetzt in der Datenbank speichern. Dies wirkt sich vorteilhaft auf die Ausführungsgeschwindigkeit zur Laufzeit aus.

5.1.3.2 Dynamische Programmierspracheneinbettung

> Bei der **dynamischen Programmierspracheneinbettung** wird die Anweisung erst zur Laufzeit zusammengestellt und als textueller Wert einer konventionellen Variablen dem Datenbanksystem übergeben.

Die dynamische Programmierspracheneinbettung ist universell anwendbar.

Sie hat aber den Nachteil, dass eine Analyse der Datenbankanweisungen erst zur Laufzeit erfolgen kann. Konsequenzen:
- Der Aufwand für die Analyse fällt bei jedem Aufruf an und wirkt sich nachteilig auf die Laufzeit aus.
- Syntaktische Fehler können erst zur Laufzeit entdeckt werden und erfordern eine entsprechende Fehlerbehandlung.

Schnittstellen, die auf einer dynamischen Programmierspracheneinbettung basieren, sollten immer gegenüber SQL-Injection-Angriffen abgesichert werden.

> Unter einem **SQL-Injection**-Angriff wird das Manipulieren von SQL-Anweisungen durch Parameterwerte, die SQL-Code enthalten, verstanden.

❑ *Beispiel:* Folgende Anweisung (in Java) zur Überprüfung, ob in den Variablen user und pw ein gültiger Benutzername und ein gültiges Passwort übergeben wurde, ist für SQL-Injection anfällig:
```
String txt = "SELECT * FROM Benutzer "+
            "WHERE passwort = '" + pw + "' AND name = '" +
            user +"'";
```

5.1 Grundlagen der Datenbank-Anwendungsprogrammierung

Wird hier in der Variablen user der Wert „scott" und in pw der Wert „tiger" übergeben, so arbeitet die Anfrage wie gewünscht. Es wird wie beabsichtigt überprüft, ob das Passwort „tiger" zum Benutzer „scott" gehört. Es wird folgende Anfrage an die Datenbank geschickt:

```
SELECT * FROM Benutzer
WHERE passwort = 'tiger' AND name = 'scott'
```

Wird aber in der Variablen pw stattdessen folgender Wert gesetzt:

```
pw = "X' OR passwort <> 'X"
```

so wird eine Anfrage an die Datenbank gesendet, die unabhängig vom Passwort Benutzerdaten zurückliefert:

```
SELECT * FROM Benutzer
WHERE passwort = 'X' OR passwort <> 'X' AND name = 'scott'
```

Ein effektiver Schutz gegen SQL-Injection-Angriffe besteht im Nutzen von Prepared Statements.

> Unter einem **Prepared Statement** wird eine Anweisung für ein Datenbanksystem verstanden, bei dem anstelle von Parameterwerten Platzhalter eingesetzt werden. Die Platzhalter können nach einer syntaktischen Analyse mit Werten versorgt werden. Die Struktur der Anfrage kann durch diese Werte nicht mehr verändert werden.

Durch die Trennung von Analyse und Ausführung einer Datenbankanweisung können bei wiederholter Ausführung einer Anweisung auch Performance-Vorteile erzielt werden.

Viele Datenbankschnittstellen zur dynamischen Einbettung, wie beispielsweise JDBC für Java ($\rightarrow$ 5.3.3) oder mysqli für PHP, unterstützen Prepared Statements.

❑ *Beispiel:* Die sichere Abfrage, ob gültige Werte für Benutzername und Passwort eingegeben wurden, sieht bei Nutzung eines Prepared Statements in Java ($\rightarrow$ 5.3.3.5) folgendermaßen aus:

```
"SELECT * FROM Benutzer WHERE passwort = ? AND name = ?";
```

5.1.4 Architekturansätze

Bei der Realisierung von datenbankbasierten Anwendungen können drei unterschiedliche Ansätze identifiziert werden, je nachdem auf welcher Ebene die Anwendungsfunktionalität angesiedelt wird. Jeder dieser Ansätze hat Vor- und Nachteile und die Entscheidung für eine Architektur muss immer im Einzelfall gefällt werden. Gelegentlich kann es auch sinnvoll sein, die im Folgenden vorgestellten Architekturen miteinander zu kombinieren.

5.1.4.1 Fat-Client-Architektur

Hier wird die gesamte Anwendungslogik inklusive Datenbankzugriff auf dem Client realisiert. Die Datenbank wird als reiner Datenspeicher benutzt.

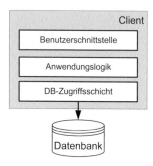

Bild 5.1 Fat-Client-Architektur

Vorteile dieses Ansatzes:
- Es wird keine aufwändige Infrastruktur benötigt.
- Da die Realisierung der Anwendungslogik komplett auf dem Client erfolgt, wird der Datenbankserver dadurch nicht belastet.

Nachteile dieses Ansatzes:
- Die Wartung der Software ist aufwändig, da sich diese auf den einzelnen Clients befindet. Jede Änderung muss auf allen Clients durchgeführt werden.
- Leistungsfähige Clients mit ausreichend Hauptspeicher und CPU werden benötigt.
- Wenn sich die Datenbank auf einem entfernten Rechner befindet, müssen die Daten über das Netz zu den Clients transportiert werden, was zu einer entsprechenden Belastung des Netzwerkes führt.
- Bei einer Erhöhung der Anzahl von Clients erfolgt eine entsprechende Erhöhung der Last auf dem Datenbankserver, was diesen schnell an die Grenzen seines Leistungsvermögens führen kann.

5.1.4.2 Thin-Client-Architektur

Bei dieser Architekturvariante wird Anwendungslogik auf die Datenbank verlagert. Dies ist nur dann möglich, wenn das verwendete Datenbanksystem gespeicherte Prozeduren und Funktionen, so genannte *benutzerdefinierte Routinen* (→ 5.4.1.2), oder *Trigger* (→ 5.4.1.3) unterstützt.

5.1 Grundlagen der Datenbank-Anwendungsprogrammierung

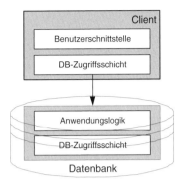

Bild 5.2 Thin-Client-Architektur

Vorteile dieses Ansatzes:
- Die Anwendungslogik wird zentral auf dem Datenbankserver gehalten und gewartet. Sie ist nutzbar für Anwendungen, die in unterschiedlichen Programmiersprachen realisiert sein können.
- Der Client wird von komplexen Operationen entlastet und benötigt somit weniger Ressourcen (insbesondere CPU und Hauptspeicher).
- Das Netzwerk wird ebenfalls entlastet, da alle Datenbankzugriffe und die damit verbundenen Datentransporte lokal auf dem Datenbankserver erfolgen.
- Besonders vorteilhaft in Bezug auf die Performance ist diese Architektur, wenn zur Verarbeitung deutlich mehr Daten aus der Datenbank gelesen werden müssen, als anschließend an den Client zur Ergebnisdarstellung transportiert werden.
- Benutzerdefinierte Routinen können oft in vorübersetzter Form gespeichert werden.

Nachteile dieses Ansatzes:
- Die Datenbankmanagementsysteme unterscheiden sich derzeit, trotz des vorhandenen Standards, noch stark in den unterstützten Sprachen zur Formulierung der benutzerdefinierten Routinen und Trigger. Dadurch wird ein Wechsel des Datenbanksystems deutlich erschwert. Es besteht somit eine größere Gefahr der Abhängigkeit von dem jeweiligen DBMS-Hersteller, denn bei einem Wechsel der Datenbanksoftware kann eine Neuimplementierung der Routinen erforderlich sein /4.16/.
- Der Datenbankserver wird bei diesem Ansatz stärker belastet. Für Anwendungen, bei denen der Datenbankserver den Engpass darstellt, kommt diese Alternative daher nicht in Frage.

5.1.4.3 Thin-Client-Architektur mit Applikationsserver

Der Einsatz einer Zwischenschicht, so genannter *Middleware* /1.8/, in Form eines Applikationsservers ermöglicht es, die Anwendungslogik und die Datenbankzugriffe vom Client auszulagern. Dieser kann sich so ausschließlich auf die Präsentationsaufgabe konzentrieren.

Dadurch, dass sich die Anwendung zentral auf einem speziellen Server befindet, ist die Wartung weiterhin einfach zu bewerkstelligen. Intelligente Applikationsserver puffern zusätzlich die Daten, die von der Datenbank gelesen wurden, und stellen diese allen zugreifenden Clients zur Verfügung, so dass mehrfache Zugriffe auf die gleichen Daten nicht jedes Mal zu einem Datenbankzugriff führen.

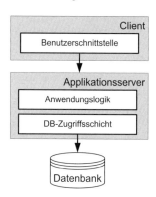

Bild 5.3 Thin-Client-Architektur auf Basis eines Applikationsservers

Vorteile dieses Ansatzes:
- Anwendungslogik kann zentral auf dem Applikationsserver gehalten und gewartet werden.
- Der Client wird von komplexen Operationen entlastet und benötigt somit weniger Ressourcen (insbesondere CPU und Hauptspeicher).
- Das Netzwerk und die Datenbank werden ebenfalls entlastet, da Applikationsserver Daten puffern und mehrere Clients daraus bedienen können.
- Diese Architekturvariante skaliert im Allgemeinen sehr gut, da steigenden Client-Zahlen mit Clustern von Applikationsservern begegnet werden kann.

Nachteile dieses Ansatzes:
- Die komplexere Infrastruktur erfordert mehr Know-how von den Administratoren. Ein weiterer Server bzw. ein Cluster von Servern muss konfiguriert und gewartet werden.

- Für den Zugriff vom Client zum Applikationsserver ist ein Remote-Methodenzugriff (RPC bzw. RMI) mit dem ganzen dazugehörigen Overhead erforderlich (vgl. Kap. 14 in /1.8/).

5.2 Embedded SQL

5.2.1 Grundidee und Architektur

> **Embedded SQL** ist Teil des SQL-Standards und umfasst Sprachkonstrukte zur Verwendung von SQL in konventionellen Programmiersprachen der 3. Generation.

Unter anderem wird eine Unterstützung für folgende Sprachen ermöglicht: C, C++, COBOL, FORTRAN. Die Sprache, in die die Einbettung erfolgt, wird als *Wirtssprache* (host language) bezeichnet.

Da Embedded SQL den Sprachumfang der Wirtssprache erweitert, wird ein Vorübersetzer (*Precompiler*) benötigt, der die Anwendung in ein gültiges Programm der Wirtssprache transformiert, das dann anschließend vom normalen Programmiersprachenübersetzer verarbeitet werden kann.

In dem generierten Code befinden sich Aufrufe von Funktionen zum Zugriff auf die Datenbank. Die Implementierung dieser Methoden wird wie der Precompiler vom Datenbankhersteller geliefert. Dies geschieht normaler-

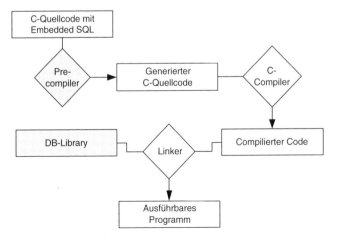

Bild 5.4 Architektur-Übersicht am Beispiel einer Einbettung in C-Programme

weise in Form einer Bibliothek (*DB-Library*), die zum kompilierten Code gebunden werden muss, bevor ein ausführbares Programm entsteht. Die Bibliothek kann natürlich auch in Form einer Shared Library oder DLL vorliegen – in diesem Fall wird sie erst zur Laufzeit gebunden.

Die Beziehung zwischen allen Komponenten ist in Bild 5.4 dargestellt.

5.2.2 Syntax

Blöcke mit Anweisungen der SQL-Sprache werden mit speziellen Embedded-SQL-Schlüsselwörtern (EXEC SQL) gekennzeichnet.

❏ *Beispiel:* Änderungsoperation mit Embedded SQL.
```
EXEC SQL INSERT INTO Artikel (ANr, Bezeichnung)
                VALUES (101, 'SCSI Kabel');
```

5.2.3 Host-Variablen

Um Daten aus dem Anwendungsprogramm an Datenbankanweisungen zu übergeben oder von diesen zurückzuerhalten, werden Variablen der Wirtssprache genutzt. Diese werden innerhalb eines mit EXEC SQL gekennzeichneten Bereiches deklariert.

> Variablen der Programmiersprache, die in Datenbankanweisungen benutzt werden, werden als **Host-Variablen** bezeichnet.

❏ *Beispiel:* Deklaration von Host-Variablen.
```
EXEC SQL BEGIN DECLARE SECTION;
  anr_v          DEC(5);
  bezeichnung_v  VARCHAR(50);
EXEC SQL END DECLARE SECTION;
```

Host-Variablen, die zur Übergabe von Werten an eine SQL-Anweisung genutzt werden, sind durch einen vorangestellten Doppelpunkt gekennzeichnet, so dass der Parser sie von Spaltennamen unterscheiden kann.

❏ *Beispiel:* Nutzung von Host-Variablen.
```
EXEC SQL INSERT INTO Artikel (ANr, Bezeichnung)
                VALUES (:anr_v, :bezeichnung_v);
```

5.2.4 Das Cursor-Konzept

Da Wirtssprachen nicht in der Lage sind, komplette Tabellen am Stück einzulesen, wird ein Konzept benötigt, um die Daten Satz für Satz dem Anwendungsprogramm zur Verfügung zu stellen.

5.2 Embedded SQL

> Ein **Cursor** ist eine Datenstruktur, die einen Verweis auf einen Satz der Ergebnismenge einer Abfrage darstellt. Dieser Verweis kann auf der Ergebnismenge bewegt werden, um nacheinander die Datensätze in die Anwendung zu transportieren.

Bevor ein Cursor verwendet werden kann, muss er deklariert werden. Dabei wird er fest an eine Anfrage gebunden. Die Anfrage wird jedoch zu diesem Zeitpunkt noch nicht ausgeführt. Sie kann über Parameter verfügen, die zum Zeitpunkt der Deklaration noch nicht feststehen müssen. Parameter werden durch das Zeichen ? gekennzeichnet.

❏ *Beispiel:* Deklaration eines Cursors mit 2 Parametern.
```
EXEC SQL DECLARE cu1 CURSOR FOR
  SELECT ANr, Bezeichnung FROM Artikel
  WHERE ANr BETWEEN ? AND ?;
```

Anschließend kann der Cursor geöffnet werden. Dabei wird die Anfrage auf der Datenbank ausgeführt. Hierfür müssen vorhandene Parameter durch Angabe von Host-Variablen hinter dem Schlüsselwort USING mit Werten versorgt werden. Die Anzahl der anzugebenden Host-Variablen muss dabei mit der Anzahl der ? im DECLARE-Statement übereinstimmen.

❏ *Beispiel:* Öffnen eines Cursors.
```
EXEC SQL OPEN cu1 USING :v1, :v2;
```

Das eigentliche Auslesen der Daten erfolgt über die Anweisung FETCH. Dabei werden die Zielfelder angegeben, in die die gelesenen Werte transportiert werden sollen.

❏ *Beispiel:* Auslesen eines Datensatzes.
```
EXEC SQL FETCH cu1 INTO :v3, :v4;
```

Wenn der Hersteller des DBMS den SQL-Standard vollständig implementiert hat, so kann ein Cursor auch mit dem Zusatz SCROLL deklariert werden. Dann stehen außer dem einfachen FETCH, das den nächsten Datensatz liest, auch weitere Optionen zur Navigation in der Ergebnismenge bereit, die zum Beispiel auch ein Durchlaufen der Ergebnismenge vom Ende zum Anfang hin oder die relative und absolute Adressierung von Datensätzen unterstützen.

Gelegentlich sollen die Datensätze, die über einen Cursor gelesen werden, verändert in die Datenbank zurückgeschrieben werden. In diesem Fall kann der Cursor mit dem Zusatz FOR UPDATE geöffnet werden. Dadurch wird eine sehr effiziente Variante des UPDATE-Statements (→ 4.6.2) möglich: das

Positioned Update, das den aktuell gelesenen Datensatz modifiziert in die Datenbank zurückschreibt.

❏ *Beispiel:* Veränderung der Datensätze beim Auslesen eines mit FOR UPDATE geöffneten Cursors durch ein *Positioned Update*. In dem Beispiel wird der Preis eines gelesenen Artikels um 10 % erhöht.
```
EXEC SQL DECLARE cu2 CURSOR FOR
  SELECT * FROM Lieferung FOR UPDATE;
...
EXEC SQL UPDATE Lieferung
  SET Preis = Preis + 0.1*Preis
  WHERE CURRENT OF cu2;
```

Am Ende sollte ein Cursor immer geschlossen werden, sobald man ihn nicht mehr benötigt, um die belegten Ressourcen wieder freizugeben.

❏ *Beispiel:* Schließen eines Cursors.
```
EXEC SQL CLOSE cu1;
```

5.2.5 Statische Einbettung

Das folgende Beispiel zeigt das Zusammenspiel zwischen Embedded SQL und der Wirtssprache anhand der Programmiersprache C. Die SQL-Anweisung wird hier mit Hilfe einer statischen Einbettung dem Datenbanksystem bekannt gemacht.

Zuerst sind die benötigten Host-Variablen für die Ein- und Ausgabe zu definieren. Anschließend wird der Cursor (→ 5.2.4) zum Auslesen der Daten deklariert und geöffnet.

❏ *Beispiel:*
```
EXEC SQL BEGIN DECLARE SECTION;
  anr_v DEC(5);
  bezeichnung_v VARCHAR(50);
  anr_von_v DEC(5);
  anr_bis_v DEC(5);
EXEC SQL END DECLARE SECTION;

EXEC SQL DECLARE cu1 CURSOR FOR
  SELECT ANr, Bezeichnung FROM Artikel
  WHERE ANr BETWEEN ? AND ?;

EXEC SQL OPEN cu1 USING :anr_von_v, :anr_bis_v;
```

In der for-Schleife am Ende erfolgen dann der Zugriff auf die Daten und deren Ausgabe.

- *Beispiel:*
```
for (;;) {
  EXEC SQL FETCH cu1 INTO :anr_v, :bezeichnung_v;
  EXEC SQL WHENEVER NOT FOUND GOTO FERTIG;
  printf ("Artikel : %s: %s", anr_v, bezeichnung_v);
}

FERTIG:
  EXEC SQL CLOSE cu1;
  printf ("Alle ausgegeben! \n");
```

5.2.6 Dynamische Einbettung

Hängt die Datenbankanfrage von weiteren Dingen ab, die erst zur Laufzeit feststehen, wie zum Beispiel von komplexen Suchbedingungen, so ist die statische Einbettung ($\rightarrow$ 5.2.5) nicht möglich. Die Anfrage wird dann als String im Laufe des Programms zusammengesetzt und dann ebenfalls in einer Host-Variablen übergeben.

- *Beispiel:* Verwendung einer Host-Variablen für die Anfrage.

```
EXEC SQL BEGIN DECLARE SECTION;
  anr_v DEC(5);
  bezeichnung_v VARCHAR(50);
  anr_von_v DEC(5);
  anr_bis_v DEC(5);
  anfrage_txt VARCHAR(256);
EXEC SQL END DECLARE SECTION;

anfrage_txt =
  "SELECT * FROM Artikel WHERE ANr BETWEEN ? AND ?";
```

Im Unterschied zur statischen Einbettung ist nun ein zusätzlicher Schritt erforderlich. In diesem wird mittels der Anweisung PREPARE die Anfrage an die Datenbank zur Analyse und Bestimmung des Zugriffsplanes übergeben.

- *Beispiel:* Verarbeitung einer Anfrage aus einer Host-Variablen.

```
EXEC SQL PREPARE anfrage_p FROM :anfrage_txt;
EXEC SQL DECLARE cu1 CURSOR FOR anfrage_p;
EXEC SQL OPEN cu1 USING :anr_von_v, :anr_bis_v ;
```

Die anschließende Verarbeitung der Daten über den Cursor erfolgt genauso wie im Beispiel in Abschnitt 5.2.5.

5.2.7 Indikatorvariablen

Datenbanksprachen wie SQL kennen im Gegensatz zu den meisten Programmiersprachen den Wert NULL ($\to$ 4.7.1), der unabhängig vom Datentyp eingesetzt werden kann, wenn ein Wert nicht relevant oder nicht bekannt ist.

Um Attribute mit Wert NULL aus der Datenbank auszulesen, werden in den meisten Schnittstellen spezielle Variablen benötigt.

> Variablen, die zusätzlich zu Host-Variablen angegeben werden können, um zurückzuliefern, ob ein Nullwert vorliegt oder nicht, werden als **Indikatorvariablen** bezeichnet. Im Falle eines Nullwertes wird in der Variablen der Wert −1 zurückgeliefert.

Indikatorvariablen werden bei Bedarf einfach hinter der jeweiligen Host-Variablen, die die Daten aufnehmen soll, bei der Leseanweisung FETCH mitgegeben. Sie können optional mit dem Schlüsselwort INDICATOR gekennzeichnet werden.

❏ *Beispiel:* Verwendung von Indikatorvariablen.

```
EXEC SQL BEGIN DECLARE SECTION;
  anr_v DEC(5);
  bezeichnung_v VARCHAR(50);
  anrind SHORT;
  bezeichnungind SHORT;
EXEC SQL END DECLARE SECTION;
...
EXEC SQL FETCH cu1
        INTO :anr_v INDICATOR :anrind,
             :bezeichnung_v INDICATOR :bezeichnungind;
```

5.2.8 SQLJ

SQLJ ist eine standardisierte Variante (ANSI-Standard X3.135, siehe /5.3/, /4.16/) zur statischen Einbettung von SQL in Java. Die Syntax ist jedoch stärker an Java angebunden und weist deutliche Unterschiede zum klassischen Embedded SQL auf. Es werden zum Beispiel anstelle von Cursorn ($\to$ 5.2.4) Iteratorklassen eingesetzt.

Die SQL-Anweisungen werden hier mit dem Präfix #sql gekennzeichnet. Eine Iteratorklasse für eine Anfrage lässt sich damit beispielsweise folgendermaßen definieren:

❑ *Beispiel:* Deklaration eines Iterators für eine Anfrage, die die Attribute ANr und Bezeichnung zurückliefert.

```
#sql iterator It-class ( int anr, String bezeichnung );
```

Die durch diese Deklaration erzeugte Klasse verfügt über folgende Methoden:
- next() – zum satzweisen Auslesen einer Ergebnismenge,
- anr() und bezeichnung() – zum Zugriff auf die jeweiligen Attribute,
- close() – zur Freigabe der belegten Ressourcen.

Die Iteratorklasse kann später im Programm zum Zugriff auf das Ergebnis einer Anfrage genutzt werden. Dazu muss eine Instanz der Klasse mit einer Anfrage verknüpft werden:

❑ *Beispiel:*
```
int grnr = ...;
It-class it1;
#sql it1 = { SELECT ANr, Bezeichnung FROM Artikel
             WHERE ANr BETWEEN :anr_von_v AND :anr_bis_v };
```

Die Schleife zur Ausgabe aller Artikel, deren Artikelnummer in einem vorgegebenen Bereich liegt, sieht mit SQLJ nun folgendermaßen aus:

❑ *Beispiel:*
```
while (it1.next()) {
  System.out.println ("Artikel : " +
                      it1.anr() + it1.bezeichnung());
}
it1.close();

System.out.println ("Alle ausgegeben!");
```

Die Fehlerbehandlung erfolgt in diesem Fall, wie bei Java üblich, über Ausnahmen. Diese wurden aber im zuvor aufgeführten Beispiel der Übersichtlichkeit halber weggelassen.

Wenn mit Nullwerten gerechnet werden muss, so empfiehlt es sich, anstelle primitiver Datentypen (z. B. boolean, char, int, byte, short) nur mit Klassen zu arbeiten, da hier der Nullwert als null-Pointer zurückgeliefert werden kann. Bei Verwendung primitiver Datentypen führt das Auftreten von Nullwerten zum Auslösen der Ausnahme SQLNullException.

Neben dem bisher eingeführten *benannten Iterator* gibt es bei SQLJ noch weitere Möglichkeiten, auf Ergebnisse von Anfragen zuzugreifen. Anfragen, die nur einen Datensatz zurückliefern, können so auch ohne Einsatz eines Iterators ausgelesen werden. Sollen die Ergebnisse nicht einfach sequenziell verarbeitet werden, so gibt es auch die Möglichkeit, einen *positionierten Iterator* einzusetzen.

Eine wichtige Einschränkung beim Einsatz von SQLJ besteht darin, dass es ausschließlich statisches SQL unterstützt.

5.3 Aufrufschnittstellen

5.3.1 Überblick

Zur Realisierung des Datenbankzugriffs über Aufrufschnittstellen werden dem Entwickler Bibliotheken mit speziellen Funktionen bzw. Klassen zum Zugriff auf die Datenbank zur Verfügung gestellt.

Es gibt dabei sowohl datenbankunabhängige Schnittstellen wie zum Beispiel SQL/CLI (→ 5.3.2) bzw. ODBC (Open Database Connectivity) (→ 5.3.2) oder JDBC (Java Database Connectivity) (→ 5.3.3) als auch zahllose datenbankspezifische wie zum Beispiel OCI (Oracle Call Interface) /5.4/ für den Zugriff auf Oracle-Datenbanken aus der Programmiersprache C, oder mysqli für den Zugriff auf MySQL Datenbanken aus der Programmiersprache PHP /5.20/.

Die so erstellten Programme können direkt vom Parser der jeweiligen Programmiersprache verarbeitet werden. Es erfolgt also immer eine dynamische Einbettung.

5.3.2 SQL/CLI

Im Rahmen der Standardisierung von SQL:1999 wurde die Aufrufschnittstelle SQL/CLI zum Zugriff auf relationale Datenbanken definiert (*Call Level Interface*). Diese umfasst über 40 Funktionen.

Die wohl bekannteste Implementierung von SQL/CLI ist ODBC, das ursprünglich von Microsoft lange vor Entstehung des Standards entwickelt wurde und als Vorbild für den Standard diente.

Die Schnittstelle erfordert, dass ein entsprechender Treiber (driver) für die eingesetzte Datenbank zur Verfügung steht. Optional kann ein Treiber-Manager eingesetzt werden, der mehrere Treiber verwaltet. Eine entsprechende Architektur ist in Bild 5.5 dargestellt.

Wie bei allen Aufrufschnittstellen ist lediglich eine dynamische Einbettung möglich. Die Anfrage wird in einer String-Variablen bereitgestellt und anschließend durch die Funktion SQLPrepare zur Überprüfung und zur Bestimmung des Zugriffsplanes an die Datenbank übergeben.

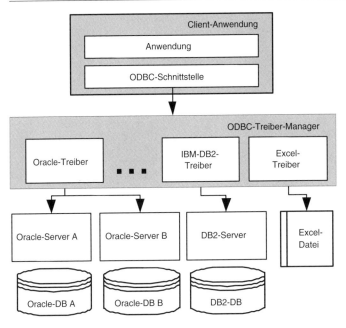

Bild 5.5 *ODBC-Treiberarchitektur*

- *Beispiel:* Lesen aller Artikel, deren Artikelnummer in einem vorgegebenen Bereich liegt.

    ```
    SQLHANDLE hstmt;
    SQLCHAR * qtext = "SELECT ANr, Bezeichnung FROM Artikel \
                       WHERE ANr BETWEEN ? AND ?";
    SQLAllocHandle (SQL_HANDLE_STMT, conn, &hstmt);
    SQLPrepare (hstmt, qtext, SQL_NTS);
    ```

▶ *Hinweis:* Auf die vollständige Angabe aller Parameter der Funktionen wird verzichtet. Um das Prinzip zu verstehen, reicht eine Konzentration auf die wichtigsten aus.

Die Anfrage verfügt über eine Eingabevariable, diese muss an eine Host-Variable gebunden werden. Das geschieht über die Funktion SQLBindParameter. Über diese Funktion wird auch eine Indikatorvariable zur Kennzeichnung von Nullwerten übergeben.

- *Beispiel:* Binden der Eingabevariablen an die Parameter.

    ```
    SQLINTEGER anr_von_v, anr_bis_v;
    ```

```
SQLINTEGER anr_von_ind, anr_bis_ind;
SQLBindParameter (hstmt, 1, SQL_PARAM_MODE_IN,
                  SQLINTEGER, ..., &anr_von_v,
                  ..., &anr_von_ind, ...);
SQLBindParameter (hstmt, 2, SQL_PARAM_MODE_IN,
                  SQLINTEGER, ..., &anr_bis_v,
                  ..., &anr_bis_ind, ...);
```

Nun lässt sich die Anfrage ausführen. Vor dem Abholen der Ergebnissätze müssen Host-Variablen zur Aufnahme der Ergebniswerte an die Anfrage gebunden werden. Dies geschieht über die Funktion SQLBindCol. Auch hier könnten wieder Indikatorvariablen angegeben werden, auf diese wird aber in dem Beispiel verzichtet.

❑ *Beispiel:* Binden der Ausgabevariablen und Ausführen der Anfrage.

```
SQLExecute(hstmt);

SQLINTEGER anr;
SQLCHAR    bezeichnung[30];

SQLBindCol (hstmt, 1, SQL_C_LONG, (SQLPOINTER) &anr, 0, NULL);
SQLBindCol (hstmt, 2, SQL_C_CHAR, bezeichnung, 30, NULL);

while (SQLFetch (hstmt) == SQL_SUCCESS)
  printf ("Artikel : %ld, %s\n", anr, bezeichnung);
```

5.3.3 JDBC

JDBC ist ein Java-Standard (Teil des Standards Java SE bzw. Java EE) zum datenbankunabhängigen Zugriff auf relationale Datenbanken /5.5/, /5.6/.

Aufgrund der hohen Verbreitung wird diese Aufrufschnittstelle hier etwas ausführlicher vorgestellt. Viele der Konzepte (wie z. B. Prepared Statements) sind jedoch auch in anderen Aufrufschnittstellen für andere Programmiersprachen zu finden.

Alle erforderlichen Klassen sind in den Paketen javax.sql.* und java.sql.* enthalten.

Für jede Datenbank wird ein passender Treiber – eine Implementierung der im Standard vorgeschriebenen Funktionen – benötigt. Diese Treiber sind in Form von *.jar- oder *.zip-Archiven für die jeweilige Datenbank – in der Regel vom DBMS-Hersteller – erhältlich.

Im Folgenden sind kurze Ausschnitte aus Java-Programmen mit JDBC-Fragmenten zur Illustration wiedergegeben. Nahezu alle Anweisungen können Ausnahmen (exceptions) im Fehlerfall werfen. Auf das Abfangen und

Behandeln von möglichen Ausnahmen wird dabei nicht eingegangen. Details zu diesem Thema können /5.5/ und /5.6/ entnommen werden.

5.3.3.1 Treibertypen

Bei JDBC-Treibern kann man 4 verschiedene Typen unterscheiden.

Typ 1 – JDBC-ODBC-Bridge. Dieser Treibertyp setzt auf einem vorhandenen ODBC-Treiber auf. Das heißt also, dass der Funktionsumfang der JDBC-Schnittstelle durch Verwendung der ODBC-Schnittstelle realisiert wird. Der Treiber ist daher generisch und für alle Datenbanken verwendbar. Allerdings ist die Leistungsfähigkeit dieses Ansatzes bescheiden.

Ein solcher Treiber wird von Sun geliefert und kann dann eingesetzt werden, wenn kein anderer verfügbar ist.

Typ 2 – Aufsetzen auf einem DB-proprietären Treiber. Diese Art von Treiber benötigt einen konventionellen clientseitigen Treiber des DB-Herstellers und stellt eine Erweiterung zu diesem dar.

Typ 3 – Aufsetzen auf Middleware-Infrastruktur. Dieser Treibertyp erfordert eine Middleware-Architektur, die die Verbindungen zu Datenbanken verwaltet. Das JDBC-Protokoll wird hier in das Protokoll des Middleware-Herstellers übersetzt. Der Middleware-Server benötigt wiederum proprietäre Client-Bibliotheken, auf die er sein Protokoll abbildet. Der Client kommt in diesem Fall aber ohne die Installation proprietärer Bibliotheken aus.

Typ 4 – Purer Java-Treiber. Pure Java-Treiber können unabhängig von der jeweiligen Plattform eingesetzt werden. Sie erfordern auch nicht das Vorhandensein anderer Software wie zum Beispiel Datenbank-Client-Bibliotheken. Durch den Verzicht auf interne Schnittstellen werden mit dieser Art Treiber in der Regel auch sehr gute Durchsatzwerte erreicht.

5.3.3.2 Verbindung aufbauen

Der Aufbau einer Verbindung zur Datenbank kann entweder direkt vom Programm aus geschehen oder bei Verwendung eines Java-Applikationsservers durch Zugriff auf einen Verzeichnisdienst über JNDI.

Beide Varianten sind im Folgenden kurz skizziert.

Variante 1: Direktes Laden der Treiberklasse
Bei dieser Variante wird die Treiberklasse direkt von der Anwendung geladen. Der Aufbau der Verbindung erfolgt über die Klasse `DriverManager`. Dieser werden dazu alle benötigten Verbindungsdaten übergeben.

❑ *Beispiel:* Direktes Laden eines Treibers für eine Oracle-Datenbank.

```
// 1. Schritt: Laden der Klasse
Class.forName("oracle.jdbc.driver.OracleDriver");

// 2. Schritt: Aufbau der Verbindung unter Angabe von
//            Server, Port, Datenbank, Benutzer, Passwort
Connection cn = DriverManager.getConnection(
                "jdbc:oracle:thin:@server:1521:SID,
                "scott", "tiger");
```

Variante 2: DataSource über JNDI
JNDI (Java Naming and Directory Interface) bezeichnet eine Java-Schnittstelle, die dazu dient, auf beliebige Namens- und Verzeichnisdienste zuzugreifen, um darin hinterlegte Objekte über einen eindeutigen Namen zu finden und auszulesen. Dieser Mechanismus kann verwendet werden, um in einem Applikationsserver die Verbindungsdaten zu einer Datenbank in einem geeigneten Objekt (eine Instanz der Klasse DataSource) zu hinterlegen und damit den Anwendungen einen Verbindungsaufbau durch Zugriff auf das Objekt über einen geeigneten Namen zu ermöglichen.

❑ *Beispiel:* Aufbau einer Datenbankverbindung durch Zugriff auf die unter dem Namen jdbc/DSNAME hinterlegte Datenbank.

```
// 1. Schritt: DataSource-Objekt im Verzeichnis finden

Context ic = new InitialContext();
Context envCtx = (Context) ic.lookup("java:comp/env");
DataSource ds = (DataSource) envCtx.lookup("jdbc/DSNAME");

// 2. Schritt: Aufbau der Verbindung
Connection cn = ds.getConnection();
```

Der Vorteil von Variante 2 besteht darin, dass die Verbindungsdaten nicht im Anwendungsprogramm, sondern zentral auf dem Server hinterlegt sind. Somit erfordert beispielsweise eine Aktualisierung des Passwortes zum Zugang zur Datenbank lediglich eine einzige Änderung an einer zentralen Stelle, während bei Variante 1 Anpassungen in jeder einzelnen Anwendung notwendig sind.

Zudem ergeben sich Vorteile hinsichtlich der Sicherheit der Zugangsdaten, da die meisten Applikationsserver eine verschlüsselte Speicherung der Daten auf dem Server unterstützen.

Zusätzlich bieten von einem Server verwaltete Verbindungen in der Regel ein so genanntes *Connection Pooling* an. Dieses reduziert die hohen Kosten für das Öffnen und Schließen von Datenbankverbindungen und kann zu einer erheblichen Laufzeitverbesserung führen.

> Unter **Connection Pooling** versteht man die Übergabe der Verantwortung für das Öffnen und Schließen von Datenbankverbindungen an eine zentrale Stelle. Dort werden in der Regel mehrere Verbindungen auf Vorrat in einem Pool bereitgehalten und bei Bedarf Anwendungen zur Verfügung gestellt.

5.3.3.3 Verbindung schließen

Eine Datenbankverbindung muss immer nach Gebrauch geschlossen werden, ansonsten erfolgt keine Freigabe der dadurch belegten Ressourcen.

- *Beispiel:* Schließen einer geöffneten Verbindung.

```
Connection cn = ...;
// Durchführen von DB-Anweisungen ...

cn.close();
```

Bei Verwendung eines Connection Pools wird die Verbindung dabei nicht unbedingt tatsächlich geschlossen. Sie wird vielmehr in die Kontrolle des Pools zurückgegeben. Dieser entscheidet dann (aufgrund von Einstellungen eines Administrators), ob die Verbindung tatsächlich geschlossen oder für weitere Anwendungen bereitgehalten wird.

5.3.3.4 Transaktionen

JDBC arbeitet standardmäßig in einem so genannten *AutoCommit-Modus*. Das bedeutet, dass jedes Kommando als eigenständige Transaktion abläuft. Es wird also ein Commit nach jedem Kommando durchgeführt. Dies wirkt sich negativ auf die Laufzeit aus, außerdem verhindert es das Zusammenfassen von mehreren Änderungen zu einer Einheit. Sollen mehrere Kommandos in einer Transaktion geklammert werden, so muss dafür der AutoCommit-Modus für die Verbindung abgeschaltet werden:

```
Connection cn = ...;
// ...
cn.setAutoCommit(false);
```

Eine Transaktion wird dann durch Absetzen einer Commit- oder Rollback-Operation beendet.

- *Beispiel:* In Abhängigkeit vom Wert der booleschen Variablen ok erfolgt ein Festschreiben oder ein Rücksetzen der vorgenommenen DB-Änderungen.

```
Connection cn = ...;
// ...
if (ok)
  cn.commit();
else
  cn.rollback();
```

Da die Default-Isolationsebene (isolation level) je nach Datenbank sehr unterschiedlich gesetzt ist, empfiehlt es sich, die Isolationsebene der Anwendung explizit festzulegen. Dazu bietet JDBC folgende Konstanten an:

```
Connection.TRANSACTION_NONE
Connection.TRANSACTION_READ_UNCOMMITTED
Connection.TRANSACTION_READ_COMMITTED
Connection.TRANSACTION_REPEATABLE_READ
Connection.TRANSACTION_SERIALIZABLE
```

Diese werden durch Aufruf der Operation setTransactionIsolation auf dem Verbindungsobjekt nach Bedarf gesetzt.

❑ *Beispiel:* Setzen des Isolation Level auf den Wert READ_COMMITTED.

```
Connection cn = ...;
cn.setTransactionIsolation(
    Connection.TRANSACTION_READ_COMMITTED);
```

▶ *Hinweis:* Weitere Details zu Isolationsebenen: → 4.8.2, 7.5.

5.3.3.5 Leseanweisungen – das ResultSet

Um Datensätze aus der Datenbank auszulesen, wird eine SQL-Anweisung mit Hilfe der Operation executeQuery auf einer Instanz der Klasse Statement oder PreparedStatement ausgeführt.

Die Verwendung von PreparedStatement ist in der Regel vorzuziehen, da hier die Operation nur einmal von der Datenbank analysiert werden muss und anschließend beliebig oft ausgeführt werden kann. Auf eine mehrfache Durchführung der teuren Optimierung der Operation kann so verzichtet werden. Bei jeder Ausführung können natürlich die Werte der Parameter geändert werden.

Anstelle der Parameter werden hier „?" als Platzhalter gesetzt. Die Bindung an die Variablen der Programmiersprachen erfolgt später über den Aufruf der set<Typ>-Funktionen. Dabei wird immer als erster Parameter die Position des jeweiligen Parameters in der Anweisung angegeben.

Angenehm für den Nutzer ist hierbei, dass notwendige Konvertierungen von der Schnittstelle automatisch vorgenommen werden. Insbesondere bei der Übergabe von Datums- und Zeitwerten sind die Funktionen setDate, setTime und setTimestamp sehr hilfreich, da sich die einzelnen Datenbanken doch noch sehr in der Syntax bei der Übergabe dieser Werte als Text unterscheiden.

Um auf die Ergebnissätze zuzugreifen, ist es erforderlich, diese nacheinander in das Anwendungsprogramm zu transportieren und dort zu verarbeiten. Die Datenstruktur, die einen Zeiger auf den aktuellen Datensatz in der Ergebnismenge hält, ist eine Instanz der Klasse ResultSet. Diese Instanz wird bei Ausführung der Anfrage mit Hilfe der Methode executeQuery zurückgeliefert. Diese Technik entspricht weitgehend dem Cursor-Konzept bei Embedded SQL ($\rightarrow$ 5.2.4).

❏ *Beispiel:* Das folgende Programmstück illustriert das Auslesen aller Tupel der Tabelle Artikel, deren ANr in einem vorgegebenen Bereich liegt, unter Nutzung eines PreparedStatement.

```
String txt = "SELECT ANr, Bezeichnung FROM Artikel "+
             "WHERE ANr BETWEEN ? AND ?";

// Analyse der Operation
PreparedStatement stmt = cn.prepareStatement(txt);

stmt.setInt(1, anr_von_p);
stmt.setInt(2, anr_bis_p);

// Ausführen der Datenbankabfrage
ResultSet rset = stmt.executeQuery();

while (rset.next()) {
  System.out.println(rset.getString("ANr") + ' ' {
                     rset.getString("Bezeichnung"));
}
rset.close();
```

Ein ResultSet sollte immer nach Gebrauch geschlossen werden, damit die Freigabe der belegten Ressourcen erfolgt

5.3.3.6 Änderungen

Auch zum Durchführen von ändernden SQL-Operationen (DELETE, INSERT, UPDATE) benötigt JDBC eine Instanz der Klasse Statement oder PreparedStatement. Die im vorhergehenden Abschnitt besprochenen Vorteile der Nutzung von PreparedStatement gelten hier analog.

❏ *Beispiel:* Einfügen neuer Datensätze in die Tabelle Artikel mit 2 Eingabeparametern.

```
String op = "INSERT INTO Artikel VALUES (?, ?);

PreparedStatement stmt = cn.prepareStatement(op);

stmt.setInt(1, anr);
stmt.setString(2, bezeichnung);

// Ausführen der Einfüge-/Änderungsoperation
int erg = stmt.executeUpdate();
```

Das Ausführen der Operation erfolgt hier über die Methode executeUpdate, die die Anzahl der geänderten Datensätze zurückliefert.

Das Einfügen größerer Mengen von Datensätzen kann sehr effizient durch die Nutzung der **Batch-Update**-Anweisung executeBatch durchgeführt werden.

> Als **Batch Update** wird eine Datenbankanweisung bezeichnet, die es erlaubt, mehrere Änderungsoperationen gemeinsam an die Datenbank zu übergeben.

Durch die Zusammenfassung mehrerer Änderungen ergibt sich ein erhebliches Optimierungspotential für den Treiber, was zu einer deutlichen Reduktion des Netzwerkverkehrs und einer beachtlichen Geschwindigkeitsverbesserung bei Massenänderungen führen kann.

❏ *Beispiel:* Es sollen mehrere Datensätze in die Tabelle Artikel eingefügt werden. Die Daten werden hier in der Collection articles übergeben.

```
String op = "INSERT INTO Artikel VALUES (?, ?)";

PreparedStatement stmt = cn.prepareStatement(op);

for (Artikel a : articles) {
  stmt.setInt(1, a.getAnr());
  stmt.setString(2, a.getBezeichnung());
  stmt.addBatch();
}

// Ausführen der Batch-Operation
int[] erg = stmt.executeBatch();
```

Die Methode executeBatch liefert in einem Array die Anzahl der jeweils geänderten Datensätze zurück, sofern der Treiber dies unterstützt.

5.3.3.7 Zugriff auf Metadaten

Um dynamische Programme zu schreiben, ist es häufig erforderlich, die zur Verfügung stehenden Tabellen zu ermitteln oder zu einer Tabelle die vorhandenen Attribute anzuzeigen. Solche Daten, die der Beschreibung der in der Datenbank gespeicherten Daten dienen, werden als *Metadaten* bezeichnet. Die Komponente eines Datenbanksystems, in dem diese gespeichert werden, ist der Datenbankkatalog. In englischer Literatur ist dafür die Bezeichnung *data dictionary* ($\rightarrow$ 7.1.1) üblich.

Der SQL-Standard sieht zum Zugriff auf den Datenbankkatalog das sogenannte *Information Schema* vor, das über einfache SELECT-Abfragen genauso angesprochen werden kann, wie die Nutzdaten selbst. Leider wird das Information Schema von vielen Datenbankherstellern nicht oder nur unvollständig unterstützt.

JDBC stellt jedoch mit der Klasse DatabaseMetaData im Package java.sql eine datenbankunabhängige API zur Verfügung, über die nahezu alle wichtigen Metadaten abgefragt werden können.

❏ *Beispiel:* Auslesen aller Tabellen und Views, die dem aktuell angemeldeten Benutzer gehören.

```
java.sql.DatabaseMetaData metadata = cn.getMetaData();

String[] types = { "TABLE", "VIEW" };
ResultSet tableNames = metadata.getTables(null, // catalog
                            metadata.getUserName(),
                                        // schemaPattern
                            "%",        // tableNamePattern
                            types);
while (tableNames.next()) {
  System.out.println(tableNames.getString("TABLE_TYPE") + " "
            + tableNames.getString("TABLE_NAME"));
}
tableNames.close();
```

5.4 Relationale Datenbankprogrammiersprachen

Eine Datenbankprogrammiersprache liegt vor, wenn diese selbst spezielle Sprachbefehle zum Zugriff auf eine Datenbank anbietet.

5.4.1 Datenbankinterne Ansätze

Datenbankinterne Programmiersprachen erlauben die Formulierung von Routinen, die in der Datenbank gespeichert und vom DBMS ausgeführt werden können. Ziel ist hier eine Erhöhung der Performance durch eine Reduktion des Netzwerkverkehrs.

5.4.1.1 SQL/PSM

Im Rahmen der Standardisierung von SQL:1999 wurde auch eine Programmiersprache zur Formulierung von benutzerdefinierten Routinen entwickelt. Diese trägt den Namen SQL/PSM.

> **PSM (Persistent Stored Modules)** bezeichnet einen Teil des SQL-Standards, der eine Sprache zur Formulierung von Programmcode normiert. Der Code kann vom Datenbanksystem ausgeführt werden.

Alle üblichen Programmiersprachenkonstrukte wie if-Bedingungen, case-Verzweigungen, for- und while-Schleifen sind vorhanden (→ 4.7.7).

Variablen und Cursor werden mittels DECLARE-Anweisung definiert.

❏ *Beispiel:* Vereinbaren von Variablen und einem Cursor für eine Anfrage.
```
DECLARE anr_v DEC(5);
DECLARE bezeichnung_v CHAR(50);
DECLARE anzahl INTEGER;
DECLARE c CURSOR FOR SELECT * FROM Artikel;
```

Blöcke sind durch die Schlüsselwörter BEGIN und END gekennzeichnet. Zuweisungen werden durch SET eingeleitet, es ist jedoch möglich, Ergebnisse eines Datenbankzugriffes mittels INTO-Klausel zuzuweisen.

❏ *Beispiel:* Nutzung unterschiedlicher Varianten, um auf das Ergebnis zuzugreifen.
```
BEGIN
  SET anzahl = (SELECT COUNT(*) FROM Artikel);

  SELECT ANr, Bezeichnung INTO anr_v, bezeichnung_v
    FROM Artikel;
END;
```

Ausgabeanweisungen sind hingegen wenig sinnvoll, da die Programme auf dem Datenbankserver laufen. SQL/PSM wird in erster Linie eingesetzt, um *benutzerdefinierte Routinen* (→ 5.4.1.2) und *Trigger* (→ 5.4.1.3) zu implementieren.

Es gibt bereits einige standardkonforme Implementierungen von SQL/PSM wie z. B. IBM DB2 SQL/PSM. Andere proprietäre Sprachen wie etwa das sehr verbreitete Oracle PL/SQL (Procedural Language/SQL) sind inzwischen auch schon weitgehend standardkonform und werden sich wohl im Laufe der Zeit vollständig dem Standard anpassen.

5.4.1.2 Benutzerdefinierte Routinen

In der Praxis werden anstelle der aus der Standardisierung stammenden Bezeichnung *benutzerdefinierte Routine* wesentlich häufiger die Begriffe *Stored Procedure* und *User-Defined Function* verwendet.

> Unter einer **Stored Procedure** versteht man ein Unterprogramm, das in der Datenbank selbst gespeichert wird und auf dem Datenbankserver selbst direkt ausgeführt werden kann.

Durch die Verlagerung von Verarbeitungsschritten auf das Datenbanksystem können aufwändige Datentransfers über das Netzwerk vermieden werden. Die Entlastung von Client bzw. Anwendungsserver und Netzwerk erfolgt allerdings auf Kosten einer höheren Belastung des DB-Servers.

Zur Implementierung einer *Stored Procedure* werden neben dem standardisierten SQL/PSM oft proprietäre Sprachen, wie zum Beispiel Oracle PL/SQL, aber auch Java von den DBMS-Herstellern angeboten.

Eine Prozedur kann über Parameter verfügen. Diese werden je nach Verwendungszweck als IN, OUT oder INOUT gekennzeichnet (→ 4.7.7.2).

❑ *Beispiel:* Berechnung eines Wertes über eine Prozedur.

```
CREATE PROCEDURE liefersumme_proc (
      IN anrp INTEGER,
      OUT summe FLOAT)
BEGIN
  SELECT SUM(Preis) INTO summe
  FROM Lieferung
  WHERE ANr = anrp;
END;
```

Wenn nur ein Wert zurückgeliefert werden soll, dann kann auch eine Funktion verwendet werden.

> Eine **User-Defined Function** wird ähnlich wie eine Stored Procedure auf der Datenbank selbst gespeichert und ausgeführt. Sie verfügt aber nur über Eingabeparameter und liefert einen Ausgabewert zurück.

Das zuvor angegebene Beispiel lässt sich auch als Funktion formulieren.

❑ *Beispiel:* Berechnung eines Wertes über eine *User-Defined Function*.

```
CREATE FUNCTION liefersumme_func (IN anrp INTEGER)
     RETURNS FLOAT
BEGIN
  DECLARE summe INTEGER;

  SELECT SUM(Preis) INTO summe
  FROM Lieferung
  WHERE ANr = anrp ;

  RETURN summe;
END ;
```

Im Gegensatz zu gespeicherten Prozeduren können Funktionen auch direkt in SELECT-Anweisungen aufgerufen werden.

Bei der Realisierung von Anwendungen stellt sich oft die Alternative, Funktionalität in benutzerdefinierten Routinen in der Datenbank zu realisieren oder in externem Programmcode, der auf einem Client abläuft. Kriterien zur Unterstützung bei der Entscheidung: → 5.1.4.2.

5.4.1.3 Trigger

Es gibt zahlreiche Aktivitäten in datenbankbasierten Anwendungen, die immer in Abhängigkeit von anderen Aktivitäten ausgeführt werden müssen. Beispiele hierfür wären etwa das Schreiben von Protokollinformationen bei Änderung kritischer Daten oder das Fortschreiben von redundanten Daten, wenn die Primärdaten geändert werden.

Solche abhängigen Aktionen in allen Anwendungen immer zu berücksichtigen, ist keine triviale Aufgabe und kann bei der Weiter-/Neuentwicklung von Anwendungen schnell zu Fehlern führen. Wesentlich sicherer ist es, die Ausführung solcher Aktionen dem Datenbanksystem zu überlassen. Hierfür wurde im SQL-Standard das Trigger-Konzept eingeführt.

> **Trigger** sind aktive Datenbankelemente, deren Ausführung nicht durch den Benutzer unmittelbar veranlasst werden kann. Sie werden stattdessen durch bestimmte Ereignisse automatisch ausgelöst.

5.4 Relationale Datenbankprogrammiersprachen

Eine Trigger-Definition besteht immer aus der Angabe eines Ereignisses, das den Trigger auslöst. Optional kann eine Bedingung definiert werden, die nach Auslösen des Ereignisses geprüft wird. Ist die Bedingung erfüllt oder nicht angegeben, dann wird die Aktion, die den Rumpf des Triggers ausmacht, zum festgelegten Zeitpunkt ausgeführt (→ 4.7.8).

Wenn ein Ereignis mehrere Trigger auslöst, so sind keine Annahmen über die Reihenfolge möglich, in der diese ausgeführt werden, da die Reihenfolge der Auslösung nicht definiert ist.

Ereignisse
- DML-Operationen (INSERT, UPDATE, DELETE)
- DDL-Operationen (ALTER, CREATE, DROP)
- Datenbankereignisse (LOGON, LOGOFF, SERVERERROR, STARTUP, SHUTDOWN, ...)
- Manche Systeme unterstützen auch Zeitereignisse.

Zeitpunkte
- BEFORE – vor Ausführung der DB-Operation. Hierbei kann ein einzufügender oder zu ändernder Wert noch vorher modifiziert werden.
- AFTER – nach Ausführung der DB-Operation.
- INSTEAD OF – anstatt Ausführung der DB-Operation. Dies kann z. B. zur Realisierung von Änderungsoperationen auf Views eingesetzt werden.

Aktionen

Im Trigger-Rumpf können beliebige PSM-Anweisungen stehen. Auch der Aufruf externer C-Programme wird in der Regel unterstützt. Zu beachten ist, dass aufgerufene Datenbankanweisungen wieder die Ausführung anderer Trigger zur Folge haben können.

Beispiele

Als Beispiel für den Einsatz von Triggern soll die redundante Speicherung von Umsatzdaten zu Lieferanten dienen: Für jeden Lieferanten werden seine Lieferungen in der Tabelle Lieferung (ANr, LNr, Preis) gespeichert (→ 4.4).

Um jederzeit einen schnellen Überblick über die Umsätze eines Lieferanten zu haben, wird der aktuelle Umsatz pro Lieferant redundant in der folgenden Tabelle gespeichert:

    Lieferantenumsatz (LNr, Umsatz)

Wird nun eine neue Lieferung angelegt, so müssen die redundant abgespeicherten Umsatzdaten aktualisiert werden. Überlässt man dies den Anwendungen, so kann der abgespeicherte Umsatz schnell von der tatsächlichen Summe abweichen. Hierfür sollte ein Trigger angelegt werden, der automatisch nach dem Einfügen von Lieferungen ausgeführt wird.

❑ *Beispiel:* Trigger zum Aktualisieren von Lieferantenumsatzdaten nach Einfügen einer neuen Lieferung.

```
CREATE TRIGGER upd_umsatz
AFTER INSERT ON Lieferung
BEGIN
  UPDATE Lieferantenumsatz
    SET Umsatz = (SELECT SUM(Preis)
                  FROM Lieferung
                  WHERE LNr = Lieferantenumsatz.LNr);
END;
```

Da SQL eine mengenorientierte Sprache ist und ein Befehl eine Menge von Datensätzen ändern, einfügen oder löschen kann, muss festgelegt werden, ob ein Trigger pro SQL-Befehl oder pro geändertem Datensatz ausgeführt werden soll. Man unterscheidet hier:
- Statement-Level-Trigger,
- Row-Level-Trigger.

Bei dem zuvor angegebenen Beispiel handelt es sich um einen *Statement-Level-Trigger*, er wird also unabhängig von der Anzahl betroffener Datensätze nur einmal pro Anweisung ausgeführt.

Soll ein Trigger einmal für jeden betroffenen Datensatz ausgeführt werden, so muss er mit dem Zusatz FOR EACH ROW versehen werden.

Beim *Row-Level-Trigger* werden in Abhängigkeit von der Art der Operation spezielle Variablen implizit definiert, um auf die Werte der Datensätze zuzugreifen:
- :new – für INSERT und UPDATE
- :old – für DELETE und UPDATE

❑ *Beispiel:* Row-Level-Trigger, um Lieferantenumsatzdaten nach Einfügen eines neuen Lieferanten anzulegen.

```
CREATE TRIGGER ins_umsatz
AFTER INSERT ON Lieferant
FOR EACH ROW
BEGIN
   INSERT INTO Lieferantenumsatz VALUES (:new.LNr, 0);
END;
```

Ein Trigger kann auch mehrere auslösende Elemente haben. Diese werden dann durch OR miteinander verbunden. Innerhalb des Programms können sie durch spezielle boolesche Variablen (inserting, updating, deleting) wieder unterschieden werden.

5.4 Relationale Datenbankprogrammiersprachen

❑ *Beispiel:* Variation des zuvor schon aufgeführten Triggers zur Aktualisierung der Umsatzdaten als Row-Level-Trigger.

```
CREATE TRIGGER upd_umsatz2
AFTER DELETE OR INSERT OR UPDATE
ON Lieferung
FOR EACH ROW
BEGIN
  IF inserting THEN
    UPDATE Lieferantenumsatz
      SET Umsatz = Umsatz + :new.Preis
    WHERE LNr = :new.LNr;
  ELSIF deleting THEN
    UPDATE Lieferantenumsatz
      SET Umsatz = Umsatz - :old.Preis
    WHERE LNr = :old.LNr;
  ELSIF updating THEN
    UPDATE Lieferantenumsatz
      SET Umsatz = Umsatz - :old.Preis+ :new.Preis
    WHERE LNr = :new.LNr;
  END IF;
END;
```

Wenn auf Änderungsoperationen (UPDATE) reagiert werden soll, dann interessiert man sich in der Regel nur für Änderungen auf bestimmten Attributen, während Änderungen an anderen Attributen nicht zum Auslösen des Triggers führen. Im zuvor genannten Beispiel müssen bei Updates nur Änderungen am Attribut Preis eine Aktualisierung der Umsatzdaten bewirken. Dies kann durch eine genauere Beschreibung des Ereignisses erreicht werden.

❑ *Beispiel:* Trigger, der nur bei Änderung des Attributs Preis ausgelöst wird:

```
CREATE TRIGGER upd_umsatz2
AFTER DELETE OR INSERT OR UPDATE OF Preis
ON Lieferung
```

Bei der Entscheidung, ob Anwendungslogik in Trigger ausgelagert werden sollte oder besser in den Anwendungsprogrammen realisiert wird, sind folgende Aspekte zu berücksichtigen:

Vorteile des Einsatzes von Triggern:

- Durch die Elimination von redundantem Code werden Fehler bei Änderungen und Erweiterungen reduziert.
- Sollen die gleichen Folgeaktivitäten von Anwendungen in unterschiedlichen Programmiersprachen ausgelöst werden, so müssen diese nicht mehrfach programmiert werden.

Nachteile des Einsatzes von Triggern:
- Trigger sind häufig nicht portabel – bei einem Wechsel der Datenbanksoftware kann eine Neuimplementierung erforderlich sein.
- Da die Reihenfolge der Ausführung nicht festgelegt ist, dürfen keine Nebeneffekte auftreten.

5.4.2 4GL-Programmiersprachen

5.4.2.1 Überblick

Die Bezeichnung **4GL-Programmiersprache** ist eine Abkürzung für Programmiersprache der vierten Generation (4th Generation Language). Dieser Begriff ist zwar nicht exakt definiert, bezeichnet jedoch in der Regel Programmiersprachen, die den Programmierer von systemnahen Aufgaben entlasten. Sie enthalten zahlreiche Sprachkonstrukte zum einfachen Zugriff auf Datenbanken. Das Typsystem von 4GL-Sprachen ist in der Regel an die Datenbankwelt angepasst, so dass der *Impedance Mismatch* ($\rightarrow$ 5.1.1) hier weitgehend vermieden wird. Häufig sind auch Report- und Maskengeneratoren in den Programmierumgebungen vorhanden.

Frühe Ansätze waren die persistenten Programmiersprachen Pascal/R /5.7/, Modula/R , DBPL TYCOON und weitere (/5.8/, /5.9/).

Heutzutage gibt es zahlreiche Programmiersprachen, die unter dem Label „4GL" vertrieben werden. Hierzu gehören z. B.: INFORMIX 4GL (IBM), Natural (Software AG), Progress 4GL/OpenEdge, Gupta SQL (GUPTA).

Viele 4GL-Programmiersysteme werden auch von Herstellern von Standardsoftwaresystemen angeboten, um diese Produkte anzupassen und Erweiterungen zu programmieren. In diese Kategorie fallen zum Beispiel die Sprachen ABAP (SAP) und Axapta X^{++} (Microsoft).

5.4.2.2 Beispiel: ABAP

> **ABAP** (Advanced Business Application Programming) ist der Name einer proprietären 4GL-Programmiersprache der SAP AG.

Die meisten Produkte der SAP AG sind in ABAP /5.10/ geschrieben. Um eine nahtlose Integration zu erreichen, werden in vielen Unternehmen Anpassungen und Erweiterungen ebenfalls in dieser Sprache realisiert, da die Programmierumgebung bei allen Produkten immer mit ausgeliefert wird. Aufgrund des hohen Marktanteils von SAP ist diese Programmiersprache inzwischen in nahezu allen größeren Unternehmen anzutreffen.

5.4 Relationale Datenbankprogrammiersprachen

Die Sprache wird kontinuierlich weiterentwickelt. Die aktuelle Version enthält alle Möglichkeiten einer modernen objektorientierten Sprache und wird daher als *ABAP Objects* bezeichnet.

Datentypen

Die ABAP-Datentypen sind angelehnt an die der Datenbank, entsprechen diesen Datentypen jedoch nicht hundertprozentig. Es existiert beispielsweise ein Datentyp P (Gepackte Zahl), um numerische Werte mit fixen Nachkommastellen aufzunehmen. Dieser entspricht weitgehend dem SQL-Standardtyp DECIMAL. Als einziger Aggregationstyp wird wie in relationalen Datenbanken ein Typ TABLE – in diesem Fall eine Hauptspeicherstruktur – angeboten.

Besonders komfortabel ist die Möglichkeit, Programmvariablen kompatibel zu Feldern einer Datenbanktabelle zu definieren. Mit den folgenden Anweisungen werden zwei Variablen mit den Namen bezeichnung und anr festgelegt, deren Datentyp identisch zum Datentyp der gleichnamigen Spalten der Tabelle Artikel ist.

```
DATA: bezeichnung TYPE Artikel-Bezeichnung,
      anr         TYPE Artikel-ANr.
```

Werden später die Datentypen der Tabelle im Data Dictionary geändert, so ist keine Änderung am Programm erforderlich. Die ABAP Laufzeitumgebung entdeckt selbstständig, wenn eine Neugenerierung von Programmcode erforderlich ist, und führt dies bei Bedarf aus.

Das Anlegen einer internen Tabelle zur Speicherung von mehreren Datensätzen im Hauptspeicher erfordert die Definition einer passenden Struktur:

❑ *Beispiel:* Definition eines Strukturtyps.

```
TYPES: BEGIN OF Artikeldata_t,
       bezeichnung TYPE Artikel-Bezeichnung,
       anr         TYPE Artikel-ANr,
       END OF Artikeldata_t.
```

Anschließend kann darauf aufbauend ein Tabellentyp definiert werden:

❑ *Beispiel:* Definition eines Tabellentyps für Artikeldaten.

```
TYPES: Artikeltab_t TYPE TABLE OF Artikeldata_t.
```

Variablen von diesen Typen können anschließend mit Hilfe der DATA-Anweisung deklariert werden.

❑ *Beispiel:* Definition einer Variablen mit Zeilentyp.

```
DATA: line_v TYPE Artikeldata_t.
```

❑ *Beispiel:* Definition einer Variablen mit Tabellentyp.

```
DATA: tab_v TYPE Artikeltab_t.
```

Anweisungen

ABAP ist unabhängig von dem darunter liegenden Datenbanksystem – es kann mit einer breiten Palette relationaler DBMS eingesetzt werden. Um Probleme mit der Portierung zwischen den Systemen zu vermeiden, wird ein eigener SQL-Dialekt, das so genannte ABAP OPEN SQL, verwendet. Die in diesem Dialekt formulierten Anweisungen werden durch die DB-Schnittstelle in Anweisungen transformiert, die für das jeweils eingesetzte Datenbanksystem optimiert sind.

Das Ausnutzen spezieller Features des darunter liegenden DBMS wird durch eine Sprachvariante, ABAP NATIVE SQL, ermöglicht. Allerdings muss dann auf die Datenbankunabhängigkeit verzichtet werden.

Die Anweisungen zum Zugriff auf die Datenbank sind ein fester Bestandteil der Sprache und gehören zu den reservierten Wörtern der Sprachdefinition. Dadurch kann eine sehr kompakte Schreibweise erreicht werden.

❑ *Beispiel:* Lesezugriff mit Ausgabe der Artikeldaten.

```
SELECT ANr Bezeichnung FROM Artikel INTO line_v.
  WRITE:/ line_v-ANr, line_v-Bezeichnung.
ENDSELECT.
```

Auffällig ist die Kürze des Programms. Der `SELECT`-Sprachbefehl stellt eine Schleife dar, die durch `ENDSELECT` beendet wird. Der Schleifenrumpf wird für jeden Datensatz wiederholt. Im Beispiel befindet sich dort eine Ausgabe mit Hilfe der Anweisung `WRITE`.

Mehrere Datensätze können auch direkt in eine interne Tabelle gelesen werden, wie sie zuvor definiert wurde.

❑ *Beispiel:* Direktes Einlesen von Daten der DB in eine Hauptspeichertabelle.

```
SELECT * FROM Artikel
INTO CORRESPONDING FIELDS OF TABLE tab_v.
```

Der Zusatz `INTO CORRESPONDING FIELDS OF` ist immer dann erforderlich, wenn die Zielstruktur nicht komplett mit der gelesenen Struktur übereinstimmt. Es werden in diesem Fall nur gleichbenannte Felder einander zugewiesen.

Das Durchführen von Änderungen sowie das Anlegen neuer Datensätze ist hier im Gegensatz zu anderen Ansätzen ebenfalls sehr einfach:

❑ *Beispiel:* Anlegen eines neuen Artikeldatensatzes.

```
line_v-ANr = 101.
line_v-Bezeichnung = 'SCSI Kabel'.

INSERT Artikel FROM line_v.
```

Neben der statischen Einbettung (→ 5.2.4) wird auch dynamisches SQL unterstützt. Dann kann allerdings keine Syntaxprüfung der SQL-Anweisung zur Übersetzungszeit vorgenommen werden, was bei Tippfehlern in den Anweisungen zu Laufzeitfehlern führen könnte.

5.5 Objektrelationale Abbildung

Objektorientierte Softwareentwicklung und relationaler Datenbankzugriff lassen sich mithilfe der bisher eingeführten Techniken zwar miteinander vereinen, erfordern vom Entwickler jedoch ein ständiges Wechseln zwischen den unterschiedlichen Philosophien.

In den letzten Jahren wurden daher verschiedene Frameworks entwickelt, die die Zugriffe auf die Datenbank mehr oder weniger transparent für Anwendungsentwickler durchführen, so dass ein Nutzer nicht die objektorientierte Denkwelt verlassen muss. In der Literatur sind diese häufig auch unter dem englischen Begriff *OR-Mapping* oder der Abkürzung *ORM* zu finden.

Die Frameworks zur transparenten objektrelationalen Abbildung unterscheiden sich zwar in vielen Details, weisen jedoch auch einige Kernkomponenten auf, die überall anzutreffen sind (→ Bild 5.6).

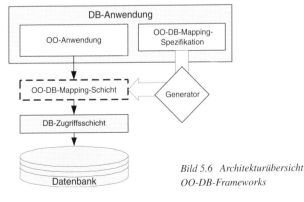

Bild 5.6 Architekturübersicht OO-DB-Frameworks

Datenbankanwendungen, die auf Basis eines OO-DB-Frameworks entwickelt werden, ermöglichen eine vollständig objektorientierte Implementierung der Anwendungslogik (OO-Anwendung). Dazu werden Angaben benötigt, wie die Datenstrukturen der Datenbank auf Klassen der eingesetzten objektorientierten Programmiersprache abgebildet werden sollen (OO-DB-Mapping-Spezifikation). Diese Definition der Abbildung erfolgt entweder durch den Einsatz von XML-Dateien, deren Struktur durch das Framework vorgegeben wird, oder durch spezielle Annotationen im Programmcode.

Ein Generator erzeugt aus der Mapping-Spezifikation eine OO-DB-Mapping-Schicht, die von der Anwendung zum transparenten Datenbankzugriff genutzt werden kann.

Die OO-DB-Mapping-Schicht setzt ihrerseits häufig auf vorhandenen proprietären oder standardisierten DB-Zugriffsschichten wie beispielsweise SQL/CLI oder JDBC auf.

Die Hauptziele, die mit diesen Ansätzen verfolgt werden, können zusammengefasst werden mit:
- objektorientierter Zugriff auf persistente Daten,
- transparentes Laden und Speichern von persistenten Daten,
- einfacherer Austausch der darunterliegenden Datenhaltung,
- Steigerung der Performance durch Pufferung von Daten aus der Datenbank in Hauptspeicherobjekten.

Das Laden der Daten aus der Datenbank ist ein für die Performace kritischer Punkt. Wird jedes Objekt einzeln bei Bedarf geladen, werden sehr viele Aufrufe an die Datenbank abgesetzt. Werden hingegen alle zusammenhängenden Objekte auf einmal geladen, werden in der Regel viel zu große Datenmengen gelesen und konkurrieren miteinander um den Platz im Hauptspeicher.

Nahezu alle OO-DB-Frameworks unterstützen daher Mischformen, die ein Entwickler sinnvoll einsetzen muss. Bei der Spezifikation der Abbildung kann dazu bei den meisten Frameworks bei jeder Beziehung eine Ladestrategie angegeben werden:

> Von einer **Eager-Loading-Strategie** bei einer Beziehung spricht man dann, wenn beim Zugriff auf ein Objekt immer die mit dem Objekt über diese Beziehung verknüpften Instanzen der referenzierten Klasse gleichzeitig von der Datenbank gelesen werden.

Durch *Eager Loading* kann die Anzahl der notwendigen Datenbankzugriffe reduziert werden. Wenn die Wahrscheinlichkeit für eine direkte Verwendung der referenzierten Objekte jedoch gering ist, ist es empfehlenswerter, eine andere Strategie einzusetzen, bei der die Objekte erst bei Bedarf geladen werden:

> Von einer **Lazy-Loading-Strategie** bei einer Beziehung spricht man dann, wenn beim Zugriff auf ein Objekt die mit dem Objekt über diese Beziehung verknüpften Instanzen erst dann gelesen werden, wenn tatsächlich über die Beziehung hinweg zu den Objekten navigiert wird.

Bei den Implementierungen kann unterschieden werden zwischen solchen, die auf einem proprietären Ansatz eines Herstellers basieren und solchen, die auf einem anerkannten Standard aufsetzen.

Einige populäre Beispiele für proprietäre Ansätze aus dem Java-Bereich sind Hibernate /5.11/ und EclipseLink /5.12/.

Beispiele für Ansätze, die auf Java Standards basieren, sind JDO /5.13/ und JPA /5.14/.

Ein großer Vorteil der standardbasierten Ansätze besteht darin, dass zwischen mehreren Implementierungen gewählt werden kann und ein Wechsel beim Ausfall eines Herstellers ohne allzu großen Aufwand möglich ist.

Im Folgenden werden einige verbreitete, auf Java-Standards basierende Ansätze beispielhaft vorgestellt. OO-DB Frameworks, die die objektrelationale Abbildung unterstützen, gibt es natürlich auch für zahlreiche andere Programmiersprachen. Für PHP ist zum Beispiel PDO (PHP Data Objects) /5.15/ sehr populär. Im .NET Umfeld bietet sich der Einsatz des ADO.NET Entity Frameworks /5.16/ an.

5.5.1 Java Persistence API (JPA)

Die **Java Persistence API** wurde im Jahr 2006 als Teil der Enterprise Java Bean 3.0 Spezifikation (EJB3) (→ 5.5.3) offiziell eingeführt. Inzwischen hat sie sich zu einem eigenständigen Standard entwickelt. Die Version 2.1 wurde mit dem JSR 338 /5.14/ im April 2013 veröffentlicht. Die Spezifikation umfasst inzwischen rund 570 Seiten. Es gibt zahlreiche Implementierungen. Viele der klassischen OR-Mapping Produkte wie Hibernate /5.11/ und EclipseLink /5.12/ bieten neben ihrer *Native API* auch eine Implementierung der JPA API. Einen guten Überblick über die Gemeinsamkeiten und Unterschiede gibt /5.17/.

Eine der Kernideen besteht darin, alle Eigenschaften, die mit der Persistenz zu tun haben, über *Annotations* (Anmerkungen) im Code anzugeben. Diese werden, damit sie leicht von einem Präprozessor verarbeitet werden können, mit dem Zeichen „@" eingeleitet. Eine Klasse kann also durch entsprechende Anmerkungen im Code zu einer Klasse mit persistenten Instanzen werden.

180   5 Datenbank-Anwendungsprogrammierung

Da nicht von einer speziellen Oberklasse abgeleitet werden muss und auch keine komplexen Interfaces zu implementieren sind, gibt es bezüglich der Software-Architektur keine grundlegenden Einschränkungen im Hinblick auf die Entwicklung der Klassenhierarchie. Es können hier gewöhnliche JavaBeans, sogenannte POJOs (*Plain Old Java Object*), verwendet werden. Allerdings gibt es durchaus einige Einschränkungen bezüglich der zulässigen Datentypen zu beachten, damit die Instanzen einer Klasse auch tatsächlich persistierbar sind.

5.5.1.1   Schemaabbildung

❑ *Beispiel:* Klasse zum Zugriff auf Daten in der Tabelle Artikel.

```
@Entity
@Table(name="Artikel")
public class Artikel implements Serializable {
  private String anr;
  private String bezeichnung;
  public Artikel() { }

  @Id
  public String getAnr() {
  { return this.anr; }
  public String getBezeichnung() {
  { return this.bezeichnung; }

  public void setAnr(String anr_p)
  { this.anr=anr_p; }
  public void setBezeichnung(String bezeichnung_p)
  { this.bezeichnung=bezeichnung_p; }
  ...
}
```

Die Angabe uni- oder auch bidirektionaler Beziehungen ist möglich. Die bidirektionale 1:*N*-Beziehung zwischen Artikeln und Lieferungen kann realisiert werden, indem in der Klasse Artikel folgende Annotation zusammen mit der Methode getLieferungen aufgenommen wird:

❑ *Beispiel:* Kennzeichnung der Beziehung zu den Lieferungen in Klasse Artikel.

```
@OneToMany(cascade=CascadeType.ALL, orphanRemoval=true,
         mappedBy="artikel")
public Collection<Lieferung> getLieferungen()
{ return lieferungen; }
```

Die Angaben bei cascade und orphanRemoval geben an, wie sich Löschungen oder auch Änderungen an dem übergeordneten Objekt – hier Artikel – auf die abhängigen Objekte – hier in Tabelle Lieferung – auswirken.

In der Klasse Lieferung kann auf ähnliche Art und Weise für eine Referenz in der Gegenrichtung gesorgt werden.

❑ *Beispiel:* Kennzeichnung der Beziehung zum Artikel in Klasse Lieferung.

```
@ManyToOne
public Artikel getArtikel()
{ return artikel; }
```

5.5.1.2 Datenzugriff

Die zentrale Klasse zum Zugriff auf die persistenten Objekte ist javax.persistence.EntityManager. Über diese Klasse wird die Verbindung zur Datenbank hergestellt. Durch die Verwendung der find-Methode können persistente Instanzen der übergebenen Klasse über ihren Primärschlüssel lokalisiert werden.

❑ *Beispiel:* Finden eines Artikels über seine Artikelnummer anr und Änderung der Bezeichnung durch Anhängen der Endung „_OLD". Die Verbindung über eine EntityManager Instanz em sei zuvor geöffnet worden.

```
Artikel a = em.find(Artikel.class, anr);

a.setBezeichnung(a.getBezeichnung() + "_OLD");

em.flush();
```

Änderungen werden einfach auf den Java-Instanzen, genau wie bei gewöhnlichen Java-Objekten, durchgeführt. Sie werden erst bei Ausführung einer Commit-Operation oder bei Bedarf durch den expliziten Aufruf der Operation flush in die Datenbank zurückgeschrieben.

Beim Löschen wird das Objekt zunächst mit einer speziellen Methode zum Löschen (remove) gekennzeichnet. Auch hier erfolgt die entsprechende DELETE-Operation auf der Datenbank erst zum Commit-Zeitpunkt oder bei explizitem Aufruf von flush.

Instanzen der Entity-Klassen können sowohl transient (flüchtig) als auch persistent sein. Eine neue Instanz wird zunächst wie ein gewöhnliches Java-Objekt mit dem new-Operator angelegt. Durch Aufruf der Methode persist kann dies später als persistentes Objekt gekennzeichnet und zur Speicherung vorgemerkt werden. Das Schreiben in die Datenbank erfolgt allerdings auch hier erst zum Commit-Zeitpunkt oder bei explizitem Aufruf von flush.

Man kann bei JPA vier verschiedene Zustände, die ein Objekt im Laufe seines Lebens annehmen kann, unterscheiden. In Bild 5.7 sind die Zustände sowie die möglichen Übergänge für ein Java Objekt o und einen EntityManager em dargestellt.

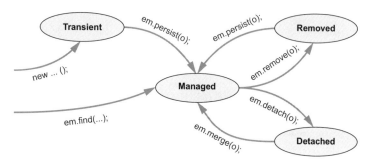

Bild 5.7 *JPA Zustandsübergänge im Lebenszyklus*

Die Bedeutung der JPA-Zustände ist dabei wie folgt:
- **Transient** (Flüchtig)
  In diesem Zustand befindet sich zunächst jede neu erzeugte Instanz einer Entity-Klasse. Hier besteht noch keinerlei Verknüpfung zu einem EntityManager.

- **Managed** (Verwaltet)
  Instanzen in diesem Zustand gehören zu Daten, die in der Datenbank unter Kontrolle des EntityManagers gespeichert sind.

- **Detached** (Losgelöst)
  In diesem Zustand befindliche Instanzen haben zwar ein Pendant in der Datenbank, werden aber aktuell nicht mehr vom EntityManager kontrolliert. Weichen sie in ihren Attributwerten von dem jeweils korrespondierenden Daten in der Datenbank ab, so werden diese Änderungen auch bei Aufruf einer flush-Operation nicht vom EntityManager in die Datenbank propagiert.

- **Removed** (Gelöscht)
  Diese Instanzen wurden zum Löschen vorgemerkt. Sie werden beim nächsten Aufruf einer flush-Operation vom EntityManager aus der Datenbank gelöscht. Die zugehörige Java-Instanz ist jedoch als transientes Objekt weiterhin verfügbar.

Das folgende Programmstück legt eine neue Lieferung für einen Artikel a an und fügt sie in die Liste der Lieferungen des Artikels ein.

❑ *Beispiel:* Anlegen einer neuen Lieferung bei vorhandener EntityManager-Instanz em. Das Schreiben in die Datenbank erfolgt hier durch commit auf einer zuvor eröffneten Transaktion.

```
Lieferung li = new Lieferung (anr, lnr, preis);
a.getLieferungen().add(li);
em.persist(li);

em.getTransaction().commit();
```

Um eine Instanz zur Löschung vorzumerken, ist ein Aufruf der remove-Methode erforderlich.

❑ *Beispiel:* Gelöscht werden soll der Artikel mit der Artikelnummer anr. Vor Aufruf der remove-Methode auf dem EntityManager em muss das Artikel-Objekt über die Methode find lokalisiert werden.

```
Artikel a = em.find (Artikel.class, anr);
em.remove(a);
```

5.5.1.3 Formulieren von Anfragen

Zur Formulierung von Anfragen, um Objekte anhand ihrer Eigenschaften zu lokalisieren, gibt es mehrere Möglichkeiten. Zum einen gibt es mit *JPQL*, der *Java Persistence Query Language*, eine auf den ersten Blick sehr SQL-ähnliche Anfragesprache. Zum anderen existiert mit der so genannten *Criteria API* eine objektorientierte Art der Formulierung von Anfragen. Dieser Ansatz wurde vorher bereits in populären proprietären OR-Mappern wie Hibernate eingesetzt und mit JPA 2.0 in den Standard aufgenommen.

❑ *Beispiel:* Ein einfacher Lesezugriff unter Nutzung der Criteria API, der alle Daten der Tabelle Artikel liefert, erfordert einige Methodenaufrufe:

```
CriteriaBuilder cb = em.getCriteriaBuilder();
CriteriaQuery<Artikel> query = cb.createQuery(Artikel.class);
Root<Artikel> root = query.from(Artikel.class);
query.select(root);

List<Artikel> al = em.createQuery(query).getResultList();
```

Anfragen, die mit der JPQL formuliert werden, sind in der Regel deutlich kompakter als die etwas umständlichen verschachtelten Methodenaufrufe der Criteria API. Diese hat jedoch den großen Vorteil, dass keine Syntaxfehler durch Tippfehler in den SQL-Abfragen zur Laufzeit auftreten können. Eine JPQL Abfrage kann direkt an der benötigten Stelle im Programmcode angegeben werden, wie im folgenden Beispiel zu sehen ist.

❑ *Beispiel:* Ein einfacher Lesezugriff unter Nutzung der JPQL, der alle Daten der Tabelle Artikel liefert, sieht ähnlich wie eine entsprechende SQL-Abfrage aus.

```
List<Artikel> al = em.createQuery("SELECT a FROM Artikel a ",
                                  Artikel.class)
                     .getResultList();
```

Das Ergebnis der Anfrage wird in Form einer korrekt typisierten Liste an die Anwendung zurückgegeben.

Eine JPQL Anfrage kann aber auch mit einem Namen versehen werden, damit später einfach darauf zugegriffen werden kann. Dies ist dann sinnvoll, wenn die Anfrage über einen Parameter verfügt und mehrfach mit unterschiedlichen Parameterwerten ausgeführt werden soll.

❑ *Beispiel:* Anfrage zum Auslesen der Artikel mit einem bestimmten Namen.

```
@NamedQuery(
    name="findAllArtikelByName",
    query="SELECT a FROM Artikel a WHERE a.name LIKE ?1"
)
```

Beim späteren Zugriff müssen alle Parameter (im Beispiel nur ?1) über die Methode setParameter mit einem Wert versorgt werden:

❑ *Beispiel:* Finden aller Artikel, deren Name mit „Kabel" beginnt. Dazu wird der Parameter 1 (?1) auf den Wert „Kabel%" gesetzt.

```
TypedQuery<Artikel> qu = em.createNamedQuery("findAllArtikelByName",
                                             Artikel.class);
List<Artikel> al = qu.setParameter(1, "Kabel%")
                     .getResultList();
```

▶ *Hinweis:* Es gibt auch die Möglichkeit, Parametern einen Namen zu geben und das Setzen über den Namen anstelle der Position vorzunehmen.

Die Verwendung von Parameternamen statt Positionen hat den Vorteil, dass der Code robuster gegenüber Änderungen wird.

5.5.2 JDO – Java Data Objects

JDO (*Java Data Objects*) wurde bereits 2002 und damit deutlich vor JPA entwickelt. Während JPA auf die Abbildung auf relationale Datenbanken beschränkt ist, unterstützt JDO die Abbildung auch auf völlig unterschiedliche Datenverwaltungssysteme. JDO kann zum Beispiel auch zum Zugriff auf objektorientierte Datenbanksysteme oder XML-Dateien genutzt werden /5.13/. Da Sun mit JPA über zwei miteinander konkurrierende OR-Mapping-Ansätze verfügte, wurde die Verantwortung für JDO an die Apache Software

5.5 Objektrelationale Abbildung

Foundation übergeben, die die Weiterentwicklung von JDO seither vorantreibt /5.18/.

JDO-basierte Anwendungen sind unabhängig von einem bestimmten Hersteller. Zahlreiche kommerzielle und Open-Source-Implementierungen sind verfügbar. Lediglich die Abbildungsspezifikation auf den Datenspeicher ist herstellerabhängig und muss bei einem Wechsel der Implementierung eventuell angepasst werden.

Um eine JDO-basierte Anwendung zu erstellen, sind folgende Schritte erforderlich:

- Zuerst muss die Abbildung der Java-Klassen auf den Datenspeicher festgelegt werden. Das ist zum einen möglich über das sogenannte *JDO Metadata File*. JDO-Anbieter stellen hierfür meist Werkzeuge für ein komfortables Arbeiten bereit. Alternativ dazu unterstützt JDO inzwischen auch die Angabe der Abbildung durch Annotationen, ähnlich wie bei JPA (→ 5.5.1).
- Anschließend werden die Klassen implementiert, deren Instanzen persistent zu machen sind. Diese Klassen werden als *Persistence-Capable Classes* bezeichnet.
- Danach können die Klassen implementiert werden, die die Anwendungslogik unter Verwendung der zuvor erstellten Klassen enthalten. Diese Klassen werden als *Persistence-Aware Classes* bezeichnet.
- Zum Abschluss muss noch ein vom jeweiligen Hersteller geliefertes Werkzeug über den Bytecode der Persistence-Capable Klassen laufen, damit diese das Lesen aus der Datenbank und das Speichern von Änderungen übernehmen. Dieses Werkzeug wird meistens als *Byte Code Enhancer* bezeichnet.

Die Angabe der Abbildungsregeln in Form einer XML-Datei statt direkt im Quellcode über Annotationen ist immer dann vorzuziehen, wenn Änderungen bei der Abbildung zu erwarten sind. Zum Beispiel, wenn die Anwendung in unterschiedlichen Installationen mit unterschiedlichen Tabellen arbeiten muss. Bei der Angabe der Regeln über eine XML-Datei kann in so einem Fall bequem zur Änderung der Abbildung die Datei einfach getauscht werden. Im Fall von Annotationen muss der Quellcode jeder *Persistence-Capable*-Klasse modifiziert werden.

Zur Angabe der Abbildungsregeln über Metadaten-XML-Dateien sieht JDO pro Klasse eine Datei mit der Endung `.jdo` vor. Im Folgenden ist ein Beispiel für solch eine Datei gegeben.

❏ *Beispiel:* Ausschnitt aus einer standardkonformen Metadaten-XML-Datei `artikel.jdo` zur Abbildung der Tabelle `Artikel`.

```xml
<jdo>
  <class name="Artikel" identity-type="application"
        objectid-class="ArtikelPK">
    <field name="anr"
          persistence-modifier="persistent"
          primary-key="true"/>
    <field name="bezeichnung"
          persistence-modifier="persistent" />
    <field name="lieferungen"
          persistence-modifier="persistent"
          embedded="false"
          default-fetch-group="false">
    <collection element-type="Lieferung"
          embedded-element="false"/>
  </class>
  <class name="Lieferung" identity-type="application"
        objectid-class="LieferungPK">
    <field name="anr"
          persistence-modifier="persistent"
          primary-key="true"/>
    <field name="lnr"
          persistence-modifier="persistent" />
    <field name="preis"
          persistence-modifier="persistent" />
    <field name="artikel"
          persistence-modifier="persistent"
          embedded="false"
          default-fetch-group="false"/>
    </field>
  </class>
</jdo>
```

Über das Tag default-fetch-group kann gesteuert werden, ob ein Attribut direkt beim Laden des Objektes mitgelesen oder erst dann geladen wird, wenn es tatsächlich von der Anwendung über die zugehörige get-Methode angesprochen wird.

Je nach Implementierung ist eine weitere XML-Datei mit den Detailangaben zur Abbildung auf die Datenbank anzugeben. Diese führt häufig die Endung .map. In der Datei werden insbesondere auch die Fremdschlüsselbeziehungen definiert, die zur Generierung der entsprechenden Referenzen führen.

❏ *Beispiel:* Ausschnitt aus einer proprietären XML-Datei artikel.map. Die Fremdschlüsselbeziehung zwischen Artikel und Lieferung ist in beiden Richtungen traversierbar: über das Attribut Artikel.lieferungen in der einen und Lieferung.artikel in der anderen Richtung.

```xml
<map>
 <class name="Artikel">
  <field name="anr">
    <column name="ANr" table="Artikel"/></field>
  <field name="bezeichnung">
    <column name="Bezeichnung" table="Artikel"/></field>
  <relationship-field name="lieferungen"
                      multiplicity="many">
    <single-foreign-key>
      <foreign-key name="Lieferung_zu_Artikel"
                   foreign-key-table="Lieferung"
                   primary-key-table="Artikel">
      <column-pair foreign-key-column="ANr"
                   primary-key-column="ANr"/>
      </foreignKey>
    </single-foreign-key>
  </relationship-field>
 </class>

 <class name="Lieferung">
   <field name="anr">
     <column name="ANr" table="Lieferung"/></field>
   <field name="lnr">
     <column name="LNr" table="Lieferung"/></field>
   <relationship-field name="artikel"
                       multiplicity="one">
     <single-foreign-key>
       <foreign-key name="Lieferung_zu_Artikel"
                    foreign-key-table="Lieferung"
                    primary-key-table="Artikel">
       <column-pair foreign-key-column="ANr"
                    primary-key-column="ANr"/>
       </foreignKey>
     </single-foreign-key>
   </relationship-field>
  </class>
</map>
```

Der Datenbankzugriff kann bei Verwendung der Klassen vollkommen transparent für den Entwickler realisiert werden.

Ein Programmausschnitt zum Auslesen der Lieferungen eines bestimmten Artikels sieht damit folgendermaßen aus:

❑ *Beispiel:*
```
Artikel a = ...;
```

```
Iterator i = a.getLieferungen().iterator();
while (i.hasNext()) {
  Lieferung li = (Lieferung)i.next();
  System.out.println("Lieferung " +
            li.getAnr() + ": " + li.getPreis());
}
```

Zur Formulierung von deskriptiven Anfragen enthält JDO die Anfragesprache JDOQL, die eine an SQL angelehnte Syntax anbietet.

5.5.3 Entity Beans

Um Java als Plattform zur Realisierung unternehmenskritischer Applikationen zu etablieren, hat Sun 1999 eine Menge von Standards unter der Bezeichnung **Java Enterprise Edition** (zunächst J2EE, ab Version 1.5 in Java EE umbenannt) zusammengefasst und veröffentlicht /5.19/. Ziel ist eine deutliche Vereinfachung der Anwendungsentwicklung für komplexe Anwendungen. Dazu wird eine Infrastruktur zur Verfügung gestellt, die Lösungen für zahlreiche Standardprobleme wie z. B. Synchronisation, Clustering, Persistenz bietet.

Die Persistenzschicht wurde bis zur Version EJB 3.0 durch sogenannte *Entity Beans* realisiert. Entity Beans sind ein relativ „schwergewichtiges" Konzept, dessen Einsatz nun nicht mehr empfohlen wird. Einen vollwertigen Ersatz stellt *JPA* ($\rightarrow$ 5.5.1) dar.

6 Datenbanken im Web

Thomas Rakow

> Das **World Wide Web (WWW)**, kurz **Web**, bezeichnet ein über das Internet verbundenes Rechner-Netzwerk zum Austausch von Informationen und Daten. Art und Weise der Kommunikation werden vom W3-Konsortium (W3C) festgelegt /6.38/.

Die Techniken, die die Nutzung einer Webdatenbank ermöglichen, und deren Eigenschaften werden in diesem Kapitel vorgestellt. In den Abschnitten *Grundlagen des Web* und *Eigenschaften von Webanwendungen* werden die besonderen Anforderungen sowie die Techniken des Web beschrieben, soweit sie für das Verständnis dieses Kapitels erforderlich sind (→ 6.1, 6.2). Die *Anbindung von Datenbanken* im Web wird dargestellt und zusammenfassend werden die Arten der Anbindung bei der Verwendung der unterschiedlichen Webtechniken miteinander verglichen (→ 6.3). Die Webtechniken und die jeweils geeigneten Datenbankanbindungen sind in den folgenden Abschnitten im Detail beschrieben. Für statische Webseiten ist der *Export aus der Datenbank* geeignet (→ 6.4). Die Webtechniken für dynamische Webseiten unterscheiden sich in der *Ausführung* auf dem *Client* (→ 6.5) oder auf dem *Server* (→ 6.6).

6.1 Grundlagen des Web

Das Web hat seit Mitte der 1990er Jahre eine rasante Verbreitung gefunden und besitzt mittlerweile die gleiche Bedeutung als Informationsmedium wie die konventionellen Medien Buch, Zeitschrift, Zeitung, Fernsehen und Rundfunk. Die technische Basis des Web ist das *Internet*, das sich seit den 1970er Jahren als Rechner-Netzwerk zum Austausch von Dateien (file transfer) und Nachrichten (mailing) in der wissenschaftlichen und militärischen Welt verbreitete und bald auch von kommerziellen Anwendern genutzt wurde /6.25/, /6.15/. Nach dem Schwenk der Telekommunikationsindustrie auf Internet- und Webtechniken erhielt das Web einen weiteren Anschub in der Nutzung.

Grundlage der Verbreitung des Web als neues Medium ist die technische Einfachheit. Es wurde zum leichten Zugriff auf verteilt liegende Dokumente von Tim Berners-Lee und Robert Cailliau am CERN erfunden. Die Inhalte werden als Hypertext dargestellt, der ein Thema beschreibt und innerhalb des Textes auf weiterführende Texte verweist.

Durch drei Erweiterungen kann das Web auch für anspruchsvolle Anwendungen genutzt werden, die eine hohe Aktualität der Webseiten erfordern. Solche so genannten *dynamischen Webseiten* können für den Zugriff auf Datenbanken in Webanwendungen eingesetzt werden.

- Zum Benutzer können **Programme über das Web** transportiert werden, die sich dort – innerhalb gewisser Grenzen – ausführen lassen. Dadurch werden Interaktionen besser unterstützt und der Server und das Netzwerk von Kommunikation entlastet.

- **Webseiten** können **aktuell** aufgrund der Anfrage eines Benutzers speziell für diesen erstellt werden. Dadurch ist eine höhere Aktualität und bessere Anpassung der Antwort für den Benutzer erreichbar.

- **Zusammenhängende Interaktionen** zwischen Browser und Server lassen sich erkennen. So können Anfragen aufeinander aufbauen und Arbeitsabläufe besser unterstützt werden.

> Eine **Webdatenbank** ist eine Datenbank, die in Webanwendungen folgendermaßen benutzt werden kann: (a) **clientseitig** – der Webclient kann über ein vom Webserver erhaltenes Programm direkt auf die Datenbank zugreifen, oder (b) **serverseitig** – die Daten aktuell erstellter Webseiten werden aus der Datenbank über den Webserver abgerufen.

Webseiten unter einem Servernamen (Webadresse) werden als **Website** bezeichnet. Beispiele von Websites mit Datenbank-Nutzung sind:

- Auf einer Website kann eine **Unternehmensdarstellung** mit allen für die Öffentlichkeit bestimmten Informationen eines Unternehmens wie Unternehmensziel, Produkte, Pressemitteilungen und Ansprechpartner platziert werden. Mit der Anbindung einer Datenbank lassen sich aktuelle Informationen zu Ansprechpartnern aus einer LDAP-Datenbank (Benutzerverwaltung in IT-Systemen) holen und auf der Website darstellen.

- In einem **Webshop** informieren sich Kunden in einem elektronischen Katalog über Produkte und können diese direkt über das Web bestellen. Die Produktdaten werden aus einer ERP-Datenbank (Unternehmenssteuerungssystem) gelesen und Bestellungen mit Prüfung der Verfügbarkeit und Lieferdauer dort eingefügt. Benutzerdaten wie z. B. ein Warenkorb sind in der Datenbank des Webshops gespeichert. Die Redaktion der Website wird bei der Bildauswahl durch eine **Foto-Datenbank** unterstützt (→ Bild 6.1).

- Eine **digitale Bibliothek** enthält die elektronischen Versionen von Zeitschriften und Büchern mit ihren Metadaten zur Anzeige auf dem Bildschirm des Benutzers. Die Metadaten und ggf. die Texte sind in einer

Datenbank über die Webanwendung suchbar. Rechnungsinformationen der Benutzer sind in einer eigenen Datenbank enthalten.

- Auf einem **elektronischen Marktplatz** werden von Unternehmen Aufträge ausgehandelt. Die Beispieldatenbank Artikellieferung (→ 2.2) ist eine einfache Ausprägung eines Marktplatzes. Die Einfachheit der Nutzung im Web erhöht erheblich die potenzielle Menge an Anbietern und Nachfragern.

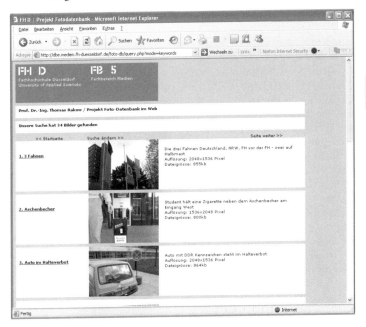

Bild 6.1 Dynamische Webseite einer Foto-Datenbank

6.2 Eigenschaften von Webanwendungen

Einen Überblick über das Web bieten /6.15/ und /6.19/, einzelne Begriffe können in /6.34/ nachgeschlagen werden. Die Programmierung von Webseiten wird beispielsweise in /6.13/, /6.16/, /6.19/, /6.27/, /6.36/ beschrieben, weitere Informationen finden sich in den Originaldokumenten des W3C /6.1/, /6.39/.

Für Webanwendungen gelten spezielle *Anforderungen*, die durch die Nutzungsart und die verwendeten Techniken bestimmt werden (→ 6.2.1). Die

Techniken teilen sich in allgemeine *Webseiten* (→ 6.2.2), *dynamische Webseiten* (→ 6.2.3), *Adressierung* (→ 6.2.4) und *Kommunikation* (→ 6.2.5) auf.

6.2.1 Anforderungen

Webanwendungen werden mit dem Anschluss an das Internet einer *unbekannten Anzahl an Benutzern* verfügbar gemacht, woraus besondere Anforderungen an diese Anwendungen und ihre Umsetzung resultieren.

- **Heterogenität.** Der Zugriff der Benutzer erfolgt mit verschiedenen Browsern, die die Webseiten unterschiedlich darstellen können. Eventuell können übermittelte Programme nicht ausgeführt werden oder deren Ausführung ist vom Benutzer abgeschaltet. Die Darstellungsmöglichkeiten der Bildschirme sind unterschiedlich.
- **Interaktivität.** Aufgrund der potenziell großen Anzahl an Benutzern soll die Interaktion mit ihnen in vielen Teilen lokal ablaufen, d. h. auf dem Rechner des Benutzers (Webclient).
- **Verfügbarkeit, Performance und Skalierbarkeit.** Der globale Rundum-die-Uhr-Zugriff erfordert eine ständige Verfügbarkeit der Webanwendungen. Die Nutzung kann bei Erfolg einer Website sprunghaft ansteigen. Daher soll eine Webanwendung einen hohen Unterschied von Spitzen- zu Durchschnittsbelastung bei guter Performance verkraften können. Eine Webanwendung soll skalierbar sein, so dass bei einem Anstieg der Nutzung die Performance höchstens proportional zum Anstieg nachlässt.
- **Erweiterbarkeit und Integrationsfähigkeit.** Bei einer ständig höheren Nutzlast oder neuen Anforderungen soll die Webanwendung leicht erweiterbar und integrationsfähig sein.
- **Sicherheit.** In lokalen Netzen sind die Benutzer gut identifizierbar. Die Nutzung des Web durch jedermann bedingt erhöhte Maßnahmen zur Abwehr unbefugter Zugriffe.

Die unterschiedliche Komplexität der Webanwendungen, die besonderen Anforderungen und die Aufgabenteilung in der Entwicklung haben zu einem breiten Angebot an unterschiedlichen Techniken zur Entwicklung von Webanwendungen geführt /6.15/.

6.2.2 Webseiten

> Eine **Webseite** (auch: WWW-Seite, HTML-Seite, Dokument; web page/ document) wird in **HTML (Hypertext Markup Language)** beschrieben. HTML ist eine Auszeichnungssprache, d. h., die Elemente der Seite werden mit Tags ausgezeichnet und damit bestimmten Typen zugeordnet. **Tags** (Marken) strukturieren den Inhalt von Webseiten.

HTML wird in der Version 4.01 bzw. XHTML in der Version 1.0 seit 1999 verwendet. Eine Version HTML5 mit besseren Darstellungsmöglichkeiten wurde 2014 durch das W3C eingeführt /6.40/.

Tags kennzeichnen Anfang und Ende von Teilen der Webseite oder stellen bestimmte Steuerelemente wie Eingabefelder oder Schaltflächen dar. Sie werden in spitze Klammern eingeschlossen, ein Ende-Tag beginnt zusätzlich mit einem Schrägstrich / und muss bei den meisten Elementen vorhanden sein. Die Elemente einer Webseite werden durch Attribute näher beschrieben. Deren Werte sind in doppelte Anführungsstriche " eingeschlossen. Der verwendete Zeichensatz wird als Metadatum festgelegt. Für Sonderzeichen wie Umlaute gibt es bestimmte Codierungen, beispielsweise Ä für Ä oder € für €.

Die Darstellungsgröße einer Seite richtet sich nach dem aktuellen Browserfenster und den Einstellungen im Browser – beispielsweise kann ein großer, mittlerer oder kleiner Zeichensatz vom Benutzer gewählt werden –, wenn auf der Webseite nicht feste Werte in Pixel vorgegeben sind.

Eine Webseite besteht aus zwei Teilen (→ Tabelle 6.1):
- Der **Kopf** (head) einer Webseite enthält als Elemente Metadaten.
- Der **Rumpf** (body) enthält Elemente verschiedenen Typs als Inhalt der Webseite.

Eine Webseite kann folgende Elemente umfassen:
- Der **Titel** beschreibt eine Webseite.
- Weitere **Metadaten** kennzeichnen die Webseite durch Elemente wie Titel, Erstellungsdatum, Autor und Inhaltsbeschreibung. So gibt das Attribut charset den Zeichensatz der Webseite an.
- **Text** kann als Überschrift verschiedener Hierarchiestufen, Absatz, Liste oder Tabelle ausgezeichnet werden.
- Ein **Link** (Verweis) verweist mit dem Attribut href (hypertext reference) auf die Adresse einer Webseite, eines multimedialen Inhalts oder einer Anwendung (→ 6.2.4). Bei der Auswahl eines Links wird der referenzierte Inhalt dargestellt. Voraussetzung für die Darstellung eines multimedialen Inhalts oder einer Anwendung ist die entsprechende Fähigkeit des Browsers. Diese kann über Plug-in-Programme erweitert werden. Die Zuordnung der einzelnen Typen zu einem Programm erfolgt über die MIME-Typen /6.23/ auf dem jeweiligen Webclient.
- Bei einem speziellen **Link auf ein Bild** stellt der Browser das Bild direkt ohne weitere Auswahl zusammen mit dem umgebenden Text dar. Attribute beschreiben Höhe (height) und Breite (width) der Darstellung im Browserfenster.
- In ein **Formular** (form) kann der Benutzer Daten eingeben, die an den Webserver übermittelt werden.

Tabelle 6.1 Elemente einer Webseite (Auswahl)

Element	Subelement	Tags	Attribute
Kopf		`<head> </head>`	
Titel		`<title> </title>`	
Metadaten		`<meta> </meta>`	charset
Rumpf		`<body> </body>`	
textuelle Elemente	Überschrift	`<h1> </h1>`, `<h2> </h2>`, `<h6> </h6>`	
	Absatz	`<p> </p>`	
	Liste	`<li> </li>`	
	Tabelle	`<table> </table>`	
Link		`<a> </a>`	href
	Bild	`<img>`	width, height
Formular		`<form> </form>`	
Skript			
	browserseitig	`<script> </script>`	language
	serverseitig	`<server> </server>`	
Programm			
	browserseitig	`<object> </object>`, `<applet> </applet>`	
	serverseitig	über URL	
Formatierung			
	Zeilenumbruch	` `	
	Zeichensatz		
	fett	`<b> </b>`	
	kursiv	`<i> </i>`	
	CSS	CSS-Definition	
Kommentar		`<!- ->`	

- Ein **Skript** oder ein **Programm** in einer Webseite wird je nach Auszeichnung entweder durch den Browser – browserseitig – oder durch den Webserver – serverseitig – interpretiert bzw. ausgeführt. Das Attribut language gibt die verwendete Skriptsprache an. Eine Webseite, die ein Skript oder ein Programm enthält, wird als *dynamische Webseite* bezeichnet (→ 6.2.3).
- **Formatierungsbeschreibungen.** Einfache Beschreibungen für Text wie Zeilenumbruch und Hervorhebungen von Textteilen werden als Tags im Text eingefügt oder als Attribute angegeben wie z. B. für den Zeichensatz, die Größe der Bilder und die Farben der Links. Eine vom

Text getrennte Formatierungsbeschreibung kann mit den *Cascading Style Sheets (CSS)* erfolgen /6.19/. Hierüber können alle Elemente eines Typs gemeinsam formatiert als auch individuell überschrieben werden. Die CSS-Beschreibung lässt sich über einen speziellen Link referenzieren.

- Ein **Kommentar** bleibt wie gewohnt unberücksichtigt, eine Schachtelung ist nicht möglich.

6.2.3 Dynamische Webseiten

> Eine Webseite wird als **dynamisch** bezeichnet, wenn deren Erzeugung zum Zeitpunkt der Anfrage der Webseite erfolgt.

Eine dynamische Webseite kann Menüpunkte anpassen, Benutzereingaben überprüfen, Animationen darstellen und Suchergebnisse ausgeben. Drei unterschiedliche Techniken werden zur Erzeugung dynamischer Webseiten verwendet:
1. Aufruf eines Programms, das eine Webseite aktuell erstellt,
2. Einbettung von Skriptcode in eine Webseite,
3. Einbettung von Programmcode in eine Webseite.

> Die Verwendung einer Programmiersprache in besonderen Bereichen einer Host-Programmiersprache mit der Nutzung gemeinsamer Variablen wird als **Einbettung** bezeichnet.

▶ *Hinweis:* Die Techniken zur Erzeugung dynamischer Webseiten mit der Einbettung von Programmiersprachencode oder Skripten in HTML und dem Zugriff auf den Inhalt der Webseiten werden unter dem Begriff *Dynamic HTML (DHTML)* zusammengefasst.

Browserseitige Programme werden in der objektorientierten Programmiersprache *Java* geschrieben und durch die im Browser enthaltene *Java Virtual Machine (JVM)* plattformunabhängig ausgeführt /1.8/. *Browserseitige Skripte* werden durch den Browser interpretiert, und deren Ergebnis wird angezeigt. Hier steht eine Handvoll Skriptsprachen zur Verfügung, teilweise abhängig vom verwendeten Browser.

Serverseitige Programme oder *Skripte* werden in allen möglichen Sprachen geschrieben. Sie erzeugen HTML-Code, der als dynamische Webseite an den Webclient gesendet wird.

> **Skriptsprachen** steuern Abläufe durch die Kombination von teilweise mächtigen Funktionen wie der Mustersuche durch reguläre Ausdrücke. Sie werden zur Laufzeit interpretiert.

Beispiele dynamischer Webseiten sind in den folgenden Abschnitten zu den Datenbankanbindungen enthalten.

Ajax (Asynchronous JavaScript and XML). Mit dieser Technik können innerhalb einer Webseite HTTP-Verbindungen aufgebaut werden, ohne die Webseite neu anzeigen zu müssen /6.32/, /6.33/. Damit lassen sich Daten bei Bedarf vom Webserver mittels des Tag XMLHttpRequest nachladen. Notwendig ist das aktive Nachfragen des Browsers beim Webserver, das zu erhöhtem Netzwerkverkehr führt. Ajax erweitert die Interaktionsmöglichkeiten, hat jedoch auch eine Reihe von Nachteilen wie das ständige Polling beim Webserver. Hier sind in Zukunft weiter gehende Entwicklungen zu erwarten.

Einbindung von Server-Anweisungen

Mittels **Server Side Includes** (SSI) werden Anweisungen in Webseiten eingefügt, die erst nach Bearbeitung durch den Webserver an den Webclient gesendet werden. Der Zweck sind verschiedene Erleichterungen in der Programmierung von Webseiten. SSI-Anweisungen werden in HTML-Kommentar eingeschlossen und mit dem Nummernzeichen (number sign)/ Hash-Zeichen # begonnen (→ 6.6.1). Damit der Webserver die Verwendung von SSI erkennen kann und nicht alle Webseiten prüfen muss, werden Webseiten mit SSI mit der speziellen Dateitypkennung shtml (server HTML) gekennzeichnet. Allerdings unterstützt nicht jeder Webserver SSI.

Bei der Auswertung von Parametern und anderen wiederkehrenden Aufgaben oder der Ereignisbehandlung wird der Entwickler durch **Frameworks** wie *Struts* /6.32/ und *JavaServer Faces* unterstützt /6.30/. Es werden besondere Tags zur Verfügung gestellt, die höherwertige Funktionalitäten bieten als HTML-Tags. Weiterhin können eigene Funktionen in eine Webseite eingebunden werden. Die Interpretation der Tags bzw. die Ausführung der Funktionen erfolgt durch den Webserver vor dem Senden einer Webseite.

Multimediale Streams und Präsentationen

Ein **Stream** ist eine kontinuierliche Übertragung eines zeitabhängigen Datenstroms wie Audio, Video oder Animationen. Streams werden in Webseiten über Plug-in-Programme oder spezielle Beschreibungen eingebunden. Zur Steuerung werden in die Browser integrierte Plug-in-Programme verwendet. Eine Integration in HTML mit entsprechendem Audio- bzw. Video-Tag ist in HTML5 enthalten /6.40/.

6.2.4 Adressierung

Für die Adressierung der Rechner im Internet erfolgt zum einen eine Zuordnung der logischen, hierarchisch strukturierten Namen wie www.firma.de auf interne Nummern, sog. *IP-Adressen*. Zum anderen werden Tabellen vorrätig gehalten, die einen Weg über eine Reihe von Rechnern zum Zielrechner angeben, das Routing. Der Name dieses Dienstes ist *Domain Name Service (DNS)* /6.29/.

> Eine Webseite, multimediale Inhalte oder Anwendungen werden über eine **URL (Uniform Resource Locator)** in Weblinks adressiert.

Eine URL besteht aus:
- dem Protokollnamen mit dem Default-Wert http für Webseiten,
- einer optionalen Benutzerkennung (user id) mit Passwort (password),
- der Serveradresse als logischer Name oder als IP-Adresse; bei einer URL in einer Webseite ist der Default-Wert der Webserver, von dem die Webseite stammt,
- einer Portnummer; bei den Protokollen HTTP und HTTPS ($\rightarrow$ 6.2.5) mit dem Default-Wert 80,
- einem Verzeichnisnamen mit dem Default-Wert / (Wurzel des Dateiverzeichnisses des Webservers),
- einem Dateinamen mit dem Default-Wert index.htm oder index.html,
- einem optionalen Anker, einer Stelle in der Webseite, an der der Browser die Anzeige beginnen soll,
- einer assoziativen Liste von Parametern.

❑ *Beispiel für URLs:*
(1) http://www.firma.de:8088/was/du/willst.html
(2) http://pc.com/bin/do.php?param1=4711&param2=X%D6Z

In der ersten URL wird die Webseite willst.html über das Protokoll http vom Server www.firma.de über den Port 8088 im Verzeichnis /was/du angefordert. In der zweiten URL wird über das Protokoll http vom Server pc.com über den Default-Port 80 ein im Verzeichnis /bin liegendes Programm do.php mit den Parametern 4711 und X%D6Z aufgerufen. Im zweiten Parameter ist der Umlaut Ö hexadezimal im Zeichensatz Latin-1 codiert. Das Programm erzeugt eine Webseite, die an den Webclient geliefert wird.

▶ *Hinweis:* Eine URL wird zur Adressierung im Web verwendet, während ein *Uniform Resource Name (URN)* eine eindeutige Bezeichnung eines Objektes darstellt /6.19/. Ein URN muss nicht im Internet adressierbar sein, eine adressierbare URL kann auch als URN verwendet werden. URL und URN werden unter dem Oberbegriff *Uniform Resource Identifier (URI)* zusammengefasst.

6.2.5 Kommunikation

In einem **lokalen Netzwerk** (Local Area Network, LAN) wird von einer relativ schnellen und zuverlässigen Verbindung zwischen Client und Server ausgegangen. Es werden abhängig vom Arbeitsablauf wiederholt Anfragen vom Client an den Server gestellt, und der Server schickt seine Ergebnisse zurück. Daher merkt sich der Server Daten über den Client, beispielsweise ob er schon authentifiziert ist. Die Kommunikation ist *verbindungsorientiert* (connection oriented) und *zustandsbehaftet* (stateful).

Im Internet erfolgt die Kommunikation im Gegensatz zum LAN über langsame und unzuverlässige Verbindungen eines Weitverkehrsnetzwerks (Wide Area Network, WAN). Über das Protokoll **TCP/IP** (**Transmission Control Protocol/Internet Protocol**) können zuverlässig Nachrichten zwischen zwei Rechnern ausgetauscht werden /6.15/, /6.29/. Unzuverlässigkeiten in der Übertragung werden bemerkt und korrigiert. Es gibt verschiedene Protokolle, die auf TCP/IP basieren, wie FTP (File Transfer Protocol) zum Dateiaustausch und SMTP (Simple Mail Transport Protocol) zum Versenden und Empfangen von E-Mail. Zur Identifikation verwenden die Verbindungen *Portnummern*.

> Die Verbindung zwischen Client und Server im Web wird basierend auf TCP/IP über **HTTP (Hypertext Transfer Protocol)** hergestellt /6.15/ (→ Bild 6.2).

1. Der Client öffnet eine TCP/ IP-Verbindung zum Server über einen Port (Default-Wert 80).
2. Der Client sendet seine Anfrage mit Parametern über den Browser und seine Umgebung.
3. Der Server führt ggf. eine Authentifizierung für den Client durch.
4. Der Server sendet einen Antwortcode und ggf. eine Webseite in HTML als Antwort.
5. Der Client analysiert den Antwortcode; eine empfangene Webseite oder ggf. eine Fehlernachricht wird im Browser angezeigt.

Die Anfragen können Parameter auf zwei Arten übergeben. Bei get werden die Parameter an die URL angefügt (→ 6.2.4), bei post werden sie im Rumpf der Nachricht gesendet. Die Identifizierung erfolgt nicht über die Position wie bei prozeduralen Aufrufen, sondern assoziativ über Name-Wert-Paare.

Neben der Anfrage übermittelt der Webclient weitere Daten wie den verwendeten Zeichensatz, Cookies (→ Session-Verwaltung), die Produktkennung, die Sprache des Betriebssystems und Daten zur Authentifizierung (→ Sicherheit). In den Webseiten selbst können Daten über den Webserver

6.2 Eigenschaften von Webanwendungen

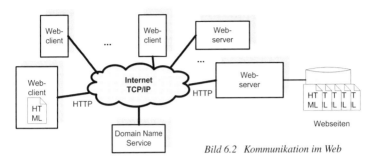

Bild 6.2 Kommunikation im Web

wie Produktkennung, Systemdatum und Metadaten der Webseite an den Webclient übermittelt werden.

Bei HTTP wird von einzelnen Anfragen eines Webclients je Webserver ausgegangen, die meist den gesamten Informationsbedarf erfüllen. Eine Verbindung ist daher *zustandslos* (stateless). Oft können mehrere Anfragen an denselben Webserver notwendig sein, etwa bei Bildern auf der Webseite. Die TCP/IP-Verbindung bleibt daher in der HTTP-Version 1.1 für nachfolgende Anfragen eine gewisse Zeit offen /6.29/.

Session-Verwaltung

> Eine **Session** (**Sitzung**) ist eine Folge von zusammengehörenden Anfragen eines Clients an einen Server (lokale Session) oder an mehrere Server (verteilte Session).

Anwendungen mit mehreren Anfragen je Server benötigen wiederholt dieselben Parameter, beispielsweise bei der Authentifizierung eines Benutzers. Um die Kommunikation zu erleichtern, werden vom Webserver eindeutige Nummern vergeben, anhand derer eine Session identifiziert werden kann. Dabei wird die Zustandslosigkeit des HTTP umgangen. Für die Kommunikation der Session-Nummern zwischen Webclient und -server gibt es drei Techniken.

1. **Verstecktes Formularfeld** (hidden form field). Ein mit dem Attribut hidden versehenes Eingabefeld in Formularen wird nicht angezeigt. Sein Wert ist bereits in der notwendigerweise dynamischen Webseite gesetzt und wird zusammen mit den anderen Formularwerten mit einer Anfrage zum Webserver zurückgeschickt.
2. **Cookie.** Ein Cookie ist eine Menge von Daten, die auf dem Webclient gespeichert werden. Auf Aufforderung des Webservers wird ein Cookie vom Webclient an den Webserver übermittelt. Für die Session-Verwaltung wird ein temporäres Cookie verwendet, das mit einer bestimmten

Ablaufzeit versehen wird, nach der der Server die Session nicht mehr aufrechterhält. Der Benutzer kann allerdings die Übermittlung von Cookies unterbinden.
3. **URL-Rewrite.** Hierbei erkennt der Webserver eine Session an einem Parameter der URL. Dazu werden in den Webseiten alle URLs, die auf den ausliefernden Webserver verweisen, geändert und eine Session-Identifikation als Parameter angehängt. Diese Technik erfordert dynamische Webseiten (→ 6.2.3).

Sicherheit

Für einzelne Bereiche eines Webservers kann zum Zugriff eine *Authentifizierung* eingerichtet werden. Dann muss sich ein Benutzer über Benutzerkennung Passwort (user id/password) zu erkennen geben, die in der URL übermittelt werden. Bei nicht erfolgter Authentifizierung erhält der Webclient einen entsprechenden Antwortcode zurück, ansonsten die angeforderte Webseite. Passwörter der Nutzer sollten nicht in Webordnern und nicht im Klartext gespeichert werden. Hierzu bieten sich Verfahren an, die schnell zu einem gegebenen Passwort dessen Richtigkeit prüfen können, aber dazu nur eine vorher verschlüsselt in der Datenbank abgespeicherte Kennung benötigen, z. B. *md5* /6.14/.

Die Kommunikation erfolgt bei HTTP in Klartext über eine Reihe dynamisch ermittelter Rechner. Selbst wenn auf dem Webserver das Passwort verschlüsselt gespeichert wird, ist doch für die Dauer der Kommunikation eine unverschlüsselte Darstellung des Passwortes zu sehen. Daher wird als eine verschlüsselte Variante **HTTPS (HTTP Secure)** angeboten. Hierzu wird zwischen HTTP und TCP/IP das *SSL-Protokoll* (Secure-Sockets-Layer-Protokoll) eingeschoben /6.26/.

Mit HTTPS werden alle Daten bei der Übermittlung verschlüsselt, nicht nur das Passwort. Daher wird es auch für die Übermittlung vertraulicher Daten verwendet. Darüber hinausgehende Sicherheitsanforderungen wie die Authentizität einer Nachricht – keine Verfälschung – oder die Verifikation der IP-Adresse des Absenders müssen über andere Mechanismen gewährleistet werden /6.17/.

6.3 Datenbankanbindung im Web

Die Anbindung von Datenbanken im Web beschreiben /1.6/, /6.4/, /6.5/, /6.6/, /6.22/. Programmieranleitungen sind in /6.18/, /6.28/, speziell für PHP/MySQL in /6.14/, /6.35/ und für .NET in /6.3/ enthalten.

Die *Architektur* einer Webanwendung gibt die Verteilung der Aufgaben auf einzelne Softwarekomponenten vor (→ 6.3.1). Hierdurch wird die *Pro-*

grammierung der Schnittstellen zur Datenbank bestimmt (→ 6.3.2). Die Art und Weise der Realisierung der Schnittstelle bedingt größtenteils die verwendete Webtechnik. In einem *Überblick* werden für die Webtechniken die jeweiligen Realisierungen der Schnittstelle zur Datenbank dargestellt (→ 6.3.3).

6.3.1 Architekturen

Die Aufgaben eines Softwaresystems werden üblicherweise in einer **Drei-Schichten-Architektur** (three tier architecture) angeordnet. Zugriffe erfolgen nur innerhalb einer Schicht oder auf eine untere Schicht:

- **Präsentation** (presentation) für Darstellung und Benutzer-Interaktion,
- **Anwendungs-/Geschäftslogik** (application/business logic level) für die Verarbeitung von Daten,
- **Datenhaltung** (persistence) für dauerhafte Speicherung und Mehrbenutzerzugriff.

Auf die einzelnen Komponenten von Webanwendungen werden diese Aufgaben aufgeteilt, so dass die jeweilige Anwendung optimal unterstützt wird /6.10/. Die Komponenten selbst können zur Lastverteilung oder Ausfallsicherheit repliziert werden.

- Auf dem **Webclient** werden die Webseiten in einem Browserprogramm dargestellt. Einfache Benutzer-Interaktionen wie Menüverwaltung und Parameterprüfung können hier erfolgen. Auch werden interaktive Anwendungsprozesse ausgeführt. Der Webclient kann Anfragen an Datenbanken übermitteln und die Ergebnisse analysieren.
- Der **Webserver** nimmt die Anfragen einer Vielzahl von Webclients entgegen. Statische Webseiten liefert der Webserver als Antwort aus. Bei dynamischen Webseiten werden Skripte oder Programme auf dem Webserver ausgeführt, oder die Bearbeitung wird an andere Komponenten wie Applikationsserver oder Datenbankserver delegiert. Anschließend liefert der Webserver die Antworten aus.
- Über einen **Lastverteiler** (load balancer) werden Webserver häufig repliziert, wobei Anfragen desselben Webclients bei Verwendung von Sessions immer von demselben Webserver beantwortet werden.
- Ein **Applikationsserver** (→ 6.6.4) übernimmt in größeren Webanwendungen vom Webserver die Ausführung der Anwendungen unter Nutzung von Services wie Session-Verwaltung und Zuteilung gemeinsamer Ressourcen.
- Auf dem **Datenbankserver** läuft ein DBMS, das die Datenbanken der Webanwendung verwaltet. Anwendungslogik kann über gespeicherte Prozeduren (stored procedures) (→ 4.7.7) und/oder Objekttypen im DBMS (→ 10.3.3) ausgeführt werden. Eine optimale Verteilung der

Funktionen auf die Kombination Web-/Datenbankserver bzw. Applikations-/Datenbankserver beeinflusst die Performance des Systems erheblich.

- Zusätzlich zum Webzugriff wird der Zugriff von **Datenbankclients** über das Internet und von weiteren lokalen Benutzern im LAN unterstützt (→ 5.1.4). Diese Schnittstellen zwischen Datenbankclient und -server basieren nicht auf HTTP, sondern auf TCP/IP (→ 6.2.5).
- **Legacy-Systeme** werden über operationale Schnittstellen oder per Datenaustausch angeschlossen. Hierbei handelt es sich um nicht in die Architektur passende Systeme oder aus Sicherheitsgründen streng vom Web abgeschottete ERP-Systeme (Unternehmenssteuerungssysteme).
- **Firewalls** isolieren die Webserver vom Internet und Applikations- und Datenbankserver vom Webserver /6.17/.

Bild 6.3 zeigt eine typische Architektur DB-basierter Webanwendungen.

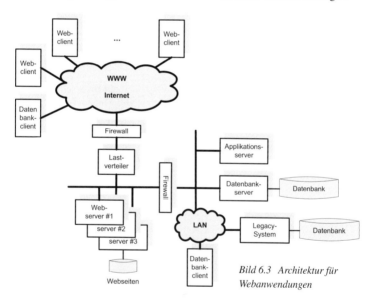

Bild 6.3 Architektur für Webanwendungen

6.3.2 Programmierung

Bei einer **direkten/übergreifenden Datenbankanbindung** /6.10/ greift ein Datenbankclient in einem LAN über definierte Aufrufschnittstellen auf den Datenbankserver zu (→ 5.3).

6.3 Datenbankanbindung im Web

Bei der Anbindung von Webdatenbanken wird über das Web zwischen Client und Server kommuniziert, um anschließend mit einer direkten/übergreifenden Datenbankanbindung vom Webclient oder vom Web- bzw. Applikationsserver aus auf die Datenbank zugreifen zu können. Eine Ausnahme ist die Verwendung von statischen Webseiten, bei der ein Export aus der Datenbank und eine Wandlung in HTML erfolgen. Die Anbindung wird hier über ein Dateisystem realisiert.

Als universelle *Schnittstellen* (Application Programming Interfaces, APIs /1.8/) zwischen Datenbankclient und -server werden *ODBC (Open Database Connectivity)* (→ 5.3.2), speziell für Java *SQLJ* (SQL Java, → 5.2.8). und *JDBC (Java Database Connectivity)* (→ 5.3.3) verwendet. Die Webtechniken bieten teilweise auch eigene Schnittstellen an oder nutzen die Schnittstellen eines zugehörigen Frameworks (→ 6.3.3). Bei der Anbindung von Datenbanken über das Web müssen einige Besonderheiten beachtet werden.

Aufrufschnittstelle
- Formularparameter und Skripte (→ 6.2.3) werden häufig für Plausibilitätsprüfungen in Webseiten verwendet. Der Vorteil der Prüfung auf dem Client besteht darin, dass eine Fehleingabe ohne aufwändige Serverantwort ermittelt wird. Allerdings kann der Anwender solche Prüfungen leicht umgehen, da er die Webseite beliebig ändern oder überhaupt die Ausführung von Skripten abschalten kann. Daher kann der Server sich nicht auf die Prüfung der Parameter auf dem Client verlassen. Wenn gegen Inhalte der Datenbank geprüft werden muss, wie beispielsweise bei einer Dublettenkontrolle von E-Mail-Adressen, können die Prüfungen nur auf dem Server erfolgen.
- Die Vereinbarkeit der Datentypen der Datenbank mit der Aufrufschnittstelle und der Fähigkeit der Browser muss im Entwurf des Datenbankschemas (→ 2.1) beachtet werden oder ist durch Konvertierungen sicherzustellen. Dies gilt insbesondere für den Zeichensatz.
- Die Anpassung der Ein- und Ausgaben an den HTML-Code muss erfolgen, insbesondere für Sonderzeichen (→ 6.2.2, 6.2.4). In der Datenbank selbst wird zur Einheitlichkeit bei Suche und Indexierung kein HTML-Code gespeichert.

Session-Verwaltung
- Aufgrund der Zustandslosigkeit des HTTP (→ 6.2.5) hat sich die Webanwendung bei wiederholten Datenbankzugriffen selbst um die Verwaltung einer Session zu kümmern.
- Zugriffe in demselben Anwendungskontext sollen auch dem DBMS erkennbar sein, so dass es Optimierungen wie eine einmalige Authenti-

fizierung, das Caching von Autorisierungen und Zwischenergebnissen ermöglichen kann.

Sicherheit
- Authentifizierungsdaten und vertrauliche Anwendungsdaten sollten mit HTTPS übertragen werden.
- Ändernd darf nur auf die Anwendungsdaten zugegriffen werden, Änderungen des Datenbankschemas sind aus Sicherheitsgründen nur lokal erlaubt.
- Da im Web die Kommunikation über Text erfolgt, können über die an den Datenbankserver übermittelten Parameter auch Teile von SQL-Anweisungen weitergegeben werden (*SQL-Injection*) /6.19/. Damit lassen sich anstelle von Parametern beispielsweise Anweisungen zum Löschen von Daten in der Datenbank absetzen. Auch aus Sicherheitsgründen müssen daher die vom Benutzer eingegebenen Parameter auf dem Server analysiert werden. Die Programmier- und Skriptsprachen stellen oft entsprechende Bibliotheken bereit.

Transaktionen
- Transaktionen werden an den Aufrufschnittstellen defaultmäßig auf den AutoCommit-Modus gesetzt, in dem jede SQL-Anweisung als eine Transaktion ausgeführt wird (→ 5.3.3.4). Dieses Verhalten wird für Webanwendungen auch der Regelfall sein, wenn die Datenbankanbindung nämlich über die relativ langsamen Internet-Verbindungen erfolgt. Andernfalls können Transaktionen auch explizit begonnen und abgeschlossen (commit) bzw. aufgehoben (rollback) werden.

Verteilte Umgebung
- Da es sich beim Web um ein WAN handelt, sind die allgemeinen Regeln verteilter Umgebungen zu beachten (→ 13), die auf eine Minimierung von Kommunikation und Daten zielen, beispielsweise durch Reduzierung von Ergebnismengen, Caching /6.31/ oder in der Datenbank gespeicherten Prozeduren.

6.3.3 Überblick

Welche Technik des Web wird verwendet und wie bindet diese Datenbanken an? In Tabelle 6.2 ist für die jeweilige Webtechnologie die Art der Anbindung von Datenbanken zusammengefasst. Die Unterschiede finden sich in den Bereichen *Schnittstelle*, *Session-Verwaltung* und *Transaktionen (TA)*. Sicherheitsaspekte werden nicht automatisch in den Schnittstellen unterstützt, sondern müssen separat berücksichtigt werden. Alle direkten Datenbankanbindungen ermöglichen die Verteilung. Eine Optimierung der

Verteilung bieten allerdings nur die Applikationsserver, die das Caching von Daten transparent für die Anwendung unterstützen.

Tabelle 6.2 Überblick zur Datenbankanbindung im Web

	Webtechnologie	Konfig.	Schnittstelle	Sessions	TA
Export	Datenexport	DB-Server	proprietär	–	DB
	XML-Export	DB-Server	proprietär + XML	–	DB
Clientseitig	JavaScript/ ECMA-Script	Benutzer	JavaScript/ ECMAScript	Cookies	–
	JScript	Benutzer	ADO	Cookies	–
	Applet	Benutzer	SQLJ/JDBC	Cookies	–
	Web Start		direkt	n. a.	n. a.
Serverseitig	CGI	Webserver	direkt	Web	DB
	FastCGI	Webserver	direkt	Web	DB
	Webserver-API	Webserver	direkt	Web	DB
	Java-Servlet	Webserver	SQLJ/JDBC	URL, Cookies	DB
	JavaScript	Webserver	JavaScript	Cookies	DB
	ASP JScript	Webserver	ADO	Cookies	DB
	ASP VBScript	Webserver	ADO	Cookies	DB
	ASP Perl	Webserver	Perl	Cookies	DB
	PHP	Webserver	PHP; ODBC; PDO, PEAR DB	Cookies	DB
	Java	Webserver	Java-Beans + SQLJ/JDBC	JavaBeans	DB
	ASP.NET	Webserver	ADO.NET	.NET	ADO.NET
	Java EE	Applikations-server	EJB; EJB + SQLJ/JDBC	EJB	EJB; EJB + DB
	.NET	Applikations-server	ADO.NET	.NET	ADO.NET
	Webservice	diverse	SOAP + direkt	EJB; .NET	diverse

* in Sandbox; – = nicht vorhanden; n. a. = nicht anwendbar

6.4 Datenbankanbindung über Datenexport

> Die **Datenbankanbindung über Datenexport** wandelt aus einer Datenbank periodisch oder bei Änderung exportierte Daten in Webseiten um.

Mittels der Exportroutinen eines DBMS oder per Anwendungsprogramm können Daten strukturiert in **CSV-Dateien (Comma-Separated-Values)** geschrieben werden /6.28/. Dabei werden die Datensätze zeilenweise geschrieben und deren Werte durch ein Trennzeichen (delimiter) separiert, das natürlich nicht in den Werten selbst auftreten darf.

Eine besonders geeignete Strukturform bietet der **XML-Dateiexport**. Dabei werden die Daten mit Tags ausgezeichnet und hierarchisch strukturiert ausgegeben und können somit besser als flache Strukturen ohne Auszeichnung die Daten beschreiben.

Datenbankanbindung. Die Ausführungsfrequenz der Exportroutinen bestimmt die Aktualität der Daten. Alternativ können die Dateien bei Änderungen exportierter Daten über Trigger ($\rightarrow$ 4.7.8) aktualisiert werden. Durch die Kapselung des Exports in einer Transaktion sind die Daten konsistent. Die exportierten Dateien werden mittels eines Programms auf statische Webseiten abgebildet. Viele DBMS bieten den Datenexport nach *XML* an oder besitzen sogar *XML-Datentypen* ($\rightarrow$ 11.3.2). Mit einer regelbasierten Layout-Beschreibung in *XSLT (Extensible Stylesheet Language Transformation)* werden aus den XML-Dateien durch ein Programm statische Webseiten erzeugt. Eingaben in die Datenbank wären auf dem umgekehrten Wege möglich, aber umständlich.

Wertung. Je nach notwendiger Aktualität und Änderungsfrequenz sowie Abschottung der Datenbank bietet sich die Datenbankanbindung über Datenexport an. Je aktueller die Daten sein müssen, je höher die Änderungsfrequenz und je besser die Datenbank über Schnittstellen verfügt und über das Web zugänglich ist, desto eher sollte eine client- oder serverseitige Datenbankanbindung gewählt werden.

6.5 Clientseitige Datenbankanbindung

> Die **clientseitige Datenbankanbindung** erfolgt über Skripte oder Programme, die an den Webclient gesendet werden und sich bei ihrer Ausführung direkt mit einer Datenbank verbinden.

Die Übermittlung von Code wird als *Code Migration*, der Code selbst als *mobiler Code* (mobile code) bezeichnet /6.29/. Die Verwendung mobilen

Codes erfordert besondere Sicherheitsmaßnahmen des Clients, um etwaige Angriffe abzuwehren. So erhält der Code keine oder eingeschränkte Rechte zum Zugriff auf die Peripherie des Clients.

Mobiler Code verspricht aufgrund der lokalen Ausführung gute Antwortzeiten und eine hohe Skalierbarkeit der Anwendung. Diese Vorteile müssen aber mit drei gewichtigen Nachteilen erkauft werden:
1. Der Browser muss in der Lage sein, den mobilen Code auszuführen.
2. Aufgrund der Sicherheitsanforderungen kann der Benutzer die Ausführung mobilen Codes unterbinden.
3. Für eine Datenbankanbindung muss (a) ein Datenbankclient installiert werden und (b) der Datenbankserver durch Firewalls hindurch erreichbar sein.

Gerade die Voraussetzungen in 2. sprechen eher für eine Eignung der clientseitigen Datenbankanbindung in LANs, die die Internet-Protokolle nutzen, der so genannten *Intranets*.

In Webseiten können Skripte und Programme eingebettet werden (→ 6.2.3). Es werden unterschiedliche Skriptsprachen unterstützt, wobei hier Abhängigkeiten vom Browser bestehen (→ 6.5.1). Die Unterstützung von Programmen erfolgt ausschließlich in Java (→ 6.5.2). Eine weitere Technik ermöglicht über das Web Installation und Update von Programmen (→ 6.5.3).

6.5.1 Skripteinbettung

Browserseitige/clientseitige Skripte (browser side/client side scripts) werden vom Webserver als Teil einer Webseite zum Webclient gesendet und vom Browser interpretiert und ausgeführt. Der Code wird dabei mit dem HTML-Tag `script` in die Webseite *eingebettet*. Die Skripte können in unterschiedlichen Skriptsprachen geschrieben sein, die jeweils über die Beschreibung des MIME-Typen spezifiziert werden. *Serverseitige Skripte* werden vom Web- oder Applikationsserver interpretiert und ihr Ergebnis als Teil einer Webseite an den Webclient geschickt (→ 6.6.2).

Die browserseitigen Skripte verwendet man zur Prüfung von Benutzereingaben, kleineren Berechnungen sowie zur Darstellung aufklappbarer Menüs und Animationen wie Laufschriften und Füllständen. Aus Sicherheitsgründen erhalten die Skripte keinen Zugriff auf den Sekundärspeicher des Webclients. Mit einer digitalen Signatur (→ 6.5.2) zertifizierte und vom Benutzer akzeptierte Skripte besitzen diese Einschränkung nicht. Das Ausführen von Skripten in Webseiten kann vom Benutzer allerdings deaktiviert werden.

Folgende Skriptsprachen werden oft in Webseiten für die browserseitige Einbettung verwendet: *JavaScript*, *ECMAScript* und *JScript*.

JavaScript ist eine an die Objektorientierung angelehnte Skriptsprache /6.19/ (Beispiel → 6.6.2). Das Objektmodell und die Ereignisverarbeitung sind in den Browsern unterschiedlich implementiert, so dass ein Skript den jeweiligen Browsertyp abfragen und mit der passenden Implementierung versorgen sollte /6.16/. JavaScript wird meist mit der Bibliothek *jQuery* verwendet /6.9/.

ECMAScript ist die von der European Computer Manufacturers Association (ECMA) standardisierte Form von JavaScript /6.7/.

JScript ist die um zusätzliche Funktionen erweiterte Variante für JavaScript von Microsoft. Diese wird nur von Microsofts Browser Internet Explorer interpretiert.

Die Struktur einer Webseite wird über das *Document Object Model* (DOM) festgelegt /6.13/, /6.16/ (→ Bild 6.4). Auf die hierarchisch strukturierten Elemente kann ein Skript mittels API /1.8/ zugreifen. Eingebunden in eine Webseite werden die Skriptsprachen über das `script`-Element in HTML. Das Skript reagiert auf Benutzeraktionen wie das Anklicken eines Feldes oder das Bewegen des Mauszeigers über einen bestimmten Bereich der Webseite. Obwohl DOM vom W3C standardisiert wurde, ist es in den einzelnen Browsern unterschiedlich implementiert.

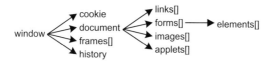

Bild 6.4 Document Object Model (DOM) (Ausschnitt, [] bezeichnet Felder)

Datenbankanbindung. Die Session-Verwaltung wird mittels Session-Cookies unterstützt, auf die die Skripte über DOM zugreifen können. Die Skripte können eine beliebige direkte Datenbankanbindung realisieren, wenn die hierfür notwendige Schnittstelle auf dem Webclient installiert ist (→ 6.3.2).

Wertung. Skriptsprachen ermöglichen die browserseitige Programmausführung mit einem jeweils vom Webserver gesendeten aktuellen Skript. Der Webclient muss allerdings die genannten Voraussetzungen an installierter Software – Skriptsprachen-Interpreter, Aktivierung von Skripten und direkte Datenbankanbindung – erfüllen. Im Vergleich zu Applets (→ 6.5.2) können Verbindungen direkt zum Datenbankserver aufgenommen werden. Allerdings ist die Abhängigkeit von der Browserunterstützung größer, da JavaScript trotz Standardisierung als ECMAScript unterschiedlich und JScript nur von Microsofts Internet Explorer unterstützt wird. Ein Einsatz browserseitiger Skripte zur Datenbankanbindung ist daher eher im Intranet mit homogenen Umgebungen sinnvoll.

6.5.2 Programmeinbettung

Ein **Java-Applet**, kurz **Applet**, ist ein kleines, bereits auf dem Webserver in einen neutralen Assembler-Code übersetztes Java-Programm, das vom Webserver als Teil einer Webseite zum Webclient gesendet und vom Browser ausgeführt wird. In einem Bereich der dargestellten Webseite kann ein Applet auf Mausbewegungen reagieren und Daten ausgeben. Applets werden für kleinere Berechnungen, Animationen und auch Datenbankanbindungen verwendet /6.21/. Die Ausführung kann vom Benutzer allerdings deaktiviert werden.

Applets benötigen als Laufzeitumgebung (run time environment) die Java Virtual Machine (JVM) ($\rightarrow$ 6.2.3). Zur Sicherheit des Webclients laufen die Java-Applets in einer so genannten *Sandbox*. Verboten sind hier Zugriffe auf Sekundärspeicher und Peripheriegeräte sowie Verbindungen über das Netzwerk des Webclients mit der Ausnahme des Webservers, von dem das Applet gesendet wurde. Ein Applet kann mit einer *digitalen Signatur* als vertrauenswürdig (trusted applet) authentifiziert und vom Benutzer akzeptiert werden, so dass die Einschränkungen der Sandbox für dieses aufgehoben sind.

▶ *Hinweis:* Eine *digitale Signatur* wird als Text dem Applet mitgegeben und mit einer Liste akzeptierter Signaturen auf dem Webclient verglichen. Gegen eine Fälschung wird die Signatur über eine Verschlüsselung gesichert /6.26/.

Eingebunden in eine Webseite werden Applets über das `object`-Element in HTML, veraltet auch über das `applet`-Element /6.19/. Parameter werden in diesen Elementen übergeben. Jedes Applet implementiert die Aktionen einer speziellen Java-Klasse für Applets, die bei Aktionen des Browsers ausgeführt werden: bei dem Laden der Webseite, der Aktivierung sowie Deaktivierung des Applet-Bereichs der Webseite, der eigentlichen Ausgabe in den Applet-Bereich und dem Schließen des Browsers.

Datenbankanbindung. Applets können auf Session-Cookies über das DOM ($\rightarrow$ 6.5.1) zugreifen. Eine direkte Datenbankanbindung wird über die auf dem Webclient installierten Schnittstellen implementiert. Alternativ können im Applet die Klassen des JDBC-Interfaces vom Webserver geladen werden. Die Verbindung selber wird über SQLJ oder JDBC realisiert ($\rightarrow$ 6.3.2). Außer im Falle eines vertrauenswürdigen Applets kann allerdings die Verbindung nur zu dem Webserver hergestellt werden, von dem das Applet geladen wurde. Daher muss im Allgemeinen der Datenbankserver auf dem Webserver installiert sein.

210   6 Datenbanken im Web

◊ *Programm:* Beispiel einer Java-Klasse zur Datenbankanbindung.

Das folgende Applet in einer Webseite realisiert eine Anbindung zur Datenbank Artikellieferung (→ 4.4). Bei der Anzeige der Webseite im Browser werden der compilierte Code der Java-Klasse DbArtikellieferung und weitere notwendige Klassen (SQLJ/JDBC) vom Webserver aus dem Verzeichnis /applet-bin/ (code base) geladen und in der JVM ausgeführt. Die gewünschte Anfrage wird als Parameter stmtName mit dem Wert selectLieferungVonArtikel an das Applet übergeben. Die Ausgabe erfolgt in einem mit style festgelegten Bereich der Webseite.

```html
<html>
...
  <object classid = "java:DbArtikellieferung.class"
     codetype = "application/java-vm"
     codebase = "/applet-bin/"
     style = "width:320px; height:180px">
     <param name = "stmtName"
        value = "selectLieferungVonArtikel">
  </object>
...
</html>
```

Die von der Klasse Applet abgeleitete Klasse DbArtikellieferung implementiert die Aktionen des Applets. So werden in der Methode start(), die bei der Aktivierung des Applets aufgerufen wird, die ausgewählte Join-Anfrage (→ 4.5.1) über SQLJ (→ 5.2.8) aufgerufen und deren Ergebnisse auf der Webseite in dem Applet-Bereich angezeigt.

```java
public class DbArtikellieferung extends java.applet.Applet {
   // Ein Applet zur Abfrage der Datenbank Artikellieferung
   import sqlj.runtime.ref.*; //SQLJ importieren
   import java.sql.*; // JDBC importieren
   public void init() { // bei Start des Applets
      // Aufbau der Datenbankverbindung
      ...
   }
   public void start() { // bei Aktivierung des Applets
      String auswahl = getParameter(stmtName);
      if (auswahl == 'selectLieferungVonArtikel') {
         // Benutzereingabe prüfen, ggf. abweisen
         ...
         // Anfrage ausführen
         #sql anfrage = {
            SELECT ANr, Bezeichnung, LNr, Preis
            FROM Artikel NATURAL JOIN Lieferung
            ORDER BY ANr
         };
```

```
      // Ausgabe
      while (anfrage.next()) {
        // Aufruf paint()
        ...
      // Ergebnismenge freigeben
      anfrage.close();
    }; // Ende selectLieferungVonArtikel
    else ... { // weitere Auswahlen
    };
    // Exception-Behandlung
    ...
  }
  public void stop() {...} // bei Inaktivierung des Applets
  public void destroy() { // beim Schliessen des Browsers
    // Abbau der Datenbankverbindung
    ...
  }
  public void paint(java.awt.Graphics g) { // Ausgabe
    // Ergebnismenge anzeigen
    ...
  }
}
```

Die Parameter der Ausführung eines Applets können assoziativ über die Methode getParameter(<Parametername>) abgefragt werden. Wichtig ist hier die Prüfung und ggf. Anpassung der eingegebenen Parameter ($\rightarrow$ 6.3.2).

Wertung. Applets ermöglichen die clientseitige Programmausführung mit der jeweils vom Webserver gesendeten aktuellen Programmversion. Der Webclient muss allerdings die genannten Voraussetzungen an installierter Software – JVM, Aktivierung von Java und installierte Schnittstellen für die direkte Datenbankanbindung – erfüllen. Nachteilig können sich die Ladezeiten großer Applets auswirken. Eine Parameterübergabe ist nur statisch möglich, daher können nicht direkt Benutzereingaben übernommen werden. Die Einschränkung in der Netzwerkkommunikation außer bei vertrauenswürdigen Applets führt manchmal zu Performance-Problemen, da jede Kommunikation zur Datenbank über den Webserver führt. Im Vergleich zu Skriptsprachen ($\rightarrow$ 6.5.1) werden Applets besser von den Browsern unterstützt. Es können auch über die Plug-in-Technik Programme auf den Client geladen werden. Allerdings werden die Programme unabhängig vom Browser ausgeführt, eine Verbindung zur Webseite entfällt.

6.5.3 Weitere Techniken

Mit dem in Java EE (→ 6.6.4) enthaltenen Werkzeug **Java Web Start** können Java-Programme übers Web installiert werden /6.12/. Diese Programme laufen wie Applets in einer Sandbox, allerdings unabhängig von einem Browser. Die Anwendungen werden auf dem Client dauerhaft gespeichert und können automatisch über das Web mit Updates versehen werden. Die Installation von Java Web Start ist auch über das Web möglich, die Anwendungen sind an das Werkzeug anzupassen.

Datenbankanbindung. Es werden genau die Möglichkeiten direkter Datenbankanbindungen unterstützt.

Wertung. Java Web Start bietet eine komfortable Installationsmöglichkeit im Falle mehrerer mit Java Web Start kompatibler Anwendungen, ansonsten aber keine Webnutzung während der Ausführung der Anwendung.

6.6 Serverseitige Datenbankanbindung

> Die **serverseitige Datenbankanbindung** erfolgt über Skripte oder Programme, die sich vom Webserver aus bei ihrer Ausführung direkt mit einer Datenbank verbinden.

Vom Browser kann über den Aufruf einer Webseite die Ausführung eines Programms auf dem Webserver angestoßen werden, das in einer beliebigen Programmier- oder Skriptsprache geschrieben sein kann. Als Resultat eines solchen *Webseitengenerators* wird eine Webseite an den Browser gesendet (→ 6.6.1). Auch können in Webseiten *Skripte* und *Programme eingebettet* werden, die der Webserver ausführt. Sie liefern Fragmente einer Webseite, die zusammen mit der umgebenden Seite zum Browser gesendet werden. Es werden unterschiedliche Skriptsprachen unterstützt, wobei hier Abhängigkeiten zwischen Sprache und Webserver bestehen (→ 6.6.2). Als eingebettete Programmiersprache wird Java verwendet (→ 6.6.3). Um umfangreiche und stark belastete Webanwendungen zu unterstützen, kann der Webserver um einen *Applikationsserver* ergänzt werden. Er stellt eine Reihe von Infrastrukturdiensten zur Verfügung (→ 6.6.4). Bei einem *Webservice* werden über das Web Nachrichten ausgetauscht, deren Inhalte standardisierte Aufträge bzw. deren Resultate enthalten (→ 6.6.5).

6.6.1 Webseitengeneratoren

> Ein **Webseitengenerator** ist ein Programm, das auf Anfrage eines Browsers eine Webseite erzeugt.

6.6 Serverseitige Datenbankanbindung

Der Aufruf von Webseitengeneratoren erfolgt durch Auswahl einer URL im Browser, die den Namen des Webseitengenerators enthält. Die verschiedenen Arten der Webseitengeneratoren *CGI*, *FastCGI*, *Webserver-API* und *Java-Servlets* unterscheiden sich in Schnittstelle, Standardisierung und Effizienz.

CGI (Common Gateway Interface)

Die gewünschte Verwendung von CGI wird durch einen speziellen Verzeichnisnamen in der URL gekennzeichnet /6.37/. Der Verzeichnisname wird vom Webserver vorgegeben, lautet aber üblicherweise `cgi-bin`. Die Programmiersprache des aufgerufenen Programms ist nicht festgelegt, es muss sich lediglich um ein auf dem Webserver ausführbares Programm handeln. Der Webserver startet die Ausführung des Programms in einem separaten Prozess. Das Resultat wird als Webseite oder – bei einem Bildlink (→ 6.2.2) – als Bildinhalt an den Browser zurückgesendet.

Datenbankanbindung. Zur Datenbankanbindung öffnet der separate Prozess eine Verbindung zu einem Datenbanksystem, lässt die gemäß Dateiname und ggf. Parametern ausgewählten Anweisungen auf der Datenbank ausführen und wertet die Resultate aus. CGI bietet drei Möglichkeiten zur Nutzung: erstens mittels einer URL (→ 6.2.4), zweitens in einem Formular (→ 6.2.2) und drittens in einer SSI-Anweisung innerhalb der Webseite (→ 6.2.3).

◊ *Programm:* Beispiele für die Datenbankanbindung mittels CGI.

In dem Beispiel wird das Programm `/cgi-bin/DbConnector.pl` aufgerufen. Mit dem Aufruf erfolgen die Auswahl einer SQL-Anweisung für die Datenbank Artikellieferung (→ 4.4), die Versorgung mit einem Parameter und die Ausführung.

```
(01) <a href="http://www.firma.de/cgi-bin/DbConnector.pl?
     stmtName=selectLieferungVonArtikel&amp;par1=103">
     Anfrage stellen</a>
(02) <form action="/cgi-bin/DbConnector.pl" method="post">
(03) <!--#include virtual="/cgi-bin/DbConnector.pl?
     stmtName=selectLieferungVonArtikel&amp;par1=103" -->
```

In Beispiel (01) wird im Weblink eine URL angegeben, die mittels der Verzeichniskennung `cgi-bin` das CGI-Protokoll im Webserver anspricht und das Programm `DbConnector.pl` für die Parameter `stmtName` und `par1` mit dem Wert für die Anweisung `selectLieferungVonArtikel` bzw. die Artikelnr 103 versorgt. In Beispiel (02) werden die vom Benutzer in ein Webformular eingegebenen Werte über ein HTTP-post (→ 6.2.5) als Parameter übergeben. In Beispiel (03) ist die CGI-Datenbankanbindung über eine spezielle Anweisung im HTML-Kommentar als SSI-Anweisung gekennzeichnet.

FastCGI

Als Alternative und Nachfolger des CGI wurde das FastCGI entwickelt /6.24/. Der einmal gestartete Prozess bleibt erhalten und wartet auf weitere Anfragen, optional multi-threaded (d. h. in mehreren Teilprozessen). Auch kann der Prozess auf einem anderen Server als dem Webserver laufen.

Datenbankanbindung. Je nach Aufbau des Programms können eine Datenbankverbindung bzw. jeweils die Datenbankverbindung konkurrierender Datenbankbenutzer gehalten werden (connection pooling).

Webserver-API

Über die API eines Webservers können Programme – so genannte Module – zur Erweiterung der Funktionen des Webservers hinzugefügt werden. Der Aufruf eines Moduls erfolgt über spezielle Verzeichnisse in der URL. Die Module werden als Threads des Webservers ausgeführt und liefern eine Webseite.

Datenbankanbindung. Über die API kann ein Modul auf die Inhalte der empfangenen Webseiten zugreifen, eine Anfrage bearbeiten und an den Webserver eine Webseite zurückgeben. Ein Modul ist in der Lage, eine direkte Datenbankanbindung zu realisieren oder als Interpreter einer Skriptsprache das in einer Webseite enthaltene Skriptprogramm mit direkter Datenbankanbindung auszuführen /6.18/.

Java-Servlets

Ein Java-Servlet – kurz *Servlet* – ist ein compiliertes Java-Programm, das die Methoden einer speziellen Java-Klasse für Servlets implementiert (Dateiendung js) /6.30/. Diese Klasse javax.servlet.Servlet enthält die Methoden, um ein Servlet zu verwalten und Anfragen von Browsern zu beantworten. Der Aufruf eines Servlets erfolgt über ein spezielles Verzeichnis in der URL. Für alle Servlets des Servers wird einmal ein separater Prozess gestartet, wobei jeder Aufruf einen separaten Thread erhält (multi-threaded).

Datenbankanbindung. Servlets unterstützen mit speziellen Objekten die Session-Techniken URL-Rewrite und Cookies sowie das Pooling für Verbindungen. Über eine direkte Datenbankanbindung vorzugsweise mit SQLJ oder JDBC kann auf eine Datenbank zugegriffen werden.

Wertung

Die Eigenschaft des CGI, für jede Anfrage einen eigenen Prozess zu starten, bedeutet einen relativ hohen Aufwand auf Seiten des Betriebssystems und des Datenbanksystems für Hauptspeicherverwaltung, Parameterübergabe, Verbindungsverwaltung und Authentifizierung. Geeignet ist es für Ein-

Schritt-Vorgänge wie beispielsweise das Online-Tracking bei einer Paketverfolgung. Das für das verbindungslose HTTP eigentlich vorteilhafte Protokoll, das Ressourcen nur jeweils bei einer konkreten Nutzung braucht, verursacht aber für wiederholte Anfragen an dieselbe Datenbank einen unakzeptablen Aufwand. Daher wurden als Alternativen das Fast-CGI und die jeweiligen Webserver-APIs entwickelt. Die Ausführung der Module als Threads ergibt eine gute Performance. Dadurch können Datenbankverbindungen für eine Session offengehalten werden. Nachteilig sind die Proprietät und Komplexität von Webserver-APIs. Java-Servlets bieten die optimale Schnittstelle für die Aufrufe von Java-Programmen, während bei den Webserver-APIs Programme als Threads innerhalb des Webservers ausgeführt werden und damit sehr performant sind.

6.6.2 Skripteinbettung

Serverseitige Skripte (server side scripts) werden in Webseiten mittels spezieller Tags *eingebettet*, vom Web- oder Applikationsserver interpretiert und ausgeführt. Skripte in Webseiten können in unterschiedlichen Skriptsprachen geschrieben werden. An der Dateiendung der angefragten Webseite erkennt der Webserver die Einbettung und Sprache von Skripten. Das Ergebnis der Ausführung liefert ein Webseitenfragment, das zusammen mit der umgebenden Webseite an den Browser ausgeliefert wird. Serverseitige Skripte ermöglichen die Programmierung (einfacher) Anwendungen sowie den Zugriff auf Datenbanken und Legacy-Systeme. *Browser-/clientseitige Skripte* werden vom Webserver als Teil einer Webseite zum Browser gesendet und dort interpretiert und ausgeführt (→ 6.5.1).

Folgende Skriptsprachen werden serverseitig verwendet: *JavaScript*, *ActiveServerPages (ASP)* mit *JScript*, *VBScript* und *Perl* sowie die Skriptsprache *PHP*. Frameworks wie *Ruby on Rails* und *Spring* fassen oft benötigte Verfahren in Bibliotheken zusammen /6.15/.

JavaScript

JavaScript ist eine an die Objektorientierung angelehnte Skriptsprache /6.19/. Die Skripte werden in ein server-Element in einer Webseite eingefügt. Die Struktur einer Webseite wird über das DOM (→ 6.5.1) festgelegt.

Datenbankanbindung. Auf Session-Cookies können Skripte über das DOM zugreifen. In den Skripten lassen sich SQL-Anweisungen an eine zuvor geöffnete Datenbank senden. Die Ergebnisse werden in einem *Cursor-Objekt* (→ 5.2.4) zurückgegeben. Der Cursor ermöglicht das zeilenweise Durchlaufen durch die Ergebnismenge.

6 Datenbanken im Web

◊ *Programm:* Beispiel für eine serverseitige Datenbankanbindung mit JavaScript.
In dem Beispiel wird eine Anbindung zur Datenbank Artikellieferung (→ 4.4) hergestellt. Über ein Formular gibt der Benutzer eine Artikelbezeichnung ein. Nach dem Anwählen des Buttons senden werden alle Lieferungen dieses Artikels mittels einer SELECT-Anweisung angezeigt (→ 4.5.1). Die folgende Webseite enthält sowohl das Einlesen der Parameter für eine Datenbankanfrage in einem Formular als auch die Anweisungen der Ausgabe für die Ergebnisse in JavaScript. Beim Anfordern der Webseite ohne Übermittlung von Parametern wird das serverseitige Skript nicht interpretiert, sondern die Webseite wird ohne das Skript an den Browser gesendet. Nach Parametereingabe über das Formular wird es mit Parametern vom Webserver interpretiert.

```
<html>...
  <script type="text/javascript">
     function pruefeDbParameter() {
        // Überprüfung der Formulareingabe
        return document.db_eingabe.artikel != ""
     }
  </script>
  <h1> Anfrage an die Datenbank Artikellieferung</h1>
  <form name="db_eingabe" action="/cgi-bin/DbConnector.pl"
     method="get">
     Geben Sie bitte die Artikelbezeichnung ein:
     <input type="text" name="artikel"
        maxlength="10"> (max. 10 Zeichen)<br>
     <input type="button" value="Absenden"
        onClick="return pruefeDbParameter()">
  </form>
  Ab hier Ausgabe der Server-Ausf&uuml;hrung -->
  <server>
     database.connect(...); //Herstellen der Verbindung
     db_artikel = document.db_eingabe.artikel;
     // Überprüfen und ggf. Anpassen des Parameters
     ...
     // Ausführen der Anfrage
     Resultat = database.cursor(
        "SELECT ( SELECT COUNT (*) " +
        "FROM Artikel NATURAL JOIN Lieferung " +
        "WHERE Bezeichnung = '" + db_artikel + "'") " +
        "AS AnzL, ANr, LNr, Preis " +
        "FROM Artikel NATURAL JOIN Lieferung " +
        "WHERE Bezeichnung = '" + db_artikel + "'" +
        "GROUP BY LNr " +
        "ORDER BY LNr);"
     db_anz = Resultat.AnzL;
     if (db_anz==0)
```

```
      document.writeln
         ("Artikel " + db_artikel + "(Nr. " + ANr + ")" +
         " besitzt keine Lieferungen.<br>");
      else { // Ausgabe der Lieferungen
         document.writeln
         ("<h2> " + db_anz + " Lieferungen des Artikels " +
         db_artikel + "(Nr. " + ANr + "):</h2>");
         for(i=1;i=db_anz;i++) {
            lnr = Resultat.LNr;
            preis = Resultat.Preis;
            document.writeln(
               i + ".) Nr. " + lnr + " zu " + preis +
               "&euro;<br>");
            result.NEXT();
         };
      }; // Ende der Ausgabe der Lieferungen
   </server>
   <-- Ende der Ausgabe der Server-Ausf&uuml;hrung<br>
</html>
```

Zunächst wird der Parameter der Datenbankanfrage in einem Formular eingelesen. Die maximal mögliche Anzahl Zeichen 10 wird hierbei in HTML festgelegt. Ob überhaupt ein Parameter eingegeben wurde, lässt sich mit dem

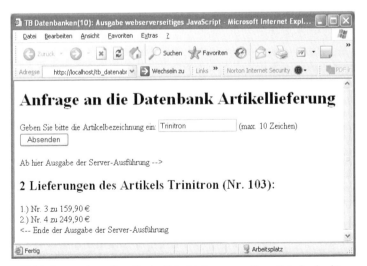

Bild 6.5 Browserdarstellung für das Beispiel der serverseitigen Datenbankanbindung mit JavaScript

browserseitigen Skript `pruefeDbParameter()` feststellen. Bei fehlender Eingabe wird die Webseite unverändert ausgegeben, es erfolgt keine Kommunikation mit dem Webserver. Nach Verbindung mit dem Datenbankserver und Überprüfen und Anpassen des Parameters auf dem Server wird die `SELECT`-Anweisung ausgeführt. Über einen Cursor erfolgt die zeilenweise Ausgabe des Ergebnisses.

Für obige Webseite wird der gesamte in das `server`-Element eingeschlossene Bereich durch das Ergebnis der Skriptausführung ersetzt.

```
<h2> 2 Lieferungen des Artikels Trinitron (Nr. 103):</h2>
1.) Nr. 3 zu 159,90 &euro;<br>
2.) Nr. 4 zu 249,90 &euro;<br>
```

Zusammen mit den anderen Teilen der Webseite wird das Ergebnis der Skriptausführung zum Browser gesendet und dort dargestellt (→ Bild 6.5).

Active Server Pages (ASP)

ASP stellen eine Schnittstelle für die Erweiterung von Microsofts Web-Plattform *Internet Information Services (IIS)* um Skriptsprachen dar. Für weitere Plattformen wurden ebenfalls ASP entwickelt, die sich aber im Detail von Microsofts Implementierung unterscheiden können. Folgende Skriptsprachen werden in ASP verwendet (Dateiendung `asp`):

JScript ist die um zusätzliche Funktionen erweiterte Variante für JavaScript von Microsoft. Sie wird mit dem IIS mitgeliefert. JScript wird auch als browserseitige Skriptsprache verwendet (→ 6.5.1).

Visual Basic Script (VBScript) ist eine an Microsofts Visual Basic (VB) angelehnte Skriptsprache von Microsoft /6.28/. Sie wird mit IIS mitgeliefert.

Perl (Partial extraction and reporting language) ist eine Skriptsprache mit einfachen prozeduralen Konstrukten /1.8/, /6.18/.

Die Struktur einer Webseite wird in JScript und VBScript mittels DOM (→ 6.5.1) festgelegt. Durch Formatierungsanweisungen kann die Präsentation der Resultate beeinflusst werden. Parameterübergabe, Session-Verwaltung und Datenbankanbindung werden durch den Zugriff auf entsprechende Objekte der Skriptsprache unterstützt.

Datenbankanbindung. Die über ASP angebundenen Skriptsprachen können die Session-Verwaltung benutzen, JScript und VBScript zusätzlich die Schnittstelle *ActiveX Data Objects (ADO)* von Microsoft zur Datenbankanbindung. Perl verwendet eine direkte Datenbankanbindung.

PHP

PHP (PHP Hypertext Preprocessor, auch: Personal Home Page) ist eine speziell für die Entwicklung von Webanwendungen geeignete Skriptsprache zur Einbettung in Webseiten (Dateiendung `php`) /6.19/, /6.14/.

▶ *Hinweis:* PHP wird oft in einer Kombination aus Betriebssystem Linux, Webserver Apache, DBMS MySQL und serverseitiger Skriptsprache PHP eingesetzt. Sogenannte *Template Engines* wie *Smarty* unterstützen die gewünschte Trennung von Skriptcode und Formatierung /6.20/, /6.15/. Diese Kombination wird nach den Anfangsbuchstaben der Komponenten *LAMP-Konfiguration* genannt. Alle Komponenten sind frei verfügbar. Die *XAMPP-Konfiguration* (zusätzlich mit Perl) wird als Entwicklerversion für die Betriebssysteme Linux, Apple OS X, Solaris und Windows verwendet.

Datenbankanbindung. Die Session-Verwaltung mit Cookies wird explizit unterstützt. Der Zugriff auf die Datenbank erfolgt über in die Sprache integrierte Funktionen, die speziell an die jeweiligen DBMS angepasst sind, über ODBC sowie die objektorientierten API PEAR DB und ab Version 5.0 über PHP Data Objects (PDO) /6.35/.

Wertung

In JavaScript kann fast wie gewohnt in SQL programmiert werden, was die Entwicklung erleichtert. Die Verwendung der vorhandenen Interpretermodule durch ASP ergibt eine flexible und effiziente Schnittstelle zur direkten Datenbankanbindung, allerdings proprietär und nur für Microsofts IIS und wenige andere Webserver. Eine weite Verbreitung hat PHP gefunden, insbesondere bei Verwendung von MySQL. Allerdings erschwert in PHP die Verwendung der auf die jeweiligen DBMS angepassten Schnittstelle die Portierbarkeit einer Anwendung zu einem anderen DBMS. Bei einer entsprechenden Anforderung wird dieser Nachteil über die Schnittstellen PEAR DB oder ab Version 5.0 durch PDO behoben.

6.6.3 Programmeinbettung

In Webseiten eingebettete Programme (eigentlich Programmfragmente) können in unterschiedlichen Programmiersprachen geschrieben werden. Der Webserver erkennt die Einbettung an der Dateiendung und compiliert die Programme. Zusammen mit den Bestandteilen der Webseite als Ausgabeanweisungen werden sie zu einem Programm zusammengefügt. Die Programmausführung zum Zeitpunkt der Anforderung durch einen Browser liefert eine Webseite. Die serverseitige Einbettung von Programmiersprachen ermöglicht die Programmierung von Anwendungen sowie den Zugriff auf Datenbanken und Legacy-Systeme.

Mit *Java Server Pages* kann Java eingebettet werden, mit *ASP.NET* eine Reihe anderer Programmiersprachen.

Java Server Pages (JSP)

Eine JSP-Datei ist eine Webseite, in die Java-Code eingebettet ist (Dateiendung jsp) /6.30/. Der Webserver compiliert die Seite bei erstmaliger Anforderung in ein Java-Servlet (→ 6.6.1) derart, dass die HTML-Anweisungen einfach ausgegeben und die eingebetteten Java-Programme ausgeführt werden können. In JSP sind vorzugsweise Klassen in externen Dateien implementiert, die als *Java-Beans* bezeichnet werden. Die Beans werden in der Seite selbst nur bekannt gemacht und mit Parametern versorgt. Durch diese Trennung von Verarbeitung und Präsentation wird eine Arbeitsteilung in der Entwicklung unterstützt (→ 6.2.1).

Datenbankanbindung. Die Session-Verwaltung mit Cookies wird über eine spezielle Klasse unterstützt. Die Datenbankanbindung erfolgt direkt, vorzugsweise durch SQLJ oder JDBC.

◊ *Programm:* Beispiel einer Datenbankanbindung mit JSP und Bean.

In dem Beispiel wird eine Anbindung zu der Datenbank Artikellieferung (→ 4.4) hergestellt. Über ein Formular gibt der Benutzer eine Artikelbezeichnung ein. Die Webseite zeigt die Anzahl der Lieferungen dieses Artikels an.

```
<html>
...
   <h1> Anfrage an die Datenbank Artikellieferung</h1>
   <!-- Bekanntmachen der Java-Beans -->
   <jsp:useBean id="db" type="beans.db_artikellieferung">
   <!-- Übergabe des Formularparameters für die Java-Bean -->
   <jsp:setProperty name="db" property="artikel"
      value="103">
   <!-- Ausführen der Anfrage und Ausgabe -->
   Die Anzahl der Lieferungen ist
   <jsp:getProperty name="db" property="anzLieferungen">
</html>
```

In der Java-Bean db_artikellieferung werden für den Parameter und für das Ergebnis jeweils set- und get-Methoden implementiert, die die Verbindung zu den Parametern der Webseite bzw. der gewünschten Ausgabe des Ergebnisses herstellen.

```
// Java-Klasse db_artikellieferung

package beans;
public class db_artikellieferung {
   String artikel = null;
   public void setArtikel(String a) {artikel = a;}
   public String getArtikel() {return artikel}
   public void setanzLieferungen(String al) {}
   public String getanzLieferungen()
```

```
      Integer anz = null;
      // Ausführen SQL-Anfrage (vgl. Beispiel zu JavaScript)
      ...
      // Rückgabe Ergebnis
      return String.valueOf(anz);
   }
}
```

ASP.NET

Webseiten mit ASP.NET sind eine Weiterentwicklung von ASP ($\rightarrow$ 6.6.2) für die Einbettung von Programmiersprachen wie C#, Visual Basic (VB) oder C++ (Dateiendung aspx) /6.3/. ASP.NET-Seiten werden compiliert, so dass die HTML-Anweisungen einfach ausgegeben und die eingebetteten Codestücke ausgeführt werden können. Die Codestücke lassen sich zur Trennung von Webseitengestaltung und -programmierung in separaten Dateien implementieren. Im Unterschied zu ASP kann auf im Browser ausgelöste Aktionen wie Mausklicks oder Eingaben in Textfelder reagiert werden. ASP.NET ist für Microsofts Web-Plattform IIS verfügbar.

Datenbankanbindung. Auf ein Session-Objekt kann zugegriffen werden. Die anwendbaren Programmiersprachen sind in der Lage, die Schnittstelle *ADO.NET* zur direkten Datenbankanbindung verwenden. ADO.NET stellt zwei Klassen für den einheitlichen Datenbankzugriff zur Verfügung: eine sequenzielle für vorausschauendes Lesen großer Teile von Tabellen und eine für den navigierenden Zugriff auf die Ergebnismenge einer Anfrage.

Wertung

Durch Implementierung in separaten Dateien und Aufruf auf Klassenebene wird durch die serverseitige Programmeinbettung von JSP und ASP.NET eine adäquate Trennung von Webseitengestaltung und -programmierung erreicht, denn diese Aufgaben werden häufig von mehreren Personen wahrgenommen. Die compilierten Webseitengeneratoren bieten eine hohe Performance. ASP.NET ist im Gegensatz zu JSP allerdings eine proprietäre Plattform.

6.6.4 Applikationsserver

> Ein **Applikationsserver** (application server) stellt dem Webserver in umfangreichen und stark genutzten Webanwendungen eine Reihe von Infrastrukturdiensten zur Verfügung.

- **Pooling.** Ressourcen wie Objekte und Verbindungen werden nicht am Ende der Nutzung freigegeben, sondern in ein Verzeichnis freier Res-

sourcen (*pool*) eingefügt. Dadurch können sie wiederverwendet werden, das aufwändige Initialisieren und Freigeben entfällt.
- **Nachrichtenaustausch (messaging).** Mitteilungen können asynchron zwischen Anwendungen ausgetauscht werden.
- **Authentifizierung** (synonym: **Authentisierung**) und **Autorisierung.** Benutzer werden anhand eines Namens und einer Legitimation (Passwort, Chipkarte) erkannt bzw. überprüft (Authentifizierung) und erhalten Zugriff auf die für sie freigegebenen Daten bzw. Operationen (Autorisierung).
- **Session-Verwaltung.** Sessions werden initiiert, identifiziert und beendet.
- **Multithreading.** Aufgaben können auf parallel laufende Teilprozesse verteilt werden, die Prozessverwaltung wird entlastet.
- **Transaktionen.** Lokale und verteilte Transaktionen ($\rightarrow$ 13.6) werden unterstützt.
- **Load Balancing.** Gleichartige Aufgaben werden einer Reihe von Servern (cluster) zugeordnet, eine Erweiterung bei höheren Lasten ist einfach möglich.
- **Anwendungsintegration.** Mittels einer vorgegebenen API können Datenbanken und Legacy-Systeme integriert werden.

Applikationsserver befolgen meist Frameworks, von denen die *Java Enterprise Edition* durch eine Reihe von Herstellern und auch in Open-Source-Projekten unterstützt wird, während die *.NET Enterprise Services* von Microsoft angeboten werden.

Java Enterprise Edition (Java EE)

Java EE beschreibt eine Reihe von Standards, die alle auf der Entwicklung mit Java basieren /6.8/ ($\rightarrow$ 5.5.3). Die Weiterentwicklung erfolgt in einem definierten Prozess von allen Beteiligten, dem *Java Community Process (JCP)*.

Die Anwendung wird bei Java EE in *Komponenten* (components) aufgeteilt und an die jeweilige Umgebung angepasst installiert (deployment). Die Laufzeitumgebung für die Komponenten einer Anwendung wird als *Container* bezeichnet. Die Komponenten enthalten die Prozeduren zur Erfüllung zusammengehörender Aufgaben. Eine Komponente wird als **Enterprise Java Bean (EJB)** bezeichnet. Nach ihrer jeweiligen Aufgabe kann eine EJB zu einem der drei Typen *Session Bean* (zustandslose Anfrage oder zustandsbehaftete Session-Verwaltung), *Entity Bean* (Kapselung persistenter Daten) oder *Message Driven Bean* (asynchroner Nachrichtenaustausch) gehören. Mittels der sogenannten **Java Connector Architecture (JCA)** können Datenbanken und Legacy-Systeme integriert werden.

Auf dem Webclient sind sowohl Applets als auch EJBs lauffähig. Für Webanwendungen werden auf dem Server Komponenten unterteilt in webnahe (web tier) und in anwendungsnahe (business logic tier) Komponenten. Webnahe Komponenten werden in Form von JSP ($\rightarrow$ 6.6.3) für gemischt statische und dynamische Webseiten und Java-Servlets ($\rightarrow$ 6.6.1) für dynamische Webseiten implementiert. Die webnahen Komponenten laufen in einem separaten Web-Container.

Datenbankanbindung. Eine Session wird über eine zustandsbehaftete Session Bean implementiert. Diese ruft auch die Entity Beans für den Zugriff auf persistente Daten auf. Der Zugriff auf eine Datenbank wird über Entity Beans gekapselt und wahlweise transparent für die Anwendung oder über eine direkte Datenbankanbindung mittels SQLJ oder JDBC implementiert. Legacy-Systeme werden über JCA angebunden. Über die Transaktionssteuerung von Java EE können lokale und verteilte Transaktionen implementiert werden.

.NET Enterprice Services

Die .NET Enterprice Services von Microsoft bieten unter Nutzung bereits im Windows-Betriebssystem vorhandener Funktionen ein Framework für die Nutzung von Infrastrukturdiensten an /6.2/. Die Ausführung erfolgt in der gemeinsamen Laufzeitumgebung *Common Language Runtime (CLR)* für unterschiedliche Programmiersprachen.

Datenbankanbindung. Die Datenbankanbindung wird über ADO.NET ($\rightarrow$ 6.6.3) realisiert. Hinzu kommen das Pooling der Verbindungen und eine integrierte Technik zur Session-Verwaltung. Der Ablauf verteilter Transaktionen wird unterstützt.

Wertung

Java EE ist eine optimal auf die Entwicklung umfangreicher und stark genutzter Webanwendungen zugeschnittene Plattform. Die .NET Enterprise Services dienen demselben Zweck, sind allerdings proprietär. Das Zusammenspiel der Komponenten erscheint hier komplexer in der Handhabung.

6.6.5 Webservices

> Als **Webservice** werden Dienste angeboten, die eine Anwendung oder eine Infrastruktur zur Nutzung über das Web anbieten, sogenannte *Software as a Service* bzw. *Infrastructure as a Service* /6.15/.

Während bei allen anderen Techniken Webseiten vom Webclient mit einem Browser für menschliche Benutzer abgerufen werden, geben Webservices

Daten für andere Anwendungen weiter /6.8/, /6.11/, /6.16/. Webservices eignen sich mit ihrer Maschine-Maschine-Kommunikation daher gut für den Datenaustausch zwischen Unternehmen (Business-to-Business, B2B). Ein Webservice wird von einem Webclient initiiert, ein Webserver kann zur Bearbeitung weitere Webserver anfragen. Daher wird von einer allgemeinen *Anbieter-Verbraucher-Beziehung* (provider consumer relationship) gesprochen.

Webservices verwenden zur Datenübertragung *SOAP (Simple Object Access Protocol)*, wobei eine Serviceanfrage im XML-Format in eine Webseite eingebettet wird. Eine Anfrage wird vom Verbraucher über ein Internet-Transportprotokoll wie HTTP oder SMTP an einen Anbieter geschickt. Je nach Spezifikation erhält der Sender keine Antwort oder bekommt eine Antwort synchron oder asynchron zurück. Die verteilte Kommunikation in SOAP erfolgt für Verbraucher und Anbieter transparent. Der Verbraucher kommuniziert mit einem lokalen *Stub* (Stumpf) mit demselben Interface wie der Webservice. Der Stub verpackt die Anfrage in eine SOAP-Webseite und schickt diese an einen *Skeleton* (Skelett) bei dem Anbieter. Der Skeleton entpackt die SOAP-Webseite und ruft den Webservice mit den übermittelten Parametern auf. Stub und Skeleton können in unterschiedlichen Sprachen implementiert sein.

Das Auffinden von Webservices ist spezifiziert im Standard *UDDI (Universal Description, Discovery and Integration)*. Als Metadaten eines Webservices werden in einem UDDI-Verzeichnis Name, Beschreibung, Anbieter, URL und Schnittstellenbeschreibung gemäß *WSDL (Web Services Description Language)*, wiederum als XML-Dokument, gespeichert. Webservices werden von den Frameworks Java EE und .NET unterstützt.

Datenbankanbindung. Datenbanken werden indirekt über Webservices angebunden. Der Verbraucher sendet eine Datenbankanfrage mit ihren Parametern über SOAP und HTTP-post an einen Anbieter. Der führt über eine direkte Datenbankverbindung die Anfrage aus und schickt synchron oder asynchron – je nach Spezifikation des Verbrauchers – das Anfrageergebnis als XML-Dokument in einer SOAP-Webseite zurück. Über entsprechende Parametrisierung können auch nur Teile des Ergebnisses oder nur beschreibende Daten angefordert werden. Die Verwaltung von Sessions und Transaktionen erfolgt in Abhängigkeit von der verwendeten Plattform des Anbieters. Verteilte Transaktionen sind Teil laufender Standardisierungen als *Web Services Coordination and Transaction (WS-C + T)* und *Business Transaction Protocol (BTP)*.

◇ *Programm:* Beispiel einer Datenbankanbindung mit einem Webservice.

In dem Beispiel wird eine Anbindung zu der Datenbank Artikellieferung (→ 4.4) hergestellt. Es sollen alle Lieferungen eines Artikels abgefragt werden. Parameter ist die Artikelbezeichnung. Hierzu wird vom Verbraucher eine HTTP-post-Nachricht erstellt.

```
POST /webservice/db_artikellieferung HTTP/1.1
HOST: www.firma.de:8008
Content-Type: text/xml; charset=utf-8
Content-Length: 470
SOAPAction: selectLieferungVonArtikel

<soap:Envelope soap:encodingstyle ...>
  <soap:Body>
    <n:selectLieferungVonArtikel xmlns:n=
    "http://www.firma.de:8008/webservice/db_artikellieferung">
      <n:artikel xsi:type="xsd:string">103
      </n:artikel>
    </n:selectLieferungVonArtikel>
  </soap:Body>
</soap:Envelope>
```

Am Anfang wird die HTTP-Nachricht beschrieben. Anschließend folgt die SOAP-Nachricht, beginnend mit der verwendeten SOAP-Codierung (soap:encodingstyle). Die Anfrage selectLieferungVonArtikel sowie der Parameter 103 werden mit den entsprechenden XML-Tags zu Beginn und Ende versehen.

Die Anfrage wird vom Webserver des Auftragnehmers www.firma.de entgegengenommen und mit derselben Anfrage wie im Beispiel zu JavaScript ausgeführt (→ 6.6.2). Das Resultat wird in eine SOAP-Nachricht verpackt und durch den Webserver an den Verbraucher zurückgeschickt.

```
HTTP/1.1 200 OK
Content-Type: text/xml; charset=utf-8
Content-Length: 894
<soap:Envelope soap:encodingStyle ...>
  <soap:Body>
    <n:selectLieferungVonArtikelResponse
      xmlns:n=
      "http://www.firma.de:8008/webservice/db_artikellieferung">
      <Result xsi:type="ns2:db_artikellieferungAntwort"
        xmlns:ns2=
        "http://www.firma.de:8008/webservice/db_artikellieferung.xsd">
        <AnzZeilen xsi:type="xsd:int">2</AnzZeilen>
        <Zeile xsi:type="ns2:Element">
          <AnzL xsi:type="xsd:integer">2</AnzL>
          <ANr xsi:type="xsd:integer">103</ANr>
```

```
            <LNr xsi:type="xsd:integer">3</LNr>
            <Preis xsi:type="xsd:double">159.90</Preis>
         </Zeile>
         <Zeile xsi:type="ns3:Element">
            <AnzL xsi:type="xsd:integer">2</AnzL>
            <ANr xsi:type="xsd:integer">103</ANr>
            <LNr xsi:type="xsd:integer">4</LNr>
            <Preis xsi:type="xsd:double">249.90</Preis>
         </Zeile>
      </Result>
    </n:selectLieferungVonArtikelResponse>
  </soap:Body>
</soap:Envelope>
```

Die Anfrage konnte ausgeführt werden (Antwortcode 200) und liefert zu der Anfrage selectLieferungVonArtikel die Antwort als selectLieferungVonArtikelResponse. Anschließend folgt der Inhalt der Antwort. Die Datensätze erscheinen nacheinander (vereinfachte Darstellung), die einzelnen Attribute werden ausgezeichnet mit Name und Typ, gefolgt vom Wert.

Wertung. Webservices sind die einzige Technik, mit der Datenbanken direkt über das Web angebunden werden können. Sowohl Anfragen als auch Ergebnisse lassen sich über HTTP übertragen. Allerdings muss die Kommunikation über SOAP verpackt werden. Anfragen an Datenbanken sind nicht definiert, vielmehr sind sie auf Webservices abzubilden.

7 Komponenten eines Datenbankmanagementsystems

Kai-Uwe Sattler

7.1 Architektur von DBMS

Datenbankmanagementsysteme (DBMS) sind sehr komplexe Softwaresysteme, die eine Vielzahl von Aufgaben erfüllen. So müssen SQL-Anfragen in Zugriffe auf Externspeicher transformiert, konkurrierende Zugriffe auf Daten behandelt und die Sicherheit der Daten auch im Fehlerfall gewährleistet werden. Für das Verständnis der Abläufe und Zusammenhänge ist es daher sinnvoll, zunächst von den konkreten Systemarchitekturen einzelner DBMS zu abstrahieren und ein Architekturmodell zu betrachten.

7.1.1 Schichtenmodell

Der bekannteste Ansatz zur Beschreibung einer DBMS-Architektur ist das Fünf-Schichten-Modell /7.7/, das im Wesentlichen die Transformation von im Datenbankmodell formulierten deklarativen Anfragen bzw. Änderungen in Zugriffe auf die Speichermedien beschreibt. Diese Transformation erfolgt dabei schrittweise in den einzelnen Schichten, die jeweils durch Schnittstellen voneinander getrennt sind. Jeder Schicht sind gleichzeitig Objekte zugeordnet, die von dieser Schicht verwaltet werden und von unten nach oben immer komplexer werden. In Bild 7.1 sind die Schichten mit ihren Aufgaben und Schnittstellen dargestellt.

Als oberste Schicht stellt das *Datensystem* eine **mengenorientierte Schnittstelle** bereit, die einen deklarativen Zugriff (z. B. mit SQL) auf Tabellen ermöglicht. Das Datensystem übersetzt Anweisungen dieser Schnittstelle auf die satzorientierte Schnittstelle, die einen navigierenden Zugriff anbietet. Hierbei lassen sich verschiedene Zugriffspfade (wie etwa Indexe) nutzen, die vom Datensystem im Rahmen der Anfrageoptimierung ausgewählt werden. Weiterhin erfolgt auf dieser Ebene die Überprüfung auf Einhaltung der Integritätsbedingungen und Zugriffsrechte.

Die **satzorientierte Schnittstelle** wird vom *Zugriffssystem* ($\rightarrow$ 7.3) realisiert. Im Gegensatz zu den Mengenobjekten des Datensystems sind die hier verwalteten Objekte typisierte Datensätze mit Struktur (d. h. mit Attributen), über die satzweise navigiert werden kann bzw. die satzweise zu manipulieren sind. Das Zugriffssystem stellt als Abstraktion logische Zugriffspfade zur Verfügung, die die interne Implementierung (wie z. B.

228 7 Komponenten eines Datenbankmanagementsystems

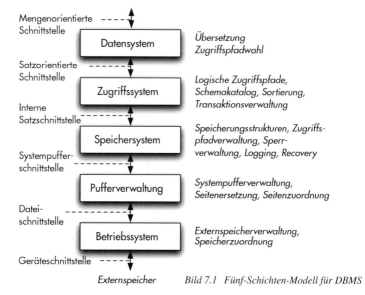

Bild 7.1 Fünf-Schichten-Modell für DBMS

Baumstruktur oder Hash-Tabelle) verbergen. Diese konkreten Speicherstrukturen basieren wiederum auf der internen Satzschnittstelle. Weiterhin werden vom Zugriffssystem Operationen wie Sortierung und Funktionen zur Unterstützung des Mehrbenutzerbetriebs mit Transaktionen angeboten. Der Ebene des Zugriffssystems ist auch die Verwaltung des *Datenbankkatalogs* zuzuordnen.

> Der **Datenbankkatalog** (*data dictionary*) ist eine Sammlung von Tabellen, die die Struktur der Datenbank beschreiben, d. h. die Tabellen und deren Aufbau (Spaltentypen und -bezeichnungen), die Rechtezuordnung, Integritätsbedingungen sowie Informationen über die gespeicherten Daten (Wertebereiche, Kardinalität, Werteverteilung).

Diese Metadaten sind nicht nur für den Benutzer interessant, sondern werden auch von den DBMS-Komponenten selbst ausgewertet.

Das *Speichersystem* bildet die Speicherstrukturen der **internen Satzschnittstelle** auf Speicherseiten eines linearen virtuellen Adressraums ab. Aufgabe des Speichersystems ist es somit, die internen Datensätze und Einträge der Zugriffspfade auf Seiten fester Größe einzupassen. Hinzu kommen Operationen zur Verwaltung von Sperren ($\to$ 7.5.3) sowie zur Wiederherstellung im Fehlerfall (Logging und Recovery $\to$ 7.6).

Der lineare Adressraum wird von der *Pufferverwaltung* bereitgestellt, indem benötigte Blöcke vom Externspeicher als Seiten in einen ausgezeichneten Hauptspeicherbereich – den Puffer – gebracht bzw. von dort zurückgeschrieben werden. Dabei werden verschiedene *Verdrängungs- und Einbringstrategien* realisiert, die bestimmen, welche Seiten bei einem Pufferüberlauf entfernt bzw. wann Seiten in Blöcke zurückgeschrieben werden. Die Pufferverwaltung bietet über die **Systempufferschnittstelle** im Wesentlichen Operationen wie das Anfordern und Freigeben von Seiten an und nutzt selbst die Dateischnittstelle.

Die **Dateischnittstelle** wird typischerweise nicht mehr durch DBMS-Komponenten, sondern durch das *Betriebssystem* realisiert. Dieses hat die Aufgabe, Operationen der Dateischnittstelle wie das Lesen oder Schreiben von *Blöcken* (Bytefolgen fester Größe) auf die Geräteschnittstelle abzubilden, die wiederum durch die verwendeten externen Speichermedien definiert ist. Das Betriebssystem nutzt dabei Hilfsstrukturen, die eine Zuordnung der Blöcke zu festen Speicheradressen (wie etwa Zylinder, Spuren und Sektoren auf einer Festplatte) sowie die Verwaltung freier bzw. belegter Blöcke ermöglichen /1.8/. Somit abstrahiert diese Schicht von den physischen Eigenschaften der Speichermedien.

7.1.2 Prozessarchitektur

Das Fünf-Schichten-Modell ist eine idealisierte Architektur, die keine Aussagen über die Zuordnung der Schichten zu Softwarekomponenten oder Systemprozessen macht. Da moderne DBMS schon aus Gründen der Unterstützung eines Mehrbenutzerbetriebs typischerweise als Client-Server-Systeme realisiert sind, stellt sich die Frage nach der Aufteilung der Funktionalität. In Bild 7.2 ist beispielhaft die Prozessarchitektur von Oracle11g dargestellt.

Ein Oracle-Datenbanksystem (eine so genannte Instanz) wird durch eine Reihe von Systemprozessen realisiert. Verschiedene Client-Prozesse (Datenbankanwendungen oder -werkzeuge wie z. B. sqlplus) greifen über einen Server-Prozess auf die Datenbank zu. Dieser Server-Prozess ist für die Übersetzung und Ausführung von Anfragen, das Laden der benötigten Seiten vom Externspeicher sowie die Rückgabe der Ergebnisse an den Client zuständig. Zusätzlich gibt es weitere (Hintergrund-)Prozesse, die über die *System Global Area (SGA)* – eine globale Hauptspeicherstruktur – kommunizieren. Die SGA enthält u. a. den Datenbankpuffer, den so genannten Redo-Log-Puffer für die temporäre Verwaltung von Redo-Einträgen für das Recovery und einen Cache für den Datenbankkatalog.

Die Hintergrundprozesse sind im Wesentlichen für die Transaktionsverwaltung und das Recovery zuständig. So schreibt etwa der *Database Wri-*

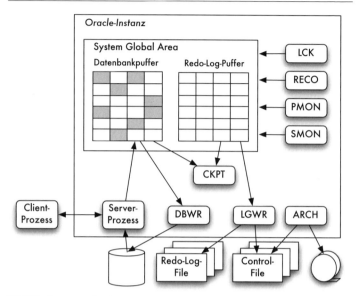

Bild 7.2 Prozessarchitektur von Oracle11g

ter (DBWR) verdrängte und modifizierte Seiten aus dem Puffer auf den Externspeicher, während der *Log Writer (LGWR)* bei Transaktionsende oder Pufferüberlauf die Redo-Log-Einträge in das Logbuch überträgt. Der *Checkpoint-Prozess (CKPT)* legt periodisch Sicherungspunkte an, die beim Wiederanlauf nach einem Fehler den Aufwand für die Wiederherstellung (Recovery) eines konsistenten Datenbankzustandes reduzieren. Die Prüfung und das gegebenenfalls notwendige Wiederherstellen beim Start einer Instanz sind Aufgaben des *Systemmonitors (SMON)*. Der *Prozessmonitor (PMON)* überwacht alle laufenden Prozesse und startet diese im Fehlerfall neu. Daneben existieren noch weitere hier nicht dargestellte Prozesse, die für die Archivierung bzw. den Einsatz in verteilten oder parallelen Umgebungen benötigt werden.

7.2 Pufferverwaltung

Die Pufferverwaltung ist im Allgemeinen die erste DBMS-eigene Schicht des Fünf-Schichten-Modells. Aufgabe dieser Komponente ist es, durch Zwischenspeichern von Blöcken im Hauptspeicher teure Externspeicherzugriffe zu vermeiden und damit Lese- und Schreiboperationen effizienter zu gestalten.

7.2.1 Notwendigkeit und Aufgabe

Typische Externspeichermedien wie Festplatten unterstützen nur einen blockweisen Zugriff. Dies bedeutet, dass bei Änderung auch nur eines Feldes eines Datensatzes immer der gesamte Block (mit einer Größe von 4 oder 8 KB) gelesen bzw. geschrieben werden muss. Hinzu kommen die wesentlich höheren Zugriffskosten von Externspeichern: Man spricht hier auch von einer „Zugriffslücke", da Zugriffe auf den Externspeicher um einen Faktor bis 10^5 langsamer sind als Hauptspeicherzugriffe.

Das erste Problem wird durch das Laden der Blöcke in Hauptspeicherseiten gelöst, für die Behandlung des zweiten Problems macht man sich die *Lokalität* der Zugriffe zunutze.

> **Lokalität** bezeichnet die Eigenschaft, dass Zugriffe typischerweise auf einen kleineren Bereich der Datenbank bzw. des Externspeichers begrenzt sind.

Somit können Externspeicherzugriffe durch das Zwischenpuffern von häufig genutzten Blöcken im Hauptspeicher vermieden werden. Genau diese Aufgabe übernimmt die Pufferverwaltung.

> Der **Puffer** ist ein ausgezeichneter Bereich fester Größe im Hauptspeicher zum Zwischenspeichern der Blöcke vom Externspeicher, über den alle Seitenanforderungen beantwortet werden.

Die Pufferverwaltung überprüft hierzu bei Anforderung einer Seite, ob sich der zugehörige Block bereits im Puffer befindet. Wenn ja, wird die Seite zurückgegeben, anderenfalls muss der Block vom Externspeicher geladen und im Puffer abgelegt werden. Hierbei kann es passieren, dass kein Platz mehr im Puffer ist, sodass eine Seite verdrängt werden muss. Wurde diese Seite geändert, ist der Inhalt in den korrespondierenden Block zurückzuschreiben (→ Bild 7.3). Die *Seitenersetzungsstrategie* (→ 7.2.3) bestimmt dabei, welche Seite im Puffer ersetzt wird.

Hauptgründe für eine eigene Pufferverwaltung in DBMS anstelle der Nutzung des Betriebssystem-Caches sind
- die verschiedenen Typen von Seiten in einem Datenbanksystem
- sowie das (eingeschränkt vorhandene) Wissen über die weitere Nutzung der Seiten.

So werden beispielsweise Seiten mit Daten aus dem Katalog oder die Wurzelseiten von Indexen weit häufiger genutzt und sollten im Puffer verbleiben. Dagegen müssen Seiten mit Logging-Informationen für das Recovery sofort auf den Externspeicher geschrieben werden. Bei der Ausführung von

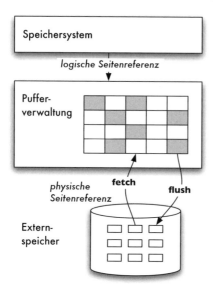

Bild 7.3 Prinzip der Pufferverwaltung

Anfragen ist darüber hinaus vorhersagbar, ob bestimmte Seiten noch einmal gelesen werden müssen, etwa im Rahmen eines Nested-Loops-Verbundes.

Alle diese Fälle werden in DBMS durch das **Fixieren** von Seiten unterstützt. Hierbei handelt es sich um eine Operation zum Markieren von Seiten, die im Puffer gehalten werden sollen (*Fix* oder *Pin*) bzw. die nicht mehr nötig sind und deshalb verdrängt werden können (*Unfix* oder *Unpin*). Bei der Seitenersetzung werden diese Markierungen und eventuell auch noch der Seitentyp entsprechend berücksichtigt.

7.2.2 Speicherzuteilung

Da in einem DBMS typischerweise mehrere Transaktionen parallel laufen, muss der Puffer in geeigneter Weise aufgeteilt werden. Hierfür lassen sich drei Strategien unterscheiden:

Global. Bei einer globalen Strategie findet keine Partitionierung des Puffers für einzelne Transaktionen statt. Somit wird das Zugriffsverhalten global berücksichtigt und Seiten lassen sich gemeinsam nutzen.

Lokal. Derartige Strategien teilen den Puffer für die einzelnen Transaktionen auf, so dass jeder Transaktion ein eigener Bereich zur Verfügung steht. Dies kann entweder statisch vor Transaktionsbeginn oder dynamisch während der Abarbeitung erfolgen.

Seitentypbezogen. Hierbei werden für verschiedene Seitentypen (Index-, Katalog-, Datenseiten, Seiten mit Logging-Informationen) jeweils eigene Pufferbereiche verwaltet, die auch seitentypspezifische Verdrängungsstrategien zulassen.

7.2.3 Seitenersetzung

Die **Seitenersetzungsstrategie** bestimmt, welche Seite aus dem Puffer verdrängt werden muss, falls dieser bei einer Seitenanforderung bereits voll ist. Dabei sollten möglichst Seiten ersetzen werden, die für eine längere Zeit nicht mehr erforderlich sind. Die optimale Strategie würde daher jeweils die Seite mit der größten zeitlichen Differenz zur nächsten Nutzung auswählen. Da jedoch meist keine Informationen über das zukünftige Zugriffsverhalten vorliegen, versucht man, aus dem Verhalten in der Vergangenheit Rückschlüsse auf die nähere Zukunft abzuleiten. Diesem Prinzip liegt die Annahme zugrunde, dass sich das Referenzierungsverhalten eher langsam ändert. Mit derartigen Strategien ist zwar nur eine Annäherung an das Optimum erreichbar, jedoch ein besseres Verhalten als das einer Zufallsstrategie, bei der die zu ersetzende Seite zufällig gewählt wird.

Die wesentlichen Kriterien für die Ersetzung von Seiten sind
- das *Alter* der Seite im Puffer sowie
- die *Anzahl der Referenzen* auf die Seite.

Diese Eigenschaften lassen sich jeweils noch auf unterschiedliche Art und Weise berücksichtigen:
- *global*, das heißt das Alter bzw. die Anzahl der Referenzen seit der Einlagerung der Seiten in den Puffer,
- *lokal*, indem das Alter der Seite seit der letzten Referenzierung bzw. nur die Anzahl der Referenzen in der jüngeren Vergangenheit betrachtet werden.

Eine einfache Ersetzungsstrategie ist die **FIFO-Strategie** (First In First Out), bei der die Seite verdrängt wird, die sich am längsten im Puffer befindet. Somit wird nur das Alter global betrachtet. Diese Strategie ist eine gute Wahl, wenn eine Relation sequenziell durchlaufen werden muss (z. B. bei einem Table-Scan). In allen anderen Fällen ist sie jedoch weniger gut geeignet.

Bei der **LFU-Strategie** (Least Frequently Used) wird die Seite mit den wenigsten Referenzen ersetzt. Dabei bleibt das Alter unberücksichtigt. Es kann daher passieren, dass eine Seite sehr lange im Puffer verbleibt, die zwar vor längerer Zeit häufig gelesen, seitdem aber nicht mehr referenziert wurde.

Eine bessere Wahl ist daher die **LRU-Strategie** (Least Recently Used), bei der die Seite ersetzt wird, die am längsten nicht referenziert wurde. Somit wird nur das Zugriffsverhalten in jüngster Zeit berücksichtigt, indem das Alter seit der letzten Referenzierung beobachtet wird. Eine LRU-Strategie kann über einen Stapelspeicher implementiert werden, der durch die Puffergröße (die Anzahl der Seiten, die gleichzeitig im Puffer gehalten werden können) begrenzt wird. Referenzierte Seiten werden dabei immer oben auf den Stack gelegt, entsprechend wird jeweils die unterste Seite verdrängt, wenn Platz im Puffer geschaffen werden muss.

Eine weitere Variante zur Realisierung einer LRU-Strategie ist das *CLOCK-Verfahren*, bei dem jede Seite ein „Benutzt"-Bit besitzt, das beim Referenzieren auf 1 gesetzt wird. Bei der Auswahl der zu verdrängenden Seite wird eine zyklische Suche ab einer markierten Position durchgeführt, wobei die erste Seite mit einem 0-Bit gewählt wird. Bei dieser Suche wird das Benutzt-Bit von Seiten mit einem 1-Bit jeweils auf 0 zurückgesetzt.

In der Praxis kommen überwiegend LRU-basierte Verfahren zum Einsatz, wobei hier teilweise unterschiedliche Gewichte für Seiten in Abhängigkeit vom Seitentyp verwendet werden, die bei der Referenzzählung berücksichtigt werden und somit die Ersetzungskosten widerspiegeln.

Neben der Ersetzungsstrategie spielt auch die *Größe des Puffers* eine wichtige Rolle, die vom Administrator angepasst werden kann. Ein guter Indikator ist die Trefferrate (**hit ratio**), die das Verhältnis von Seitenzugriffen, die aus dem Puffer beantwortet werden können, zur Gesamtzahl von Seitenzugriffen beschreibt:

$$\text{Trefferrate} = \frac{\#\text{log. Zugriffe} - \#\text{phys. Zugriffe}}{\#\text{log. Zugriffe}} \qquad (7.1)$$

Ein logischer Zugriff entspricht hierbei der Seitenanforderung an den Puffer, ein physischer Zugriff ist das Lesen des Blocks vom Externspeicher.

▶ *Hinweis:* Die Trefferrate sollte idealerweise bei 90 % liegen. Sofern sich dies nicht erreichen lässt, wird empfohlen, den Puffer so lange zu vergrößern, bis die Kurve der Funktion der Trefferrate über der Puffergröße abflacht.

7.3 Speicher- und Zugriffssystem

Speicher- und Zugriffssystem bilden zusammen die Brücke zwischen der satzorientierten Zugriffsschnittstelle, die das Datensystem zur Realisierung der mengenorientierten Anfrageoperatoren nutzt, und der seitenorientierten Systempufferschnittstelle. In diesem Abschnitt werden hiervon die Abbildung der Speicherstrukturen auf die Seitenstruktur des Externspeichers sowie der Aufbau von Seiten und Sätzen behandelt. Die Beschreibung der konkreten Speicherstrukturen und Zugriffspfade ist dagegen Thema von Kapitel 8.

7.3.1 Aufgabe

Über die Betriebssystemebene und die Pufferverwaltung wird von der konkreten Form des Externspeichers abstrahiert, so dass dieser als eine Folge von Blöcken in einem linearen Adressraum angesehen werden kann. Die Aufgabe der darüber liegenden Schichten ist es nun, die Relationen der konzeptuellen Ebene auf dieses Modell abzubilden. Dies erfolgt über die Zwischenstufen des Zugriffs- und Speichersystems, indem zuerst Relationen auf logische Dateien bzw. die Tupel der Relation auf Sätze der jeweiligen Datei und dann diese logischen Dateien auf physische Dateien bzw. die Sätze auf Seiten/Blöcke abgebildet werden.

Im Allgemeinen ist dies jedoch keine bijektive Abbildung. So können mehrere logische Dateien in einer physischen Datei zusammengefasst werden, z. B. weil das DBMS nur eine große Betriebssystemdatei verwendet. Es können auch mehrere Relationen auf eine logische Datei abgebildet werden, wenn etwa die in einer Fremdschlüsselbeziehung stehenden Datensätze beider Relationen auf den gleichen Seiten der logischen Datei abgelegt werden sollen. Dies wird auch als *geclusterte* Speicherung bezeichnet (→ 8.6.1). Andererseits kann es zu einer Relation der konzeptuellen Ebene auf der internen Ebene noch zusätzliche Zugriffspfade (Indexstrukturen) geben, die in verschiedenen logischen Dateien organisiert sind. Die Abbildung wird durch Metadaten aus dem Datenbankkatalog unterstützt. Diese beschreiben, welche Dateien bzw. physischen Adressen einer Relation zugeordnet sind, wie die Speicherung erfolgt, welche Zugriffspfade existieren und welche Struktur (Spalten, Datentypen und deren Größe) die Relationen besitzen.

7.3.2 Seiten und Sätze

Die Blöcke des Externspeichers werden vom DBMS als Seiten fester Größe (meist 4 oder 8 KB) gelesen, die über eine Seitennummer identifiziert werden. Die Seitennummer soll eine einfache Zuordnung zu den Blöcken ermöglichen, so dass hier beispielsweise die Position in der Datenbankdatei eventuell in Kombination mit einem Dateiidentifikator genutzt wird. Da die Seiten selbst aufgrund unterschiedlicher Nutzung nicht einfach in aufsteigender Folge verwendet werden können, müssen zusätzliche Verwaltungsinformationen gespeichert werden, die ein „Verketten" der Seiten ermöglichen. So umfasst eine Seite

- den *Seitenkopf* mit Nummer und Typ der Seite, Verweise auf die Vorgänger- und Nachfolgerseite sowie den verfügbaren freien Platz,
- den *Nutzbereich* mit den Datensätzen bzw. dem freien Bereich.

Auf diese Weise können wie bei einer verketteten Liste jederzeit neue Seiten hinzugefügt bzw. nicht mehr benutzte freigegeben werden. Auch lassen sich so freie Seiten effizient in einer Freispeicherliste verwalten: Es muss nur die erste freie Seite bekannt sein, über deren verkettete Nachfolger dann weitere freie Seiten ermittelt werden können.

In den Nutzbereich der Seiten müssen die Datensätze eingepasst werden. Hierbei lassen sich zwei grundsätzliche Varianten unterscheiden:

- *Nichtspannsätze* sind auf genau einer Seite gespeichert. Falls ein Satz nicht mehr auf die aktuelle Seite passt, wird er auf der nächsten Seite gespeichert.
- *Spannsätze* können über mehrere Seiten verteilt werden, indem sie am Seitenende geteilt und der „Rest" des Satzes auf der nächsten Seite abgelegt wird.

Aufgrund der einfacheren Nutzung werden im Normalfall Nichtspannsätze verwendet. Spannsätze kommen dagegen nur bei speziellen großen Datenobjekten (*Binary Large Objects – BLOB*) zum Einsatz, die nicht auf einer einzigen Seite Platz finden.

Auf der Ebene des Speichersystems werden nur **interne Datensätze** verwaltet, d. h. die interne Struktur der Sätze (die Felder bzw. Attribute) wird nicht betrachtet. Dennoch muss auch bereits hier zwischen Sätzen fester und variabler Länge unterschieden werden. Letztere entstehen dadurch, dass die Relation Attribute mit Datentypen variabler Länge (z. B. VARCHAR) beinhaltet. Daher enthält jeder Satz in den ersten Bytes einen Verwaltungsblock mit Satztyp, -länge und einem Löschbit, das angibt, ob der Satz als gelöscht markiert wurde und damit beim Lesen übersprungen werden kann.

Auf der Ebene des Zugriffssystems werden Sätze als **logische Datensätze** behandelt und in ihrer Struktur interpretiert. Demzufolge muss der Nutzbereich eines Satzes nach dem Verwaltungsblock in die einzelnen Felder (Attributwerte) aufgeteilt werden. Enthält eine Relation ausschließlich Attribute mit Datentypen fester Länge, kann die Position jedes Attributes direkt anhand der Längen der Vorgängerattribute im Satz bestimmt werden – die Position ist auch für alle Sätze dieser Relation gleich. Bei Datentypen variabler Länge kann sich dies jedoch von Satz zu Satz unterscheiden. Daher wird typischerweise jedem Attributwert ein Längenfeld vorangestellt, aus dem abgeleitet werden kann, wie viele Bytes bis zum nächsten Attributwert gelesen werden müssen (→ Bild 7.4 oben). In einigen Systemen werden die Attribute einer Relation auch noch so umgeordnet, dass in einem Satz zunächst erst alle Attribute fester Länge stehen und danach die variabel langen Felder folgen.

Eine Alternative ist die Verwendung von Attributzeigern am Anfang des Satzes, die jeweils die Position des zugeordneten Attributes im Satz angeben (→ Bild 7.4 unten).

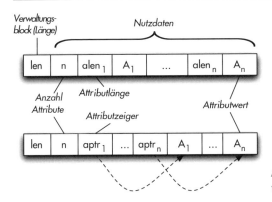

Bild 7.4 Struktur von Datensätzen

7.3.3 Adressierung von Sätzen

Zur Referenzierung von Datensätzen beispielsweise aus Indexstrukturen heraus ist es notwendig, Sätze gezielt zu adressieren. Hier bietet sich eine Kombination aus Seitennummer und Position des Satzes in der Seite an. Allerdings führt dies zu *fixierten* Sätzen: Muss der Satz innerhalb der Seite verschoben werden – zum Beispiel weil eine Änderung den Satz vergrößert und der verfügbare Platz nicht mehr ausreicht –, müssen alle Referenzen auf diesen Satz aktualisiert werden.

Daher wird meist eine indirekte Satzadressierung verwendet, indem so genannte **Tupelidentifikatoren (TID)** (record identifier oder rowid) zum Einsatz kommen. Diese bestehen aus der Seitennummer und einem Index für ein seitenspezifisches Satzverzeichnis, in dem wiederum die eigentliche Position des Satzes auf der Seite steht ($\rightarrow$ Bild 7.5). Muss nun der Satz verschoben werden, so wird die neue Position nur im Satzverzeichnis geändert, der Tupelidentifikator selbst bleibt unverändert. Dies funktioniert auch dann, wenn der Satz auf eine andere Seite verschoben werden muss. In diesem Fall wird an der alten Satzposition auf der Seite ein Tupelidentifikator als Verweis auf die neue Satzadresse (wiederum ein Tupelidentifikator) abgelegt. Derartige Verweise sind maximal zweistufig, da bei einem erneuten Verschieben des Satzes auf eine dritte Seite einfach der Tupelidentifikator auf der ersten Seite angepasst wird. Darüber hinaus werden diese Indirektionen im Zuge von periodischen Reorganisationen aufgelöst – die Datensätze nehmen wieder die Standardreihenfolge ein.

Das *Satzverzeichnis* selbst ist eine einfache Tabelle mit den Positionen der Sätze auf der Seite, die am Anfang der Seite (nach dem Seitenkopf) oder am Ende abgelegt wird. Der Satzbereich wächst dann entgegengesetzt

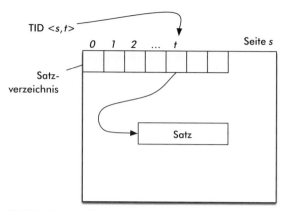

Bild 7.5 Satzverzeichnis und Tupelidentifikatoren

zum Satzverzeichnis: Befindet sich dieses am Seitenanfang (wie in Oracle oder IBM DB2), werden die Sätze von hinten nach vorn eingefügt, ist das Satzverzeichnis am Seitenende abgelegt (Microsoft SQL Server), so werden die Sätze beginnend beim Seitenanfang gespeichert.

7.4 Anfrageprozessor

Der Anfrageprozessor eines DBMS ist als Teil des Datensystems für die Optimierung und Auswertung von Anfragen verantwortlich. Die deklarativ formulierten Anfragen auf der mengenorientierten Schnittstelle müssen dazu in so genannte *Anfragepläne* übersetzt werden, die aus den Basisoperatoren der Relationenalgebra (→ 3.5.4) zusammengesetzt sind. Hierbei ergeben sich zwei wichtige Aufgaben: Erstens werden zu den Operatoren effiziente Berechnungsalgorithmen benötigt und zweitens muss aus der Menge der möglichen Anfragepläne ein kostenoptimaler Plan gefunden und ausgeführt werden.

7.4.1 Basisoperatoren

Zur Auswertung von Anfragen in einem DBMS müssen für die Operatoren der Relationenalgebra auf der Ebene des Zugriffssystems geeignete Implementierungen (so genannte Planoperatoren) bereitgestellt werden. Hinzu kommen Operatoren wie Sortierung und Gruppierung, die nicht in der klassischen Algebra zu finden sind, jedoch für die Auswertung von SQL benötigt werden. In Bild 7.6 ist die Zuordnung zwischen (logischen) Algebraoperatoren und (physischen) Planoperatoren dargestellt. Dabei sollte auch deutlich werden, dass durchaus mehrere Planoperatoren zu einem logischen Operator gehören können.

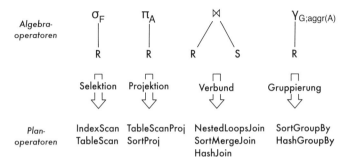

Bild 7.6 *Zuordnung zwischen Algebraoperatoren und Planoperatoren*

Die Operatoren lassen sich grundsätzlich in zwei Gruppen einteilen:
- unäre Operatoren, d. h. Operatoren auf einer Relation (z. B. Selektion und Projektion),
- binäre bzw. mehrstellige Operatoren, die mehrere Relationen verknüpfen, wie etwa Verbundoperatoren.

7.4.1.1 Unäre Operatoren

Eine spezielle Form unärer Operatoren sind die Zugriffsoperatoren, die an spezielle Zugriffsstrukturen ($\rightarrow$ 8) gebunden sind. Diese sind auf der Basis so genannter Scans implementiert, die eine Navigation über eine Menge von Datensätzen ermöglichen. So dient ein *Relationen-Scan* (full table scan) zum Durchlaufen der Tupel einer Relation, wobei die Reihenfolge durch die Anordnung der Tupel auf den Blöcken bestimmt wird. Beim *Index-Scan* wird dagegen ein Index zum Auslesen der Tupel genutzt. Dies bedeutet, dass der Index (genauer die Blattebene) zu durchlaufen ist und anhand der gespeicherten TID (Tuple Identifier) die zugehörigen Tupel aus der Relation gelesen werden. Somit erfolgt der Zugriff auf die Tupel in der Sortierreihenfolge des indexierten Schlüssels. Während beim Relationen-Scan immer alle Tupel gelesen werden, sind beim Index-Scan auch Bereichseinschränkungen bzw. eine exakte Schlüsselsuche möglich. Allerdings ist ein Index-Scan nicht immer die bessere Wahl: Beim Relationen-Scan muss maximal jeder Block der Relation einmal gelesen werden, beim Index-Scan ist im ungünstigsten Fall für jedes Tupel eine Blockleseoperation nötig.

Sofern die *Selektion* σ nicht über einen Index-Scan realisiert werden kann (weil kein geeigneter Index vorhanden ist), wird diese Operation als *Filter* implementiert, teilweise sogar direkt in Kombination mit anderen Operatoren. Hierbei werden eingelesene Tupel auf die Erfüllung der Selektionsbedingung überprüft und im Erfolgsfall weitergegeben.

Bei der *Projektion* π muss zwischen den Varianten ohne und mit Duplikateliminierung unterschieden werden. Ohne Duplikateliminierung ist dies ebenfalls ein einfacher Filter, der nur die nicht benötigten Attribute unterdrückt. Für die Projektion mit Duplikateliminierung (SELECT DISTINCT) gibt es mehrere Varianten, die im Wesentlichen alle auf einer Sortierung der Tupel basieren. Die Idee ist dabei, dass Duplikate in einer Sortierreihenfolge benachbart sind und ein Tupel beim Durchlaufen nur dann ausgegeben wird, wenn es sich von seinem Vorgänger unterscheidet:

- Ein Index auf den projizierten Attributen (oder einer Teilmenge davon) wird zum Auslesen der Tupel in Sortierreihenfolge genutzt. Ein Spezialfall ist ein Index, der alle projizierten Tupel enthält. In diesem Fall ist kein Zugriff auf die Basisrelation notwendig (*Index Only Scan*).
- Steht kein geeigneter Index zur Verfügung, müssen die Tupel zunächst sortiert werden. Anschließend werden sie danach sortiert ausgelesen und Duplikate entsprechend unterdrückt.

Die *Sortierung* ist in DBMS eine sehr aufwändige Operation, da man nicht davon ausgehen kann, dass die zu sortierende Relation vollständig in den Hauptspeicher passt. Daher kommen hier *externe* Sortierverfahren zum Einsatz, wie das **Merge-Sort-Verfahren**. Dieses arbeitet in zwei Phasen:
1. Zunächst wird die zu sortierende Relation in gleich große Teilrelationen partitioniert, die jeweils in den Hauptspeicher passen. Diese Partitionen werden unter Anwendung eines Hauptspeicherverfahrens (z. B. Quicksort /7.14/) sortiert und auf dem Externspeicher abgelegt.
2. Anschließend erfolgt das Mischen von jeweils zwei oder mehr der sortierten Partitionen, indem sie blockweise gelesen werden. Für jede Partition wird dabei ein Zeiger verwaltet, der auf das jeweils kleinste Tupel dieser Partition verweist. Diese Tupel werden nun miteinander verglichen und das jeweils kleinste in eine neue Partition geschrieben, wobei der entsprechende Zeiger der Herkunftspartition weitergesetzt wird. Die Mischphase wiederholt sich für die entstandenen Partitionen, bis schließlich eine einzelne sortierte Relation entsteht.

Auf Basis des Sortieroperators kann auch die *Gruppierung mit Aggregation* γ realisiert werden, indem die Relation nach dem Gruppierungsattribut sortiert wird ($\rightarrow$ 4.5.3). Da die Tupel einer Gruppe danach hintereinanderliegen, können die Aggregate anschließend in einem Durchlauf berechnet werden: Solange das nächste Tupel den Wert des Gruppierungsattributes hat, wird es zur aktuellen Gruppe und damit zum aktuellen Aggregat hinzugefügt, anderenfalls wird eine neue Gruppe begonnen und das Aggregat neu initialisiert. Eine Alternative ist die hashbasierte Gruppierung, bei der die Tupel unter Anwendung einer Hash-Funktion auf dem Gruppierungsattribut den Gruppen zugeordnet werden.

7.4.1.2 Binäre Operatoren

Zu den binären Operatoren gehören die Mengenoperationen wie Vereinigung, Differenz und Schnittmenge sowie die Verbundoperatoren ⋈ ($\rightarrow$ 3.5). Alle diese Operatoren (mit Ausnahme von Spezialfällen wie kartesisches Produkt und Vereinigung ohne Duplikateliminierung) basieren auf einem tupelweisen Vergleich der Eingaberelationen. Hierfür lassen sich drei grundlegende Techniken unterscheiden:

- **Nested-Loops-Technik.** Bei dieser auch als Schleifeniteration bezeichneten Variante werden die beiden Relationen in zwei ineinander geschachtelten Schleifen durchlaufen: Für jedes Tupel der „äußeren" Relation wird dabei in der inneren Schleife die zweite Relation einmal komplett durchlaufen, so dass jedes Tupel mit jedem Tupel der anderen Relation verglichen werden kann. Insgesamt sind somit $O(m \cdot n)$ Vergleiche (für m bzw. n Tupel in den beiden Relationen) notwendig.
- **Merge-Technik.** In dieser Variante werden die beiden Relationen zunächst sortiert (sofern sie nicht bereits sortiert vorliegen oder über einen Index ausgelesen werden können). Anschließend werden sie parallel durchlaufen und entsprechend der auszuführenden Operation (Verbund oder Mengenoperation) tupelweise verglichen. Da jede Relation nur einmal zu durchlaufen ist, beträgt der Aufwand ohne Sortieren $O(m + n)$ Vergleichsschritte bzw. mit Sortieren beider Relationen $O(m \log m + n \log n)$.
- **Hash-Verfahren.** Bei dieser Technik werden zuerst die Tupel der kleineren der beiden Relationen gelesen und in eine Hash-Tabelle eingetragen. Danach erfolgt das Lesen der zweiten Relation. Durch Anwendung der gleichen Hash-Funktion auf die Tupel kann das korrespondierende Tupel der ersten Relation gefunden und die entsprechende Operation ausgeführt werden. Auch hierbei sind im Idealfall (die Hash-Tabelle passt vollständig in den Hauptspeicher) nur $O(m + n)$ Schritte notwendig.

Obwohl die Nested-Loops-Technik den höchsten Aufwand erfordert, ist sie gerade für die Verbundberechnung eine unverzichtbare Strategie, da nur auf diese Weise Join-Operationen ausgeführt werden können, die nicht auf der Gleichheit der Verbundattribute (Gleichverbund) basieren. Daher ist der Nested-Loops-Join auch in allen relationalen DBMS zu finden. Zur Performance-Verbesserung kommen häufig noch zwei Varianten zum Einsatz:

- *Index-Nested-Loops-Verbund.* Speziell beim Gleichverbund kann bei der Verfügbarkeit eines Indexes auf einem der Verbundattribute die innere Schleife durch einen Indexzugriff ersetzt werden. Im Falle eines Primärindexes reduziert sich die Anzahl der Vergleiche auf $O(m \log n)$, wobei $\log n$ hier die Höhe des Indexbaums bezeichnet.
- *Block-Nested-Loops-Verbund.* Hierbei wird die Blockung der Tupel ausgenutzt, indem die beiden Schleifen zunächst über die Blöcke der Relationen laufen und innerhalb der Blöcke dann wieder mit geschachtelten Schleifen über die Tupel iteriert wird. Auf diese Weise kann die Anzahl der Blockzugriffe auf $O(b_r \cdot b_s)$ reduziert werden (b_r bezeichnet die Anzahl der Blöcke der Relation r, b_s entsprechend von Relation s).

Eine weitere wichtige Verbundstrategie für den Gleichverbund ist der Merge-Verbund, der wie oben beschrieben ausgeführt wird. Die eigentliche Verbundausführung und das Lesen der nachfolgenden Tupel erfolgt dabei in Abhängigkeit vom Ergebnis des Vergleiches: Bei Gleichheit der beiden Werte der Verbundattribute erfolgt der Verbund, ist der Tupelwert der linken Relation kleiner, wird das nächste Tupel dieser Relation gelesen und mit dem aktuellen Tupel der rechten Relation verglichen, anderenfalls entsprechend das nächste Tupel der rechten Relation.

7.4.2 Anfrageplanung und -optimierung

Die Aufgabe der Anfrageplanung und -optimierung ist es, aus einer Anfrage in der jeweiligen Anfragesprache wie SQL (bei relationalen Datenbanksystemen) einen *Anfrageplan* abzuleiten. Ein solcher Anfrageplan wird als Graph repräsentiert, dessen Knoten relationale Basisoperatoren ($\rightarrow$ 3.5) und dessen Kanten den Datenfluss zwischen den Operatoren darstellen. Die Blätter bilden dabei Operatoren zum Zugriff auf Relationen bzw. Zugriffsstrukturen; an der Wurzel steht das Anfrageergebnis zur Verfügung. Allerdings gibt es in den meisten Fällen mehrere äquivalente Pläne, die das gleiche Ergebnis liefern, dabei jedoch unterschiedliche Kosten verursachen. Ziel ist es daher, den optimalen Plan zu finden.

In Bild 7.7 sind die einzelnen Phasen der Planung und Ausführung von Anfragen skizziert, die im Folgenden kurz beschrieben werden.

Übersetzung und Sichtauflösung. Im ersten Schritt wird die textuelle (SQL-)Anfrage auf korrekte Syntax überprüft und in einen Ausdruck der (erweiterten) Relationenalgebra, der bereits als Operatorbaum repräsentiert werden kann, überführt. Erweiterungen sind insbesondere für die Gruppierung und Aggregation, die Sortierung sowie für geschachtelte Unteranfragen notwendig. Weiterhin wird geprüft, ob die in der FROM-Klausel referenzierten

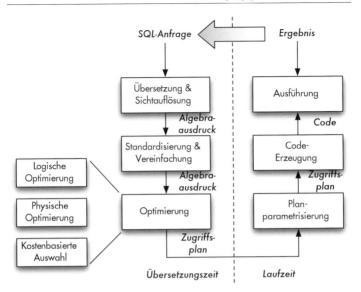

Bild 7.7 Phasen der Anfrageverarbeitung

Relationen als Basisrelationen existieren. Sofern es sich um Sichten handelt, müssen diese durch die die Sicht definierende Anfrage ersetzt werden.
Standardisierung und Vereinfachung. In der nächsten Phase wird versucht, die nachfolgenden Optimierungsschritte durch Transformation der Anfrage in ein standardisiertes (kanonisches) Format zu überführen. Dies betrifft sowohl die Ausdrucksebene mit den Selektions- und Verbundbedingungen als auch die Anfrageebene.

Auf *Ausdrucksebene* werden typischerweise die Bedingungen zunächst in die konjunktive Normalform der Aussagenlogik überführt. Hierbei wird der Ausdruck als Konjunktion (Und-Verknüpfung) von Disjunktionstermen (Oder-verknüpfte einfache Prädikate) repräsentiert, also z. B.

$$(p_1 \vee p_2) \wedge p_3 \wedge (p_4 \vee p_5 \vee p_6)$$

wobei die p_i hier für Prädikate der Form „$a \, op \, c$" mit $op \in \{<, \leq, =, \neq, \geq, >\}$ stehen. Die konjunktive Normalform vereinfacht in den späteren Phasen die Zerlegung komplexer Bedingungen in Folgen von Selektionen.

Die Vereinfachung auf *Anfrageebene* zielt im Wesentlichen auf die Entschachtelung von Anfragen ab, d. h. das Umformen von Unteranfragen im WHERE-Teil. Hierbei wird versucht, die eigentlich notwendige geschachtelte Iteration durch eine effizienter ausführbare Verbundoperation zu ersetzen.

❑ *Beispiel:*

Die geschachtelte Anfrage

```
SELECT Vorname, Name
FROM Autor
WHERE Isbn IN (SELECT Isbn
               FROM Buch
               WHERE Titel LIKE "%SQL%")
```

wird entschachtelt und in eine Verbundanfrage transformiert:

```
SELECT Vorname, Name
FROM Buch, Autor
WHERE Titel LIKE "%SQL%" AND Buch.Isbn = Autor.Isbn
```

Algebraische Optimierung. In der dritten Phase wird die Anfrage zunächst ohne Zugriff auf das interne Schema ($\rightarrow$ 9.3.3) und Informationen über die Größe der Relationen und die Verteilung der Werte optimiert. Dieser Schritt basiert auf der Äquivalenz von Algebratermen: Unter Anwendung von *Heuristiken* (Transformationsregeln) werden Terme des Anfrageausdrucks durch andere ersetzt. Aufgrund dieser Regelanwendung bezeichnet man die Phase auch als *regelbasierte Optimierung* (rewriting). Die wesentlichen Ziele dieser Phase sind:

- Minimierung von Zwischenergebnissen speziell bei binären Operationen,
- frühzeitige Ausführung von Selektionen und Projektionen ohne Duplikateliminierung (ebenfalls zur Minimierung der Zwischenergebnisse),
- Erkennen von gemeinsamen Anfrageteilen und das Entfernen redundanter Operationen sowie
- Zusammenfassen von Folgen unärer Operationen (z. B. mehrere Selektionen oder Projektionen).

Konkrete Transformationsregeln (für Relationen r_i und Selektionsbedingungen P) sind u. a.

- Kommutativität und Assoziativität der Verbundoperationen, die eine Vertauschung der inneren und äußeren Relation sowie die freie Wahl der Verbundreihenfolge erlauben (Regel 7.2 und 7.3),
- Kommutativität des logischen Und, die das Zerlegen komplexer Selektionsbedingungen sowie die Vertauschung der Reihenfolge ermöglicht (Regel 7.4),
- Kommutativität von σ und $\bowtie$ bzw. den Mengenoperationen zum „Nach-Innen-Ziehen" (push down) von Selektionen (Regel 7.5)
- sowie Idempotenzen (Verknüpfung von Relationen mit sich selbst) und Verknüpfungen mit leeren Relationen (Regel 7.6 und 7.7).

$$r_1 \bowtie r_2 \quad \Leftrightarrow \quad r_2 \bowtie r_1 \tag{7.2}$$

$$(r_1 \bowtie r_2) \bowtie r_3 \Leftrightarrow r_1 \bowtie (r_2 \bowtie r_3) \tag{7.3}$$

$$\sigma_{P_1}(\sigma_{P_2}(r)) \Leftrightarrow \sigma_{P_2}(\sigma_{P_1}(r)) \Leftrightarrow \sigma_{P_1 \wedge P_2}(r) \tag{7.4}$$

$$\sigma_P(r_1 \bowtie r_2) \Leftrightarrow \sigma_P(r_1) \bowtie r_2 \tag{7.5}$$

$$\text{falls } P \text{ auf das Schema von } r_1 \text{ passt}$$

$$r_1 \cup r_1 \Leftrightarrow r_1 \tag{7.6}$$

$$r_1 \bowtie \emptyset \Leftrightarrow \emptyset \tag{7.7}$$

Das Beispiel in Bild 7.8 illustriert die Anwendung dieser Regeln.

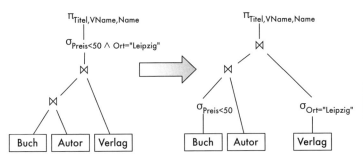

Bild 7.8 Beispiel für algebraische Optimierung

Physische Optimierung. In der Phase der physischen Optimierung werden die logischen Operatoren des Plans durch konkrete Algorithmen ($\rightarrow$ 7.4.1) ersetzt. Darüber hinaus werden auch die Art der Speicherung der Relationen sowie die Verfügbarkeit von Zugriffspfaden berücksichtigt. Schließlich kommt es auch zur Untersuchung der möglichen Verbundreihenfolgen. Üblicherweise entstehen dabei mehrere äquivalente Pläne, so dass der beste Plan ausgewählt werden muss. Dazu werden für jeden Plan die Ausführungskosten ermittelt und davon der kostengünstigste gewählt. Planerzeugung, Kostenbestimmung und Auswahl erfolgen in der Regel kombiniert, d. h., Pläne werden schrittweise erzeugt (beginnend bei den Zugriffen auf die einzelnen Relationen) und diese Teilpläne bereits hinsichtlich ihrer Kosten miteinander verglichen. So lassen sich schon frühzeitig ungünstige Pläne eliminieren und damit der Suchaufwand reduzieren.

Grundsätzlich handelt es sich hierbei um ein Optimierungsproblem, bei dem ein Suchraum (die Menge aller äquivalenten Pläne zu der gegebenen Anfrage, die durch Transformationsregeln erzeugt werden) nach dem Optimum (dem Plan mit den geringsten Kosten) durchsucht wird ($\rightarrow$ Bild 7.9). Da dieser Suchraum schnell sehr groß wird, ist eine erschöpfende Suche meist nicht praktikabel.

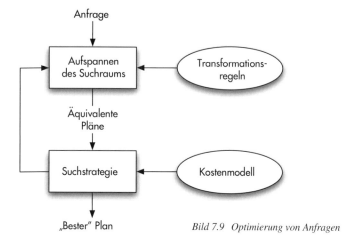

Bild 7.9 Optimierung von Anfragen

❑ *Beispiel:* So ergeben sich allein für die verschiedenen Verbundreihenfolgen für 10 Relationen bereits über 17 Mrd. Varianten!

In kommerziellen Systemen wird der Suchraum daher
1. durch geeignete Heuristiken eingeschränkt (z. B. die Beschränkung auf bestimmte „Formen" von Verbundreihenfolgen) und
2. es kommen entsprechende Suchstrategien wie Greedy-Verfahren oder – in den meisten Systemen – die Technik der dynamischen Programmierung zum Einsatz.

Neben derartigen deterministischen Techniken können auch verschiedene nichtdeterministische Verfahren (z. B. Hill Climbing, Simulated Annealing und genetische Algorithmen /1.7/, /7.15/) eingesetzt werden, die bisher aber praktisch keine größere Verbreitung gefunden haben.

Das Ergebnis dieses Schrittes – der Ausführungsplan mit den physischen Planoperatoren – ist in Bild 7.10 am Beispiel des Plans aus Bild 7.8 dargestellt.

Code-Erzeugung und Ausführung. Falls eine vorcompilierte SQL-Anweisung (z. B. aus einer Anwendung mit eingebettetem SQL → 5.2) ausgeführt werden soll, kann ein bereits optimierter Plan vorher noch parametrisiert werden, indem man Platzhalter in der Anfrage durch konkrete Werte ersetzt. Als letzter Schritt wird der Plan dann in ausführbaren Code umgewandelt und dieser dann schließlich ausgeführt. Alternativ kann der Plan auch direkt von einem geeigneten Interpreter ausgewertet werden.

7.4 Anfrageprozessor

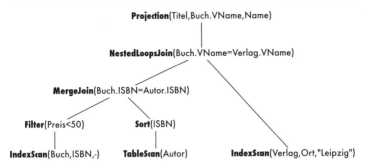

Bild 7.10 *Ergebnis der physischen Optimierung*

Die vom Anfrageoptimierer erzeugten Pläne lassen sich in den meisten Systemen auch ausgeben. Hierfür stehen entweder spezielle EXPLAIN-Anweisungen oder grafische Administrationswerkzeuge zur Verfügung. Darüber hinaus kann der Optimierer auch gezielt beeinflusst werden ($\rightarrow$ 9.5.3).

7.4.3 Kosten und Statistiken

Die Basis für die Auswahl des besten Plans zu einer Anfrage bildet das Kostenmodell, das folgende Komponenten umfasst:

- Kostenfunktionen zur Abschätzung der Ausführungskosten von einzelnen Operatoren und darauf aufbauend vollständiger Pläne,
- Kostenformeln zur Bestimmung der Größe von Zwischenergebnissen der einzelnen Schritte (Operationen) des Plans,
- Statistiken zur Größe von Relationen und Zugriffspfaden, zu Wertebereichen und Datenverteilungen der Attribute.

Die Haupteinflussgrößen für den Aufwand zur Ausführung eines Plans bilden

- Eingabe-/Ausgabekosten, die sich aus der Anzahl der zu lesenden bzw. zu schreibenden Speicherseiten ergeben,
- Berechnungskosten (CPU-Kosten) für die Prüfung von Bedingungen, arithmetische Operationen usw.
- sowie im Fall verteilter Datenbanken ($\rightarrow$ 13) auch Kommunikationskosten.

Aufbauend auf den Aufwandsfunktionen für die einzelnen Operatoren werden diese verschiedenen Kostenformen durch geeignete Kostenfunktionen zu einem einzigen Wert kombiniert. Dieses *Kostenmaß* hat daher meist keine oder nur eine abstrakte Einheit (z. B. „Timerons" in IBM DB2). Der absolute Wert ist dabei auch nicht von Bedeutung, da es sich nur um eine

Abschätzung handelt. Vielmehr werden die Kosten nur für den relativen Vergleich der einzelnen Pläne genutzt.

Die Teilkosten für die einzelnen Planoperatoren werden bestimmt, indem ausgehend von den bekannten Größen der Basisrelationen Abschätzungen der Ergebnisgrößen vorgenommen werden. Die Ergebnisgrößen werden sukzessive von den Zugriffsoperatoren bis hin zur Wurzel des Plans bestimmt und erlauben so eine Gesamtabschätzung der Kosten. Die Basis für die Bestimmung der Ergebnisgröße bildet die Selektivität eines Operators.

> Die **Selektivität** eines Operators bezeichnet das Verhältnis zwischen der Größe (Kardinalität) der Eingaberelation und der Ergebniskardinalität.

Zu allen Planoperatoren bzw. Anfragetermen existieren für die Selektivität entsprechende mehr oder weniger genaue Abschätzungen, z. B. für die Selektion mit einer Bedingung „*Attribut = Wert*" als $1/nvals$ mit *nvals* als Anzahl der verschiedenen Werte von *Attribut*.

❑ *Beispiel:* Wenn bekannt ist, dass die Eingaberelation 100 000 Tupel umfasst und zu dem Attribut 100 verschiedene Werte auftreten, kann die Selektivität einer Anfrage nach einem bestimmten Attributwert mit $1/100$ und damit die Ergebnisgröße mit $0{,}01 \cdot 100\,000 = 1000$ Tupel abgeschätzt werden.

▶ *Hinweis:* Meist liegen diesen Abschätzungen (in der Praxis eher unrealistische) Annahmen wie Gleichverteilung der Attributwerte und Unabhängigkeit der Attribute zugrunde.

Informationen wie die Größe der Basisrelationen, die Anzahl der verschiedenen Werte oder auch der Wertebereich eines Attributes werden vom DBMS im Schemakatalog in speziellen Statistiktabellen verwaltet. Da die Annahme der Gleichverteilung in vielen Fällen nicht zutreffend ist, kommen in DBMS zusätzlich noch so genannte Histogramme zum Einsatz.

> **Histogramme** sind Häufigkeitstabellen für Attribute, bei denen der Wertebereich in disjunkte Bereiche (Buckets) zerlegt wird und die Häufigkeit der Werte pro Bucket verwaltet wird. Damit erlauben Histogramme eine bessere Approximation der tatsächlichen Verteilung der Attributwerte.

Histogramme gibt es in verschiedenen Formen – sie unterscheiden sich u. a. darin, wie die Buckets aufgeteilt werden, z. B. Buckets gleicher Breite, Buckets mit gleichen Häufigkeiten (Höhen) oder varianzminimierende Buckets.

Da Aufbau und Pflege der weitergehenden Statistiken (zur Datenverteilung) recht aufwändig sind – prinzipiell ist jede Änderung an den Daten zu berücksichtigen –, werden Statistiken üblicherweise explizit angelegt und aktualisiert. Hierfür stehen in den DBMS spezielle ANALYZE-Anweisungen oder systemspezifische Werkzeuge zur Verfügung.

7.5 Transaktionsverwaltung

Transaktionen stellen eines der Kernkonzepte von Datenbankmanagementsystemen dar. Sie zielen auf Wahrung der Konsistenz und Korrektheit der Daten auch unter den Bedingungen des Mehrbenutzerbetriebs ab. Eine wichtige Aufgabe ist es daher, parallel laufende Transaktionen zu synchronisieren, so dass die gewünschten Eigenschaften garantiert werden können.

7.5.1 Aufgabe

> Im Datenbankbereich versteht man unter dem Begriff der **Transaktion** eine Folge von Operationen, die eine Datenbank von einem konsistenten Zustand in einen möglicherweise neuen, aber wieder konsistenten Zustand überführt und dabei das ACID-Prinzip einhält.

ACID steht für die Anfangsbuchstaben von vier Konzepten:

Atomarität (atomicity). Die Folge der Operationen soll entweder vollständig oder gar nicht ausgeführt werden, d. h. bei Abbruch einer Transaktion wird die Datenbank auf den Zustand vor Beginn dieser Transaktion zurückgesetzt.

Konsistenz (consistency). Mit dem Ende einer Transaktion (also auch bei Abbruch) müssen alle Integritätsbedingungen erfüllt sein – die Datenbank ist wieder in einem konsistenten Zustand.

Isolation (isolation). Bei der Ausführung einer Transaktion in einer Mehrbenutzerumgebung sollte ein Nutzer den Eindruck haben, dass er „allein" mit der Datenbank arbeitet. Dies verbietet somit unerwünschte Nebeneffekte durch konkurrierende Zugriffe.

Dauerhaftigkeit (durability). Nach Abschluss der Transaktion sollen alle durchgeführten Änderungen dauerhaft in der Datenbank auf dem Externspeicher festgeschrieben sein. Dies ist insbesondere im Zusammenhang mit der Pufferverwaltung von Bedeutung, da Seiten nach Transaktionsende durchaus im Puffer verbleiben können.

Die Ausführung von Transaktionen umfasst somit zwei Aspekte: die *semantische Integrität*, d. h. die Einhaltung der Integritätsbedingungen, und die *operationale bzw. Ablaufintegrität*, also die Vermeidung von Fehlern durch gleichzeitige Zugriffe auf dieselben Objekte.

❑ *Beispiel:* Ein klassisches Beispiel für eine Transaktion ist eine Banküberweisung: Die beiden Operationen (Abbuchung vom ersten Konto, Überweisung auf das zweite Konto) müssen immer als Ganzes ausgeführt werden bzw. es muss im Fehlerfall die Abbuchung rückgängig gemacht werden (Atomarität), die Integritätsbedingungen (Konsistenz) müssen erfüllt sein (z. B. Dispokredit nicht überschreiten), parallele Transaktionen (etwa eine Auszahlung am Geldautomat) dürfen nicht zu Fehlern führen (Isolation) und natürlich soll die Überweisung auch dauerhaft in der Bank-Datenbank gespeichert sein (Dauerhaftigkeit).

Die möglichen Fehlerquellen im unkontrollierten Mehrbenutzerbetrieb lassen sich durch vier Problemklassen (die so genannten **Mehrbenutzer-Anomalien**) beschreiben:

- *Verlorengegangene Änderungen* (**lost update**). Sie können auftreten, wenn zwei Transaktionen zunächst ein Datenobjekt (z. B. ein Konto) lesen, darauf unabhängig voneinander Berechnungen durchführen (etwa eine Abbuchung oder eine Einzahlung) und schließlich jeweils den neuen Wert zurück in die Datenbank schreiben. Als Ergebnis steht der zuletzt geschriebene Wert in der Datenbank – die Änderung der ersten Transaktion ist verlorengegangen.
- *Abhängigkeiten von nicht freigegebenen Änderungen* (**dirty read**). Dieses Problem tritt auf, wenn eine Transaktion T_1 Daten liest, die von einer anderen noch nicht beendeten Transaktion T_2 verändert wurden und T_2 dann abbricht. In diesem Fall hat T_1 inkonsistente („schmutzige") Daten gelesen.
- *Inkonsistentes Lesen* (**non-repeatable read**). Zu diesem Problem kann es kommen, wenn eine Transaktion ein Datenobjekt wiederholt liest und dieses Objekt in der Zwischenzeit von einer anderen Transaktion geändert wird. Für sich genommen kommen beide Transaktionen zu gültigen Ergebnissen, insgesamt entsteht aber eine Inkonsistenz.
- *Phantom-Problem*. Von diesem Problem spricht man, wenn während einer Transaktion T_1 eine andere Transaktion T_2 Daten einfügt oder löscht, die T_1 eigentlich hätte berücksichtigen müssen.

Durch geeignete Synchronisationsmaßnahmen lassen sich diese Probleme jedoch verhindern.

Zur Kennzeichnung der Transaktionsgrenzen bieten Datenbanksysteme spezielle Kommandos an. In SQL-Systemen kennzeichnet die Anweisung COMMIT die erfolgreiche Beendigung, ROLLBACK den Transaktionsabbruch. Hierbei ist zu beachten, dass die COMMIT-Anweisung nur die Benutzerabsicht ausdrückt: Ob die Transaktion tatsächlich erfolgreich beendet werden kann, muss das Datenbanksystem anhand der Einhaltung der ACID-Eigenschaften prüfen. Der Transaktionsbeginn (BOT – *Begin Of Transaction*) ist in SQL dagegen meist implizit, d. h., eine Transaktion beginnt, wenn die vorige Transaktion beendet wurde bzw. bei der ersten Verbindung zur Datenbank.

Darüber hinaus besteht in SQL-Datenbanksystemen noch die Möglichkeit, die strengen ACID-Forderungen gezielt abzuschwächen und damit bewusst die oben beschriebenen Probleme in Kauf zu nehmen. Dies kann beispielsweise dann sinnvoll sein, wenn zugunsten eines höheren Durchsatzes Abstriche bei der Konsistenz gemacht werden sollen. Hierfür kann über die Anweisung `SET TRANSACTION ISOLATION LEVEL` eine so genannte Isolationsebene für die Folgetransaktionen festgelegt werden ($\rightarrow$ 4.8.2).

7.5.2 Serialisierbarkeit

Die Isolationseigenschaft des ACID-Prinzips fordert den Eindruck der Nacheinanderausführung von Transaktionen. Allerdings ist dies im realen Einsatz nicht praktikabel, so dass eine verschränkte Ausführung notwendig ist. Hierbei werden die einzelnen Operationen der verschiedenen Transaktionen wechselweise ausgeführt – die entstehende Folge bildet einen so genannten **Schedule**. Die Forderung ist nun, dass der Effekt der Ausführung eines solchen verschränkten Schedules dem Effekt eines *seriellen* Schedules entspricht, also der Nacheinanderausführung der Transaktionen. Dieses Qualitätskriterium eines Schedules bezeichnet man als **Serialisierbarkeit**.

Zur Entscheidung über die Serialisierbarkeit eines Schedules wird ein vereinfachtes Modell für Transaktionen verwendet: Eine Transaktion wird als Folge atomarer Lese- bzw. Schreiboperationen betrachtet, notiert als $r(x)$ für eine Leseoperation auf dem Datenbankobjekt x und $w(x)$ für eine Schreiboperation. Damit lassen sich sowohl Anfragen als auch Einfüge-, Lösch- und Änderungsoperationen repräsentieren, während Berechnungen, Benutzerinteraktionen etc. ignoriert werden.

❏ *Beispiel:* Gegeben sind zwei Transaktionen T_1 und T_2:

$$T_1 = r_1(x)r_1(y)w_1(x)$$
$$T_2 = r_2(y)w_2(y)$$

Ein möglicher verschränkter Schedule für diese beiden Transaktionen ist dann:

$$s_1 = r_1(x)r_2(y)r_1(y)w_2(y)w_1(x)$$

während ein serieller Schedule wie folgt aussehen würde:

$$s_2 = T_1 T_2 = r_1(x)r_1(y)w_1(x)r_2(y)w_2(y)$$

Serialisierbarkeit kann nun als Äquivalenz von Schedules formuliert werden. Hierfür gibt es verschiedene Äquivalenzrelationen, wovon die **Konfliktserialisierbarkeit** die in der Praxis wichtigste ist, weil sie am einfachsten überprüft bzw. erzwungen werden kann.

Konfliktserialisierbarkeit betrachtet die in Konflikt stehenden Datenbankoperationen der beteiligten Transaktionen. Ein *Konflikt* tritt immer dann auf, wenn die Reihenfolge der Datenbankoperationen $p \in T_1$ und $q \in T_2$ Einfluss auf das Ergebnis hat – offensichtlich ist dies immer dann der Fall, wenn beide Operationen auf das gleiche Objekt zugreifen und eine der beiden Operationen eine Schreiboperation ist. Konfliktserialisierbarkeit bedeutet nun, dass die *Konfliktrelation* eines verschränkten Schedules gleich der eines seriellen Schedules ist. Die Konfliktrelation ist die Menge aller Paare konfliktärer Operationen (p,q) von erfolgreichen Transaktionen, wobei p im Schedule vor q auftritt.

Dies kann sehr einfach in einem Konfliktgraphen zum Schedule dargestellt werden, dessen Knoten durch die beteiligten Transaktionen und die Kanten durch die Konflikte gebildet werden. In Bild 7.11 sind ein Beispiel-Schedule und der zugehörige Konfliktgraph dargestellt.

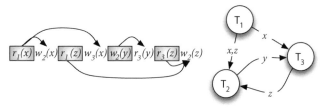

Bild 7.11 Schedule und Konfliktgraph

Anhand eines solchen Konfliktgraphen kann nun auch die Konfliktserialisierbarkeit auf einfache Weise geprüft werden. Weist der Graph Zyklen auf, so ist der zugehörige Schedule nicht konfliktserialisierbar (wie in Bild 7.11). Ein zyklenfreier Graph repräsentiert dagegen einen serialisierbaren Schedule. Dies lässt sich wie folgt erklären: Aus einem zyklenfreien Graphen kann unter Anwendung des topologischen Sortierens (eines Graph-Algorithmus) ein serieller Schedule abgeleitet werden (d. h. eine totale Ordnung der Knoten, die einer Nacheinanderausführung der Transaktionen entspricht), für einen Graphen mit Zyklen ist dieses Verfahren dagegen nicht anwendbar.

Neben der Serialisierbarkeit gibt es noch weitere Kriterien für Schedules, die das Verhalten bei Transaktionsabbruch und im Fehlerfall charakterisieren. Hierbei spielt insbesondere die **Rücksetzbarkeit** (recoverability) eine wichtige Rolle, die fordert, dass eine Transaktion T erst dann erfolgreich beendet werden kann, wenn alle Transaktionen beendet sind, von denen T gelesen hat. Im Falle eines Dirty-Read-Problems kann T dann immer noch abgebrochen (zurückgesetzt) werden. Würde T dagegen vor der anderen Transaktion beendet werden, wäre ein Zurücksetzen nicht mehr möglich.

In einem DBMS muss nun durch geeignete Synchronisationsmaßnahmen sichergestellt werden, dass der Schedule der laufenden Transaktionen serialisierbar ist. Die Schwierigkeit dabei besteht darin, dass die Folge der Operationen in den Transaktionen vorab meist nicht vollständig bekannt ist, so dass erst während des Transaktionsablaufs eine Prüfung auf Serialisierbarkeit möglich wird. Hierzu lassen sich zwei wesentliche Verfahrensklassen unterscheiden: sperrende Verfahren ($\rightarrow$ 7.5.3) und nicht sperrende Verfahren ($\rightarrow$ 7.5.4).

7.5.3 Sperrverfahren

Die wichtigste Klasse von Synchronisationsverfahren für den praktischen Einsatz in DBMS sind die **Sperrverfahren**. Diese verfolgen den Ansatz, Konflikte von Transaktionen zu vermeiden, indem Transaktionen gegebenenfalls verzögert werden. Das Prinzip stammt aus dem Betriebssystembereich: Auch dort gibt es so genannte geschützte Bereiche, die einen exklusiven Zugriff auf gemeinsame Ressourcen garantieren. In einem Datenbanksystem entsprechen diese Ressourcen den Datenbankobjekten (Sätzen, Seiten oder ganzen Relationen). Der exklusive Zugriff wird über Sperren (*locks*) gesteuert: Eine Transaktion muss ein Objekt vor dem Zugriff sperren. Kann diese Sperre nicht erteilt werden (z. B. weil das gleiche Objekt bereits von einer anderen Transaktion gesperrt ist), muss die Transaktion warten, bis die Sperre aufgehoben ist.

Aufgrund der unterschiedlichen Zugriffsarten (Lesen und Schreiben von Objekten) werden auch zwei Arten von Sperren verwendet: Lesesperren (notiert als $rl(x)$ für *read lock* bzw. *shared lock*) und Schreibsperren ($wl(x)$) für *write lock* oder *exclusive lock*). Entsprechend den möglichen Konflikten ($\rightarrow$ 7.5.2) ergibt sich die in Tabelle 7.1 dargestellte Kompatibilität der Sperren.

Tabelle 7.1 Kompatibilität von Sperren

	$rl(x)$	$wl(x)$
$rl(x)$	$\checkmark$	–
$wl(x)$	–	–

Darüber hinaus gibt es noch eine weitere Operation $u(x)$ (*unlock*) zum Aufheben der Sperre.

Die **Sperroperationen** müssen in folgender Weise verwendet werden:
- Zugriffe auf Objekte müssen immer in $rl(x)$ bzw. $wl(x)$ und $u(x)$ gekapselt sein, d. h., eine Transaktion kann nur auf ein Objekt zugreifen, das sie zuvor gesperrt hat.
- Schreibzugriffe sind nur nach Erteilen einer Schreibsperre erlaubt, Lesezugriffe nach Erteilen einer Lese- oder Schreibsperre.
- Das Umwandeln der Sperre von Lese- auf Schreibsperre ist möglich (solange die Sperre erteilt werden kann). Ein mehrmaliges oder auch wiederholtes Sperren (d. h. nach einer Freigabe) des gleichen Objektes ist dagegen nicht erlaubt.
- Vor dem Transaktionsende müssen alle Sperren der Transaktion aufgehoben werden.

Allerdings sichert die Einhaltung dieser so genannten Sperrdisziplin allein noch nicht die Serialisierbarkeit eines Schedules – es können noch immer Mehrbenutzer-Anomalien (→ 7.5.1) auftreten. Daher müssen alle Transaktionen ein spezielles Protokoll einhalten, das als **Zwei-Phasen-Sperrprotokoll** (two-phase locking – 2PL) bezeichnet wird. Hierbei läuft jede Transaktion in zwei Phasen ab. In der *Anforderungsphase* werden Sperren nur gesetzt, während in der *Freigabephase* Sperren nur noch aufgehoben werden dürfen. Das Diagramm in Bild 7.12 illustriert dieses Prinzip. Die Anforderungsphase ist durch eine Zunahme der Anzahl der Sperren gekennzeichnet. Mit dem ersten Freigeben einer Sperre beginnt die Freigabephase, in der keine neue Sperre mehr gesetzt werden darf. Die positive Eigenschaft des Zwei-Phasen-Sperrprotokolls ist nun, dass die Konfliktserialisierbarkeit ohne weitere Maßnahmen bzw. Prüfungen garantiert werden kann, sofern sich alle Transaktionen an dieses Protokoll halten.

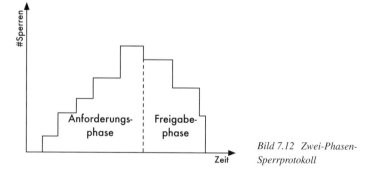

Bild 7.12 Zwei-Phasen-Sperrprotokoll

Zwei Probleme können jedoch auch beim Zwei-Phasen-Sperrprotokoll auftreten: Verklemmungen und kaskadierende Abbrüche.

> Unter einer **Verklemmung** (deadlock) versteht man das gegenseitige Warten von zwei Transaktionen, wenn beide Transaktionen jeweils ein Objekt exklusiv gesperrt haben und im zweiten Schritt noch das Objekt der jeweils anderen Transaktion ebenfalls exklusiv sperren wollen. Beide Transaktionen müssen nun auf die Freigabe der Sperre warten und blockieren sich gegenseitig.

Hierfür gibt es zwei grundsätzliche Lösungsmöglichkeiten:

- Man versucht, derartige Verklemmungen zu *erkennen* und durch Abbruch einer der Transaktionen aufzuheben. Ein einfacher Ansatz hierfür ist ein Wartegraph, dessen Knoten durch die Transaktionen und dessen Kanten durch die Wartebeziehungen beim Sperren gebildet werden. Ein Zyklus im Wartegraphen ist dann ein Indikator für eine Verklemmung.
- Eine zweite Lösungsmöglichkeit ist es, Verklemmungen von vornherein zu *vermeiden*. Dies kann durch eine *konservative* Variante des Zwei-Phasen-Sperrprotokolls erreicht werden, indem alle benötigten Sperren zu Beginn der Transaktion in einem atomaren Schritt angefordert werden (*preclaiming*). Wird auch nur eine der Sperren nicht gewährt, so werden alle anderen Sperren wieder freigegeben und die Transaktion zu einem späteren Zeitpunkt erneut gestartet ($\rightarrow$ Bild 7.13a). Allerdings hat diese Variante gleich zwei Nachteile: Zum einen ist zum Transaktionsbeginn nicht immer bekannt, welche Objekte überhaupt gesperrt werden sollen, und zum anderen reduziert dies die Parallelität der Transaktionsabläufe. Daher ist diese Variante des Zwei-Phasen-Sperrprotokolls für den praktischen Einsatz nicht besonders geeignet.

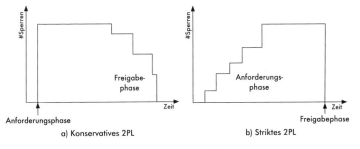

Bild 7.13 Varianten des Zwei-Phasen-Sperrprotokolls

Das zweite Problem, das auch im Zusammenhang mit dem Zwei-Phasen-Sperrprotokoll auftreten kann, sind **kaskadierende Abbrüche**. Dies bezeichnet den Fall, dass der Abbruch einer Transaktion den Abbruch anderer Transaktionen nach sich zieht, wenn diese bereits Objekte gelesen haben, die von der ersten Transaktion geschrieben wurden. Der Ausweg ist hier die *strikte* Variante des Zwei-Phasen-Sperrprotokolls, bei der Sperren erst direkt vor Transaktionsende in einem Schritt freigegeben werden. Dadurch können andere Transaktionen noch keine Sperren auf bereits freigegebene Objekte dieser Transaktion setzen (→ Bild 7.13b). Allerdings ist auch hier der Preis eine Aufgabe der Parallelität, da der Start von konkurrierenden Transaktionen bis zum Ende der ersten Transaktion verzögert wird.

Granularität von Sperren

Ein weiterer wichtiger Aspekt von Sperrverfahren ist die Frage, auf welcher *Granularitätsstufe* der Datenbankobjekte (Attributwert, Satz, Seite, Relation oder Datenbank) Sperren zum Einsatz kommen. Feingranulare Sperren, etwa auf einzelnen Attributwerten, ermöglichen natürlich eine höhere Parallelität von Transaktionen, da die Konfliktwahrscheinlichkeit der Sperren geringer ist als bei gröberen Sperrgranulaten. Dem gegenüber steht aber ein höherer Verwaltungsaufwand, da alle Sperren einer Datenbank in einer Sperrtabelle eingetragen werden. Moderne DBMS reagieren darauf dynamisch: Übersteigt die Anzahl der Sperren auf der standardmäßigen Granularitätsebene (meist Sätze) ein bestimmtes Maß (*lock escalation*), so wird auf die nächsthöhere Ebene umgeschaltet, indem beispielsweise die gesamte Relation gesperrt und somit nur noch eine Sperre benötigt wird. Eine weitere Technik sind hierarchische Sperrverfahren, bei denen zunächst „intentionale" Sperren oder Sperrabsichten (intentional locks) auf den gröberen Granularitätsebenen gesetzt werden, die dann auf den feineren Ebenen zu echten Sperren verschärft werden. Schließlich sei noch darauf hingewiesen, dass auch Zugriffe auf Indexstrukturen über Sperrverfahren zu synchronisieren sind. Um zu verhindern, dass ganze Teilbäume gesperrt werden müssen, was wiederum die Parallelität deutlich einschränken würde, bieten sich Baumprotokolle als Sperrverfahren an /7.9/.

Multiversionen-Synchronisation

In modernen DBMS wird das Zwei-Phasen-Sperrprotokoll meist in Verbindung mit der *Multiversionen-Synchronisation* (Multi Version Concurrency Control – MVCC) eingesetzt, um die Anzahl der Synchronisationskonflikte zu reduzieren und dadurch den Transaktionsdurchsatz zu erhöhen. Hierbei werden zu jedem geänderten Objekt mehrere Versionen verwaltet – konkret erzeugt jede Änderungsoperation eine neue Version des Objektes. Die Leseoperationen greifen dann auf die Version zu, die bei Transaktionsbeginn aktuell war.

❏ *Beispiel:* Mit dem folgenden Schedule soll dies verdeutlicht werden:

$r_1(x)w_1(x)r_2(x)w_2(y)r_1(y)$

Dieser Schedule ist zunächst nicht konfliktserialisierbar, da der zugehörige Konfliktgraph einen Zyklus aufweist. Allerdings wäre der Schedule durchaus akzeptabel, wenn die Operation $r_1(y)$ die Version von y lesen würde, die dem Zustand von x bei der Ausführung von $r_1(x)$ entspricht. Daraus würde sich der folgende konfliktserialisierbare Schedule ergeben:

$$r_1(x)w_1(x)r_1(y)r_2(x)w_2(y)$$

Aus diesem Verfahren resultieren zwei wesentliche Vorteile:

- Lese- und Änderungstransaktionen sind voneinander entkoppelt, d. h., eine Lesetransaktion sieht die Daten immer so, als wären alle in der Transaktion zu lesenden Daten in einem Schritt zum Transaktionsbeginn gelesen worden.
- Es ist keine Synchronisation zwischen Lesetransaktionen und auch nicht von Schreib- gegen Lesetransaktionen notwendig.

Zur notwendigen Synchronisation der Schreib- bzw. Änderungsoperationen kann wieder das Zwei-Phasen-Sperrprotokoll eingesetzt werden.

7.5.4 Nicht sperrende Verfahren

Nicht sperrende Verfahren versuchen, Konflikte in Schedules zu erkennen und durch Rücksetzen einzelner Transaktionen aufzulösen.

Serialisierbarkeitstester

Ein *Serialisierbarkeitstester* realisiert den graphbasierten Test auf Konfliktserialisierbarkeit ($\rightarrow$ 7.5.2), indem der Konfliktgraph zur Laufzeit verwaltet und auf Zyklen untersucht wird.

Optimistische Synchronisation

Optimistische Synchronisationsverfahren basieren auf der Annahme, dass in einem Schedule nur selten Konflikte auftreten. Daher werden während der Laufzeit einer Transaktion keine weiteren Maßnahmen zur Synchronisation wie Sperren oder Tests auf Konflikte vorgenommen. Erst mit dem Ende der Transaktion wird überprüft, ob während der Abarbeitung Konflikte aufgetreten sind – in diesem Fall muss eine der in Konflikt stehenden Transaktionen zurückgesetzt werden.

Hierzu läuft jede Transaktion in drei *Phasen* ab:
1. Die *Ausführungsphase* bezeichnet die Phase der Durchführung aller Lese- und Schreiboperationen der Transaktion, wobei die Schreiboperationen zunächst nur auf einer im Puffer gehaltenen Kopie der Datenbankobjekte durchgeführt werden.
2. In der *Validierungsphase* wird beim Commit geprüft, ob Konflikte aufgetreten sind (Konfliktserialisierbarkeit).

3. In der *Schreibphase* werden im Erfolgsfall die geänderten Datenbankobjekte aus dem Puffer in die Datenbank zurückgeschrieben. Anderenfalls wird die Transaktion zurückgesetzt.

Validierungs- und Schreibphase laufen dabei zusammen und atomar ab. Für die Validierung selbst werden zu jeder Transaktion drei Datenstrukturen verwendet: ein Write-Set $ws(T)$ mit allen von der Transaktion T geschriebenen Datenbankobjekten, ein Read-Set $rs(T)$ mit den gelesenen Objekten sowie eine Transaktionsnummer $n(T)$, die die Ordnung der Transaktionen für die Serialisierung bestimmt.

Kriterien für die erfolgreiche Validierung von zwei Transaktionen T_i und T_j mit $n(T_i) < n(T_j)$ sind:
1. T_i schließt seine Schreibphase ab, bevor T_j mit der Validierung beginnt.
2. Wenn ein Datenbankobjekt x existiert, das von T_i geschrieben und von T_j gelesen wurde ($x \in ws(T_i) \cap rs(T_j)$), dann muss T_i die Schreibphase beendet haben, bevor T_j das Objekt x liest, damit sichergestellt ist, dass T_j wirklich den aktuellen Wert von x sieht.
3. Jedes Datenbankobjekt $x \in rs(T_i) \cap ws(T_j)$ muss von T_i vor Beginn der Validierungsphase von T_j gelesen werden.

Diese Kriterien lassen sich mit zwei verschiedenen Strategien überprüfen. Bei der *Rückwärtsvalidierung* wird das Read-Set der Transaktion T_i gegen die Write-Sets aller während des Ablaufs von T_i abgeschlossenen Transaktionen geprüft. Im Konfliktfall wird T_i zurückgesetzt. Demgegenüber wird bei der *Vorwärtsvalidierung* das Write-Set von T_i gegen die Read-Sets aller noch aktiven Transaktionen T_j geprüft. Hier wird die in Konflikt stehende Transaktion T_j zurückgesetzt.

Zeitstempelverfahren

Ein drittes nicht sperrendes Verfahren ist das *Zeitstempelverfahren*, bei dem Transaktionen mit fortlaufenden Zeitstempeln ts (*timestamp*) versehen werden (synonym: Zeitmarke). Weiterhin werden zu jedem Datenbankobjekt x zwei Werte verwaltet: der Zeitstempel der Transaktion mit der letzten Leseoperation $rts(x)$ und der Zeitstempel der Transaktion mit der letzten Schreiboperation auf diesem Objekt $wts(x)$. Anhand der Zeitstempel kann bei der Abarbeitung der Transaktionen festgestellt werden, ob eine Transaktion zu spät kommt – in diesem Fall muss sie abgebrochen und neu gestartet werden. Das Kriterium hierfür ist, dass bei zwei konfliktären Operationen von zwei Transaktionen T_i und T_j die Operation von T_i nur dann ausgeführt wird, wenn der Zeitstempel von T_i kleiner als der von T_j ist. Dies kann leicht anhand der Lese- und Schreibzeitstempel der betroffenen Datenbankobjekte geprüft werden. So kommt die Leseoperation einer Transaktion T zu spät, wenn der Schreibzeitstempel des zu lesenden Objektes einen größeren Wert hat ($ts(T) < wts(x)$), d. h. also, dass das Objekt bereits von einer jüngeren Transaktion verändert wurde. Eine Schreiboperation kommt zu spät, wenn das Objekt von einer jüngeren Transaktion gelesen oder geschrieben wurde ($ts(T) < \max(rts(x), wts(x))$). Mit dem Zeitstempelverfahren kann ebenfalls Konfliktserialisierbarkeit erzwungen werden. Allerdings sind die aus diesem Verfahren resultierenden Schedules nur eine Teilmenge aller konfliktserialisierbaren Schedules.

7.6 Recovery

Eine weitere wichtige Aufgabe eines DBMS ist die Gewährleistung eines dauerhaften konsistenten Zustandes der Daten. So verlangt das Transaktionskonzept (ACID-Prinzip → 7.5.1), dass im Fehlerfall der konsistente Ursprungszustand vom Transaktionsbeginn wiederhergestellt wird (*Atomarität*) sowie dass der Effekt einer erfolgreichen Transaktion auch dann in der Datenbank einzutragen ist, wenn nach dem Commit ein Systemfehler auftritt (*Dauerhaftigkeit*). Für die Behandlung derartiger Fehler und damit die *Datensicherheit* ist die Recovery-Komponente des DBMS zuständig.

> **Recovery** (Wiederherstellung) bezeichnet alle Maßnahmen zur Wiederherstellung verlorengegangener Datenbestände und umfasst insbesondere die Datensicherung zur Vorbeugung sowie das Wiederherstellen eines konsistenten Datenbankzustandes im Fehlerfall.

7.6.1 Fehlerklassen

Zum Verständnis der Aufgaben des Recovery werden typischerweise folgende Fehlerklassen eingeführt:

Transaktionsfehler entstehen durch Abbruch einer Transaktion, der durch ein explizites ROLLBACK, einen Fehler im Anwendungsprogramm oder das Rücksetzen wegen Nichtserialisierbarkeit verursacht werden kann. Hierbei muss der Effekt der Transaktion (d. h. alle durchgeführten Änderungen) rückgängig gemacht werden.

Systemfehler sind Fehler wie z. B. Systemabstürze, bei denen der Hauptspeicherinhalt (und damit der Pufferinhalt) verlorengeht. Entsprechend der Dauerhaftigkeitseigenschaft muss dennoch sichergestellt sein, dass die Änderungen der bereits abgeschlossenen Transaktionen in der Datenbank eingetragen werden.

Externspeicherfehler bezeichnen Fehler wie Medienfehler und Plattenausfälle, durch die der persistente Datenbankzustand verlorengeht. Dieser

Fehlerart kann nur durch redundante Speicherung bzw. Archivierung auf anderen Medien (z. B. Bandlaufwerken) begegnet werden.

Die Behandlung derartiger Fehler erfordert im Wesentlichen die zwei folgenden Basisoperationen:

UNDO macht alle bereits ausgeführten Änderungen einer Transaktion rückgängig und stellt damit den alten (konsistenten) Datenbankzustand wieder her,

REDO dient zum Nachvollziehen bzw. Wiederholen der Operationen einer bereits abgeschlossenen Transaktion und führt damit zum neuen (wiederum konsistenten) Zustand der Datenbank.

Aus den Fehlerklassen und den grundsätzlichen Behandlungsmöglichkeiten ergeben sich vier Recovery-Klassen /7.13/:

R1 – Transaktions-UNDO. Nach einem Transaktionsfehler wird diese Transaktion isoliert zurückgesetzt.

R2 – partielles REDO. Nach einem Systemfehler werden die noch nicht in die materialisierte Datenbank eingebrachten Änderungen erfolgreich abgeschlossener Transaktionen wiederholt.

R3 – globales UNDO. Nach einem Systemfehler werden die Änderungen der zum Fehlerzeitpunkt noch aktiven Transaktionen rückgängig gemacht.

R4 – globales REDO. Nach einem Externspeicherfehler muss die Archivkopie eingespielt werden und es sind alle Transaktionen, die seit der Archivierung protokolliert wurden, nachzuvollziehen.

7.6.2 Recovery-Strategien

Die Recovery-Behandlung steht in Wechselwirkung mit anderen Systemkomponenten – insbesondere den Strategien der Pufferverwaltung. Konkret betrifft dies die Fragen, ob geänderte Seiten einer noch nicht abgeschlossenen Transaktion aus dem Puffer verdrängt und auf den Externspeicher zurückgeschrieben werden dürfen (die so genannte **Steal**-Strategie) und ob Seiten einer abgeschlossenen Transaktion mit dem Commit direkt auf den Externspeicher geschrieben werden müssen (die **Force**-Strategie) oder noch im Puffer verbleiben dürfen.

Speziell die Kombination *No-Steal/Force* erfordert im Falle von Transaktions- und Systemfehlern keine weiteren Recovery-Maßnahmen und wird daher auch als *NO-UNDO/NO-REDO* bezeichnet. Allerdings ist diese Variante aus zwei Gründen nicht praktikabel. Zum einen besteht bei länger laufenden bzw. viele Seiten schreibenden Transaktionen die Gefahr von Pufferüberläufen, da die Seiten bis zum Commit im Puffer verbleiben müssen (No-Steal), und zum anderen kann der höhere Schreibaufwand beim Commit zu Verzögerungen führen, weil alle geänderten Seiten sofort geschrieben werden müssen (Force).

Daher wird typischerweise in DBMS eine *UNDO/REDO*-Strategie (oder auch *Steal/No-Force*) eingesetzt. Dies bedeutet, dass Seiten jederzeit aus dem Puffer verdrängt werden können, dabei jedoch auch über das Commit hinaus im Puffer verbleiben dürfen. Allerdings erfordert dies zusätzliche Maßnahmen, um im Fehlerfall die UNDO- bzw. REDO-Operationen ausführen zu können. Konkret müssen die durchgeführten Änderungen der Transaktionen protokolliert werden (→ 7.6.3). Die Kombination UNDO/REDO führt zu einer besseren Leistung im normalen Betrieb des DBMS. Allerdings wird dies durch einen höheren Aufwand im Fehlerfall erkauft.

7.6.3 Logging

Zur Unterstützung der UNDO/REDO-Operationen müssen die Änderungen des Datenbankzustandes protokolliert werden. Dieser Vorgang wird als *Logging* bezeichnet.

> **Logging** ist das Protokollieren von Änderungen in der Datenbank sowie von Zustandsänderungen der Transaktionen in einer Log-Datei zum Zweck des Recovery.

Hierbei lassen sich drei wesentliche Formen unterscheiden:
- Beim **physischen** (auch byteorientierten) Logging werden ganze Seiten, Seitenbereiche oder auch physische Sätze protokolliert, indem der alte Zustand (*Before Image*) und der neue Zustand (*After Image*) in die Log-Datei eingetragen werden. Mit Hilfe des Before Images kann die UNDO-Operation ausgeführt werden, während das After Image für die REDO-Operation benötigt wird. Eine weitere Variante des physischen Loggings ist die Protokollierung der Differenz beider Images, die eine Komprimierung zulässt und damit weniger Speicherplatz benötigt.
- Beim **logischen** Logging werden die Änderungsoperationen direkt protokolliert. Dies verspricht zunächst deutlich kompaktere Log-Einträge, erfordert jedoch für die Anwendung jeweils konsistente Datenbankzustände. Weiterhin ist die Bestimmung der inversen Operation für das UNDO schwierig (z. B. bei der Operation Löschen aller Tupel einer Relation).
- Die Kombination aus beiden Techniken wird als **physisch-logisches** Logging bezeichnet und bedeutet, dass sich die Log-Einträge auf ganze Seiten beziehen (physisch), die Änderungen auf der Seite jedoch als

logische Operationen protokolliert werden (z. B. Einfügen/Löschen von Sätzen oder Indexeinträgen).

Je nachdem, welche Form zum Einsatz kommt, sind die Log-Einträge unterschiedlich strukturiert. Grundsätzlich umfasst jeder Eintrag:

- eine eindeutige Nummer (*Log Sequence Number – LSN*) zur Identifizierung, die in aufsteigender Folge vergeben wird und damit auch die zeitliche Ordnung bestimmt,
- eine Transaktionskennung (*TxID*) sowie
- ein Feld *PrevLSN* (Previous LSN), über das die Einträge rückwärts miteinander verknüpft sind, um ein schnelles UNDO zu ermöglichen.

Darüber hinaus gibt es

- Einträge, die Beginn, Ende bzw. Abbruch einer Transaktion kennzeichnen,
- sowie Einträge für alle Änderungsoperationen, die die jeweiligen UNDO- bzw. REDO-Informationen (d. h. beispielsweise die Seitennummer sowie die Before und After Images beim physischen Logging oder die Änderungsoperationen beim logischen Logging) enthalten.

Ein einfaches Beispiel eines Auschnittes aus einer Log-Datei ist in Tabelle 7.2 dargestellt, wobei zur Vereinfachung statt der Seitennummer bzw. -inhalte das modifizierte Objekt sowie dessen neuer und alter Wert angegeben sind (Initial gilt: $A = B = 100$).

Um den Durchsatz des DBMS zu erhöhen, werden die Einträge zunächst im Log-Puffer gesammelt und erst verzögert ausgeschrieben. Der richtige Zeitpunkt für das Schreiben der Log-Einträge wird durch die Pufferverwaltungsstrategie ($\rightarrow$ 7.6.2) mitbestimmt. Für die in der Praxis verwendete Kombination Steal/No-Force muss dabei das so genannte *Write-Ahead-Logging(WAL)*-Prinzip angewendet werden.

> **Write Ahead Logging** bezeichnet eine Logging-Technik, die auf den beiden folgenden Regeln basiert:
> 1. Bevor eine modifizierte Seite ausgelagert wird, müssen alle zugehörigen Log-Einträge geschrieben werden. Dies ist für ein eventuelles UNDO notwendig.
> 2. Vor dem Commit einer Transaktion müssen alle zugehörigen Log-Einträge ausgeschrieben werden, um das REDO durchführen zu können.

Im Fall eines Systemfehlers ist beim REDO die gesamte Log-Datei zu durchlaufen, um alle Änderungen seit dem Systemstart nachzuvollziehen, die auf noch nicht gesicherten Seiten durchgeführt wurden. Dies kann unter Umständen mit einem hohen Aufwand verbunden sein, insbesondere wenn

Tabelle 7.2 Beispiel für eine Log-Datei

T_1	T_2	Log $\langle$LSN, TxID, Obj, REDO, UNDO, PrevLSN$\rangle$
$wl(A)$		$\langle 1, T_1, \text{BOT}, -, -, 0 \rangle$
	$wl(B)$	$\langle 2, T_2, \text{BOT}, -, -, 0 \rangle$
	$r(B)$	
$r(A)$		
	$B := B - 10$	
	$w(B)$	$\langle 3, T_2, B, 90, 100, 2 \rangle$
	$ul(B)$	
$rl(B)$		
	COMMIT	$\langle 4, T_2, \text{COMMIT}, -, -, 3 \rangle$
$r(B)$		
$A := A + B$		
$w(A)$		$\langle 5, T_1, A, 190, 100, 1 \rangle$
$ul(A)$		
$ul(B)$		
COMMIT		$\langle 6, T_1, \text{COMMIT}, -, -, 5 \rangle$

aufgrund vieler Änderungen auf einigen wenigen Seiten diese nicht aus dem Puffer verdrängt wurden.

Sicherungspunkte

Zur Reduzierung des REDO-Aufwands und auch zur Begrenzung der Größe der Log-Datei werden daher so genannte **Sicherungspunkte** (checkpoints) eingeführt, bei denen

- alle geänderten Seiten in die Datenbank eingebracht werden (*direkte Sicherungspunkte*)
- oder zumindest Statusinformationen in die Log-Datei zu schreiben sind (*indirekte bzw. unscharfe Sicherungspunkte*).

Sicherungspunkte können weiterhin

- *transaktionskonsistent* sein, indem nach Anmeldung eines Sicherungspunktes alle weiteren Transaktionen verzögert werden, bis die geänderten Seiten geschrieben werden können, oder
- *aktionskonsistent*, wobei nur Änderungsoperationen verzögert werden.

Aktionskonsistente Sicherungspunkte verzögern die Transaktionsausführung in geringerem Maße als die transaktionskonsistente Variante, lassen aber das Einbringen modifizierter Seiten von noch nicht abgeschlossenen

Transaktionen zu. Somit lässt sich der UNDO-Aufwand nicht auf den letzten Sicherungspunkt begrenzen. Da der Aufwand zur Erstellung von Sicherungspunkten durch das Herausschreiben der Seiten immer noch recht hoch ist, verwenden kommerzielle Systeme wie Oracle indirekte Sicherungspunkte, die keine Aktions- oder gar Transaktionskonsistenz mehr gewährleisten. Hierbei werden im Wesentlichen nur Zustandsinformationen zu den laufenden Transaktionen sowie den geänderten Seiten protokolliert – das eigentliche Einbringen der geänderten Seiten erfolgt dann asynchron, d. h. unabhängig vom Zeitpunkt des Sicherungspunktes.

7.6.4 Wiederanlauf im Fehlerfall

Beim Wiederanlauf des DBMS nach einem Systemfehler soll möglichst der jüngste konsistente Zustand der Datenbank vor dem Fehlereintritt wiederhergestellt werden. Hierzu werden die Log-Datei und die Datenbank in folgender Weise verarbeitet, wobei als Strategie wieder die Kombination No-Force/Steal angenommen wird:

1. **Analyse-Phase.** Im ersten Schritt wird die Log-Datei beginnend beim letzten Sicherungspunkt durchlaufen. Dabei werden zunächst die seit diesem Zeitpunkt aktiven Transaktionen und die von ihnen geänderten Seiten bestimmt. Weiterhin werden diese Transaktionen in Gewinner (die erfolgreich abgeschlossenen Transaktionen, für die ein Commit-Eintrag im Log gefunden wurde) und Verlierer (nicht abgeschlossene bzw. abgebrochene Transaktionen) unterteilt.

2. **REDO-Phase.** In der zweiten Phase wird die Log-Datei erneut durchlaufen und es werden alle dort protokollierten Änderungen in der Datenbank, die noch nicht ausgeführt wurden, in der Reihenfolge ihres Auftretens wiederholt. Hierbei lässt sich noch zwischen selektivem REDO – nur die Änderungen der Gewinner-Transaktionen werden ausgeführt – und vollständigem REDO – Änderungen aller aktiven Transaktionen werden wiederholt – unterscheiden. Im Vergleich beider Varianten ist das vollständige REDO zwar mit einem höheren Aufwand verbunden, allerdings erfordert das selektive REDO zur korrekten Arbeitsweise grobgranulare Seitensperren.

Der Startpunkt des REDOs in der Log-Datei ist abhängig von der Art der verwendeten Sicherungspunkte. So ist bei unscharfen Sicherungspunkten nicht garantiert, dass alle Änderungen in die Datenbank eingebracht wurden. Daher muss die am längsten zurückliegende und noch nicht eingebrachte Änderung einer Seite bestimmt werden. Dies kann erfolgen, indem zu jeder Seite im Puffer der Log-Eintrag der ersten

Änderung verwaltet wird – der älteste Eintrag ist dann die Startposition im Log.

3. **UNDO-Phase.** Im letzten Schritt werden die von den Verlierer-Transaktionen eingebrachten Änderungen zurückgesetzt. Hierzu wird die Log-Datei rückwärts durchlaufen, um die Änderungen in umgekehrter Reihenfolge zurücknehmen zu können. Das Ende der UNDO-Phase wird durch den Beginn der ältesten Transaktion bestimmt, die zum Zeitpunkt des letzten Sicherungspunktes noch aktiv war.

Abschließend wird ein neuer Sicherungspunkt angelegt und das Datenbanksystem gestartet.

Bild 7.14 verdeutlicht den Ablauf mit Startpunkt und Richtungen der einzelnen Phasen.

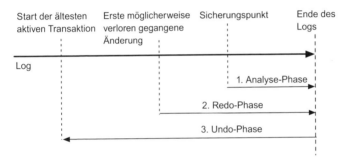

Bild 7.14 Ablauf der Wiederherstellung

Ein weiterer wichtiger Aspekt ist die Idempotenz der Recovery-Operationen (speziell des UNDO). Kommt es während der Wiederherstellung zu einem erneuten Systemfehler soll der nachfolgende Recovery-Prozess natürlich den gleichen Effekt wie ein einfaches Recovery erzielen. Dies kann durch Protokollierung spezieller Kompensationseinträge erreicht werden, die beim erneuten Wiederanlauf entsprechend ausgewertet werden.

Die Darstellung in diesem Abschnitt beschreibt nur das prinzipielle Vorgehen beim Recovery. Weitere Informationen sind in den einschlägigen Lehrbüchern sowie speziell im Beitrag /7.11/ zum ARIES-Verfahren (Algorithm for Recovery and Isolation Exploiting Semantics) zu finden, mit weiteren Details wie dem Zusammenhang mit Sperrverfahren.

7.6.5 Schattenspeicherverfahren

Im Falle einer NO-UNDO/NO-REDO-Strategie kann auf das Führen eines Logs verzichtet werden. Allerdings besteht dabei das „Update in Place"-Problem – es muss garantiert werden, dass das Zurückschreiben der Seiten atomar erfolgt und nicht durch Fehler unterbrochen wird, so dass etwa Blöcke nur teilweise geschrieben werden. Das **Schattenspeicherverfahren** /7.10/ umgeht dieses Problem durch eine Modifikation der Pufferverwaltung. Hierbei wird eine Seite nicht in den Ursprungsblock, sondern in einen neuen Block (den Schattenspeicher) zurückgeschrieben. Demzufolge gibt es zu jeder Seite zwei Versionen, die über eine Seitenzuordnungstabelle im Puffer verwaltet werden. Beim erfolgreichen Abschluss der Transaktion wird auf die neue Version umgeschaltet, im Fehlerfall kann der Anfangszustand mit Hilfe der Ursprungsversion wiederhergestellt werden. Das Umschalten muss dabei atomar erfolgen.

Den Vorteilen des Schattenspeicherkonzeptes (kein Logging notwendig, REDO nicht erforderlich) steht eine Reihe von Nachteilen wie aufwändige Hilfsstrukturen, erhöhter Speicherbedarf und das „Verstreuen" der Blöcke über den Externspeicher hinweg gegenüber, so dass diese Technik in heutigen DBMS nicht mehr eingesetzt wird.

7.7 Datenbanktechniken für moderne Hardware-Architekturen

Aktuelle Trends im Hardware-Bereich wie etwa Multicore-Prozessoren, Hauptspeichergrößen im Terabyte-Bereich oder auch Solid-State-Festplatten haben zur Entwicklung neuer Architekturvarianten und Implementierungstechniken für Datenbanksysteme geführt. Diese zielen im Wesentlichen auf die Beschleunigung der Datenverarbeitung für große Datenmengen und hohe Lasten durch Reduzierung bzw. Vermeidung von E/A-Zugriffen sowie die Parallelisierung der Verarbeitung ab.

Einen ersten Ansatz stellen die sogenannten **Column Stores** dar, die eine spaltenorientierte Datenorganisation verfolgen. Die Idee geht auf Arbeiten aus dem Jahre 1985 zum *Decomposition Storage Model* (*DSM*) /7.4/ zurück, wonach eine n-stellige Relation in eine Menge von Projektionen wie beispielsweise binäre Relationen zerlegt wird. Die Datensätze dieser binären Relationen bestehen aus einem Schlüssel (oder der Satzadresse) und dem Wert des jeweiligen Attributs. Werden die Satzadressen als streng monoton aufsteigende Werte vergeben und alle binären Subrelationen mit der gleichen Satzreihenfolge gespeichert, können die Satzadressen sogar entfallen – jeder Datensatz kann dann allein über seine Position identifiziert

7.7 Datenbanktechniken für moderne Hardware-Architekturen

werden /7.1/. Diese spaltenorientierte Verwaltung der Datensätze ist dann von Vorteil, wenn bei Anfragen nur einige wenige der Attribute benötigt werden, da dann insgesamt weniger Daten gelesen werden müssen als bei der klassischen Variante der Speicherung kompletter Tupel. Auch können Caching- und Pipelining-Techniken moderner CPUs besser ausgenutzt werden. Nachteilig ist dieses Prinzip jedoch bei häufigen Änderungsoperationen sowie bei Anfragen, die komplette Tupel benötigen, da die einzelnen Subrelationen über spezielle (positionale) Verbunde verknüpft werden müssen.

Eine zweite Technik, die sich auch sehr gut mit der spaltenorientierten Datenorganisation kombinieren lässt, ist die **Kompression** der Daten. Kompression bietet sich an, um Speicherplatz auf dem Externspeicher zu sparen und damit auch den E/A-Aufwand für das Lesen bzw. Schreiben zu reduzieren oder das Datenvolumen soweit zu verkleinern, dass die gesamte Datenbank überwiegend im Hautspeicher gehalten werden kann. Letzteres wird mit sogenannten *In-Memory* oder hauptspeicherresidenten Datenbanksystemen /7.12/ wie SAP HANA oder EXASolution verfolgt. Die für derartige Zwecke eingesetzten Kompressionstechniken müssen zum einen für Basisdaten verlustlos und zum anderen leichtgewichtig sein, sodass der Gewinn der Kompression nicht durch den Aufwand für die Dekompression verloren geht. Kompression kann auf verschiedenen Granularitätsstufen eingesetzt werden: von einzelnen Werten über Tupel, Tupelmengen bis hin zu Speicherblöcken. Grundsätzlich werden hierzu die eigentlichen Objekte (Werte, Tupel etc.) durch einen Code ersetzt, der weniger Bits als das Originalobjekt umfasst. Dabei kann zwischen Verfahren mit fester Codelänge (alle Werte werden mit der gleichen Anzahl von Bits codiert) und mit variabler Codelänge (häufiger auftretende Werte werden mit Codes kürzerer Länge repräsentiert) unterschieden werden /1.7/.

Zwei einfache Kompressionsverfahren sind die *Lauflängencodierung* und die *Wörterbuchcodierung*. Bei der Lauflängencodierung werden Folgen gleicher Werte durch die einmalige Angabe des Wertes zusammen mit der Anzahl der Wiederholungen ersetzt. Auf diese Weise kann die Folge <„Berlin", „Berlin", „Berlin", „Köln", „Köln"> durch <„Berlin:3", „Köln:2"> ersetzt werden. Offensichtlich bietet sich dieses Verfahren gerade für spaltenorientierte Daten an (→ 14.3.3). Bei der Wörterbuchcodierung werden die eigentlichen Werte in einer separaten Tabelle (dem Wörterbuch) abgelegt und über einen Bitcode (z. B. der Index des Wertes in der Tabelle) identifiziert, der gleichzeitig den Originalwert im Datensatz ersetzt. Ein solches Wörterbuch kann dabei pro Block, Attribut, Tabelle oder Datenbank verwaltet werden und kann darüber hinaus auch mit variablen Codelängen genutzt werden. Werden Codelängen verwendet, die nicht den Bytegrenzen entsprechen, erfordert dies natürlich eine entsprechende Codierung/Decodierung der Werte.

Moderne Prozessoren sind typischerweise Mehrkern-(Multicore)-Prozessoren, die mehrere Hauptprozessorkerne auf einem Chip vereinigen. Anfragen und Datenbankoperationen können davon profitieren, indem sie auf mehrere Ausführungseinheiten (Threads) aufgeteilt werden, die parallel auf den einzelnen Prozessorkernen ausgeführt werden können. Zwar wurden parallele Datenbanktechniken bereits in den 1980er-Jahren für Mehrprozessor- oder Cluster-Architekturen entwickelt, **Parallelisierung** für Multicore-Prozessoren erfordert jedoch teilweise besondere Techniken. Im Mittelpunkt stehen hierbei insbesondere Intra-Operator-Verfahren, d. h. die parallele Verarbeitung jedes einzelnen Operators, wobei für hohe Performance-Anforderungen CPU-Caches und Pipelining-Techniken ausgenutzt werden müssen. Das Grundprinzip der *Intra-Operator-Parallelisierung* ist dabei die Partitionierung der Eingangsrelation, sodass jede Operatorinstanz auf einer eigenen Teilrelation arbeiten kann. So wurde beispielsweise in der Literatur eine Reihe von Implementierungsvarianten für Hash-Verbunde auf Multicore-Prozessoren vorgeschlagen, die unterschiedliche Partitionierungsstrategien nutzen /7.2/.

▶ *Hinweis:* Eine weiter gehende Darstellung der hier beschriebenen DBMS-Komponenten und -Verfahren kann den einschlägigen Lehrbüchern /1.3/, /1.5/, /1.7/ entnommen werden. Im Artikel von Härder /7.8/ wird speziell die Schichtenarchitektur von DBMS ausführlich diskutiert. Ein hervorragender Überblicksartikel zur Anfrageverarbeitung in DBMS ist der Beitrag von Graefe /7.5/. Eines der Standardwerke zum Thema Transaktionsverwaltung ist /7.16/, Klassiker im Bereich Recovery sind u. a. /7.3/, /7.6/.

8 Dateiorganisation und Indexe

Thomas Kudraß

8.1 Organisation von Dateien

Datenbankinhalte werden in physischen Dateien auf Seiten einer Platte gespeichert. Die Art der Anordnung der Datensätze in einer Datei wird dabei als **Dateiorganisation** bezeichnet. Die Dateiorganisation bestimmt die Effizienz der Zugriffs- und Modifikationsoperationen auf den Datensätzen. Außerdem müssen zusätzliche **Zugriffsstrukturen** (Indexe, Zugriffspfade) aufgebaut werden, die bei unterschiedlichen Organisationsformen vorliegen können ($\rightarrow$ 8.2).

8.1.1 Formen der Dateiorganisation

Folgende Organisationsformen für Dateien lassen sich unterscheiden:

- **Heap-Datei.** Die einfachste Form ist die Heap-Datei (Stapeldatei), bei der die Datensätze völlig unsortiert „auf einem Haufen" gestapelt werden. Die physische Reihenfolge der Datensätze entspricht dabei der zeitlichen Abfolge ihrer Aufnahme in die Datenbank.
- **Sortierte Datei.** Eine sortierte Datei legt die Datensätze im Gegensatz zur Heap-Datei geordnet ab. Häufigstes Kriterium ist die Sortierung nach dem Schlüsselattribut (*sequenzielle Dateiorganisation*). Eine zusätzliche Verkettung durch Pointer kann die Anordnung unterstützen. Eine sequenzielle Dateiorganisationsform kann durch eine Indexdatei über dem Sortierattribut der sequenziellen Datei ergänzt werden (*indexsequenzielle Dateiorganisation*, $\rightarrow$ 8.3.1).
- **Hash-Datei.** Die Seiten einer Hash-Datei sind gruppiert in so genannten *Buckets*. Die Bucket-Adresse eines Satzes berechnet sich als Funktion von Attributwerten des Satzes mit Hilfe einer Hash-Funktion ($\rightarrow$ 8.4).

8.1.2 Dateiorganisationsformen im Vergleich

Die drei Basisformen der Dateiorganisation lassen sich anhand der Kosten für elementare Zugriffs- und Modifikationsoperationen vergleichen. Bei sortierten und Hash-Dateien wird ein Suchschlüssel benutzt. Ein **Suchschlüssel** ist eine Sequenz von einem oder mehreren Attributen und muss einen Datensatz nicht eindeutig identifizieren.

▶ *Hinweis:* Ein Primärschlüssel (oder Schlüsselkandidat) identifiziert einen Satz eindeutig ($\rightarrow$ 3.2.2) und ist nicht mit dem Konzept des Suchschlüssels verwandt.

8.1.2.1 Basisoperationen

Folgende Basisoperationen dienen zum Vergleich der Dateiorganisationsformen:

- **Scan.** Sequenzieller Zugriff auf alle Sätze einer Datei, erfordert das Einlesen aller Seiten von der Platte in den Puffer (fetch).
- **Lookup.** Direkter Zugriff über den Suchschlüssel, d. h. Lesen aller Sätze, die eine bestimmte Gleichheitsbedingung erfüllen, z. B. „Finde den Artikel mit der Artikelnummer 103". Seiten, die die gesuchten Sätze enthalten, müssen von der Platte geholt werden und die entsprechenden Sätze sind zu lesen.
- **Range Search.** Lesen aller Sätze, die eine bestimmte Wertbereichsbedingung erfüllen (range query), z. B. „Finde Lieferungen mit einem Preis zwischen 20 und 30 Euro".
- **Insert.** Einfügen eines Satzes in die Datei. Es muss die Seite der Datei identifiziert werden, in die der neue Satz gehört. Diese Seite muss eingelesen, modifiziert und wieder zurück auf die Platte geschrieben werden. Abhängig von der Dateiorganisation erfordert das möglicherweise Operationen an anderen Seiten.
- **Delete.** Löschen eines Satzes (Setzen eines Löschbits im Header). Dabei wird die Seite identifiziert, auf der der Satz zu löschen ist. Sie wird (analog zum Insert) in der Datei modifiziert.

8.1.2.2 Kosten

Kostenmodell

Zum Abschätzen der Kosten der unterschiedlichen Datenbankoperationen wird folgende Notation benutzt:
- B: Anzahl der Seiten der Datei,
- R: Anzahl der Sätze pro Seite,
- D: Durchschnittliche Zeit zum Lesen oder Schreiben einer Seite (I/O),
- C: Berechnungskosten (z. B. Vergleich eines Attributs mit Suchwert),
- H: Berechnung der Hash-Funktion.

Für die dargestellten Kostenformeln genügt es, nur den Wert von D in Betracht zu ziehen, da dieser im Vergleich zu C und H wesentlich größer ist. So liegen I/O-Kosten für eine Seite typischerweise bei ca. 10 ms, die Werte von C und H im Bereich von 10 ... 100 ns.

Kostenvergleich

Tabelle 8.1 enthält einen Vergleich der I/O-Kosten der fünf Basisoperationen bei jeder Organisationsform /8.8/.

Tabelle 8.1 Vergleich der I/O-Kosten

Dateiform	Scan	Lookup	Range Search	Insert	Delete
Heap	BD	BD	BD	$2D$	Search $+ D$
Sortiert	BD	$D \log_2 B$	$D \log_2 B +$ Anzahl Treffer $+ BD$	Search $+ BD$	Search
Hash	$1.25\,BD$	D	$1.25\,BD$	D	Search $+ D$

Bei einer Heap-Datei wird beim Insert einfach die letzte Seite aufgesucht, auf der der neue Satz eingefügt werden muss. Dafür erfordert ein Delete die Suche des zu löschenden Satzes (Search). Ein Lookup verlangt ein sequenzielles Durchsuchen der gesamten Datei. Am besten ist eine Heap-Datei geeignet, wenn lediglich File Scans benötigt werden, insbesondere bei kleinen Dateien.

Eine sortierte Datei bietet gerade wegen der Sortierung wesentlich schnellere Lookup-Operationen, es ist die beste Dateiform für Bereichsanfragen. Insert und Delete sind durch das Einhalten der Sortierung langsam. Nach dem Delete kann die Datei kompaktiert werden (was zu hohen Kosten führt).

Bei einer Hash-Datei wird der Platz einer Seite nicht vollständig genutzt (typisch 80 % Belegung), aber Inserts und Deletes sind schnell. Lookups sind sehr schnell, weil über die berechnete Bucket-Adresse nur eine Seite gelesen werden muss. Bereichsanfragen werden überhaupt nicht unterstützt und dauern aufgrund des Overheads sogar länger als bei Heap-Dateien.

▶ *Hinweis:* Dateien sind manchmal nur annähernd sortiert gespeichert. In jeder Seite wird ein Freispeicher gelassen, um künftige Inserts zu berücksichtigen. Wenn die Freispeichergrenze überschritten wird, so können Überlaufseiten (overflow pages) genutzt werden, was jedoch die physische Sortierung vermindert.

8.2 Zugriffsstrukturen

8.2.1 Grundlagen von Zugriffsverfahren

Bei den in 8.1.1 vorgestellten Organisationsformen lässt nur Hashing einen wahlfreien direkten Zugriff auf einen Satz zu, alle anderen erlauben lediglich den sequenziellen Zugriff zum Auffinden eines Satzes, was unter Umständen einen Scan der gesamten Datei erfordert. Hash-Organisationen unterstützen aber keinerlei sortierte Bearbeitung, wie sie z. B. für Bereichsanfragen notwendig ist. Beides muss angestrebt werden, die *sortierte Bearbeitung* und der *direkte Zugriff*. Letzteres ist nur über zusätzliche Zugriffsstrukturen (Indexe) erreichbar.

> Ein **Index** ist ein Verzeichnis von Dateneinträgen der Form $(k, k*)$, das den effizienten Zugriff zu allen Einträgen mit einem Suchschlüsselwert k erlaubt. Dabei bezeichnet k den Wert eines Suchschlüssels (auch Zugriffsattribut) und $k*$ den Verweis auf den Datensatz in der Datei, der k als Wert des Suchschlüssels enthält.

Der Eintrag $k*$ in einem Index kann auf unterschiedliche Weise zu den gesuchten Datensätzen führen:
1. Der Eintrag $k*$ ist der Datensatz selbst, d. h., die Datensätze sind nach k organisiert abgespeichert, was der Dateiorganisation entspricht ($\rightarrow$ 8.1.1).
2. Der Eintrag $k*$ ist die Adresse (TID) des Datensatzes ($\rightarrow$ 7.3.3).
3. Der Eintrag $k*$ ist eine Liste von Satzadressen mit dem gesuchten Schlüsselwert k. Diese Form ist gerade für Sekundärindexe ($\rightarrow$ 8.2.2) geeignet, da sie den Verweis auf mehrere Datensätze direkt unterstützt. Nachteilig ist jedoch die variable Länge der Indexeinträge.

Zugriffsverfahren kann man auch nach der Art der Umsetzung von Schlüsselwerten auf Satzadressen unterscheiden. Ein *Schlüsselzugriff* ist die Zuordnung von Schlüsselwerten zu den Adressen in einer Indexdatei. Dies wird z. B. in allen baumbasierten Indexverfahren angewandt ($\rightarrow$ 8.3). Eine *Schlüsseltransformation* berechnet die Satzadresse aufgrund einer gegebenen Funktion aus den Schlüsselwerten. Statt der Indexeinträge wird also nur die Berechnungsvorschrift gespeichert. Typische Vertreter der Schlüsseltransformation sind die Hash-Verfahren ($\rightarrow$ 8.4).

8.2.2 Eigenschaften von Indexen

Geclusterter vs. ungeclusterter Index

Ein **geclusterter Index** ist (annähernd) in der gleichen Reihenfolge sortiert wie die Datei, auf die der Index verweist. Ein Index, der gemäß Variante (1) aufgebaut ist, ist automatisch geclustert. Die Pflege geclusterter Indexe bei häufigen Updates ist recht aufwändig, da dies von Zeit zu Zeit eine Reorganisation (Beseitigung von Überlaufseiten) erfordert. Eine interne Datei kann nur nach höchstens einem Suchschlüssel geclustert werden, d. h., es gibt nur einen geclusterten Index pro Datei.

Ein **ungeclusterter Index** ist anders organisiert als die Datei, auf die er verweist, kann also niemals zugleich ein geclusterter Index sein.

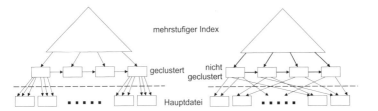

Bild 8.1 Geclusterter vs. ungeclusterter Index

❑ *Beispiel:* Für eine Datei Artikel kann ein Index, geclustert nach dem Schlüssel ANr, angelegt werden.

Dicht besetzter vs. dünn besetzter Index

Ein **dicht besetzter Index** (dense index) enthält für jeden Suchschlüsselwert, der in einem Datensatz der Datei vorkommt, (mindestens) einen Dateneintrag, d. h., bei einem Sekundärschlüssel-Index sind auch mehrere Einträge im Index möglich. Ein **dünn besetzter Index** (sparse index) speichert nicht für jeden Suchschlüsselwert einen Eintrag im Index. Ist die Datei nach den Schlüsselwerten sortiert, so muss im Index nur jeweils ein Eintrag pro Seite der Datei enthalten sein. Dabei wird bezüglich der Ordnung im Index jeweils auf den ersten Wert einer Seite verwiesen. Ein dicht besetzter Index muss immer geclustert und kann pro Datei nur einmal vorhanden sein.

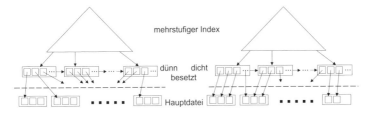

Bild 8.2 Dicht besetzter vs. dünn besetzter Index

Primär- vs. Sekundärindex

Ein Index auf einer Menge von Attributen, die den Primärschlüssel enthalten, wird als **Primärindex** bezeichnet, zu jedem Wert eines Suchschlüssels gibt es folglich nur einen Datensatz in der Datei. Ein Index, der kein Primärindex ist, heißt **Sekundärindex**. Zwei Einträge im Index werden *Duplikate* genannt, wenn sie den gleichen Wert k für den Schlüssel aufweisen.

Bei einem Primärindex ist garantiert, dass er keine Duplikate enthält (unique index). Hingegen beinhaltet ein Sekundärindex im Allgemeinen Duplikate.

❏ *Beispiel:* Ein Index auf der Spalte ANr der Tabelle Artikel ist ein Primärindex, auf der Spalte Preis von Lieferung jedoch ein Sekundärindex.

Ein-Attribut- vs. Mehr-Attribut-Index

Ein **Ein-Attribut-Index** ist ein Zugriffspfad über einem einzigen Schlüsselattribut. Im Gegensatz dazu kann der Suchschlüssel in einem Index auch aus mehreren Attributen bestehen. In diesem Fall wird ein solcher Index auch **Mehr-Attribut-Index** (*composite index*) genannt.

Ein Ein-Attribut-Index wird immer als *eindimensionale* Zugriffsstruktur realisiert, d. h., die Werte des Zugriffsattributs definieren eine lineare Ordnung in einem eindimensionalen Suchraum. Ein Mehr-Attribut-Index kann als eindimensionale oder mehrdimensionale Zugriffsstruktur ($\rightarrow$ 8.5) gebraucht werden.

❏ *Beispiel:* Ein Mehr-Attribut-Index könnte auf den Spalten ANr und LNr der Tabelle Lieferung definiert werden.

8.3 Baumbasierte Verfahren

Baumbasierte Verfahren verwenden eine Indexdatenstruktur, die auf einer Baumorganisation beruht. Diese Strukturen unterstützen in besonderer Weise Bereichsanfragen und sind im Vergleich zu sortierten Dateien wesentlich effizienter bei Insert- und Delete-Operationen ($\rightarrow$ 8.1.2.2). Grundsätzlich lassen sich dabei statische ($\rightarrow$ 8.3.1) und dynamische Verfahren ($\rightarrow$ 8.3.2) unterscheiden.

8.3.1 ISAM-Bäume

Die Grundidee von **ISAM** (Index-Sequential Access Method) besteht darin, zu einer sortierten Datei eine weitere Datei anzulegen, die als Index zu jeder Seite in der Originaldatei einen Eintrag enthält mit dem ersten Schlüsselwert auf dieser Seite. Auf diese Weise kann die binäre Suche in großen sortierten Dateien wesentlich vereinfacht werden. Diese Indexdatei kann bei einer großen Anzahl von Einträgen mehrstufig mit einer baumartigen Struktur aufgebaut werden. Dabei lassen sich Nicht-Blattseiten und Blattseiten (leaf pages) innerhalb des ISAM-Index unterscheiden. Die Dateneinträge $k*$ einer ISAM-Datei sind in den Blattseiten enthalten und verweisen jeweils auf die Datenseite, die als erste einen Satz mit dem Suchschlüsselwert k in der Hauptdatei enthält. Im Bedarfsfall werden zusätzliche Überlaufseiten (*overflow pages*) dort mit Blattseiten verkettet, wo weitere Dateneinträge erforderlich sind, die in der vorhandenen Struktur keinen Platz finden. Bild 8.3 zeigt den prinzipiellen Aufbau eines ISAM-Index.

Die ISAM-Struktur ist – mit Ausnahme der Überlaufseiten – vollständig statisch und somit besonders effektiv, wenn die Datei nicht häufig geändert wird. Lange Ketten von Überlaufseiten mindern aber die Performance von Suchoperationen. Bei häufigen Inserts oder Deletes in den Datenbeständen ist eine ISAM-Datei somit ungeeignet und erfordert auch häufiger eine komplette Reorganisation. Diesen Nachteil vermeiden (sortierte) *balancierte Mehrwegbäume*, zu denen die B-Bäume ($\rightarrow$ 8.3.2) gehören.

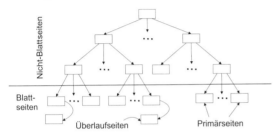

Bild 8.3 Aufbau eines ISAM-Baums

8.3.2 Balancierte Mehrwegbäume

Der B-Baum ist ein dynamischer balancierter Indexbaum, bei dem jeder Indexeintrag auf eine Seite der Hauptdatei zeigt. Die Knoten des Suchbaums sind zugeschnitten auf die Seitenstruktur des DBMS. B-Bäume und deren Varianten sind in allen DBMS anzutreffen – unabhängig vom zugrunde liegenden Datenmodell.

Ein **B-Baum** der Höhe h und der Ordnung m ist ein Baum mit folgenden Eigenschaften:
1. Jeder Weg von der Wurzel zum Blatt hat die Länge h (balanciert).
2. Jeder Knoten enthält mindestens m Elemente (außer der Wurzel) und höchstens $2m$ Elemente (mindestens halbvolle Belegung).
3. Jeder Knoten ist entweder eine Blattseite oder hat höchstens $2m + 1$ Kinder (maximale Belegung).

Ein B-Baum garantiert eine minimale Belegung von 50 % (ausgenommen bei einem Wurzelknoten). Die Höhe h eines Baumes beschreibt die Anzahl der Seitenzugriffe als relevantes Maß für die Zugriffskosten. Falls n Datensätze in der Hauptdatei gespeichert werden, ist der Zugriff auf die richtige Seite in maximal $\log_m(n)$ Seitenzugriffen möglich.

Der **B⁺-Baum** ist eine Variante des B-Baums, durch die der Verzweigungsgrad des Baumes weiter erhöht werden kann. Im Gegensatz zum B-Baum, bei dem in allen Einträgen die Adress-Informationen p_i zusammen mit den zugehörigen Schlüsseln k_i über den ganzen Baum verteilt gespeichert sind, werden beim B⁺-Baum die informationstragenden Einträge ausschließlich in den Blattknoten gehalten (hohle Bäume). Die Schlüssel in den inneren Knoten sind Referenzschlüssel und haben ausschließlich Wegweiserfunktion. Alle Blattseiten sind zudem in beiden Richtungen verkettet. Somit ergeben sich verschiedene Knotenformate bei einem B⁺-Baum für innere Knoten und Blattknoten (→ Bilder 8.4 und 8.5).

▶ *Hinweis:* Die verwendete Terminologie ist in der Literatur nicht immer ganz klar. Comer führte die Bezeichnung B⁺-Baum für hohle Bäume ein /8.1/. Der von Knuth ursprünglich definierte B*-Baum als Variante des B-Baums garantiert eine Mindestbelegung der Knoten von 2/3 durch Umverteilungen in Nachbarknoten /8.2/.

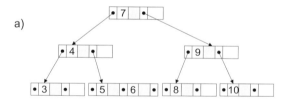

Bild 8.4 Arten von Knoten in B- und B⁺-Bäumen

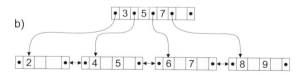

Bild 8.5 Mehrwegbaum (Beispiel) a) B-Baum und b) B⁺-Baum

Der Begriff der Ordnung muss für einen B⁺-Baum neu definiert werden. Die Ordnung ist ein Wertepaar (m, m^*), bei dem m die Mindestbelegung für Indexseiten und m^* die Mindestbelegung der Blattseiten beschreibt ($m > m^*$).

❑ *Beispiel:* Bei einem B$^+$-Baum der Ordnung 100 und einem typischen Füllfaktor von 67 % ergibt sich ein durchschnittlicher Verzweigungsgrad (Fanout) von 133. Bei einem B-Baum der Höhe 3 lassen sich somit $133^3 = 2\,352\,637$ Sätze indizieren. Dabei werden für die obersten 3 Ebenen 17 689 Seiten (= 133 MB) benötigt (bei 8 KB Seitengröße). Bei entsprechendem Umfang könnte der Index komplett in den Puffer ($\rightarrow$ 7.2).

Schlüsselkompression. Die Größe eines Indexeintrags ist abhängig von der Größe des Suchschlüsselwertes. Werden bei alphanumerischen Schlüsseln längere Zeichenketten verwendet, wird der Verzweigungsgrad des B$^+$-Baumes kleiner. Daraus ergibt sich als Verbesserungsmöglichkeit der Einsatz von Schlüsselpräfixen anstelle von kompletten Schlüsseln.

Bulk Loading. Beim Laden von Datenbanken kommt es häufig vor, dass bei einer großen Menge von Datensätzen eine Indexstruktur aufgebaut werden muss. Für dieses Einlesen von Massendaten eignet sich eine Strategie, die vorliegenden Indexeinträge zunächst zu sortieren und dann geordnet in den leeren B-Baum einzufügen. Dabei wächst der B-Baum nur nach oben und nach rechts, und der Füllgrad der Blattseiten kann weit mehr als 50 % erreichen.

8.3.3 Digitale Bäume

Der Begriff *digitale Bäume* fasst mehrere Verfahren zusammen, die als Schlüsselwerte Zeichenketten über einem festen Alphabet speichern. Diese Wertebereiche haben in lexikografischer Ordnung bezüglich der Präfixe eine feste Aufteilung. Solche Bäume sind bei ungleichmäßiger Verteilung der Werte auf diese Partitionen natürlich nicht ausgeglichen. Der Vorteil digitaler Bäume liegt darin, dass in inneren Knoten keine kompletten Schlüssel als Vergleichswerte gespeichert werden müssen. Dies ist gerade bei langen Schlüsselwerten (wie Textfragmenten) günstig. Digitale Bäume werden insbesondere zum Aufbau von Text-Indexen und im Information Retrieval angewendet ($\rightarrow$ 16.3.1).

Trie. Der Begriff *Trie* ist vom englischen Wort Re*trie*val abgeleitet, das insbesondere für das Suchen in Texten steht. Jeder Knoten eines Tries entspricht einem Array der Kardinalität des verwendeten Alphabets. Jedes Feld dieses Arrays enthält entweder einen Verweis auf einen weiteren Knoten oder einen Verweis auf einen Datensatz. Innere Knoten zeigen oft den Effekt, dass viele Felder leer sind, also weder einen Zeiger noch einen Datenwert aufweisen. Darin offenbart sich die Schwäche von Tries, bei denen Teilbäume zu Listen entarten, wenn viele Zeichenketten mit dem gleichen Präfix gespeichert werden (→ Bild 8.6a).

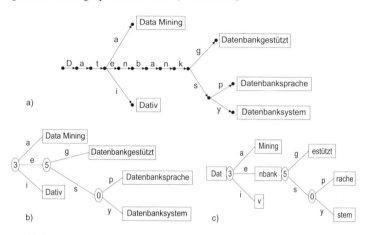

Bild 8.6 Digitalbäume a) Trie b) Patricia-Baum c) Präfix-Baum

Patricia-Baum. Ein Patricia-Baum vermeidet die Verfolgung der genannten Listenstrukturen durch Überspringen von Teilworten. Die Knoten enthalten dabei als Information die Anzahl der als irrelevant zu überspringenden Positionen in den Zeichenketten /8.6/.

Präfix-Baum. Die Struktur entspricht der von Patricia-Bäumen, wobei zusätzlich zur Anzahl der zu überspringenden Stellen der Wert des übersprungenen Teilworts abgespeichert wird. In den Blättern braucht nur noch die Restzeichenkette vorgehalten werden.

8.4 Hash-Verfahren

8.4.1 Prinzip des Hashing

Klassische Hash-Verfahren sind für die Adressierung im Hauptspeicher konzipiert worden und bedürfen für den Einsatz in Datenbanken einiger Modifikationen. Hash-Verfahren ermöglichen, einen bestimmten Datenwert im Durchschnitt mit ein bis zwei Seitenzugriffen zu finden. Beim Hashing wird mit Hilfe einer so genannten Hash-Funktion der Schlüssel auf einen Behälter (Bucket) abgebildet, der den zugehörigen Dateneintrag aufnehmen soll. Ein *Bucket* ist hierbei ein Speicherbereich bestehend aus einer oder mehreren Seiten. Eine *Hash-Funktion* stellt also eine Abbildung $h: K \rightarrow B$

dar, wobei K eine beliebig große Schlüsselmenge und B eine Nummerierung der n Behälter symbolisiert. Normalerweise ist die Anzahl der möglichen Schlüsselwerte sehr viel größer als die Anzahl der verfügbaren Buckets. Es sollten sich aber die Schlüsselwerte von K gleichmäßig auf B verteilen, da die Behandlung von Kollisionen bzw. der Überlauf eines Buckets zusätzlichen Aufwand verursachen.

Das Divisionsrestverfahren ist die gebräuchlichste Art einer Hash-Funktion für numerische Schlüsselwerte. Es hat sich gezeigt, dass man am günstigsten eine Primzahl für die Berechnung des Divisionsrestes wählt, um eine gute Streuung zu gewährleisten.

❏ *Beispiel:* Für einen Hash-Index mit 4 Buckets könnte die folgende Hash-Funktion verwendet werden: $h(k) = k \bmod 4$.

8.4.2 Erweiterbares Hashing

Eine Verbesserung bietet das **erweiterbare** (extendible) **Hashing**, dessen Grundgedanke darin besteht, den Hash-Index dynamisch anzupassen, wenn Buckets voll werden. Dabei wird ein *Verzeichnis* (directory) von Pointern auf die Buckets verwendet. Das Ergebnis der Hash-Funktion $h(k) = dp$ wird binär dargestellt, dabei ist d der Präfix, der auf den tatsächlich verwendeten Bucket verweist, p ist der nicht genutzte Teil des Schlüssels. Die Länge von d bezeichnet man als *globale Tiefe t*. Das Hash-Directoy fasst 2^t Einträge.

Wenn ein neuer Dateneintrag in einen bereits vollen Bucket eingetragen werden soll, müsste dieser aufgeteilt werden. Die Aufteilung erfolgt anhand

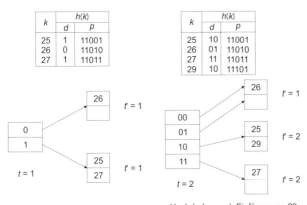

Hash-Index nach Einfügen von 29

Bild 8.7 Erweiterbarer Hash-Index

eines weiteren Bits des bisher unbenutzten Teils p. Die lokale Tiefe t' eines Buckets gibt an, wie viele Bits des Schlüssels für diesen Bucket tatsächlich verwendet werden, es gilt: $t' \leq t$. Eine Verdoppelung des Verzeichnisses erfolgt also dann, wenn nach einer Aufteilung des Buckets die lokale Tiefe t' größer als die globale Tiefe t wird, damit verdoppelt sich die Anzahl der zu adressierenden Buckets. Bild 8.7 zeigt die Wirkungsweise des erweiterbaren Hashing an einem Beispiel.

8.4.3 Weitere Hash-Verfahren

Lineares Hashing ist ein dynamisches Hash-Verfahren, das 1980 von Litwin vorgeschlagen wurde /8.4/. Es behandelt das Problem langer Überlaufketten ohne Verwendung eines Verzeichnisses. Lineares Hashing benutzt eine Folge von Hash-Funktionen $h_0, h_1, h_2, \ldots$ Dabei sei $h_i(k) = h(k) \bmod (2^i N)$, $N =$ initiale Anzahl der Buckets. Dabei verdoppelt h_{i+1} den Wertebereich von h_i (vergleichbar mit der Verdoppelung eines Verzeichnisses). Beim linearen Hashing sind zu einem bestimmten Zeitpunkt für einen Schlüsselwert k höchstens zwei Hash-Funktionen zuständig, deren Level nur um 1 differiert. Die Entscheidung zwischen diesen beiden Hash-Funktionen wird durch einen Split-Zeiger sp gesteuert. Die aktuelle Speicherung ist somit von zwei Parametern abhängig:

- Split-Zeiger sp: gibt an, welche Seite als Nächstes geteilt wird.
- Level lv: gibt an, welche Hash-Funktionen benutzt werden.

Bei der Suche wird zunächst aus dem gegebenen Schlüsselwert k und der „kleineren" Hash-Funktion $h_{lv}(k)$ die Seitenadresse p berechnet. Liegt diese unter dem Wert des Split-Zeigers ($p < sp$), so muss die größere Hash-Funktion genommen werden, d. h. $p = h_{lv+1}(k)$.

Um den Speicherbereich zu vergrößern, wird die Seite, auf die sp zeigt, aufgeteilt und sp um eins weitergesetzt. Beim Splitten erfolgt das Anhängen eines Buckets an die bisherige Seitenliste, der im Mittel die Hälfte der Dateneinträge aufnimmt. Die Verteilung der Dateneinträge auf die ursprüngliche und die angehängte Seite erfolgt mittels der „größeren" Hash-Funktion.

Spiral-Hashing kann als Variante des linearen Hashing angesehen werden. Es variiert die Speicherstruktur derart, dass im Mittel die Seiten gesplittet werden, die auch am vollsten sind. Dies erfolgt dadurch, dass die Hash-Funktion derart manipuliert wird, dass der Füllgrad der Seiten an der Position des Split-Zeigers sp am größten ist.

Kombinierte Methoden versuchen, die Schwächen der bisher vorgestellten dynamischen Hash-Verfahren auszugleichen. Solche Schwächen sind die Anfälligkeit gegenüber nicht gleich verteilten Hash-Werten sowie eine mögliche Auslagerung der Indexstruktur auf den Hintergrundspeicher bei weiterem Wachstum. Ein solcher kombinierter Ansatz, der ein komplexes Verfahren beinhaltet, ist *Boundex Index Exponential Hashing* (BIEH) von Lomet /8.5/.

8.5 Mehrdimensionale Zugriffsverfahren

Alle bisher betrachteten Zugriffsverfahren sind eindimensional, d. h., sie unterstützen keine *Partial-Match*-Anfragen. Dies sind Anfragen, bei denen nur für einige Zugriffsattribute Werte gegeben sind, so dass die Suchbedingung nur teilweise überprüft werden kann. **Mehrdimensionale Indexe** bilden die zu organisierenden Datensätze auf einen mehrdimensionalen Datenraum ab, wobei die Anzahl der zu unterstützenden Attribute die Anzahl der Dimensionen bestimmt. Bei Anordnung der Datensätze in diesem Raum spricht man von **mehrdimensionaler Dateiorganisation**.

8.5.1 Mehrdimensionale Baumverfahren

Bei Baumstrukturen wird die Aufteilung des Objektraums in Partitionen von der Wurzel zu den Blättern hin sukzessive verfeinert; jeder innere Knoten repräsentiert einen Teilraum des ursprünglichen Objektraums. Für die Aufteilung werden unterschiedliche Strategien angewendet.

Ein **kdB-Baum** ist ein B^+-Baum, bei dem die Indexseiten nicht als Sequenzen von Schlüsselwerten und Zeigern realisiert werden, sondern als binäre Bäume mit Schlüsselattributen, Schlüsselwerten und Zeigern. Dabei bezeichnet k die Anzahl der unterschiedlichen Schlüsselattribute, der Baum ist entsprechend k-dimensional /8.9/.

Ein kdB-Baum kann den Primär- und mehrere Sekundärschlüssel gleichzeitig unterstützen. Wird er als Dateiorganisationsform verwendet, benötigt man im Idealfall keine zusätzlichen Sekundärindexe.

▶ *Hinweis:* Weitere mehrdimensionale Verfahren, die insbesondere Nachbarschaftsbeziehungen im Raum bewahren und bei Anfragen unterstützen (R-Baum, Quadtree), werden im Zusammenhang mit Geodaten behandelt ($\rightarrow$ 17.5).

8.5.2 Grid-File

Eine zweite große Klasse von Verfahren zur Organisation des Datenraums D wurde vor allem durch die Arbeiten von Hinrichs und Nievergelt begründet /8.7/. Dabei wird D durch ein orthogonales *Grid* (Raster) partitioniert, so dass k-dimensionale Grid-Blöcke entstehen, die auch als Zellen bezeichnet werden.

Das **Grid-File** ist die populärste mehrdimensionale Dateiorganisationsform. Die Datensätze werden dabei in einem mehrdimensionalen Raum angeordnet. Im Gegensatz zum kdB-Baum wird der mehrdimensionale Raum sehr gleichmäßig aufgeteilt, was bei Suche und Reorganisation von Vorteil ist.

Wesentliche **Prinzipien** des Grid-Files sind:
- Jeder Datensatz soll bei einer Lookup-Anfrage garantiert in *2 Plattenzugriffen* erreichbar sein.
- Der Datenraum wird in *k-dimensionale Quader* zerlegt, die die Suchregionen im Grid-File bilden.
- Ähnliche Objekte, d. h. benachbarte Punkte im Datenraum, sollten auf der gleichen Seite gespeichert werden (*Nachbarschaftserhaltung*).
- Alle Raumdimensionen werden *symmetrisch* behandelt, wodurch Partial-Match-Anfragen möglich werden.
- Beim Einfügen und Löschen soll eine *dynamische Anpassung* der Grid-Struktur erfolgen.

Aufbau eines Grid-Files (bei k-dimensionalen Datensätzen):
- k Skalen zum Einstieg ins Grid-Directory (im Hauptspeicher),
- Grid-Directory zum Finden der Bucket-Nummer (im Hintergrundspeicher),
- Buckets für Datensätze (im Hintergrundspeicher).

Zur Veranschaulichung erfolgt eine Beschreibung für $k = 2$.
- 2 eindimensionale Skalen zur Unterteilung der x- bzw. y-Achse
  ```
  var x: array [0..max_x] of attributwert_x;
  var y: array [0..max_y] of attributwert_y;
  ```
- ein zweidimensionales Grid-Directory mit Bucket-Adressen
  ```
  var G: array [0..max_x-1, 0..max_y-1] of pointer;
  ```
- mehrere Buckets.

So enthält $G[i,j]$ eine Bucket-Adresse, in der ein rechteckiger Teilbereich der Datenpunkte abgespeichert ist. Mehrere Gitterzellen können im selben Bucket liegen.

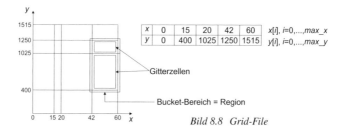

Bild 8.8 Grid-File

❑ *Beispiel:* In Bild 8.8 ist exemplarisch ein Grid-File dargestellt. Es sind alle Punkte mit $15 < x \leq 20$, $1025 < y \leq 1250$ im Bucket mit Adresse $G[1,2]$ zu finden.

8.6 Clusterung und Partitionierung

8.6.1 Clusterung

Die üblichen Speicherverfahren führen dazu, dass in relationalen Datenbanken Tupel über Seiten verteilt sind, ohne dass dabei der logische Zusammenhang zwischen den Tupeln besonders berücksichtigt wird.

> Die gemeinsame Speicherung von Datensätzen, die in typischen Anfragen zusammen benötigt werden, wird als **Clusterung** bezeichnet.

Die Bildung von Clustern ist ein wichtiger Aspekt einer effektiven Speicherungsstruktur in jedem Datenmodell. In relationalen Datenbanken gibt es zwei wichtige *Spezialfälle*:

- **Clusterung nach Schlüsselattributen.** Um Bereichsanfragen und Gruppierungen zu unterstützen, können die Datensätze in der Sortierreihenfolge zusammenhängend auf Seiten gespeichert werden. Dies wird als *indexorganisierte Tabelle* bezeichnet. Die Tupel haben in dieser Speicherungsform keinen Tupelidentifikator (TID), sondern werden direkt in den Blättern gespeichert.
- **Clusterung nach Fremdschlüsselattributen.** Datensätze, die einen Attributwert gemeinsam haben (z. B. in einem Fremdschlüssel), werden auf Seiten geclustert. Diese Variante unterstützt besonders gut Verbundanfragen über das gewählte Attribut.

❑ *Beispiel:* Lieferanten sollen zusammenhängend mit ihren Lieferungen gespeichert werden, der Cluster-Schlüssel ist die Lieferantennummer LNr.

Zum Auffinden des korrekten Clusters ist eine Indexstruktur notwendig. Diese kann entweder auf einem B^+-Baum basieren oder mittels einer Hash-Funktion umgesetzt werden. Statt Tupelidentifikatoren werden Cluster-Identifikatoren oder direkte Speicheradressen (bei Hashing) im Index eingesetzt.

8.6.2 Partitionierung

Eine weitere Möglichkeit zur Beschleunigung des Zugriffs auf große Relationen ist die Partitionierung.

> Bei der **Partitionierung** wird eine Relation in disjunkte Partitionen aufgeteilt, die auf verschiedenen Platten gespeichert werden.

Die Anwendung von Partitionierung in der Datenbank hat viele **Vorteile**:
- *Anfrageoptimierung durch Auslassen von Partitionen.* Wird eine Relation bezüglich eines Attributs partitioniert, so können Anfragen mit entsprechenden Selektionsbedingungen womöglich auf einzelne Partitionen beschränkt werden. Somit ist es nicht erforderlich, die gesamte Datei zu lesen.
- *Vereinfachung der Administration.* Administrative Aufgaben, wie das Sichern oder Wiederherstellen einzelner Partitionen, werden einfacher, wenn die Relation in kleinere Fragmente zerlegt ist.
- *Parallele Verarbeitung.* Werden die Partitionen auf verschiedenen Festplatten abgelegt, können Leseoperationen (Scans) parallel auf allen Partitionen durchgeführt werden. Außerdem kann man auch von der parallelen Auswertung weiterer Anfrageoperationen (z. B. Join) profitieren.

Es gibt mehrere **Möglichkeiten der Partitionierung** von Tupeln einer Relation:
- *Bereichspartitionierung.* Dieser Ansatz entspricht der klassischen horizontalen Fragmentierung beim Entwurf verteilter Datenbanken ($\rightarrow$ 13.3.1). Bei der Bereichspartitionierung kann gezielt das Anfrageprofil berücksichtigt werden.
- *Round-Robin-Partitionierung.* Die Tupel werden der Reihe nach auf die Platten verteilt. Das i-te Tupel t_i wird dabei auf der Platte $D_{(i \bmod n)}$ gespeichert. Diese Methode kann nur auf der internen Ebene ($\rightarrow$ 7.1.1) eingesetzt werden, da die Speicherreihenfolge der Tupel im relationalen Modell irrelevant ist.
- *Hash-Partitionierung.* Für n Platten wird eine Hash-Funktion h für die anwendungsunabhängige Verteilung der Tupel eingesetzt. Ein Tupel t wird dabei auf der Platte $D_{h(t)}$ gespeichert.

▶ *Hinweis:* Zur Rolle der Partitionierung im Data Warehousing $\rightarrow$ 14.4.2.

8.7 Umsetzung in SQL-Systemen

Jedes kommerzielle relationale DBMS bietet umfangreiche Möglichkeiten, auf der internen Ebene Dateiorganisationsform und Zugriffspfade zu definieren /1.7/. Viele der dabei in SQL (als Bestandteil der DDL) angebotenen Klauseln sind noch nicht Bestandteil des SQL-Standards. Stellvertretend für diese Systeme werden einige Möglichkeiten des Oracle-DBMS bei der Definition von Tabellen und Indexen vorgestellt.

8.7.1 Definition von Tabellen

Beim Anlegen von Tabellen bietet Oracle mit der STORAGE-Klausel als Erweiterung der CREATE-TABLE-Anweisung zahlreiche Möglichkeiten, die interne Dateiorganisation zu beeinflussen /8.3/.

❏ *Beispiel:* Definition einer Tabelle Lieferant mit einer STORAGE-Klausel:

```
CREATE TABLE Lieferant (
   LNr    INTEGER NOT NULL,
   Name   VARCHAR(25))
PCTFREE 10 PCTUSED 40
STORAGE (
    INITIAL 10MB, NEXT 2MB,
    MINEXTENTS 1, MAXEXTENTS 10)
TABLESPACE UserTblSpace;
```

Die Parameter in der Definition der Tabelle Lieferant bedeuten:
- PCTFREE definiert den Blockanteil, der nicht für Einfügeoperationen genutzt werden kann. Das Vorhalten eines solchen Freibereichs ist sinnvoll bei einer möglichen Vergrößerung von Datensätzen.
- PCTUSED legt die Grenze fest, bei der ein gefüllter DB-Block wieder für Einfügeoperationen zur Verfügung steht. Die Angabe erfolgt auch in %.
- INITIAL und NEXT legen die Größe des ersten bzw. der weiteren Extents fest. Ein Extent in Oracle ist eine definierte Anzahl von DB-Blöcken, deren Zahl nicht konstant sein muss.
- MINEXTENTS und MAXEXTENTS spezifizieren die Anzahl der minimal bzw. maximal zu allokierenden Extents.
- TABLESPACE erlaubt die Zuordnung der Tabelle zu einem bestimmten Tablespace, einer logischen Einheit zum Speichern von Datenbankobjekten.

8.7.2 Definition von Indexen

Einige der von Oracle unterstützten Indexstrukturen wurden bereits vorgestellt. Folgende Indexe sind in Oracle verfügbar:
- Der *Standard-Index* ist als B^+-Baum aufgebaut ($\rightarrow$ 8.3.2).
- *Indexorganisierte Tabellen* werden mittels der ORGANIZATION-INDEX-Klausel definiert, wobei die Tupel in den Blättern gespeichert sind, geordnet nach den Werten des Primärschlüssels ($\rightarrow$ 8.6.1).
- *Cluster-Indexe* erlauben eine Clusterung auch mehrerer Tabellen ($\rightarrow$ 9.6.3.2).
- *Bitmap-Indexe* speichern Bitmatrizen für Aufzählungsattribute, auch Variante als Join-Index denkbar ($\rightarrow$ 14.4.3).

- *Funktionsindexe* sind Indexe auf den Ergebniswerten von Funktionsaufrufen über den Spalten einer Tabelle.
- *Komprimierte Indexe* speichern gemeinsame Präfixe des Schlüsselwertes nur einmal und sparen somit Platz.
- *Reverse Indexe* interpretieren die Bytes des Primärschlüssels in umgekehrter Reihenfolge und brechen damit die Speicherung in Sortierreihenfolge auf.

Für die Definition von Indexen hat sich in SQL folgende Syntax eingebürgert:

```
CREATE [UNIQUE] INDEX Indexname
ON Tabellenname ( Spaltennamensliste )
```

❏ *Beispiel 1:* Definition eines eindeutigen Index auf den Lieferantennamen:
   `CREATE UNIQUE INDEX LNameIndex ON Lieferant (Name);`

❏ *Beispiel 2:* Definition eines funktionsbasierten Index auf den Lieferantennamen. Hierdurch wird eine case-insensitive Suche mittels UPPER-Funktion unterstützt. Dies empfiehlt sich bei häufig gebrauchten Suchausdrücken.
   `CREATE INDEX UpperLNameIndex ON Lieferant (UPPER (Name));`

▶ *Hinweis:* Bei kommerziellen DBMS werden für Primärschlüssel und UNIQUE-Spalten automatisch Indexe angelegt.

9 Optimierung von Datenbanken und Leistungsbewertung

Harm Knolle

> Die **Optimierung von Datenbanken** bedeutet im Allgemeinen, von den vielfältigen Möglichkeiten der Konfiguration des Gesamtsystems Gebrauch zu machen, so dass das Datenbanksystem gemessen an den Anforderungen seiner Anwendungen optimal, d. h. den Erwartungen entsprechend, reagiert.

Hierbei darf nicht außer Acht gelassen werden, dass in einem solchen Gesamtsystem nicht nur das Datenbankmanagementsystem (DBMS) und die Datenbank (DB), sondern auch die Anwendung, das Betriebssystem und das Netzwerk aufeinander abgestimmt und einer **Leistungsbewertung** ($\rightarrow$ 9.7) unterzogen werden müssen. Bedingt durch die Vielzahl der Komponenten ist der Optimierungsprozess entsprechend komplex und bedarf einer eingehenden Analyse und Strukturierung /9.2/, /9.6/, /9.10/.

Erschwerend kommt hinzu, dass sich insbesondere im Rahmen der Web-2.0- und Big-Data-Anwendungen eine Vielzahl sogenannter NoSQL-Datenbanken auf dem Markt etabliert hat ($\rightarrow$ 12). Während sich die traditionellen relationalen Datenbanken unterschiedlicher Hersteller weitestgehend auf den SQL-Standard geeinigt haben ($\rightarrow$ 4), basieren NoSQL-Datenbanken häufig auf stark anwendungsspezifischen Modellierungskonzepten, Speichertechnologien und Anfragesprachen. Auch wenn sich mittlerweile unterschiedliche Kategorien von NoSQL-Datenbanken durchgesetzt haben ($\rightarrow$ 12.2), sind die Möglichkeiten einer Datenbankoptimierung sehr stark vom konkret verwendeten NoSQL-Produkt abhängig und daher auch nur schwer zu verallgemeinern. Das folgende Kapitel widmet sich daher primär der **Optimierung von relationalen Datenbanken**. Die Motivation ($\rightarrow$ 9.1) und die Phasen einer Datenbankoptimierung ($\rightarrow$ 9.2) sind jedoch weitestgehend allgemeingültig und können praktisch auf alle Datenbankkategorien angewendet werden.

9.1 Motivation der Datenbankoptimierung

Die allgemeinen Vorteile optimierter Systeme sind offensichtlich:
- Der Kauf von zusätzlicher Hardware kann vermieden werden.
- Die Wartung wird mittel- bis langfristig kostengünstiger.

- Ein gut eingestelltes System liefert schnellere Antwortzeiten und erzielt somit einen höheren Durchsatz.

9.1.1 Kosten von Datenbankanfragen

> Das wohl vorrangigste **Ziel einer Datenbankoptimierung** ist die Verbesserung von Antwortzeiten der Datenbankanfragen ($\rightarrow$ 4).

Vor der Analyse und Strukturierung von Optimierungsprozessen soll zunächst der Zeitverbrauch einer Datenbankanfrage betrachtet werden.

Rechenzeit. Die Datenbankanfragen werden vor ihrer Ausführung von einem Parser auf ihre Syntax hin analysiert. Es folgt eine Interpretation der Anfrage und die Berechnung eines Ausführungsplans. Bei der eigentlichen Ausführung werden Daten verglichen, kombiniert, sortiert und Duplikate entfernt. Die gefundenen Daten werden in logischen Tabellen zusammengefasst, um sie anschließend dem Anwendungsprogramm zur Verfügung zu stellen ($\rightarrow$ 7.4.2).

Eingabe-/Ausgabezeit. Diese Zeit ergibt sich u. a. durch die Anzahl der Aufrufe des DBMS an das zugrunde liegende Speichersystem, die zum Transportieren der aufgefundenen bzw. veränderten Daten (Datenblöcke und Indexblöcke) erforderlich sind. Hinzu kommt der Aufwand für das Protokollieren von Veränderungen sowie die Zeit für das interne Speichermanagement.

Datenübertragungszeit. Die Zeit der Übertragung hängt im Wesentlichen von den zugrunde liegenden Netzwerkkomponenten ab.

In Bild 9.1 werden wesentliche Einflussfaktoren zusammengefasst, welche die Laufzeit von Datenbankanfragen maßgeblich mitbestimmen.

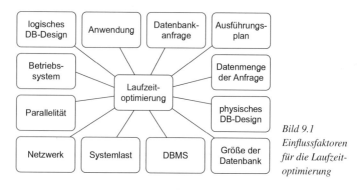

Bild 9.1 Einflussfaktoren für die Laufzeitoptimierung

9.1.2 Optimierungspotenzial

Es stellt sich die Frage, welche Aktivitäten des Gesamtsystems die Ausführung von Datenbankanfragen wesentlich beeinflussen und somit Optimierungspotenzial aufweisen.

Reduzierung der Sekundärspeicherzugriffe

Zur Sicherung der Dauerhaftigkeit ist das Speichern der Daten auf sekundären Speichermedien wie Festplatten unverzichtbar. Auch wenn Festplatten stetig schneller werden, bilden sie aufgrund der mechanischen Komponenten immer noch einen entscheidenden „Flaschenhals" des DBS. Sekundärspeicherzugriffe sind daher im Gegensatz zu den Hauptspeicherzugriffen extrem teuer (Millisekunden im Gegensatz zu Nanosekunden).

Dieses ungünstige Verhältnis lässt sich über den Einsatz moderner Solid-State-Drives (SSD) etwas verbessern, da diese auf mechanische Komponenten verzichten. Dennoch ist eine SSD bei den mittleren Zugriffszeiten derzeit „nur" um den Faktor 10 schneller als mechanische Festplatten.

> Zum Auffinden gesuchter Datensätze sollten daher nur solche Datenblöcke vom Sekundärspeicher in den Hauptspeicher transportiert werden, die lediglich die gewünschten Daten enthalten und somit auch tatsächlich erforderlich sind.

Die Abschätzung der Anzahl der Festplattenzugriffe ist deshalb ein wichtiges Auswahlkriterium bei der Bewertung von Optimierungsverfahren.

Optimale Nutzung des Hauptspeichers

Hauptspeicher wird heute in Größenordnungen von einigen Gigabytes eingesetzt. Umfassende Datenbanken haben jedoch nicht selten einen Umfang von mehreren Terabytes. Benötigt das DBMS jedoch mehr Hauptspeicher als tatsächlich vorhanden, so werden weniger häufig benötigte Datenblöcke kurzzeitig in den Sekundärspeicher ausgelagert. Hierbei kann es sich um einzelne Datenblöcke handeln (paging) oder aber auch um alle Datenblöcke eines Prozesses (swapping, bei einer Prozessauslagerung) /1.8/. Die Wahrscheinlichkeit solcher kostspieligen temporären Auslagerungen kann daher besonders bei kleineren Datenbanken oder speziellen In-Memory-Datenbanksystemen /7.12/, die vollständig im Hauptspeicher residieren, minimiert werden. Die grundsätzliche Regel zur Hauptspeicheroptimierung ist somit einfach:

> **Systempuffer** und **Hauptspeicherkomponenten** des DBMS sollten so konfiguriert werden, dass einerseits der physische Hauptspeicher vollständig genutzt wird, andererseits aber so wenig wie möglich Paging- oder gar Swapping-Aktivitäten vom Betriebssystem durchgeführt werden müssen.

Entlastung des Prozessors

Neben der Steuerung von Eingabe-/Ausgabeoperationen übernimmt das DBMS einen großen Teil der logischen Datenverarbeitung. Die Möglichkeit, Teile der Anwendung mit Hilfe von gespeicherten Prozeduren ($\rightarrow$ 4.7.7.2) in den Aufgabenbereich des DBMS zu verlagern, entlastet zwar die Anwendung und das Netzwerk, belastet aber den Prozessor des Datenbankrechners ($\rightarrow$ 5.1.4.2).

> **CPU-intensive Prozesse** sollten lokalisiert, deren Ursachen ergründet und mit geeigneten Optimierungsmaßnahmen beseitigt werden.

Erhöhung der Parallelität

Voll ausgelastete Betriebsmittel begrenzen den Durchsatz und werden häufig zum „Flaschenhals".

> Die **Partitionierung** ermöglicht die räumliche und zeitliche Verteilung der Arbeitslast und somit eine **Parallelisierung** der Bearbeitung.

Neben der Verteilung der Rechenlast auf mehrere Prozessoren oder eigenständige Rechner kann eine Parallelisierung von Aktivitäten bereits durch eine geschickte Verteilung von Ressourcen innerhalb eines DBS ermöglicht werden. Verteilt man z. B. die Datenmenge auf mehrere Festplatten, können die erforderlichen Blöcke auf den Festplatten grundsätzlich parallel gelesen werden, was zu einer erheblichen Reduzierung von Eingabe-/Ausgabezeiten führen kann ($\rightarrow$ 8.6.2).

9.1.3 Zielbestimmung der Datenbankoptimierung

Die allgemeine Forderung, die Datenbank mit **allen** ihren Anwendungen zu optimieren, ist in vielen Fällen zu komplex. Weitaus realistischer sind einzelne Zielvorgaben. Sie ermöglichen die thematische Eingrenzung des Optimierungsprozesses.

> „**Think globally, fix locally**": Die festgestellten Probleme sollten entsprechend ihrer Bedeutung möglichst mit kleinen, aber gezielten Eingriffen bearbeitet werden /9.10/.

9.1 Motivation der Datenbankoptimierung

Die Optimierung einer zeitintensiven SQL-Anweisung ist nur dann sinnvoll, wenn sie im laufenden Betrieb häufig ausgeführt wird. Andererseits werden durch solche Eingrenzungen auch „dezentrale" Optimierungen praktikabel, wie z. B. einzelne besonders wichtige Anwendungen. Je nach Bedarf sollte eine Gewichtung der Ziele vorgenommen werden.

Es muss beachtet werden, dass Optimierungsziele im Widerspruch zueinander stehen können:

- Zur Beschleunigung lesender Anfragen kann ein Index nützlich sein, der jedoch das Laufzeitverhalten schreibender Zugriffe negativ beeinflusst.
- Ein großer Datenbankpuffer reduziert die Zahl der physischen Eingabe-/Ausgabeoperationen nur dann, wenn dieser vollständig im Hauptspeicher des Rechners Platz findet und nicht Teile in den virtuellen Hauptspeicher ausgelagert werden müssen.

> Die **Optimierung** erfordert einen *ganzheitlichen Ansatz*, der nicht einzelne Anwendungen, sondern das Zusammenspiel möglichst vieler *Anwendungen* sowie der am Gesamtsystem beteiligten *Komponenten* berücksichtigt.

Die Erfolgsbestimmung richtet sich nach Umfang und Kontext der festgelegten Ziele. Geht es z. B. um bestimmte Datenbankanfragen, ist deren Laufzeitverhalten vor (Ist-Analyse) und nach dem Optimierungsprozess festzuhalten. Ein Vergleich der Ergebnisse mit den Erwartungswerten entscheidet schließlich, ob weitere Optimierungen erforderlich sind.

> Eine **Datenbankoptimierung** wird nur erfolgreich sein, wenn eine klar überprüfbare und fixierte *Zielvorgabe* existiert. Hieraus ergeben sich sinnvolle und quantifizierbare *Leistungsindikatoren* einschließlich der zugehörigen Vergleichswerte.

Schließlich muss beachtet werden, dass der Optimierungsprozess nicht mit seiner erfolgreichen Durchführung abgeschlossen ist.

> Da sich nicht nur die Datenmenge und das Anwendungsverhalten jederzeit ändern, sondern auch Systemkomponenten durch andere ausgewechselt werden können, gehört die **Datenbankoptimierung** zu den ständigen Aufgaben der Datenbankadministration.

9.2 Phasen der Datenbankoptimierung

> Zu Beginn der Datenbankoptimierung ist zu klären, an welcher Stelle bzw. mit welcher Maßnahme die größte Leistungssteigerung erzielt werden kann.

Die meisten Optimierungsmaßnahmen lassen sich in einigen wenigen Vorgehensbereichen bündeln. Da diese Vorgehensbereiche oft voneinander abhängig sind und aufeinander aufbauen, können sie auch als Phasen der Datenbankoptimierung bezeichnet werden /9.8/.

> **Phase 1** dient der **Optimierung des Datenbankschemas** (Teil 1) und der **Anwendungsoptimierung** (Teil 2).

Um überhaupt einen optimalen Hauptspeicherbereich für das DBMS festlegen zu können, muss zunächst die eigentliche Nutzung der Datenbank aus Sicht der Anwendung optimiert werden. Hierunter fällt die Schaffung eines anwendungsspezifisch effizient nutzbaren Datenbankschemas. Zum anderen gilt es, ineffiziente Datenbankanfragen in der Anwendung zu vermeiden und die verbleibenden Anfragen optimal zu formulieren.

> **Phase 2** dient der **Hauptspeicheroptimierung**.

Ein gut optimiertes DBMS wird in der Lage sein, den größten Teil der benötigten Daten im Laufe der Zeit bereits im Datenbankpuffer zur Verfügung zu stellen. Physische Plattenzugriffe werden jedoch immer benötigt, wenn das gesamte Datenbanksystem nicht vollständig im Hauptspeicher gehalten werden kann. Es gilt, die Anzahl der tatsächlich erforderlichen physischen Speicherzugriffe zu minimieren.

> **Phase 3** dient der **Eingabe-/Ausgabeoptimierung**.

Anschließend kommt es darauf an, die Ausführung der physischen Speicherzugriffe zu optimieren, die entsprechend der zweiten Phase tatsächlich erforderlich sind.

> **Phase 4** dient der internen **Konfliktoptimierung** des DBMS.

Trotz der Optimierung der physischen Zugriffe kann es weiterhin zu Zugriffskonflikten im Bereich der internen logischen Strukturen der Datenbank kommen. Das ist immer dann der Fall, wenn eine Vielzahl von Prozessen interne Betriebsmittel des DBMS zentral nutzt. Hierbei kann es zu Wartezeiten beim Zugriff auf Ressourcen wie z. B. den Protokollpuffer oder die Freispeicherverwaltung kommen.

> Das **Optimierungspotenzial** der Phasen nimmt aufgrund der Abhängigkeit zwischen den Phasen stetig ab. Die Phasen sollten daher in der vorgegebenen Reihenfolge durchlaufen werden.

Das heißt, die größten Laufzeitgewinne lassen sich in der Regel in der Phase 1 erzielen, die geringsten in der Phase 4. In Abhängigkeit von den gesetzten Zielen ist natürlich auch ein gerichtetes Optimieren einzelner Prozesse möglich. Eine isolierte Anwendungsoptimierung wird sich mit der Phase 1 begnügen. Ein gezieltes Optimieren von Datenbank und DBMS wird sich in den Phasen 2 bis 4 bewegen. Letzteres ist aber nur dann sinnvoll, wenn bereits von „optimalen" Anwendungen ausgegangen werden kann. Die Methoden der Phase 4 hängen sehr stark von den eingesetzten Konzepten /1.3/, /1.7/ und den Implementierungen der DBMS-Hersteller /9.1/, /9.2/, /9.4/, /9.7/, /9.8/, /9.9/ ab. Im weiteren Verlauf wird der Fokus daher auf die ersten drei Phasen gelegt.

9.3 Phase 1.1 – Optimierung des Datenbankschemas

Das zentrale Ziel der ersten Phase ist es, die aus dem Kontext der Anwendungen heraus resultierenden Zugriffe auf die Datenbank zu minimieren und die Formulierung der Anfrage zu optimieren. Dieses setzt ein an die Anforderungen der Anwendungen angepasstes Datenbankschema (Teil 1) und die anschließende Anwendungsoptimierung (Teil 2 → 9.4) voraus.

Die Messung der Qualität des Datenbankschemas erfolgt anhand unterschiedlicher Gesichtspunkte. Kriterien wie Vollständigkeit, Robustheit, Flexibilität und Handhabbarkeit bewerten die grundsätzliche Nutz- und Wartbarkeit des Schemas (→ 2.1).

> Das Kriterium **Effizienz** ist aus Sicht der Datenbankoptimierung von besonderer Wichtigkeit. Hier wird u. a. beurteilt, wie kompakt die Objekte mittels Daten dargestellt werden (**Speichereffizienz**) und wie sich die Art ihrer Repräsentation auf die Laufzeiteigenschaften der gesamten Anwendung auswirkt (**Zugriffseffizienz**).

Die Qualität des Datenbankschemas wird daher u. a. Ladezeiten, Antwortzeiten und die Komplexität von Anfragen und somit das Leistungsverhalten der Anwendung unmittelbar beeinflussen.

Im Allgemeinen sollte das Datenbankschema der relationalen Theorie und den Regeln der Normalisierung so weit entsprechen, wie dies für die konkrete Anforderung sinnvoll erscheint. Die Grundzüge des ordnungsgemäßen Modellierens werden in 3.3 und 3.4 beschrieben. Werden Einschränkungen hinsichtlich der Effizienz befürchtet, kann eine Überarbeitung des konzeptionellen Entwurfs erforderlich werden. Ist eine Änderung der Semantik nicht notwendig, so besteht im konzeptuellen und internen Schema der Datenbank die Möglichkeit, von der relationalen Struktur des logischen DB-Schemas abzuweichen (Denormalisierung, → 3.4.5.7).

> Im **ersten Teil der Phase 1** gibt es Optimierungsmöglichkeiten auf allen drei Abstraktionsebenen der Drei-Schema-Architektur nach ANSI/X3/SPARC (→ 1.4.2.2): dem *konzeptuellen Schema*, dem *internen Schema* und dem *externen Schema*.

9.3.1 Konzeptuelles Schema

Im Folgenden werden einige Vor- und Nachteile gestalterischer Möglichkeiten der konzeptuellen Ebene dargestellt, die das Laufzeitverhalten des relationalen DBMS signifikant beeinflussen können.

9.3.1.1 Attribute

Die Vergrößerung der Werte variabel langer Datentypen wie z. B. VARCHAR kann kostspielig sein, da hierfür eventuell Speicherplatz beschafft werden muss. Bei einer hohen Änderungswahrscheinlichkeit der Spalte sollte daher auf den statischen Datentyp CHAR zurückgegriffen werden. Es muss allerdings beachtet werden, dass dieser Datentyp aufgrund des höheren Speicherbedarfs Hauptspeicherprobleme verursachen kann.

9.3.1.2 Tabellen

Die Normalisierung (→ 3.4.5) hat u. a. zur Folge, dass eine Vielzahl von Tabellen entstehen kann.

> Die **Bearbeitungszeit einer SQL-Anfrage** hängt stark davon ab, wie viele Tabellen über kostspielige Verbundoperationen miteinander kombiniert werden müssen.

Verbundoperationen berechnen das Kreuzprodukt ausgewählter Zeilen der beteiligten Tabellen, was in ungünstigen Situationen erheblichen Speicherplatzbedarf im Hauptspeicher verursacht (Join-Methoden, → 7.4.1.2).

9.3 Phase 1.1 – Optimierung des Datenbankschemas

> Die tatsächliche **Anzahl der Tabellen** sollte sich nicht nur aufgrund der Existenz von semantischen Beziehungen zwischen den Entitäten und der Normalisierung ergeben, sondern gleichermaßen auch die (zukünftige) *anwendungsspezifische Nutzung der Daten* und ihre Beziehungen berücksichtigen.

Minimalität

Es stellt sich insbesondere bei 1:1-Muss-Beziehungstypen (→ 3.3.3) die Frage, ob die involvierten Daten der beteiligten Tabellen nicht zu einer Tabelle zusammengefasst werden können. Hierdurch lassen sich wieder Verbundoperationen einsparen.

Werden jedoch nur selten alle Attribute beider Tabellen gleichzeitig benötigt, kann es vorteilhafter sein, die häufig erforderlichen qualifizierenden Attribute in der einen und die eher selten gebrauchten Attribute im Sinne einer vertikalen Fragmentierung (→ 13.3.2) in der anderen Tabelle zu speichern. Die speicherintensiven Informationen werden häufig erst mit dem „Finden" benötigt und müssen für den Suchvorgang nicht „mitgeschleppt" werden.

> Die **vertikale Tabellenfragmentierung** ermöglicht eine *effiziente sequenzielle Suche* auf insgesamt kleineren („schmaleren") Tabellen.

❏ *Beispiel:* Die Attribute Interpret und Titel einer Musikdatenbank lassen sich gut von dem selten benötigten und speicherintensiven, als BLOB (Binary Large Object, → 4.7.1) gespeicherten Attribut MP3-Sequenz abspalten.

Generalisierung oder Spezialisierung

Die unterschiedlichen relationalen Realisierungsmöglichkeiten einer Generalisierungshierarchie (→ 3.3.4) bewegen sich im Spannungsfeld zwischen

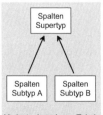

Variante 1: mehrere Tabellen in unmittelbarer Analogie zur Generalisierungshierarchie

Variante 2: pro Typ eine gemeinsame Tabellenstruktur

Variante 3: eine gemeinsame Tabellenstruktur für alle Typen

Bild 9.2 Relationale Realisierung einer Generalisierungshierarchie (Varianten)

Konsistenz und der schnellen Ausführung von Datenbankanfragen (→ Bild 9.2).

Tabelle 9.1 Relationale Realisierung einer Generalisierungshierarchie (Vergleich)

Var.	Vorteil	Nachteil
1	Beziehungen zu ausgewählten Spezialisierungen lassen sich vom DBMS im Rahmen der referenziellen Integrität kontrollieren.	Zugriffe auf die gesamte Information eines Objekts erfordern Tabellenzugriffe über kostenintensive Verbundoperationen.
2	Alle Attribute eines Objekttyps können im Rahmen eines Datensatzzugriffs zur Verfügung gestellt werden.	Die Semantik der Generalisierungshierarchie muss von Seiten der Anwendung verwaltet werden.
3	Alle Attribute eines Objekts lassen sich im Rahmen eines Datensatzzugriffs zur Verfügung stellen.	Fehlende Speichereffizienz, da jeder Subtyp auch über die ungenutzten speziellen Attribute aller anderen Subtypen verfügt (und umgekehrt).

9.3.1.3 Redundanz

Die konsequente Eliminierung von Redundanzen im Rahmen der Normalisierung (→ 3.4) vereinfacht die Überprüfung der Konsistenz bei Änderungsoperationen und entlastet somit die Anwendung.

Denormalisierung

Unter Denormalisierung (→ 3.4.5.7) versteht man die bewusste Rücknahme einer Normalisierung durch kontrollierte Einführung von Redundanzen mit dem Ziel der Verbesserung des Laufzeitverhaltens.

> Durch die Zusammenführung von ursprünglich normalisierten Tabellen lassen sich kostspielige *Verbundoperationen vermeiden*.

Die permanente Zusammenführung von Tabellen gefährdet jedoch u. a. die referenzielle Integrität (→ 3.2.3). Ein Verzicht auf die konsistenzsichernde Referenzierung von Stammdaten über Schlüsselwerte kann dazu führen, dass identische (redundante) Objekte aufgrund von Eingabefehlern letztendlich unterschiedlich interpretiert werden.

> Die über **Denormalisierungen** erzielbare Verbesserung der Laufzeit muss mit der Wartung der entstehenden Redundanz bezahlt werden.

Abgeleitete Attribute

> Im Allgemeinen gilt die Regel, **abgeleitete Werte** (berechenbar mit Hilfe anderer Attribute) nicht explizit über Attribute zu modellieren, da es sich letztendlich indirekt um *redundante Werte* handelt.

❏ *Beispiel:* Die abgeleiteten Werte des Attributs Alter lassen sich jederzeit über die Differenz von Systemdatum und Geburtsdatum zur Laufzeit berechnen. Der Verzicht auf ein explizites Attribut Alter spart zudem Änderungsanweisungen ein, z. B. wenn Personen Geburtstag haben.

An dieser Stelle muss jedoch entschieden werden, ob das Ableiten der benötigten Werte mit Hilfe der DML überhaupt effizient erfolgen kann. Stellt die DML die nötigen Operationen nicht zur Verfügung, muss die Berechnung in der Anwendung erfolgen. Dieses wirkt sich besonders dann nachteilig aus, wenn der abgeleitete Wert wiederum zum Auffinden (Qualifizieren) von Datensätzen innerhalb einer Datenbankanfrage benötigt wird. Damit die Selektion der Datensätze nicht in der Anwendung durchgeführt werden muss, bietet es sich in derartigen Fällen an, abgeleitete Attribute für redundante Werte zu nutzen. Die vorgefertigten Berechnungen entlasten somit den Prozessor zur Laufzeit der Anfrage. Im Änderungsfall muss jedoch beachtet werden, dass diese „versteckten Redundanzen" über das Anwendungsprogramm oder Datenbank-Trigger (→ 9.3.2.2) kontrolliert und gewartet werden müssen.

> Bei einer *hohen Änderungswahrscheinlichkeit* wirkt sich die Pflege der Redundanz *negativ* auf die Zugriffseffizienz aus.

9.3.2 Externes Schema

Die konsequente Nutzung vorgefertigter und compilierter sowie speziell auf die Endanwendung ausgerichteter Datenbankstrukturen des externen Schemas (→ 1.4.2) wie Sichten, Prozeduren und Funktionen
- erleichtert die Formulierung häufig benötigter Datenanfragen,
- entlastet die Anwendung und
- fördert die Wiederverwendbarkeit von Ausführungsplänen des DBMS.

> Die Effizienz der Strukturen des externen Schemas hängt stark von deren Nutzung durch die Anwendung ab.

9.3.2.1 Sichten

Werden nur einzelne Zeilen und Spalten einer Sicht (view, → 4.7.6) benötigt, die sich in lediglich einer der Sicht zugrunde liegenden Tabellen befinden, so kann es effizienter sein, direkt auf den entsprechenden Tabellen der Sicht zu operieren. So lassen sich kostspielige und unnötige Verbundoperationen zur temporären Berechnung unnütz komplexer Sichten vermeiden.

9.3.2.2 Prozedurale SQL-Erweiterungen

Prozedurale SQL-Erweiterungen eignen sich besonders zur Implementierung von in der Datenbank gespeicherten Prozeduren (stored procedures) und Funktionen (→ 4.7.7.2) sowie anwendungsspezifischen Triggern (→ 4.7.8). Sie ermöglichen die Verlagerung von Teilen der Anwendung in den Aufgabenbereich des DBMS.

> Der entscheidende **Vorteil prozeduraler SQL-Erweiterungen** ergibt sich aus der zusammenhängenden Ausführung mehrerer SQL-Befehle direkt auf der Datenbank.

Hierdurch lässt sich die Kommunikation zwischen Anwendung und DBMS bündeln und die zu transportierende Datenmenge reduzieren, was zur Entlastung des Netzwerks und der Anwendung beiträgt. Die Ausführung gespeicherter Prozeduren erhöht jedoch die Belastung der Prozessoren der Datenbankrechner, was insbesondere bei leistungsschwachen CPUs als Nachteil gewertet werden muss (→ 5.1.4.2).

9.3.3 Internes Schema

Die Strukturen des internen Schemas (→ 8) dienen insbesondere der Sicherung von Zugriffs- und Speichereffizienz.

9.3.3.1 Materialisierte Sichten

Materialisierte Sichten (→ 14.4.1) dienen der Verwaltung komplizierter und häufig benötigter Sichten bzw. Verbünde über zusätzliche, speziell den Sichten angepasste Tabellen.

> **Materialisierte Sichten** erzeugen Redundanzen, die ähnlich wie im Falle einer Denormalisierung aufgrund der periodischen oder permanenten Aktualisierung *erhöhten Wartungsaufwand* erfordern.

9.3 Phase 1.1 – Optimierung des Datenbankschemas

Wenn die Berechnung komplizierter Sichten zur Laufzeit nicht vertretbar ist, rechtfertigen die folgenden Gründe eine Erhöhung der Redundanz:

- **Reports.** Aufwändige Berichte, auf die nur lesend zugegriffen wird.
- **OLAP** (Online Analytical Processing). Visualisierung unterschiedlicher Ansichten von multidimensionalen Zusammenhängen zwischen Fakten und Dimensionen (→ 14.2 ff.).
- **Spiegelung von Tabellen.** Wenn konkurrierende Zugriffe auf eine Tabelle zu einem „Flaschenhals" werden.

9.3.3.2 Zugriffspfadstrukturen

Bei Zugriffen auf geringe Datenmengen (z. B. Schlüsselwerte) verursacht ein sequenzielles Durchsuchen der gesamten Tabelle erhebliche Zugriffskosten. Spezielle Zugriffspfadstrukturen wie Indexe (→ 8.2) können in diesem Fall erheblich zur Leistungssteigerung beitragen.

> Wenn **Indexe** zur Selektion großer Datenmengen eingesetzt werden, führen sie vielfach zu schlechteren Laufzeiten.

Da im letzten Fall sehr viele Daten gefunden werden, kann es effizienter sein, den Index einzusparen und direkt in der Datenmenge zu suchen.

Indexierte Spalten

Die Frage, welche Spalten wie zu indexieren sind, sollte nur nach sorgfältiger Prüfung aller Datenbankzugriffe auf die betreffende Tabelle entschieden werden (Indexanalyse).

> Ein bestimmter **Index** kann beispielsweise für einen einzelnen, selten ausgeführten Datenbankzugriff sehr nützlich sein, die Mehrheit der häufig genutzten Befehle jedoch auch behindern.

Das ist z. B. dann der Fall, wenn Indexe aufgrund von Änderungen der indexierten Werte in den Tabellen aufwändig angepasst werden müssen. In Tabelle 9.2 werden einige Empfehlungen zusammengefasst, die für oder gegen eine Indexierung ausgewählter Spalten sprechen.

> Unter der **Selektivität einer Spalte** versteht man das Verhältnis der Anzahl ihrer unterschiedlichen Werte zur Anzahl der Zeilen ihrer Tabelle. Sie liegt zwischen 0 und 1 (→ 7.4.3).

Verketteter Index

Ein verketteter Index verfügt über mehrere indexierte Spalten einer Tabelle (Mehr-Attribut-Index, → 8.2.2).

Tabelle 9.2 Pro und Kontra indexierter Spalten

Pro	Kontra
Spalte wird häufig in Suchprädikaten referenziert	Spaltenwerte ändern sich häufig
Spalte bildet Primär- oder Fremdschlüssel	Spalte kann Nullwerte enthalten
Spalte hat eine hohe Selektivität	Spalte gehört zu sehr kleinen Tabellen

> **Verkettete Indexe** unterstützen sehr gut Anfragen, die in ihren Suchprädikaten mehrere Spalten einer Tabelle mit AND kombinieren.

❏ *Beispiel:* Definition und Anwendung eines verketteten Index.
```
CREATE INDEX Idx_Mit1 ON Mitarbeiter (Name, Vorname);

SELECT * FROM Mitarbeiter
WHERE Name = 'Lehmann' AND Vorname = 'Hans';
```

Überladung von Indexen

Ein verketteter Index lässt sich auch dann effizient nutzen, wenn nicht alle indexierten Spalten im Suchprädikat der Datenbankanfrage referenziert werden. Es ist lediglich erforderlich, dass die im Suchprädikat referenzierten Spalten in den ersten Positionen des verketteten Index angelegt werden.

> Werden die „hinteren" Spalten eines Index nur selten für eine Selektion benötigt, so spricht man von nutzlos überladenen Indexen.

Ein solcher Index erhöht nicht nur den Verwaltungsaufwand bei Änderungen der indexierten Werte, sondern belegt auch unnötigen Speicherplatz.

Ein verketteter Index kann jedoch auch vorteilhaft genutzt werden, um die komplette Selektion unter Umgehung der Tabellenstruktur auszuführen. Das ist immer dann möglich, wenn die Spalten der Projektion vollständig Teil der im Suchprädikat referenzierten und auch indexierten Spalten sind.

> Der Index kann gewinnbringend um weitere, speziell für die Projektion häufig erforderliche Spalten überladen werden.

❏ *Beispiel:* Geschickte Nutzung eines verketteten und überladenen Index.
```
CREATE INDEX Idx_Mit2 ON Mitarbeiter (Name, Vorname, Ort);

SELECT Name, Vorname, Ort FROM Mitarbeiter
WHERE Name = 'Lehmann';
```

9.4 Phase 1.2 – Anwendungsoptimierung

Das zentrale Ziel der ersten Phase ist es, die aus dem Kontext der Anwendungen heraus resultierenden Zugriffe auf die Datenbank zu minimieren und die Formulierung der Anfrage zu optimieren.

> Im **zweiten Teil der Phase 1** werden Maßnahmen zusammengefasst, die eine **anwendungsspezifische Anpassung** der beteiligten Systemkomponenten an die konkreten Anforderungen der Anwendungsumgebung ermöglichen.

Die Semantik und die Menge der Daten werden dabei ebenso analysiert wie die Art und Weise der Zugriffe und die Zugriffshäufigkeit auf die Daten.

9.4.1 Optimierung von Unternehmensfunktionen

Im Folgenden wird vorausgesetzt, dass eine Optimierung der Geschäftsprozesse im Vorfeld der Anwendungsentwicklung stattgefunden hat. Die einzelnen (betriebswirtschaftlichen) Unternehmensfunktionen und Arbeitsabläufe sollten im Rahmen eines Workflow-Managements /1.8/ sinnvoll umgesetzt worden sein, so dass das Datenbanksystem nicht mit unnötigen Anfragen belastet wird.

9.4.2 Optimierung der Anwendung

Die Effizenz der Anwendungsimplementierung hängt sehr stark von der Qualität des zugrunde liegenden Datenbankschemas ab ($\rightarrow$ 9.3). Dennoch hat auch die verwendete „Handschrift" der Implementierung einen starken Einfluss auf die Antwortzeiten der Datenbankzugriffe.

Vermeidung überflüssiger Daten

Datenbankanfragen, in denen überflüssige Zeilen und Spalten bereits bei der Formulierung ausgeschlossen werden können, entlasten nicht nur die Anwendung und die Schnittstelle zum DBMS, sondern erhöhen zudem die Hauptspeicher- und die Zugriffseffizienz.

Reduktion der Kommunikation mit dem DBMS

Der satzorientierte Datenzugriff sollte nicht mittels eigenständiger Datenbankanfragen innerhalb von Schleifen programmiert werden. Die Kosten der Schnittstellennutzung lassen sich minimieren, wenn die erforderliche Datenmenge **mengenorientiert** im Vorfeld der Schleife im Rahmen einer geschickt formulierten Anfrage vom DBMS zur Verfügung gestellt werden kann.

> Die **satzweise Bearbeitung** der Ergebnismenge sollte im Rahmen einer *Cursor-Steuerung* (→ 5.2.4) programmiert werden, die das DBMS zur Verfügung stellt.

Wiederverwendung von Ausführungsplänen

Strukturgleiche Datenbankanfragen, die nicht absolut identisch formuliert werden oder bei denen sich lediglich der Vergleichswert des Suchprädikats unterscheidet, werden vom Parser (→ 7.4.2) häufig nicht wiedererkannt. Obwohl die im folgenden Beispiel dargestellten Unterschiede für den Zugriffspfad letztendlich irrelevant sind, wird der Ausführungsplan bei einigen DBMS jedes Mal erneut berechnet.

❑ *Beispiel:* Für den Parser u. U. unterschiedliche Anfragen:
```
SELECT * FROM Mitarbeiter WHERE Name = 'Schulz';
SELECT * FROM Mitarbeiter WHERE Name = 'Lehmann';
SELECT *  FROM Mitarbeiter  WHERE Name = 'Lehmann';
select * from mitarbeiter where name = 'Lehmann';
```

> Ein Optimierungspotenzial schafft die konsequente Verwendung von **Host-Variablen** im Wirtsprogramm.

Host-Variablen (→ 5.2.3) ermöglichen die Wiederverwendung von Ausführungsplänen, wodurch sich Rechenzeit reduzieren und Hauptspeicherplatz einsparen lässt.

❑ *Beispiel:* Anfrage mit Host-Variable
```
SELECT * FROM Mitarbeiter WHERE Name = :varName;
```

9.4.3 Optimierungen im Mehrbenutzerbetrieb

Zeitlich lange Transaktionen, die Sperrung nicht benötigter Daten und die Verwendung wenig kompatibler Sperrmodi erhöhen die Wahrscheinlichkeit von Zugriffskonflikten und somit von internen Wartesituationen.

Transaktionsanalyse

> Transaktionen sollten nicht zu lang werden, da die Mechanismen relationaler DBMS insbesondere für **kurze Transaktionen** ausgelegt sind.

Transaktionen (→ 7.5) sollten sinnvoll „gestückelt" und erst dann initiiert werden, wenn alle hierfür erforderlichen Eingabedaten vorliegen oder im Vorfeld berechnet wurden.

9.4 Phase 1.2 – Anwendungsoptimierung

> Eine explizite **Transaktionsanalyse** schafft Transparenz und ermöglicht eine schnelle Lokalisierung von Optimierungspotenzial.

Zeitintensive Benutzerinteraktionen sind „auszuklammern". Ist dieses aus Sicht der Anwendung nicht gewünscht, sind geeignete Time-Out-Mechanismen zu implementieren. So lässt sich ein unzumutbar langes Blockieren von Ressourcen aufgrund verzögerter Benutzereingaben ausschließen.

Ebenen der Isolation

Im Rahmen der Transaktionsanalyse muss eine zweckdienliche Balance zwischen sicherer, konsistenter Verarbeitung sowie der Schwere potenzieller Fehler einerseits und der möglichen Parallelität konkurrierender Transaktionen andererseits gefunden werden. Zu diesem Zweck stehen die Isolationsebenen ($\rightarrow$ 4.8.2) zur Verfügung.

> Ist die **Serialisierbarkeit** ($\rightarrow$ 7.5.2) lesender Transaktionen aus Sicht der Anwendung nicht zwingend erforderlich, ermöglicht die Isolationsebene **Read-Committed** erhebliche Laufzeitgewinne.

Synchronisation

Wird im Rahmen der Transaktionsanalyse entschieden, die Synchronisation explizit vorzunehmen ($\rightarrow$ 7.5.3), muss auch hier beachtet werden, dass die Parallelität konkurrierender Transaktionen nicht unnötig eingeschränkt wird.

Sperrmodus. Es sollte immer nur in dem Modus (lesen oder schreiben) gesperrt werden, der der Operation entspricht ($\rightarrow$ 4.8.1).

Sperrprotokoll. Wird in einer Transaktion zunächst lesend auf ein Objekt zugegriffen und anschließend eventuell schreibend, kann es bei der Anforderung der Schreibsperre zu kostenintensiven Verklemmungen kommen (Deadlock, $\rightarrow$ 7.5.3). In solchen Fällen bietet es sich an, die schärfere Schreibsperre bereits mit dem Lesezugriff anzufordern (Preclaiming, $\rightarrow$ 7.5.3).

Sperrgranulat. Es sollte immer nur so viel (Datensatz, Tabelle) gesperrt werden, wie es der Operation entspricht. Andererseits erhöht eine zu feine Granularität den internen Synchronisationsaufwand des DBMS.

> Es kann bei sehr kurzen Transaktionen effizienter sein, die ganze Tabelle zu sperren anstatt eine Vielzahl einzelner Datensätze.

9.4.4 Formulierung von SQL-Anweisungen

Die Flexibilität von SQL ermöglicht es, dieselbe Datenmenge auf unterschiedliche Art und Weise zu beschreiben, was zu verschiedenen Antwortzeiten führen kann. Der Grund für ungenügende Antwortzeiten ist häufig:

- Eine unverhältnismäßig hohe Anzahl von Festplattenzugriffen (z. B. ein Durchsuchen der gesamten Tabelle bei einer sehr selektiven Anfrage).
- Ein signifikanter Index wird nicht genutzt (der Ausführungsplan lässt dieses erkennen).

Ein Tuning von Anfragen sollte eigentlich überflüssig sein, da das DBMS in der Regel über einen Optimierer ($\rightarrow$ 7.4.2) verfügt. Allerdings gibt es gut und weniger gut eingestellte Optimierer ($\rightarrow$ 9.5.3), und man kann durch ungeschicktes Formulieren einer Anfrage den Optimierer auch ungewollt „übergehen".

> Geschickte **Umformulierungen von Anfragen** können erhebliche Laufzeitverbesserungen bewirken.

Nutzung von Indexen

Werden indexierte Spaltenwerte im Suchprädikat mit Funktionen verändert, liegen die berechneten Werte nur temporär vor und lassen sich nicht indexieren.

> Die Kombination von Funktion und indexierter Spalte im Suchprädikat schließt die Nutzung des zugehörigen Index aus.

❏ *Beispiel:* Die Funktion UPPER verhindert die Nutzung des im Index indexierten Attributs Name.

```
CREATE INDEX Idx_Mit3 ON Mitarbeiter (Name);

SELECT * FROM Mitarbeiter
WHERE UPPER(Name) = 'LEHMANN';
```

Verbundoperationen versus Unteranfragen

Eine generelle Aussage, ob eine Verbundoperation ($\rightarrow$ 4.5.6) oder eine äquivalent formulierte Anweisung mit Unteranfragen ($\rightarrow$ 4.5.7) schneller ist, kann nicht getroffen werden. Es hängt u. a. davon ab, wie viele Tabellen kombiniert werden sollen, wie groß die beteiligten Tabellen sind und ob Indexe genutzt werden können.

> **Spalten von Zwischenergebnissen** lassen sich nicht indexieren, da es sich lediglich um temporäre Tabellen handelt.

9.4 Phase 1.2 – Anwendungsoptimierung

Zugriffe auf Ergebnismengen von Unteranfragen können somit nicht optimiert werden. Zum Optimieren von Verbundoperationen stehen dagegen zahlreiche Möglichkeiten zur Verfügung.

> Eine **Verbundoperation** ist einer **Unteranfrage** vorzuziehen, wenn sie dieselben Datensätze beschreibt.

Das ist immer dann möglich, wenn in der Unteranfrage keine Aggregationsfunktionen wie z. B. MAX, MIN oder AVG verwendet werden.

Unteranfragen

Die Berechnung verschachtelter Anfragen (→ 4.5.7) erfolgt von „innen" nach „außen".

> Lassen sich **komplexe Anfragen** mit Unteranfragen nicht in äquivalente Verbundanfragen umformulieren, so sollten die temporären Tabellen der Zwischenergebnisse möglichst klein bleiben.

Hieraus lassen sich zwei Formulierungsziele ableiten:
- Die Reihenfolge der verschachtelten Anfragen sollte sich nach der Selektivität der einzelnen (Unter-)Anfragen richten.

> Die Unteranfrage mit der höchsten Selektivität sollte als *innerste* Unteranfrage formuliert werden, da hier der Index noch optimal genutzt werden kann.

- Abhängige Unteranfragen (correlated subquery) beziehen sich auf den übergeordneten Teil der Anfrage. Die Unteranfrage kann nicht mehr eigenständig ausgeführt werden.

> Die **Schachtelungstiefe** abhängiger Unteranfragen sollte insgesamt so gering wie möglich gehalten werden, da für jeden Satz des äußeren SELECT das innere SELECT einmal ausgeführt werden muss.

❑ *Beispiel:* Die Namen aller Mitarbeiter, die in Projekte eingebunden sind.
```
SELECT m.Name FROM Mitarbeiter m WHERE m.PersNr IN (
   SELECT p.PersNr FROM Projekte p
   WHERE p.PersNr = m.PersNr);
```

Sortierung von Datensätzen

Die Verwendung der ORDER-BY-Option (→ 4.5.9) sollte nur gezielt erfolgen, da das DBMS zur Berechnung der Sortierung auf kostspielige Sortierfunktionen zurückgreifen muss.

> **ORDER BY** empfiehlt sich nicht, wenn die Daten der Tabelle bereits in der gewünschten Sortierung abgespeichert werden.

Eine Sortierung der Daten ist bereits erforderlich, wenn eine Datenbankanfrage explizit unterschiedliche Datensätze ermitteln soll. Dieses geschieht über den DISTINCT-Operator (→ 4.5.2) bzw. bei der Verarbeitung von typgleichen Datenmengen mit dem UNION-Operator (im Gegensatz zum UNION-ALL-Operator, → 4.5.5).

> **DISTINCT** und **UNION** sollten nicht verwendet werden, wenn **doppelte Zeilen** bereits aufgrund der Daten und der Datenbankanfrage ausgeschlossen werden können.

9.5 Phase 2 – Hauptspeicheroptimierung

In der ersten Phase wurden die Datenverwaltung und die Abarbeitung der Datenzugriffe den Anforderungen der Anwendungsumgebung angepasst. In der zweiten Optimierungsphase wird nun davon ausgegangen, dass keine unnützen Anfragen das DBMS erreichen und dass die internen Datenstrukturen und die interne Arbeitsweise die verbleibenden Datenbankanfragen optimal unterstützen.

> Im Rahmen der **Phase 2** werden die zentralen **Hauptspeicherbereiche** des DBMS derart angepasst, dass die Anzahl unnützer physischer Zugriffe auf den sekundären Speichermedien minimiert wird.

Insbesondere sollen hierdurch kostspielige Paging- oder Swapping-Aktivitäten (→ 9.1.2) vom Betriebssystem vermieden werden.

9.5.1 Gestaltung des Datenbankpuffers

Mit dem Datenbankpuffer stellt das Betriebssystem dem DBMS einen Teil des Hauptspeichers zur Verfügung. Die Aussage „*je größer der Datenbankpuffer, desto besser*" kann allerdings nicht verallgemeinert werden.

> Eine beliebige **Vergrößerung des Hauptspeichers** muss nicht zwangsläufig zu weiteren Leistungssteigerungen führen.

Extrem große Datenbankpuffer von mehreren Gigabytes können wieder eine Verschlechterung der Zugriffszeiten bewirken. Grund hierfür ist u. a. fehlendes Wissen des Betriebssystems über die Semantik der Datenstrukturen, das für eine effiziente Speicherung insbesondere bei sehr großen

9.5 Phase 2 – Hauptspeicheroptimierung

Datenmengen auch im Hauptspeicher erforderlich wird. Viel wichtiger ist dagegen, dass der gesamte Datenbankpuffer geschickt auf mehrere semantisch unterschiedliche Puffer aufgeteilt wird, ohne dabei einzelne Bereiche unüberlegt zu bevorzugen oder zu vernachlässigen /9.2/, /9.8/.

> Die verschiedenen Aufgabenbereiche des DBMS sind durch Zuweisung **optimaler Pufferanteile** derart zu optimieren, dass insgesamt die maximal mögliche Leistungsfähigkeit erzielt wird.

9.5.1.1 Komponenten des Datenbankpuffers

In der Regel verfügt der Datenbankpuffer über mehrere Komponenten.

Datenpuffer. Der Datenpuffer, vielfach auch als der eigentliche Datenbankpuffer bezeichnet ($\rightarrow$ 7.2), beinhaltet die aktuellen Daten der Tabellen und Indexe. Die Größe des Datenpuffers sollte so eingestellt werden, dass möglichst viele Anfragen bereits mit dem Zugriff auf den Datenpuffer befriedigt werden können. Eine Trefferrate (hit ratio, $\rightarrow$ 7.2.3) von 80 % sollte nicht unterschritten werden. DBMS-Hersteller empfehlen sogar Trefferraten von über 90 % /9.8/.

SQL-/Prozedurpuffer. Hier werden die zuletzt ausgeführten SQL-Anweisungen und gespeicherten Prozeduren aufbewahrt ($\rightarrow$ 7.1.2), nachdem sie zuvor geparst und optimiert wurden. Vorbereitete SQL-Anweisungen lassen sich auch dann vom DBMS wiederverwenden, wenn dieselbe Anfrage von unterschiedlichen Anwendungen erneut gestellt wird ($\rightarrow$ 9.4.2). Wird ein SQL-Befehl nicht im Puffer gefunden, so können u. U. komplizierte und kaskadierende interne Vorgänge initialisiert werden, um den Befehl erneut für die Ausführung vorzubereiten. Daher empfehlen DBMS-Hersteller hier Trefferraten von bis zu 99 % /9.2/, /9.4/, /9.8/.

> Ein **Fehlzugriff im SQL-/Prozedurpuffer** ist vielfach kostspieliger als einer im Datenpuffer.

Protokollpuffer (Log-Puffer). Hier werden die Log-Einträge (Before und After Images, $\rightarrow$ 7.6.3) protokolliert, die spätestens vor dem Ende einer Transaktion in die Protokolldatei (Log-Datei) geschrieben werden müssen. Die optimale Größe hängt von der durchschnittlichen Änderungswahrscheinlichkeit der Daten ab, insbesondere jedoch von der Häufigkeit, mit der das DBMS den Inhalt des Protokollpuffers in die Protokolldatei schreibt und somit ausleeren kann. DBMS-Hersteller empfehlen, die Wartezeiten in einem Messzeitraum gegen 0 Sekunden gehen zu lassen bzw. die Rate der Fehlversuche beim Schreiben unter 5 % zu senken /9.2/, /9.8/.

> Ist der Protokollpuffer voll, so kann eine Transaktion ihre Änderungen nicht protokollieren und muss warten.

Weitere Puffer. Diese hängen sehr stark von der Implementierung des zugrunde liegenden DBMS ab /9.1/, /9.2/, /9.4/, /9.7/, /9.8/, /9.9/. Sie dienen u. a. der Unterstützung von Sortiervorgängen im Hauptspeicher wie z. B. bei ORDER-BY- und GROUP-BY-Anweisungen oder der Erstellung von Indexen. Wieder andere Puffer unterstützen die Verwaltung interner Strukturen wie z. B. Sperren oder Prozessinformationen des DBMS.

9.5.1.2 Größe des Datenbankpuffers

Die jeweilige Größe der unterschiedlichen Komponenten des Datenbankpuffers hängt unmittelbar vom insgesamt zur Verfügung stehenden Hauptspeicher ab. Sie lässt sich häufig über Parameter einstellen.

Tabelle 9.3 Faktoren zur optimalen Gestaltung des Datenbankpuffers

Faktor	Hinweis
Möglichst optimale Größe im Verhältnis zum insgesamt zur Verfügung stehenden Hauptspeicher	Vermeidung von Paging- oder Swapping-Aktivitäten
Möglichst optimale Größe aller Komponenten des Datenbankpuffers	Monitoring-Werkzeuge ermöglichen die Feststellung der jeweiligen Trefferraten
Bei Engpässen sollten der SQL-/Prozedurpuffer und der Protokollpuffer bevorzugt behandelt werden	Ein Fehlzugriff im Datenpuffer ist weniger kostspielig, da häufig „nur" Datenblöcke vom sekundären Speichermedium gelesen werden müssen

9.5.1.3 Blockfüllgrad

Die kleinste Einheit, die vom sekundären zum primären Speichermedium transportiert werden kann, ist ein Block (→ 7.3.1, Hinweis → 9.6.3.1).

> Je voller ein Block mit Daten gepackt wird, desto weniger Blöcke werden in der Regel für die Ausführung einer SQL-Anfrage benötigt.

Volle Blöcke führen daher auf den ersten Blick zu einer schnelleren Ausführung von Zugriffen und ermöglichen die effiziente Nutzung des Datenpuffers.

> Je voller ein Block gepackt wird, desto problematischer stellen sich sortierte Einfügeoperationen und das Ändern variabel langer Datensätze dar.

Unter Umständen muss ein voller Block auf zwei Blöcke verteilt werden. Da der **optimale Blockfüllgrad** von der Änderungshäufigkeit der Daten und diese wiederum von den jeweiligen Objekttypen abhängig ist, sollte ein zweckdienlicher Füllgrad beim Anlegen der Tabellenstruktur angegeben werden. Die Standardwerte einiger DBMS liegen bei 60 % /9.2/, /9.8/.

9.5.2 Schreiben des Datenbankpuffers

Spätestens dann, wenn der Datenbankpuffer voll ist, müssen nicht mehr benötigte Blöcke (Seiten) verdrängt werden ($\rightarrow$ 7.2.3). Optimierungen bewegen sich im Spannungsfeld zwischen der Minimierung von potenziellen Ausfallzeiten im Fehlerfall und der schnellen Ausführung von Datenbankanfragen.

9.5.2.1 Sicherungspunkt-Intervalle

Damit die Menge der modifizierten und noch nicht gesicherten Datenblöcke nicht zu groß und regelmäßig ausgeschrieben wird, benutzt ein DBMS Sicherungspunkte (checkpoints, $\rightarrow$ 7.6.3). Häufige Sicherungspunkte reduzieren den Recovery-Aufwand für die Datenbank ($\rightarrow$ 7.6).

> Zu **häufige Sicherungspunkte** können den laufenden Betrieb des DBMS behindern, da sie ressourcenintensive Operationen auf Ebene des Dateisystems auslösen können.

Einige DBMS bieten darüber hinaus Parameter an, mit denen ein Sicherungspunkt asynchron durchgeführt werden kann (fuzzy checkpoint, $\rightarrow$ 7.6.3).

> **Asynchrone Sicherungspunkte** blockieren das DBMS für die Dauer des Sicherungspunktes nicht, so dass parallel Anfragen ausgeführt werden können.

Ein solcher Sicherungspunkt dauert in der Regel länger, da die modifizierten Datenblöcke mit niedriger Systempriorität geschrieben werden, was wiederum zu größeren Sicherungspunkt-Intervallen führt.

9.5.2.2 Protokolldatei

Die Größe einer Protokolldatei wirkt sich unmittelbar auf die Häufigkeit von Sicherungspunkten aus, denn bei jedem Wechsel der Protokolldatei initiiert das DBMS in der Regel einen Sicherungspunkt:

> Je größer die Protokolldatei ist, desto seltener wird ein Sicherungspunkt initiiert.

- **Kleine Protokolldateien** können in extremen Situationen dazu führen, dass das DBMS primär damit beschäftigt ist, Sicherungspunkte durchzuführen. Dauert ein solcher Sicherungspunkt in besonders ungünstigen Fällen sogar länger als das Füllen der nächsten Protokolldatei, kommt es zu Performance-Einbußen, da aktuelle Transaktionen nicht mehr abgeschlossen werden können.
- **Große Protokolldateien** sind allerdings nur dann zu empfehlen, wenn sie gespiegelt werden. Hierdurch lässt sich die Verlustwahrscheinlichkeit der großen Datenmengen minimieren.

> In speziellen Datenbanksystemen, bei denen z. B. ein Ändern der Daten nicht vorgesehen ist, kann das Protokollieren zugunsten der Performance abgestellt werden.

9.5.3 Optimierer

Um bei der Ausführung von Datenbankanfragen die bestmögliche Performance zu erzielen, wird ein Optimierer eingesetzt, der die geeignetste Strategie für den Zugriff auf die Daten berechnet und somit den Ausführungsplan festlegt (→ 7.4.2). Sofern es die Datenbankanfrage zulässt, werden zuerst *kostengünstige* Operationen durchgeführt, um die Datenmenge für anschließende *kostspieligere* Operationen möglichst klein zu halten. Viele DBMS bieten hierbei die Wahl zwischen zwei Optimierern an.

Der regelbasierte Optimierer erkennt anhand der Syntax der Datenbankanfrage, welche der darin enthaltenen Operationen „in der Regel" kostengünstiger sind und somit zuerst ausgeführt werden sollten.

Der **kostenbasierte Optimierer** hat demgegenüber den Vorteil, dass er zur Berechnung des Ausführungsplans die tatsächlichen und nicht die „in der Regel" kostengünstigsten Operationen zuerst anwendet.

❑ *Beispiel:* In speziellen Fällen, in denen die Daten einer Tabelle vollständig in einem Block der Festplatte Platz finden, würde ein zusätzlicher Zugriff über einen „in der Regel" günstigeren Index die Kosten jedoch tatsächlich erhöhen.

9.5.3.1 Statistiken

> Der Einsatz des **kostenbasierten Optimierers** ist nur sinnvoll, wenn die erforderlichen statistischen Angaben aktuell sind.

Hieraus ergibt sich die Anforderung, dass das DBMS die Kosten der bevorstehenden Operationen jederzeit realistisch einschätzen muss ($\rightarrow$ 7.4.3). Dieses betrifft im Wesentlichen die Anzahl der Datensätze in den einzelnen Tabellen und die Selektivität bestimmter Attribute, die sich allerdings mit jeder Datenbankanfrage ändern können.

> Eine zu häufige Berechnung bzw. **Aktualisierung der Statistiken** belastet das DBMS.

Somit sollten die erforderlichen Statistiken möglichst in Zeiten geringer Datenbanklast berechnet bzw. geschätzt werden. Die entsprechende SQL-Syntax sowie der funktionale Umfang der Befehle sind nicht standardisiert und werden von den DBMS-Herstellern sehr unterschiedlich angeboten.

❏ *Beispiel:* Oracle-Syntax zum Berechnen und Schätzen der Statistiken für Tabellen und Indexe /9.8/.

```
ANALYZE TABLE Mitarbeiter
    ESTIMATE STATISTICS SAMPLE 20 PERCENT;
ANALYZE INDEX Idx_Mit1 COMPUTE STATISTICS;
```

❏ *Beispiel:* DB2-Syntax zum Berechnen und Schätzen der Statistiken für Tabellen und Indexe /9.4/.

```
RUNSTATS ON TABLE db2user.Mitarbeiter
RUNSTATS ON TABLE db2user.Mitarbeiter
    FOR INDEXES db2user.Idx_Mit1, db2user.Idx_Mit2
```

9.5.3.2 Planhinweise (Hints)

In den meisten Fällen wird der Optimierer den geeignetsten Index auf Basis der vorhandenen Statistiken auswählen. In Ausnahmefällen, wenn der DB-Administrator mehr über die Datenverteilung weiß als das System, kann eine explizite Angabe des gewünschten Index günstiger sein.

> Die *explizite Steuerung des Optimierers* erfolgt über so genannte **Hints** (Hinweise) in der Datenbankanfrage, mit denen auf vielfältige Weise Einfluss auf den Ausführungsplan genommen werden kann.

Hints ermöglichen u. a.:
- die Wahl des Optimierers,
- die Nutzung bzw. ein Übergehen von Indexen,
- die Festlegung der Reihenfolge von Verbundoperationen,
- die Ausführung von Verbundoperationen.

Aufgrund der fehlenden Normierung unterscheiden sich die DBMS-Hersteller hinsichtlich Syntax und Mächtigkeit der SQL-Anweisungen.

❑ *Beispiel:* Oracle-Syntax für Hints mit Kommentar in der Datenbankanfrage /9.8/.

```
SELECT /*+ INDEX(Mitarbeiter Idx_Mit2) */
   Name, Vorname FROM Mitarbeiter
   WHERE Name = 'Lehmann';
```

9.6 Phase 3 – Optimierung der Sekundärspeicherzugriffe

Das Ziel der Hauptspeicheroptimierung in Phase 2 bestand darin, die Nutzung der Hauptspeicherressourcen so zu verbessern, dass die Anzahl der tatsächlich erforderlichen physischen Speicherzugriffe minimiert werden kann.

> Die **Eingabe-/Ausgabeoptimierung** der **Phase 3** sorgt für die bestmögliche Ausführung der verbleibenden physischen Speicherzugriffe.

Dies kann u. a. erreicht werden durch:
- Umgehung ausgewählter Funktionen des Betriebssystems,
- Verteilung der Eingabe-/Ausgabelast auf mehrere Festplatten und
- Optimierung der physischen Speicherstrukturen.

9.6.1 Zusammenspiel mit dem Betriebssystem

Üblicherweise wird das Schreiben aus dem Datenbankpuffer in die Datenbank über das Dateisystem des Betriebssystems gesteuert. Das bedeutet, dass die Daten vielfach zunächst vom Datenbankpuffer in den Hauptspeicherpuffer des Dateisystems transportiert werden, wo sie erneut vom Dateimanagementsystem in das Protokoll des Dateisystems gesichert werden. Erst danach erfolgt das Ausschreiben vom Dateisystempuffer in die Dateien der Datenbank.

> Zur Erhöhung der Performance, insbesondere bei großen zu schreibenden Datenmengen, bieten einige DBMS die Unterstützung so genannter **Raw Devices** bzw. **Raw-Partitionen** an.

Das Raw Device enthält kein Dateisystem. Es ermöglicht den direkten Zugriff auf eine Festplattenpartition unter weitestmöglicher Umgehung des Betriebssystems /9.6/.

Dem Laufzeitgewinn bei schreibenden Transaktionen steht allerdings ein erhöhter administrativer Aufwand gegenüber, denn eine Datensicherung ist nicht mehr einfach mit den gewohnten Dateisystembefehlen des Betriebssystems möglich.

9.6.2 Verteilung der Eingabe-/Ausgabelast

Um die Blöcke einer Festplatte lesen oder schreiben zu können, muss der Schreib-/Lesekopf der Festplatte an die entsprechende Position bewegt werden. Diese Bewegungen wirken sich dann ungünstig auf die Laufzeiteigenschaften aus, wenn sich die benötigten Blöcke einer SQL-Anweisung nicht benachbart auf der Festplatte befinden oder aber sehr viele Blöcke gebraucht werden.

> Wird die Eingabe-/Ausgabeleistung der Festplatte oder des Festplatten-Controllers zum Engpass, bietet sich eine **Verteilung der Blöcke** auf unterschiedliche Datenträger an.

Leistungssteigerungen lassen sich dann über eine Parallelisierung der Zugriffe erzielen.

9.6.2.1 Verteilung der Daten- und Indexdateien

> Deutliche Laufzeitverbesserungen sind erzielbar, wenn Tabellendaten und die zugehörigen Indexdateien auf unterschiedliche Festplatten verteilt werden.

Die Verteilung macht sich insbesondere dann positiv bemerkbar, wenn mehrere der folgenden Operationen wie z. B.
- Neuindexierung einer Tabelle,
- Reindexierung einer Tabelle,
- Schreiben von Datensätzen,
- Datenimport

hintereinander ausgeführt werden und die benötigten Indexdateien nicht alle im Datenbankpuffer Platz finden.

9.6.2.2 Verteilung der Daten

Viele DBMS sind in der Lage, die Ausführung von datenintensiven SQL-Anweisungen zu parallelisieren.

> Über eine **Partitionierung** (→ 8.6.2) lässt sich die Zugriffslast auf mehrere Festplatten verteilen.

- Die eventuell im Vorfeld einer Verbundoperation erforderlichen Selektionen auf den beteiligten Tabellen lassen sich parallelisieren, wenn die Daten tabellenweise auf unterschiedlichen Festplatten partitioniert werden.
- Werden regelmäßig große Datenmengen einer Tabelle benötigt, so bietet sich eine horizontale Partitionierung der Tabellendaten auf mehrere Festplatten an.

9.6.2.3 Verteilung der Protokolldatei

Im Unterschied zu den Daten- und Indexdateien, bei denen der Zugriff gleich verteilt auf alle Bereiche der Dateien erfolgt, laufen Zugriffe auf Protokolldateien sequenziell ab und erfordern daher nur minimale Schreib-/Lesekopfbewegungen.

> Datendateien und Protokolldateien sollten immer auf unterschiedliche Festplatten verteilt werden.

9.6.2.4 RAID-Level

Der Begriff RAID steht für Redundant Array of Inexpensive Disks. Die verschiedenen Konfigurationen der RAID-Level 0 bis 6 stehen im Spannungsfeld zwischen Eingabe-/Ausgabe-Performance, Ausfallsicherheit und Kosten. Während RAID-Level 0 die Datenmenge gleichmäßig in kleinen Teilen (stripes) auf die zur Verfügung stehenden Festplatten verteilt, werden bei RAID-Level 1 die Festplatten auf die gleiche Anzahl zur Verfügung stehender Festplatten gespiegelt. Die anderen RAID-Levels eignen sich insbesondere für Spezialfälle, da lesende und schreibende Zugriffe unterschiedlich unterstützt werden /9.10/.

> Eine **Kombination der RAID-Level 0 und 1** ist bei ausreichend dimensionierter Stripe-Größe sehr empfehlenswert.

Hier wird die Eingabe-/Ausgabelast gleichmäßig auf die Festplatten aufgeteilt. Es müssen keine redundanten Prüfdaten verwaltet werden und im Fehlerfall sind durch die zusätzliche Spiegelung keine Ausfallzeiten zu erwarten. Allerdings ist diese Variante auch am kostspieligsten.

9.6 Phase 3 – Optimierung der Sekundärspeicherzugriffe

> Es muss beachtet werden, dass sich Protokolldateien aufgrund des **sequenziellen Zugriffsmusters** nicht für die Verwaltung in einem RAID-System eignen.

9.6.3 Optimierung physischer Speicherstrukturen

An dieser Stelle werden potenzielle Optimierungsmöglichkeiten vorgestellt, die sich aufgrund der geschickten Organisation physischer Speicherstrukturen ergeben.

9.6.3.1 Blockgröße

> Eine **optimale Blockgröße** liegt vor, wenn die benötigte Datenmenge mit minimalem Eingabe-/Ausgabeaufwand im Datenbankpuffer bereitgestellt werden kann.

▶ *Hinweis:* Die Zuordnung der physischen Blöcke zu so genannten Seiten, die vom DBMS angefordert werden, wird mit einem festen Faktor angenommen. Vereinfachend gelte: 1 Block = 1 Seite.

Damit der Datenbankpuffer optimal genutzt werden kann, bedeutet das für die Blöcke im Allgemeinen:
- möglichst geringer Anteil an Verwaltungsinformationen,
- möglichst nur gewünschte Daten im Sinne der SQL-Anfrage,
- möglichst wenig freier Platz bei Lesezugriffen ($\rightarrow$ 9.5.1.3),
- möglichst freier Platz bei Schreibzugriffen ($\rightarrow$ 9.5.1.2).

Hieraus lassen sich jedoch keine allgemein gültigen Regeln ableiten.

> Die optimale Blockgröße ist stark von der Semantik und anwendungsspezifischen Nutzung der in ihr enthaltenen Daten abhängig.

Kleinere Blöcke unterstützen die Anwendung wie folgt:
- Tabellen mit kleineren Blöcken, auf die hauptsächlich wahlfrei zugegriffen wird, reduzieren den Bedarf an Platz im Datenbankpuffer. Sie minimieren die Wahrscheinlichkeit, dass der Block Datensätze enthält, die nicht für die SQL-Anfrage benötigt werden.
- Kleine Blöcke tragen zur Minimierung der Konfliktwahrscheinlichkeit mit anderen Transaktionen bei, die zeitgleich auf weitere Daten desselben Blocks zugreifen wollen.
- Allerdings ist das Verhältnis von Verwaltungsinformationen zu Nutzdaten bei kleineren Blöcken eher ungünstig.

Größere Blöcke haben die folgenden Vorteile:
- Tabellen mit größeren Datensätzen sollten auch größere Blöcke einsetzen, damit sich die Datensätze möglichst komplett auf wenige Blöcke verteilen lassen.
- Größere Blöcke sind zu bevorzugen, wenn die Datensätze sortiert oder gebündelt im Cluster ($\rightarrow$ 9.6.3.2) gespeichert werden. Da bei dieser Speicherungsart hauptsächlich sequenziell auf mehrere Datensätze zugegriffen wird, besteht der Vorteil darin, dass sich der „nächste" Datensatz mit großer Wahrscheinlichkeit im selben Block und somit bereits im Datenpuffer befindet.
- Ein größerer Block bedeutet aber auch mehr Platz für Indexknoten der B- und B^+-Bäume ($\rightarrow$ 8.3.2). Dieses wirkt sich unmittelbar auf die Höhe der Indexbäume aus, was wiederum zu Laufzeitgewinnen bei wahlfreien Zugriffen führt.

9.6.3.2 Cluster-Techniken

Cluster-Techniken ermöglichen die *gebündelte Speicherung* zusammenhängender Datensätze möglichst in einem Block.

Hierbei kann es sich um Datensätze einer Tabelle handeln, die über eine gleiche Attributausprägung verfügen (z. B. alle Kunden mit derselben PLZ zusammen in einem Block). Cluster-Techniken ($\rightarrow$ 8.6.1) ermöglichen aber auch, Datensätze unterschiedlicher Tabellen gebündelt abzuspeichern (z. B. die Kundenstammdaten der einen Tabelle zusammen mit den zugehörigen Bestellungen der anderen Tabelle in einem Block).

Tabelle 9.4 Vor- und Nachteile der Cluster-Technik

Vorteile	Nachteile
Zugriffe über den so genannten Cluster-Schlüssel (Cluster Key) im Suchprädikat lassen sich sehr effizient ausführen, da die Anzahl der benötigten Blöcke aufgrund der „geclusterten" Speicherung reduziert werden kann.	Die Zugriffszeiten von SQL-Anweisungen ohne Cluster Key im Suchprädikat können erheblich ansteigen, da sich die gewünschte Datenmenge mit großer Wahrscheinlichkeit auf eine Vielzahl von Blöcken verteilt.
Häufig benötigte Verbundoperationen laufen erheblich schneller ab, wenn die beteiligten Tabellen „permanent" verbunden gespeichert werden.	Es muss eine Blockgröße gewählt werden, deren Füllgrad ausreichend Platz für sortierte Einfügeoperationen bietet.
	Ein Datensatz lässt sich nur auf eine Art und Weise physisch speichern.

9.6.3.3 Kompressions-Techniken

> **Kompressions-Techniken** nutzen die **Ähnlichkeit benachbart gespeicherter Daten** zur Reduzierung des Plattenplatzverbrauchs.

Die Komprimierung von Daten findet u. a. in spaltenorientierten Datenbanken (Column Stores, → 14.3.3) zur speziellen Unterstützung von Data Warehousing und OLAP-Anwendungen (→ 14) Verwendung. Hier bietet sich die Ähnlichkeit typgleicher Spaltenwerte zur komprimierten Speicherung ganzer Tabellenspalten an. Allerdings wird der Zugriff auf einzelne Daten mit zunehmender Kompression schwieriger, da Datenmengen zunächst dekomprimiert werden müssen, um einzelne Werte zu lesen.

9.6.3.4 Reorganisation

Häufig wird festgestellt, dass sich die Laufzeiteigenschaften vermeintlich optimal eingestellter Datenbanksysteme im Laufe der Zeit verschlechtern.

> DBMS vermeiden häufig **zeitaufwändige Reorganisationsroutinen**, nachdem Speicherbereiche durch einzelne Einfüge- oder Löschoperationen zerstückelt worden sind.

So kann man zwar die Ausführung einzelner Datenbankanfragen zur Laufzeit optimieren, die bestmögliche Speicherung der physischen Strukturen zur Unterstützung zusammenhängender Daten geht hierbei jedoch zunehmend verloren. Diese „Zerstörung" lässt nicht nur den Eingabe-/Ausgabeaufwand, sondern auch den Hauptspeicherbedarf ansteigen.

> Von Zeit zu Zeit ist eine **explizite Reorganisation** der Speicherstrukturen (in Zeiten geringer Datenbanklast) erforderlich.

Eine Reorganisation von Speicherstrukturen in einen „sauberen" und zusammenhängenden Bereich erfolgt vielfach über Kopiervorgänge und kann sehr zeitaufwändig werden:

- **Datensätze.** Hier werden die über mehrere Blöcke verketteten („halben" Datensätze) oder auf entfernte Blöcke migrierten Datensätze wieder vollständig und benachbart zusammenhängend gespeichert.
- **Tabellen.** Die Datenblöcke einer Tabelle sind häufig zusammenhängend in einer Datei abgelegt. Wachsen die Tabellen, kann es sein, dass die Datei im Laufe der Zeit in mehrere Teile fragmentiert wird. Betroffene Datenbankdateien müssen daher defragmentiert werden.
- **Cluster.** Hier erfolgt eine Reorganisation der zusammenhängenden Datensätze entsprechend des Cluster-Key-Bereiches.

- **Indexe.** Durch Löschvorgänge in den B^+-Bäumen entstehen „Löcher" (ungenutzte Verweise). Sie lassen den Baum unnütz „breit" werden. Breitere Bäume benötigen zwangsläufig mehr Indexknoten, was in ungünstigen Situationen die Höhe des Baums und somit die Anzahl der Seitenzugriffe ansteigen lässt. Wenig effiziente Indexe sollten gelöscht und anschließend vollständig neu berechnet aufgebaut werden (bulk loading, → 8.3.2).

Im Rahmen einer Reorganisation empfiehlt es sich auch, die Parameter der Speicherstrukturen zu überprüfen (→ 9.6.3.1).

9.7 Leistungsbewertung

Die letzten Abschnitte haben gezeigt, dass bei der Konzeption datenbankgestützter Informationssysteme eine Vielzahl von Entwurfsentscheidungen zu treffen ist. Diese Entscheidungen haben teilweise gegensätzliche Auswirkungen auf das Laufzeitverhalten und das Zusammenspiel der involvierten Systemkomponenten. Es stellt sich nun die Frage, wie die Leistungsfähigkeit alternativer Einstellungen, aber auch unterschiedlicher Systeme möglichst objektiv bewertet werden kann.

Die Literatur nennt mehrere traditionelle Vorgehensweisen zur Leistungsbewertung. Sie stellen eine Grundlage zur Leistungsermittlung und zum Vergleich unterschiedlicher Systeme dar /1.8/:

- analytische Bewertungsverfahren,
- Simulation,
- Monitoring von Systemen,
- Benchmarking.

Benchmarks als Monitoring-basierte Verfahren eignen sich besonders für den anwendungsbezogenen Leistungsvergleich von Systemen, die Aufdeckung ihrer Schwächen und die Erhöhung ihrer Leistungsfähigkeit.

> Die Begriffe **Benchmark** (Maßstab) bzw. **Benchmarking** (Maßstäbe setzen) bezeichnen ein formalisiertes Konzept, um Verbesserungsmöglichkeiten durch Gegenüberstellung von Leistungsmerkmalen mehrerer vergleichbarer Objekte, Prozesse oder Programme zu finden.

9.7.1 Transaction Processing Performance Council

> Das **Transaction Processing Performance Council** (**TPC**) ist eine gemeinnützige Gesellschaft. Sie wurde 1988 als Reaktion auf fehlende vergleichbare Benchmarkdaten im Bereich des Online Transaction Processing (OLTP) gegründet.

Dem TPC /9.11/ gehören heute fast alle namhaften System- und Datenbankhersteller an. Neben Definition und Weiterentwicklung geeigneter Benchmarks auf der Grundlage **standardisierter Last- und Ausführungsbedingungen** übernimmt das TPC auch die Verbreitung der Ergebnisse, die von Herstellern entsprechend den TPC-Regularien ermittelt worden sind.

> TPC-Benchmarks werden überwiegend für die **Leistungsbewertung relationaler Systeme** eingesetzt. Der Schwerpunkt liegt hierbei auf OLTP, OLAP ($\rightarrow$ 14.1.4.2) und Decision Support sowie Mischlasten.

TPC-Benchmarks eignen sich daher nur bedingt zur Leistungsbewertung anderer Kategorien von Datenbanken. Im Umfeld der NoSQL-Systeme ($\rightarrow$ 12) bieten sich vielmehr spezifische Benchmarks wie z. B. **YCSB** (Yahoo! Cloud Serving Benchmark /9.3/) zur Bewertung von Cloud-Anwendungen ($\rightarrow$ 13.8) und **LDBC** (Linked Data Benchmark Council /9.5/) zur Bewertung im Umfeld von Graphdatenbanken, Semantic Web und RDF an.

Aktuelle TPC-Benchmarks

> **TPC-C** simuliert eine **einfache OLTP-Anwendungsumgebung** mit neun Tabellen, in der eine Reihe von Benutzern fünf unterschiedliche Datenbanktransaktionen ausführt.

Auch wenn sich der bereits 1992 eingeführte TPC-C auf die Hauptaktivitäten einer Auftragsbearbeitung im Großhandel bezieht, lässt er sich auf viele Bereiche der Industrie und Wirtschaft übertragen, die sich mit der Verwaltung, dem Verkauf und dem Vertrieb von Produkten oder Dienstleistungen beschäftigen /9.11/.

> **TPC-E** simuliert eine **umfangreiche OLTP-Anwendungsumgebung** mit 33 Tabellen, zehn semantisch unterschiedlichen Transaktionen und bietet skalierbare Last- und Ausführungsbedingungen.

Mit dem 2006 eingeführten TPC-E steht bereits ein Nachfolger des TPC-C zur Verfügung. Der neue OLTP-Benchmark bildet Aktivitäten auf dem Finanzmarkt nach. Über ein wesentlich komplexeres Datenschema lassen sich die Möglichkeiten moderner Datenbanksysteme zeitgemäßer widerspiegeln. Er ist kostengünstiger zu fahren und bietet weniger Möglichkeiten, künstlich hohe Rekordergebnisse auszuweisen /9.11/.

> **TPC-H** bildet ein entscheidungsunterstützendes System (**Decision Support**) mit 22 Fragestellungen auf der Grundlage einer skalierbaren Datenmenge von einigen Gigabyte bis hin zu 100 Terabyte nach.

Der schon 1999 eingeführte TPC-H simuliert betriebswirtschaftlich orientierte Ad-hoc-Anfragen im Umfeld des Großhandels, die auf Datenanalysen wie z. B. die Berechnung von Trends abzielen. Darüber hinaus werden auch zwei konkurrierende Änderungstransaktionen berücksichtigt /9.11/.

> **TPC-DS** bildet ein **Decision Support** System mit 99 komplexen Fragestellungen auf einer skalierbaren Datenmenge von einigen Gigabyte bis hin zu 100 Terabyte in einem besonders **realitätsgetreuen Umfeld** nach.

Der 2012 auf den Weg gebrachte Benchmark TPC-DS simuliert Anfragen auf den Datenbestand eines Einzelhändlers. Im Unterschied zum Vorgänger TPC-H werden hier „reale" Ad-hoc-Anfragen berücksichtigt, die nach dem Zufallsprinzip ausgelöst werden. Dadurch lässt sich der Benchmark kaum noch durch spezielle Tuning-Maßnahmen überlisten /9.11/.

9.7.2 Vergleichbarkeit der Benchmark-Ergebnisse

> Die **Benchmark-Ergebnisse** bestehen jeweils aus mindestens einem **Durchsatzwert** (Transaktionen pro Zeiteinheit) und einem **Preis-/Leistungsverhältnis** (Kosten pro Transaktion pro Zeiteinheit), die immer zusammen zitiert werden müssen.

Zur Berechnung der Kosten wird das gesamte System einschließlich Hardware, Software und Wartungskosten für eine Laufzeit von mehreren Jahren herangezogen.

> Beim **Vergleich** der Ergebnisse von Benchmarks darf nicht außer Acht gelassen werden, dass sich durch **absonderliche Hard- und Software-Konfigurationen** auch **künstlich hohe Rekorde** erzielen lassen.

Daher werden vom TCP zusätzlich Benchmark-übergreifende Spezifikationen angeboten, die u. a. einheitliche Methoden für eine faire Leistungsbewertung ausgewählter Aspekte beinhalten /9.11/:

- **TPC-Price/-Energie.** Einheitliche Methoden zur Darstellung der für den Benchmark aufgewendeten Finanzmittel und Energieverbräuche.
- **TPC-VMS.** Leistungsbewertung der Benchmarks im Umfeld virtueller Maschinen.

10 Objektrelationale Datenbanken

Can Türker

Die Objektorientierung hat sich in der Datenbank-Anwendungsprogrammierung durchgesetzt, allen voran die objektorientierte Programmiersprache Java. Objektorientierte Datenbanksysteme dagegen konnten sich nicht etablieren. Dennoch fand die Objektorientierung mit den objektrelationalen Datenbanksystemen ihren Weg in die Datenbankwelt /10.1/, /10.3/, /10.5/, /10.13/.

> **Objektrelationale Datenbanksysteme** sind um objektorientierte Konzepte erweiterte relationale Datenbanksysteme.

Intern kann das Wissen über die Semantik von anwendungsbezogenen Datentypen und Funktionen, etwa zur Optimierung von Anfragen oder zur effizienteren Synchronisation von Transaktionen, ausgenutzt werden. Extern an der Datenbankschnittstelle bietet das objektrelationale Datenmodell die Grundlage für die Wiederverwendbarkeit von Anwendungsfunktionalität. Die objektrelationalen Erweiterungen eignen sich für viele Anwendungen, etwa aus dem Bereich der Multimedia-Datenbanken (→ 16) oder Geodatenbanken (→ 17), in denen komplexe Datentypen und Funktionen wiederverwendbar und effizient implementiert durch das Datenbankmanagementsystem (DBMS) unterstützt werden können.

Dieses Kapitel geht zunächst kurz auf die zentralen Konzepte der Objektorientierung (→ 10.1) ein und skizziert deren Einfluss auf die Datenbankwelt (→ 10.2). Danach werden die objektrelationalen Konzepte von Standard-SQL im Detail vorgestellt (→ 10.3).

10.1 Objektorientierte Konzepte

10.1.1 Objekte

> Ein **Objekt** stellt eine Einheit von Struktur und Verhalten dar. Die Struktur eines Objektes wird durch Attribute beschrieben, das Verhalten durch Methoden. Die Werte der Attribute legen den Zustand eines Objektes fest, die Methoden erlauben das Lesen und Ändern des Zustandes.

Objekte kommunizieren mit anderen Objekten über Methodenaufrufe. Sie können transient oder persistent sein. Persistente Objekte werden idealerweise in einer Datenbank verwaltet.

10.1 Objektorientierte Konzepte

Objekte unterscheiden sich von Werten u. a. darin, dass ihre Identität unabhängig von ihrem Zustand ist.

10.1.2 Methoden

> Eine **Methode** ist eine Funktion, die auf einem Objekt aufgerufen wird. Prinzipiell kann eine Methode einen beliebigen Code implementieren.

Jede Methode besteht aus einer Signatur (Deklaration) und einem Rumpf (Implementierung). Die **Signatur** deklariert den Namen und die Parameter (falls vorhanden), während der **Rumpf** die Funktionalität der Methode implementiert.

Besondere Methoden sind der **Konstruktor** und **Destruktor**, mit denen ein Objekt erzeugt bzw. vernichtet wird. Weitere Arten werden häufig wie folgt unterschieden:

- **Lesende** Methoden lesen die Attributwerte eines Objektes, ändern diese aber nicht.
- **Ändernde** Methoden können auch die Attributwerte eines Objektes modifizieren.
- **Statische** Methoden lesen weder die Attributwerte eines Objekts noch ändern sie diese.

▶ *Hinweis:* Statische Methoden werden auch als Klassenmethoden bezeichnet, da sie auf Klasse selbst statt auf einem Objekt der Klasse aufgerufen werden.

10.1.3 Kapselung

Objekte stellen gekapselte Dateneinheiten dar. Ihr Zustand ist für andere Objekte nur über ihre *öffentlichen* Attribute und Methoden abfragbar bzw. änderbar. Die *nicht öffentlichen* Attribute und Methoden sind nur Methoden der Klasse zugänglich.

Eine strikte **Kapselung** eines Objektes erfolgt üblicherweise durch das Generieren von öffentlichen lesenden und ändernden Methoden, den so genannten get- und set-Methoden, die für das jeweilige Attribut den aktuellen Attributwert zurückliefern bzw. setzen.

10.1.4 Objektidentität

> Ein **Objektidentifikator** (kurz **OID**) ist ein identifizierendes künstliches Merkmal eines Objektes.

Eine OID trägt im Gegensatz zu einem Primärschlüsselattribut keine semantische Information über das Objekt. Um eine unerwünschte Interpretation zu vermeiden, sollten OIDs daher vom System generiert und vor den Anwendern bzw. Anwendungen verborgen bleiben. Das System muss geeignete Mittel in Form von Referenztypen und Operationen auf OIDs bereitstellen, damit Anwender mit diesen arbeiten können. Um dauerhaft eindeutige und stabile Referenzen zu erhalten, müssen OIDs nicht nur innerhalb des jeweiligen Systems eindeutig, sondern auch unveränderbar sein.

Ein Attribut von einem Referenztyp wird als **Referenzattribut** bezeichnet. Der Wert eines solchen Attributs ist eine OID, die zum referenzierten Objekt zeigt.

OIDs ermöglichen die Unterscheidung mehrerer Typen von Gleichheit. Zwei durch Referenzen identifizierte Objekte sind
- **identisch**, wenn sie dieselbe OID besitzen.
- **flach-gleich**, wenn sie in allen Attributen paarweise übereinstimmen.
- **tief-gleich**, wenn sie in den Werten der Attribute, die keine Referenzattribute sind, übereinstimmen und dies auch paarweise transitiv für alle durch Referenzattribute referenzierten Objekte des Objekts gilt.

▶ *Hinweis:* Es gilt die Implikation identisch ⇒ flach-gleich ⇒ tief-gleich.

Analog zu den verschiedenen Typen der Gleichheit wird zwischen flachem und tiefem Kopieren unterschieden:
- Das **flache Kopieren** erzeugt ein flach-gleiches Objekt.
- Das **tiefe Kopieren** erzeugt ein tief-gleiches Objekt.

10.1.5 Klassen

> Eine **Klasse** steht für eine Menge von Objekten mit gleichen Attributen (Merkmalen) und Methoden (Verhalten).

Aus Datenbanksicht hat jede Klasse eine Intension und eine Extension:
- Die **Intension** beschreibt die Attribute und Methoden der Objekte. Man spricht hier auch vom Typ einer Klasse.
- Die **Extension** umfasst die Menge der aktuell existierenden Objekte (Instanzen) dieser Klasse.

▶ *Hinweis:* In objektorientierten Programmiersprachen, wie z. B. C++ oder Java, reduziert sich der Begriff einer Klasse auf ihren intensionalen Charakter.

10.1.6 Spezialisierung

> Die **Spezialisierung** ermöglicht die Organisation von Klassen in Hierarchien, in denen gemeinsame Eigenschaften (Attribute und Methoden) möglichst redundanzfrei umgesetzt werden.

Klassen werden dabei in Sub-/Superklassenbeziehungen zueinander gesetzt:
- Die **Subklasse** erbt implizit die Attribute und Methoden der **Superklasse**. Man spricht hier auch von **Typvererbung**.
- Die Objekte der Subklasse sind implizit in der Extension der Superklasse enthalten, d. h., es gilt immer eine *Untermengenbedingung* zwischen den Extensionen der Sub- und Superklasse.

In diesem Zusammenhang werden folgende Begriffe unterschieden:
- Die **flache Extension** einer Klasse umfasst die Objekte, die dieser Klasse direkt zugeordnet wurden.
- Die **tiefe Extension** einer Klasse hingegen umfasst auch die Objekte der Subklassen.

▶ *Hinweis:* Wenn allgemein von der Extension einer Klasse gesprochen wird, ist damit in der Regel die tiefe Extension gemeint.

> Eine zentrale Forderung an die Spezialisierung ist die **Substituierbarkeit**. Ein Objekt soll überall dort eingesetzt werden können, wo ein Objekt einer seiner Superklassen erlaubt ist.

In diesem Kontext erscheint das Objekt als Instanz der Superklasse, d. h., es sind nur die Attribute und Methoden der Superklasse verfügbar.

> Von einer **Mehrfachspezialisierung** spricht man, wenn eine Klasse mehrere Superklassen hat.

In diesem Fall erbt die Subklasse die Attribute und Methoden von mehreren Klassen. Umgekehrt sind die Instanzen der Subklasse in mehreren Superklassen verfügbar.

▶ *Hinweis:* Bei der Mehrfachspezialisierung können Konflikte entstehen, etwa beim Erben gleich benannter Attribute oder Methoden. In solchen Fällen ist häufig eine manuelle Konfliktauflösung notwendig.

10.2 Objektorientierung in Datenbanken

Mit dem Aufkommen der Objektorientierung Anfang der 1990er Jahre entstanden auch etliche **objektorientierte Datenbanksysteme** /10.11/, /10.6/. Sie waren in der Lage, Objekte persistent zu speichern und deklarativ mit einer SQL-ähnlichen Anfragesprache, der von der ODMG (Object Data Management Group) „normierten" OQL (Object Query Language) /10.2/, abzufragen. Beispiele für damalige objektorientierte Datenbanksysteme sind O2, POET, ObjectStore, Versant, Objectivity, Ontos, um nur einige zu nennen. Nur wenige dieser Systeme konnten sich wenigstens als Nischenprodukte behaupten, wie etwa Versant als Teil des NoSQL-Datenmanagementsystems von der Firma Versant Corp.

Dass sich die objektorientierten gegenüber den relationalen Datenbanksystemen trotz des überwältigenden Erfolgs der objektorientierten Programmierung nicht etablieren konnten, lag vor allem am Vorsprung, den die relationalen Datenbanksysteme bereits hatten. Grundlegende, für viele Anwendungen unverzichtbare Datenbanksystemfunktionalität wie Anfrageoptimierung, Transaktionsverwaltung oder Zugriffskontrolle waren in den objektorientierten Datenbanksystemen bestenfalls nur rudimentär implementiert. Zudem hatten die Hersteller relationaler Datenbanksysteme auf den Vormarsch der Objektorientierung bereits frühzeitig mit einer objektrelationalen Erweiterung ihrer Systeme reagiert. Mit SQL:1999 fanden viele dieser Erweiterungen ihren Weg in den SQL-Standard.

In den letzten Jahren hat sich zudem mit den objektrelationalen Mapping-Tools eine Middleware-Technologie als Brückenschlag zwischen der objektorientierten Anwendungswelt und der relationalen Datenbankwelt etabliert. Beispiele hierfür sind EJB (Enterprise Java Beans) /10.4/, JDO (Java Data Objects) /10.8/, Hibernate /10.7/. Diese so genannten **Persistence-Frameworks** (→ 5.5) übernehmen die Abbildung zwischen Java-Objekten und relationalen SQL-Tabellen. Da die Abbildung der Java-Objekte in der Middleware erfolgt, hat das Datenbanksystem bei diesem Ansatz kein Wissen über die Anwendungsobjekte. Folglich kann das hier üblicherweise eingesetzte relationale Datenbanksystem im Gegensatz zu einem objektrelationalen System nicht die Semantik der Anwendungsobjekte etwa zur Optimierung von Anfragen oder zur effizienteren Synchronisation von Transaktionen ausnutzen.

▶ *Hinweis:* Die beiden Ansätze „objektrelationale Datenbank" versus „objektrelationale Abbildung" schließen sich nicht gegenseitig aus. Sie könnten prinzipiell kombiniert werden, wobei die Abbildung der Objektkonzepte auf objektrelationale Gegenstücke erfolgen müsste. Dieser Weg wurde bislang jedoch nicht beschritten.

10.3 Objektrelationale Standard-SQL-Konzepte

Die objektrelationalen Erweiterungen des SQL-Datenmodells spiegeln sich in den folgenden neuen Konzepten wider, welche die grundlegenden Konzepte von SQL ($\to$ 4.1) ergänzen:

- **Typkonstruktoren** ($\to$ 10.3.1) ermöglichen die Definition von *konstruierten* Datentypen. Durch die geschachtelte Anwendung von Typkonstruktoren können beliebig *komplexe* Datentypen entstehen.
- **Benutzerdefinierte Datentypen** ermöglichen die *Wiederverwendbarkeit* von konstruierten Datentypen und damit die *Erweiterbarkeit* des Typsystems. SQL kennt zwei Arten von benutzerdefinierten Datentypen:
  - **Distinct-Typen** ($\to$ 10.3.2) sind streng typisierte Kopien eines Basis- oder Kollektionsdatentyps, die unter einem eigenen Namen abgelegt werden.
  - **Strukturierte Typen** ($\to$ 10.3.3) umfassen Attribute und Methoden. Ihre Instanzen (auch als strukturierte Werte bezeichnet) besitzen allerdings im Gegensatz zu Objekten keine OID. Ein strukturierter Typ kann als **Subtyp** eines anderen strukturierten Typs definiert werden und somit die Attribute und Methoden des Supertyps erben.
- **Benutzerdefinierte Casts** ($\to$ 10.3.6) erlauben Typumwandlungen zwischen Instanzen von benutzerdefinierten Datentypen.
- **Benutzerdefinierte Ordnungen** ($\to$ 10.3.7) ermöglichen den Vergleich von Werten eines benutzerdefinierten Typs.
- **Typisierte Tabellen** ($\to$ 10.3.8) sind mit einer Klasse in objektorientierten Datenbanken vergleichbar. Eine typisierte Tabelle basiert auf einem strukturierten Typ, dessen Attribute zusammen mit der *OID-Spalte* die Spalten der Tabelle ergeben. Diese Tabellen können in *Tabellenhierarchien* organisiert werden. Eine typisierte Tabelle, die als **Subtabelle** einer anderen typisierten Tabelle definiert wird, legt eine Untermengenbeziehung zu der Supertabelle fest. Damit sind alle Zeilen der Subtabelle in der Supertabelle (mit den supertypspezifischen Spalten) sichtbar.
- **Typisierte Sichten** ($\to$ 10.3.9) basieren wie typisierte Tabellen auf einem strukturierten Typ. Eine typisierte Sicht ist eine benannte Anfrage, die eine typisierte Tabelle liefert. Solche Sichten können *Sichtenhierarchien* bilden. Hierbei erweitert die **Subsicht** die Supersicht in dem Sinne, dass alle Zeilen der Subsicht in der Supersicht sichtbar werden.

Die folgenden Abschnitte stellen die mit diesen Konzepten verbundenen SQL-Sprachkonstrukte kurz vor; für eine tiefer gehende Abhandlung sei auf die Bücher /10.12/, /10.10/, /10.9/ verwiesen.

10.3.1 Typkonstruktoren

Standard-SQL unterstützt folgende Typkonstruktoren:

- Der **Tupeltypkonstruktor** erzeugt einen *Tupeltyp*:

```
ROW(Feldname-Datentyp-Liste)
```

- Der **Arraytypkonstruktor** erzeugt einen *Arraytyp*:

```
Elementtyp ARRAY[Maximale-Kardinalität]
```

- Der **Multimengentypkonstruktor** erzeugt einen *Multimengentyp*:

```
Elementtyp MULTISET
```

- Der **Referenztypkonstruktor** erzeugt einen *Referenztyp*, wobei der referenzierte Typ ein strukturierter Typ (→ 10.3.3) sein muss:

```
REF(Typname) [SCOPE(Tabellenname)]
```

▶ *Hinweis:* Standard-SQL garantiert nicht die systemweite Eindeutigkeit von OIDs (Referenzen). OIDs sind nur innerhalb einer Tabellenhierarchie eindeutig. Um eine eindeutige Dereferenzierung zu ermöglichen, braucht man deshalb zusätzlich die SCOPE-Klausel, die angibt, auf welche typisierte Tabelle die Referenz verweist. Hierbei ist zu beachten, dass eine SCOPE-Klausel keine Integritätsbedingung darstellt, d. h. das Datenbanksystem kontrolliert nicht, ob die Referenzen auf existierende OIDs in der angegebenen typisierten Tabelle verweisen.

Tabelle 10.1 fasst die Operationen der verschiedenen konstruierten Datentypen zusammen. Die Anfrage Q, mit welcher der Array- oder Multimengenkonstruktor aufgerufen wird, muss hierbei eine einspaltige Tabelle liefern. Aus dem Typ der Tabellenspalte ergibt sich der Elementtyp des Arrays bzw. der Multimenge. Bei der Funktion TABLE(Q) kann die Anfrage Q dagegen beliebig sein und das Ergebnis ist entsprechend vom Typ MULTISET(ROW(T1, ..., Tn)), wobei T1, ..., Tn die Spaltentypen der Ergebnistabelle von Q sind.

▶ *Hinweis:* Bei Referenztypen kann ein Benutzer nur dann eine Referenz selbst erzeugen, wenn der referenzierte strukturierte Typ ST mit einer benutzerdefinierten Referenztypspezifikation angelegt wurde (→ 10.3.3).

Tabelle 10.1 Operationen für konstruierte Datentypen in Standard-SQL

Tupeltyp-Funktion	liefert
ROW(L)	ein Tupel, wobei jeder Wert der Liste L ein Tupelfeld darstellt
T.F	liefert den Wert des Feldes F von Tupel T

Arraytyp-Funktion	liefert
ARRAY[]	ein leeres Array
ARRAY[W]	ein aus einer Werteliste W erzeugtes Array
ARRAY(Q)	ein aus einer Anfrage Q erzeugtes Array
A[i]	das i-te Element des Arrays A
TRIM_ARRAY(A, i)	Array A ohne die letzten i Elemente
CARDINALITY(A)	die Anzahl der Elemente des Arrays A
MAX_CARDINALITY(A)	die maximale Kardinalität des Arrays A
UNNEST(A)	eine aus dem Array A abgeleitete Tabelle
A || B	die Konkatenation (Verkettung) der Arrays A und B

Multimengentyp-Funktion	liefert
MULTISET[]	eine leere Multimenge
MULTISET[W]	eine aus einer Werteliste W erzeugte Multimenge
MULTISET(Q)	eine aus einer Anfrage Q erzeugte Multimenge
TABLE(Q)	eine aus einer Anfrage Q erzeugte Multimenge
ELEMENT(M)	das Element der einelementigen Multimenge M
CARDINALITY(M)	die Anzahl der Elemente der Multimenge M
UNNEST(M)	eine aus der Multimenge M abgeleitete Tabelle
W MEMBER M	TRUE, wenn W Element von M ist
M SUBMULTISET N	TRUE, wenn M Untermenge von N ist
M IS A SET	TRUE, wenn M keine Duplikate enthält
SET(M)	die Multimenge M ohne Duplikate
M MULTISET UNION N	die Vereinigung der Multimengen M und N
M MULTISET EXCEPT N	die Differenz der Multimengen M und N
M MULTISET INTERSECT N	die Vereinigung der Multimengen M und N

Referenztyp-Funktion	liefert
ST(W)	eine Referenz, die mit dem Wert W generiert wird
DEREF(R)	den von R referenzierten strukturierten Wert
R->A	das Attribut A des von R referenzierten strukturierten Wertes

10.3.2 Distinct-Typen

Ein **Distinct-Typ** wird wie folgt angelegt:

```
CREATE TYPE Distinct-Typname AS Quelltypname [FINAL]
```

Als Quelltyp kann ein Basisdatentyp oder ein mit den Typkonstruktoren ARRAY oder MULTISET erzeugter Kollektionstyp verwendet werden.

▶ *Hinweis:* Distinct-Typen können keine Subtypen haben. Dies wird durch die optionale FINAL-Klausel ausgedrückt, die aber auch dann gilt, wenn sie nicht explizit angegeben ist.

❑ *Beispiel:* Definition von Distinct-Typen.
```
CREATE TYPE Euro AS DECIMAL(12,2);
CREATE TYPE USD AS DECIMAL(12,2);
CREATE TYPE Noten AS MULTISET DECIMAL(2,1);
```

Mit dem Anlegen eines Distinct-Typs werden automatisch ein **Default-Konstruktor** Distinct-Typname(Quelltypwert) zum Erzeugen einer Instanz des Distinct-Typs (→ 10.3.5) sowie explizite CAST-Funktionen zur Umwandlung zwischen Distinct- und Quelltyp generiert. Die CAST-Funktionen können wie folgt aufgerufen werden:

```
CAST(Wertausdruck AS Zieltypname)
```

Die folgende Anweisung löscht einen Distinct-Typ aus der Datenbank:

```
DROP TYPE Typname {RESTRICT | CASCADE}
```

10.3.3 Strukturierte Typen

Ein **strukturierter Typ** wird mit der folgenden Anweisung angelegt:

```
CREATE TYPE Typname AS (
  Attributdefinitionsliste
)
[Instanziierbarkeitsklausel]
Vererbbarkeitsklausel
[Referenztypspezifikation]
[Methodendeklarationsliste]
```

10.3 Objektrelationale Standard-SQL-Konzepte

Die Definition legt u. a. folgende Eigenschaften des Typs fest:

- *Instanziierbarkeit*
  - INSTANTIABLE: Typ ist instanziierbar (Default-Einstellung)
  - NOT INSTANTIABLE: Typ ist nicht instanziierbar

▶ *Hinweis:* Jeder *instanziierbare* strukturierte Typ besitzt einen **Default-Konstruktor**, der eine Instanz dieses Typs mit Default-Belegungen erzeugt. Der Default-Konstruktor ist eine parameterlose Funktion, die genauso heißt wie der zugehörige strukturierte Typ.

- *Vererbbarkeit*
  - NOT FINAL: Subtypbildung für diesen Typ erlaubt
  - FINAL: Subtypbildung für diesen Typ ausgeschlossen
- *Referenztypspezifikation*
  - REF IS SYSTEM GENERATED: systemgeneriert (Default)
  - REF FROM (Attributliste): abgeleitet
  - REF USING (BT): benutzerdefiniert

▶ *Hinweis:* Mit einer benutzerdefinierten Referenztypspezifikation wird automatisch ein **Referenzkonstruktor** der Form ST(BT) generiert, wobei hier ST für den Namen des strukturierten Typs und BT für den Namen des Basisdatentyps steht, welcher der benutzerdefinierten Referenztypspezifikation zugrunde liegt.

❑ *Beispiel:* Definition von strukturierten Typen.

```
CREATE TYPE AdressTyp AS (
   Strasse  VARCHAR(30),
   Nr       DECIMAL(4),
   PLZ      CHAR(5),
   Ort      VARCHAR(40),
   Land     VARCHAR(25)
)
FINAL;

CREATE TYPE PersonTyp AS (
   Vorname   VARCHAR(30),
   Nachname  VARCHAR(30),
   Anschrift AdressTyp
)
NOT FINAL
REF IS SYSTEM GENERATED;

CREATE TYPE ArtikelTyp AS (
   ANr         INTEGER,
   Bezeichnung VARCHAR(30),
   Farben      VARCHAR(15) MULTISET,
   Preis       Euro
)
```

```
NOT FINAL
REF USING (INTEGER);
```

Die Anweisung zum Erzeugen eines **Subtyps** sieht wie folgt aus:

```
CREATE TYPE Subtypname UNDER Supertypname AS (
  Attributdefinitionsliste
)
[Instanziierbarkeitsklausel]
Vererbbarkeitsklausel
[Methodendeklarationsliste]
```

Jeder Subtyp hat *genau einen* direkten Supertyp, von dem er alle Attribute und Methoden erbt. Der Subtyp kann geerbte Methoden *überschreiben* und darüber hinaus eigene Attribute und Methoden definieren.

▶ *Hinweis:* Die Klausel NOT INSTANTIABLE darf nur dann verwendet werden, wenn der Supertyp ebenfalls mit dieser Klausel definiert wurde.

❏ *Beispiel:* Definition eines Subtyps.

```
CREATE TYPE LieferantTyp UNDER PersonTyp AS (
  LNr    INTEGER,
  Umsatz Euro,
  Kunden REF(PersonTyp) MULTISET
)
NOT FINAL;

CREATE TYPE SportartikelTyp UNDER ArtikelTyp AS (
  Sportarten VARCHAR(25) MULTISET
)
NOT FINAL;
```

Tabelle 10.2 Funktionen auf Instanzen von strukturierten Typen

Operator	liefert
W IS OF (L)	TRUE, wenn der Name des Typs des strukturierten Wertes W oder eines Supertyps davon in der Liste L vorkommt
TREAT(W AS T)	den strukturierten Wert W als Instanz des Subtyps T
(W AS T)	den strukturierten Wert W als Instanz des Supertyps T

▶ *Hinweis:* Für strukturierte Typen ist keine Ordnung vorgegeben. Falls eine benötigt wird, etwa um Vergleiche oder eine Sortierung durchzuführen, kann man eine benutzerdefinierte Ordnung anlegen (→ 10.3.7).

10.3 Objektrelationale Standard-SQL-Konzepte

Ein strukturierter Typ wird mit der gleichen Anweisung wie ein Distinct-Typ aus der Datenbank gelöscht:

```
DROP TYPE Typname {RESTRICT | CASCADE}
```

10.3.4 Methoden

Deklaration und Implementierung einer **SQL-Methode** erfolgen im Gegensatz zu SQL-Funktionen separat. Die Deklaration geschieht wie folgt im Rahmen einer CREATE- oder ALTER-TYPE-Anweisung (→ 10.3.3):

```
[INSTANCE | CONSTRUCTOR | STATIC]
METHOD Methodenname(Parameterliste)
RETURNS Rückgabetyp
[SELF AS RESULT]
[Routinencharakteristikaliste]
```

SQL unterscheidet dabei drei Arten von Methoden:

- **Instanzmethoden** werden auf einer Instanz eines strukturierten Typs aufgerufen:

  Instanz.Methodenname[(Parameterliste)]

  Jede Instanzmethode besitzt den impliziten SELF-Parameter, der im Methodenrumpf die aufrufende Instanz darstellt.

- **Konstruktormethoden** tragen den Namen des zugrunde liegenden strukturierten Typs und erzeugen eine neue Instanz dieses Typs durch folgenden Aufruf:

  NEW Typname(Parameterliste)

- **Statische** Methoden werden unabhängig von konkreten Instanzen des strukturierten Typs aufgerufen:

  Typname::Methodenname[(Parameterliste)]

▶ *Hinweis:* Statische Methoden besitzen keinen SELF-Parameter.

❑ *Beispiel:* Deklaration von Instanzmethoden im Rahmen der Definition eines strukturierten Typs.

```
CREATE TYPE ArtikelTyp AS
( ... )
NOT FINAL
METHOD USDPreis() RETURNS USD,
METHOD Preiserhöhung(Prozent DECIMAL)
        RETURNS ArtikelTyp
        SELF AS RESULT;
```

10 Objektrelationale Datenbanken

Methoden sind wie Prozeduren und Funktionen *überladbar*. Instanzmethoden sind darüber hinaus im Subtyp *überschreibbar*.

❑ *Beispiel:* Deklaration einer überschreibenden Methode.

```
CREATE TYPE SportartikelTyp UNDER ArtikelTyp AS
( ... )
NOT FINAL
OVERRIDING METHOD Preiserhöhung(Betrag DECIMAL)
                RETURNS SportartikelTyp
                SELF AS RESULT;
```

▶ *Hinweis:* Strukturierte Werte besitzen im Gegensatz zu Objekten in objektorientierten Datenbanken keinen Zustand. Daher können Änderungen von Attributwerten eines strukturierten Wertes nur durch UPDATE-Anweisungen persistent gemacht werden. Eine „ändernde" Methode liefert lediglich eine veränderte Kopie der aufrufenden Instanz. Bei der Deklaration einer Methode wird diese Eigenschaft explizit durch die Klausel SELF AS RESULT zum Ausdruck gebracht. Bei externen Methoden versetzt diese Angabe das Datenbanksystem in die Lage, zur Laufzeit die Rückabbildung des Objekts zu übernehmen. Die externe Methode muss sich in diesem Fall nicht um die Rückgabe des Objekts sorgen und kann somit ohne Rücksicht auf eine mögliche Verwendung in einer Datenbank programmiert werden.

Analog zu den Prozeduren und Funktionen können durch die Deklaration einer Methode weitere *Routinencharakteristika* spezifiziert werden.

Die Implementierung einer *SQL-Methode* hat das folgende Gerüst:

```
CREATE [INSTANCE | CONSTRUCTOR | STATIC]
       METHOD Name(Parameterliste)
RETURNS Rückgabetyp
FOR Typname
Methodenrumpf
```

Der Rumpf enthält eine (zusammengesetzte) SQL-Anweisung.

❑ *Beispiel:* Implementierung einer Methode.

```
CREATE METHOD Preiserhöhung(Prozent DECIMAL)
RETURNS ArtikelTyp
FOR ArtikelTyp
BEGIN
    SET SELF.Preis = Euro(CAST(SELF.Preis AS DECIMAL)
                         * (1 + Prozent));
    RETURN SELF;
END;
```

▶ *Hinweis:* Die Operationen des Quelltyps sind nicht implizit für Instanzen des Distinct-Typs verfügbar. Je nach Bedarf müssen sie unter Beachtung der Semantik des Distinct-Typs nachgebildet werden. Im obigen Beispiel wurde dies durch die Berechnung auf der Basis des Quelltyps umgangen.

❏ *Beispiel:* Implementierung einer überschreibenden Methode.

```
CREATE METHOD Preiserhöhung(Betrag DECIMAL)
RETURNS SportartikelTyp
FOR SportartikelTyp
BEGIN
   SET SELF.Preis = Euro(CAST(SELF.Preis AS DECIMAL) + Betrag);
   RETURN SELF;
END;
```

Die Deklaration einer externen Methode erfolgt ähnlich zu der einer SQL-Methode, abgesehen von der Sprachklausel LANGUAGE für die verwendete Programmiersprache und der EXTERNAL-Klausel, die einen Verweis auf die externe Implementierung der Methode enthält.

❏ *Beispiel:* Deklaration einer Java-Methode.

```
CREATE TYPE ArtikelTyp AS
( ... )
NOT FINAL
METHOD Preiserhöhung(Betrag DECIMAL)
RETURNS Euro
FOR SportartikelTyp
LANGUAGE JAVA
EXTERNAL NAME 'My_jar:Goods.Price(BigDecimal)';
```

Implementierung und Deklaration einer Methode werden mit den folgenden Anweisungen aus der Datenbank gelöscht:

```
DROP METHOD Methodenname FOR Typname {RESTRICT | CASCADE}

ALTER TYPE Typname DROP METHOD Methodensignatur
```

10.3.5 Benutzerdefinierte Konstruktoren

Zum Erzeugen von Instanzen eines strukturierten Typs gibt es erst einmal nur den parameterlosen Default-Konstruktor. Um strukturierte Werte mit Initialwerten zu erzeugen, werden **benutzerdefinierte Konstruktoren** implementiert.

❑ *Beispiel:* Implementierung einer Konstruktorfunktion.
```
CREATE FUNCTION ArtikelTyp(N INTEGER, B VARCHAR(30))
RETURNS ArtikelTyp
RETURN ArtikelTyp().ANr(N).Bezeichnung(B);
```

▶ *Hinweis:* Der Pfadausdruck (→ 10.4.2) in der RETURN-Klausel erzeugt zunächst eine „leere" Instanz von ArtikelTyp und belegt danach nacheinander die Attribute ANr und Bezeichnung mit den übergebenen Werten.

Das parametrisierte Erzeugen von strukturierten Werten kann auch mit einer Konstruktormethode erfolgen. Hier ist vorher die Methode im Rahmen des strukturierten Typs zu deklarieren.

❑ *Beispiel:* Implementierung einer Konstruktormethode.
```
CREATE CONSTRUCTOR METHOD ArtikelTyp(N INTEGER, B VARCHAR(30))
RETURNS ArtikelTyp
FOR ArtikelTyp
RETURN SELF.ANr(N).Bezeichnung(B);
```

Im Prinzip leisten Konstruktorfunktionen und -methoden das Gleiche. Sie unterscheiden sich nur in der Art ihrer Implementierung und in ihrem Aufruf.

❑ *Beispiel:* Konstruktorfunktionsaufruf vs. Konstruktormethodenaufruf.
```
DECLARE a ArtikelTyp;
-- Aufruf der Konstruktorfunktion
SET a = ArtikelTyp('3108', '3T');
-- Aufruf der Konstruktormethode
SET a = NEW ArtikelTyp('3108', '3T');
```

Konstruktorfunktionen und -methoden werden wie andere Funktionen bzw. Methoden gelöscht (→ 4.7.7.4 bzw. → 10.3.4).

10.3.6 Benutzerdefinierte Casts

Ein **benutzerdefinierter Cast** wird wie folgt angelegt:

```
CREATE CAST (Quelltypname AS Zieltypname)
WITH FUNCTION Name(Quelltypname) [AS ASSIGNMENT]
```

Mindestens der Quell- oder der Zieltyp muss ein benutzerdefinierter Typ oder ein Referenztyp sein. Die CAST-Funktion erhält einen Wert des Quelltyps und liefert einen Wert des Zieltyps zurück. Die ASSIGNMENT-Klausel legt einen *impliziten* Cast an, der automatisch durchgeführt wird, wenn eine Umwandlung vom Quell- zum Zieltyp notwendig ist.

10.3 Objektrelationale Standard-SQL-Konzepte

❏ *Beispiel:* Definition eines impliziten Casts, der einen Euro-Wert mit der Funktion USD in einen korrespondierenden USD-Wert umwandelt. Hier sei angenommen, dass diese Funktion zuvor implementiert wurde.

```
CREATE CAST(Euro AS USD)
WITH FUNCTION USD(Euro) AS ASSIGNMENT;
```

Ein benutzerdefinierter Cast wird mit folgender Anweisung aus der Datenbank gelöscht:

```
DROP CAST (Quelltyp AS Zieltyp) {RESTRICT | CASCADE}
```

10.3.7 Benutzerdefinierte Ordnungen

Eine **benutzerdefinierte Ordnung** wird wie folgt erzeugt:

```
CREATE ORDERING FOR Typname
{EQUALS ONLY | ORDER FULL} BY
{STATE | RELATIVE WITH FUNCTION Name(Typname, Typname)
      | MAP WITH FUNCTION Name(Typname) }
```

EQUALS ONLY lässt nur Vergleiche mit den Prädikaten = und <> zu, ORDER FULL erlaubt alle sechs Prädikate {= , < , > , <= , >= , <>}. Die Auswertung dieser Prädikate basiert auf einer Ordnungsfunktion:

- STATE generiert eine boolesche Funktion, die auf flache Gleichheit testet.
- RELATIVE WITH FUNCTION bestimmt eine Funktion, welche die relative Ordnung zweier strukturierter Werte als Integer-Wert (−1 für kleiner, 0 für gleich, +1 für größer) ermittelt.
- MAP WITH FUNCTION bestimmt eine Funktion, die einen strukturierten Wert auf einen Wert eines Basisdatentyps abbildet.

❏ *Beispiel:* Definition einer Ordnung für den strukturierten Typ AdressTyp basierend auf einer Abbildungsfunktion.

```
CREATE FUNCTION ArtikelMap(a ArtikelTyp)
RETURNS VARCHAR(40)
RETURN a.Bezeichnung || CAST(a.ANr AS CHAR(10));

CREATE ORDERING FOR ArtikelTyp
ORDER FULL BY
MAP WITH FUNCTION ArtikelMap(ArtikelTyp);
```

Eine benutzerdefinierte Ordnung löscht man folgendermaßen aus der Datenbank:

```
DROP ORDERING Typname {RESTRICT | CASCADE}
```

10.3.8 Typisierte Tabellen

Eine **typisierte Tabelle** wird mit der folgenden Anweisung erzeugt:

```
CREATE TABLE Tabellenname OF Typname (
  REF IS OID-Spalte [OID-Generierungsart]
  [, Spaltenoptions-bzw-Tabellenbedingungsliste]
)
```

Die OF-Klausel gibt den strukturierten Typ der typisierten Tabelle an, während die REF-Klausel den Namen der OID-Spalte festlegt.

▶ *Hinweis:* REF(Typname) SCOPE(Tabellenname) lautet der Typ der OID-Spalte.

Die OID-Generierungsart wird durch die Referenztypspezifikation des zugrunde liegenden strukturierten Typs bestimmt (→ 10.3.3). Wird sie explizit angegeben, muss sie die in Tabelle 10.3 dargestellten Zuordnungen einhalten.

Tabelle 10.3 Referenztypspezifikation vs. Referenzgenerierungsart

Referenztypspezifikation	OID-Generierungsart
REF IS SYSTEM GENERATED	SYSTEM GENERATED
REF FROM (Attributliste)	DERIVED
REF USING Typname	USER GENERATED

▶ *Hinweis:* Bei der abgeleiteten (derived) OID-Generierung muss die in der Referenztypspezifikation angegebene Attributliste zusätzlich als PRIMARY KEY oder als UNIQUE und NOT NULL definiert werden.

Zulässige Spaltenoptionen sind SCOPE-Klauseln, Default-Werte sowie Spaltenbedingungen. Während die Definition von Tabellenbedingungen in typisierten Tabellen analog zu anderen Tabellen auch erfolgt (→ 4.7.5), werden die Spaltenoptionen mit Hilfe der WITH-OPTIONS-Klausel angegeben.

❑ *Beispiel:* Definition von typisierten Tabellen.
```
CREATE TABLE Person OF PersonTyp (
  REF IS oid SYSTEM GENERATED
);
```

```
CREATE TABLE Artikel OF ArtikelTyp (
  REF IS oid USER GENERATED,
  ANr WITH OPTIONS PRIMARY KEY,
  CHECK(Preis > Euro(0.0))
);
```

Eine **Subtabelle** wird mit der folgenden Anweisung angelegt:

```
CREATE TABLE Tabellenname OF Typname
UNDER Supertabellenname
[(Spaltenoptions-bzw-Tabellenbedingungsliste)]
```

Jede Subtabelle hat *genau eine* direkte Supertabelle, von der sie die OID-Spalte und alle Spaltenoptionen bzw. Tabellenbedingungen erbt. Der Typ der Subtabelle muss dabei ein *direkter* Subtyp des Typs der Supertabelle sein. Die Subtabelle kann – abgesehen von der Primärschlüsselbedingung – beliebige zusätzliche Spaltenoptionen und Tabellenbedingungen definieren.

❏ *Beispiel:* Definition einer Subtabelle.

```
CREATE TABLE Sportartikel OF SportartikelTyp
UNDER Artikel;
```

Eine typisierte Tabelle löscht man analog zu einer „normalen" Tabelle aus der Datenbank wie folgt:

```
DROP TABLE Tabellenname {RESTRICT | CASCADE}
```

10.3.9 Typisierte Sichten

Eine **typisierte Sicht** wird mit der folgenden Anweisung erzeugt:

```
CREATE VIEW Sichtenname OF Typname
[([OID-Generierungsklausel] [Spaltenoptionsliste])]
AS Anfrageausdruck
[WITH [{LOCAL | CASCADED}] CHECK OPTION]
```

Der Typ der Sicht muss ein existierender strukturierter Typ sein. Als Spaltenoptionen sind nur SCOPE-Klauseln spezifizierbar.

Die optionale *OID-Generierungsklausel* legt analog zu typisierten Tabellen ($\rightarrow$ 10.3.8) die OID-Spalte und ebenso die Art der OID-Generierung fest, wobei hier nur abgeleitete oder auch benutzerdefinierte OIDs erlaubt sind.

Die Anfrage einer typisierten Sicht unterliegt folgenden Restriktionen:
- Die SELECT-Klausel einer Sicht, die auf einer benutzerdefinierten OID-Generierung basiert, muss mit dem Aufruf des Referenzkonstruktors beginnen.
- Die FROM-Klausel muss exakt *eine* Tabelle bzw. Sicht enthalten. Ist diese Tabelle bzw. Sicht selbst *typisiert*, so ist sie mit dem Schlüsselwort ONLY auf ihre flache Extension einzuschränken.
- Verbundoperationen und Gruppierungen sind nicht zulässig.

Die CHECK-Option verhindert UPDATE- bzw. INSERT-Anweisungen, wenn die geänderten bzw. eingefügten Zeilen das WHERE-Prädikat der Sichtenanfrage nicht erfüllen. Die Default-Einstellung CASCADED fordert eine deterministische Sichtenanfrage, d. h. eine Anfrage, in der keine nicht deterministischen Funktionen ($\to$ 4.7.7.2) aufgerufen werden. Bei LOCAL hingegen bezieht sich die CHECK-Option nicht auf die Subsichten.

❑ *Beispiel:* Definition einer typisierten Sicht.

```
CREATE VIEW EinEuroArtikel OF ArtikelTyp
AS SELECT *
   FROM ONLY(Artikel)
   WHERE Preis <= Euro(1.0);
```

Eine **Subsicht** lässt sich folgendermaßen erzeugen:

```
CREATE VIEW Subsichtenname OF Typname
UNDER Supersichtenname [(Spaltenoptionsliste)]
AS Anfrageausdruck
[WITH [{LOCAL | CASCADED}] CHECK OPTION]
```

Jede Subsicht hat *genau eine* direkte Supersicht, von der sie die OID-Spalte und alle Spaltenoptionen erbt. Analog zu Subtabellen gilt auch hier, dass der Typ der Subsicht ein *direkter* Subtyp des Typs der Supersicht sein muss. Die Subsicht kann darüber hinaus eigene Spaltenoptionen enthalten.

Für den Anfrageausdruck einer Subsicht gilt die Bedingung, dass die FROM-Klausel nur eine Subtabelle bzw. Subsicht enthalten darf. Die Tabelle, die der Subsicht zugrunde liegt, muss eine Subtabelle der Tabelle sein, die der Supersicht zugrunde liegt. Es ist aber nicht zwingend gefordert, dass eine direkte Beziehung zwischen der Sub- und Supertabelle besteht.

Mit der Subsichtendefinition wird festgelegt, dass alle Instanzen der Subsicht implizit auch Instanzen der zugehörigen Supersichten sind. Dies führt automatisch zu einer Erweiterung der Supersichten.

❑ *Beispiel:* Definition einer Subsicht.

```
CREATE VIEW Fussballartikel OF SportartikelTyp
UNDER EinEuroArtikel
AS SELECT *
   FROM ONLY(Sportartikel)
   WHERE 'Fussball' MEMBER OF Sportarten;
```

Eine typisierte Sicht wird analog zu einer „normalen" Sicht mit der folgenden Anweisung aus der Datenbank gelöscht:

```
DROP VIEW Sichtenname {RESTRICT | CASCADE}
```

10.4 Objektrelationale Anfragen

Die Erweiterung des Datenmodells erfordert eine Erweiterung der Anfragesprache, um die neuen Konstrukte entsprechend nutzen zu können. Die nachfolgenden Abschnitte demonstrieren ausgewählte Arten von Anfragen, die mit den objektrelationalen Erweiterungen von Standard-SQL möglich sind.

10.4.1 Anfragen auf Kollektionen

Standard-SQL unterstützt zwei Arten von Kollektionen: Arrays und Multimengen ($\rightarrow$ 10.3.1). Eine Kollektion kann mit dem UNNEST-Operator in eine Tabelle umgewandelt und damit über die SELECT-FROM-Klausel abfragbar gemacht werden:

```
UNNEST(Kollektionswertausdruck)
[[AS] Korrelationsvariable] [(Spaltennamensliste)]
[WITH ORDINALITY]
```

Jedes Element der Kollektion ergibt eine Zeile in der abgeleiteten Tabelle. Ist der Elementtyp ein Tupeltyp, findet automatisch eine Entschachtelung des Tupels statt, d. h. die abgeleitete Tabelle erhält für jedes Tupelfeld eine eigene Spalte. Ansonsten entsteht eine einspaltige Tabelle.

Die WITH-ORDINALITY-Klausel sorgt bei arraywertigen Kollektionswertausdrücken dafür, dass die Arrayposition des Elements als zusätzliche Spalte in der abgeleiteten Tabelle enthalten ist. Die Spaltennamen der abgeleiteten Tabelle sind dabei frei wählbar.

❑ *Beispiel:* Demonstration des UNNEST-Operators.

Artikel

ANr	Farben
101	ARRAY['Rot', 'Weiß']
102	ARRAY['Grün', NULL, 'Blau']
103	ARRAY[NULL]
104	ARRAY[]
105	NULL

```
SELECT *
FROM Artikel, UNNEST(Farben) f (Farbe, Pos) WITH ORDINALITY
```

ANr	Farben	Farbe	Pos
101	ARRAY['Rot', 'Weiß']	'Rot'	1
101	ARRAY['Rot', 'Weiß']	'Weiß'	2
102	ARRAY['Grün', NULL, 'Blau']	'Grün'	1
102	ARRAY['Grün', NULL, 'Blau']	NULL	2
102	ARRAY['Grün', NULL, 'Blau']	'Blau'	3
103	ARRAY[NULL]	NULL	1

▶ *Hinweis:* Bei Kollektionen, die entweder NULL oder leer sind, liefert der UNNEST-Operator eine leere Tabelle. Da intern implizit ein Verbund mit der Tabelle, aus der die Kollektion stammt, durchgeführt wird, tauchen die korrespondierenden Zeilen nicht in der Ergebnistabelle auf.

10.4.2 Anfragen mit Pfadausdrücken

Pfadausdrücke ergeben sich durch Schachtelung von Tupelfeldzugriffen und Dereferenzierungen. Damit lassen sich „navigierende" Anfragen formulieren.

❑ *Beispiel:* Gib die Nummern der Lieferanten und ihrer Kunden aus, wenn sie im selben Ort wohnen:
```
SELECT Nachname AS Lieferant, kunde->Nachname AS Kunde
FROM Lieferant, UNNEST(Kunden) k (kunde)
WHERE Anschrift.Ort = kunde->Anschrift.Ort;
```

10.4.3 Anfragen mit Methodenaufrufen

Da jeder Methodenaufruf einen Wert liefert, kann er überall dort eingesetzt werden, wo ein Wertausdruck erlaubt ist.

❑ *Beispiel:* Anfrage, die einen Methodenaufruf enthält.
```
SELECT DEREF(oid).USDPreis
FROM Artikel;
```

▸ *Hinweis:* Die Zeilen einer typisierten Tabelle sind wie bei „normalen" Tabellen auch vom Typ Tupel. Um eine Methode des zugrunde liegenden strukturierten Typs aufrufen zu können, muss daher zunächst der strukturierte Wert mit der Dereferenzierungsfunktion erzeugt werden.

10.4.4 Anfragen auf flachen Tabellenextensionen

Die flache Extension einer Supertabelle, d.h. die Supertabelle ohne die Zeilen, die von ihren Subtabellen stammen, kann mit dem ONLY-Operator ermittelt werden:

ONLY(Tabellenname)

❏ *Beispiel:* Gib alle Personen aus, die keine speziellen Personen sind.

```
SELECT *
FROM ONLY(Person);
```

10.4.5 Typspezifische Anfragen

Typspezifische Anfragen, die explizit den Typ einer Instanz eines benutzerdefinierten Typs testen, stellen einen allgemeineren Weg dar, um Instanzen eines bestimmten Typs auszuschließen.

❏ *Beispiel:* Gib alle Personen aus, die Lieferanten sind.

```
SELECT *
FROM Person
WHERE DEREF(oid) IS OF (LieferantTyp);
```

10.4.6 Anfragen mit temporärer Typanpassung

Methoden werden immer auf dem speziellsten Typ einer Instanz eines strukturierten Typs aufgerufen. Innerhalb einer Anfrage bzw. Anweisung kann der speziellste Typ temporär entlang der Typhierarchie angepasst werden.

❏ *Beispiel:* Gib den artikeltypischen Preis aller Sportartikel aus.

```
SELECT (DEREF(oid) AS ArtikelTyp).Preis
FROM Sportartikel;
```

Auf einer Supertabelle kann eine typspezifische Anfrage mit einem CASE-Ausdruck (→ 4.7.7.1) je nach Typ der Instanz die speziellste Implementierung einer Methode aufrufen.

❏ *Beispiel:* Gib den artikel- sowie sportartikeltypischen Preis aller Artikel aus. Bei Artikeln, die keine Sportartikel sind, wird beim sportartikeltypischen Preis einfach nur der Wert 0 Euro ausgegeben.

```
SELECT (DEREF(oid) AS ArtikelTyp).Preis AS Artikelpreis,
       CASE WHEN(DEREF(oid) IS OF (SportartikelTyp))
            THEN DEREF(oid).Preis
            ELSE Euro(0.0)
       END AS Sportartikelpreis
FROM Artikel;
```

11 XML und Datenbanken

Harald Schöning

Eine vertiefte Darstellung dieses Themas findet sich in /11.15/ und /11.20/.

11.1 Überblick über XML

XML hat sich innerhalb weniger Jahre zu einem allgegenwärtigen Datenformat entwickelt. XML wurde mit der Zielsetzung des erleichterten Datenaustausches als Vereinfachung seines Vorgängerstandards SGML eingeführt. Inzwischen ist es aber viel mehr als das: Es bildet beispielsweise die Grundlage vieler Technologien der serviceorientierten Architektur /11.12/. XML wird dabei zur Definition von Sprachen verwendet und legt gleichzeitig die Basissyntax für diese Sprachen fest.

❑ *Beispiel:* XML-basierte Sprachen im Rahmen der serviceorientierten Architektur finden sich in SOAP /11.18/ oder WSDL /11.2/ als Basis für Webservice-Kommunikation, in UDDI /11.9/ zur Registrierung oder in Sprachen wie BPEL4WS zur Orchestrierung von Webservices.

Es gibt inzwischen zwei Versionen des XML-Standards (**XML 1.0** /11.5/ und **XML 1.1** /11.6/). Der Unterschied besteht im Wesentlichen nur darin, dass XML 1.1 mehr Zeichen in Namen erlaubt.

11.1.1 Der XML-Standard und verwandte Standards

Ein XML-Dokument besteht aus
- einer optionalen **XML-Deklaration**, die neben der Kennzeichnung `<?xml` eine Angabe über die verwendete Codierung und die XML-Version enthalten kann. **Unicode** /11.21/ muss als Codierung von jedem XML-verarbeitenden Programm unterstützt werden.
- einer optionalen **Document Type Definition** (**DTD**), mit der eine Grammatik für eine Sprache definiert werden kann, sowie (sehr eingeschränkt) Typinformationen für Attribute. Das wichtigste Typpaar bilden `ID/IDREF`, die es erlauben, Elemente eindeutig zu kennzeichnen und dann auch darauf zu verweisen.
- einem **XML-Element**, das Attribute und weitere Elemente enthalten kann. Die Reihenfolge von Elementen ist sinntragend, die von Attributen hingegen nicht.

Ein XML-Element besteht aus einer Eröffnung (*opening tag*), ggf. mit **Attributen** (`Name="Wert"`), dem optionalen Inhalt und einem Abschluss (*closing tag*). Zwischen Elementen oder im Elementinhalt dürfen Kommentare und Verarbeitungsanweisungen stehen. Eine **Verarbeitungsanweisung** gibt XML-verarbeitenden Programmen Hinweise zum Umgang mit dem Dokument (z. B. ein Stylesheet für einen XSLT-Prozessor /11.1/).

❑ *Beispiel:* Das folgende Beispiel zeigt ein Element Text, das ein Attribut Sprache und als Inhalt einen Kommentar und den Text neu hat. Der Inhalt könnte auch wiederum Elemente enthalten.

```
<Text Sprache="deutsch"><!-- Kommentar-->neu</Text>
```

> Ein XML-Dokument heißt **wohlgeformt** (well-formed), wenn es den einfachen Syntaxregeln für XML entspricht. Es heißt **gültig** (valid), wenn es wohlgeformt ist und der durch DTD oder XML Schema definierten Grammatik entspricht.

Die Kombination mehrerer XML-Vokabulare in einem XML-Dokument kommt in vielen Anwendungsfällen vor (bei Webservice-Aufrufen werden z. B. SOAP-Header mit „Nutzlast" kombiniert). Damit man die Elemente aus den verschiedenen Vokabularen unterscheiden kann, lassen sie sich unterschiedlichen Namensräumen /11.7/ zuordnen.

> Ein **Namensraum** entspricht syntaktisch einer IRI (einer internationalisierten URI). Selbst wenn der Namensraum wie eine URL aussieht, ist es nicht erforderlich, dass dieser eine gültige Referenz darstellt. In einem XML-Dokument werden diese IRIs entweder als Vorbelegung von Elementnamen definiert oder an ein Präfix gebunden, das aber selbst keine Semantik trägt.

❑ *Beispiel:* Das folgende Beispieldokument enthält drei Elemente des Namens A aus dem Namensraum "http://example.org" und eines aus dem Namensraum "http://example2.org":

```
<A xmlns="http://example.org" xmlns:A="http://example.org"
   xmlns:B=http://example.org xmlns:C="http://example2.org">
<A:A/><B:A/><C:A/></A>
```

Oft werden XML-Dokumente nach ihrer Struktur klassifiziert.

> XML-Dokumente mit einer sehr regelmäßigen Struktur, die im Wesentlichen Daten kapseln, werden **datenzentriert** genannt (z. B. ein Telefonbuch). Bilden XML-Dokumente eher Dokumente im klassischen Sinn ab, so nennt man sie **dokumentzentriert** (z. B. ein Buchkapitel). Es gibt natürlich auch Mischformen, die als **hybrid** bezeichnet werden.

XML bietet verschiedene Notationen für äquivalente Dokumente: Attributwerte können in einfachen oder doppelten Anführungszeichen stehen, Attribute in verschiedenen Reihenfolgen auftreten, leere Elemente auf zwei verschiedene Arten notiert werden usw. Diese Flexibilität stört, wenn etwa die Gleichheit von Dokumenten festgestellt werden soll. Daher gibt es mit der **XML-Kanonisierung** /11.4/ ein Verfahren, XML-Dokumente in eine „Normalform" zu bringen. Diese kann z. B. für die Erzeugung der **digitalen Signatur** /11.13/ von XML-Dokumenten benutzt werden.

▶ *Hinweis:* Die XML-Kanonisierung hat ihre Grenzen. So werden verschiedene Präfixe für denselben Namensraum nicht vereinheitlicht.

11.1.2 XML Schema

Die Definition eigener Sprachen ist eine der Hauptanwendungen von XML. Aus Datenmodellierungssicht hat sich für eine solche Sprache auch der Begriff *Schema* etabliert. Mit XML 1.0 stand dafür nur die Document Type Definition (DTD) zur Verfügung, die aber – gerade aus Datenbanksicht – ungenügend ist, da sie z. B. kein ausreichendes Typkonzept unterstützt. Es wurden mehrere Schemabeschreibungssprachen entwickelt, wovon sich **XML Schema** /11.14/ als die vom W3C definierte Sprache zu behaupten scheint.

In XML Schema sind viele **einfache Datentypen** vordefiniert, die man teilweise voneinander abgeleitet hat (→ Bild 11.1). Die drei Schwerpunkte dabei sind numerische Datentypen, Typen für Zeichenketten und Datumstypen. Aus diesen lassen sich weitere Datentypen erzeugen, und zwar durch

- **Einschränkung** (restriction), durch Angabe einer Facette, mit der man Minimal- und Maximalwerte, Länge des Wertes, Zahl der Nachkommastellen etc. einschränken, aber auch ein bestimmtes Muster für den Wert vorgeben kann,
- **Listenbildung** (list), wie bei den vordefinierten Listentypen IDREFS, NMTOKENS und ENTITIES,
- **Vereinigung** (union) der Wertebereiche mehrerer Typen.

❑ *Beispiel:* Im Folgenden wird ein Typ definiert, dessen Wertebereich zwischen 0 und 100 liegt und der 2 Nachkommastellen hat (xs steht für den XML-Schema-Namensraum):

```
<xs:simpleType name="Wassertemperatur">
   <xs:restriction base="xs:decimal">
      <xs:fractionDigits value="2"/>
      <xs:minInclusive value="0.00"/>
      <xs:maxInclusive value="100.00"/>
   </xs:restriction>
</xs:simpleType>
```

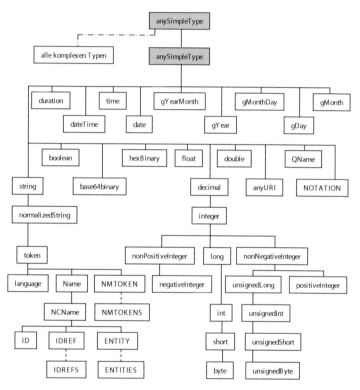

Bild 11.1 Vordefinierte Typen in XML Schema

Diese einfachen Typen werden benutzt, um den Typ von Attributen und attributlosen Blattelementen in XML-Dokumenten zu definieren.

❏ *Beispiel:*
```
<xs:attribute name="Messwert" type="Wassertemperatur"/>
<xs:element name="Vorname" type="xs:string"/>
```

Für Elemente mit Kindelementen oder Attributen sind **komplexe Typen** vorgesehen. Diese kennen drei Modelle für den Elementinhalt:
- **Folge** (sequence): Aufeinanderfolge von Elementen der enthaltenen Typen
- **Auswahl** (choice): ein Element von einem der angegebenen Typen
- all: höchstens ein Element von jedem enthaltenen Typ, in beliebiger Reihenfolge.

Für die Elemente lassen sich jeweils die **Minimal-** und **Maximalanzahl** angeben. Ferner können komplexe Typen Attribute vorsehen.

❏ *Beispiel:* Eine Person hat beliebig viele Vornamen und einen Nachnamen sowie ein Attribut, das das Herkunftsland angibt:

```
<xs:complexType name="Person">
  <xs:sequence>
    <xs:element name="Vorname" type="xs:string"
                maxOccurs="unbounded"/>
    <xs:element name = "Nachname" type="xs:string"/>
  </xs:sequence>
  <xs:attribute name = "Herkunftsland" type="xs:string"/>
</xs:complexType>
```

Auch komplexe Typen können voneinander abgeleitet werden. Neben der **Einschränkung** (restriction), die eine Reduzierung des Wertebereichs darstellt, ist auch eine **Erweiterung** (extension) durch Hinzufügen von Kindelementen (am Ende) möglich.

❏ *Beispiel:* Die folgende Definition erweitert den Typ Name um einen Titel:

```
<xs:complexType name="erweitertePerson">
  <xs:complexContent>
    <xs:extension base="Person">
      <xs:sequence>
        <xs:element name = "Titel" type="xs:string" />
      </xs:sequence>
    </xs:extension >
  </xs:complexContent>
</xs:complexType>
```

Die Wiederverwendung von Definitionen wird in XML Schema dadurch ermöglicht, dass benannte Typen definiert werden können und dass mit **Gruppen** und **Attributgruppen** Bausteine zur Einbettung in Typdefinitionen zur Verfügung stehen.

Mit den unbestimmten Schemaelementen (**wildcards**) any (für Elemente) und anyAttribute erlaubt XML Schema beliebige, vorher nicht benannte Elemente oder Attribute.

Nicht nur mit dem ausgedehnten Typkonzept, sondern auch mit der Aufnahme von **Integritätsbedingungen** nimmt XML Schema Anleihen in der Datenbankwelt. Es können **Schlüssel** definiert werden, die dann bedeuten, dass eine Wertkombination in einer Element- oder Attributkombination nur einmal innerhalb eines Dokumentes auftreten darf (xs:key und xs:unique). Verweise auf diese Schlüssel können ebenfalls definiert werden (xs:keyref), was dann bedingt, dass die referenzielle Integrität garantiert wird, aber auch wieder nur innerhalb *eines* Dokumentes.

Das Konzept der **Ersetzungsgruppe** (substitution group) erlaubt es, Elemente eines bestimmten Namens durch Elemente eines anderen Namens zu ersetzen, solange die Typen der Elemente durch Ableitung auseinander hervorgegangen sind.

> Schemadefinitionen mit XML Schema werden in einem XML-Dokument, dem **XML-Schema-Dokument**, zusammengefasst, dessen Wurzelelement schema heißt und aus dem Namensraum „http://www.w3.org/2001/XMLSchema" stammt.

Aus Datenbanksicht ungewohnt sind die in XML Schema vorgesehenen **instanzbezogenen Konzepte**: In den XML-Dokumenten selbst kann festgelegt werden, welches Schema für das Dokument maßgeblich ist (xsi:schemaLocation) und an welchen Stellen das Dokument vom Schema abweicht (xsi:type). Eine solche Abweichung muss allerdings gewissen Kompatibilitätsbedingungen genügen.

Auch **Nullwerte** wurden aus Datenbanken in XML übernommen: Sie werden in XML-Dokumenten durch das spezielle Attribut xsi:nil gekennzeichnet, wenn sie im Schema durch xs:nillable zugelassen wurden.

11.2 Anfragesprachen für XML

Schon 1998 wurde die Definition einer Anfragesprache für XML in Angriff genommen, und erst 2007 sollte diese Aktivität mit einer Recommendation für XQuery zu einem ersten Abschluss kommen. In der Zwischenzeit dienten **XML-QL** /11.11/ in der Forschung und **XPath** /11.8/ in der industriellen Anwendung als Ersatz. XPath war dabei so erfolgreich, dass parallel zu XQuery auch XPath 2.0 standardisiert wurde, das in großen Teilen mit XQuery deckungsgleich ist.

11.2.1 Pfadausdrücke (XPath und XQuery)

Pfadausdrücke dienen dazu, aus einem XML-Dokument (das als Baum angesehen wird) eine Menge von Knoten zu selektieren. Ein **Pfadausdruck** kann adressieren:

- ein gesamtes Dokument (den **Dokumentknoten**) mit seinem kompletten Inhalt,
- **Elemente** mit ihrem Inhalt (den gesamten Teilbaum unterhalb der Elemente),
- **Attribute**,
- **Kommentare**,
- **Verarbeitungsanweisungen**,
- **Textknoten** (Elementinhalte, die nicht aus Elementen bestehen),
- **Namensraumknoten** (nur XPath).

Die Adressierung beginnt bei der Wurzel eines XML-Dokuments und geschieht durch Navigation entlang von **Achsen** (→ Bild 11.2).

> Die meisten **Achsen** navigieren zu Elementen. Nach unten: *child, descendant, descendant-or-self*; nach oben: *parent, ancestor, ancestor-or-self*; zur Seite: *following, preceding, following-sibling, preceding-sibling*; auf der Stelle: *self*. Zu den Attributen navigiert: *attribute*.

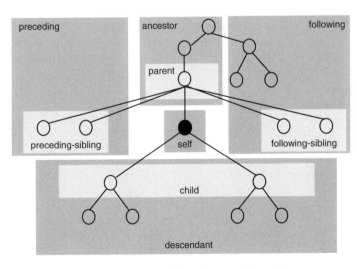

Bild 11.2 Achsen in XPath, bezogen auf den schwarz markierten Knoten

Dabei können entweder alle entsprechenden Knoten angesprochen werden (*) oder nur bestimmte (über ihren Namen). Für einige häufig benutzte Achsen gibt es **Kurznotationen**.

❑ *Beispiel:* Der Pfadausdruck /descendant::Text/parent::Überschrift wählt aus einem Dokument alle Elemente des Namens Text aus und von diesen ausgehend die Elternknoten, aber nur, wenn die den Namen Überschrift tragen. Der Pfadausdruck //Beschreibung/text() nutzt die Kurzschreibweise und selektiert die textuellen Inhalte aller Elemente des Namens Beschreibung.

Neben der Beschränkung auf Namen erlaubt XPath auch in jeder Stufe die Angabe eines **Selektionsprädikates** (in eckigen Klammern) entweder in Form eines booleschen Ausdrucks oder einer **Positionsangabe**.

❑ *Beispiel:* Alle Bücher mit einem Preis unter 50 werden so selektiert:

/Buch[.//Preis<50].

Pfadausdrücke in XPath beziehen sich immer auf einen einzelnen XML-Baum, der sich aus dem Auswertungskontext ergibt. Pfadausdrücke in XQuery brauchen im Allgemeinen eine explizite Angabe ihrer Wurzel. Hierzu stehen zwei Funktionen zur Verfügung:
- document("*Pfad*") liefert das an der angegebenen Stelle (z. B. im Dateisystem) stehende XML-Dokument;
- collection("*Name*") liefert eine benannte Menge von XML-Dokumenten.

11.2.2 XQuery

Der grundlegende Datentyp von XQuery ist die Sequenz: Jeder XQuery-Ausdruck operiert auf einer Sequenz und ergibt wieder eine solche (**Geschlossenheit der Sprache**).

> Eine **Sequenz** ist die Aufeinanderfolge von keinem, einem oder mehreren Einträgen. **Einträge** sind Knoten oder atomare Werte. Sequenzen können nicht verschachtelt werden. Jeder einzelne Knoten und jeder einzelne atomare Wert ist gleichzeitig eine Sequenz.

Knoten sind dabei von einem der oben erwähnten **Knotentypen** (Element, Attribut usw.). Atomare Werte haben einen Datentyp. Während XPath 1.0 nur sehr wenige Datentypen kennt (Zeichenkette, Zahl, boolescher Wert, Knotenmenge), baut XQuery /11.16/ auf dem XML-Schema-Datenmodell auf, übernimmt dessen Datentypen und fügt sogar einige weitere hinzu. Auch mittels XML Schema definierte Typen werden akzeptiert. Wie in

Anfragesprachen üblich, gibt es auch in XQuery die Möglichkeit der Umwandlung eines Wertes von einem Typ in einen anderen.

> XQuery ist eine **getypte Sprache**. Operatoren und Funktionen erwarten daher Werte bestimmter Typen, auf denen sie operieren. XQuery beinhaltet eine Sprache zur Typbeschreibung, die auf der Multiplizitätsnotation von DTD aufbaut (* für 0 oder mehr, + für 1 oder mehr, ? für höchstens einmal).

❏ *Beispiel:* Eine Sequenz aus mindestens einem ganzzahligen Wert wird durch `xs:integer+` beschrieben, eine Sequenz aus höchstens einem Element durch `element()?` und eine genau einelementige Sequenz von beliebigem Typ durch `item()`.

> Das Konzept der **Atomisierung** vermeidet eine übermäßige Häufung von Konvertierungen durch das Nebeneinander von Knoten und atomaren Typen. Wenn ein atomarer Wert benötigt wird, aber ein Knoten angegeben ist, so extrahiert XQuery automatisch den getypten Wert des Knotens.

Neben den Pfadausdrücken sind die FLWOR-Ausdrücke (sprich *flower*) das wichtigste Konstrukt von XQuery.

> Ein **FLWOR-Ausdruck** besteht aus:
> - beliebig vielen `for`- und `let`-Bestandteilen in beliebiger Reihenfolge, die eine Variablenbindung vornehmen und zwar mit `for` nacheinander an jeden Eintrag einer Sequenz, mit `let` an die ganze Sequenz. Wird nach der `for`-Variablenbindung eine weitere Variable mit `at` gebunden, enthält diese die jeweilige Position in der Sequenz.
> - maximal einem `where`-Bestandteil, der eine Filterfunktion hat.
> - maximal einem `order-by`-Bestandteil zur **Sortierung**.
> - einem `return`-Bestandteil, der das Ergebnis des Ausdrucks beschreibt.

❏ *Beispiel:* Der Ausdruck `for $v in (1, 2, 3) return "X"` liefert die Sequenz `("X", "X", "X")`, weil die Variable `$v` nacheinander an die drei Sequenzeinträge gebunden wird. Hingegen liefert `let $v := (1, 2, 3) return "X"` die Sequenz `("X")`, da eine Bindung der Variable an die ganze Sequenz erfolgt.

> Der Name von Variablen in XQuery beginnt stets mit $.

Mächtig wird der FLWOR-Ausdruck unter anderem dadurch, dass im Rückgabeteil (`return`) eine völlig neue Struktur aufgebaut werden kann. Dazu gebraucht man vor allem die **Elementkonstruktoren**. In ihrer einfachsten Form benutzen sie die XML-Syntax. Variable Teile werden dabei in geschweifte Klammern gesetzt.

- *Beispiel:* Der folgende XQuery-Ausdruck

  ```
  for $buch in collection("Bücher")//Buch
  where $buch/Preis < 20
  return <Angebot Preis="{$buch/Preis}">{$buch/Titel}</Angebot>
  ```

  liefert für jedes preisgünstige Buch ein Element Angebot, dessen Inhalt der Buchtitel ist und das ein Attribut Preis hat, das den Buchpreis angibt.

Bei der zweiten Form des **Konstruktors** kann auch der Elementname berechnet werden: Ein Schlüsselwort gibt an, welche Knotenart zu konstruieren ist.

- *Beispiel:* Der Ausdruck

  ```
  for $buch in collection("Bücher")//Buch
  where $buch/Preis < 20
  return element {"Angebot"}
          {attribute {"Preis"} {$buch/Preis}, $buch/Titel}
  ```

  ist äquivalent zum Ausdruck aus dem vorigen Beispiel.

Mit FLWOR-Ausdrücken kann man einen **Verbund** realisieren, indem mehrere Variable im for-Anteil gebunden werden. Ebenso lässt sich eine **Gruppierung** erreichen, wenn FLWOR-Ausdrücke verschachtelt werden.

- *Beispiel:* Der folgende Ausdruck gruppiert Buchtitel nach den zugehörigen Autoren (die alphabetisch sortiert werden):

  ```
  for $autor in distinct-values(collection("Bücher")//Autor)
  order by $autor
          return <Autor Name="{$autor}">{
                  for $buch at $p in collection("Bücher")//Buch
                  where $buch/Autor=$autor
                  return (<Position>$p</Position>,$buch/Titel)
              }</Autor>
  ```

  Die Funktion distinct-values() eliminiert Duplikate. Die Atomisierung wandelt vorher die Autor-Knoten in Zeichenketten um. Durch $p wird vor jedem Titel die ursprüngliche Position des Buches angegeben.

Eine reiche Auswahl von Operatoren und Sprachkonstrukten ergänzt die bisher vorgestellte Funktionalität:

- **arithmetische Operatoren:** +, -, *, div, idiv (Ganzzahldivision),
- **Operatoren auf Sequenzen** von Knoten: union, except, intersect,

- **Vergleichsoperatoren** für atomare Werte: eq, ne, lt, le, gt, ge (gleich, ungleich, kleiner, kleiner oder gleich, größer, größer oder gleich),
- **Vergleichsoperatoren** für Sequenzen: =, !=, <, <=, >, >=. Hier gilt die existenzielle Semantik: Wenn ein Eintrag der linken Sequenz in der gewünschten Relation zu einem Eintrag der rechten Sequenz steht, wird der Ausdruck wahr.
- **Vergleichsoperatoren** bezüglich der Dokumentreihenfolge: «, » (kommt vor, kommt nach),
- **Vergleich auf Knotengleichheit:** is,
- ein **bedingter Wert:** if (*Bedingung*) then *Wert1* else *Wert2*,
- **existenziell** und **universell quantifizierte Ausdrücke:** some $*Variable* in *Sequenz* satisfies *Ausdruck*, all $*Variable* in *Sequenz* satisfies *Ausdruck*.

❑ *Beispiel:* Die folgenden Ausdrücke sind alle wahr:

```
(1, 2, 3) = (1, 2, 3)
(1, 2, 3) != (1, 2, 3)
(1, 2, 3) < (1, 2, 3)
(1, 2, 3) > (1, 2, 3)
```

XQuery enthält viele vordefinierte Funktionen, bietet aber auch die Möglichkeit, Funktionen selbst zu definieren.

> Eine **benutzerdefinierte Funktion** besteht aus der Deklaration der Signatur (Name, Name und Typ der Eingabeparameter, Typ des Rückgabewerts) und einem XQuery-Ausdruck, der aus den Eingabeparametern den Rückgabewert berechnet.

❑ *Beispiel:*
```
declare function local:EurotoDM ($euro as xs:decimal)
                                as xs:decimal
{$euro * 1.95583}
```

Benutzerdefinierte Funktionen dürfen auch rekursiv sein.

Funktionsdefinitionen können zur Wiederverwendung in **Modulen** organisiert werden.

❑ *Beispiel:* Wenn folgendes Modul definiert ist:
```
module namespace währung="http://währung.de"
declare function währung:EurotoDM ($euro as xs:decimal)
                                  as xs:decimal
{$euro * 1.95583}
```

kann es in einen XQuery-Ausdruck importiert werden:

```
import module namespace währung="http://währung.de"
währung:EurotoDM(1)
```

> Der **Prolog** eines XQuery-Ausdrucks dient dem Aufbau der Auswertungsumgebung. Er umfasst u. a. XML-Schema-Importe, Modulimporte, benutzerdefinierte Funktionen, Namensraumdeklarationen und Voreinstellungen.

Zwei für XML wichtige Bereiche sind als Erweiterungen von XQuery inzwischen ebenfalls standardisiert: **Textsuchfunktionalität** und **Änderungsoperationen** (XQuery Update).

11.3 XML und relationale Datenbanksysteme

Da relationale Datenbanken heute eine sehr weite Verbreitung haben, ist es nicht verwunderlich, dass schon früh der Wunsch aufkam, XML in diesen zu speichern.

11.3.1 Relationale Speicherung von XML

Relationale Datenbanken haben mit ihrer flachen Tabellenstruktur eine prinzipiell andere Organisation als XML-Dokumente, die beliebig tief strukturiert sind, bei denen Elemente und Attribute unterschieden werden und Kommentare an beliebigen Stellen auftreten können.

Drei grundlegende Methoden der Abspeicherung von XML in relationalen Datenbanken haben sich entwickelt /11.20/, von denen es jedoch auch Spielarten und Mischformen gibt.

> Die **inhaltsorientierte Zerlegung** transformiert ein XML-Dokument in ein inhaltlich entsprechendes Netz von Tabellen.

Im einfachsten Anwendungsfall wird diese Methode verwendet, um eine relationale Tabelle als XML-Dokument darzustellen, das dann eine regelmäßige Struktur und eine sehr geringe Tiefe hat. Die Ebene unter dem Wurzelelement entspricht einer Tabellenzeile, die Ebene darunter den einzelnen Spalten. Ihren Namen hat die Methode daher, dass nur der Inhalt des XML-Dokuments abgebildet wird, nicht die Auszeichnungselemente (markup). Diese sind implizit in der Tabellenstruktur codiert.

> Die inhaltsorientierte Abbildung kann **generisch** erfolgen, also mit einer generellen Abbildungsvorschrift, oder **definitorisch**, also unter Angabe einer auf die konkreten Datenstrukturen ausgerichteten Abbildungsvorschrift.

Ein Vorteil der inhaltsorientierten Zerlegung ist, dass die Daten auch aus der SQL-Sicht sinnvoll interpretierbar bleiben (ein Element Name im XML-Dokument wird zu einer Spalte Name in SQL). Die inhaltsorientierte Zerlegung hat aber auch ihre Grenzen: Die Reihenfolge von Elementen geht ebenso verloren wie Kommentare und Verarbeitungsanweisungen. Komplexere XML-Schema-Konstrukte wie z. B. Ersetzungsgruppen werden von der inhaltsorientierten Zerlegung nicht unterstützt. Dies kann durch zusätzliches Abspeichern von Strukturinformation (üblicherweise in einer zusätzlichen Spalte, s. Oracle) abgemildert werden. Damit kann das XML-Dokument in seiner Struktur wieder aufgebaut werden, nicht jedoch in seiner ursprünglichen Erscheinungsform. Man spricht dann von der *DOM-Wiedergabetreue*, d. h. die DOM-Darstellung des Originaldokuments und des rekonstruierten Dokuments sind gleich oder von *Information-Set-Wiedergabetreue*, wenn das XML Information Set /11.10/ beider Dokumente übereinstimmt.

Ein Beispiel für die inhaltsorientierte Zerlegung findet sich bei der Beschreibung von Oracle ($\rightarrow$ 11.3.3).

Eine verlustfreie Abbildungsmethode ist die strukturorientierte Zerlegung, bei der die Struktur des XML-Dokuments vollständig abgebildet wird.

> Bei der **strukturorientierten Zerlegung** werden ausgehend von der Baumstruktur, wie sie z. B. durch DOM (Document Object Model /11.17/) aus einem XML-Dokument erzeugt wird, jeder Knoten und jede Kante im Baum auf eine Tabellenzeile abgebildet.

Dies ermöglicht eine vollständige Abbildung des XML-Dokuments, auch bei vorher unbekanntem Schema. Allerdings erhält man dabei sehr viele Tabellenzeilen, so dass die Rekonstruktion größerer XML-Dokumente sehr aufwändig wird. Die entstehenden SQL-Strukturen sind aus SQL-Sicht nicht mehr sinnvoll interpretierbar.

❑ *Beispiel:* Das XML-Dokument

```
<Auftrag Auftragsnr="12324">
  <Auftragsposition><Artikel>124</Artikel>
                    <Menge>2</Menge>
  </Auftragsposition>
  <Auftragsposition><Artikel>567</Artikel>
                    <Menge>4</Menge>
```

```
</Auftragsposition>
</Auftrag>
```

kann in seiner Baumform folgendermaßen als Tabelle repräsentiert werden:

Knotennr.	Vorgänger	Position	Name	Wert
1	0	0	Auftrag	-
2	1	0	@Auftragsnr	12324
3	1	1	Auftragsposition	-
4	3	1	Artikel	124
5	3	2	Menge	2
6	1	2	Auftragsposition	-
7	6	1	Artikel	567
8	6	2	Menge	4

Im Gegensatz dazu ist bei der dritten Abbildungsmethode, der opaken Speicherung, der Zugriff auf das Gesamtdokument unproblematisch.

> Bei der **opaken Speicherung** wird das gesamte XML-Dokument in einer einzigen Spalte eines entsprechenden Typs (z. B. VARCHAR, CLOB oder ein speziell für XML vorgesehener Typ) abgespeichert.

Mit normalen SQL-Mitteln kann dann nicht mehr auf Teile des XML-Dokuments zugegriffen werden. Daher bedingt diese Form der Speicherung immer auch das Vorhandensein dedizierter Funktionen, z. B. der von SQL/XML definierten, die in SQL-Anfragen eingesetzt werden können, um in Dokumente hineinzunavigieren. Damit auch in diesem Fall eine Anfrageoptimierung mit Indexzugriff möglich ist, haben viele relationale Datenbanksysteme speziell auf XML zugeschnittene Indexfunktionen eingeführt.

11.3.2 SQL/XML

Wie schon bei der inhaltsorientierten Speicherung angesprochen, besteht oft der Bedarf, relationale Tabellen zu XML-Strukturen umzuformen. Hierzu wurde eine SQL-Erweiterung unter dem Namen SQL/XML /11.20/ standardisiert. SQL/XML umfasst außerdem einen Datentyp XML, der die opake Speicherung ermöglicht.

Die erste Hürde bei der Abbildung von SQL auf XML stellen die verwendeten **Zeichensätze** dar. Während XML auf Unicode beruht, ist dies bei SQL nicht der Fall. Bei **Namen** (von Tabellen oder Spalten) erlaubt SQL mehr Freiheiten als XML (z. B. Leerzeichen in Namen), so dass eine Transformationsregel eingeführt wird, mit der aus jedem SQL-Namen eindeutig ein gültiger XML-Name erzeugt werden kann. Ferner ist das

11.3 XML und relationale Datenbanksysteme

Typsystem von SQL verschieden von dem in XML. Hier nutzt SQL/XML die Typdefinitionsfähigkeiten von XML Schema (→ 11.1.2), um in XML Typen zu definieren, die denen in SQL möglichst ähnlich sind (was die Menge der erlaubten Werte angeht).

> Eine **SQL-Tabelle** wird durch SQL/XML auf zwei verschiedene XML-Konstrukte abgebildet. Es entsteht zum einen eine Beschreibung mit XML-Schema, die Typinformation der Tabelle widerspiegelt, zum anderen ein diesem Schema entsprechendes XML-Dokument, das die Daten der Tabelle enthält.

Die Struktur des XML-Dokuments entspricht einer einfachen generischen inhaltsorientierten Abbildung (→ 11.3.1).

❏ *Beispiel:*
```xml
<?xml version="1.0"?>
<Kundenbranche>
    <row>
       <KdBraNr>1234</KdBraNr>
       <Name>Versicherungen</Name>
       <Kriterium>Vertrag</Kriterium>
    </row>
    <row>
       ...
    </row>
</Kundenbranche>
```

Ein SQL-Schema und ein SQL-Katalog werden analog abgebildet.

Neben dieser generischen Abbildung führt SQL/XML einen neuen SQL-Typ namens XML ein. In Spalten dieses Typs können XML-Dokumente, aber auch XML-Fragmente (Elementinhalte) gespeichert werden. Zu diesem Typ gehört eine Reihe von Operatoren, die den Übergang zwischen Werten des Typs XML und den anderen SQL-Typen ermöglichen, z. B.:

- XMLCOMMENT erzeugt einen XML-Kommentar.

    ❏ *Beispiel:*
    ```
    XMLCOMMENT ('Kommentar')
    ```

- XMLPI erzeugt eine Verarbeitungsanweisung.

    ❏ *Beispiel:*
    ```
    XMLPI (NAME 'xml-stylesheet',
           'type="text/xml" href="style.xsl"')
    ```

- XMLELEMENT konstruiert bei Angabe von Name, Attributen und Elementinhalt einen Wert des Typs XML in Form eines XML-Elements.

❑ *Beispiel:*
```
XMLELEMENT(NAME 'Kundengruppe',
    XMLATTRIBUTES (2006 AS 'Nummer'),
    'gute Kunden')
```
erzeugt
```
<Kundengruppe Nummer="2006">gute Kunden
</Kundengruppe>
```

Statt der Angabe von Literalen, wie in diesem Beispiel, können Werte auch aus einer umgebenden SQL-Anfrage übernommen werden:

```
SELECT XMLELEMENT(NAME 'Kundengruppe',
    XMLATTRIBUTES ("KdGruNr" as 'Nummer'),
    "Beschreibung") FROM Kundengruppe
```

liefert (eine entsprechende Zeile in der SQL-Tabelle vorausgesetzt)

```
<Kundengruppe Nummer="2006">gute Kunden
</Kundengruppe>
```

- XMLSERIALIZE wandelt einen Wert vom Typ XML in eine SQL-Zeichenkette um.

  ❑ *Beispiel:*
  ```
  XMLSERIALIZE(DOCUMENT
      XMLELEMENT(NAME 'Kunde') AS CHAR(100))
  ```
  erzeugt
  ```
  <?xml version="1.0"?><Kunde/>
  ```

- XMLPARSE konvertiert eine SQL-Zeichenkette, die bez. XML wohlgeformt sein muss, in einen Wert des Typs XML.

  ❑ *Beispiel:*
  ```
  XMLPARSE (DOCUMENT '<A/>' PRESERVE WHITESPACE)
  ```

- XMLCONCAT fügt mehrere Werte vom Typ XML zu einem zusammen.

  ❑ *Beispiel:*
  ```
  XMLCONCAT (XMLCOMMENT('Text'),XMLELEMENT(NAME 'Kunde'))
  ```

- XMLAGG ist eine SQL-Aggregationsfunktion wie z. B. AVG ($\rightarrow$ 4.5.3) und konkateniert Einzelergebnisse über mehreren Zeilen.

  ❑ *Beispiel:* Folgende SQL-Anfrage erzeugt für jeden Artikel in einem Auftrag ein Kindelement zum Element Auftrag:

  ```
  SELECT XMLELEMENT(NAME 'Auftrag',
              XMLAGG(XMLELEMENT(NAME 'Artikel',
                                    "ArtNr")))
  FROM Auftragsposition
  GROUP BY AuftragsNr
  ```

- **XMLQUERY** wertet einen XQuery-Ausdruck aus. Besonders bei dieser Funktion ist die Übergabe von Werten eines SQL-Kontexts, z. B. einer umgebenden SQL-Anfrage, an den XQuery-Ausdruck interessant. Spaltennamen aus der SQL-Anfrage sind als gleichnamige XQuery-Variablen automatisch verfügbar, sie können aber auch durch eine PASSING-Klausel explizit einen Variablennamen zugeordnet bekommen:

❏ *Beispiel:*
SELECT XMLQUERY ('$a/Auftragsposition[1]/Menge'
            PASSING Auftrag AS "a" RETURNING CONTENT)
FROM Auftragstabelle

Dabei ist Auftrag eine Spalte vom Typ XML in der Tabelle Auftragstabelle. Wenn RETURNING CONTENT angegeben ist, wird der Inhalt, bei Angabe von RETURNING SEQUENCE eine XQuery-Sequenz zurückgegeben. Fehlt die Angabe, ist das Verhalten implementierungsabhängig.

SQL/XML ist in einigen relationalen DBMS realisiert (→ 11.3.3).

11.3.3 Realisierung in kommerziellen Systemen

Viele relationale Datenbanksysteme unterstützen eine oder mehrere der Varianten zur XML-Speicherung (→ 11.3.1). Beispielhaft werden hier die Lösungen in drei kommerziellen DBMS vorgestellt.

Oracle unterstützt seit Version 8 XML in verschiedenen Realisierungen. Nachdem anfänglich die XML-Unterstützung außerhalb der eigentlichen Datenbank angesiedelt war, erfolgt sie inzwischen auch innerhalb. Die folgenden Ausführungen beziehen sich auf Oracle 11gR2 /11.19/. In dieser Version werden sowohl die inhaltsorientierte Zerlegung mit der Option, manche Teile eines Dokumentes auch opak zu speichern (hybride Speicherung), als auch die opake Speicherung angeboten. Dabei gibt es zwei Varianten der opaken Speicherung: die bereits aus Oracle 10g bekannte Speicherung als CLOB, also ohne Berücksichtigung von XML-Spezifika, und mit 11g auch die Speicherung als Binary XML. Beide Varianten sind über den neuen Datentyp XMLType realisiert. Er entspricht dem Typ XML von SQL/XML (→ 11.3.2). Bei der Definition einer Spalte dieses Typs muss der Benutzer sich für eine der Abbildungsvarianten entscheiden. Wählt er die inhaltsorientierte Zerlegung, so muss er vorher ein entsprechendes XML-Schema-Dokument in der Datenbank registrieren und bei der Definition der XML-Spalte angeben. Oracle erzeugt dann entsprechende Tabellen zur Abbildung. Die Abbildung existierender Tabellen nach XML steht damit hier nicht mehr im Fokus. In komplexen Fällen (etwa bei Wildcards → 11.1.2) werden Teile des XML-Dokuments auch bei inhaltsorientierter

Zerlegung opak gespeichert. Kommentare, Verarbeitungsanweisungen und Reihenfolgeinformationen werden in proprietärer Form im Systemattribut SYS_XDBPDS abgelegt.

Die Standardabbildung kann durch eine entsprechende *Annotation* des XML-Schemas umkonfiguriert werden, z. B. um Teile des Dokuments doch nicht auf Tabellen abzubilden.

> Für die inhaltsorientierte Zerlegung kann DOM-Treue spezifiziert werden, d. h., dass Dokumente gegenüber ihrem Einspeicherungszustand zwar ggf. verändert gelesen werden können, aber die DOM-Darstellung des Dokuments sich nicht ändert. Ist auch dies nicht akzeptabel, so muss die opake Speicherung gewählt werden.

❏ *Beispiel:* Wenn folgender Ausschnitt aus einem XML-Schema-Dokument unter PO.xsd gespeichert ist:

```
<complexType name="Auftragstyp">
<sequence>
  <element name="Auftragsnr" type="decimal"/>
  <element name="Firma">
    <simpleType><restriction base="string">
      <maxLength value="100"/>
    </restriction></simpleType></element>
  <element name="Auftragsposition" maxOccurs="1000">
    <complexType><sequence>
    <element name="Artikel">
      <simpleType><restriction base="string">
        <maxLength value="1000"/>
      </restriction></simpleType></element>
    <element name="Preis" type="float"/>
    </sequence></complexType></element>
</sequence></complexType>
<element name="Auftrag" type="Auftragstyp"/>
```

kann über nachstehende Anweisung eine opake Speicherung der Auftragspositionen spezifiziert werden.

```
CREATE TABLE po_tab OF XMLTYPE
ELEMENT "http://..../PO.xsd#Auftrag"
VARRAY("XMLDATA"."Auftragsposition")
STORE AS LOB Auftragsposition_lob;
```

Bei der opaken Abbildung entspricht XMLType in vielen Aspekten einem CLOB. Insbesondere kann nur über entsprechende SQL/XML-Funktionen auf den Inhalt eines XML-Dokuments zugegriffen werden.

Wenn als Speicherform Binary XML gewählt wurde und ein Schema angegeben wurde, wird ein Dokument beim Einfügen oder Ändern automatisch validiert. Ansonsten findet eine vollständige Validierung gegen das angegebene XML-Schema-Dokument nicht automatisch statt, kann aber manuell vorgenommen oder als CHECK-Anweisung an eine Spalte gebunden werden. Schemaevolution ist möglich. Wenn sich das Schema kompatibel geändert hat (alle Instanzen des alten Schemas also auch mit dem neuen Schema gültig sind), kann die Schemaevolution „in place" erfolgen, ansonsten ist ein Kopieren der Dokumente erforderlich, was natürlich zu einer erheblich schlechteren Performance führt.

Tabelle 11.1 Oracles Empfehlungen zur Wahl der Speichermethode nach /11.19/

	Inhaltsorientiert zerlegt	Opak (Binary XML)	Opak (CLOB)
Durchsatz bei Zugriff auf das Gesamtdokument	niedrig	hoch	sehr hoch
Anfrage-Performance	sehr schnell für relationale Anfragen	schnell für XPath-Auswertung	langsam, besonders für große Dokumente oder große Dokumentmengen
Speicherplatzeffizienz (Platte)	sehr speichereffizient	speichereffizient	weniger speichereffizient
XML Schema	Alle Dokumente einer XMLType-Tabelle müssen demselben Schema genügen. Keine vollständige automatische Validierung.	Angabe eines Schemas ist optional, wenn angegeben, wird automatisch validiert.	Angabe eines Schemas ist optional, es kann aber nur eines pro Tabelle angegeben werden.
Wiedergabetreue	DOM	DOM	bitidentisch
Indexe	B-tree, Bitmap, Textindex, XMLIndex (im Falle hybrider Speicherung)	Textindex, XMLIndex	Textindex, XMLIndex

Für einen effizienteren Zugriff stehen in Oracle bei der inhaltsorientierten Zerlegung die üblichen SQL-Indexe zur Verfügung. Effiziente Textsuche kann durch Definition eines entsprechenden Textindex gewährleistet werden. Allerdings ist diese nur bei inhaltsorientierter Zerlegung in die XQuery-Auswertung integriert. Zusätzlich gibt es speziell für die Indexierung von XML-Dokumenten den Indextyp XMLIndex. Dieser enthält für jeden indexierten Knoten den XPath-Ausdruck für den Pfad zu diesem Knoten, Reihefolgenangaben und den effektiven Textwert des Knotens.

SQL/XML ist in Oracle ebenfalls integriert.

Auch XQuery wird unterstützt. Dabei kann innerhalb der XQuery angegeben werden, auf welche Dokumentenmenge sich die Query bezieht:

```
SELECT XMLQuery('{for $i in fn:collection("...")/ROW
          return $i}'
          RETURNING CONTENT)
FROM DUAL;
```

Alternativ kann eine XML-Tabelle aus der FROM-Klausel in die XQuery übergeben werden:

```
SELECT XMLQuery('{for $i in $a/*
          return $i}'
          PASSING OBJECT_VALUE AS "a" RETURNING CONTENT)
FROM Auftrag;
```

Zur Anbindung von relationalen Tabellen an XQuery können die Funktionen fn:doc() und fn:collection() verwendet werden, die die Tabelle dann in eine SQL/XML-konforme XML-Struktur überführen.

Genau wie die Funktion XMLQuery wertet die Funktion XMLTable einen XQuery-Ausdruck aus. Der Unterschied besteht darin, dass die Funktion XMLQuery die Sequenz, die sich als Result der XQuery-Auswertung ergibt, in ein einziges XML-Dokument oder -Fragment umwandelt. Die Funktion XMLTable hingegen erzeugt eine SQL-Tabelle, die eine Zeile für jeden Eintrag der Sequenz enthält.

IBM DB2 Universal Database Version 10.1 kennt den eigenen Typ XML, wie er in SQL/XML spezifiziert ist. Opake Speicherung in diesem Typ ist der Normalfall, inhaltsorientierte Zerlegung kann aber explizit erfolgen. Diese kann über Annotationen in XML Schema gesteuert werden. Wenn opake Speicherung gewählt wird, kann spezifiziert werden, dass der XML-Wert direkt in der Tabelle gespeichert wird (nur für kleinere XML-Dokumente möglich) oder getrennt. Eine Wahl der Speicherform als Binary XML, wie sie bei Oracle angeboten wird, kennt DB2 nicht.

Bei DB2 kann kein Schema explizit an eine Spalte des Typs XML gebunden werden. Das impliziert, dass keine automatische Validierung stattfindet.

11.3 XML und relationale Datenbanksysteme

Man kann diese natürlich durch eine CHECK-Klausel in der Tabellendefinition bei jeder Veränderung explizit anstoßen.

DB2 unterstützt SQL/XML, sodass auch hier eine Integration von XML und SQL in einer Query möglich ist. Darüber hinaus bietet DB2 auch eine reine XQuery-Schnittstelle an. Um auf die in Tabellen gespeicherten XML-Dokumente zuzugreifen, gibt es zwei DB2-spezifische XQuery-Funktionen:

Die Funktion db2-fn:xmlcolumn ermöglicht den Zugriff auf eine XML-Spalte einer Tabelle, ohne weitere Selektionsmöglichkeiten. Im folgenden Beispiel werden alle Elemente mit Namen Position zurückgegeben, die als Kinder der Wurzel in XML-Dokumenten vorkommen, die in der Spalte Auftrag der Tabelle Bestellung gespeichert sind:

```
db2-fn:xmlcolumn('Bestellung.Auftrag')/Position
```

Die Funktion db2-fn:sqlquery hingegen nimmt eine SQL-Anfrage als Argument und gibt deren Ergebnis als Sequenz zurück, wie im folgenden Beispiel:

```
db2-fn:sqlquery("
    SELECT Auftrag FROM Bestellung
    WHERE Kunde = 'Meier' ")/Position
```

DB2 unterstützt einen speziellen Index für XML, der allerdings nur Einzelwerte im XML-Dokument indexiert, also keine Unterstützung für pfadbasierte Anfragen oder Reihenfolge bietet. Auch die Textindexierung von XML-Werten ist möglich, allerdings ist die entsprechende Suche nicht in die XQuery-Funktionalität integriert.

Microsoft SQL Server 2012 unterstützt zur XML-Speicherung drei Varianten:
- Opake Speicherung im Datentyp xml. Dies ist der Datentyp, auf dem XQuery-Ausdrücke ausgewertet werden können. Dieser Typ bewahrt Information-Set-Wiedergabetreue, es wird also keine bitidentische Speicherung gewährleistet (→ 11.3.1). Optional kann eine Spalte vom Typ xml an eine Menge von XML-Schema-Dateien gebunden werden, die vorher in einer so genannten Schema Collection abgelegt werden müssen. Diese können dann zur automatischen Validierung verwendet werden.

    ❏ *Beispiel:*
    ```
    CREATE TABLE Auftrag(
        Auftragsdaten xml
        (Verwaltung.AuftragsSchemaCollection))
    ```

- Opake Speicherung im Datentyp varchar(max), diese ermöglicht eine bitidentische Wiedergabe, jedoch kann hier keine automatische Schemavalidierung vorgenommen werden.
- Inhaltsorientierte Zerlegung über ein sogenanntes annotated schema (ASXD). Über eine *XML View* ist die Verarbeitung der Daten als XML möglich.

Für den Datentyp xml bietet SQL Server einen eigenen Index-Typ (XML INDEX) an, der alle Tags, Werte und Pfade in XML-Dokumenten indexiert. Ferner kann auf Werten vom Typ xml ein Textindex angelegt werden, die Textsuche ist jedoch nicht in die XQuery-Funktionalität integriert.

SQL/XML wird von SQL Server nicht unterstützt. Jedoch unterstützt SQL Server Funktionen auf dem Typ xml in einer objektorientierten Notation, mit denen ein XQuery-Ausdruck auf dem jeweiligen Dokument ausgewertet werden kann (somit kann ein XQuery-Ausdruck nicht eine Menge von XML-Dokumenten verarbeiten):

- query(): liefert einen ungetypten Wert des Typs xml.
- value(): liefert einen einzelnen skalaren Wert, nämlich den Wert des einzigen Antwortknotens eines XQuery-Ausdrucks. Dies erfordert die Angabe des SQL-Typs, in den derWert konvertiert wird.
- exist(): prüft, ob ein XQuery-Ausdruck eine Sequenz mit mindestens einem Eintrag liefert. In diesem Fall ist der Ergebniswert 1, sonst 0.
- nodes(): erzeugt aus einem XML-Dokument Zeilen einer Tabelle.
- modify(): erlaubt Manipulationsoperationen, die in einer proprietären Erweiterung von XQuery spezifiziert sind.

Innerhalb eines XQuery-Ausdrucks kann mit der Funktion sql:column() auf den Wert einer SQL-Spalte der SQL-Zeile zugegriffen werden, die auch das gerade bearbeitete XML-Dokument enthält.

11.4 Reine XML-Datenbanksysteme

Da die Abbildung von XML in relationale Datenstrukturen nicht trivial ist (→ 11.3) und relationale Datenbanksysteme anfänglich kaum XML-Unterstützung boten, wurden bereits früh dedizierte (**native**) XML-Datenbanksysteme auf den Markt gebracht, die sich dadurch auszeichnen, dass sie XML in dafür optimierten Datenstrukturen abspeichern und dass sie eine XML-zentrische Schnittstelle haben, also eine XML-spezifische Anfragesprache (heute: XQuery) und XML-spezifische Operationen (Speichern, Ändern, Unicode-Unterstützung, ...). Teilweise zielen diese Datenbanksysteme auf eine eingebettete Benutzung, teilweise handelt es sich aber auch um vollständige und eigenständige Systeme. In /11.3/ sind ca. 40 „native" XML-Datenbanksysteme aufgelistet. Die nativen XML-Datenbanksysteme bieten in vielen Fällen umfangreichere Unterstützung von XML-spezifischen Funktionalitäten und Erweiterungen, als dass es die relationalen Systeme tun, z. B. eine ausgefeiltere Textsuch-Funktionalität, bessere Unterstützung zur Manipulation von XML-Dokumenten oder auf XML zugeschnittene Berechtigungskonzepte.

12 NoSQL-Datenbanksysteme

Relationale Datenbanksysteme dominieren seit mehreren Jahrzehnten den Bereich der Business-Anwendungen (→ 1.8). Charakterisiert sind diese Anwendungen durch die Verarbeitung strukturierter Daten und die besondere Bedeutung der Konsistenz dieser Daten.

12.1 Motivation und Grundbegriffe

Seit Beginn des 21. Jahrhunderts haben Anwendungen, insbesondere im Web-Umfeld, mit anderen Charakteristika an Bedeutung gewonnen. Die von Datenbanksystemen zu bewältigende Datenmenge ist extrem gewachsen und bewegt sich heute teilweise im Bereich mehrerer hundert Petabyte /12.10/. Dabei sind die zu verarbeitenden Daten häufig **unstrukturiert** oder **semistrukturiert**. Des Weiteren führt die inzwischen vielfach übliche agile Software-Entwicklung zur Forderung nach einer größeren **Schemaflexibilität**.

Um solche riesigen Datenmengen zu beherrschen, wird bei relationalen Datenbanksystemen traditionell das Prinzip der **vertikalen Skalierung**, d. h. der Vergrößerung der Ressourcen innerhalb eines Rechnersystems angewandt. Für sehr große Datenmengen ist dieses Vorgehen aufgrund der Hardware-Kosten aber sehr teuer und das Maß der Skalierbarkeit begrenzt. Eine Alternative stellt hier die **horizontale Skalierung** dar. Dabei werden Daten und Anwendungen über eine große Menge von Rechnerknoten (→ 13.1.1) verteilt verarbeitet. Diese verteilte Verarbeitung führt zu einer Reihe von Problemen, insbesondere bei verteilten Transaktionen (→ 13.6.1).

Zur besseren Erfüllung der Anforderungen dieser Anwendungsszenarien wurden neue Datenbanksysteme entwickelt. Diese Systeme sind in ihrer Architektur von Anfang an auf die Verarbeitung sehr großer Datenmengen mit **horizontaler Skalierbarkeit** ausgerichtet und orientieren sich nicht mehr am relationalen Modell. Sie ermöglichen die **flexible Speicherung hierarchischer** oder **unstrukturierter Daten** (→ 12.3) und nutzen **teilweise veränderte Konsistenzmodelle** (→ 12.5).

Aufgrund des jungen Alters dieser Technologie unterliegt die Definition des Begriffs NoSQL-Datenbanksystem noch Veränderungen. Teilweise finden sich in der frühen Literatur Definitionen, die nichtfachliche Kriterien wie die Lizensierungspolitik oder derzeit in Veränderung befindliche Aspekte der APIs dieser Systeme einbeziehen /12.6/, /12.7/.

Errata

Durch ein bedauerliches Versehen wurde auf Seite 368 die Nennung der Autorin vergessen. Das Kapitel 12 „NoSQL-Datenbanksysteme" wurde von Prof. Dr. Uta Störl verfasst.

Wir bitten unsere Leser und Frau Prof. Störl, dieses Versehen zu entschuldigen.

München, März 2015
Fachbuchverlag Leipzig im Carl Hanser Verlag

Eine auf fachliche Kriterien und die Gemeinsamkeiten der unterschiedlichen NoSQL-Datenbanksysteme reduzierte Definition ist:

> Ein **NoSQL-Datenbanksystem** ist durch nachfolgende Punkte gekennzeichnet:
> - Das zugrunde liegende Datenbankmodell ist **nicht-relational**.
> - Das System ist **schemafrei** oder hat nur **schwächere Schemarestriktionen**.
> - Die Architektur des Systems ist von Beginn an auf eine **horizontale Skalierbarkeit** ausgerichtet.
> - Dem System liegt häufig ein **anderes Konsistenzmodell** als ACID (→ 7.5.1) zugrunde.

Das Akronym **NoSQL** (**N**ot **o**nly **SQL**) leitet sich von der ersten Eigenschaft, dem nicht-relationalen Datenbankmodell, ab. Fachlich wäre allerdings eine Bezeichnung als nicht-relationale, horizontal verteilte Datenbanksysteme präziser.

> Auch objektorientierte und objektrelationale Datenbanksysteme (→ 10) und XML-Datenbanksysteme (→ 11) sind nicht-relationale Datenbanksysteme und haben den Aspekt der hierarchischen Speicherung schon früher adressiert. Sie sind in ihrer Architektur aber nicht auf eine horizontale Skalierung ausgerichtet und werden deshalb nicht als NoSQL-Datenbanksysteme im engeren Sinne klassifiziert.

> Vereinzelt wurden Datenbanksysteme, die heute als NoSQL-Datenbanksysteme definiert werden können, bereits Ende der 1970er und in den 1980er-Jahren entwickelt. Der entscheidende Schub kam aber erst seit 2000 mit Web-2.0-Anwendungen und der Notwendigkeit, die daraus resultierenden riesigen Datenmengen zu verarbeiten /12.7/.

12.2 Klassifikation

NoSQL-Datenbanksysteme können nach unterschiedlichen Kriterien klassifiziert werden. Die aus Anwendungssicht sinnvollste ist die Klassifikation nach dem verwendeten **Datenbankmodell**. Aus diesem ergeben sich unmittelbare Konsequenzen für die Art der **Anfragen**, die mit der jeweiligen Datenbanksystem-Kategorie bearbeitet werden können. Die drei wichtigsten Arten von NoSQL-Datenbanksystemen sind **Key-Value-Datenbanksysteme** (→ 12.2.1), **dokumentenorientierte Datenbanksysteme** (→ 12.2.2) und **Column-Family-Datenbanksysteme** (→ 12.2.3).

12 NoSQL-Datenbanksysteme

Um die Gemeinsamkeiten und Unterschiede der unterschiedlichen Kategorien von NoSQL-Datenbanksystemen besser zu verdeutlichen, wird ein durchgängiges Beispiel verwendet.

Beispielszenario

Eine typische Anwendung im Web-Umfeld ist die Verwaltung von Blog-Einträgen (Blogpost) und zugehörigen Kommentaren. In Bild 12.1 ist das Entity-Relationship-Modell (→ 2.2) eines rudimentären Ausschnitts einer solchen Anwendung zu sehen. Dieses umfasst nur Blogposts und die zugehörigen Kommentare und wird später noch erweitert (→ Bild 12.4).

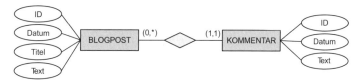

Bild 12.1 Entity-Relationship-Modell einer Blog-Anwendung

In einem relationalen Datenbanksystem (→ 3.3) muss diese 1:N-Beziehung auf zwei Tabellen abgebildet werden. Soll ein Blog-Eintrag mit seinen zugehörigen Kommentaren ausgegeben werden, muss also immer eine Join-Operation (→ 3.5.2) ausgeführt werden, welche bei sehr großen Datenmengen sehr aufwändig ist.

12.2.1 Key-Value-Datenbanksysteme

12.2.1.1 Datenmodell und Schema

Datenmodell. Key-Value-Datenbanksysteme speichern die Daten in Paaren aus einem eindeutigen **Schlüssel** (**key**) und einem zugeordneten **Wert** (**value**). Je nach System bezieht sich die Eindeutigkeit des Schlüssels auf eine ganze Datenbank oder einen bestimmten Namensraum, den sog. key space. Im Value können beliebig strukturierte, semi-strukturierte oder unstrukturierte Daten eines beliebigen Datenformats gespeichert werden (z. B. serialisierte Objekte, XML, Textdaten etc.). Die Struktur des Values ist für das Key-Value-Datenbanksystem opak, d. h. das Datenbanksystem hat i. Allg. keine Kenntnis über Struktur und Dateninhalte der in den Values gespeicherten Daten. Einige Systeme unterstützen allerdings auch die Verwendung elementarer Datentypen wie Hashes, Sets oder Listen innerhalb des Values.

Das Beispielszenario (→ 12.2) ist im Folgenden exemplarisch als Textformat in der Form [**key,** value] dargestellt:

```
[007, "'titel':'Abloeserekord';'datum':'2013-09-01';
       'text':'Mega-Transfer perfekt ... ';'datum':'2013-09-01';
       'text':'Endlich - er wird ... ';'datum': '2013-09-01';
       'text':'Unglaublich ... '" ]

[008, "'titel':'Traum-Transfer';'datum';'2013-09-02';
       'text';'Die Fans applaudieren ... '" ]
```

Schema. Da der Inhalt des Values für das System opak ist, sind Key-Value-Datenbanksysteme komplett schemalos, bieten also eine größtmögliche Flexibilität bezüglich der Struktur der zu speichernden Daten, aber auch keinerlei Unterstützung bezüglich des Managements der Schema-Evolution.

12.2.1.2 Anfragen und Datenmanipulation

Anfragen. Key-Value-Paare können durch die Angabe des Keys oder eines Key-Bereiches aus der Datenbank gelesen werden. Um diese Anfrage effizient ausführen zu können, indexieren die Systeme den Key mit einem Hash- ($\to$ 8.4) oder B-Baum-Index ($\to$ 8.3.2) oder speichern die Key-Value-Paare direkt in solchen Datenstrukturen.

Ein Zugriff bezüglich der Struktur oder der Werte innerhalb des Values ist in Key-Value-Datenbanksystemen i. Allg. nicht möglich, da das Datenbanksystem keine expliziten Informationen über den Inhalt des Values hat. Damit ist auch keine wertebasierte Verknüpfung mehrerer Key-Value-Paare (Join-Operation, $\to$ 3.5.2) möglich.

Datenmanipulation. Key-Value-Paare können nur komplett eingefügt oder gelöscht werden. Ein Update von Teilen des Value ist nicht möglich.

12.2.1.3 Einsatzbereiche und Systeme

Einsatzbereiche. Key-Value-Datenbanksysteme sind besonders für Anwendungen geeignet, in denen Daten effizient über einen Key aus einer großen Datenmenge selektiert bzw. gespeichert werden müssen. Beispiele hierfür sind die Speicherung und das Retrieval von Nutzerprofilen, Warenkorbdaten etc. im Web, wobei hier die User-ID den Key repräsentiert und die Inhalte komplett von der Anwendung interpretiert werden. Auch für die effiziente Speicherung von Session-Informationen eignen sich solche Systeme sehr gut.

Nicht geeignet sind diese Systeme für alle Anwendungen, bei denen der Zugriff auf den Inhalt des Values vom Datenbanksystem unterstützt werden sollte.

Repräsentative Beispiele aus der großen Anzahl der Key-Value-Datenbanksysteme sind Oracle Berkeley DB, Amazon Dynamo, MemcacheDB, Redis und Riak. Eine Auflistung weiterer Key-Value-Datenbanksysteme findet sich auf der NoSQL-Ressourcen-Webseite /12.6/.

12.2.2 Dokumentenorientierte Datenbanksysteme

12.2.2.1 Datenmodell und Schema

Datenmodell. Dokumentenorientierte Datenbanksysteme ähneln Key-Value-Datenbanksystemen (→ 12.2.1), da auch in diesen Systemen Key-Value-Paare gespeichert werden. Im Unterschied zu Key-Value-Datenbanksystemen ist der Inhalt des Values für das Datenbanksystem nicht opak, sondern es werden Dokumente eines bestimmten Datenformats im Value gespeichert. Dabei wird unter **Dokument** kein unstrukturiertes Textdokument wie in Dokumentenmanagementsystemen verstanden, sondern Daten in einem strukturierten Datenformat.

Typische von diesen Systemen unterstützte **Datenformate** sind JSON /12.8/, dessen binäre Repräsentation BSON oder XML (→ 11.1). Diesen Formaten ist gemeinsam, dass sie eine Folge von Property-Value-Paaren darstellen. **Properties** sind dabei die identifizierenden Bezeichner und müssen bei einigen Formaten (u. a. JSON) eindeutig innerhalb eines Dokuments sein. Je nach Format können Properties auch mehrwertig und ggf. geordnet sein. Ebenso ist es möglich, dass die Values wiederum Properties enthalten, sodass hierarchische Strukturen möglich sind.

Das Blog-Beispielszenario (→ 12.2) könnte jetzt so modelliert werden, dass Blogposts und Kommentare gemeinsam (eingebettet) abgespeichert werden. Aber auch eine getrennte Speicherung in unterschiedlichen Kollektionen wäre möglich. Vor- und Nachteile verschiedener Modellierungsvarianten werden in 12.3.2 diskutiert. Eine gemeinsame Speicherung unter Verwendung des JSON-Formats ist im Folgenden exemplarisch dargestellt (die Wahl der Property-Namen ergibt sich dabei aus der Eindeutigkeitsforderung von JSON):

```
// Kollektion blogposts
{
  "_id": "007",
  "titel": "Abloeserekord",
  "datum": "2013-09-01",
  "text": "Mega-Transfer perfekt. Fuer unglaubliche ... ",
  "kommentare": [
  { "kom-datum": "2013-09-01",
    "kom-text": "Endlich - er wird ... " } ,
  { "kom-datum": "2013-09-01",
    "kom-text": "Unglaublich! Kein Spieler ... " } ]
```

}

```
{
  "_id": "008",
  "titel": "Traum-Transfer",
  "datum": "2013-09-02",
  "text": "Die Fans applaudieren ... ",
  "kommentare": [ ]
}
```

Schema. Die Struktur der zu speichernden Daten muss nicht vorab spezifiziert werden und kann von Dokument zu Dokument variieren. Um dem System eine effiziente Anfrageunterstützung ($\rightarrow$ 12.2.2.2) zu ermöglichen, ist es allerdings sinnvoll, strukturell sehr unterschiedliche Dokumente getrennt zu speichern. Dazu bieten viele Systeme **Kollektionen** (collections) als Strukturierungselement an. Es ist empfehlenswert, ähnlich strukturierte Dokumente in der gleichen Kollektion zu speichern.

Soll in einem neuen Release der Blog-Anwendung beispielsweise zu jedem Blogpost eine Liste von Tag-Einträgen, d. h. Schlagworten, welche den Inhalt charakterisieren, gespeichert werden, könnte ein neuer Blogpost folgendermaßen in die DB eingefügt werden:

```
// Kollektion blogposts
{
   "_id": "042",
   "titel": "Die Null steht!",
   "datum": "2013-09-06",
   "text": "Klose hat Muellers Rekord eingestellt ... ",
   "tags": ["Deutschland", "Oesterreich", "WM-Qualifikation"],
   "kommentare": [ ]
}
```

Allerdings muss in der Anwendung nun geeignet damit umgegangen werden, dass es jetzt Blogpost-Dokumente mit und ohne Tag-Angaben in der gleichen Kollektion gibt ($\rightarrow$ 12.4.2).

12.2.2.2 Anfragen und Datenmanipulation

Anfragen. Im Unterschied zu Key-Value-Datenbanksystemen unterstützen dokumentenorientierte Datenbanksysteme die gezielte Auswahl von Dokumenten anhand der Werte der Properties. Um eine solche Auswahl performant durchzuführen, werden von einigen Systemen alle Properties automatisch indexiert – andere Systeme überlassen die Auswahl der zu indexierenden Properties dem Anwender.

Eine Verknüpfung mehrerer Dokumente mittels einer Join-Operation (→ 3.5.2) wird allerdings i. Allg. nicht von den Systemen unterstützt, d. h. diese Verknüpfung muss bei Bedarf durch mehrere Anfragen in der Anwendung realisiert werden.

Datenmanipulation. Neben dem kompletten Einfügen und Löschen von Dokumenten ist in den meisten dokumentenorientierten Datenbanksystemen auch ein **partielles Update**, d. h. das Ändern der Werte einzelner Properties sowie das Hinzufügen oder Löschen von Property-Value-Paaren zu einem existierenden Dokument möglich.

12.2.2.3 Einsatzbereiche und Systeme

Einsatzbereiche. Dokumentenorientierte Datenbanksysteme eignen sich für alle Anwendungsfälle, in denen sehr große Mengen strukturierter oder semistrukturierter Daten verarbeitet werden sollen und ggf. Schemaflexibilität benötigt wird. Typische Anwendungsfälle finden sich im Bereich des Content Managements, interaktiver Web-2.0-Anwendungen wie Blogging-Plattformen, E-Commerce-Anwendungen mit flexiblen Schemaanforderungen oder im Bereich der Real-Time-Analyse /12.14/.

Systeme. Den Markt der dokumentenorientierten Datenbanksysteme dominieren zum Zeitpunkt der Drucklegung dieses Buches MongoDB und Couchbase. Auch hier sei für eine aktuelle Übersicht wieder auf /12.6/ verwiesen.

12.2.3 Column-Family-Datenbanksysteme

Column-Family-Datenbanksysteme unterscheiden sich signifikant von den beiden bisher vorgestellten Kategorien von NoSQL-Systemen durch die Art der Speicherung der Daten.

> Für **Column-Family-Datenbanksysteme** gibt es in der englischsprachigen Literatur eine Vielzahl unterschiedlicher Bezeichnungen: Column Family Stores, Wide Column Stores, Extensible Record Stores, Grouped Column Stores oder Sorted Ordered Column-Oriented Stores.

12.2.3.1 Datenmodell und Schema

Datenmodell. Die Daten werden bei Column-Family-Datenbanksystemen in einer oder mehreren **Tabellen** (table) gespeichert. Die Datensätze werden in **Zeilen** (rows) modelliert, welche durch einen eindeutigen **Schlüssel** (key) identifiziert werden. Dieser Schlüssel kann aus einem oder mehreren Werten bestehen. Jeder Datensatz kann eine Vielzahl von Attributen besitzen, die

12.2 Klassifikation

durch entsprechende **Spaltenbezeichner** (column qualifiers) ausgezeichnet werden.

Die Spalten werden in die, für diese Klasse von NoSQL-Datenbanksystemen namensgebenden, **Spaltenfamilien** (**column family**) gruppiert. Eine bestimmte Spalte wird durch die Angabe der entsprechenden Bezeichner für die Tabelle, die Spaltenfamilie und die Spalte qualifiziert. Spaltenfamilien stellen sowohl eine logische Gruppierung der Spalten dar, können aber auch zur physischen Optimierung verwendet werden, da die Daten einer Spaltenfamilie immer zusammen gespeichert werden ($\rightarrow$ 12.3.3.2). Spaltenfamilien müssen, im Gegensatz zu den Spalten, je nach System i. Allg. bereits beim Erstellen der Tabelle fest definiert werden.

Die Modellierung der Blog-Daten ($\rightarrow$ 12.2) könnte in einem Column-Family-Datenbanksystem folgendermaßen aussehen (zur Vereinfachung wird zunächst nur eine Spaltenfamilie pro Tabelle verwendet – ein Beispiel zur Verwendung mehrerer Spaltenfamilien findet sich in 12.3.3.2):

blogposts (*table*)			
blogpost_daten (*column family*)			
id (*key*)	titel	datum	text
007	Abloeserekord	2013-09-01	Mega-Transfer perfekt ...
008	Traum-Transfer	2013-09-02	Die Fans applaudieren ...

kommentare (*table*)			
kommentar_daten (*column family*)			
id (*key*)	datum	text	**blogpost_id**
123456	2013-09-01	Endlich - er wird ...	007
123457	2013-09-01	Unglaublich! Kein Spieler ...	007

Bild 12.2 Modellierung eines Blogs in einem Column-Family-System

In der Kommentar-Tabelle enthält blogpost_id die id des zugehörigen Blogpost. Allerdings ist dies kein vom Datenbanksystem verwalteter Fremdschlüssel wie in relationalen Systemen ($\rightarrow$ 3.2.3), sondern die Existenz und Korrektheit der blogpost_id muss von der Anwendung sichergestellt werden.

Hierarchische Daten lassen sich in Column-Family-Datenbanksystemen nicht so elegant wie in dokumentenorientierten Datenbanksystemen ($\rightarrow$ 12.2.2) speichern. Dennoch gibt es auch hierfür **verschiedene Varian-**

ten der **Datenmodellierung** (→ 12.3.3), sodass in unserem Beispiel Blogposts und Kommentare auch in einer Tabelle gespeichert werden könnten.

Auf den ersten Blick erscheint die Modellierung mit mehreren Tabellen sehr ähnlich zur relationalen Modellierung (→ 3), allerdings gibt es eine Reihe von Unterschieden, die vor allem das **Schema** und das **Speichermodell** betreffen.

Schema. Die **Spalten** müssen zum Zeitpunkt der Erstellung der Tabelle noch **nicht festgelegt** werden, sondern können jederzeit hinzugefügt werden. Dies erfolgt (in den meisten Column-Family-Datenbanksystemen) nicht durch Angabe einer Schemaänderung sondern durch das Einfügen eines Datensatzes, welcher eine neue Spalte enthält. Hingegen müssen die **Spaltenfamilien** bereits beim Anlegen der Tabelle **festgelegt werden** und sind nachträglich i. Allg. nicht mehr änderbar.

Sollen in einem neuen Release der Blog-Anwendung beispielsweise zu jedem Blogpost zukünftig „Gefällt mir" Angaben (likes) gespeichert werden, so wird beim Speichern eines neuen Datensatzes dieses neue Attribut mit angegeben und das Datenbanksystem erzeugt eine entsprechende **neue Spalte**. Die anderen Datensätze sind, im Gegensatz zu einer Schemaänderung in einem relationalen Datenbanksystem (→ 4.7.3), von dieser Änderung nicht berührt, sodass die Anwendung die unterschiedlichen Schemata der Datensätze selbst behandeln muss (→ 12.4.2).

blogposts (*table*)				
blogpost_daten (*column family*)				
id (*key*)	titel	datum	text	**likes**
007	Abloeserekord	2013-09-01	Mega-Transfer perfekt ...	
008	Traum-Transfer	2013-09-02	Die Fans applaudieren ...	
042	Die Null steht!	2013-09-06	Klose hat Muellers ...	10

Bild 12.3 Erweiterung um neue Attribute in einem Column-Family-System

Speichermodell. Die Daten werden in Column-Family-Systemen nicht, wie in relationalen Systemen traditionell üblich, zeilenweise im Speicher abgelegt, sondern **spaltenweise** (**column-oriented**). Diese Technik hat sich in den letzten Jahren auch im Bereich der relationalen Systeme, insbesondere für Data Warehouse Systeme, etabliert (→ 14.3.3), da sie u. a. eine sehr effiziente spaltenbasierte Auswertung für Aggregationen ermöglicht. Für die Column-Family-Systeme ist die spaltenorientierte Speicherung essenziell, da sie das **effiziente dynamische Hinzufügen von neuen Spalten** ermöglicht. Dadurch ergibt sich eine größere **Schemaflexibilität** als in relationalen Datenbanksystemen (→ 3.1).

Darüber hinaus speichern Column-Family-Datenbanksysteme bei der Veränderung eines Datensatzes i. Allg. eine neue Version, versehen mit einem **Zeitstempel** (timestamp). Dieser Zeitstempel kann auch bei Anfragen (→ 12.2.3.2) verwendet werden.

12.2.3.2 Anfragen und Datenmanipulation

Anfragen. Column-Family-Datenbanksysteme unterstützen die Auswahl von Daten anhand des Schlüssels oder der in den Spalten gespeicherten Werte. Außerdem können verschiedene Versionen des Datensatzes unter Verwendung des Zeitstempels ausgegeben werden.

Die Art des Zugriffes ist dabei sehr unterschiedlich: Teilweise werden SQL-ähnliche deklarative Anfragesprachen (→ 3.5.5) unterstützt, teilweise Interfaces mit Scan- und Filter-Operatoren. Die Indexierung von Spalten wird i. Allg. unterstützt.

Eine Verknüpfung von Datensätzen aus verschiedenen Tabellen mittels einer Join-Operation (→ 4.5.6) wird von Column-Family-Datenbanksystemen, wie derzeit auch von allen anderen Arten von NoSQL-Systemen, i. Allg. nicht unterstützt und muss deshalb explizit in der Anwendung programmiert werden.

Datenmanipulation. Neben dem Einfügen und Löschen ganzer Zeilen wird auch ein **partielles Update**, d. h. die Änderung einzelner Spaltenwerte, unterstützt.

12.2.3.3 Einsatzbereiche und Systeme

Einsatzbereiche. Column-Family-Datenbanksysteme eignen sich für alle Anwendungsfälle, in denen sehr große Mengen strukturierter Daten verarbeitet werden sollen und Schemaflexibilität benötigt wird. Außerdem wird durch die spaltenorientierte Speicherung die performante Analyse auf Spaltenwerten besonders gut unterstützt. Typische Anwendungsfälle finden sich im Bereich des Event Loggings, der Verwaltung von Web-Zählern und der Analyse auf diesen Daten oder im Bereich des Content Management.

Systeme. Den Markt der Column-Family-Datenbanksysteme dominieren zum Zeitpunkt der Drucklegung dieses Buches Cassandra und HBase. HBase ist eine Open-Source-Implementierung von Googles BigTable /12.2/, welches das erste System dieser Kategorie war. BigTable bildet heute die Basis von Googles App Engine Datenbanksystem. Eine aktuelle Übersicht über Column-Family-Datenbanksysteme findet sich auf /12.6/.

12.2.4 Weitere NoSQL-Datenbanksysteme

Teilweise werden auch Graph-Datenbanksysteme /12.13/ wie Neo4j oder AllegroGraph zur Kategorie der NoSQL-Datenbanksysteme hinzugezählt. Allerdings haben diese bezüglich ihres Datenbankmodells und der Art der Anfragen eine komplett andere Charakteristik als die bisher betrachteten Key-Value-Datenbanksysteme ($\rightarrow$ 12.2.1), dokumentenorientierten Datenbanksysteme ($\rightarrow$ 12.2.2) und Column-Family-Datenbanksysteme ($\rightarrow$ 12.2.3) und werden deshalb hier nicht innerhalb der NoSQL-Datenbanksysteme betrachtet.

12.3 Datenmodellierung

Datenmodellierung in relationalen Systemen ist ein theoretisch und praktisch viele Jahre erforschtes und erprobtes Thema ($\rightarrow$ 3). Eine Haupteigenschaft der Modellierung in relationalen Systemen ist die Normalisierung zur Vermeidung der aus Redundanzen entstehenden Anomalien bei der Ausführung von Datenmanipulationsoperationen ($\rightarrow$ 3.4). Diese Normalisierung führt allerdings zu teuren Join-Operationen ($\rightarrow$ 7.4.1.2).

12.3.1 Generelle Aspekte der Datenmodellierung in NoSQL-Datenbanksystemen

In NoSQL-Datenbanksystemen hingegen wird aufgrund der Ausrichtung auf die **horizontale Skalierbarkeit** versucht, die Daten so zu modellieren, dass **zusammengehörige Daten auf einem Rechnerknoten** gespeichert werden, damit Operationen nicht über mehrere Knoten hinweg ausgeführt werden müssen. Außerdem sollen aufgrund der sehr großen Datenmengen teure Join-Operationen ($\rightarrow$ 7.4.1.2), die darüber hinaus auch noch explizit in der Anwendung programmiert werden müssen, möglichst vermieden werden. Das Erreichen dieser Ziele wird dadurch ermöglicht, dass alle hier betrachteten Kategorien von NoSQL-Datenbanksystemen ($\rightarrow$ 12.2), im Gegensatz zu relationalen Datenbanken, eine **Speicherung hierarchischer Strukturen**, d. h. die **eingebettete Speicherung von Daten** unterstützen.

Für die Strukturierung der Daten in zusammengehörige Einheiten hat Martin Fowler vorgeschlagen, den Begriff des **Aggregats** bzw. der **Aggregatorientierten Modellierung** aus dem Bereich des Domain-Driven Design für NoSQL-Datenbanksysteme zu übernehmen /12.14/.

Bei der Zerlegung eines Datenmodells in geeignete Aggregate muss die Entscheidung getroffen werden, welche Daten **eingebettet** und welche **getrennt, d. h. referenziert** gespeichert werden sollen. Bei der eingebetteten

Speicherung wird teilweise sogar eine **Denormalisierung** (→ 3.4.5.7), d. h. die redundante Speicherung von Daten zur Verbesserung der Performance beim Lesen in Kauf genommen. Bei der referenzierten Speicherung ist zu beachten, dass die Referenzen i. Allg. von der Applikation verwaltet werden müssen, da NoSQL-Datenbanksysteme keine referentielle Integrität über Fremdschlüssel (→ 3.2.3) o. Ä. unterstützen.

Die Wahl des geeigneten Aggregats wird auch durch die benötigten **Konsistenzbedingungen** bestimmt, da i. Allg. für ein Aggregat **Atomarität** (→ 12.5) erwartet wird. Atomarität wird dabei in NoSQL-Datenbanksystemen nur auf sehr kleinen Granulaten gewährleistet: je nach Datenbankmodell (→ 12.2) Key-Value-Paare, Dokumente bzw. Zeilen.

Aufgrund dieser technischen Rahmenbedingungen ergeben sich wesentlich größere Freiheitsgrade bei der Datenmodellierung für NoSQL-Datenbanken als bei der relationalen Modellierung (→ 3). Die geeignete Modellierungsvariante muss für jede Anwendung individuell unter Berücksichtigung der Aspekte Performance, Anfragemöglichkeiten und Konsistenz entschieden werden.

Eingebettete Speicherung

Der hauptsächliche **Vorteil** der eingebetteten Speicherung besteht darin, dass häufig zusammen benötigte Daten auch zusammen gespeichert und mit einer einzigen Operation effizient gelesen werden können. Werden diese Daten in der Anwendung aber nicht immer zusammen benötigt, so werden ggf. große Mengen nicht benötigter Daten gelesen, was einen **Nachteil** dieser Modellierungsvariante darstellt.

Während bei **1:1-Beziehungen** (→ 2.2.3) eine eingebettete Speicherung **ohne Redundanz** möglich ist, führt eine Einbettung der Daten bei *M:N*-**Beziehungen** zwangsläufig zu **Redundanz**. Bei einer **1:*N*-Beziehung** (→ 2.2.3) hängt es von der Richtung der Einbettung ab, ob diese redundanzfrei ist oder nicht. Im Fall einer auftretenden Redundanz ist sehr sorgfältig abzuwägen, ob die daraus resultierenden Nachteile bezüglich der Anomalien bei der Veränderung von Daten (→ 3.4.2) den Performance-Vorteil rechtfertigen.

Ein weiteres Problem kann bei der eingebetteten Speicherung entstehen, wenn es sich **nicht** um eine **existenzabhängige** Beziehung (→ 2.2.4) zwischen den Daten handelt, d. h., wenn die Lebensdauer der Daten unabhängig voneinander ist. Da beim Löschen der übergeordneten Daten auch die eingebetteten Daten mit gelöscht werden, würden in einem solchen Fall ggf. noch benötigte Daten fälschlicherweise ebenfalls gelöscht.

Um die verschiedenen Modellierungsvarianten in den unterschiedlichen Arten von NoSQL-Datenbanksystemen besser darstellen zu können, wird das Beispielszenario (→ 12.2) erweitert.

Erweiterung des Beispielszenarios

In der Blog-Applikation sollen nun auch die Autoren der Kommentare mit ihren Daten verwaltet werden. Außerdem wurden Tags und „Gefällt mir"-Angaben (likes) für die Blogposts in Bild 12.4 ergänzt.

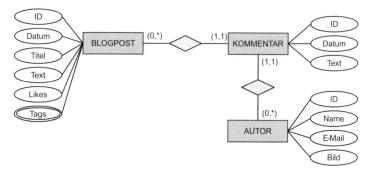

Bild 12.4 Erweitertes Entity-Relationship-Modell einer Blog-Anwendung

12.3.2 Datenmodellierung für dokumentenorientierte Datenbanken

Dokumentenorientierte Datenbanksysteme (→ 12.2.2) unterstützen aufgrund der verwendeten hierarchischen Datenformate wie JSON, XML etc. eine eingebettete Speicherung auf sehr natürliche Weise.

Für das Beispielszenario ergeben sich **verschiedene Modellierungsvarianten**: Jeder Blogpost könnte gemeinsam mit seinen Kommentaren gespeichert werden (→ 12.2.2.1). Die **Einbettung** ist redundanzfrei möglich und hat den Vorteil, dass die Kommentare sofort beim Laden des jeweiligen Blogposts mit geladen werden. Handelt es sich allerdings um einen vielkommentierten Blogpost führt dies dazu, dass das Dokument sehr groß wird, was sich ggf. negativ auf die Performance auswirkt.

Bei einer **getrennten, d. h. referenzierten Speicherung** müssten geeignete Referenzen manuell verwaltet werden. Sinnvollerweise sollten die Dokumente bei einer referenzierten Speicherung auch in **verschiedenen Kollektionen** (→ 12.2.2.1) gespeichert werden. Auch bei der getrennten Speicherung gibt es wiederum **verschiedene Varianten zur Modellierung der Referenzen**: Im Blogpost könnten Referenzen auf die Kommentare verwaltet werden, was einen sehr effizienten Zugriff, aber auch bei jedem Hinzufügen eines Kommentars eine Änderungsoperation auf dem Blogpost bedeuten würde:

12.3 Datenmodellierung

```
// Kollektion blogposts
{
   "_id": "007",
   "titel": "Abloeserekord",
   ...
   "tags": ["Real Madrid", "Tottenham Hotspur"],
   "kommentare": ["123456", "123457"]
}

// Kollektion kommentare
{
   "_id": "123456",
   "datum": "2013-09-01",
   "text": "Endlich - er wird ... "
}
...
```

Verwaltet man hingegen im Kommentar eine Referenz auf den Blogpost, sind geeignete Index-Strukturen (über blogpost_id) zwingend notwendig, um von einem Blogpost effizient auf die zugehörigen Kommentare zugreifen zu können:

```
// Kollektion blogposts
{
   "_id": "007",
   "titel": "Abloeserekord",
   ...
   "tags": ["Real Madrid", "Tottenham Hotspur"]
}

// Kollektion kommentare
{
   "_id": "123456",
   "datum": "2013-09-01",
   "text": "Endlich - er wird ... ",
   "blogpost_id": "007"
}
...
```

Bei der Speicherung der Autoren könnten diese wiederum in einer separaten Kollektion gespeichert werden und müssten dann zur Anzeige der Daten von der Anwendung nachgeladen werden. Eine **eingebettete Speicherung** wäre in **zwei Richtungen** möglich: Die Autoren-Daten könnten innerhalb der Kommentare gespeichert werden. Dies würde zu einer **redundanten Speicherung** und damit einer aufwändigen und fehleranfälligen Aktualisierung von Autoren-Daten führen. Theoretisch wäre auch eine (redundanzfreie)

Einbettung der Kommentare in die Autoren-Daten vorstellbar – für das typische Zugriffsprofil einer Blog-Anwendung ist dies aber keine sinnvolle Modellierungsvariante.

Um das aufwändige Nachladen der Autoren-Daten zu vermeiden, wäre auch eine **hybride Variante** vorstellbar: Die Autoren-ID und der Name könnten innerhalb des Kommentars gespeichert werden, sodass diese unmittelbar mit dem Laden des Kommentars verfügbar sind. Die restlichen Daten können dann bei Bedarf aus der Autoren-Kollektion nachgeladen werden:

```
// Kollektion kommentare
{
   "_id": "123456",
   "datum": "2013-09-01",
   "text": "Endlich - er wird ... ",
   "blogpost_id": "007",
   "autor_id": "99901",
   "name": "Taktiktafel"
}

// Kollektion autoren
{
   "_id": "99901",
   "e-mail": "taktiktafel@gmx.de",
   "bild": "www.taktiktafel.de/me.jpg"
}
```

So würde Redundanz teilweise vermieden, aber trotzdem eine gute Performance für die Anwendung sichergestellt.

12.3.3 Datenmodellierung für Column-Family-Datenbanken

12.3.3.1 Eingebettete Speicherung in Column-Family-Datenbanksystemen

Die eingebettete Speicherung wird bei Column-Family-Datenbanksystemen nicht direkt vom Datenbankmodell unterstützt, da es, wie beim relationalen Modell, keine native Unterstützung für mehrwertige Attribute ($\rightarrow$ 2.3.1) gibt. Dennoch gibt es zwei verschiedene Varianten, Daten eingebettet zu speichern:

- Eingebettete Speicherung unter Verwendung von **fortlaufend nummerierten Spaltennamen**
- Eingebettete Speicherung unter Verwendung von **Zeitstempeln**

Eingebettete Speicherung unter Verwendung von fortlaufend nummerierten Spaltennamen

Bei dieser Variante werden die Spaltennamen fortlaufend nummeriert. Dies erfolgt dynamisch zur Laufzeit. Als Beispiel betrachten wir die Speicherung der Tag-Daten der Blogpost-Einträge: Der erste Tag jedes Dokuments wird in der Spalte tag_1, der zweite in der Spalte tag_2 usw. abgespeichert. Wenn bisher tag_n Spalten existieren und in einem neuen Dokument ($n + 1$) Tags gespeichert werden sollen, so wird die Spalte tag_$n + 1$ beim Einfügen des Dokuments erzeugt:

blogposts (*table*)						
blogpost_daten (*column family*)						
id	titel	...	text	**tag_1**	**tag_2**	**tag_3**
007	Abloeserekord	...	Mega-Transfer ...	Real Madrid	Tottenham Hotspur	
042	Die Null steht!	...	Klose hat Muellers ...	Deutschland	Oesterreich	WM-Qualifikation

Bild 12.5 Eingebettete Speicherung in einem Column-Family-System

Je nach verwendetem Datenformat in der Anwendung muss beim Lesen der Daten die Tag-Liste geeignet zusammengesetzt bzw. umgekehrt beim Speichern geeignet umgewandelt werden.

Eingebettete Speicherung unter Verwendung von Zeitstempeln

Eine zweite Variante besteht darin, die in den meisten Column-Family-Datenbanksystemen integrierte Versionierung mithilfe von Zeitstempeln für die eingebettete Speicherung zu verwenden. Jeder Tag, außer dem ersten, wird als eigene Version des Datensatzes gespeichert, weshalb diese Modellierungsvariante auch als *nested versions* /12.18/ bezeichnet wird.

In der Anwendung muss die Tag-Liste durch Auswertung aller Versionen dann geeignet zusammengesetzt werden.

Allerdings können bei dieser Variante die Zeitstempel dann nur noch eingeschränkt für den originären Zweck der Verwaltung verschiedener Versionen verwendet werden. Deshalb wird teilweise auch die Verwendung selbstdefinierter Zähler o. Ä. für die eingebettete Speicherung vorgeschlagen /12.18/.

Bewertung der eingebetteten Speicherung in Column-Familiy-Datenbanksystemen

Auch Kommentare und Autoren könnten mit den beiden vorgestellten Mechanismen eingebettet gespeichert werden – die inhaltlichen Argumente

blogposts (*table*)					
blogpost_daten (*column family*)					
id	**timestamp**	titel	...	text	**tag**
007	20130901112103	Abloeserekord	...	Mega-Transfer	Real Madrid
				...	
007	20130901112104				Tottenham Hotspurs
042	20130906220101	Die Null steht!	...	Klose hat Muellers ...	Deutschland
042	20130906220102				Oesterreich
042	20130906220103				WM-Qualifikation

Bild 12.6 Eingebettete Speicherung unter Verwendung von Zeitstempeln

bezüglich eingebetteter oder referenzierter Speicherung sind analog denen bei der Verwendung von dokumentenorientierten Datenbanksystemen (→ 12.3.2). Seit kurzem unterstützt das Column-Family-Datenbanksystem Cassandra auch rudimentäre **Collection-Datentypen** (Mengen, Listen und Maps). Diese stellen eine weitere Realisierungsalternative für die eingebettete Speicherung dar.

Allerdings bleibt festzustellen, dass die **eingebettete Speicherung bei Column-Family-Datenbanksystemen** i. Allg. wesentlich **mehr Aufwand auf der Anwendungsseite** impliziert. Dies sollte bei der Wahl der geeigneten NoSQL-Datenbanksystem-Kategorie berücksichtigt werden (→ 12.6).

12.3.3.2 Spaltenfamilien

Spaltenfamilien (→ 12.2.3.1) sind ein Instrument, um **logisch zusammengehörende Spalten zu gruppieren**. Da die Daten einer Spaltenfamilie physisch zusammen gespeichert werden, kann damit auch die Performance optimiert werden. So können beispielsweise verschiedene Spaltenfamilien auf unterschiedlich schnelle Server verteilt werden (→ 12.5).

In unserem Beispiel könnte es sinnvoll sein, verschiedene Spaltenfamilien für die eigentlichen Inhaltsdaten des Blogposts und die beschreibenden Daten zu definieren.

Man könnte natürlich Daten verschiedener Spaltenfamilien auch in getrennten Tabellen speichern. Allerdings wären sie dann nicht mehr in einer Operation lesbar und darüber hinaus stellt eine **Zeile** einer Tabelle das **Granulat der Atomarität** in Column-Family-Datenbanksystemen dar (→ 12.3.1, 7.5.1), sodass es auch aus Gründen der Konsistenz sinnvoller sein kann, die Daten innerhalb einer Tabelle zu speichern.

blogposts (*table*)					
blogpost_daten (*column family*)			**meta_daten** (*column family*)		
id	titel	...	text	tag_1	tag_2	tag_3
007	Abloese-rekord	...	Mega-Transfer ...	Real Madrid	Tottenham Hotspur	
042	Die Null steht!	...	Klose hat Muellers ...	Deutschland	Oesterreich	WM-Qualifikation

Bild 12.7 Definition verschiedener Spaltenfamilien

Einige Systeme bieten darüber hinaus noch weitere **proprietäre** Strukturierungselemente wie Super-Columns o. Ä. an /12.7/.

12.3.4 Datenmodellierung für Key-Value-Datenbanken

Für Key-Value-Datenbanksysteme ist der Inhalt des Values opak (→ 12.2.1.1). Deshalb ist es für den Anwendungsentwickler zwar problemlos möglich, beliebige eingebettete Datenstrukturen darin zu speichern – diese müssen aber komplett in der Anwendung verwaltet und aufgelöst werden. Ebenso gibt es, wie in den anderen NoSQL-Datenbanksystemen, keine Unterstützung für die Verwaltung von Referenzen.

Einfache Key-Value-Datenbanksysteme stellen sich nach außen als eine einzige große Hash-Map dar, was eine getrennte Speicherung sehr erschwert, da alle Daten in einer großen Hash-Map gespeichert werden. Einige Key-Value-Datenbanksysteme bieten allerdings weitere Strukturierungselemente an, sodass **verschiedene Namensbereiche** o. Ä. definiert werden können /12.7/ und so Daten in physisch unterschiedlichen Bereichen gespeichert werden können. In unserem Blog-Beispiel könnten beispielsweise die Blogposts mit den Kommentaren in anderen Bereichen als die Autoren-Daten gespeichert werden.

12.4 Anwendungsentwicklung mit NoSQL-Datenbanksystemen

Im Gegensatz zu relationalen Datenbanksystemen (→ 4) oder XML-Datenbanksystemen (→ 11) gibt es für NoSQL-Datenbanksysteme (noch) keine standardisierte Anfragesprache. Die meisten Systeme verfügen über ein große Vielfalt an Programmiersprachen-Schnittstellen für Java, C++, Ruby, Python, PHP, Erlang etc.

Teilweise existieren proprietäre Anfragesprachen für ad-hoc Anfragen. Beispielhaft ist im Folgenden die Syntax der Anfrage nach dem Titel und dem Inhalt des Blogposts mit der id = "042" für die Column-Family-

Datenbanksysteme (→ 12.2.3.2) HBase und Cassandra sowie die dokumentenorientierten Datenbanksysteme (→ 12.2.2.2) MongoDB und Couchbase aufgeführt:

```
// HBase
get 'blogposts', '042', { COLUMN => ['blogpost_daten:titel',
                                    'blogpost_daten:text'] }

// Cassandra
SELECT titel, text FROM blogposts WHERE id = '042';

// MongoDB
db.blogposts.find( { _id : '042' } , { titel: 1, text: 1 } )

// Couchbase
function (doc) {
   if (doc._id == '042') {
      emit(doc._id, [doc.titel, doc.text]);
   }
}
```

Bei dem letzten Beispiel (Couchbase) handelt es sich nicht um ein Konstrukt einer Anfragesprache, sondern um eine Map-Funktion (→ 12.4.1). Weitere Beispiele für die Vielfalt der Anfragesprachen bzw. -konstrukte finden sich beispielsweise in /12.11/.

Auch wenn die gute Integration in Programmiersprachen vielfach als Vorteil angesehen wird, so setzt sich inzwischen doch immer stärker der Wunsch nach einer **standardisierten Anfragesprache** durch. Ein erster Ansatz für eine solche Sprache wurde im Jahr 2011 von den CouchDB- und SQLite-Gründern mit **UnQL** /12.16/ vorgeschlagen. UnSQL versucht, alle Arten von NoSQL-Datenbanksystemen (→ 12.2) zu adressieren. Im Jahr 2013 wurde von verschiedenen Autoren, von denen einige bereits bei der Entwicklung von XML-Anfragesprachen (→ 11.2) aktiv waren, **JSONiq** als Anfragesprache für JSON vorgeschlagen /12.12/. Mit diesem Sprachvorschlag werden also vorrangig dokumentenorientierte Datenbanksysteme adressiert. Zum Zeitpunkt der Drucklegung dieses Buches hat sich noch keiner dieser Sprachvorschläge durchgesetzt.

12.4.1 MapReduce

Da NoSQL-Systeme auf horizontale Skalierbarkeit ausgerichtet sind, müssen sie **Anfragen effizient parallel** ausführen können. Wichtige Herausforderungen bei der Parallelisierung von Anfragen sind die Vermeidung von konkurrierenden Zugriffen und Wartesituationen. Dafür wurde im Jahr 2004 von Google-Autoren /12.5/ der **MapReduce**-Ansatz (→ 12.4.1.1) mit einem zugehörigen Framework (→ 12.4.1.3) vorgestellt. MapReduce greift eine alte Idee der funktionalen Programmierung auf, bei der zur Vermeidung von konkurrierenden Zugriffen nie auf den Originaldaten gearbeitet wird, sondern in jedem Zwischenschritt neue Daten erzeugt werden.

12.4.1.1 MapReduce-Prinzip

Die Verarbeitung von Anfragen mit MapReduce erfolgt in **3 Schritten**: dem **Map-Schritt**, dem **Shuffle-Schritt** und dem **Reduce-Schritt**.

Map-Schritt

Zunächst werden die Daten geeignet partitioniert (→ Bild 12.8). Diese Aufteilung erfolgt i. Allg. automatisch durch ein **MapReduce-Framework** (→ 12.4.1.3). Auf jeder Partition wird dann die **Map-Funktion** unabhängig von den anderen Partitionen ausgeführt. Die Map-Funktion erzeugt auf ihrer jeweiligen Eingabemenge, also den Daten der Partition, eine **Liste von Key-Value-Paaren**.

Shuffle-Schritt

Das MapReduce-Framework (→ 12.4.1.3) übernimmt dann im Shuffle-Schritt die **Zuordnung** der Key-Value-Paare zum zugehörigen Reduce-Prozess, d. h. zu dem Prozess, welcher für den jeweiligen Key zuständig ist (→ Bild 12.8).

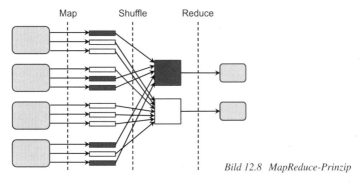

Bild 12.8 MapReduce-Prinzip

Reduce-Schritt

Im Reduce-Schritt wird dann die **Reduce-Funktion** für jeden von der Map-Funktion ausgegebenen Key genau einmal ausgeführt. Die Reduce-Funktion bekommt dabei als Eingabe für jeden Key eine Liste der erzeugten Values und führt auf diesen Aggregations-Operationen o. Ä. aus.

Für sehr einfache Operationen wird ggf. gar kein Reduce-Schritt (und damit auch kein Shuffle-Schritt) benötigt. Für komplexere Operationen kann es hingegen notwendig sein, mehrere MapReduce-Schritte nacheinander auszuführen. Darüber hinaus gibt es weitere Optimierungsansätze, beispielsweise die Einführung eines zusätzlichen Combine-Schrittes auf den Map-Knoten, um die zu übertragende Datenmenge während des Shuffle-Schritts zu reduzieren.

12.4.1.2 MapReduce-Beispiel

Im Folgenden soll das MapReduce-Prinzip (→ 12.4.1.1) anhand des auch im Originalpapier /12.5/ und vielen weiteren Referenzen verwendeten **WordCount-Beispiels** erläutert werden, da sich an diesem Beispiel das MapReduce-Prinzip kompakt erläutern lässt: Zur Bestimmung der Relevanz eines Terms innerhalb einer Dokumentenmenge muss für viele Aufgabenstellungen des Information Retrieval die Häufigkeit des Vorkommens des Terms in der gesamten Dokumentenkollektion bestimmt werden. Übertragen auf das Blogpost-Beispiel soll nun ermittelt werden, welche Terme wie oft in den Blogposts vorkommen. Unter der Annahme, dass die Blogposts bereits geeignet linguistisch vorverarbeitet wurden (Tokenisierung, Lemmatisierung etc.) könnten die Map- und die Reduce-Funktion exemplarisch in MongoDB wie folgt aussehen:

```
// Map-Funktion WordCount in MongoDB
var map = function() {
 for(var x in this.terms) {
 emit(this.terms[x], 1);
 }
};

// Reduce-Funktion WordCount in MongoDB
var reduce = function(key, values) {
 var sum = 0;
 for (var x in values) {
 sum = sum + 1;
 }
 return sum;
};
```

Die **Map-Funktion** gibt für jeden gefundenen Term ein Key-Value-Paar mit dem Term als Key und dem Wert 1 (für ein gefundenes Vorkommen) aus, d. h. beispielsweise eine Folge von: [Klose, 1], [Mueller, 1], [Tor, 1], [Mueller, 1] usw.

Die **Reduce-Funktion** erhält dann als Eingabewert jeweils den Key und die Liste der von der Map-Funktion ausgegebenen Werte, also beispielsweise:

[Mueller, {1, 1, 1, 1, 1}] und summiert dann für den jeweiligen Key die Anzahl der Values. In diesem Fall wäre das Ergebnis also 5 für den Key, d. h. den Term Mueller.

12.4.1.3 MapReduce-Frameworks

MapReduce-Frameworks übernehmen eine Vielzahl von Aufgaben: die Verteilung der Daten auf die Map-Knoten, das Zuordnen der Map-Ergebnisse zu den Reduce-Knoten im Shuffle-Schritt, die Behandlung von Knoten-Ausfällen und ggf. auch die Lastverteilung. Damit muss der Entwickler im Idealfall nur die Map- und die Reduce-Funktion implementieren. Es existieren MapReduce-Frameworks für verschiedenste Programmiersprachen, wobei Java-MapReduce-Frameworks derzeit am stärksten genutzt werden. Neben dem proprietären Google-MapReduce-Framework ist das derzeit verbreitetste MapReduce-Framework **Apache Hadoop** /12.1/. Die meisten NoSQL-Datenbanksysteme unterstützen MapReduce zur parallelen Ausführung von Anfragen und integrieren dazu entweder das Hadoop-Framework oder stellen eigene MapReduce-Frameworks bereit.

12.4.1.4 MapReduce-Trends

Trotz der Eleganz des Konzepts werden MapReduce-Funktionen schon für relativ einfache Aufgaben wie Sortieren und Gruppieren, für die man aus SQL ($\rightarrow$ 4.5.2) die Angabe von Operatoren gewohnt ist, aufwändig und fehleranfällig in der Programmierung. Deshalb werden in kommerziellen Anwendungen inzwischen häufig Sprachen wie Pig oder Hive genutzt, welche einen abstrakteren Grad der Programmierung ermöglichen /12.3/.

Die Parallelisierung von Anfragen mit MapReduce hält inzwischen auch Einzug in den Bereich der relationalen Datenbanksysteme. In den Jahren 2012 und 2013 haben nahezu alle großen Hersteller von relationalen Datenbanksystemen bzw. Datenanalysesystemen eine Unterstützung oder Integration des MapReduce-Frameworks Hadoop angekündigt oder realisiert.

12.4.2 Schema-Management

Ein nicht zu unterschätzender Aspekt der Anwendungsentwicklung mit NoSQL-Datenbanksystemen stellt das Schema-Management dar. Einerseits ist Schema-Flexibilität eine der Stärken von NoSQL-Datenbanksystemen – andererseits bedeutet dies in der Praxis, dass damit die Verantwortung für das **Schema-Management in die Anwendung verlagert** wird.

Existieren beispielsweise in einer NoSQL-Datenbank Blogpost-Dokumente mit unterschiedlichen Strukturen (beispielsweise mit und ohne Tags o. Ä.)

oder wurden im Laufe der Anwendungsentwicklung Attribute umbenannt, so muss die Anwendung beim Laden der Dokumente deren Heterogenität selbst behandeln und sich ggf. um die Migration der Daten auf den aktuellen Stand kümmern. Hierbei können verschiedene Strategien der sofortigen Migration aller Daten (**Eager Migration**) oder der sukzessiven Migration der Daten bei Bedarf (**Lazy Migration**) angewandt werden /12.15/. Diese Migrationsstrategien werden bislang von den NoSQL-Datenbanksystemen gar nicht oder nur sehr rudimentär unterstützt.

12.5 Skalierbarkeit, Verfügbarkeit und Konsistenz

Durch die Ausrichtung von NoSQL-Datenbanksystemen auf horizontale **Skalierbarkeit** (→ 12.1) müssen die Daten geeignet über eine Vielzahl von Rechnerknoten verteilt werden. Dazu werden in den Systemen typischerweise Techniken der Range- oder Hash-**Partitionierung** (→ 13.8.4) eingesetzt. Eine besondere Bedeutung kommt dabei einer speziellen Form der Hash-Partitionierung, dem **Consistent Hashing** (→ 13.8.4) zu, da mit dieser Technik Rechnerknoten dynamisch hinzugefügt oder entfernt werden können und damit auf Lastveränderungen oder technische Ausfälle reagiert werden kann.

Solche technischen Ausfälle sind bei einer Skalierung über hunderte oder tausende Rechner und bei der aus Kostengründen i. Allg. verwendeten Standard-Hardware ein sehr häufig auftretendes Ereignis. Aus diesem Grund ist die **Replikation** (→ 13.6.4) der Daten in NoSQL-Datenbanksystemen der Regelfall, wobei die Anzahl der Replikate i. Allg. konfiguriert werden kann. Dabei kommen unterschiedliche Replikationstechniken (→ 13.8.4) zum Einsatz.

Aus Performance-Gründen wird i. Allg. keine Eager Replication (→ 13.8.4) eingesetzt, da darunter die Verfügbarkeit des Systems bzw. die Latenz des Zugriffes leidet. Bei der Lazy Replication (→ 13.8.4) hingegen kommt es ggf. zu Einschränkungen der Konsistenz der Daten, d. h. die gelesenen Daten sind eventuell nicht aktuell, bis die Replikation abgeschlossen ist. Diese Art der vorübergehenden Konsistenzverletzung wird auch als **Eventual Consistency** (→ 13.8.2) bezeichnet.

Der generelle Konflikt von Konsistenz und Verfügbarkeit bzw. Latenz in verteilten Systemen wurde im **CAP-** (→ 13.8.2) bzw. im **PACELC-Theorem** (→ 13.8.2) formuliert. Vielfach wird eine Einordnung von Systemen in Kategorien vorgenommen, die sich entweder für Konsistenz oder Verfügbarkeit bzw. Latenz entscheiden. Diese starre Einteilung ist allerdings nicht für alle NoSQL-Datenbanksysteme zutreffend. Einige Systeme bieten eine **konfi-**

gurierbare **Konsistenz** an: So ermöglicht beispielsweise Cassandra die Angabe der Anzahl der zu schreibenden Replikate vor dem Abschluss der Schreiboperation bzw. der Anzahl der zu lesenden Replikate zur Ermittlung des aktuellen Werts eines Datensatzes. Die Spanne dieser Werte reicht dabei von konkreten Werten zwischen eins und drei, einem Quorum, d. h. einer Mehrheit der Replikate, bis hin zu allen Replikaten. Dies ermöglicht zum einen, strenge Konsistenz oder Eventual Consistency auszuwählen und zum anderen zu optimieren, ob bei der Sicherstellung der Konsistenz die Lese- oder die Schreib-Performance im Vordergrund stehen soll ($\rightarrow$ 13.6.4).

Transaktionen

Transaktionen fassen logisch zusammengehörige Operationen zusammen und folgen traditionell dem ACID-Paradigma ($\rightarrow$ 7.5.1), d. h. es wird Atomarität, Konsistenz, Isolation und Dauerhaftigkeit vom Datenbanksystem gewährleistet. Der Aspekt der **Konsistenz** in NoSQL-Datenbanksystemen wurde hier bereits diskutiert.

In verteilten Datenbanksystemen führt die verteilte Transaktionsverarbeitung zu einer Reihe von Problemen sowohl bezüglich Performance als auch Verfügbarkeit ($\rightarrow$ 13.6). Da diese Aspekte für NoSQL-Datenbanksysteme eine sehr große Bedeutung haben, werden verteilte Transaktionen i. Allg. nicht unterstützt. Transaktionen werden, wenn überhaupt, nur für Operationen auf einem Rechnerknoten unterstützt (beispielsweise in Redis oder Googles App Engine). Viele Systeme unterstützen gar kein explizites Transaktionskonzept, sondern gewährleisten **Atomarität** nur für einzelne Objekte, d. h. je nach Datenbankmodell ($\rightarrow$ 12.2) für einzelne Key-Value-Paare, Dokumente bzw. Zeilen.

Um mehrere Operationen in NoSQL-Datenbanksystemen voneinander zu **isolieren** wird i. Allg. die Multiversionen-Synchronisation ($\rightarrow$ 7.5.3) eingesetzt. Abweichend vom klassischen Multiversionen-Synchronisations-Protokoll werden in einigen Systemen auch konkurrierende Schreibzugriffe, beispielsweise auf mehreren Replikaten, zugelassen. Treten dann Konflikte durch konkurrierende Schreibzugriffe auf, müssen diese, falls möglich, entweder durch geeignete Techniken, beispielsweise Vector Clocks /13.30/, behandelt oder der Anwendung signalisiert und vom Benutzer aufgelöst werden.

Um die **Dauerhaftigkeit** von Änderungen sicherzustellen, setzen NoSQL-Datenbanksysteme bekannte Techniken wie Logging in Protokolldateien ($\rightarrow$ 7.6.3) etc. ein. Darüber hinaus kann die standardmäßige Replikation ggf. zur Wiederherstellung im Fehlerfall verwendet werden. Hier bieten aber (noch) nicht alle NoSQL-Datenbanksysteme den aus klassischen Datenbanksystemen gewohnten Umfang bezüglich der Sicherungs- und Wiederherstellungstechniken an.

12.6 Auswahl eines geeigneten Datenbanksystems

Bei der Entscheidung, ob ein NoSQL-Datenbanksystem eingesetzt werden soll und wenn ja, welches, sind eine Vielzahl von Kriterien zu beachten, die hier nicht umfassend dargestellt werden können.

12.6.1 Kriterienkatalog

Grundsätzlich muss dieser Entscheidung eine gründliche **Analyse der Anwendung** im Hinblick auf das erwartete Datenvolumen, die Komplexität der Daten, die Art der Navigation zwischen den Daten, die Konsistenzanforderungen, die erwarteten Anfragen und die Performance-Anforderungen bezüglich Latenz und Skalierbarkeit vorausgehen. Darüber hinaus sind auch nicht-funktionale Kriterien wie Lizenzfragen, Kosten, Sicherheit, Support etc. zu beachten. Eine hilfreiche und detaillierte **Auflistung zu untersuchender Kriterien** findet sich in /12.7/ sowie eine exemplarische Diskussion für verschiedene Anwendungsszenarien und eine detaillierte Diskussion des aktuellen Stands der Technik in /12.17/.

12.6.2 Performance

Der Performance kommt natürlich, gerade aufgrund der riesigen Datenmengen ($\rightarrow$ 12.1) eine besondere Bedeutung zu. Im Bereich der relationalen Datenbanksysteme sind seit vielen Jahren die TPC-* Benchmarks ($\rightarrow$ 9.7.1) etabliert, welche für verschiedene Anwendungsszenarien entsprechende Datenbankschemata, Testdatenprofile und Anfragen definieren.

Im Bereich der NoSQL-Datenbanksysteme gibt es solche etablierten **Benchmarks** noch nicht. Das liegt, neben dem relativ jungen Alter dieser Technologie, an der starken Heterogenität der Anwendungsszenarien und der großen Vielfalt der zu untersuchenden Performance-, Verfügbarkeits- und Konsistenzaspekte.

Ein allererster Ansatz ist der Yahoo! Cloud Serving Benchmark (YCSB) /12.4/, welcher zwar nur sehr simple Operationen definiert, dessen betrachtete Performance-Maße, wie die Skalierung des Systems und das Verhalten beim dynamischen Hinzufügen von weiteren Rechnerknoten aber exemplarisch verdeutlichen, welche Aspekte beim Benchmarking von NoSQL-Datenbanksystemen u. a. zu beachten sind.

12.6.3 Polyglotte Persistenz

Bei der Auswahl geeigneter Systeme für bestimmte Anwendungsszenarien ist aktuell der Trend der sog. **Polyglotten Persistenz** /12.14/ zu beobachten. Dies bedeutet, sich nicht mehr für ein einzelnes Datenbanksystem zu entscheiden, welches alle Aufgaben innerhalb der Anwendung löst, sondern für jede Teilaufgabe das geeignete Datenbanksystem auszuwählen.

Exemplarisch sei hierfür auf /12.9/ verwiesen, bei dem für die Neukonzipierung einer Log-Analyse eines großen Flugreservierungssystems eine Architektur mit einem verteilten Dateisystem, einem Column-Family-Datenbanksystem, einer Volltext-Suchmaschine, einem MapReduce-Framework und einem relationalen Datenbanksystem vorgeschlagen wurde. Bei einem solchen Vorgehen sind allerdings die zusätzlichen Integrationsaufwände und erhöhten Administrationskosten bei der Entscheidungsfindung zu berücksichtigen.

13 Verteilte und föderierte Datenbanksysteme

Norbert Ritter

Angesichts der sich stetig steigernden Komplexität aktueller betrieblicher Systemumgebungen, des explosionsartigen Wachstums zu verwaltender Datenbestände (Stichwort *Big Data*), der rasenden Entwicklung von Netzwerk- und Datenkommunikationstechnologien und nicht zuletzt der fortschreitenden Ausweitung des Internets ist die Verwaltung und Kontrolle von in Netzwerken verteilten Datenbeständen eine der vorrangigen Anforderungen unserer Zeit. Betriebliche Organisationen sind angesichts einer einerseits gewollten, andererseits unvermeidbaren Dezentralisierung der Datenverarbeitung (auf der Systemebene) auf eine Integration der Informations- und Datenquellen (auf der logischen Ebene) angewiesen. Obwohl grundlegende Konzepte und Techniken einer übergeordneten Kontrolle von verteilten Datenbeständen bereits seit Beginn der 1980er Jahre wohlbekannt sind /13.9/ und erste verteilte Datenbankmanagementsysteme (VDBMS) schon Mitte der 1980er Jahre verfügbar waren /13.45/, ist die *Informationsintegration (information integration)* nach wie vor eine Herausforderung. Ein starker gegenwärtiger Trend ist die Verwendung von verteilten Datenbanksystemen, insbesondere der neuen Klasse der NoSQL-Systeme (→ 12), im Rahmen des so genannten *Cloud Computing*.

13.1 Überblick, Grundbegriffe, Abgrenzung

Ausgehend von zentralisierten Datenbanksystemen soll zunächst das Spektrum sogenannter Mehrrechner-Datenbanksysteme anhand der in /13.45/ gegebenen Klassifikation aufgezeigt werden.

> Ein **Mehrrechner-Datenbanksystem** (MDBS) ist ein Datenbanksystem, bei dem die Datenbankverwaltungsfunktionen auf mehreren Prozessoren bzw. Rechnern ausgeführt werden.

Für den Einsatz eines MDBS sprechen w*irtschaftliche Gründe* (reduzierte Hardwarekosten), *organisatorische Gründe* (einfachere Einbettung in häufig dezentrale Unternehmensstruktur) sowie *technische Gründe* (höhere Leistung, Verfügbarkeit und Skalierbarkeit).

13.1.1 Verteilte vs. parallele Datenbanksysteme

In /13.45/ werden anhand der Kriterien *Externspeicheranbindung* (gemeinsamer/partitionierter Zugriff), *räumliche Anordnung* (lokale/ortsverteilte Anordnung) und *Rechnerkopplung* (enge/lose/nahe Kopplung) die nachfolgend beschriebenen drei grundlegenden Typen von Mehrrechner-DBS klassifiziert.

> **Shared Everything** (auch Multiprozessor-DBS genannt): Die DB-Verarbeitung erfolgt durch ein DBMS auf einer eng gekoppelten Multiprozessor-Rechnerumgebung.
>
> **Shared Nothing** (auch DB-Distribution genannt): Die DB-Verarbeitung erfolgt durch mehrere, lokal (z. B. Rechnercluster) oder ortsverteilt (z. B. WAN) angeordnete, lose gekoppelte (unabhängige) Rechner mit jeweils einem DBMS. Die Externspeicher sind unter den beteiligten Rechnern partitioniert.
>
> **Shared Disk** (auch DB-Sharing genannt): Die DB-Verarbeitung erfolgt durch mehrere, im Allgemeinen lokal (z. B. Rechnercluster) angeordnete, lose (unabhängige) oder nah (z. B. gemeinsame Halbleiterspeicher zum schnelleren Nachrichten- und Datenaustausch) gekoppelte Rechner mit jeweils einem DBMS. Es liegt eine gemeinsame Externspeicherzuordnung vor.

Selbstverständlich kann es sich bei den in einem Shared-Nothing- oder Shared-Disk-Verbund angeordneten Rechnern um Multiprozessoren bzw. bei den angeordneten DBS um Multiprozessor-DBS handeln.

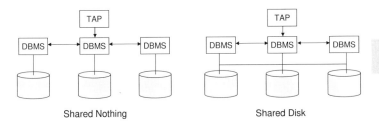

Bild 13.1 Shared Nothing vs. Shared Disk

Die in allen Ansätzen notwendige Kontrolle der Verteilung geschieht im Falle von Shared Everything weitestgehend durch das Betriebssystem. Shared Nothing und Shared Disk (→ Bild 13.1, die Abkürzung „TAP" steht für „Transaktionsprogramm") hingegen erfordern zur Kontrolle der Verteilung spezifische Verarbeitungsmechanismen auf der DBMS-Ebene. Diese umfassen im Falle von Shared Nothing vor allem geeignete Mechanismen der Daten(bank)verteilung (→ 13.2), der Anfrageverarbeitung (→ 13.5) und der Transaktionsverwaltung (→ 13.6) inkl. Kontrolle des Mehrbenutzerzugriffs (→ 13.6.2) und ggf. der Replikation (→ 13.6.4). Im Falle von Shared Disk sind dies vorrangig geeignete Mechanismen der Synchronisation der internen Zugriffe der beteiligten DBMS auf die gemeinsame DB, der internen Pufferinvalidierungen sowie spezifische Verfahren für die Fehlerbehandlung (Logging und Recovery) und Lastverteilung/-balancierung /13.45/.

> **Verteilte Datenbanksysteme** (VDBS) sind Vertreter der Klasse geographisch verteilter Shared-Nothing-Systeme.

Diese Definition wird später (→ 13.1.2) präzisiert. Da die Klassen der parallelen DBS und der Client-/Server-DBS nicht im Fokus dieses Kapitels stehen, können sie nur kurz eingeführt werden.

> Lokal verteilte Systeme der Klassen Shared Nothing, Shared Disk und Shared Everything werden als **parallele Datenbanksysteme** bezeichnet.

Parallele DBS setzen spezielle Verfahren der Datenbankverarbeitung auf sogenannten Parallelrechnern zu Zwecken der Leistungssteigerung (Speed-Up, Scale-Up) ein. Als wesentliche Formen der Parallelverarbeitung können *Transaktions-, Anfrage-* und *Operatorparallelität* unterschieden werden, die durch weitere Maßnahmen wie Pipelining, Datenpartitionierung und parallele Ein-/Ausgabe unterstützt werden können /13.45/.

> **Client-/Server-Datenbanksysteme** (bzw. Workstation-/Server-DBS) teilen die DBMS-Funktionalität auf einen Server- (Server-DBMS) und einen Client-Rechner (Client-DBMS) auf und unterstützen eine anwendungsnahe Verarbeitung von DB-Objekten.

Den zu dem bisher betrachteten Ansatz der horizontalen Verteilung orthogonalen Ansatz der vertikalen Verteilung verfolgen sogenannte Client-/Server-DBS /13.16/, /13.24/. Hierbei steht nicht die Vervielfachung von DBMS-Funktionalität im Vordergrund, sondern eine Aufteilung zwischen Server- und Client-DBMS, die jedoch eine Replizierung einzelner DBMS-Funktionen nicht ausschließt. Das Client-DBMS kann in mehrfacher Ausprägung auf verschiedenen Workstations auftreten und verfügt über einen anwendungsnahen Puffer, in den die DB-Objekte des Verarbeitungskontexts der Anwendung für die Dauer der Verarbeitung eingelagert werden (*Checkout,*

Checkin /13.47/, um sie dem Anwendungsprogramm zur Verfügung zu stellen.

Für die Aufteilung der DBMS-Funktionalität zwischen Server und Client gibt es ein Spektrum von Möglichkeiten /13.24/. So kann man sogenannte *Query-, Object- und Page-Server-Ansätze* unterscheiden. Letzterer sieht die Ansiedlung des DB-Puffers auf dem Client-Rechner sowie eine Kommunikation zwischen Client und Server über Seitenanforderungen vor. Die ersten beiden erfordern einen zusätzlichen (DB-Objekt-) Puffer auf der Client-Seite und weisen eine deklarative Client-/Server-Schnittstelle (z. B. SQL) auf.

Durch diese Zweiteilung der DBMS-Funktionalität können für Anwendungen, die eine hohe Verarbeitungslokalität aufweisen, deutliche Leistungsgewinne erzielt werden. Diese Anwendungen beschränken sich im Laufe des Verarbeitungsvorgangs in der Regel auf Zugriffe auf die zu Beginn der Anwendung in den Client-Puffer eingelagerten DB-Objekte und erfordern damit eine eher geringe Server-Kommunikation. Beispielhafte Anwendungen, die eine solche Lokalität aufweisen, sind sogenannte Non-Standard-Anwendungen, wie CAD, Software-Engineering etc.

Technische Herausforderungen liegen vor allem in der Gestaltung der Client-/Server-Schnittstelle (insbesondere bzgl. der Wahl des Datenaustauschgranulats, wie z. B. Seiten, Objekte oder Objektmengen), der Bereitstellung eines geeigneten Client-Verarbeitungsmodells, der Kohärenzkontrolle angesichts ggf. replizierter Pufferung von DB-Objekten (Konsistenz von DB-Objekt und Replikat) sowie einer angepassten Transaktionskontrolle. Letztere umfasst jeweils spezifische Commit-Behandlung, Fehlerbehandlung, Mehrbenutzersynchronisation und Integritätssicherung, die den speziellen Anforderungen lang andauernder Transaktionen gerecht werden müssen ($\rightarrow$ 7.5). Beispielhafte Lösungsansätze finden sich in /13.47/.

13.1.2 Verteilte vs. föderierte Datenbanksysteme

Auch die sogenannten föderierten DBS gehören zur Systemklasse der Shared-Nothing-Systeme /13.45/. Zur Unterscheidung von verteilten und föderierten DBS wird der Begriff des konzeptionellen (logischen) DB-Schemas einbezogen. Unterstützen die verschiedenen DBMS eines geographisch verteilten Shared-Nothing-Systems gemeinsam genau ein zentrales konzeptionelles DB-Schema ($\rightarrow$ 2.1) (im Folgenden auch als globales DB-Schema bezeichnet), so liegt ein verteiltes DBS vor. Den Anwendungs- bzw. Transaktionsprogrammen wird somit vollständige Verteilungstransparenz ($\rightarrow$ 13.4) vermittelt, d. h. die Verteilung und ihre Kontrolle wird durch geeignete Zusammenarbeit der beteiligten DBMS gekapselt und jedes der beteiligten DBMS bietet somit Zugang zu dem gesamten verteilten Datenbestand. Technisch ist dies nur dann möglich, wenn die *Autonomie* (→ 13.7.1) der beteiligten DBMS (auch als lokale DBMS bezeichnet) eingeschränkt wird und vielfältige DBMS-Funktionen einer globalen Koordination unterzogen werden (insbesondere Metadatenverwaltung und Anfrageverarbeitung). Aufgrund dieser Anforderung handelt es sich bei den verschiedenen lokalen DBMS in der Regel um homogene Systeme.

> **Verteilte Datenbanksysteme** (VDBS) sind geographisch verteilte Shared-Nothing-Systeme mit homogenen lokalen DBMS, die gemeinsam ein globales konzeptionelles DB-Schema unterstützen.
>
> **Föderierte Datenbanksysteme** (FDBS) sind ebenfalls geographisch verteilte Shared-Nothing-Systeme, wobei die beteiligten lokalen DBMS heterogen sein können und im Vergleich zu verteilten DBS eine höhere Autonomie aufweisen, d. h. jeweils eine eigene lokale Datenbank mit lokalem DB-Schema vorliegt.

Während VDBS in jedem Falle volle Verteilungstransparenz (→ 13.4) bieten, kann dies von FDBS aufgrund der lokalen Autonomie im Allgemeinen nicht zugesichert werden. Auch kann die möglicherweise vorhandene lokale Heterogenität nicht immer verborgen werden. /13.45/ und /13.52/ unterscheiden lose gekoppelte von eng gekoppelten FDBS.

Im Falle eines *lose gekoppelten FDBS* wird dem Benutzer die Sicht auf die verschiedenen lokalen Datenbanken „zugemutet", er bekommt jedoch verschiedenartige Hilfsmittel an die Hand, um in einfacher und mächtiger Weise auf die unterschiedlichen Datenbanken zuzugreifen. Ein solches Hilfsmittel sind sogenannte Multidatenbanksprachen (→ 13.7).

Im Rahmen von *eng gekoppelten FDBS* hingegen werden Verteilung und Heterogenität vor dem Benutzer verborgen, indem ihm mithilfe einer sogenannten *Schemaintegration* (→ 13.7.1) ein globales Schema zur Verfügung gestellt wird, das die in den lokalen DB-Schemas enthaltenen Datenstrukturen integriert. Der Benutzer wird somit in die Lage versetzt, (globale) Anfragen (bzw. Transaktionen) auf Basis des integrierten globalen Schemas zu spezifizieren. Die Ausführung dieser globalen Anfragen/Transaktionen erfordert technisch einen Föderierungsdienst (→ Bild 13.2). Zu dessen Aufgaben gehören: Verwaltung der Abbildungsinformation zwischen lokalem und globalem Schema für jedes lokale DBS; Aufspaltung von globalen in lokale Anfragen; Zusammenfügen der von den lokalen DBS gelieferten Teilergebnisse zu einer Antwortmenge der initialen globalen Benutzeranfrage (→ 13.7.4); Ausübung einer übergeordneten Transaktionskontrolle

13.1 Überblick, Grundbegriffe, Abgrenzung

(→ 13.7.5). Zur leichteren Einbindung werden die lokalen DBS häufig durch sogenannte Wrapper gekapselt /13.48/, /13.57/.

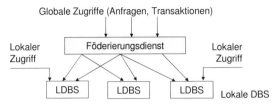

Bild 13.2 Grobarchitektur eng gekoppelter FDBS

Offenbar können FDBS ebenfalls auf vielfältige, für VDBS entwickelte Verfahren zurückgreifen. Eine besondere Herausforderung stellen jedoch insbesondere die Verfahren zur Schemaintegration (→ 13.7.3) dar, die sich zum einen aufgrund der möglichen Datenmodell-Heterogenität der lokalen DBS als sehr schwierig gestalten kann und andererseits aufgrund der sogenannten *semantischen Heterogenität* der lokalen DBS im Allgemeinen nicht voll automatisiert abgewickelt werden kann. Semantische Heterogenität ergibt sich aus der häufig unterschiedlichen Modellierung gleicher oder überlappender Anwendungsbereiche in den lokalen Schemas.

Insgesamt verfolgen FDBS eher einen Integrationsansatz, der es erlaubt, bereits bestehende, unterschiedliche DBS zusammenzuführen, während im Falle von VDBS eher ein einheitlicher und vollständiger Entwurf des Gesamtsystems vorgesehen ist.

▶ *Hinweis:* Zu Abgrenzungszwecken sei angemerkt, dass es über die in diesem Kapitel betrachteten DB-bezogenen Verteilungs- und Integrationsansätze hinaus eine Reihe von weiteren Integrationsdiensten gibt, die unter dem Begriff *Middleware* /13.5/ zusammengefasst werden können. Dieser Begriff deckt ein sehr breites Spektrum von Ansätzen ab, wie Standards für offene Systeme /13.45/, TP-Monitore (transaction processing monitor, /13.7/, /13.23/, siehe unten), DB-basierte Ansätze wie FDBS bis hin zu sogenannten Workflow-Management-Systemen /13.33/ für eine prozessorientierte Integration heterogener Applikationssysteme.

Als Beispiel für alternative Middleware-Ansätze seien *TP-Monitore* /13.7/, /13.23/ genannt, mit deren Hilfe sogenannte *verteilte Transaktionssysteme* /13.37/ zur performanten Transaktionsverarbeitung (online transaction processing, OLTP) realisiert werden können. Im Wesentlichen stellt der TP-Monitor eine Ablaufumgebung für ein transaktionsorientiertes Betriebsmittel-Scheduling zur Verfügung. Zur Kontrolle der Verteilung identifiziert /13.37/ die Ansätze des *Transaction Routing* (Verteilgranulat Transaktion), *programmierten Verteilung* (Verteilgranulat Sub-Transaktion) und der *Verteilung von DB-Operationen* (Verteilgranulat DB-Operation).

Zusammenfassend illustriert Bild 13.3 (angelehnt an /13.45/) die in diesem Abschnitt angesprochenen Ansätze und stellt (grau hinterlegt) den Gegenstand dieses Kapitels heraus.

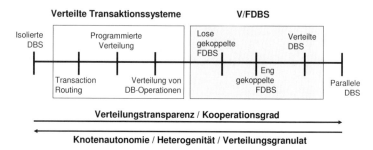

Bild 13.3 Spektrum der Ansätze zur Integration von DBS

13.2 Schemaarchitektur und Entwurf verteilter Datenbanksysteme

Im Folgenden wird von relationalen DBMS ausgegangen. Bild 13.4a zeigt eine an /13.9/ und /13.52/ angelehnte Illustration der Schemaarchitektur eines VDBS. Die einzelnen Rechnerknoten des VDBS werden in Anlehnung an den englischen Begriff *Site* mit S_i bezeichnet. Der Entwurf des globalen Schemas folgt den Prinzipien des Schemaentwurfs zentralisierter DBMS (→ 3.3, 3.4), sodass an dieser Stelle nur der Entwurf des Fragmentierungs- und des Allokationsschemas besprochen wird.

Durch **Fragmentierung** (→ 13.3) werden logische Informationseinheiten (Relationen) in (möglichst) disjunkte Teile, sogenannte Fragmente, zerlegt (→ Bild 13.4b). Um das Ziel zu erreichen, diejenigen Tupel zusammenzufassen, auf die voraussichtlich von einer der Anwendungen zugegriffen wird, ist Anwendungswissen erforderlich. Eine Fragmentierung einer Relation wird als korrekt angesehen, wenn sie eine vollständige Partitionierung der Ursprungsrelation darstellt, d. h. Rekonstruierbarkeit der Ursprungsrelation, Vollständigkeit der Zerlegung und Disjunktheit der Fragmente gegeben sind.

Unter **Allokation** versteht man die Zuordnung der Fragmente zu den lokalen DBS. Es wird die *redundanzfreie Allokation* von der in Bild 13.4b illustrierten *Allokation mit Replikation* unterschieden. Ähnlich wie bei der Fragmentierung sollte die Allokation von den Anwendungen und deren Zugriffsverhalten abhängig gemacht werden. Leider ist der einfache Fall, dass die Anwendungen auf disjunkten Datenmengen arbeiten und jede Anwendung genau einem Rechnerknoten zugeordnet ist, recht unrealistisch. Daher muss im Falle der redundanzfreien Allokation häufig entschieden werden, welche Anwendungen bevorzugt bedient werden sollen. In praktischen VDBS-Anwendungen werden häufig heuristische Verfahren eingesetzt, die eine im Mittel „gute" Allokation liefern können. Im Falle der Allokation mit Replikation erscheint das Zuordnungsproblem zunächst einfacher. Allerdings ist hier zu beachten, dass nur lesende Anwendungen wirklich profitieren, da bei Änderungen zusätzlicher Aufwand (Konsistenzerhaltung der Replikate) entsteht.

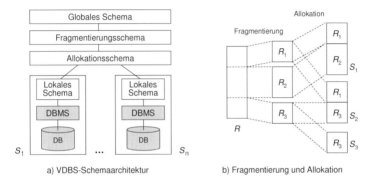

Bild 13.4 VDBS-Schemaarchitektur, Fragementierung und Allokation

13.3 Fragmentierung

Bild 13.5 zeigt einen Ausschnitt des Modellierungsbeispiels.

13.3.1 Horizontale Fragmentierung

Die **horizontale Fragmentierung** besteht in der Anwendung geeignet formulierter Selektionsprädikate auf die zu fragmentierende Relation, sodass Rekonstruierbarkeit, Vollständigkeit und Disjunktheit der entstehenden Teilrelationen gegeben sind. Man beachte, dass bei gegebenen n Selektionsprädikaten $p_1, \ldots, p_n$ zur Sicherstellung von Vollständigkeit und Disjunktheit 2^n Konjunktionen der Form $p_1^* \wedge p_2^* \wedge \ldots \wedge p_n^*$ betrachtet werden müssen, wobei p_i^* ($1 \leq i \leq n$) entweder das Selektionsprädikat p_i oder seine Negation ($\neg p_i$) darstellt. Es ist möglich, dass einige dieser Konjunktionen zu *False* ausgewertet werden müssen und die zugehörigen Extensionen leer bleiben. Diese müssen nicht weiter betrachtet werden.

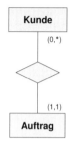

KNr	Name	Ort	Umsatz
1111	Meyer	Hamburg	10000
2211	Müller	Berlin	20000
0815	Schmitt	Hamburg	15000
1423	Huber	Berlin	25000
2345	Herrmann	Hamburg	15000
5523	Brandt	Kiel	25000

Bild 13.5 Beispielstrukturen und -ausprägungen

❏ *Beispiel:* Bild 13.5 zeigt eine beispielhafte Relation Kunde mit den Attributen KNr (Kundennummer), Name, Ort und Umsatz. Für eine Anwendung mit Niederlassungen an den angegebenen Orten kann eine Fragmentierung nach den Orten sinnvoll sein. Unter dieser Annahme sind die Selektionsprädikate $p_1 \equiv$ Ort = "Hamburg", $p_2 \equiv$ Ort = "Berlin" und $p_3 \equiv$ Ort = "Kiel" zu betrachten. Aus diesen atomaren Prädikaten ergeben sich $8 (= 2^3)$ Konjunktionen, von denen allerdings nur 4 ein nicht leeres Ergebnis liefern können:

Hamburger_Kunden: $\sigma_{p_1 \wedge \neg p_2 \wedge \neg p_3}(\text{Kunde}) = \sigma_{p_1}(\text{Kunde})$,
Berliner_Kunden: $\sigma_{\neg p_1 \wedge p_2 \wedge \neg p_3}(\text{Kunde}) = \sigma_{p_2}(\text{Kunde})$,
Kieler_Kunden: $\sigma_{\neg p_1 \wedge \neg p_2 \wedge p_3}(\text{Kunde}) = \sigma_{p_3}(\text{Kunde})$ und
sonstige_ Kunden: $\sigma_{\neg p_1 \wedge \neg p_2 \wedge \neg p_3}(\text{Kunde})$.

Prädikate der letztgenannten Form (sonstige_Kunden) weisen immer dann eine leere Extension auf, wenn durch die anderen Prädikate alle möglichen Werte des Fragmentierungsattributs (hier Ort) erfasst wurden und dieses keine Nullwerte erlaubt, was im Beispiel zutrifft.

Ausschlaggebend für die Effizienz einer späteren Anfrageverarbeitung ($\rightarrow$ 13.5) ist daneben auch, die Fragmentierung von Relationen, die potenzielle Join-Partner darstellen, in aufeinander abgestimmter Weise vorzunehmen.

❏ *Beispiel:* Würde man in Fortführung des Beispiels über die beschriebene horizontale Fragmentierung der Relation Kunde nach dem Fragmentierungsattribut Ort hinaus eine Relation Auftrag nach dem Attribut Rechnungsdatum horizontal fragmentieren, so könnte die häufig zu erwartende Join-Operation auf Kunde und Auftrag (über verbindende Primär-/Fremdschlüsselattribute) nur mit erheblichem Aufwand ausgeführt werden. Im ungünstigsten Fall müsste jedes Kunde-Fragment mit jedem Auftrag-Fragment verknüpft werden.

Um solche beispielhaft beschriebenen, ungünstigen Konstellationen zu vermeiden, wird z. B. in /1.5/ die sogenannte *abgeleitete horizontale Frag-*

mentierung beschrieben, die bei der horizontalen Fragmentierung einer Relation die bereits erfolgte Fragmentierung von (durch Fremdschlüssel) referenzierten Relationen durch die Anwendung des Semijoin-Operators /13.6/ berücksichtigt.

▶ *Hinweis:* Der *Semijoin* zweier Relationen R und S ist der natürliche Verbund ($\rightarrow$ 4.5.6) von R mit der Projektion der gemeinsamen Attribute von R und S auf die Relation S.

❏ *Beispiel:* Eine abgeleitete horizontale Fragementierung von Auftrag würde demnach folgende Semijoin-Operationen heranziehen:

Berlin_Auftraege := Auftrag $\ltimes_{KNr=KNr}$ Berliner_Kunden
Hamburg_Auftraege := Auftrag $\ltimes_{KNr=KNr}$ Hamburger_Kunden
Kiel_Auftraege := Auftrag $\ltimes_{KNr=KNr}$ Kieler_Kunden

13.3.2 Vertikale Fragmentierung

Die **vertikale Fragmentierung** zieht die Projektion als grundlegenden Zerlegungsoperator heran. Auch hierbei ist jedoch die Rekonstruierbarkeit der Originalrelation zuzusichern. Dies kann erreicht werden durch eine übergreifende Identifikation der Tupelteile über die verschiedenen Fragmente hinweg durch die Übernahme der Primärschlüsselwerte in alle Fragmente oder die Erzeugung eindeutiger Surrogate (künstliche Objektidentifikatoren) und Übernahme dieser Surrogate in alle Fragmente.

❏ *Beispiel:* Im Beispiel erfolgt eine vertikale Fragmentierung mit Übernahme der Primärschlüssel in die Fragmente: So könnte es nach Anwendungsgesichtspunkten sinnvoll sein, die Relation Kunde in zwei vertikale Fragmente zu zerlegen, die sich mit der Auswertung der folgenden Projektionsoperationen ergeben:

Kunden_ Stamm: $\pi_{KNr,Name,Ort}$ (Kunde),
Kunden_ Umsatz: $\pi_{KNr,Umsatz}$ (Kunde).

13.3.3 Kombinierte Fragmentierung

Die beschriebenen Verfahren der horizontalen und vertikalen Fragmentierung sind kombinierbar. So kann beispielsweise eine vertikale einer horizontalen Fragmentierung folgen. Die Rekonstruktion der Originalrelation kann dann geschehen, indem zunächst die vertikale Zerlegung durch Join-Operationen (auf den in allen vertikalen Fragmenten enthaltenen Schlüsselattributen) und danach die horizontale Fragmentierung durch Vereinigungsoperationen rückgängig gemacht werden ($\rightarrow$ 3.5). Im Falle einer vertikalen vor der horizontalen Fragmentierung kann die Rekonstruktion in umgekehrter Weise geschehen.

❑ *Beispiel:* In Fortführung des (vorangegangenen) Beispiels zur vertikalen Fragmentierung könnte eine weitere horizontale Fragementierung des Fragments Kunden_Stamm nach dem Ort sinnvoll sein.

13.4 Verteilungstransparenz

13.4.1 Vorteile verteilter Datenbanksysteme

Nicht zuletzt durch die Möglichkeiten der Fragmentierung und Allokation ($\rightarrow$ 13.3) ergeben sich folgende Vorteile von VDBS:

- *Besseres Leistungsverhalten*: Durch Fragmentierung und Allokation an mehreren Knoten reduziert sich im Vergleich zu zentralisierten DBS die Konkurrenz der Zugriffe/Transaktionen um Ressourcen (CPU, E/A-Geräte, Netzkommunikation). Zusätzlich ergeben sich Möglichkeiten der Parallelverarbeitung. Voraussetzung hierfür ist ein gewisser Grad an lokaler Autonomie der lokalen DBS, sodass die Datenverarbeitung auf einem Knoten nicht von anderen Knoten abhängig ist. Allerdings handelt es sich hierbei um einen im Vergleich zu FDBS ($\rightarrow$ 13.7) eingeschränkten Grad an Autonomie.
- *Höhere Zuverlässigkeit und Verfügbarkeit*: Zuverlässigkeit (Wahrscheinlichkeit, dass das System zu einem bestimmten Zeitpunkt läuft) und Verfügbarkeit (Wahrscheinlichkeit, dass während einer bestimmten Zeitdauer ein Zugriff möglich ist) können sich in einem VDBS dadurch erhöhen, dass bei Ausfall eines Knotens im Allgemeinen die übrigen Knoten weiterhin arbeitsbereit bleiben. Im Falle nicht replizierter Allokation kann durch den Ausfall eines Knotens jedoch auch die Situation entstehen, dass ein Teil der Daten nicht mehr zugreifbar ist.
- *Erweiterbarkeit*: In einem verteilten System bestehen prinzipiell Möglichkeiten der Erweiterung (Prozessoren, Daten, Funktionalität).

13.4.2 Transparenzeigenschaften verteilter Datenbanksysteme

Häufig werden die Vorteile von VDBS in der Literatur zusammen mit sogenannten Transparenzeigenschaften angeführt.

> Der Begriff der **Transparenz** bezeichnet die Unabhängigkeit, die ein VDBS dem Benutzer beim Zugriff auf verteilte Datenbestände vermittelt.

Es können verschiedene Grade der Transparenz unterschieden werden, wie sie z. B. auch in den sogenannten *12 Regeln* für VDBS nach Date /1.17/ enthalten sind. Diese umfassen neben den Transparenzgraden *Ortstransparenz, Fragmentierungstransparenz* und *Replikationstransparenz* auch die

Unabhängigkeitsformen *Hardware-Unabhängigkeit, Betriebssystemunabhängigkeit, Netzwerkunabhängigkeit* und *Datenbanksystemunabhängigkeit*.

Transparenz und Unabhängigkeit stehen offensichtlich in engem Zusammenhang. Bereits für zentralisierte DBS hat die sogenannte *Datenunabhängigkeit* /1.3/ eine herausragende Bedeutung. Sie sieht eine Unabhängigkeit der Anwendungen von den internen und technischen Aspekten der Datenverarbeitung vor (→ 1.4.3). *Verteilungstransparenz* in VDBS kann als die natürliche Weiterentwicklung der Idee der Datenunabhängigkeit auf VDBS angesehen werden. Auch Date versteht explizit alle in seinen *12 Regeln* genannten Anforderungen als Einzelaspekte einer grundlegenden Verteilungstransparenz /1.17/.

> Die Idealform der **Verteilungstransparenz** in VDBS liegt vor, wenn jeder Knoten (lokales DBS) den Benutzern bzw. Anwendungen die Möglichkeit bietet, auf alle Daten des VDBS genauso wie im Falle eines zentralisierten DBS zuzugreifen.

Insbesondere Orts-, Fragmentierungs- und Replikationstransparenz erhöhen die Unabhängigkeit und tragen zur Verteilungstransparenz bei.

> **Ortstransparenz**: Die physische (Al-)Lokation der Datenobjekte und damit die Unterscheidung zwischen lokalen und entfernten Objekten bleiben dem Benutzer verborgen. Der Zugriff auf entfernte Objekte kann in gleicher Weise wie auf lokale Objekte erfolgen.
>
> **Fragmentierungstransparenz**: Die Fragmentierung von Relationen bleibt dem Benutzer verborgen. Es stehen auf allen Knoten prinzipiell alle Daten zur Verfügung.
>
> **Replikationstransparenz**: Eine ggf. replizierte Allokation von Datenmengen bleibt dem Benutzer verborgen. Insbesondere obliegt die Kontrolle der Replikation (Konsistenz) ausschließlich dem System.

Offenbar widerstreben Verteilungstransparenz und lokale Autonomie einander (→ 13.7).

13.5 Verteilte Anfrageverarbeitung

Grundsätzlich gilt, dass ein Benutzer eines VDBS genauso wie im zentralisierten Fall seine Anfragen in SQL an das System richtet. Durch geeignete Fragmentierung und Allokation (→ 13.3) können Anfragen häufig lokal, d. h. genauso wie im zentralisierten Fall von einem der lokalen DBS des VDBS, bearbeitet werden. Doch auch in den Fällen, in denen dies nicht möglich ist, müssen VDBS in der Lage sein, verteilte Anfragen transparent (→ 13.4) abzuarbeiten /13.26/. Die wesentliche Herausforderung der verteilten Anfrageverarbeitung ist somit die Erstellung effizienter **Ausführungspläne** für die verteilt zu bearbeitenden Anfragen.

Bild 13.6 zeigt in Anlehnung an /13.41/ die verschiedenen Phasen der Erstellung von Ausführungsplänen in VDBS. In der ersten Phase, der **Anfragetransformation**, wird die globale SQL-Anfrage in eine interne Darstellung, im Allgemeinen einen äquivalenten Ausdruck der Relationenalgebra bzw. einen entsprechenden Operatorbaum, transformiert. Dabei werden die vom zentralisierten Fall her bekannten Schritte bis hin zu einer algebraischen Optimierung ausgeführt (→ 7.4). Die zweite Phase besteht in der **Datenlokalisierung** (→ 13.5.1). Diese ist notwendig, um Fragmentierung und Allokation der in der Anfrage angesprochenen Relationen (wie im Verteilungsschema repräsentiert) geeignet zu berücksichtigen.

Die sich anschließende Phase der **globalen Optimierung** (→ 13.5.2) strebt einen aus globalen Gesichtspunkten möglichst kostengünstigen Ausführungsplan an. Der wesentliche Unterschied zur kostenbasierten Optimierung im zentralisierten Fall liegt darin, dass die zu minimierende Kostenfunktion in besonderem Maße die zu erwartenden Kommunikationskosten (Anzahl und Umfang der Nachrichten im VDBS) berücksichtigt. Das Ergebnis dieser Phase besteht in einem global optimierten Fragmentausdruck (→ 13.5.1, 13.5.2), der sowohl die betroffenen lokalen DBS als auch die notwendige Kommunikation zur Ausführung der Anfrage ausweist. Dieser global opti-

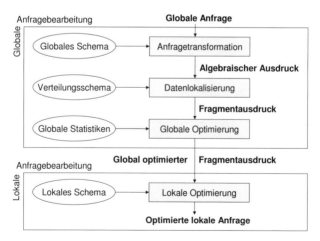

Bild 13.6 Phasen der Erstellung von Ausführungsplänen in VDBS

mierte Fragmentausdruck kann nun genutzt werden, um jedem betroffenen Knoten die zugehörige Teilanfrage zuzuweisen, sodass diese vom zuständigen lokalen DBS einer **lokalen Optimierung** unterzogen und anschließend ausgeführt werden kann.

13.5.1 Datenlokalisierung

Die Datenlokalisierung transformiert den Algebraausdruck (Operatorbaum) der globalen Anfrage wie folgt. Zunächst werden die in der globalen Anfrage angesprochenen fragmentierten Relationen durch die zugehörigen Rekonstruktionsausdrücke ersetzt, d. h. die Operatorbäume der Rekonstruktionsausdrücke werden an den entsprechenden Stellen in den Operatorbaum der globalen Anfrage eingesetzt. Danach kann dann wiederum die algebraische Optimierung zur erneuten Vereinfachung des Gesamtausdrucks vorgenommen werden. Ziel ist die Beschränkung der Zugriffe auf möglichst wenige Fragmente, um Kommunikationsaufwand und Volumen der zuzugreifenden Daten möglichst gering zu halten.

Datenlokalisierung bei horizontaler Fragmentierung

Die reine horizontale Fragmentierung ($\rightarrow$ 13.3.1) zerlegt eine Relation anhand von Selektionsprädikaten, sodass der zugehörige Rekonstruktionsausdruck die Teilmengen wieder vereinigen muss. Im einfachsten Fall bezieht sich das Selektionsprädikat der globalen Anfrage auf das Fragmentierungsattribut, sodass der beschriebene Prozess sehr schnell zu einer Einschränkung der weiter zu betrachtenden Fragmente führt. Mögliche Vereinfachungen werden anhand des nachfolgenden Join-Beispiels betrachtet.

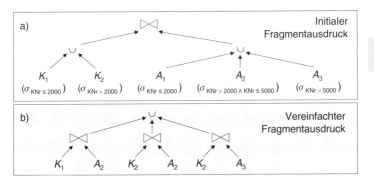

Bild 13.7 Beispiel einer Datenlokalisierung bei horizontaler Fragmentierung

❏ *Beispiel:* Die Relationen Kunde und Auftrag seien wie folgt horizontal auf dem Attribut KNr (Kundennummer) fragmentiert:

Kunde: $K_1 = \sigma_{\text{KNr} \leq 2000}$ (Kunde),
$K_2 = \sigma_{\text{KNr} > 2000}$ (Kunde),
Auftrag: $A_1 = \sigma_{\text{KNr} \leq 2000}$ (Auftrag),
$A_2 = \sigma_{\text{KNr} > 2000 \wedge \text{KNr} \leq 5000}$ (Auftrag),
$A_3 = \sigma_{\text{KNr} > 5000}$ (Auftrag).

Weiter sei folgende globale Anfrage gegeben:

```
SELECT * FROM Kunde, Auftrag WHERE Kunde.KNr=Auftrag.KNr;
```

Bild 13.7a zeigt das Ergebnis der Einsetzung der Rekonstruktionsausdrücke zu den Fragmentierungen der Relationen Kunde und Auftrag in den von der Anfragetransformation an die Datenlokalisierung gelieferten Operatorbaum. In Bild 13.7b ist der vereinfachte Fragmentausdruck dargestellt, der aus dem initialen Fragmentausdruck entsteht durch Anwendung der Regeln der algebraischen Optimierung.

Im Falle der *abgeleiteten horizontalen Fragmentierung* kann in ähnlicher Weise vorgegangen werden, wobei ein noch größeres Optimierungspotenzial aufgrund der aufeinander abgestimmten Fragmentierung mehrerer Relationen besteht.

Datenlokalisierung bei vertikaler Fragmentierung

Vertikale Fragmente entstehen durch Anwendung von Projektionsoperatoren, sodass zur Rekonstruktion der Ursprungsrelation Join-Operationen anzuwenden sind ($\rightarrow$ 13.3.2). Die Vereinfachung von Fragmentausdrücken (zweiter Schritt der Datenlokalisierung) gestaltet sich in diesem Fall besonders einfach, denn es müssen nur solche Fragmente weiter betrachtet werden, deren Attribute in der SELECT-Klausel der globalen Anfrage angesprochen oder in Zwischenschritten der weiteren Verarbeitung (z. B. als Join-Attribute) benötigt werden.

❏ *Beispiel:* In Fortführung des Beispiels aus 13.3.2 sei folgende Anfrage gegeben:

```
SELECT Name FROM Kunde;
```

Bild 13.8 zeigt die zugehörigen Fragmentausdrücke.

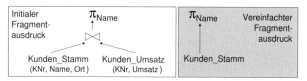

Bild 13.8 Beispiel einer Datenlokalisierung bei vertikaler Fragmentierung

Datenlokalisierung bei kombinierter Fragmentierung

Ebenso wie bei der Fragmentierung selbst ($\to$ 13.3.3) können auch die beschriebenen Verfahren der Datenlokalisierung kombiniert werden. Somit beruht die Vereinfachung des Fragmentausdrucks in der Datenlokalisierung im allgemeinen Fall auf folgenden Prinzipien:

- Horizontale Fragmente können ggf. durch Überlagerung der Selektionsprädikate der Fragmentierung mit dem Selektionsprädikat der globalen Anfrage bestimmt bzw. ausgeschlossen werden.
- Vertikale Fragmente können ggf. durch Vergleich der Projektionsattribute der Fragmentierung mit den Projektionsattributen der globalen Anfrage und mit den in Zwischenoperationen benötigten Attributen bestimmt bzw. ausgeschlossen werden.

13.5.2 Globale Optimierung der Join-Auswertung

In VDBS besteht die in Bild 13.6 dargestellte Trennung zwischen globaler und lokaler Optimierung. Im Rahmen der kostenbasierten Optimierung ist es die vorrangige Aufgabe des globalen Optimierers, ausgehend von einer Abschätzung der Kommunikationskosten (Anzahl und Umfang der Nachrichten), Ausführungsorte und -reihenfolge der Operatoren und die Methode des Nachrichtenaustauschs festzulegen. Dies kommt insbesondere bei Join-Anfragen zum Tragen.

Join-Auswertung auf einem Knoten

Die einfachen Strategien sehen vor, einen Join von zwei Relationen (Relation R auf Knoten K_R und Relation S auf Knoten K_S) vollständig auf einem Knoten auszuführen. Hierfür kommen die Knoten K_R und K_S sowie ein dritter Knoten, auf dem ggf. die Weiterverarbeitung des Join-Ergebnisses vorgesehen ist, infrage. In jedem Fall ist ein Datenaustausch notwendig, für dessen Organisation es **zwei Alternativen** gibt:

Variante 1: Einerseits besteht die Möglichkeit, eine oder beide Relationen vollständig auf den Verarbeitungsknoten zu transferieren. Handelt es sich bei letzterem um einen der Knoten K_R und K_S, so ist es sinnvoll, die kleinere der beiden Relationen zu verschieben. Unter Berücksichtigung lokaler Gesichtspunkte kann es sinnvoll sein, einen der beiden Knoten K_R und K_S als Verarbeitungsknoten auszuwählen, wenn auf diesem die Join-Auswertung durch einen Index unterstützt werden kann (Index-Nested–Loop-Join, /1.3/). Letzteres ist bei Wahl eines dritten Knotens als Verarbeitungsknoten nicht möglich. Allerdings besteht hier die Möglichkeit, bei vorliegender Sortierung einen Sort-Merge- oder anderenfalls einen Hash-Join /1.3/ durchzuführen ($\to$ 7.4.1). Das Verschieben ganzer Relationen verursacht wenige Nachrichten mit hohem Datenvolumen. Auf dem Verarbeitungsknoten kann weiter eine große Anzahl von E/A-Vorgängen für die temporäre Speicherung der übertragenen Relation anfallen, sodass dieser Ansatz insgesamt eher für kleine Relationen geeignet ist.

Variante 2: Die Alternative besteht darin, Verbundpartner satzweise anzufordern. Der Verarbeitungsknoten (K_R oder K_S) übermittelt hierbei für jedes Tupel seiner Relation dessen Verbundattributwert, um die Verbundpartner von dem anderen Knoten zu erhalten. Aufgrund des sehr hohen Nachrichtenaufkommens lohnt sich dieser Ansatz im Vergleich zum vorgenannten nur dann, wenn ein sehr leistungsstarkes Netzwerk (z. B. LAN) vorliegt und auf dem Knoten der angeforderten Relation ein Index zur Bestimmung der Verbundpartner existiert.

Semijoin-Filterung

Die bisher beschriebenen Verfahren sind dann ungeeignet, wenn große Datenmengen verschoben werden müssen, der auszuführende Join jedoch aufgrund hoher Selektivität ($\rightarrow$ 7.4.3) eine kleine Ergebnismenge liefert. In solchen Fällen eignet sich die Anwendung des **Semijoin**-Operators ($\rightarrow$ 13.3.1). Hierbei wird zunächst auf einem Knoten (K_R) das Join-Attribut projiziert. Die ermittelten Werte werden auf den Knoten K_S transferiert, um dort den Semijoin auszuführen, d. h. es werden alle Tupel der Relation S ermittelt, die das Join-Prädikat erfüllen. Diese Teilmenge der Relation S wird auf den Knoten K_R übertragen, um dort das Join-Ergebnis zu berechnen. Im Falle der Berechnung des Join-Ergebnisses auf einem dritten Knoten ist die Semijoin-Auswertung auf beiden Knoten K_R und K_S vorzunehmen. Das Semijoin-Verfahren (im Vergleich zur Join-Auswertung auf einem Knoten) ist nur dann sinnvoll, wenn die Datenvolumina der zu übertragenden Join-Attributwerte und des Semijoin-Ergebnisses in Summe (wesentlich) kleiner sind als das Gesamtvolumen der Relation, auf der der Semijoin ausgeführt wird. Dies ist bei hierarchischen Joins beispielsweise nicht der Fall, wenn fast jeder Primärschlüssel als Fremdschlüssel in der Partnerrelation vorkommt. Auch die notwendige mehrfache Referenzierung derselben Relation (Projektion und eigentliche Join-Berechnung) kann sich negativ auswirken.

Bitvektor-Filterung

Um das Übertragungsvolumen zu reduzieren, können die zu übertragenden Verbundattributwerte auf einen n-stelligen **Bitvektor** abgebildet werden. Hierzu wird eine Hash-Funktion verwendet, die jeden Attributwert auf eine ganze Zahl zwischen 1 und n abbildet, sodass das zugehörige Bit im Bitvektor gesetzt werden kann. Nach Übertragung des Bitvektors zum Partnerknoten können auf diesem auf einfache Weise – durch Anwendung derselben Hash-Funktion auf die dortigen Verbundattributwerte und Vergleich mit der jeweils entsprechenden Position im Bitvektor – potenzielle Verbundpartner ermittelt werden. Diese werden dann wie bei der Semijoin-Filterung zurück transferiert, um das Join-Ergebnis zu berechnen. Zu beachten ist, dass die Hash-Funktion im Allgemeinen nicht injektiv ist und somit auch Tupel angefordert werden können, die dann doch nicht am Verbundergebnis beteiligt sind. Dieser Nachteil kann weitgehend durch die Wahl ausreichend großer n-Werte vermieden werden.

Bearbeitungsreihenfolge bei Mehr-Wege-Joins

Spezifiziert die zu optimierende globale Anfrage die Verknüpfung von n ($>$ 2) Relationen mittels Verbundoperationen, so ist dieser **Mehr-Wege-Join** durch eine Folge von Zwei-Wege-Joins abzuwickeln. Der Bestimmung der Reihenfolge dieser Zwei-Wege-Joins kommt in der globalen Optimierung eine große Bedeutung zu. Mit wachsendem n sinkt die Wahrscheinlichkeit, dass ein Tupel einer der beteiligten Relationen am Gesamtergebnis der Mehr-Wege-Joins beteiligt sein wird. Es ist daher anzustreben, die beteiligten Relationen möglichst früh auf diejenigen Tupel zu reduzieren, die am Gesamtergebnis beteiligt sein werden, um – der Semijoin-Idee folgend – das Übertragungsvolumen geeignet zu beschränken. Eine vollständige Reduzierung ist jedoch leider nur für azyklische Join-Anfragen /13.6/ möglich. Bei den häufig auftretenden azyklischen und (linear) geketteten Join-Anfragen ist diese zudem mit polynomialem Aufwand durchführbar. Bild 13.9 illustriert eine solche Anfrage und die zugehörige Vorgehensweise zur Bestimmung einer vollständigen Reduzierung. Es sind hierzu $2n - 2$ Semijoins notwendig, wobei zunächst die dargestellte Vorwärts- und danach die Rückwärtsreduzierung durchzuführen sind.

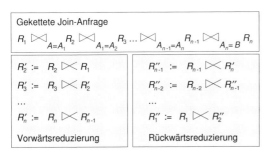

Bild 13.9 Semijoin-Anwendung bei geketteten Mehr-Wege-Joins

13.6 Transaktionsverwaltung in verteilten Datenbanksystemen

Verteilte Transaktionen können sich über mehrere Knoten in VDBS erstrecken. Für sie müssen ebenso wie für Transaktionen in zentralisierten DBS die grundlegenden ACID-Eigenschaften zugesichert werden (→ 7.5.1). Eine verteilte globale Transaktion wird auf einem der Knoten des VDBS initiiert, der für die koordinierte Abwicklung dieser Transaktion die Verantwortung trägt. Die Struktur einer verteilten Transaktion hängt von der Verteilung der benötigten Daten ab. Eine (lokale) Sub-Transaktion umfasst die Folge der DB-Operationen (einer globalen Transaktion), die auf genau einem Knoten ausgeführt werden, der an der globalen Transaktion beteiligt ist. Somit besteht eine verteilte globale Transaktion aus einer Menge von lokalen Sub-Transaktionen, einstufig geschachtelt. Eine Hierarchie von Transaktionen wird auch in dem Modell der geschachtelten Transaktionen /13.23/, /13.38/ angenommen, das sich von dem hier definierten Modell der verteilten Transaktionen besonders darin unterscheidet, dass Sub-Transaktionen isoliert zurückgesetzt werden können. Im Falle einer verteilten Transaktion hat hingegen der Abbruch einer Sub-Transaktion den Abbruch der globalen Transaktion zur Folge.

13.6.1 Koordination

Eine geeignete Koordination ist vor allem im Rahmen der Commit-Behandlung einer verteilten Transaktion notwendig, denn ein erfolgreiches Ende der Transaktion liegt nur dann vor, wenn ausnahmslos alle Sub-Transaktionen erfolgreich beendet werden konnten. Demzufolge müssen im Sinne der geforderten Atomarität entweder alle Sub-Transaktionen jeweils ein lokales Commit oder alle Sub-Transaktionen jeweils ein lokales Abort durchführen. Dies kann durch die Anwendung des sogenannten **verteilten Zwei-Phasen-Commit-Protokolls (V2PC)** geschehen. Das V2PC definiert die Rollen des Koordinators und der Agenten. Als *Koordinator* wird der Knoten bezeichnet, der die globale Transaktion initiiert bzw. der auf diesem Knoten beheimatete Transaktionsmanager /13.23/. *Agenten* sind alle die Knoten, auf denen Sub-Transaktionen der globalen Transaktion ablaufen bzw. die auf diesen Knoten beheimateten Transaktionsmanager. Die Nachrichtenfolge des V2PC ist in Bild 13.10 dargestellt.

1. Prepare: Steht die Commit-Operation der globalen Transaktion zur Bearbeitung an, sendet der Koordinator eine Prepare-Nachricht gleichzeitig an alle Agenten.

13.6 Transaktionsverwaltung in verteilten Datenbanksystemen

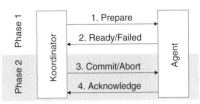

Bild 13.10 Nachrichtenaustausch im V2PC

2. Ready/Failed: Nach Empfang der Nachricht versucht der Agent in den sogenannten Prepared-Zustand überzugehen. Dies ist im Falle der erfolgreichen Abwicklung der entsprechenden Sub-Transaktion möglich. Dabei sichert der Agent die Wiederholbarkeit der Sub-Transaktion. Dies umfasst ggf. die Vervollständigung der lokalen Log-Datei inklusive des Ausschreibens eines Prepared-Satzes. Daraufhin antwortet der Agent dem Koordinator mit der Ready-Nachricht. Wesentliches Merkmal des Prepared-Zustandes ist, dass der Agent sowohl zu einem lokalen Commit als auch zu einem lokalen Abort in der Lage ist.

Konnte die lokale Sub-Transaktion hingegen nicht erfolgreich abgewickelt werden, schreibt der Agent einen Abort-Satz auf die lokale Log-Datei und sendet eine Failed-Nachricht an den Koordinator. Da in diesem Fall auch die globale Transaktion bereits als gescheitert betrachtet werden kann, kann die Sub-Transaktion durch den Agenten beendet, d. h. durch lokales Abort (ggf. Undo-Recovery) abgebrochen werden (→ 7.6).

3. Commit/Abort: Nach Eingang aller Antworten der Agenten auf die initiale Prepare-Aufforderung beim Koordinator ist die erste Phase des V2PC abgeschlossen. Sind ausschließlich Ready-Nachrichten eingetroffen, schreibt der Koordinator einen Commit-Satz in seine lokale Log-Datei, womit die globale Transaktion als erfolgreich beendet betrachtet werden kann. Daraufhin schickt er eine Commit-Aufforderung an alle Agenten. Er kann davon ausgehen, dass ein Commit für alle lokalen Transaktionen ausgeführt wird, da alle Agenten diese Möglichkeit mit ihrer Ready-Nachricht zugesichert hatten.

Liegt dem Koordinator am Ende der ersten Phase jedoch eine Failed-Nachricht eines Agenten vor bzw. ist die zum Abschluss der Phase 1 erwartete Antwort eines Agenten ausgeblieben (*timeout*), so ist die globale Transaktion als gescheitert zu betrachten. Der Koordinator schreibt in diesem Falle einen Abort-Satz in seine lokale Log-Datei und übermittelt Abort-Aufforderungen gleichzeitig an alle Agenten.

4. Acknowledge: Nach Eintreffen der den Ausgang der globalen Transaktion beschreibenden Nachricht (Commit oder Abort) reagiert der Agent, indem er den entsprechenden lokalen Log-Satz ausschreibt, die lokalen Ressourcen

(Sperren) freigibt und danach dem Koordinator die Ausführung durch eine Acknowledge-Nachricht bestätigt.

Fehlerbehandlung im V2PC. Um die Korrektheit des V2PC auch bei möglichen Fehlerfällen zu gewährleisten, ist zusätzlich noch der Fall zu betrachten, dass aus Sicht des Agenten die initiale Prepare-Nachricht des Koordinators ausbleibt. Dieser Fall kann ebenfalls durch einen Timeout abgefangen werden, sodass der Agent nach dessen Ablauf in den Zustand Aborted übergeht. Dies geschieht selbstverständlich auch dann, wenn der Agent vor Erhalt der Prepare-Aufforderung in eine Fehlersituation gerät, die den Abbruch der lokalen Transaktion erfordert. Er muss dann lediglich in der Lage sein, nach Beendigung der entsprechenden Recovery-Maßnahmen auf die eintreffende Prepare-Aufforderung des Koordinators mit der Failed-Nachricht zu antworten. Betont sei an dieser Stelle, dass Timeouts nicht angewendet werden dürfen, wenn sich der Agent im Zustand Prepared befindet. Hier ist er solange blockiert, bis die endgültige Entscheidung des Koordinators eintrifft, was als ein Nachteil des Verfahrens anzusehen ist. Gegebenenfalls kann in diesem Falle ein Nachfragen des Agenten beim Koordinator vorgesehen werden, um geeignet auf einen möglichen Verlust von Nachrichten zu reagieren.

▶ *Hinweis:* Das V2PC ist sehr bedeutsam für die verteilte Ablaufkontrolle und wird auch außerhalb von VDBS zu Koordinationszwecken in verteilten Systemen eingesetzt. Es existieren vielfältige Erweiterungen (z. B. lineares und hierarchisches V2PC, 3-Phasen-Commit-Protokoll) und Optimierungen /13.23/, /13.45/.

13.6.2 Synchronisation

Auch in VDBS sind geeignete Synchronisationsverfahren einzusetzen, um die Isolationseigenschaft verteilter Transaktionen zu gewährleisten. In diesem Abschnitt wird die Synchronisation im Falle der partitionierten Datenverteilung betrachtet (Synchronisation bei replizierter Datenverteilung wird in Abschnitt 13.6.4 behandelt). Hinsichtlich der Anwendung des bewährten Korrektheitskriteriums der *Serialisierbarkeit* /13.23/, /13.56/ auf VDBS ist zu beachten, dass lokale Serialisierbarkeit (Serialisierbarkeit auf allen lokalen DBS) im Allgemeinen nicht globale Serialisierbarkeit (Serialisierbarkeit der globalen Transaktionen) impliziert, denn die Sub-Transaktionen nebenläufiger globaler Transaktionen können auf verschiedenen Knoten unterschiedlich serialisiert werden. Zur Sicherstellung der globalen Serialisierbarkeit müssen also zusätzliche Maßnahmen ergriffen werden, die von dem auf lokaler Ebene eingesetzten Synchronisationsverfahren abhängen. Diese Maßnahmen werden nicht durch eine zusätzliche zentrale Kontrollinstanz durchgeführt, da eine solche schnell zum Engpass werden könnte und auch den für VDBS geforderten Grad an lokaler Autonomie

untergraben würde. Demnach ist dieses Problem dezentral zu lösen, was bei
den in zentralisierten DBS gängigen Synchronisationsverfahren, wie sperrbasierte,
optimistische und Zeitstempelverfahren ($\rightarrow$ 7.5) in recht einfacher
Weise möglich ist. So sind beispielsweise bei Einsatz des strikten Zwei-Phasen-Sperrprotokolls
in den lokalen DBMS (alle Sperren werden bis zum
Transaktionsende gehalten $\rightarrow$ 7.5.3) keine besonderen weiteren Maßnahmen
erforderlich, denn es gilt:

> Die Anwendung des strikten Zwei-Phasen-Sperrprotokolls in allen lokalen DBS ist hinreichend für **globale Serialisierbarkeit** im VDBS.

Dieser Zusammenhang ist intuitiv, da alle Sub-Transaktionen einer verteilten
Transaktion ihre Sperren bis zum Ende der globalen Transaktion halten
müssen ($\rightarrow$ 13.6.1). Diese Aussage gilt nicht bei heterogenen Föderationen
($\rightarrow$ Bild 13.2), die neben globalen Transaktionen auch unabhängige lokale
Transaktionen zulassen ($\rightarrow$ 13.7.5).

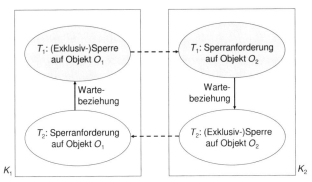

Bild 13.11 Globaler Deadlock

13.6.3 Deadlock-Behandung

Ein den sperrbasierten Synchronisationsverfahren inhärentes Problem sind
mögliche **Verklemmungen** (**deadlocks**). In VDBS können zusätzlich zu
lokalen auch globale Deadlocks auftreten.

❑ *Beispiel:* Betrachtet werden zwei globale Transaktionen T_1 und T_2. Es wird
angenommen, dass eine DB-Operation von T_2 auf Knoten K_1 aufgrund einer
inkompatiblen Sperranforderung auf die Beendigung (striktes Zwei-Phasen-Sperrprotokoll)
von T_1 warten muss. Wenn auf Knoten K_2 die umgekehrte
Situation eingetreten ist, dann liegt auf der globalen Ebene trotz nicht-zyklischer
lokaler Wartegraphen ein globaler Deadlock vor ($\rightarrow$ Bild 13.11).

Ähnlich wie in zentralisierten kommt auch in verteilten DBS eine Reihe von Verfahren zur Deadlock-Behandlung /13.45/ infrage. Besonderheiten für VDBS ergeben sich vor allem bezüglich der *Deadlock-Erkennung*. Zunächst kann zwischen einer zentralisierten und einer dezentralen Deadlock-Erkennung unterschieden werden. Zentralisierte Ansätze haben die Nachteile eines relativ hohen Nachrichtenaufkommens und bergen die Gefahr von Phantom-Deadlocks, die aufgrund von Nachrichtenverzögerungen auftreten können /13.45/. Wenn man weiter berücksichtigt, dass die meisten globalen Deadlocks lediglich zwei Transaktionen betreffen, erscheint es sinnvoller, die betroffenen Knoten miteinander kommunizieren zu lassen, wie es in der dezentralen Deadlock-Erkennung geschieht. Hierfür können *Edge-Chasing-* und *Path-Pushing-*Verfahren verwendet werden, die in /13.56/ näher beschrieben sind.

13.6.4 Synchronisation bei Replikation

Eine Alternative zur partitionierten Datenverteilung stellt die replizierte Datenverteilung dar /13.8/. Diese bietet Vorteile der erhöhten Verfügbarkeit und der Leistungssteigerung für Lesetransaktionen. Diesen Vorteilen stehen allerdings auch Probleme gegenüber. Neben dem erhöhten Speicherplatzbedarf ist dies vor allem der erhöhte Änderungsaufwand, da jeweils alle Replikate eines Objekts aktualisiert werden müssen. Die erforderliche Replikationstransparenz ($\rightarrow$ 13.4.2) erhöht die Implementierungskomplexität des DBMS beträchtlich, so z. B. in den Bereichen physische Datenverwaltung, Anfrageverarbeitung und Synchronisation. Die Replikation wird hier nur aus dem Blickwinkel der verteilten Transaktionsverwaltung betrachtet, weitere Aspekte in /13.8/, /13.41/, /13.45/. Als die drei wichtigsten Verfahrensklassen für die Aktualisierung und Synchronisation bei Replikation gelten *Write-All-, Primary-Copy- und Voting-Verfahren* /13.45/.

Write-All-Ansätze bevorzugen Lesetransaktionen, denn es wird garantiert, dass alle Replikate eines Objektes auf dem aktuellen Stand sind und daher auf ein beliebiges Replikat lesend zugegriffen werden kann. Daraus ergibt sich für Lesezugriffe eine erhöhte Verfügbarkeit, da die Erreichbarkeit einer Kopie des zu lesenden Objektes ausreicht. Änderungstransaktionen sind allerdings gezwungen, vor Änderung eines Objekts Schreibsperren auf allen Replikaten zu erwerben, und eine Änderung auf alle Replikate zu übertragen, bevor die Sperre wieder freigegeben werden kann. Daraus folgt auch, dass ausnahmslos alle Knoten, die Replikate eines Objekts halten, verfügbar sein müssen oder aufwändige Spezialverfahren zum „Nachfahren" von Änderungen nach dem Restart von Knoten angewendet werden müssen.

Primary-Copy-Verfahren sehen vor, dass Änderungstransaktionen nur die sogenannte Primärkopie (primary copy) eines Objektes ändern müssen. Jeder Primärkopie ist ein Primary-Copy-Knoten zugeordnet, der für die asynchrone Aktualisierung aller weiteren Replikate verantwortlich ist. In seiner Grundform sieht das Primary-Copy-Protokoll vor, dass ähnlich wie bei Write-All Änderungssperren für alle Replikate erworben werden müssen, bei Commit allerdings nur die Primärkopie geändert sein muss und die Propagierung der Änderung dann in der Verantwortung des Primary-Copy-Knotens des entsprechenden Objekts liegt. Eine weitere Optimierung besteht darin, dass zur Änderung auch nur noch eine Sperre auf dem Primary-Copy-Replikat erforderlich ist. Dies erfordert auf der anderen Seite wiederum, dass Leser sich an den Primary-Copy-Rechner wenden oder die Anwendung abgeschwächte Garantien bezüglich der Konsistenz von Replikaten akzeptieren kann /13.31/. Insgesamt weisen Primary-Copy-Verfahren den Nachteil einer hohen Abhängigkeit vom Primary-Copy-Knoten auf. Auch Ansätze, die den Wechsel der Zuständigkeit bei Ausfall eines Primary-Copy-Knotens vorsehen, können diesen Nachteil nicht vollständig ausgleichen.

Voting-Verfahren. Die Idee dieser Verfahren wird beim *Quorum-Consensus-Verfahren* deutlich. Hierbei wird jedem Objekt eine Anzahl v von „Stimmen" zugeordnet, die auf die einzelnen Replikate verteilt werden. Die Anzahl der Stimmen, die auf ein Replikat entfallen, bezeichnet man auch als Gewicht dieses Replikats. Weiter werden für das Objekt ein sogenanntes Lese-Quorum r und ein Schreib-Quorum w festgelegt. Die Idee ist nun, dass eine Lese- (Schreib-)Transaktion so viele Lese-(Schreib-)Sperren auf Replikaten des zuzugreifenden Objekts erwerben muss, dass die Summe der Gewichte der gesperrten Replikate mindestens die Höhe des Lese-(Schreib-)Quorums aufweist. Weiter werden folgende Zusammenhänge gefordert: (1.) $w > v/2$, (2.) $r + w > v$. Die erste Bedingung schließt parallele Schreiber aus und die zweite Bedingung verhindert, dass sowohl eine Lese- als auch eine Schreibtransaktion gleichzeitig auf dem Objekt arbeiten. Der Wahl der Größen v, w und r kommt eine besondere Bedeutung zu, da sie Zugriffskosten und Verfügbarkeit entscheidend mit bestimmen.

13.7 Föderierte Datenbanksysteme

Sowohl verteilte als auch föderierte DBS ($\rightarrow$ 13.1.2) sollen den Zugriff auf mehrere Datenbanken innerhalb einzelner DB-Operationen ermöglichen, sodass beispielsweise Relationen verschiedener Datenbanken miteinander verbunden werden können. Allerdings weisen die lokalen DBS in FDBS mehr Autonomie und Heterogenität als in VDBS auf ($\rightarrow$ 13.7.1). Dennoch soll für FDBS genauso wie für VDBS Verteilungstransparenz gewährleistet werden.

13.7.1 Autonomie und Heterogenität

Autonomie ist ein fließender Begriff, sodass es schwierig ist, konkrete Grade an Autonomie zu definieren. Bei VDBS sind Ansätze, die die Knotenautonomie zu sehr einschränken, z. B. bei der Synchronisation, ausgeschlossen. Auf der anderen Seite ist eine Kooperationsbereitschaft der lokalen DBMS notwendig, um Transaktionen und Anfragen koordiniert abzuarbeiten. Somit entsteht ein Spektrum von Systemlösungen, über deren jeweilige Eignung die Anwendung entscheiden muss. In /13.52/ werden folgende Formen der Autonomie unterschieden:

- *Unabhängigkeit bezüglich der eingesetzten Ablaufumgebung:* Die Wahl von Hardware, Betriebssystem, TP-Monitor, Kommunikationsprotokollen, etc. kann unabhängig auf der lokalen Ebene getroffen werden.
- *Unabhängigkeit bezüglich des eingesetzten DBMS:* Ein Knoten entscheidet über das einzusetzende DBMS (und damit über Datenmodell, Anfragesprache, Transaktionsverwaltung, etc.) unabhängig von anderen Knoten.
- *Entwurfsautonomie:* Die Wahl des zu modellierenden Ausschnitts der Anwendungswelt sowie der physische und der logische DB-Entwurf unterliegen allein der lokalen Kontrolle.
- *Kooperationsautonomie:* Die Möglichkeit und Art des Zugriffs auf lokale Daten von der globalen Ebene sowie der Umfang der Teilnahme an einer globalen Anfrage- und Transaktionsverarbeitung unterliegen allein der lokalen Kontrolle.
- *Ausführungsautonomie:* Neben den Sub-Transaktionen globaler Transaktionen können lokale Transaktionen unbeeinflusst voneinander abgearbeitet werden.

Während der Autonomiebegriff sich eher auf die Kooperationsbereitschaft bezieht, werden die konkreten Kooperationsmöglichkeiten häufig durch die Heterogenität eingeschränkt. Eine mögliche Heterogenität der Ablaufumgebungen und der eingesetzten DBMS ergibt sich direkt aus den beiden ersten oben angeführten Autonomieforderungen. Als Folge der Entwurfsautonomie kann sich weiter eine sehr schwer zu handhabende Heterogenität der DB-Schemata und -Inhalte ergeben. Diese semantische Heterogenität geht häufig darauf zurück, dass für dieselben oder zumindest überlappende Anwendungsbereiche DB-Entwürfe in unterschiedlichen Datenmodellen vorgenommen werden oder auch bei Einsatz des gleichen Datenmodells unterschiedliche Modellierungsmöglichkeiten gewählt werden. Weiter sind gleiche Schemaelemente in unterschiedlichen DBS keine Gewähr dafür, dass derselbe Anwendungsausschnitt gemeint ist. Diese Probleme können sich auch auf der Ausprägungsebene fortsetzen, sodass gleiche Werte sich nicht unbedingt auf dasselbe Anwendungsobjekt beziehen müssen bzw. unterschiedliche Werte sehr wohl dasselbe Anwendungsobjekt meinen können. Die Bewältigung der semantischen Heterogenität ist eine große Herausforderung (→ 13.7.3).

In /13.41/ werden die Aspekte Verteilung, Autonomie und Heterogenität zwecks Klassifikation der Systemarchitekturen den Achsen eines dreidimensionalen Koordinatensystems zugeordnet. Der komplexeste und damit anspruchsvollste Fall der verteilten, heterogenen, föderierten DBS wird im Folgenden angenommen. Hierfür können im Wesentlichen zwei Lösungsansätze unterschieden werden. Die nachfolgend beschriebenen FDBS verfolgen den Ansatz der *Schemaintegration*, durch den die Heterogenität der lokalen DBS, insbesondere die Unterschiedlichkeit ihrer Schemas, durch Bereitstellung eines integrierten globalen Schemas vor dem Benutzer verborgen werden soll. Hingegen konfrontiert der alternative Ansatz der *Multidatenbanksprachen* /13.12/ den Benutzer mit diesen lokalen Schemas. Auf diese Sprachen kann nicht näher eingegangen werden. Es sei lediglich angemerkt, dass Multidatenbanksprachen dem Benutzer eine Anwendungsprogrammierschnittstelle zur Verfügung stellen, mit deren Hilfe er innerhalb eines Anwendungsprogramms oder sogar innerhalb einer Anfrage auf mehrere DBS zugreifen kann. Beispiele für Multidatenbanksprachen sind MSQL /13.22/ und SchemaSQL /13.28/.

13.7.2 Architektur föderierter DBS

Bild 13.12 zeigt in Anlehnung an /13.45/ und /13.52/ die Schemaarchitektur von FDBS, die als neue Komponenten gegenüber der 3-Ebenen-Architektur (→ 1.4.2) das Komponenten-, das Export- und das integrierte Schema umfasst. Das **Komponentenschema** entsteht durch Transformation des lokalen DB-Schemas in ein homogenes Datenmodell. Hierfür kommen vielfältige Modelle in Frage, insbesondere das Relationenmodell, XML (→ 11.1), objektorientierte Modelle bzw. spezielle Standards wie das *Common Warehouse Model* (CWM, /13.27/). Ausgehend vom Komponentenschema kann im **Export-Schema** festgelegt werden, welche Schemaelemente global sichtbar gemacht werden sollen. Hier werden auch bereits Zugriffsrestriktionen spezifiziert. Export-Schemas desselben lokalen DBS können für unterschiedliche FDBS-Anwendungen unterschiedlich ausfallen. Sie setzen die oben angesprochene Kooperationsautonomie des zugehörigen lokalen Systems um.

Das **integrierte Schema** stellt das globale konzeptionelle Schema des FDBS dar, das verschiedenen Benutzer(gruppe)n mittels externer Schemas sicht-

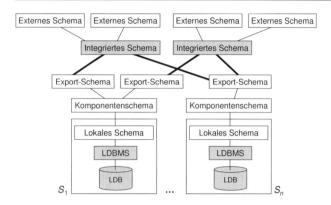

Bild 13.12 Schemaarchitektur föderierter DBS

bar gemacht werden kann. Es ist das Ergebnis eines Integrationsprozesses (→ 13.7.3), der die Schemaelemente der zugeordneten Export-Schemas zusammenführt. Für das integrierte Schema kommen wiederum verschiedene Datenmodelle infrage. Beispiele sind die bereits im Zusammenhang mit dem Komponentenschema genannten Modelle. Es ist sinnvoll, für Komponenten- und integriertes Schema dasselbe Datenmodell zu verwenden, um den Integrationsprozess einfacher zu gestalten. Letzten Endes bestimmen jedoch die Anforderungen der mit dem FDBS zu unterstützenden Anwendung die Eignung von Datenmodellen für die integrierte Ebene.

13.7.3 Integrationsprozess

Bei der Erstellung des integrierten Schemas /13.40/ ist eine Reihe von *Integrationskonflikten* zu bewältigen. /13.55/ unterscheidet extensionale (semantische) Konflikte, Beschreibungskonflikte, Heterogenitätskonflikte und strukturelle Konflikte; diese Klassifikation wird auch in /13.11/ verwendet. Eine feinere Klassifikation mit einer konkreteren Unterscheidung von semantischer und struktureller Heterogenität findet sich in /13.25/.

Eine Klassifikation von Integrationstechniken findet sich in /13.11/, /13.12/. Beispielhaft sei die **zusicherungsbasierte Integration** genannt /13.55/, /13.54/. Die grundlegenden Elemente der zusicherungsbasierten Integration sind Zusicherungen bzw. *Korrespondenzen* und zugehörige *Integrationsregeln*. Es können (ohne Beschränkung der Allgemeinheit) zwei zu integrierende Komponentenschemas betrachtet werden. Korrespondenzen assoziieren Elemente der zu integrierenden Schemas miteinander und können im späteren Betrieb des Systems als (globale) Integritätsbedingungen

(Zusicherung/Assertion) betrachtet werden. Herausforderung hierbei ist die Berücksichtigung von Beziehungen (Pfade in objektorientierten oder Primär-/Fremdschlüssel-Verknüpfungen in relationalen Modellen). Die eigentliche Schemaintegration erfolgt dann auf Basis der zuvor identifizierten Korrespondenzen durch Anwendung von Integrationsregeln.

Weitere Integrationstechniken neben der zusicherungsbasierten Integration sind die Integration von Klassenhierarchien mit Upward Inheritance /13.11/, das Generic Integration Model /13.50/, formal definierte Abbildungssprachen /13.25/ oder Variationen dieser Verfahren /13.11/. Es existieren zwei grundlegende Probleme aller Techniken. Einerseits ist nach wie vor die Vollständigkeit der Verfahren bei Anwendung auf spezifische Datenmodelle nicht gesichert. Andererseits ist eine geeignete Integration immer nur dann möglich, wenn die Semantik der zu integrierenden lokalen Schemas vollständig bekannt ist, was in der Realität häufig nicht der Fall sein kann. Dieses Semantikproblem impliziert auch, dass Integrationsprozesse nicht automatisiert ablaufen können, da die Auflösung semantischer Konflikte in der Regel das Eingreifen eines menschlichen Experten erfordert. Es gibt jedoch eine Reihe von semi-automatischen Ansätzen für das sogenannte *Schema Matching*, dessen Ziel die Identifikation von Korrespondenzen zwischen den zu integrierenden Schemas bzw. zwischen Quell- und Zielschemas ist. Eine Menge solcher Korrespondenzen zwischen einem Quell- und einem Zielschema wird auch als *Schema Mapping* /13.19/ bezeichnet. Ein Überblick über existierende Matching-Verfahren findet sich in /13.46/. Ein bekanntes Beispiel ist der in /13.34/ beschriebene Cupid-Algorithmus. Auch für das Merging von Schemas auf Basis identifizierter Korrespondenzen existieren bereits einige Ansätze. Ein beispielhaftes Merge-Verfahren ist der in /13.43/ beschriebene Vanilla-Algorithmus. Der in /13.19/ beschriebene Algorithmus resultiert in einem Mapping, das Anfragen zur Transformation von Daten aus einem Quell- in das Zielschema umfasst. Bei einer solchen Datenintegration bzw. Datenfusion sind weitere mögliche Probleme zu behandeln (z. B. Duplikaterkennung), die sich vor allem auf die Datenqualität des integrierten Datenbestands beziehen /13.39/, /13.40/.

13.7.4 Anfrageverarbeitung in föderierten DBS

Das integrierte Schema eines FDBS bietet den Benutzern/Anwendungen die Möglichkeit, auf den integrierten Datenbestand mit Datenbankanfragen zuzugreifen. Da in einem föderierten System, wie bereits beschrieben, die Daten unter Kontrolle der lokalen DBS bleiben, sind globale Benutzeranfragen auf die jeweils betroffenen lokalen DBS zu propagieren und die von den lokalen Systemen gelieferten Teilergebnisse sind zu einem Gesamtergebnis zusammenzufügen. Weiter erfordert der Anfrageverarbeitungsprozess in einem FDBS eine Anfrageoptimierung, die aus Optimierungsschritten auf der globalen und auf der lokalen Ebene besteht /13.48/.

Eine wesentliche Voraussetzung für die Anfrageverarbeitung in einem FDBS ist eine geeignete Beschreibung der Abbildungen zwischen jeweils einem lokalen und dem integrierten Schema. Es werden zwei grundlegende Ansätze unterschieden /13.32/, die auch miteinander kombiniert werden können:

- **Global-as-View (GAV)**: Das globale Schema wird beschrieben als Menge von Sichten über den lokalen Schemas. Das grundlegende Verfahren der Anfragetransformation besteht darin, die in der globalen Benutzeranfrage enthaltenen Relationen durch die zugehörigen (GAV-) Sichtdefinitionen zu ersetzen (view expansion, query unfolding) und die so entstehende komplexere Anfrage zu optimieren und zu zerlegen. Der Vorteil des GAV-Ansatzes ist die Einfachheit dieses Anfrageverarbeitungsverfahrens. Der Nachteil liegt vor allem darin, dass zur Beschreibung der globalen Sichten alle lokalen Schemas bekannt sein müssen und daher bei jedem Hinzufügen bzw. Entfernen eines lokalen DBS der Integrationspozess wiederholt werden muss.
- **Local-as-View (LAV)**: Die lokalen Schemas werden als Sichten des globalen Schemas beschrieben. Hierbei liegt eine höhere Flexibilität hinsichtlich des Hinzufügens und des Entfernens von lokalen Quellen vor. Allerdings gestaltet sich der Anfragetransformationprozess komplexer.

13.7.5 Synchronisation in föderierten DBS

Aufgrund der Autonomie der lokalen DBS erfordert die Transaktionsverwaltung in FDBS im Vergleich zur Transaktionsverwaltung in VDBS ($\rightarrow$ 13.6) eine besondere Betrachtung der Synchronisation. Insbesondere aufgrund der zusätzlich möglichen lokalen Zugriffe/Transaktionen reicht die Zusicherung der lokalen Serialisierbarkeit auf allen lokalen DBS nicht aus, um globale Serialisierbarkeit garantieren zu können. Die Ursache hierfür sind indirekte Konflikte zwischen globalen Transaktionen, die aufgrund der lokalen Transaktionen entstehen und hinsichtlich der Forderung der globalen Serialisierbarkeit einer besonderen Behandlung bedürfen. /13.56/ gibt einen Überblick über diese Problematik und zugehörige Lösungsmöglichkeiten.

Grundsätzlich können hier wiederum zwei Ansätze unterschieden werden. Einerseits ist globale Serialisierbarkeit gegeben, falls die lokalen DBS über die lokale Serialisierbarkeit hinaus bestimmte, weiter gehende Garantien geben können, z. B. die Einhaltung der Commit-Reihenfolge (commit order preservation). Diese erfordert, dass die Reihenfolge der Commit-Operationen von Transaktionen mit konfliktären Operationen immer der

Konfliktrichtung (Reihenfolge der konfliktären Operationen) entspricht. Der zweite Ansatz geht davon aus, dass die globale Serialisierbarkeit nicht direkt aufgrund zusätzlicher lokaler Garantien erreicht werden kann und daher eine zusätzliche globale Kontrolle einzusetzen ist. Ein Beispiel für ein solches Verfahren ist die Ticket-basierte Synchronisation /13.56/.

13.8 Cloud-Datenbanken

Cloud-Datenbanken /13.30/, /13.49/, /13.51/ sind Datenbanken, die im Rahmen des sogenannten *Cloud Computing* /13.35/ bereitgestellt und genutzt werden.

> Die NIST definiert **Cloud Computing** /13.35/ als ein Modell, das einen universellen, bequemen und bedarfsgesteuerten („*pay-per-use*") Netzwerkzugriff auf einen gemeinsam nutzbaren Pool von konfigurierbaren IT-Ressourcen (z. B. Netzwerke, Server, Speichersysteme, Anwendungen, Dienste) ermöglicht, wobei diese IT-Ressourcen schnell und flexibel bereitgestellt (*Elastizität*), mit minimalem Aufwand verwaltet und mit minimaler Interaktion mit dem Dienstanbieter genutzt werden können.

Somit zielt das Cloud Computing darauf ab, Investitions- und Betriebskosten durch Skaleneffekte zu verringern. Es ist insbesondere für kleine bis mittlere Unternehmen interessant, die keine eigenen IT-Infrastrukturen vorhalten möchten. Die NIST-Definition /13.35/ umfasst auch die grundlegenden Dienstmodelle des Cloud Computings. Hier sind *Infrastructure-as-a-Service, Platform-as-a-Service* und *Software-as-a-Service* zu nennen, die sich im Wesentlichen dadurch unterscheiden, in welchem Umfang IT-Ressourcen in die Cloud ausgelagert werden. Weiter beschreibt die NIST-Definition /13.35/ die Bereitstellungsmodelle *Private, Public, Hybrid, Community*; diese legen den Grad der gemeinsamen Nutzung von in der Cloud bereitgestellten IT-Ressourcen näher fest.

13.8.1 Cloud Data Management und Big Data

Der Begriff des *Cloud Data Managements* kann verwendet werden, um die Möglichkeiten der Unterstützung datenintensiver Anwendungen durch das Cloud Computing zu präzisieren.

> Nach /13.49/ sind die Ziele des **Cloud Data Managements**: Verfügbarkeit, Skalierbarkeit, Elastizität, Performanz, Mandantenfähigkeit, Last- und Mandantenbalancierung, Fehlertoleranz, Lauffähigkeit in einer heterogenen Umgebung, flexible Anfrageschnittstellen.

Datenintensität wird zudem heutzutage durch keinen anderen Trend-Begriff besser adressiert als durch *Big Data* /13.30/.

> Unter **Big Data** kann eine Klasse von Technologien subsumiert werden, die die vier großen „Vs" /13.30/ adressieren, wobei die ersten drei frühzeitig in /13.29/ beschrieben wurden: 1. *Volume*: riesige Datenmengen, „Unmengen" Benutzer-generierten Inhalts. 2. *Velocity*: minimale (Anfrage-) Antwortzeiten, Analysen nahe Realzeit. 3. *Variety*: sowohl strukturierte als auch unstrukturierte Daten. 4. *Veracity*: Datenqualität, Vertrauenswürdigkeit der Quellen (Datenherkunft).

Es wird deutlich, dass Big Data das Cloud Data Management besonders im Hinblick auf Skalierbarkeit und Elastizität fordert. Da klassische (verteilte) Datenbanksysteme hier an ihre Grenzen stoßen, wurden neuere Datenbanktechnologien, die sogenannten NoSQL-Datenbanksysteme (→ 12) entwickelt. Heutzutage können Big-Data-Probleme häufig nur durch den Einsatz von NoSQL-Systemen mit Cloud-Kapazitäten gelöst werden.

13.8.2 Das CAP-Theorem

Drei grundlegende Eigenschaften von verteilten Datenbanksystemen sind Konsistenz (*Consistency*), Verfügbarkeit (*Availability*) und Partitionstoleranz (*Partition Tolerance*), deren Erfüllung insbesondere im Falle von replizierten Daten nicht unproblematisch ist. So fordert die Konsistenz, dass alle Clients alle Datenobjekte jeweils in einer definierten, konsistenten Reihenfolge lesen und zwar unabhängig von dem angefragten Knoten des verteilten Datenbanksystems. Verfügbarkeit besagt, dass ein Client immer eine Kopie eines Datenobjekts findet, selbst wenn einzelne Knoten ausgefallen sind. Partitionstoleranz fordert, dass das System auch im Falle von Netzwerkpartitionen arbeitsfähig ist und Konsistenz und Verfügbarkeit nicht durch Partitionen beeinträchtigt werden.

Das CAP-Theorem, aufgestellt von Eric Brewer und bewiesen von Gilbert und Lynch /13.21/, adressiert die Grundproblematik, dass Verfügbarkeit und Konsistenz zumindest in ihren strengsten Auslegungen in einem verteilten System unvereinbar sind.

> Das **CAP-Theorem** besagt, dass sich in einem verteilten System maximal zwei der drei Eigenschaften Konsistenz, Verfügbarkeit und Partitionstoleranz erfüllen lassen.

Entsprechend können 3 Klassen von Systemen unterschieden werden: *AP* (verfügbar selbst bei Netzpartitionen, z. B. Amazon Dynamo /13.18/), *CP* (konsistent selbst bei Netzpartitionen, z. B. Google BigTable /13.10/) und *CA* (konsistent und verfügbar, wobei keine Partitionen auftreten können, z. B. zentralisiertes relationales Datenbanksystem mit ACID). Aufgrund der massiven Skalierbarkeitsanforderungen aktueller Webanwendungen ist insbesondere AP eine relevante Systemklasse, für die abgestufte Konsistenzgrade entwickelt wurden /13.30/. Beispielsweise erfordert *Read-your-writes*, dass ein Client seine eigenen Änderungen unabhängig von dem angefragten Knoten immer sofort lesen kann, es aus seiner Sicht jedoch für die Änderungen anderer Clients keine Konsistenzgarantien gibt. /13.44/ schlägt für die Klasse AP das sogenannte *BASE* (*B*asically *A*vailable, *S*oft state, *E*ventually consistent) vor. Hierbei besagt *Eventual Consistency*, dass die Konsistenz vorübergehend verletzt sein darf, aber im fehlerfreien Betrieb wieder herstellbar sein muss.

Eine alternative Formulierung von CAP ist **PACELC** /13.1/. Nach PACELC kann das System im Fehlerfall, d. h. bei Vorliegen einer Netzwerkpartition (P), zwischen Verfügbarkeit (A) und Konsistenz (C) wählen. Im Normalbetrieb (keine Netzwerkpartition) wählt es zwischen Latenz (L) und Konsistenz (C). Vorteil von PACELC ist die Unterscheidung in Normalbetrieb und Fehlerfall, sodass Konsistenz nicht pauschal ‚geopfert' werden muss.

Somit existieren für Cloud-Datenbanken unterschiedliche Ansätze, den notwendigen Trade-off zwischen Verfügbarkeit und Konsisten zu bewerkstelligen.

13.8.3 Database as a Service (DBaaS)

> Der Begriff **Database-as-a-Service** /13.51/ bezeichnet die Möglichkeit, dass mehrere Mandanten (Tenants) eine Datenbank als Cloud-Service nutzen, wobei grundlegende Aufgaben wie Konfiguration, System-Updates, Skalierung, Dienstbereitstellung, Monitoring, Backup, Zugangskontrolle und Vertraulichkeit /13.15/ vom Dienstanbieter (Provider) ggf. automatisiert durchgeführt werden.

Solche Dienste unterteilen wir in 3 Klassen: 1. Proprietäre Datenbankdienste, wie z. B. Amazon SimpleDB, DynamoDB (siehe Beispiel unten), Windows Azure Tables, Google AppEngine Datastore; 2. Relationale Datenbankdienste basierend auf herkömmlichen relationalen Datenbankverwaltungssystemen, wie z. B. SQL Azure und Amazon Relational Database Service (RDS); 3. NoSQL-Datenbankdienste, wie z. B. MongoHQ, Cloudant, Cassandra.io, die besonders auf Scale-Out bei Überlast ausgelegt sind.

Eine sehr wichtige Eigenschaft von DBaaS-Systemen ist die *Mandantenfähigkeit* (*Multi Tenancy*) mit dem Ziel der Konsolidierung von Mandanten aus

Effizienzgründen (maximale Ressourcennutzung) unter Aufrechterhaltung der Isolation. Hier werden wiederum vier Varianten unterschieden, die in /13.30/ näher erläutert sind: 1. Privates Betriebssystem; 2. Private(r) Process/Datenbank; 3. Privates Schema; 4. Gemeinsam genutzte Tabellen. Offenbar unterscheiden sich diese Ansätze in der Isolation (am stärksten bei 1, am schwächsten bei 4) und der Effzienz der Ressourcennutzung (am stärksten bei 4, am schwächsten bei 1).

❑ *Beispiel:* Proprietärer DBaaS-Dienst **DynamoDB** /13.18/

DynamoDB ist Teil der Amazon Web Services. Eine Speicherung auf Solid State Disks unterstützt praktisch unbeschränkte Datenmengen. Datenobjekte werden in Form von sogenannten Items verwaltet, die wiederum in Tabellen organisiert sind. Items haben einen Primärschlüssel und bestehen aus schemalosen Key-Value-Paaren. Der Primärschlüssel wird für eine Hash-basierte Datenverteilung genutzt; er kann neben dem *Hash-Key* einen sogenannten *Range-Key* enthalten, der Anfragezwecken dient. Der Datenbankzugriff erfolgt über eine REST-API /13.30/. Als Anfragemöglichkeiten stehen der Punktzugriff über den Primärschlüssel, die Abfrage über *Hash-Key* mit Prädikat auf dem *Range-Key*, *Full-Table-Scans* sowie *Map-Reduce*-Analysen (basierend auf Hadoop /13.30/) zur Verfügung. Als Konsistenzmodi bei Anfragen werden unterstützt: 1. *Strongly consistent*, 2. *Eventually consistent* (es wird möglicherweise eine veraltete Kopie geliefert). Es werden keine Transaktionen unterstützt, lediglich die Atomarität der Änderung eines Items wird zugesagt. Die Abrechnung erfolgt nach einem spezifischen Pay-per-use-Modell.

13.8.4 Skalierbarkeit und Verfügbarkeit

Wie bereits deutlich wurde, sind Skalierbarkeit (sowohl in Bezug auf Anfragelast als auch auf Datenvolumen) und Verfügbarkeit kritische nichtfunktionale Anforderungen an Cloud-Datenbanken. Diesen wird insbesondere durch Anwendung von drei Grundtechniken Rechnung getragen, die teilweise bereits an früherer Stelle in diesem Kapitel angesprochen wurden und im Folgenden noch einmal bzgl. ihres Nutzens in diesem Zusammenhang betrachtet werden sollen.

- **Shared-Nothing Architektur** (→ 13.1.1): Skalierung in Cloud-Umgebungen besteht weniger im Hinzufügen von Komponenten (*Scale-Up*), sondern vielmehr im Hinzufügen von Knoten (*Scale-Out*). Dies wird besser durch Shared-Nothing unterstützt als durch die alternative Mehrrechner-DBS-Klassen.
- **Sharding:** *Sharding* ist ein Begriff, der mit der horizontalen Fragmentierung (→ 13.3.1) korrespondiert. Hierbei werden Datenobjekte auf Datenbanknoten (sogenannte *Shard-Server*) verteilt. Wir unterscheiden die *Range-* von der *Hash-Partitionierung*. Bei der Range-Partitionie-

rung hält jeder Shard-Server einen geordneten zusammenhängenden Bereich aller Datensätze, z. B. alle Einträge von 2011 bis 2012. Dies unterstützt Scans. Der Nachteil ist, dass die Zuteilung von Bereichen zu Shard-Servern verwaltet werden muss und Hotspots entstehen können, die wiederum Rebalancierungen erforderlich machen können. Diese können aber dann ggf. durch einen Split der überlasteten Partition automatisiert vorgenommen werden. Die Range-Partitionierung wird häufig in Wide Column Stores ($\rightarrow$ 12.2.3) eingesetzt (z. B. BigTable, HBase, HyperTable), aber auch in Document Stores ($\rightarrow$ 12.2.2, z. B. MongoDB). Bei der Hash-Partitionierung wird über dem Datensatz bzw. seinem Primäschlüssel ein Hashwert berechnet, der die Zuteilung zu einem Shard-Server repräsentiert. Vorteile sind ein einfaches Mapping sowie eine gleichmäßige Verteilung. Nachteil ist, dass keine Scans sondern lediglich Punktanfragen möglich sind. Dieses Verfahren wird eingesetzt in Key Value Stores ($\rightarrow$ 12.2.1, z. B. Dynamo, Riak, Voldemort) und in Wide Column Stores ($\rightarrow$ 12.2.3, z. B. Cassandra, DynamoDB, SimpleDB, Azure Tables). Eine Effizienz steigernde Variante der Hash-Partitionierung ist das sogenannte *Consistent Hashing*. Hierbei werden die Hashwerte auf einem logischen Ring angeordnet und den Shard-Servern Ringabschnitte zugeordnet. Dies erleichtert das Hinzufügen oder die Reaktion auf den Ausfall eines Shard-Servers, da nicht alle Sätze, sondern nur ein kleiner Teil umverteilt werden müssen. Auch dies verbessert Skalierbarkeit und Verfügbarkeit im Cloud-Einsatz. Beispielsweise verwenden Dynamo, Riak und Cassandra ($\rightarrow$ 12.5) das Consistent Hashing.

- **Replikation:** Replikation erhöht die Verfügbarkeit von Cloud-Datenbanken durch redundante Speicherung von Datensätzen auf mehreren Replika-Servern. Replikationsverfahren können sowohl in der zeitlichen als auch der räumlichen Dimension klassifiziert werden. Zeitlich können *Eager Replication* und *Lazy Replication* unterschieden werden. Eager bedeutet, dass beim Schreiben eines replizierten Datensatzes dem schreibenden Client die Operation erst dann bestätigt wird, wenn die Änderung auf alle Replikate propagiert ist. Im Falle der Lazy Replication werden die Änderungen asynchron an die Replikate bzw. deren Replika-Server übermittelt, was zu höherer Performance aber geringerer Konsistenz führt. Räumlich können Primary-Copy- (bzw. Master-Slave-) Ansätze von Update-Anywhere- (bzw. Multi-Master-) Ansätzen unterschieden werden. Während in ersterem Fall Änderungen immer über einen Master-Knoten ausgeführt werden müssen, der für die Propagierung zu den Replikaten auf den Slave-Knoten verantwortlich ist, kann im zweiten Fall jeder Knoten Änderungen durchführen. Beliebige Kombinationen (räumlich/zeitlich) sind möglich. Eager Replication mit Primary Copy wird von verteilten relationalen Datenbanksystemen umgesetzt. NoSQL-Datenbanksysteme (→ 12.5) verwenden Lazy Replication entweder in Kombination mit Primary Copy (CP-Systeme, z. B. HBase, MongoDB) oder mit Update Anywhere (AP-Systeme, z. B. Dynamo, Cassandra).

In jedem Fall ist in Cloud-Umgebungen Replikation nötig, um Verfügbarkeit zu gewährleisten. Diese hängt jedoch auch vom konkreten Replikationsmechanismus ab. Viele Cloud-Datenbanksysteme bürden den Clients die Aufgabe auf, für einzelne Anfragen zu entscheiden, ob Verfügbarkeit oder Konsistenz wichtiger ist, d. h. ob das Aufsuchen eines verfügbaren Replikats ausreicht oder der Master bzw. alle Replikate aufgesucht werden müssen. Durch die Replikationsstrategie ermöglichte Inkonsistenzen (z. B. Änderungskonflikte bei Update Anywhere) werden durch die Systeme mit verschiedenen Verfahren erkannt und aufgelöst. Beispiele für solche Verfahren sind Read Repair, Gossip-Protokolle, Vector Clocks und kommutative Datentypen. Diese können hier leider nicht im Detail betrachtet werden, sodass auf die weiterführende Literatur verwiesen werden muss /13.30/.

13.9 Trends

Heutzutage ist eine Vielzahl von VDBMS-Produkten kommerziell verfügbar. So bieten die meisten DBMS-Hersteller (z. B. IBM und Oracle) hoch verfügbare und leistungsfähige verteilte Varianten ihrer DBMS-Produkte. Weiter kommen auch die in FDBS eingesetzten Techniken zum Einsatz (z. B. Informationsintegration-Produktserie der IBM), da in Unternehmen häufig bereits existierende, autonome Datenverwaltungssysteme integriert werden müssen, um die Komplexität der Systemlandschaften bewältigen zu können. Diese Komplexität begründet auch das sehr aktuelle Forschungsgebiet der *Informationsqualität* /13.39/.

Vielfältige aktuelle Forschungsarbeiten sind dem Gebiet der Cloud-Datenbanken zuzurechnen. So beschreiben /13.2/, /13.36/ Projekte, die die Verarbeitung analytischer Anfragen in Realzeit anstreben (Realtime Analytics). Effizienzsteigerungen lassen sich auch durch die Verringerung von Netzwerklatenzen beim Cloud-Datenbank-Zugriff durch konsistentes, skalierbares Caching erreichen, wie im ORESTES-Projekt /13.20/ umgesetzt. /13.14/, /13.17/, /13.53/ streben die Skalierbarkeit von ACID-Transaktionen über verteilten (Cloud-)Datenbanken an. Die Quantifizierung von Inkonsistenzen ist das Ziel des in /13.4/ beschriebenen Projekts. Mit zunehmender Verwendung von Cloud-Datenbanksystemen gewinnt auch deren Benchmarking an Bedeutung; ein Beispiel für entsprechende Bestrebungen ist der in /13.13/

beschriebene *Yahoo! Cloud Serving Benchmark*. Ein wesentlicher, wenn auch in diesem Kapitel nicht behandelter Aspekt ist der der Sicherheit und Vertrauenswürdigkeit von Cloud-Datenbanken. So beschreibt /13.42/ beispielsweise einen DBaaS-Ansatz, der vollständig auf verschlüsselten Daten operiert.

14 Data Warehouse

Olaf Herden

> Ein **Data Warehouse** ist eine *physische* Datenbank, die eine *integrierte* Sicht auf beliebige Daten ermöglicht.

Data-Warehouse-Systeme (DWS) haben sich in den letzten Jahren als Standardansatz für entscheidungsunterstützende Systeme etabliert /14.4/, /14.13/, /14.16/, /14.18/, /14.20/. Zunächst wird eine Referenzarchitektur ($\rightarrow$ 14.1) beschrieben, bevor das multidimensionale Datenmodell ($\rightarrow$ 14.2) folgt. Nach der Behandlung verschiedener Speicherungsformen multidimensionaler Schemata ($\rightarrow$ 14.3) werden Erweiterungen relationaler Datenbanken ($\rightarrow$ 14.4) vorgestellt.

14.1 Architektur

> Ein **Data-Warehouse-System** (DWS) enthält neben der Datenbank (dem eigentlichen *Data Warehouse*, DWH) „die Menge aller Komponenten (und deren Beziehungen untereinander), die für das Beschaffen, Aufbereiten, Speichern und Analysieren von Daten" /14.4/ notwendig sind.

Bild 14.1 zeigt die Architektur eines DWS, deren einzelne Komponenten im Folgenden vorgestellt werden.

14.1.1 Datenquellen

Datenquellen enthalten alle für das DWH relevanten Daten und sind somit Ausgangspunkt einer datenflussorientierten Betrachtung der Architektur. Die typischerweise stark heterogenen Datenquellen können internen Ursprungs (operative Systeme der eigenen Organisation) oder aber extern sein, wobei insbesondere das Internet als Quelle in Frage kommt. Der Auswahl geeigneter Quellen zum Aufbau eines DWS kommt erhebliche Bedeutung zu. Bei dieser Auswahl spielen insbesondere die Faktoren Qualität der Daten, technische wie organisatorische Verfügbarkeit und der Preis für den Erwerb der Quelldaten eine Rolle.

14.1.2 Back-End-Bereich

Der **Back-End-Bereich** /14.14/ wird von Werkzeugen gebildet, die zwischen den Datenquellen und dem DWH angesiedelt sind. Neben *Monitoren*

14.1 Architektur

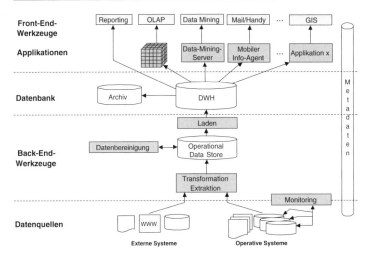

Bild 14.1 *Referenzarchitektur Data-Warehouse-System*

sind dies vor allem Werkzeuge zur *Extraktion*, *Transformation* und zum *Laden* von Daten. Daraus ergibt sich die Bezeichnung *ETL-Bereich* für den Back-End-Bereich bzw. *ETL-Prozess* für den durchgeführten Prozess.

Eine weitere wichtige Aufgabe des Back-End-Bereichs ist die Sicherstellung der *Datenqualität*, die durch ein durchgängiges und umfassendes Datenqualitätsmanagementsystem gewährleistet werden sollte /14.11/, welches eine hohe Güte der zu analysierenden Daten garantiert.

Als physischer Zwischenspeicher dient im Back-End-Bereich eine als **Operational Data Store** (ODS) bezeichnete Datenbank.

14.1.2.1 Monitore

Monitore sind für die Entdeckung von Datenänderungen (neue, geänderte oder gelöschte Datensätze) in Quellsystemen zuständig. Um den ODS – und nachfolgend auch das DWH – aktuell zu halten, müssen Veränderungen in den Quellsystemen inkrementell in das DWS propagiert werden. Die konkrete Funktionsweise eines Monitors hängt unmittelbar von den Charakteristika des angeschlossenen Quellsystems sowie von den Anforderungen der Analysekomponenten ab. Folgende **Monitoring-Strategien** können unterschieden werden /14.22/:

- *Trigger-basiert.* Handelt es sich bei der Datenquelle um ein Datenbanksystem, welches aktive Mechanismen in Form von Triggern ($\rightarrow$ 5.4.1.3) unterstützt, kann das Monitoring erfolgen, indem jede Datenmanipulation einen Trigger auslöst (z. B. After Update), der das geänderte Tupel in eine Datei oder eine andere Datenstruktur schreibt.

- *Replikationsbasiert.* Moderne DBMS bieten Replikationsdienste an. Diese Dienste können so spezifiziert werden, dass sie geänderte Tupel in spezielle Tabellen schreiben.
- *Zeitstempelbasiert.* Jedem Datensatz ist ein Zeitstempel zugeordnet, der im Falle einer Änderung des Datensatzes auf den Zeitpunkt der Änderung gesetzt wird. Anhand der Zeitstempel kann später entschieden werden, welche Datensätze sich seit dem Zeitpunkt der letzten Extraktion geändert haben.
- *Log-basiert.* In diesem Fall nutzt man die Fähigkeit von DBMS aus, vorgenommene Transaktionen in einer Log-Datei zu protokollieren. Durch Analyse einer solchen Log-Datei kann ermittelt werden, welche Daten sich geändert haben.
- *Snapshot-basiert.* Bei dieser Variante wird der Datenbestand einer Quelle in periodischen Zeitabständen in eine Datei, den sog. Snapshot, geschrieben. Durch einen Vergleich aufeinander folgender Snapshots (Delta-Berechnung) können Änderungen identifiziert werden.

▶ *Hinweis:* Von den vorgestellten Monitoring-Strategien erfordert die Snapshot-basierte Variante den größten (Implementierungs-)Aufwand, da sie keine vom Quellsystem bereitgestellten Dienste nutzt. Jedoch ist gerade bei Altsystemen, die solche Dienste meist nicht anbieten, Snapshot-Monitoring häufig die einzige anwendbare Technik zur Entdeckung von Änderungen im Datenbestand.

14.1.2.2 Extraktionskomponenten

Die **Extraktionskomponente** einer an ein DWS angebundenen Datenquelle ist für die Übertragung von Daten in den Transformationsbereich verantwortlich. Je nach verwendeter Monitoring-Strategie (→ 14.1.2.1) gestaltet sich die Extraktion sehr unterschiedlich: Bei der Trigger-basierten Variante sind die geänderten Tupel aus den entsprechenden Dateien auszulesen, bei Verwendung der Replikationsdienste können sie per SQL-Anfrage aus den Replikationstabellen selektiert werden. Die zeitstempelbasierte Variante erfordert lediglich die Selektion von Tupeln anhand ihres Zeitstempels. Bei der Log- bzw. Snapshot-Variante hängt das Vorgehen von der gewählten Umsetzung der Log-Analyse bzw. des Snapshot-Vergleichs ab. Werden die als geändert identifizierten Tupel beispielsweise in eine Datei geschrieben, so ist diese Datei zu importieren.

Selektion der Datenquellen

Eine grundlegende Entscheidung besteht in der Festlegung, welche Datenquellen bzw. Ausschnitte daraus in ein DWS zu integrieren sind. Diese

Selektion hängt stark von der inhaltlichen Relevanz der Datenquellen für die geplanten Auswertungen sowie von der Qualität der Quelldaten ab. Bei der Extraktion werden die selektierten bzw. durch das Monitoring als geändert identifizierten Daten aus den quellenspezifischen Datenstrukturen ausgelesen und in die Datenstrukturen des Transformationsbereichs überführt. Aufgrund der u. U. großen Datenvolumina kann eine Komprimierung der zu transferierenden Daten sinnvoll sein.

Die Zeitpunkte, zu denen eine Extraktion durchgeführt wird, sollten je nach Bedarf unterschiedlich gewählt werden. Es gibt folgende prinzipielle Vorgehensweisen /14.15/:

- *Periodisch.* Die Extraktion wird in periodischen Zeitabständen durchgeführt, wobei die Periodendauer von der Dynamik der Daten bzw. von den gestellten Anforderungen an deren Aktualität abhängt. So sind z. B. Börsenkurse oder Wetterdaten (mehrmals) täglich zu aktualisieren, während Angaben über technische Spezifikationen von Produkten typischerweise beständiger sind und daher mit einer längeren Periodendauer auskommen.
- *Anfragegesteuert.* In diesem Fall wird die Extraktion durch eine explizite Anfrage angestoßen. Wenn beispielsweise eine Produktgruppe um einen neuen Artikel erweitert wird, so kann die Extraktionskomponente angewiesen werden, die in den operativen Quellen zu diesem neuen Artikel gespeicherten Informationen in das DWS zu übertragen.
- *Ereignisgesteuert.* Häufig ist es sinnvoll, einen Extraktionsvorgang durch ein Zeit-, Datenbank- oder externes Ereignis auszulösen. Ein typisches Datenbankereignis wäre beispielsweise das Erreichen einer a priori festgelegten Anzahl von Änderungen. Ein externes Ereignis würde z. B. vorliegen, wenn ein Börsenindex eine bestimmte Marke über- oder unterschreitet.
- *Sofort.* Bei besonders hohen Anforderungen an die Aktualität von Daten, z. B. bei Börsenkursen, kann es erforderlich sein, Änderungen in den operativen Quellen unmittelbar (real time) in den ODS eines DWS zu propagieren. Die Daten im ODS sind damit praktisch immer genauso aktuell wie die Daten in den operativen Systemen.
- ▶ *Hinweis:* Strenggenommen sind auch periodische und anfragegesteuerte Extraktionen ereignisgesteuert, da sie einem speziellen Zeitereignis bzw. einem durch den Anwender ausgelösten Ereignis entsprechen.

14.1.2.3 Transformationskomponente

Ein DWS wird i. Allg. von mehreren heterogenen Datenquellen versorgt, die Daten mit disjunkten oder sich überschneidenden Inhalten in unterschiedlichen Repräsentationsformen liefern. Bevor die aus den Quellen extrahierten Daten in ein DWH geladen werden können, müssen sie in einen Zustand einheitlicher Repräsentation gebracht werden. Transformationen, die dem Zweck der Vereinheitlichung dienen, sind unter dem Begriff **Data Migration** zusammengefasst.

Die transformierten Daten werden schließlich im ODS abgelegt. Dabei ist eventuell eine *Historisierung* inkrementeller Aktualisierungen vorzunehmen. Ein im DWS gespeicherter Datensatz, zu dem es eine Änderung in einer Datenquelle gegeben hat, darf daher nicht grundsätzlich mit den geänderten Werten überschrieben werden. Stattdessen ist der geänderte Datensatz ggf. mit einem Zeitstempel zu versehen und zusätzlich zu dem bereits „veralteten" Datensatz im DWS abzulegen.

In diesem Schritt wird ausschließlich die Transformation von Daten behandelt, nicht hingegen die Transformation von Datenstrukturen bzw. Schemata. *Schemaintegration* ist natürlich eine entscheidende Voraussetzung für die Datenintegration ($\rightarrow$ 13.7).

14.1.2.4 Ladekomponente

Die **Ladekomponente** ist für die Übertragung konsolidierter Daten aus dem ODS in die analyseorientierten Strukturen des DWH zuständig. Zur technischen Durchführung dient dabei oft das Ladewerkzeug des zugrunde liegenden DBMS. Es kann zwischen *Online-* und *Offline-*Ladevorgängen unterschieden werden /14.3/: Bei Online-Ladevorgängen steht das DWH auch während des Ladens für Anfragen zur Verfügung, bei Offline-Ladevorgängen ist dies nicht der Fall. Üblicherweise findet nur das initiale Laden offline statt. Inkrementelle Updates sollten hingegen nur online durchgeführt werden, um den laufenden Betrieb des DWS nicht unterbrechen zu müssen. Das Zeitfenster für den Ladevorgang ist allerdings so zu wählen, dass die Beeinträchtigung der Benutzung minimiert wird, z. B. nachts oder an Wochenenden.

14.1.3 Datenbank

In dieser Architekturschicht sind mit dem DWH und dem *Archiv* die zwei wesentlichen datenspeichernden Komponenten angesiedelt. Als Variante bzw. denkbare Gestaltungsmöglichkeit des DWH sind sog. *Data Marts* populär, die ebenfalls kurz vorgestellt werden ($\rightarrow$ 14.1.3.2).

14.1.3.1 Data Warehouse

Zentrale Komponente eines DWS ist das **Data Warehouse**, eine durch folgende Charakteristika gekennzeichnete Datenbank:

14.1 Architektur

- Die Datenbank ist *physisch* realisiert,
- sowohl Schema als auch Daten sind *integriert*,
- das Schema ist *analyseorientiert*,
- i. Allg. werden an den Daten *keine Modifikationen* vorgenommen,
- in der Regel liegen die Daten *historisiert* vor.

Die wesentlichen Unterschiede zwischen herkömmlichen operativen Datenbanken und DWHs fasst Tabelle 14.1 zusammen /14.4/, /14.5/.

Tabelle 14.1 Vergleich Data Warehouse – operative Datenbanken

Kriterium	Operative Datenbank	Data Warehouse
Zweck und Anwendercharakteristik		
Verwendung	transaktional, Unterstützung von Geschäftsprozessen	analytisch, Informationen für Entscheidungsträger
Anwenderzahl(-typ)	sehr viele (Sachbearbeiter)	wenige (Analysten, Entscheider)
Zugriffscharakteristika		
Zugriffsart von Applikationen	Lesen, Schreiben, Modifizieren, Löschen	Lesen, periodisches Hinzufügen
Transaktionsdauer und -typ	kurze Lese- und Schreibtransaktionen	lange Lesetransaktionen
Anfragecharakteristik (Struktur, Typ)	einfach strukturiert, vorhersagbar	komplex, rechenintensiv, häufig Ad-hoc-Anfragen
Zugriffsart	einzelne Datensätze	Bereichsanfragen
Volumen der (Zwischen-)Ergebnisse	wenige Datensätze	viele Datensätze
Erwartete Antwortzeiten	(Milli-)Sekunden	Sekunden bis Minuten
Update	laufend, konkurrierend	ergänzend, in periodischen Abständen
Daten- und Schemacharakteristika		
Eigenschaften der Daten	nicht abgeleitet, zeitaktuell, autonom, dynamisch	abgeleitet, konsolidiert, historisiert, integriert, stabil
Datenquellen	(meistens) eine	(fast immer) mehrere
Granularität der Daten	Detaildaten	Detaildaten, Aggregate
Aktualität der Daten	Online, Realtime	(meistens) zeitversetzt
Datenschema	normalisiert	zweckgebunden, analyseorientiert
Datenvolumen	Megabyte bis Gigabyte	Gigabyte bis Petabyte

14.1.3.2 Data Marts

Nachteile von DWH

Die Realisierung eines zentralen (d. h. unternehmensweiten) DWH kann sich in einigen Fällen als organisatorisch oder technisch schwer durchsetzbar erweisen. Möglicherweise ist eine solche Lösung zu teuer, organisatorisch nicht realisierbar oder zu ressourcenintensiv. Technische Probleme kann eine zentrale Lösung hinsichtlich der Skalierbarkeit bei steigender Benutzerzahl und/oder anwachsenden Datenbeständen aufwerfen.

Aus diesem Grunde haben sich **Data Marts** („kleine DWHs") als Lösung etabliert, was aus Datenbanksicht einer Verteilung des DWH-Datenbestandes entspricht.

Prinzipiell lassen sich die beiden in Bild 14.2 dargestellten Ausprägungen unterscheiden. *Abhängige* Data Marts sind Extrakte aus einem zentralen, integrierten DWH, während *unabhängige* Data Marts als isolierte Sichten auf die Quellsysteme ohne Verwendung einer „großen, gemeinsamen Datenbasis" realisiert werden.

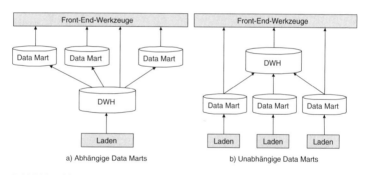

Bild 14.2 Abhängige und unabhängige Data Marts

Bei der Konzeption von abhängigen Data Marts ist die wichtigste Frage, welche Daten der Extrakt enthalten soll. Prinzipiell gibt es drei verschiedene Arten, die auch in Kombination angewendet werden:
- *Struktureller Extrakt.* Nur ein Teil des DWH-Schemas wird in den Data Mart repliziert und somit nur eine bestimmte Gruppe von Analysen ermöglicht.
- *Inhaltlicher Extrakt.* Es wird zwar das gesamte Schema, aber nur ein Teil der Daten im Data Mart vorgehalten, z. B. nur die Daten einer bestimmten Periode oder einer bestimmten Organisationseinheit.

- *Aggregierter Extrakt*. Im Data Mart werden die Daten mit einem geringeren Detaillierungsgrad, d. h. auf einer höheren Abstraktionsebene, gespeichert, so dass sich das Datenvolumen verringert.

14.1.3.3 Archiv-Datenbank

In einem DWS muss eine definierte „Entsorgung" der Daten aus dem DWH vorgesehen werden. Gründe hierfür können mangelndes Interesse an veralteten Daten oder aber Platz- und Performance-Probleme sein.

Bei dieser Entsorgung stellt sich die Frage nach endgültigem Löschen oder der Übernahme in eine **Archiv-Datenbank**. In dieser werden die Daten an einem separaten Ort langfristig gehalten, um sie im Bedarfsfall wieder im DWH zur Verfügung stellen zu können.

Häufig kombiniert man den Archivierungsvorgang auch mit einem erneuten Schreibvorgang in das DWH: Die veralteten Detaildaten werden in die Archiv-Datenbank übertragen, eine verdichtete Version (aggregierter Extrakt) dieser Daten im DWH abgelegt.

14.1.4 Front-End-Werkzeuge

Front-End-Werkzeuge sind auf dem DWH basierende Applikationen. Je nach Funktionsumfang lassen sich verschiedene Klassen von Front-End-Werkzeugen identifizieren.

14.1.4.1 Berichts- und Anfragewerkzeuge

Berichtswerkzeuge erzeugen mittels vordefinierter, oft parametrisierter Anfragen Auswertungen der Daten, reichern diese eventuell um einfache arithmetische Operationen an und repräsentieren sie in Form von Berichten. Diese können tabellarisch oder als Diagramme dargestellt sein. Berichtswerkzeuge lassen sich entweder für die Generierung periodisch wiederkehrender Berichte im *Batchbetrieb* einsetzen oder stehen als Endbenutzeranwendungen für *unregelmäßige* Auswertungen (sog. Ad-hoc-Anfragen) zur Verfügung.

Ebenfalls in diese Kategorie eingeordnet werden können **Anfragewerkzeuge**, bei denen zwischen DB und Benutzer eine Zwischenschicht verwendet wird, die es durch „Point and Click"-Bedienung ermöglicht, Anfragen zu formulieren und so dem Endbenutzer das Darstellen komplexer SQL-Anfragen abnimmt.

14.1.4.2 OLAP-Werkzeuge

OLAP-Werkzeuge (Online Analytical Processing) bieten die Möglichkeit der interaktiven Datenanalyse. Die Sicht auf die Daten erfolgt meistens multidimensional (→ 14.2). Dem Anwender wird die Möglichkeit geboten, in Abhängigkeit von der aktuellen Anfrage eine Zusammenstellung der Daten hinsichtlich Verdichtungsgrad und Präsentation vorzunehmen. Damit bieten sie gegenüber Berichtswerkzeugen die Vorteile einer interaktiven, auf die individuellen Bedürfnisse zugeschnittenen Datenanalyse.

14.1.4.3 Data-Mining-Werkzeuge

Im Gegensatz zum OLAP ist das **Data Mining** (→ 15) ein induktiver Prozess. Es werden keine Vermutungen menschlicher Benutzer durch interaktive Analysen erhärtet. Stattdessen wird versucht, bisher unbekannte Zusammenhänge und Trends im Datenbestand anhand von Algorithmen des maschinellen Lernens und statistischer Verfahren zu entdecken.

Obwohl Data Mining auch ohne DWH möglich ist, bietet das Aufsetzen auf einem DWH erhebliche Vorteile. So können viele Zusammenhänge erst durch die Integration verschiedener Datenbestände oder das Vorliegen eines versionierten Datenbestandes entdeckt werden.

Nachteile des Data Mining in einer DWH-Umgebung sind z. B. folgende: Die für OLAP optimierte Struktur des Schemas ist nicht zwangsläufig für Data Mining geeignet und durch die Bereinigung und Integration von Daten können manche Analysen nicht mehr sinnvoll durchgeführt werden.

Tabelle 14.2 fasst die drei Front-End-Werkzeugtypen zusammen /14.12/.

Tabelle 14.2 Vergleich Front-End-Werkzeugklassen

Kriterium	Berichte	OLAP	Data Mining
Systemausrichtung	berichtsorientiert	berichtsorientiert	algorithmisch
Nutzungsinitiative	systeminduziert	benutzerinduziert	benutzerinduziert
Nutzungsfrequenz	(a-)periodisch	aperiodisch	aperiodisch
DV-Kompetenz der Benutzer	wenig	mittel	(sehr) groß

14.1.4.4 Sonstige Front-End-Werkzeuge

Neben den drei „klassischen" auf einem DWH aufsetzenden Front-End-Komponenten sind beliebige Applikationen denkbar, die sich mit Daten aus dem DWH versorgen (→ Bild 14.1).

- *Beispiel 1:* Mobile Informationsagenten können das DWH als Datenbasis nutzen und durch zusätzliches Wissen kritische Fälle erkennen, in denen sie Benutzer benachrichtigen.
- *Beispiel 2:* Unter Berücksichtigung der Tatsache, dass (fast) alle entscheidungsrelevanten Daten einen Raumbezug haben, ist auch die Kombination mit einem GIS (geografisches Informationssystem) eine interessante Möglichkeit, raumbezogene Auswertungen attraktiv aufbereitet zu präsentieren ($\rightarrow$ 17).

14.1.5 Sonstige Werkzeuge

Ergänzt werden die bisher vorgestellten Komponenten in einem DWS typischerweise um einen *DWS-Manager* und ein *Metadaten-Repository*.

14.1.5.1 DWS-Manager

Der **DWS-Manager** ist ein Administrationswerkzeug, das für die Steuerung und Überwachung der einzelnen im DWS stattfindenden Prozesse zuständig ist. Dazu koordiniert er insbesondere das Zusammenspiel der beteiligten Komponenten, inklusive einer angemessenen *Ausnahme- und Fehlerbehandlung*. Weitere Aufgaben des DWS-Managers sind die *Unterstützung des DWS-Administrators* bei der Prozessplanung und die *Kommunikation mit dem DWS-Administrator* während der Prozessausführung.

14.1.5.2 Metadaten-Repository

Grundvoraussetzung für den effektiven Umgang mit Daten ist das Vorhandensein von Wissen über deren Syntax und Semantik. Sind diese **Metadaten** formal repräsentiert und zentral verfügbar, können Datenverarbeitungsprozesse einerseits automatisiert, andererseits sehr flexibel gestaltet werden. In der DWS-Architektur ist das **Metadaten-Repository** für die zentrale Verwaltung und Bereitstellung von Metadaten zuständig.

Üblicherweise werden *administrative*, *domänenspezifische* und *operative* Metadaten unterschieden /14.6/.

Zu den **administrativen Metadaten** zählen u. a.:

- *Schemainformationen*, d. h. Metadaten im klassischen Sinne als „Daten über Daten",
- Informationen über *Quell- und Zielsysteme*, z. B. technische Charakteristika über den Zugriff wie Rechner- oder DB-Namen,
- *Datenabhängigkeiten* in Form von Transformationsregeln zwischen den Quellsystemen und dem DWH,
- *Datenabhängigkeiten* in Form von Anfragen o. Ä. zwischen dem DWH und den Front-End-Werkzeugen.

Operative Metadaten sind u. a.:
- *Systemstatistiken* für die Ressourcenplanung und Optimierung, d. h. Anfragemuster oder nutzer- bzw. gruppenspezifisches Nutzungsverhalten,
- Informationen über *Scheduling*, *Logging* und *Jobausführung* des DWH,
- Regeln und Funktionen für *Nachladen* und *Archivierung*.

Den **domänenspezifischen Metadaten** werden u. a. zugerechnet:
- *Informationsmodelle* und *konzeptuelle Schemata* ($\rightarrow$ 2), die der implementierungsunabhängigen Dokumentation dienen,
- Organisations- bzw. branchenspezifische Begriffswerke (*Vokabulare*, *Terminologien* und *Taxonomien*),
- *Abbildungen* zwischen diesen drei Begriffswerken und den korrespondierenden Elementen im DWH,
- Informationen über Organisationsstrukturen und Geschäftsprozesse,
- *Konzeptionelle Beschreibungen* von Berichten, Anfragen, Kennzahlen,
- Angaben über die *Datenqualität*.

Das Metadaten-Repository kommuniziert mit den anderen DWS-Komponenten, die entweder Metadaten anfordern (z. B. Schemabeschreibungen) oder aber ihrerseits erzeugte Metadaten im Repository ablegen (z. B. Zugriffsstatistiken).

Typischerweise existieren in der Praxis neben einem zentralen Repository bei den einzelnen Werkzeugen lokale Datenhaltungskomponenten, in denen Metainformationen abgelegt werden.

14.2 Multidimensionale Datenmodelle

Für die Einführung statischer und dynamischer Konzepte multidimensionaler Datenmodelle soll das folgende Beispiel-Szenario dienen: In einem Unternehmen werden die Verkaufszahlen von Produkten pro Tag und Filiale analysiert; relevante Zeiteinheiten neben dem Tag sind Woche, Monat, Quartal und Jahr. Die Produkte sollen einerseits zu Produktgruppen, andererseits zu Marken und Herstellern zusammengefasst werden; Filialen lassen sich immer einer Stadt zuordnen, diese einer Region und diese wiederum einem Land.

14.2.1 Statische Aspekte

Grundbegriffe

Hauptcharakteristikum multidimensionaler Datenmodelle (/14.4/, /14.10/) ist die Klassifikation in *quantifizierende* und *qualifizierende* Daten. **Fakten**

14.2 Multidimensionale Datenmodelle

sind dabei Datenobjekte, die sowohl *quantifizierende* als auch *qualifizierende* Eigenschaften besitzen. Die quantifizierenden Eigenschaften beinhalten für die Organisation relevante Daten, die während einer Datenanalyse weiter gehend untersucht werden können. Qualifizierende Eigenschaften dienen der näheren Beschreibung der quantifizierenden Eigenschaften, wodurch diese eine Bedeutung erhalten.

Ein Fakt setzt sich aus einem oder mehreren **Faktattributen** (synonym *Kennzahlen* oder *Maßzahlen*) zusammen, die zumeist numerisch sind und den quantifizierenden Aspekt bestimmen. Dagegen beschreiben **Dimensionen** den qualifizierenden Aspekt von Fakten. Sie beantworten dabei typischerweise Fragen wie „Wo, Wann, Warum, ... ist der Fakt aufgetreten?".

❏ *Beispiel:* In der Verkaufswelt ist Verkaufszahl ein Fakt, die konkrete Anzahl verkaufter Produkte ist eine Kennzahl, und das Produkt (*Was* wurde verkauft?), die Filiale (*Wo* wurde es verkauft?) und der Tag (*Wann* wurde es verkauft?) stellen Dimensionen dar.

Die Anzahl der Dimensionen eines Fakts wird als seine **Dimensionalität** bezeichnet. Die um einen Fakt angeordneten Dimensionen spannen einen (multidimensionalen) Datenraum auf, der **Datenwürfel** (data cube) genannt wird. Bei bis zu dreidimensionalen Fällen wie im Beispiel lässt sich dieser Würfel grafisch gut veranschaulichen (→ Bild 14.3).

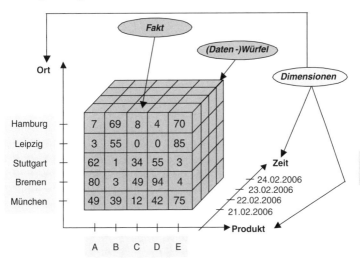

Bild 14.3 Statische Aspekte multidimensionaler Datenmodelle

Hierarchie und Verdichtung

Weil multidimensionale Datenschemata einen analyseorientierten Charakter besitzen, werden die Daten auf den Dimensionen im Hinblick auf diese Analysen zusammengefasst. Eine solche Zusammenfassung wird als **Hierarchieebene** (auch *Aggregations-* oder *Verdichtungsebene*) bezeichnet. Eine Menge aufeinander aufbauender Hierarchieebenen heißt *Dimensionshierarchie* (auch: *Hierarchie, Verdichtungspfad*). Das Zusammenfassen von Daten entlang einer Hierarchie nennt man *Verdichtung* (auch: *Gruppierung, Aggregation*). Dieses Zusammenfassen erfolgt mittels einer Berechnungsvorschrift, die entsprechend als *Verdichtungs-*, *Gruppierungs-* oder *Aggregationsfunktion* bezeichnet wird.

Innerhalb einer Dimension kann es Fälle geben, in denen auf eine Hierarchieebene alternativ mehrere andere folgen, indem aufgrund verschiedener Merkmale verdichtet wird. In diesem Falle spricht man von *multiplen Hierarchien* oder *Mehrfachhierarchien*. Werden verzweigende Pfade innerhalb der Hierarchie wieder zusammengeführt, so spricht man auch von *alternativen Verdichtungspfaden*. Bild 14.4 zeigt für das Beispiel eine einfache Hierarchie auf der Ortsdimension und eine multiple Hierarchie auf der Produktdimension.

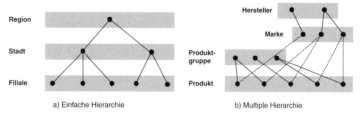

Bild 14.4 Einfache und multiple Hierarchie

Den Verdichtungsgrad von Daten innerhalb einer Hierarchie bezeichnet man als **Granularität**. Hierbei besitzen die *Detaildaten* den niedrigsten Verdichtungsgrad bzw. die feinste Granularität, zusammengefasste Daten haben entsprechend einen höheren Verdichtungsgrad und damit eine gröbere Granularität.

Unbalancierte Hierarchie

Es ist möglich, dass bei der Zuordnung von Elementen einer Hierarchieebene zur nächsthöheren (oder nächstniedrigeren) Ebene nicht immer zugehörige Elemente existieren. In diesem Fall ergibt sich auf Instanzebene ein unbalancierter Baum. Man spricht dann von einer **unbalancierten Hierarchie**.

14.2 Multidimensionale Datenmodelle

- *Beispiel:* Einige Bundesländer haben Bezirke als untergeordnete Instanz, andere nicht. Dementsprechend werden Landkreise entweder Bezirken (und diese dann Bundesländern) oder direkt Bundesländern zugeordnet (→ Bild 14.5).

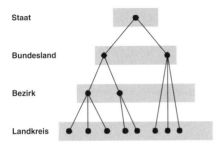

Bild 14.5 Unbalancierte Hierarchie

Anteilige Verrechnung

In /14.24/ wird die Problematik der **anteiligen Verrechnung** vorgestellt, die durch Zuordnung eines Elementes einer Hierarchieebene zu mehreren Elementen der nächsthöheren Ebene mittels einer Berechnungsvorschrift entsteht.

- *Beispiel:* Eine Woche kann nicht eindeutig einem Kalenderjahr zugeordnet werden, so dass in der Zeit-Hierarchie in Bild 14.6a eine Woche auf zwei Jahre aufgeteilt wird.

Bei einer Verdichtung der Daten muss berücksichtigt werden, dass ein Wert nicht mehrfach zu 100 % in die Berechnung einbezogen werden darf. Die herkömmliche Definition einer Dimensionshierarchie mit – auf Instanzebene – eindeutig identifizierbaren Elternknoten ist somit nicht verwendbar.

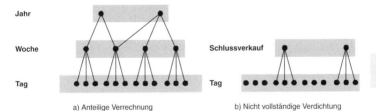

Bild 14.6 Anteilige Verrechnung und nicht vollständige Verdichtung

Nicht vollständige Verdichtung

Ebenso können Fälle auftreten, in denen nicht alle Instanzen einer Hierarchieebene an der Verdichtung teilnehmen (→ Bild 14.6b). In diesem Falle spricht man von einer **nicht vollständigen Verdichtung**. Beim Navigieren entlang einer solchen Verdichtung wird anschaulich die Datenbasis um die nicht an der Verdichtung teilnehmenden Instanzen „ausgedünnt".

▶ *Hinweis:* Hierbei ist insbesondere zu beachten, dass ein Hierarchiepfad, der eine nicht vollständige Verdichtung beinhaltet, i. Allg. nicht wieder mit anderen Hierarchieebenen zusammengeführt werden darf, weil dann aufgrund der zuvor verlorenen Daten falsche Werte zustande kommen.

Aggregierbarkeit

Beim Navigieren entlang der Verdichtungspfade werden die Daten entsprechend einer Verdichtungsoperation verrechnet. Hierbei ist nicht jede Operation für jede Kennzahl anwendbar.

❏ *Beispiel:* In einer meteorologischen Datenbank erhält man bei Addition der Kennzahl Temperatur bzgl. der Dimension Ort falsche Werte.

Ein Überblick über diese Problematik findet sich in /14.19/, /14.24/. Die Eigenschaft einer Kennzahl, bzgl. einer Dimension bestimmte Verdichtungsoperatoren zu besitzen, wird als *Aggregierbarkeit*, *Additivität* oder *Summierbarkeit* bezeichnet.

14.2.2 Dynamische Aspekte

Unter den **dynamischen Aspekten** multidimensionaler Datenmodelle werden Operationen auf den statischen Strukturen verstanden.

Häufigste Operation ist das Wechseln zwischen Hierarchieebenen, das als **Drilling** bezeichnet wird. Das Wechseln auf eine gröbere Hierarchieebene heißt **Roll Up**, die inverse Operation – die Verfeinerung der Hierarchieebene – wird als **Drill Down** bezeichnet.

❏ *Beispiel:* In Bild 14.7 wird ein Roll Up bzw. Drill Down auf der Zeit-Dimension durchgeführt. Dabei wird zwischen den Hierarchieebenen Quartal und Monat gewechselt, Verdichtungsoperation ist die Addition. So wurde das Produkt in der untersten Zeile des Würfels im ersten Quartal 49-mal verkauft, die Aufteilung auf die Monate erkennt man nach Durchführen der Drill-Down-Operation (Januar 12, Februar 25, März 12).

Bild 14.8 zeigt das **Rotieren** oder **Pivotisieren**, bei dem der Datenwürfel in eine für die aktuelle Datenanalyse angemessene Position bewegt wird.

Schließlich ist auch das benutzergesteuerte Explorieren des Datenwürfels eine wichtige multidimensionale Operation. Durch Selektion der Dimensionselemente werden hierbei die sichtbaren Daten auf einen Teilwürfel (*Dice*) oder eine Scheibe (*Slice*) eingeschränkt.

14.2 Multidimensionale Datenmodelle

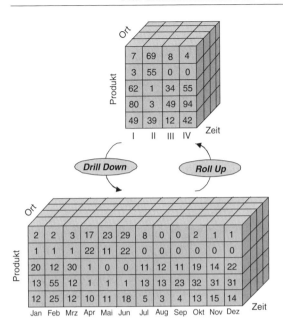

Bild 14.7 Roll Up und Drill Down

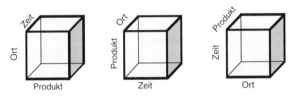

Bild 14.8 Rotation

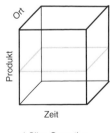
a) Slice-Operation

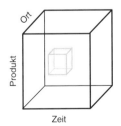
b) Dice-Operation

*Bild 14.9
Slice und Dice*

- *Beispiel:* Durch Einschränkung auf der Produkt-Dimension wird eine Slice-Operation (→ Bild 14.9a), durch Einschränkung auf allen drei Dimensionen eine Dice-Operation (→ Bild 14.9b) ausgeführt.

14.3 Speicherung und Schemagestaltung

Die im letzten Abschnitt konzeptionell beschriebenen multidimensionalen Schemata können in relationalen oder in multidimensionalen Datenbanken oder auch spaltenorientiert gespeichert werden.

14.3.1 Relationale Speicherung

In einem **Schneeflockenschema** (*snowflake schema*) wird jede Hierarchieebene durch eine Tabelle repräsentiert, Verdichtungspfade lassen sich durch 1:N-Beziehungen zwischen diesen Dimensionstabellen realisieren. Im Zentrum eines Schneeflockenschemas steht die *Faktentabelle* (→ 14.2.1), deren Spalten neben den Fakten durch die Fremdschlüsseleinträge der untersten

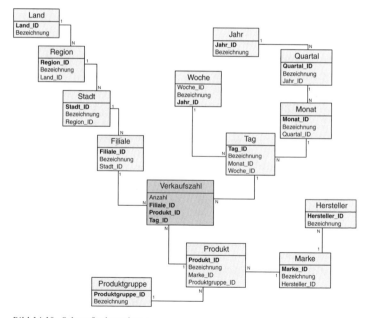

Bild 14.10 Schneeflockenschema

Ebene einer jeden Dimension gebildet werden. Bild 14.10 zeigt das Schneeflockenschema des Verkaufsbeispiels.

In einem **Sternschema** (*star schema*) wird jede Dimension durch nur eine Tabelle dargestellt, d. h., das Sternschema entsteht aus einem Schneeflockenschema durch Denormalisierung der Dimensionstabellen. Bild 14.11 zeigt das Beispiel als Sternschema.

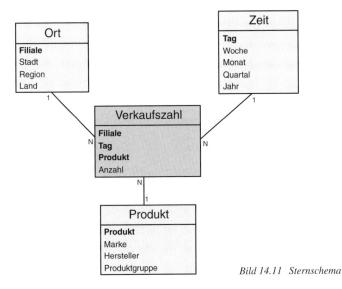

Bild 14.11 Sternschema

Anfragen auf dem Sternschema sind performanter, da weniger Verbundoperationen durchzuführen sind. Das Problem möglicher Anomalien durch Redundanzen ist dadurch entschärft, dass die Daten kontrolliert über den ETL-Prozess (→ 14.1.2) eingefügt werden.

▶ *Hinweis:* In der Praxis sind abhängig vom OLAP-Server beide Schemaformen gängig. Außerdem sind Mischformen und Erweiterungen, wie das sog. Starflake-Schema, anzutreffen.

14.3.2 Multidimensionale Speicherung

Bei der **multidimensionalen Speicherung** wird der mehrdimensionale Würfel in ein eindimensionales Feld überführt, was man als *Linearisierung* bezeichnet. Dafür wird der Würfel anschaulich in Scheiben geschnitten und die einzelnen Zellen nacheinander in das Feld abgebildet, wobei es verschiedene Formen der Traversierung gibt (→ Bild 14.12).

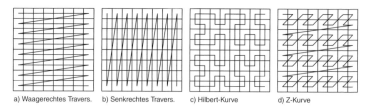

a) Waagerechtes Travers.   b) Senkrechtes Travers.   c) Hilbert-Kurve   d) Z-Kurve

Bild 14.12 Formen der Linearisierung

Vorteil der multidimensionalen gegenüber der relationalen Speicherung ist die größere Performance. Dem steht aber ein hoher Speicherplatzverbrauch gegenüber, da für das Feld Platz in der Größe des gesamten Würfels – und nicht nur der tatsächlich besetzten Zellen – allokiert werden muss. Außerdem ist nach dem Einfügen neuer Daten die gesamte Linearisierung erneut durchzuführen.

Auf relationaler Technologie basierende Systeme werden als *ROLAP* (relationales OLAP), auf multidimensionaler Speicherung aufbauende Systeme als *MOLAP* (multidimensionales OLAP) bezeichnet. In der Praxis ist häufig der *HOLAP*-Ansatz (hybrides OLAP) anzutreffen: Generell werden alle Daten in einem relationalen Schema gespeichert und wichtige Ausschnitte aus dem Datenwürfel, auf die häufig zugegriffen wird, hält das System redundant in multidimensionaler Form vor.

14.3.3 Spaltenorientierte Speicherung

Während in einer relationalen Datenbank die Datensätze standardmäßig Zeile für Zeile abgespeichert werden, werden bei der spaltenorientierten Speicherung die Werte einer Spalte fortlaufend in sog. **Column Stores** abgespeichert /14.1/, /14.21/. Bild 14.13 stellt diese beiden Ansätze gegenüber.

Die zeilenorientierte Speicherung ist in der OLTP-(Online Transaction Processing)Verarbeitung vorteilhaft, weil hier typischerweise einzelne Datensätze angefragt und verarbeitet werden (→ Tabelle 14.1). Spaltenorientierte Speicherung kann in analytischen Applikationen in einem DWH-System vorteilhaft sein, weil in diesen Anwendungen häufig eine größere Datenmenge angefragt wird und auf dieser eine statistische Berechnung stattfindet.

Spaltenorientierte Speicherung hat bei sehr breiten Faktentabellen einen deutlichen Vorteil, wenn in einer Anfrage nur wenige Attribute benötigt werden.

14.3 Speicherung und Schemagestaltung 449

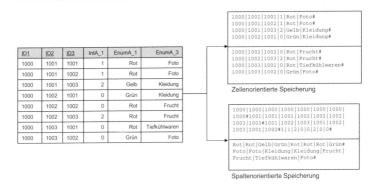

Bild 14.13 Zeilen- und spaltenorientierte Speicherung

❏ *Beispiel:* Eine Faktentabelle habe 30 Attribute, die Daten werden zeitlich fortlaufend abgespeichert, es befinden sich Daten von einem Jahr in der Tabelle. In einer Anfrage seien nun die drei Faktattribute 5, 9 und 24 relevant, in der WHERE-Klausel werde bzgl. der Zeitdimension die Anzahl der Datensätze auf zwei zusammenhängende Monate eingeschränkt. Bei zeilenorientierter Speicherung werden die gesamten Datensätze gelesen, was im Beispiel ungefähr 17 % des Gesamtvolumens betrifft. Bei zeilenorientierter Speicherung werden nur die relevanten Daten gelesen, was in diesem Beispiel ca. 2 % der Daten entspricht.

Daten in zeilenorientierten Systemen lassen sich nur schlecht komprimieren, weil in einem Datensatz typischerweise Werte vieler verschiedener Datentypen gespeichert sind. Durch die Spaltenorientierung hingegen stehen die sehr ähnlichen Werte einer Spalte auch physisch nah beieinander und bieten eine gute Basis für Kompression. Dabei können pro Spalte (oder sogar die Spalte noch einmal in Teilabschnitte zerlegt) verschiedene Kompressionsverfahren verwendet werden.

Bild 14.14 zeigt exemplarisch drei im Umfeld von Datenbanken populäre Kompressionstechniken. Bei der ganz links dargestellten Wörterbuchkompression (/14.1/, /14.23/) werden statt des Volltextes als Zeichenkette kurze binäre Codes abgespeichert. In der Mitte ist die Lauflängencodierung /14.9/ dargestellt, die sich bei Werten mit wenigen Zeichen und langen Sequenzen des gleichen Zeichens anbietet, anstelle der gesamten Sequenz wird jeweils die aufeinander folgende Anzahl an Werten gespeichert. Ganz rechts in Bild 14.14 ist schließlich die Delta-Codierung /14.8/ zu sehen, die bei Sequenzen steigender (oder fallender) ganzzahliger Werte Anwendung findet. Anstatt die einzelnen Werte zu speichern, wird jeweils die Differenz zum Vorgänger angegeben. Zu jedem der drei Verfahren ist jeweils der Kompressionsfaktor

(KF) als Quotient aus unkomprimierter und komprimierter Speicherung angegeben. Der eingesparte Speicherplatz ergibt sich, indem der Kehrwert des KF von 1 subtrahiert wird.

	Wörterbuchkompression	Lauflängencodierung	Delta-Codierung

Unkomprimierte Speicherung	`Kleidung|Kleidung|Frucht|`
	`Foto|Foto|Kleidung|Frucht|`
	`Tiefkühlwaren|Tiefkühlwaren|`
	`Frucht|Frucht|Frucht|`
	`Kleidung|Foto|Tiefkühlwaren|`
	`Tiefkühlwaren|Tiefkühlwaren|`
		aaaaabbbcccccccaaa	121355
			121356
			121358
			121361
			121362
			121364
			121366

Komprimierte Speicherung	`Wörterbuch:`
	`Kleidung     00`
	`Frucht       01`
	`Tiefkühlwaren 10`
	`Foto         11`
	`Daten:`
	`00|00|01|11|11|00|01|10|10|01`
	`|01|01|00|11|10|10|10|`
		5a3b7c3a	...
			1
			2
			3
			1
			2
			2

Kompressions-faktor	Unkomprimierte Speicherung: 17 Einträge, 139 Zeichen á 1 Byte Komprimiert: Pro Eintrag 2 Bit KF = 32.7	Unkomprimiert: 18 Zeichen Komprimiert: 8 Zeichen KF = 2.25	Unkomprimiert: 7 Integer-Werte á 4 Byte Komprimiert: 7 Byte-Werte KF = 4
Speicherplatz-ersparnis	97 %	56 %	75 %

Bild 14.14 Kompressionsverfahren in Datenbanken

▶ *Hinweis:* Bei dieser Berechnung wird der Platzbedarf für das Wörterbuch vernachlässigt. Dies führt im Beispiel zu einer erheblichen Steigerung des KF (sonst 3.2). Bei einer entsprechend großen Anzahl an Einträgen ist diese Annahme aber durchaus realistisch.

Generelle Aussagen über erreichbare Kompressionsraten sind schwer vorzunehmen. Die Kompressionsrate hängt wesentlich von den Faktoren Datentyp, Anzahl unterschiedlicher Werte einer Spalte, Verteilung der Werte und Anzahl von Nullwerten ab.

Neben der Kompression ist das Bilden von Metadaten eine wichtige Technik, die in spaltenorientierten Systemen genutzt wird. Bild 14.15 zeigt diese Vorgehensweise: Eine Spalte wird in Gruppen zerlegt und für jede Gruppe werden statistische Informationen abgelegt (z. B. Erstellung eines Histogramms oder Speicherung der Anzahl von Nullwerten) bzw. Werte vorberechnet (z. B. Minimum, Maximum und Summe). Diese statistischen Informationen sind im Verhältnis zu den Rohdaten relativ klein und können im Hauptspeicher gehalten werden. Bei späteren Anfragen können sie genutzt werden, einige Anfragen lassen sich hiermit beantworten und das teure Lesen und Dekomprimieren der gespeicherten Daten entfällt.

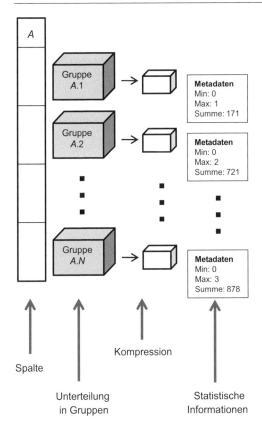

Bild 14.15
Statistische Informationen und Metadaten

14.4 Erweiterung relationaler Datenbanken

Aufgrund der besonderen Eigenschaften von DWH (z. B. großes Datenvolumen, besondere Ladeanforderungen, komplexe Anfragetypen) kann es bei Verwendung konventioneller relationaler Datenbanken zu Performance-Engpässen kommen. Begegnet worden ist diesem Problem von den führenden DBMS-Anbietern (u. a. Oracle, IBM und Microsoft) durch Erweiterungen zur Beschleunigung von Anfragen bzw. Einfügeoperationen. Die wichtigsten Erweiterungen werden in diesem Abschnitt vorgestellt.

14.4.1 Materialisierte Sichten

Nur in wenigen Fällen beziehen sich Anfragen der Datenanalyse auf den im DWH gespeicherten Detaillierungsgrad, vielmehr werden die Daten häufig in verdichteter Form benötigt, z. B. bei einer Auswertung nach Verkaufsregionen und Produktgruppen pro Quartal statt nach Filialen und Produkten pro Tag.

Diese Art von Anfragen kann durch **materialisierte Sichten** gut unterstützt werden, indem das vorberechnete Resultat redundant gespeichert wird. Die SQL-Anweisung CREATE VIEW (→ 4.7.6), die ein rein virtuelles Konzept realisiert, wurde zur CREATE-MATERIALIZED-VIEW-Anweisung erweitert. Hierbei können zusätzliche Optionen, wie z. B. die Aktualisierungsstrategie, festgelegt werden.

Bild 14.16 zeigt Beispieldaten, aus denen eine materialisierte Sicht angelegt wird.

Ort

Filiale	Stadt	Region	Land
Hamburg	Hamburg	Nord	D
Leipzig	Leipzig	Ost	D
Stuttgart	Stuttgart	Süd	D
Bremen-Nord	Bremen	Nord	D
Bremen-Süd	Bremen	Nord	D
München	München	Süd	D

Zeit

Tag	Woche	Monat	Quartal	Jahr
5.1.2006	2006 - 1	2006 - 1	2006 - Q1	2006
12.1.2006	2006 - 2	2006 - 1	2006 - Q1	2006
13.2.2006	2006 - 7	2006 - 2	2006 - Q1	2006
23.2.2006	2006 - 8	2006 - 2	2006 - Q1	2006
4.3.2006	2006 - 9	2006 - 3	2006 - Q1	2006
7.4.2006	2006 - 14	2006 - 4	2006 - Q2	2006
25.4.2006	2006 - 17	2006 - 4	2006 - Q2	2006

Verkaufszahl

Filiale	Produkt	Tag	Anzahl
Hamburg	Pizza Funghi	5.1.2006	78
Hamburg	Pizza Funghi	12.1.2006	67
Leipzig	Pizza Hawaii	12.1.2006	42
München	Pizza Calzione	13.2.2006	53
Stuttgart	Pizza Napoli	23.2.2006	23
Bremen-Nord	Pizza Funghi	4.3.2006	69
Bremen-Süd	Pizza Vegetale	7.4.2006	45
Stuttgart	Pizza Hawaii	25.4.2006	92

Produkt

Produkt	Marke	Hersteller	Produktgruppe
Pizza Funghi	Gourmet-Pizza	Frost GmbH	Tiefkühlkost
Pizza Hawaii	Gourmet-Pizza	Frost GmbH	Tiefkühlkost
Pizza Napoli	Pizza	TK-Pizza AG	Tiefkühlkost
Pizza Vegetale	Good&Cheap	Frost GmbH	Tiefkühlkost
Pizza Calzione	Pizza	TK-Pizza AG	Tiefkühlkost

Bild 14.16 Beispieldaten für das Sternschema aus Bild 14.11

14.4 Erweiterung relationaler Datenbanken 453

◊ *Programm:* Aus den Daten in Bild 14.16 wird mit folgender Anweisung eine materialisierte Sicht angelegt (→ Bild 14.17):
```
CREATE MATERIALIZED VIEW Region_Marke_Jahr AS
SELECT O.Region, P.Marke, Z.Jahr, SUM(V.Anzahl) AS Anzahl
FROM   (((Verkaufszahl V JOIN Ort O ON(V.Filiale=O.Filiale))
           JOIN Zeit Z ON(V.Tag=Z.Tag))
           JOIN Produkt P ON(V.Produkt=P.Produkt))
GROUP BY O.Region, P.Marke, Z.Jahr;
```

Mat. Sicht: Region_Marke_Jahr

Region	Marke	Jahr	Anzahl
Nord	Gourmet-Pizza	2006	214
Nord	Good&Cheap	2006	45
Ost	Gourmet-Pizza	2006	42
Süd	Pizza	2006	76
Süd	Gourmet-Pizza	2006	92

Bild 14.17 Anlegen Materialisierter Sichten

Wird nun eine Anfrage an das DWH gestellt, so erkennt der Optimierer die Existenz dieser materialisierten Sicht und kann sie durch Umschreiben der Anfrage (*query rewrite*) nutzen. Dabei kann die materialisierte Sicht auch für Anfragen dienen, die höher verdichtet sind als die materialisierte Sicht selbst.

◊ *Programm:*
```
SELECT O.Jahr, Z.Jahr, P.Hersteller
FROM   (((Verkaufszahl V JOIN Ort O ON(V.Filiale=O.Filiale))
           JOIN Zeit Z ON(V.Tag=Z.Tag))
           JOIN Produkt P ON(V.Produkt=P.Produkt))
WHERE  O.Region='Nord' AND Z.Jahr='2006'
GROUP BY O.Jahr, Z.Jahr, P.Hersteller;
```
wird vom DBMS umgeschrieben zu
```
SELECT O.Jahr, Z.Jahr, P.Hersteller
FROM   (((Region_Marke_Jahr RMJ
           JOIN Ort O ON(RMJ.Region=O.Region))
           JOIN Zeit Z ON(RMJ.Jahr=Z.Jahr))
           JOIN Produkt P ON(RMJ.Marke=P.Marke))
WHERE  O.Region='Nord' AND Z.Jahr='2006'
GROUP BY O.Jahr, Z.Jahr, P.Hersteller;
```

14.4.2 Partitionierung

Partitionierung hat ihren Ursprung im Bereich verteilter und paralleler Datenbanksysteme, wobei die Aufteilung einer Tabelle auf einzelne Rechnerknoten mit dem Ziel der Lastverteilung im Vordergrund steht. Dabei werden die zwei Phasen der *Fragmentierung* (Bestimmung der Verteilungseinheiten) und der *Allokation* (Zuordnung der Fragmente zu physischen Einheiten wie Plattenspeichern oder Rechnerknoten) unterschieden ($\rightarrow$ 13.2). Aber auch in nicht verteilten Datenbanken können Performance-Steigerungen durch Partitionierung erreicht werden, indem eine Tabelle mit umfangreicher Extension auf mehrere kleinere, als **Partitionen** bezeichnete Tabellen aufgeteilt wird. Aufgrund ihrer Größe bietet sich in einem DWH insbesondere die Faktentabelle zur Partitionierung an. Im Wesentlichen wird zwischen den in Bild 14.18 dargestellten Varianten *horizontaler* und *vertikaler* Partitionierung unterschieden.

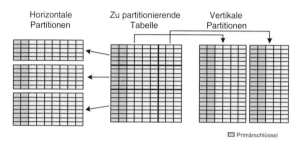

Bild 14.18 Partitionierung

Horizontale Partitionierung kann *zufällig*, z. B. nach dem *Round-Robin-Verfahren*, oder *wertebasiert* erfolgen /14.7/, /14.17/. Während wertebasierte Partitionierung bei lesenden DB-Operationen nur auf bestimmte Partitionen zuzugreifen braucht, kann zufällige Partitionierung zur Erhöhung des Parallelitätsgrades von Einfügeoperationen genutzt werden. Bei der wertebasierten Variante unterscheidet man wiederum zwischen *Bereichs-* und *Hash-Partitionierung*. Während bei der Hash-Partitionierung eine Funktion über die Fragmentierung der Tupel entscheidet, geschieht die Bereichspartitionierung aufgrund semantischer Kriterien. Im Kontext von DWH bieten sich häufig Ort und Zeit als Kriterien zur Fragmentierung an. Werden beispielsweise in einem DWH die Zahlen der letzten vier Jahre gespeichert, könnte die gesamte Faktentabelle durch Bereichsfragmentierung in vier Partitionen aufgesplittet werden.

Vertikale Partitionierung bietet sich vor allem für besonders „breite" Tabellen, d. h. solche mit vielen Attributen, an. Im DWH kann dies für einige Dimensionstabellen zutreffen. Weil für das Wiederzusammensetzen der Partitionen jedoch eine relativ teure 1:1-Verbundanfrage nötig ist, besitzt die vertikale Partitionierung im DWH-Umfeld nur eine untergeordnete Bedeutung.

Zur Unterstützung der Partitionierung von Tabellen ist die CREATE-TABLE-Anweisung um eine Klausel erweitert worden, in der die Partitionierungskriterien festgelegt werden.

- *Beispiel:* Bereichspartitionierung
  ```
  CREATE TABLE Verkaufszahl(...) AS
  PARTITION BY RANGE (Tag)(
  PARTITION VerkaufVor2005 VALUES LESS THAN('2005-01-01'),
  PARTITION Verkauf2005 VALUES LESS THAN('2006-01-01'),
  PARTITION Verkauf2006 VALUES LESS THAN('2007-01-01'),
  PARTITION VerkaufNach2006 VALUES LESS THAN(MAXVALUE));
  ```

14.4.3 Bitmap-Index

Herkömmliche Indexstrukturen basieren auf B- bzw. B*-Bäumen ($\rightarrow$ 8.3.2) und sind für das effiziente Suchen und Finden einzelner Datensätze ausgelegt. Die meisten analytisch geprägten Anfragen an ein DWH umfassen jedoch immer einen Bereich von Daten, und herkömmliche Indexstrukturen können nicht unterstützend wirken. *Bitmap-Indexe* jedoch unterstützen diese Art von Anfragen.

> Bei einem **Bitmap-Index** wird für jede Ausprägung des indexierten Attributs ein Bitvektor von der Länge der Anzahl der Datensätze angelegt und an jeder Stelle der Wert 0 oder 1 eingetragen, je nachdem, ob das Attribut in diesem Datensatz einen Wert hat oder nicht.

Bei Anfragen kann durch Anwendung von booleschen Operatoren auf die Bitvektoren die Resultatsmenge effizient bestimmt werden, was unter anderem bei sog. Star Queries ($\rightarrow$ 14.4.6) zur Anwendung kommt.

Eine wichtige Variante sind *bereichscodierte Bitmap-Indexe*, in denen in einem Bit nicht ein einzelner Wert, sondern ein Bereich codiert wird.

- *Beispiel:* Bild 14.19 zeigt ein Beispiel der Codierung des Attributs Monat: Der i-te Vektor repräsentiert den i-ten Monat und besitzt an einer Position eine 1, wenn der Wert des entsprechenden Tupels im Bereich bis einschließlich dieses Wertes liegt.

Für jede Bereichsanfrage müssen höchstens zwei Bitvektoren gelesen werden, z. B.:

- Bereich von Februar bis einschließlich Mai („Januar" $< x \leq$ „Mai"): NOT B_1 AND B_5
- Bereich bis einschließlich Juni ($x \leq$ „Juni"): B_6
- Bereich ab August ($x >$ „Juli"): NOT B_7

- Punktanfragen (d. h. im Beispiel das Lesen eines einzelnen Monats) erfordern jedoch das Lesen von zwei Bitvektoren, z. B. für Mai: B_5 AND NOT B_4

Bereichscodierter Bitmap-Index über der Spalte Monat

Zeit					B_1 B_2 B_3 B_4 B_5 B_6 B_7 B_8 B_9 B_{10} B_{11} B_{12}
Tag	Woche	Monat	Quartal	Jahr	
5.12.2006	2006 - 49	2006 - 12	2006 - Q4	2006	0 0 0 0 0 0 0 0 0 0 0 1
12.1.2006	2006 - 6	2006 - 1	2006 - Q1	2006	1 1 1 1 1 1 1 1 1 1 1 1
23.3.2006	2006 - 12	2006 - 3	2006 - Q1	2006	0 0 1 1 1 1 1 1 1 1 1 1
4.5.2006	2006 - 18	2006 - 5	2006 - Q2	2006	0 0 0 0 1 1 1 1 1 1 1 1
7.1.2006	2006 - 6	2006 - 1	2006 - Q1	2006	1 1 1 1 1 1 1 1 1 1 1 1
13.7.2006	2006 - 28	2006 - 7	2006 - Q3	2006	0 0 0 0 0 0 1 1 1 1 1 1
7.8.2006	2006 - 32	2006 - 8	2006 - Q3	2006	0 0 0 0 0 0 0 1 1 1 1 1
13.5.2006	2006 - 19	2006 - 5	2006 - Q2	2006	0 0 0 0 1 1 1 1 1 1 1 1

Bild 14.19 Bereichscodierter Bitmap-Index

14.4.4 SQL-Erweiterungen zum Einfügen

Im SQL-Standard kann nur eine Aktualisierungs- oder eine Einfügeoperation ausgeführt werden. Die MERGE-INTO-Anweisung ermöglicht eine kombinierte Anwendung dieser beiden Operationen ($\rightarrow$ 4.6.4). Ist ein Datensatz bereits in der Tabelle, so soll dieser aktualisiert werden. Ist der Datensatz jedoch noch nicht in der Tabelle, so wird er eingefügt.

Produkt	
ID	Name
4711	Pizza Funghi
4712	Pizza Quattro Stagione
4713	Pizza Vegetale

Produkt_Neu	
ID	Name
4711	Pilz-Pizza
4712	Pizza Quattro Stagione
4713	Pizza Vegetale
4714	Pizza Hawaii

```
MERGE INTO Produkt P1
USING (SELECT ID, Name
       FROM Produkt_Neu) P2
ON    (P1.ID = P2.ID)
WHEN MATCHED THEN
  UPDATE SET P1.Name = P2.Name
WHEN NOT MATCHED THEN
  INSERT (P1.ID, P1.Name) VALUES (P2.ID, P2.Name);
```

Produkt	
ID	Name
4711	Pilz-Pizza
4712	Pizza Quattro Stagione
4713	Pizza Vegetale
4714	Pizza Hawaii

Bild 14.20 Beispiel MERGE-INTO-Anweisung

14.4 Erweiterung relationaler Datenbanken 457

❏ *Beispiel:* In Bild 14.20 wird eine neue Liste mit Produkten zur Verfügung gestellt, die mit der Tabelle Produkt gemischt werden soll. Datensatz 4711 wird aktualisiert, die unveränderten Datensätze 4712 und 4713 bleiben erhalten (bzw. werden mit den gleichen Werten überschrieben) und der neue Datensatz 4714 wird hinzugefügt.

14.4.5 Komplexes Gruppieren

Für die beschleunigte bzw. leichtere Berechnung von (Zwischen-)Summen ist die GROUP-BY-Klausel erweitert worden. Zur Demonstration dieser erweiterten Gruppierungsmöglichkeiten soll der Datenbestand in Bild 14.21a dienen.

Ort_Produkt_Monat_Verkauf

Ort	Produkt	Monat	Anzahl
Stuttgart	Pizza Funghi	2006 - 1	155
Stuttgart	Pizza Vegetale	2006 - 1	133
Stuttgart	Pizza Hawaii	2006 - 1	89
Stuttgart	Pizza Funghi	2006 - 2	141
Stuttgart	Pizza Vegetale	2006 - 2	112
Stuttgart	Pizza Hawaii	2006 - 2	95
Frankfurt	Pizza Funghi	2006 - 1	77
Frankfurt	Pizza Vegetale	2006 - 1	93
Frankfurt	Pizza Hawaii	2006 - 1	102
Frankfurt	Pizza Funghi	2006 - 2	144
Frankfurt	Pizza Vegetale	2006 - 2	178
Frankfurt	Pizza Hawaii	2006 - 2	177

a) Beispieldaten für Gruppierungsanfragen

```
SELECT   Monat, Produkt,
         SUM(Anzahl) AS Anzahl
FROM     Ort_Produkt_Monat_Verkauf
GROUP BY Monat, Produkt;
```

Monat	Produkt	Anzahl
2006 - 1	Pizza Funghi	232
2006 - 1	Pizza Vegetale	226
2006 - 1	Pizza Hawaii	191
2006 - 2	Pizza Funghi	285
2006 - 2	Pizza Vegetale	290
2006 - 2	Pizza Hawaii	272

b) Beispiel GROUP-BY-Anfrage

```
SELECT
    DECODE(GROUPING(Monat),1,
      'Alle Monate',Monat) AS Monat,
    DECODE(GROUPING(Produkt),1,'Alle
    Produkte',Produkt) AS Produkt,
    SUM(Anzahl) AS Anzahl
FROM    Ort_Produkt_Monat_Verkauf
GROUP BY ROLLUP(Monat, Produkt);
```

Monat	Produkt	Anzahl
2006 - 1	Pizza Funghi	232
2006 - 1	Pizza Vegetale	226
2006 - 1	Pizza Hawaii	191
2006 - 1	Alle Produkte	649
2006 - 2	Pizza Funghi	285
2006 - 2	Pizza Vegetale	290
2006 - 2	Pizza Hawaii	272
2006 - 2	Alle Produkte	847
Alle Monate	Alle Produkte	1496

c) Beispiel GROUP-BY-Anfrage mit ROLLUP- und GROUPING-Funktion

```
SELECT
    DECODE(GROUPING(Monat),1,
      'Alle Monate',Monat) AS Monat,
    DECODE(GROUPING(Produkt),1,'Alle
    Produkte',Produkt) AS Produkt,
    SUM(Anzahl) AS Anzahl
FROM    Ort_Produkt_Monat_Verkauf
GROUP BY CUBE(Monat, Produkt);
```

Monat	Produkt	Anzahl
2006 - 1	Pizza Funghi	232
2006 - 1	Pizza Vegetale	226
2006 - 1	Pizza Hawaii	191
2006 - 1	Alle Produkte	649
2006 - 2	Pizza Funghi	285
2006 - 2	Pizza Vegetale	290
2006 - 2	Pizza Hawaii	272
2006 - 2	Alle Produkte	847
Alle Monate	Pizza Funghi	517
Alle Monate	Pizza Vegetale	516
Alle Monate	Pizza Hawaii	463
Alle Monate	Alle Produkte	1496

d) Beispiel GROUP-BY-Anfrage mit CUBE-Funktion

Bild 14.21 Komplexe Gruppierungen

Anwendung und Resultat der SQL-Standard-Gruppierung am Beispiel des Gruppierens nach Monaten und Produkten zeigt Bild 14.21b. Neben dieser Gruppierung berechnet die **ROLLUP-Funktion** auch Zwischen- und Gesamtsummen. Bild 14.21c zeigt die um ROLLUP erweiterte GROUP-BY-Klausel und das Resultat, das auch Zwischensummen von jedem Monat und die Endsumme umfasst. Die Anwendung der Funktion GROUPING auf ein gruppiertes Attribut liefert den Wert 1, wenn der Wert eine Zwischen- oder Gesamtsumme ist. Dieses kann in Kombination mit der DECODE-Funktion dazu genutzt werden, die leeren Attribute im Resultat mit Text zu füllen, wie das Beispiel in Bild 14.21c zeigt.

▶ *Hinweis:* Die DECODE-Funktion realisiert eine bedingte Anweisung in SQL. Die Syntax ist DECODE(value, if$_1$, then$_1$, if$_2$, then$_2$, if$_3$, then$_3$, ..., else).

▶ *Hinweis:* Die Verwendung von SELECT Monat, Produkt, SUM(Anzahl) AS Anzahl als Projektion ($\rightarrow$ Bild 14.21c), d. h. Verzicht auf GROUPING und DECODE, hätte zur Folge, dass die Attributwerte statt „Alle ..." den Wert NULL hätten.

Zur Berechnung von Zwischensummen für alle Kombinationen von gruppierten Werten steht die **CUBE-Funktion** zur Verfügung, deren Anwendung in Bild 14.21d demonstriert wird.

▶ *Hinweis:* Ohne diese Erweiterungen müssten die Zwischen- und Gesamtsummen auf Seite des Clients berechnet werden oder es wären mehrere SQL-Anfragen notwendig.

14.4.6 Star Query

Anfragen an ein DWH betreffen typischerweise die Faktentabelle und eine Menge von Dimensionstabellen. In Anlehnung an die Schemabezeichnung wird dieser Anfragetyp als **Star Query** bezeichnet. Werden diese Anfragen ohne weitere Maßnahmen formuliert, so erfolgt die Berechnung durch einen Standard-Verbundalgorithmus (z. B. Nested-Loops- oder Hash-Join, $\rightarrow$ 7.4.1) und kann bzgl. der Anzahl durchzuführender Leseoperationen relativ teuer sein, da den speziellen Gegebenheiten des zugrunde liegenden Schematyps nicht Rechnung getragen wird.

Als Optimierung für eine Star Query ist folgende Vorgehensweise möglich: Die Fremdschlüssel in der Faktentabelle werden mit einem Bitmap-Join-Index versehen und dem DBMS wird das Vorliegen einer Star Query angezeigt, was durch einen Hinweis in der SQL-Anweisung oder in Konfigurationseinstellungen erfolgt. Ist dies geschehen, wird keiner der Standard-Verbundalgorithmen verwendet, sondern es erfolgt eine Star Query.

14.4 Erweiterung relationaler Datenbanken

❑ *Beispiel:* Für die Beispieldaten aus Bild 14.16 soll die Anzahl abgesetzter Produkte der Marken Gourmet-Pizza und Good&Cheap in den ersten beiden Quartalen in der Region Nord ermittelt werden:

```
SELECT  O.Region, Z.Quartal, P.Marke, SUM(V.Anzahl) AS Anzahl
FROM    (((Verkaufszahl V JOIN Ort O ON(V.Filiale=O.Filiale))
          JOIN Zeit Z ON(V.Tag=Z.Tag))
          JOIN Produkt P ON(V.Produkt=P.Produkt))
WHERE   O.Region='Nord'
        AND Z.Quartal IN ('2006-Q1','2006-Q2')
        AND P.Marke IN ('Gourmet-Pizza','Good&Cheap')
GROUP BY O.Region, Z.Quartal, P.Marke;
```

Der optimierte Ablauf der Star Query erfolgt in nachstehenden Schritten (→ Bild 14.22).

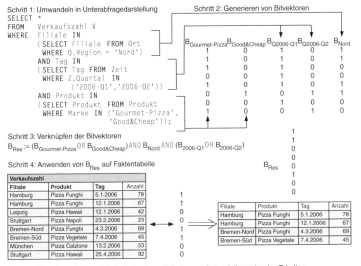

Bild 14.22 Optimierter Ablauf einer Star Query

14.4.7 Bulk Loader

Das Nachladen von Daten in das DWH als letzter Teilschritt des ETL-Prozesses kann eine zeitkritische Aufgabe sein. Aus diesem Grunde wurde mit sog. **Bulk Loadern** (Massenladern) ein Typ Ladewerkzeug entwickelt, der eine große Datenmenge effizient in Datenbanken einfügen kann. Hierzu nehmen Bulk Loader syntaktisch korrekte Daten an und vernachlässigen die Mehrbenutzerkoordination und die Prüfung von Konsistenzbedingungen. Außerdem schreiben Bulk Loader direkt in Datendateien und nicht erst in den DB-Puffer.

▶ *Hinweis:* Im DWH-Kontext kann das korrekte Datenformat durch entsprechende Konfiguration der am ETL-Prozess beteiligten Werkzeuge erreicht werden. Die Nichtbeachtung des Mehrbenutzerbetriebs ist gerechtfertigt, weil der Ladeprozess als Einziger schreibend auf das DWH zugreift.

15 Data Mining

Olaf Herden

> **Data Mining** bezeichnet die Auswertung vorhandener Daten mit dem Ziel, bisher nicht explizit hergestellte Zusammenhänge offenzulegen (*Knowledge Discovery*).

Gegenstand dieses Kapitels ist Knowledge Discovery in Databases (KDD) mit seinem wichtigsten Teilschritt Data Mining (/15.1/, /15.5/, /15.6/, /15.7/, /15.9/, /15.10/, /15.12/, /15.16/, /15.18/). Dabei wird zunächst der KDD-Prozess skizziert (→ 15.1), anschließend werden wichtige Data-Mining-Verfahren vorgestellt (→ 15.2 bis 15.5).

15.1 KDD-Prozess

Der **Knowledge-Discovery-Prozess** ist in Bild 15.1 dargestellt und besteht aus folgenden Phasen:
- Die erste Phase ist die *Selektion*, in der die Auswahl der zu analysierenden Daten aus einer Rohdatenmenge, die u. U. aus mehreren Quellen bestehen kann, erfolgt. Dieser Schritt ist notwendig, da die gesamte Rohdatenmenge meistens zu umfassend ist und nicht alle Rohdaten für aktuelle Analysen interessant sind.
- Die *Vorverarbeitungsphase* /15.17/ sorgt für die Säuberung und Aufbereitung der ausgewählten Daten. Beispielsweise werden hier Fehler beseitigt oder fehlende Informationen ergänzt.

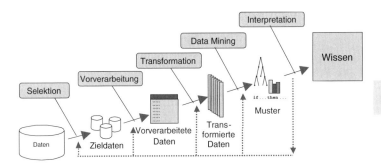

Bild 15.1 Prozess des Knowledge Discovery in Databases

- Die *Transformation* bereitet die Daten für die Analyse vor. Beispiele hierfür sind die Überführung ins „richtige" Format, die Umwandlung von Typen oder eine Komplexitätsreduzierung durch Dimensionsreduktion.
- Im *Data-Mining-Schritt*, dem „Herzstück" des KDD-Prozesses, findet die Identifikation von Mustern durch ein Data-Mining-Verfahren ($\rightarrow$ 15.2 ff.) statt.
- Während der *Interpretation* bewertet der Anwender schließlich die Resultate. Sind diese ausreichend, ist der Prozess abgeschlossen, ansonsten können Teilschritte wiederholt werden.

Data-Mining-Verfahren

Für den Data-Mining-Schritt innerhalb des KDD sind die folgenden Verfahren bekannt, die in den nächsten Abschnitten vorgestellt werden:
- Als *Clustering* wird das Partitionieren von Datenobjekten bezeichnet ($\rightarrow$ 15.2).
- Gegenstand der *Assoziationsanalyse* ist das Entdecken von Zusammenhängen innerhalb des zu analysierenden Datenbestandes in Form von Wenn-Dann-Regeln ($\rightarrow$ 15.3).
- Bei der *Klassifikation* wird für eine Menge von Trainingsdaten mit bekannter Klassenzugehörigkeit eine Funktion gelernt, mit deren Hilfe später neue Datenobjekte klassifiziert werden können ($\rightarrow$ 15.4).
- In der *Anomalieentdeckung* lassen sich Datenobjekte identifizieren, die sich signifikant von allen anderen Datenobjekten unterscheiden ($\rightarrow$ 15.5).

15.2 Clustering

15.2.1 Definition und Beispiele

> **Clustering** ist der Prozess des Zusammenfassens von Datenobjekten in Klassen ähnlicher Objekte. Ein Cluster ist eine Menge von Datenobjekten, die zueinander möglichst ähnlich und zu Objekten anderer Cluster möglichst unähnlich sind ($\rightarrow$ Bild 15.2).

❏ *Beispiel 1:* In der Marktanalyse können auf der Basis von Verkaufsdaten durch Clustering unterschiedliche Kundengruppen identifiziert werden. Dies ermöglicht die Anwendung individueller Werbemaßnahmen für diese Gruppen.

❏ *Beispiel 2:* In der Biologie können durch Clustering Pflanzen- und Tier-Taxonomien hergeleitet oder Gene mit ähnlicher Funktionalität identifiziert werden.

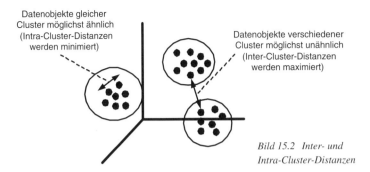

Bild 15.2 Inter- und Intra-Cluster-Distanzen

❏ *Beispiel 3:* Beim Information Retrieval können Dokumente aus einer Dokumentenbasis durch Clustering zusammengefasst werden, wodurch sich Dokumente mit ähnlichem Inhalt oder zu ähnlichen Themengebieten zusammenfassen lassen und so die Informationsflut eingeschränkt werden kann.

15.2.2 Anforderungen und Probleme

An Clustering-Verfahren lassen sich verschiedene Anforderungen stellen:
- Das Verfahren sollte skalierbar sein, d. h. nicht nur auf einer kleinen, sondern auch auf einer großen Ausgangsdatenmenge in akzeptabler Zeit ein Resultat liefern.
- Das Verfahren sollte verschiedene Arten von Datentypen (z. B. numerische, nominale und ordinale) verarbeiten können.
- Ein solches Verfahren sollte Cluster beliebiger Form entdecken können.
- Das Verfahren sollte mit „verschmutzten" Daten, z. B. Ausreißern, umgehen können, d. h. die Clusterbildung sollte trotz solcher Werte stabil bleiben.
- Das vom Verfahren gelieferte Ergebnis sollte unabhängig von der Reihenfolge der Eingabedaten sein.
- Ein Clustering-Verfahren sollte hochdimensionale Daten handhaben können.
- Ein Clustering-Verfahren sollte zusätzliche Constraints, die Eigenschaften der Dimensionen und der Datenobjekte beschreiben, bei der Clusterbildung berücksichtigen können.

15.2.3 Verfahren

Zur Realisierung des Clustering ist zwischen partitionierenden und hierarchischen Verfahren zu unterscheiden (→ Bild 15.3): **Partitionierende Verfahren** ordnen die Datenobjekte nicht überlappenden Teilmengen (Clustern)

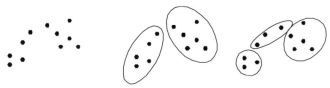

Ursprüngliche Datenobjekte   Beispiele für partitionierendes Clustering

a) Partitionierende Clustering-Verfahren

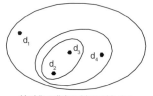

Herkömmliches hierarchisches   Herkömmliches hierarchisches
Clustering als Mengendarstellung   Clustering als Dendrogramm

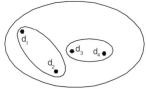

Nicht herkömmliches   Nicht herkömmliches
hierarchisches Clustering als   hierarchisches Clustering als
Mengendarstellung   Dendrogramm

b) Hierarchische Clustering-Verfahren

Bild 15.3 Partitionierende und hierarchische Clustering-Verfahren

zu, so dass jedes Datenobjekt zu genau einem Cluster gehört. **Hierarchische Verfahren** ermitteln hingegen eine Menge von Clustern mit einer hierarchischen Abhängigkeit, die sich als Baum darstellen lässt. Hierarchische Clustering-Verfahren werden nochmals unterschieden: Als herkömmlich bezeichnete Verfahren teilen in immer kleinere Teilmengen auf, nicht herkömmliche Verfahren hingegen erlauben beliebige hierarchische Strukturen.

15.2.3.1 Partitionierende Verfahren

Auf einer Datenbasis mit n Datenobjekten konstruiert ein partitionierendes Verfahren k Partitionen der Daten, wobei jede Partition einem Cluster entspricht. Dabei muss $k \leq n$ sein, jede Partition mindestens ein Element besitzen und jedes Datenobjekt in genau einer Partition enthalten sein. Bei vorgegebenem k konstruiert das Verfahren zunächst eine initiale Partitionierung, diese wird dann durch Tauschen von Objekten zwischen Clustern iterativ verbessert. Dabei dient als Metrik eine Funktion, die bewertet, wie nah sich Objekte aus dem gleichen Cluster und wie fern sich Objekte aus verschiedenen Clustern sind. Zum Finden der optimalen Lösung müssten alle möglichen Cluster gebildet werden, was zu aufwändig ist. Aus diesem Grunde wird beim ***k*-means-Algorithmus** /15.11/ ein Cluster durch den Durchschnittswert aller seiner Datenobjekte (*Centroid*) repräsentiert und das Clustering so lange vorgenommen, bis sich der Centroidwert nicht mehr ändert:

◊ *Programm:* k-means-Algorithmus

```
Wähle k Datenobjekte als initiale Centroide
repeat
   Bilde k Cluster durch Zuweisung aller Datenobjekte zum
      jeweils nächsten Centroid
   Ermittle für jeden Cluster den neuen Centroid
until Centroide ändern sich nicht mehr
```

Alternativ wird beim ***k*-medoid-Algorithmus** ein Cluster durch das repräsentativste, d. h. ein dem Mittelpunkt des Clusters möglichst nahes Datenobjekt (*Medoid*) repräsentiert.

15.2.3.2 Hierarchische Verfahren

Auf den zu clusternden Datenobjekten wird eine hierarchische Dekomposition erstellt, d. h. eine Menge geschachtelter Cluster ($\rightarrow$ Bild 15.3) ermittelt. Dies kann durch einen Bottom-Up- oder Top-Down-Ansatz erfolgen.

Top-Down-Verfahren starten mit einem Cluster, der alle Datenobjekte umfasst. Mit jeder Iteration werden diese aufgesplittet, bis schließlich jedes Datenobjekt einem einzelnen Cluster entspricht oder nur noch k Cluster übrig bleiben. Basis des Verfahrens ist die *Ähnlichkeit* zweier Datenobjekte, die durch eine vorher festzulegende Funktion (z. B. die Distanz der beiden Centroide) berechnet und in der Ähnlichkeitsmatrix festgehalten wird.

Zunächst bauen Top-Down-Verfahren einen *minimalen Spannbaum* auf. Initial besteht dieser aus einem beliebigen Knoten und mit jedem Schritt wird das Paar (d_i, d_j) von Datenobjekten ausgewählt, für das gilt: d_i ist bereits im Baum, d_j aber noch nicht ($\rightarrow$ Bild 15.4a). d_j und die Kante (d_i, d_j) werden in den Baum eingefügt. Aufbauend auf dem minimalen Spannbaum werden neue Cluster gebildet, indem immer die Kante mit dem größten Wert (d. h. der geringsten Ähnlichkeit der betreffenden Datenobjekte) entfernt

Ähnlichkeitsmatrix							
	d_1	d_2	d_3	d_4	d_5	d_6	d_7
d_1	0	5	8	2	4	3	4
d_2	5	0	3	6	8	1	3
d_3	8	3	0	1	5	3	5
d_4	2	6	1	0	6	4	7
d_5	4	8	5	6	0	2	4
d_6	3	1	3	4	2	0	3
d_7	4	3	5	7	4	3	0

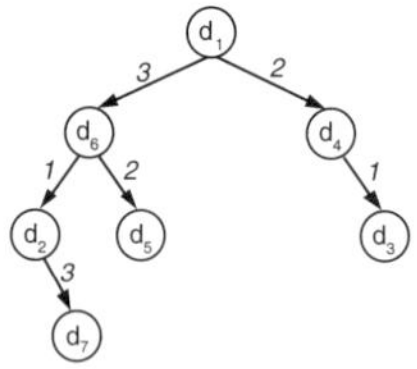
d1
3
2
d6
d4
1
2
1
d2
d5
d3
3
d7

a) Ähnlichkeitsmatrix für Datenobjekte mit zugehörigem minimalen Spannbaum (Startknoten d_1)

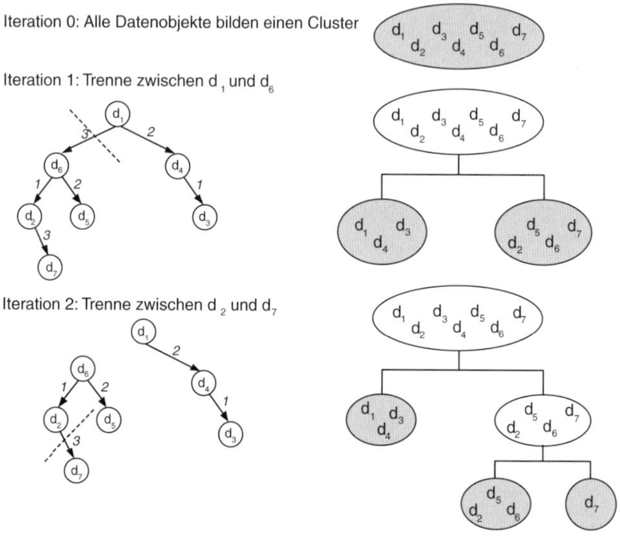
Iteration 0: Alle Datenobjekte bilden einen Cluster
d1 d3 d5 d7 d2 d4 d6
Iteration 1: Trenne zwischen d1 und d6
d1 d3 d4
d5 d7 d2 d6
Iteration 2: Trenne zwischen d2 und d7
d5 d2 d6
d7

b) Top-Down-Clustering mit Terminierungsbedingung drei Cluster ($k = 3$)

Bild 15.4 Beispiel hierarchisches Top-Down-Clustering

wird, bis schließlich eine als Terminierungsbedingung vorgegebene Anzahl k von Clustern übrig bleibt (→ Bild 15.4b).

◊ *Programm:* Hierarchisches Top-Down-Clustering

```
Berechne minimalen Spannbaum für Datenobjekte
repeat
   Erzeuge neuen Cluster durch Entfernen der Kante mit
      größter Distanz (kleinster Ähnlichkeit)
until k Cluster bleiben übrig
```

Im Gegensatz dazu bildet bei der **Bottom-Up-Vorgehensweise** zunächst jedes Datenobjekt einen eigenen Cluster. Diese werden dann sukzessive zusammengefasst, wobei dies immer mit möglichst ähnlichen Clustern geschieht, bis schließlich eine als Terminierungsbedingung vorgegebene Anzahl k von Clustern übrig bleibt. Die Ähnlichkeit zweier Cluster wird auch bei dieser Vorgehensweise in einer Ähnlichkeitsmatrix festgehalten. Diese muss nach jedem Schritt an die neuen Cluster angepasst werden.

◊ *Programm:* Hierarchisches Bottom-Up-Clustering

```
Berechne Ähnlichkeitsmatrix
Sei jedes Datenobjekt ein Cluster
repeat
   Fasse die zwei ähnlichsten Cluster zusammen
   Aktualisiere Ähnlichkeitsmatrix
until 1 (oder k) Cluster bleiben übrig
```

Bild 15.5 zeigt ein Beispiel für ein Bottom-Up-Clustering mit dem Terminierungskriterium $k = 4$ Cluster, wobei initial die Ähnlichkeitsmatrix aus Bild 15.4a gilt. Die Distanzwerte zum neuen Cluster werden nach einer vorher definierten Berechnungsvorschrift ermittelt, im Beispiel ist dies der Mittelwert.

Iteration 0: Jedes Datenobjekt bildet eigenen Cluster

Iteration 1: Cluster d_2 und d_6 werden zusammengefasst

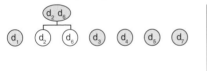

	d_1	d_2/d_6	d_3	d_4	d_5	d_7
d_1	0	4	8	2	4	4
d_2/d_6	4	0	3	5	5	3
d_3	8	3	0	1	5	5
d_4	2	5	1	0	6	7
d_5	4	5	5	6	0	4
d_7	4	3	5	7	4	0

Iteration 2: Cluster d_3 und d_4 werden zusammengefasst

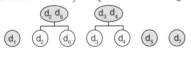

	d_1	d_2/d_6	d_3/d_4	d_5	d_7
d_1	0	4	5	4	4
d_2/d_6	4	0	4	5	3
d_3/d_4	5	4	0	5,5	6
d_5	4	5	5,5	0	4
d_7	4	3	6	4	0

Iteration 3: Cluster d_2/d_6 und d_7 werden zusammengefasst

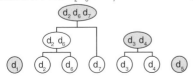

Bild 15.5 Beispiel hierarchisches Bottom-Up-Clustering

15.2.3.3 Dichtebasierte Methoden

Diese Gruppe von Algorithmen basiert nicht auf dem Abstandsbegriff zwischen zwei Datenobjekten, stattdessen wird für die Bewertung von Clustern die Dichte herangezogen. Unter der **Dichte** eines Datenobjektes d wird dabei die Anzahl von anderen Datenobjekten in einem spezifizierten Radius r um d verstanden. Bekanntester Vertreter der Klasse dichtebasierter Clustering-Methoden ist der Algorithmus DBSCAN (Density Based Spatial Clustering of Applications with Noise) /15.4/. Die zentrale Idee ist das Vergrößern eines Clusters, bis die Dichte in der Umgebung einen bestimmten Schwellwert übersteigt. Dies hat zur Folge, dass für jedes Datenobjekt in einem Cluster die Umgebung eines bestimmten Radius immer eine Mindestanzahl an Datenobjekten enthält. Diese Gruppe von Verfahren kann Ausreißerwerte in den Daten herausfiltern und Cluster beliebiger Form entdecken, während die auf dem Abstandsbegriff aufbauenden Verfahren nur sphärische ((hyper-)kugelförmige) Cluster entdecken können.

15.3 Assoziationsanalyse

15.3.1 Definition und Beispiel

> Die **Assoziationsanalyse** ist das Auffinden von Assoziationsregeln, die das Auftreten eines Items in Abhängigkeit vom Auftreten anderer Items vorhersagen.

❑ *Beispiel:* Ein klassisches Beispiel für die Assoziationsanalyse ist die Warenkorbanalyse /15.8/, /15.14/. Hierbei liegt eine Reihe von Transaktionen vor, die jeweils einen Einkauf repräsentieren und aus einer Menge von erworbenen Artikeln bestehen. Während der Assoziationsanalyse werden Regeln ermittelt, die angeben, welcher Artikel unter der Voraussetzung gekauft wird, dass andere Artikel erworben wurden.

15.3.2 Anforderungen und Probleme

An die Assoziationsanalyse lassen sich verschiedene Anforderungen stellen, z. B.:

- Das Verfahren sollte skalierbar sein, d. h. auch bei einer sehr großen Transaktionsmenge in akzeptabler Zeit ein Resultat ergeben.
- Das Verfahren soll nur relevante Regeln liefern, d. h. solche, die mit einer gewissen Häufigkeit in der Transaktionsmenge auftreten.

15.3.3 Verfahren

Bild 15.6 zeigt ein Beispiel mit fünf Transaktionen und drei zugehörigen Regeln. Zu beachten ist hier, dass der Pfeil gleichzeitiges Vorkommen der Items bedeutet und nicht für Kausalität steht.

Transaktionen	
TID	Items
1	{Brot, Wurst}
2	{Brot, Käse, Butter, Eier}
3	{Wurst, Käse, Butter, Milch}
4	{Brot, Wurst, Käse, Butter}
5	{Brot, Wurst, Käse, Milch}

Beispiele für Assoziationsregeln:
{Käse} → {Butter}
{Brot} → {Käse, Butter, Eier}
{Butter, Brot} → {Wurst}

Bild 15.6 Beispiel Assoziationsanalyse

Grundbegriffe

Auf einer beliebigen Menge von Transaktionen lässt sich stets eine Vielzahl von Assoziationsregeln finden, die allerdings unterschiedlich wichtig sind. Um die Güte von Assoziationsregeln zu bewerten, werden diesen die Metadaten Support und Konfidenz zugewiesen, was durch folgende Definitionen geschieht:

- Eine **Item-Menge** ist eine Kollektion von einem oder mehreren Items, z. B. {Milch, Brot, Wurst}.
- Eine *k-Item-Menge* ist eine Item-Menge mit k Elementen.
- Die *Support-Anzahl* σ einer Item-Menge ist die absolute Häufigkeit des Auftretens dieser Item-Menge, z. B. $\sigma(\{\text{Brot, Wurst}\}) = 3$.
- Der *Support* s einer Item-Menge ist die relative Häufigkeit des Auftretens dieser Item-Menge in der Gesamtzahl der Transaktionen, z. B. $s(\{\text{Brot, Wurst}\}) = 3/5$.
- Eine Item-Menge heißt *häufig auftretend* (**frequent item set**), wenn der Support größer gleich einem vorgegebenen minimalen Schwellwert *minSupport* ist.
- Eine **Assoziationsregel** ist eine Implikation $X \to Y$ mit X, Y als Item-Mengen, z. B. {Milch, Wurst} → {Butter}.
- Der **Support** s der Assoziationsregel $X \to Y$ ist die relative Häufigkeit der Transaktionen, in denen beide Item-Mengen X und Y auftreten: $s(X \to Y) := \frac{\sigma(X \cup Y)}{|T|}$.
- Die **Konfidenz** k der Assoziationsregel $X \to Y$ gibt die Häufigkeit des Auftretens von Items in Y in den Transaktionen an, die X enthalten: $k(X \to Y) := \frac{\sigma(X \cup Y)}{\sigma(X)}$.

Bild 15.7 zeigt Assoziationsregeln mit Angabe von Support und Konfidenz.

15 Data Mining

Transaktionen	
TID	Items
1	{Brot, Wurst}
2	{Brot, Käse, Butter, Eier}
3	{Wurst, Käse, Butter, Milch}
4	{Brot, Wurst, Käse, Butter}
5	{Brot, Wurst, Käse, Milch}

Beispiele für Assoziationsregeln:
{Käse} → {Butter}   (s = 0.6, k = 0.75)
{Brot} → {Käse, Butter, Eier}   (s = 0.2, k = 0.25)
{Butter, Brot} → {Wurst}   (s = 0.2, k = 0.5)

Bild 15.7 Assoziationsregeln mit Support und Konfidenz

Algorithmen

Die Aufgabe des *Auffindens von Assoziationsregeln* ist nun wie folgt definiert: Zu einer gegebenen Menge von Transaktionen sind alle diejenigen Assoziationsregeln A zu finden, für die $s(A) \geq minSupport$ und $k(A) \geq minKonfidenz$, wobei *minSupport* und *minKonfidenz* vom Benutzer vorgegebene Schwellwerte sind.

Erster Ansatz zur Lösung dieses Problems ist ein **Brute-Force-Algorithmus**, der alle möglichen Assoziationsregeln ermittelt, für diese Support und Konfidenz bestimmt und diejenigen ins Resultat übernimmt, die beide oben genannten Bedingungen erfüllen. Diese Vorgehensweise ist jedoch sehr rechenintensiv. Zur Verbesserung kann folgende (aus Bild 15.8 abgeleitete) Beobachtung dienen: Alle auf der gleichen Item-Menge basierenden Regeln haben den gleichen Support, können aber unterschiedliche Konfidenz besitzen. Somit lassen sich Ermittlung von Support und Konfidenz voneinander entkoppeln.

Transaktionen	
TID	Items
1	{Brot, Wurst}
2	{Brot, Käse, Butter, Eier}
3	{Wurst, Käse, Butter, Milch}
4	{Brot, Wurst, Käse, Butter}
5	{Brot, Wurst, Käse, Milch}

Beispiele für Assoziationsregeln mit gleicher Item-Menge:
{Wurst, Käse} → {Butter}   (s = 0.4, k = 0.67)
{Wurst, Butter} → {Käse}   (s = 0.4, k = 1)
{Käse, Butter} → {Wurst}   (s = 0.4, k = 0.67)
{Butter} → {Wurst, Käse}   (s = 0.4, k = 0.67)
{Käse} → {Wurst, Butter}   (s = 0.4, k = 0.5)

Bild 15.8 Assoziationsregeln mit gleicher Item-Menge

Dieses führt zu einer zweistufigen Vorgehensweise: In einem ersten Schritt werden die häufig auftretenden Item-Mengen I ($s(I) \geq minSupport$) bestimmt. Für jede dieser Mengen werden anschließend im zweiten Schritt Regeln mit einer Konfidenz größer als *minKonfidenz* generiert. Auch diese Vorgehensweise ist sehr rechenintensiv, weil es zu n Items 2^n mögliche Item-Mengen und zu einer Item-Menge der Kardinalität m $O(3^m)$ mögliche Regeln gibt.

15.3 Assoziationsanalyse

Zur weiteren Verbesserung sind drei Maßnahmen denkbar:

- Es kann eine *Reduzierung der Anzahl der Kandidaten* vorgenommen werden, was sich durch das unten beschriebene A-priori-Prinzip realisieren lässt.
- Es kann die *Anzahl der Transaktionen reduziert* werden. Mit wachsender Zahl von Item-Mengen ist dies erreichbar, wie z. B. beim DHP-Algorithmus (Direct Hash and Pruning) /15.15/.
- Es kann eine *Reduzierung der Anzahl der Vergleiche* vorgenommen werden. Durch Verwendung effizienter Datenstrukturen, z. B. von Hash-Bäumen, werden die Kandidaten oder Transaktionen gespeichert und somit ist es nicht mehr erforderlich, jeden Kandidaten mit jeder Transaktion zu vergleichen.

Das A-priori-Prinzip lautet: Ist eine Item-Menge häufig auftretend, dann sind es auch alle ihre Teilmengen. Diese Aussage folgt aus der Anti-Monotonie-Eigenschaft des Supports, die besagt, dass der Support einer Item-Menge nie größer ist als der Support einer Teilmenge, d. h.

$$\forall X, Y : (X \subseteq Y) \Rightarrow s(X) \geq s(Y).$$

Daraus lässt sich unmittelbar der folgende **A-priori-Algorithmus** konstruieren, dessen Anwendung in Bild 15.9 gezeigt wird.

Bild 15.9 Beispiel A-priori-Algorithmus

◊ *Programm:* A-priori-Algorithmus

```
k=1
Generiere häufig auftretende Item-Mengen der Länge 1
Wiederhole bis keine neuen häufig auftretenden Item-Mengen
mehr identifiziert werden:
    Generiere aus den häufig auftretenden k-Item-Mengen
      Kandidaten-Item-Mengen Länge k + 1
```

```
Entferne Kandidaten-Item-Mengen, die nicht häufig
   auftretende Teilmengen der Länge k enthalten
Ermittle den Support jedes Kandidaten
Entferne Kandidaten, die nicht häufig vorkommend sind
```

15.4 Klassifikation

15.4.1 Definition und Beispiele

> Die **Klassifikation** ist das Zuordnen von Datenobjekten zu einer Klasse aus einer vorgegebenen Menge von Klassen. Das Verfahren läuft zweistufig ab: Auf Basis einer Teilmenge von Datenobjekten, für die die Klassenzugehörigkeit bekannt ist, wird ein sog. Klassifikator ermittelt. In der zweiten Phase werden Datenobjekte mit unbekannter Klassenzugehörigkeit unter Verwendung des Klassifikators den Klassen zugeordnet.

❑ *Beispiel 1:* Bei Kfz-Versicherungen gibt es eine Menge von Risikogruppen (Klassen). Die Zugehörigkeit des Versicherungsnehmers zu einer Risikogruppe hängt von verschiedenen Kriterien (z. B. Alter, Wagentyp, Geschlecht) ab. Ist nun für eine Menge von Datenobjekten die Risikogruppe bekannt, so kann daraus ein Klassifikator gelernt werden, und mit diesem sind später Datenobjekte ohne Bekanntsein der Risikogruppe klassifizierbar.

❑ *Beispiel 2:* In der Kundendatenbank eines Unternehmens befinden sich Datenobjekte mit Attributen wie z. B. Alter, Einkommen, Beruf und Kreditwürdigkeit. Für diese Datenobjekte kann ein Klassifikator mit Zordnung zu den beiden Klassen „Hat Computer gekauft" und „Hat keinen Computer gekauft" gelernt werden. Anschließend lassen sich Neukunden mithilfe dieses Klassifikators einordnen und so z. B. individuelle Werbemaßnahmen vornehmen.

15.4.2 Anforderungen

An Klassifikationsverfahren lassen sich folgende Anforderungen stellen:
- Die Zuordnung zu einer Klasse eines zuvor unbekannten Datenobjektes sollte möglichst korrekt sein.
- Die Performance sollte sowohl beim Erstellen des Klassifikators als auch bei der Klassifikation unbekannter Datenobjekte akzeptabel sein.
- Das Verfahren sollte robust sein bzgl. „verschmutzter" Daten, z. B. Ausreißern, und Daten mit fehlenden Attributwerten.
- Das Verfahren sollte auch bei großer Eingabedatenmenge effizient arbeiten, d. h. skalierbar sein.
- Ein solches Verfahren sollte die als Overfitting bezeichnete Überanpassung an die Trainingsdatenmenge vermeiden.

15.4.3 Verfahren

15.4.3.1 Entscheidungsbaum-Klassifikatoren

Entscheidungsbaum-Klassifikatoren sind Bäume, deren innere Knoten ein Attribut eines Datenobjektes auf seinen Wert testen. Jede Kante repräsentiert ein mögliches Ergebnis des Tests und die Blattknoten entsprechend die Klassen. Der Baum in Bild 15.10 klassifiziert Kunden von Kfz-Versicherungen aufgrund ihres Geschlechts, ihres Familienstandes und der PS-Zahl des zu versichernden Fahrzeugs. Neue Datenobjekte können nun leicht in Klassen eingeteilt werden, indem an der Wurzel beginnend der Pfad entsprechend den Attributausprägungen entlanggegangen wird.

Trainingsdaten			
Geschlecht	Familienstand	PS-Zahl	Risiko
w	Single	145	Gering
m	Verheiratet, Kinder	120	Gering
m	Single	90	Gering
w	Verheiratet, Kinder	140	Gering
m	Verheiratet, ohne Kinder	115	Hoch
m	Verheiratet, Kinder	80	Gering
w	Verheiratet, ohne Kinder	240	Gering
m	Single	105	Hoch
m	Verheiratet, Kinder	95	Gering
m	Single	110	Hoch

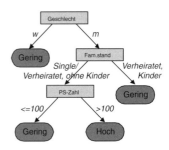

Bild 15.10 Beispiel Entscheidungsbaum

15.4.3.2 Regelbasierte Klassifikatoren

Regelbasierte Klassifikatoren liefern eine Menge von Wenn-Dann-Regeln der Form $(Bedingung) \rightarrow k$, wobei die Bedingung eine Konjunktion von Bedingungen auf den Attributen ist und k eine Klasse angibt. Diese Regeln werden (analog zu Support und Konfidenz bei der Assoziationsanalyse) mit den Metadaten Coverage (Abdeckung) und Accuracy (Genauigkeit) versehen. *Coverage c* ist dabei der Anteil der Datensätze, die die Bedingung erfüllen. *Accuracy a* gibt den Anteil der Datensätze an, die sowohl die Bedingung wie auch die Klassenzugehörigkeit erfüllen. Bild 15.11 zeigt Beispiele für die Trainingsdaten aus Bild 15.10.

Beispiele für Entscheidungsregeln mit Coverage und Accuracy:

(Status=Single) → Gering	(c = 0.4, a = 0.5)
(Status=Single ∧Geschlecht=w ∧PS-Zahl>100) → Gering	(c = 0.1, a = 1.0)
(Status=Single ∧Geschlecht=w ∧PS-Zahl>100) → Hoch	(c = 0.1, a = 0)
(Geschlecht=m ∧PS-Zahl<100) →Hoch	(c = 0.3, a = 1.0)

Bild 15.11 Beispiel regelbasierte Klassifikation

15.4.3.3 Weitere Verfahren

Neben den eben vorgestellten gibt es noch einige weitere Verfahren, die hier kurz genannt werden sollen:

- *Bayes-Klassifikatoren* /15.13/ sind statistische Klassifikatoren, mit deren Hilfe die Zugehörigkeit eines unbekannten Datenobjektes zu einer Klasse mit einer bestimmten Wahrscheinlichkeit vorhergesagt werden kann. Dies basiert auf dem Theorem der bedingten Wahrscheinlichkeiten von Bayes. Unterschieden werden einfache Bayes-Klassifikatoren und Bayes-Netzwerke: Während bei den einfachen Bayes-Klassifikatoren Unabhängigkeit zwischen den Attributen der Datenobjekte unterstellt wird, erlauben Bayes-Netzwerke die Darstellung von Abhängigkeiten zwischen den einzelnen Attributen.
- Zur Klassifikation können auch *neuronale Netzwerke* /15.2/ mit Rückwärtspropagation herangezogen werden. Hierzu verwendet man Mehr-Schichten-Netzwerke, deren Eingabe den Attributen der Datenobjekte der Trainingsmenge entspricht. Die gewichteten Ausgänge der Eingabeknoten werden zu Knoten der versteckten Schicht zusammengefasst. Versteckte Schichten kann es beliebig viele geben, die Ausgänge der letzten von ihnen bilden die Eingänge der Ausgabeschicht. Die Ausgabeschicht repräsentiert die Vorhersage des Netzes für unbekannte Datenobjekte.
- Beim *k-nächste-Nachbarn-Verfahren* wird ein Datenobjekt d der Klasse zugewiesen, von der die meisten Datenobjekte in der Nachbarschaft von d liegen.
- Das Prinzip der *Support Vector Machines* (SVM) /15.3/ ist das Bestimmen einer optimal trennenden Hyperebene im mehrdimensionalen Merkmalsraum, in dem die Datenobjekte angesiedelt sind.

15.5 Anomalieentdeckung

15.5.1 Definition und Beispiele

> Die **Anomalieentdeckung** ist das Auffinden von Ausreißern, definiert als Objekte, die offensichtlich anders sind als die anderen Objekte der Datenmenge.

- *Beispiel 1:* Durch Entdecken von Ausreißern können Betrugsversuche mit Kreditkarten erkannt werden, indem als Ausreißer Datenobjekte mit vielen Zahlungen großer Beträge innerhalb eines kurzen Zeitraums definiert werden.

15.5 Anomalieentdeckung

❑ *Beispiel 2:* Network-Intrusion-Detection-Systeme (NIDS) zeichnen alle Pakete in einem Netzwerk und deren Eigenschaften auf. Durch Entdeckung von Paketen, die sich bzgl. ihrer Eigenschaften als Ausreißer darstellen, können mögliche Angriffe auf das Netzwerk entlarvt und abgewehrt werden.

❑ *Beispiel 3:* Die Fehlerdiagnose in technischen Systemen kann durch Anomalieentdeckung unterstützt werden, indem das normale Verhalten in einem System beschrieben wird und Ausreißer entsprechend als Fehler anzusehen sind.

Folgende drei *Varianten der Anomalieentdeckung* sind bekannt /15.9/:

- Auf einem gegebenen Datenbestand D sollen alle Objekte $d \in D$ gefunden werden, die über einem gegebenen Schwellwert liegende Werte besitzen.
- Auf einem gegebenen Datenbestand D sollen die n Objekte $d \in D$ gefunden werden, die am stärksten über einem gegebenen Schwellwert liegende Werte besitzen.
- Auf einem gegebenen Datenbestand D mit zum größten Teil normalen Objekten und einem Testobjekt d soll der Anomaliewert von d berechnet werden.

15.5.2 Anforderungen und Probleme

An Verfahren zur Anomalieentdeckung werden folgende Anforderungen gestellt:

- Das Verfahren muss skalierbar sein und auch auf einer großen Datenmenge in angemessener Zeit ein Ergebnis liefern.
- Das Verfahren soll nur solche Datenobjekte liefern, die auch tatsächlich Ausreißer sind, d. h. sich hinreichend stark von anderen Datenobjekten unterscheiden.

Ein mögliches Problem bei der Anomalieentdeckung ist die Tatsache, dass als Ausreißer identifizierte Datenobjekte in Wahrheit tatsächlich korrekt sind und Realweltobjekte beschreiben.

15.5.3 Verfahren

Die prinzipielle Vorgehensweise eines Verfahrens zur Anomalieentdeckung besteht aus zwei Hauptschritten: Zunächst wird in Form eines Musters oder statistischen Wertes ein Profil „normaler" Objekte in Bezug auf die gesamte Datenmenge erstellt. Im zweiten Schritt werden dann unter Verwendung des Profils Ausreißer entdeckt, wobei unter Ausreißern Objekte verstanden werden, die vom Profil normaler Objekte signifikant abweichen.

15.5.3.1 Grafische und statistikbasierte Verfahren

Bei **grafischen Ansätzen** werden die Datenobjekte visualisiert und solche, die sich aufgrund des optischen Erscheinungsbildes signifikant von anderen unterscheiden, als Ausreißer identifiziert. Zwei mögliche Methoden der Visualisierung sind das zweidimensionale Auftragen der Datenobjekte (→ Bild 15.12a) und das Zeichnen der konvexen Hülle (→ Bild 15.2b).

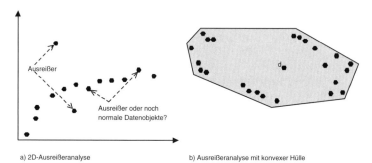

a) 2D-Ausreißeranalyse b) Ausreißeranalyse mit konvexer Hülle

Bild 15.12 Grafische Anomalieentdeckung

Hauptproblem bei diesen Verfahren ist die Subjektivität, d. h., ein Benutzer betrachtet ein Datenobjekt noch als normal, ein anderer schätzt es schon als Ausreißer ein. Speziell beim Verfahren mit der konvexen Hülle gibt es Probleme, falls der Ausreißer im Zentrum der Daten liegt (wie beim Objekt d in Bild 15.12b).

Statistikbasierte Verfahren unterstellen ein Modell, wie die Datenobjekte verteilt sind (z. B. Normalverteilung). In Abhängigkeit von dieser Verteilung, dem Parameter der Verteilung (z. B. Median oder Varianz) und der Anzahl der erwarteten Ausreißer wird dann ein statistischer Test durchgeführt. Grenzen dieser Vorgehensweise sind zum einen die Tatsache, dass die Verteilung der Datenobjekte häufig nicht bekannt ist, und zum anderen beziehen sich die meisten Tests nur auf ein Attribut.

15.5.3.2 Distanzbasierte Ansätze

Diese Verfahren fassen die Daten als Vektor von Features auf, und nun werden k-nächste-Nachbarn-, dichtebasierte oder Clustering-Methoden zur Entdeckung von Ausreißern angewendet:
- Bei der *k-nächste-Nachbarn-Methode* wird die Distanz zwischen allen Paaren von Objekten ermittelt, womit sich auf verschiedene Art und Weise Ausreißer definieren lassen:

- Objekte, für die es weniger als p Nachbarn bzgl. einer vorgegebenen Distanz gibt,
- die top n Objekte, deren Distanz zum k-ten nächsten Nachbarn am größten ist,
- die top n Objekte, deren durchschnittliche Distanz zu den k nächsten Nachbarn am größten ist.

- *Dichtebasierte Methoden* berechnen für jedes Objekt die Dichte der lokalen Nachbarschaft. Für eine Beispielmenge p wird der lokale Ausreißerfaktor als Durchschnitt des Verhältnisses der Dichte der Beispielmenge p und der Dichte ihrer nächsten Nachbarn gebildet. Objekte mit dem größten lokalen Ausreißerfaktor sind Ausreißer.
- *Clusterbasierte Methoden* fassen die Datenobjekte zunächst zu Clustern unterschiedlicher Dichte zusammen. Objekte in kleinen Clustern sind Kandidaten für Ausreißer. Nun wird die Distanz zwischen Kandidatenobjekten und Nicht-Kandidaten-Klassen ermittelt. Weisen die Kandidatenobjekte eine große Distanz zu allen Nicht-Kandidaten-Objekten auf, so gelten sie als Ausreißer.

16 Multimedia-Datenbanken

Klaus Meyer-Wegener

16.1 Einführung

Multimedia hat sich als Teil der Informatik inzwischen fest etabliert. Die andauernde Verbesserung (und Verbilligung) der Datenendgeräte und Arbeitsplatzrechner sowie die wachsende Kapazität der Speichermedien ermöglichen es, die Benutzungsoberfläche von Rechnersystemen mit Bildern, Grafiken, Tonaufnahmen und Videos anzureichern. Dies war lange Zeit teuren Spezialsystemen vorbehalten, aber nun sind Audio- und Videokarten nahezu selbstverständlich. Digitale Kameras für Stand- und Bewegtbilder erobern den Markt. DVD-Spieler können an Rechner wie an Fernseher angeschlossen werden. MP3-Musikaufnahmen auf speziellen Playern oder auch in einem normalen Rechner lösen zunehmend die CDs als Datenträger ab. Bild- und Tonaufnahmen werden zu Daten und können – neben dem üblichen Anzeigen und Abspielen – auch wie Daten verarbeitet werden.

Zur allgemeinen Charakterisierung von Multimedia auf Rechnern werden einige zentrale Begriffe eingeführt /16.2/:

> **Medien** sind Mittel zur Darstellung, Verbreitung und/oder Speicherung von Informationen /1.8/.

Es können menschliche und technische **Rezeptoren** unterschieden werden. Der Mensch verfügt über folgende Sinne, die jeweils eine **Rezeptorklasse** bilden: Optik (visueller Sinn), Akustik (Gehörsinn), Haptik (Tastsinn) und Temperaturempfindung, Gustorik (Geschmackssinn), Olfaktorik (Geruchssinn) sowie einen Gravitations- und Beschleunigungssinn. Mithilfe der Rezeptorklassen werden monomodale und multimodale Aggregationen unterschieden. Dabei versteht man unter der Aggregation das Zusammenfassen von Daten zu komplexeren Einheiten.

> Eine Information heißt **multimodal**, wenn sie auf mindestens zwei Rezeptorklassen verteilt übermittelt wird. In allen anderen Fällen spricht man von einer **monomodalen** Information.

❏ *Beispiel:* Radiosendungen und Bildgalerien sind Beispiele für jeweils monomodale Informationen. Eine Fernsehsendung ist i. Allg. multimodal codiert, da optische und akustische Rezeptoren angesprochen werden.

16.1 Einführung

> Es gibt Informationen, deren Semantik abhängig davon ist, dass einzelne Informationsbestandteile definierten Bereitstellungspunkten entlang der Zeitachse zugeordnet werden. Eine solche Information nennt man **zeitabhängig** bzw. **korreliert zur Zeit**.

❑ *Beispiel:* Ein Beispiel für zeitabhängig codierte Informationen ist das Video, dessen Einzelbilder nur in der richtigen Reihenfolge (Sequenz) und der richtigen Geschwindigkeit (Rate ihrer Darstellung) abgespielt für den Betrachter Sinn ergeben können. Auch Tonaufnahmen sind ein Beispiel für zeitabhängige Informationen, da die einzelnen Samples zur Zeitachse zu synchronisieren sind. Eine einzelne Pixelgrafik hingegen ist nicht zur Zeit korreliert.

> Eine Information heißt **ortsabhängig** bzw. **im Raum korreliert**, wenn für die Semantik die räumliche Position einzelner Informationsbestandteile (der Daten) in einem mindestens zweidimensionalen Raum wesentlich ist.

❑ *Beispiel:* Ein Rasterbild (zum Beispiel ein digitales Foto) ist im Raum korreliert, da es i. Allg. seinen Informationsgehalt verliert, wenn die einzelnen Pixel wahllos falschen Koordinaten zugeordnet werden.

▶ *Hinweis:* Sowohl zeitabhängige als auch ortsabhängige Informationen können durch eine Sequenz von Daten codiert und gespeichert werden. Die oben genannten Korrelationen sind (direkt oder indirekt) Bestandteil dieser Serialisierung und für den Erhalt der Information (z. B. beim Abspielen) zwingend.

> Als **digitale Medien** bezeichnet man Informationsträger bzw. -typen, die im Raum und/oder zur Zeit korrelierte Bestandteile haben und innerhalb digitaler Wertebereiche codiert sind.

❑ *Beispiel:* Texte in Form von digitalen Zeichenfolgen können also noch nicht als digitale Medien gelten. Erst ein Textdokument mit grafischem Layout (d. h. der gezielten räumlichen Anordnung und Formatierung der Information) ist räumlich korreliert und erfüllt damit die oben genannte Definition.

> Unter **Multimedia** versteht man multimodale Aggregationen digitaler Medien.

Legt man die vorangegangenen Definitionen zugrunde, sind für Multimedia-Daten damit folgende Forderungen formuliert:
- Die Daten sind digital codiert.
- Die Daten enthalten im Raum und/oder zur Zeit korrelierte Bestandteile.

- Es werden mindestens zwei Rezeptorklassen benötigt, um die Information durch den Rezipienten erfassen zu können.

Nach anfänglicher Speicherung solcher Daten in Dateien entstand sehr schnell der Wunsch, sie auch in Datenbanken ablegen zu können, um sich deren Vorteile nutzbar zu machen. Das sind vor allem die zentrale Kontrolle über die Daten, Redundanzfreiheit, Datenunabhängigkeit, Anwendungsneutralität (Wiederverwendbarkeit der Daten), Integritätssicherung, Mehrbenutzerbetrieb und viele weitere, wie die anderen Kapitel dieses Taschenbuchs belegen. Dazu bedarf es aber eines neuen Datenbank-Konzepts:

> **Multimedia-Datenbanksysteme (MMDBS)** sind Datenbanksysteme, die außer einfach strukturierten Daten (Zahlen, Zeichenketten) auch noch digitale Medien speichern können. Sie sollen insbesondere die Datenunabhängigkeit für solche Mediendaten realisieren.

Datenunabhängigkeit ($\rightarrow$ 1.4.3) ist hier leider nicht selbstverständlich. Weil Mediendaten viel größer sind als die strukturierten Daten, werden sie oft auf besonderen **Speichergeräten** abgelegt, z. B. auf CD-ROMs oder DVDs. Auch von führenden DBMS-Herstellern wurde sehr lange die Ansicht vertreten, dass Mediendaten im Dateisystem abgelegt werden sollten und die Datenbank dann darauf verweist. Dann wird aber anders zugegriffen als auf die sonst verwendeten Daten, und damit wird die Anwendung abhängig von den Dateistrukturen und Speichergeräten. Zur Datenunabhängigkeit gehört jedoch, dass die Anwendung die Speichergeräte nicht kennt. Für Mediendaten bedeutet das, dass das DBMS die Abspeicherung auf einer DVD oder einem anderen Datenträger vornimmt, diese Tatsache aber vor der Anwendung verbirgt.

Ein zweiter Aspekt der Datenunabhängigkeit betrifft die **Speicherformate**. Mediendaten sind in einer großen Vielzahl von Formaten codiert. Bei Bildern denkt man gleich an GIF, PNG, JPEG usw., bei Tonaufnahmen an WAV oder MP3, bei Video an MPEG, QuickTime etc. Eine Anwendung ahnt bei einfach strukturierten Daten (z. B. einer Festpunktzahl) nichts davon, wie sie in der Datenbank abgespeichert sind, und geht ganz selbstverständlich davon aus, dass sie beim Herauslesen aus der Datenbank in einer Form abgeliefert werden, die sich direkt verwenden lässt. Bei Mediendaten dagegen erkundigt sie sich oft erst einmal, in welchem Format diese in der Datenbank vorliegen, und nimmt dann selbst eine Konvertierung vor. Es ist nicht einzusehen, wieso dieser Unterschied zwischen den beiden Arten von Daten weiterhin gemacht werden sollte. DBMS, die für die Mediendaten nur sog. *Binary Large Objects* (BLOBs) anbieten ($\rightarrow$ 4.7.1), verlangen von den Anwendungen, die Formate selbst zu verwalten. Das verstößt aber gegen die oben eingeführte Datenunabhängigkeit und muss keineswegs so sein. In diesem Kapitel werden die Konzepte vorgestellt, die eine bessere Handhabung ermöglichen.

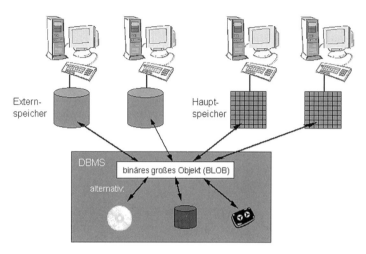

Bild 16.1 Speichergeräte-Unabhängigkeit

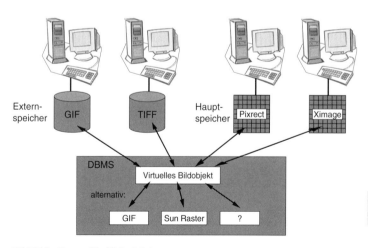

Bild 16.2 Format-Unabhängigkeit

Im Sinne dessen, was ein DBMS generell leisten sollte, ist von einem MMDBS auch Unterstützung für die **Suche nach Mediendaten** zu fordern. Nun ist der Vergleich von Feldern mit vorgegebenen Werten („Anschrift = Habergasse") bei Mediendaten völlig ungeeignet, weil man praktisch nie einen kompletten Wert als Suchargument vorgeben kann. Stattdessen gibt man einige Merkmale der Mediendaten an, so etwa Gegenstände oder Farben, die in einem gesuchten Bild zu sehen sein sollen, oder Aktionen in einem Video, z. B. Kampfszenen oder Dialoge. Der Vergleich solcher Suchargumente mit den gespeicherten Mediendaten muss demnach ganz anders erfolgen, als man es von den einfach strukturierten Daten her gewohnt ist.

Es gibt inzwischen etliche Lehrbücher über Multimedia-Datenbanken, in denen die im Folgenden genannten Aspekte sehr viel ausführlicher diskutiert werden /8.8/, /16.11/, /16.13/, /16.15/, /16.19/, /16.23/.

16.2 Mediendaten

> Als **Mediendatenobjekt** (kürzer auch nur: Medienobjekt) bezeichnet man Datenobjekte, die nur einen einzigen digitalen Mediendatentyp haben, also ein einzelnes Bild, ein Textstück, eine Tonaufnahme oder ein Video.

Mediendatenobjekte weisen eine komplexe interne Struktur auf, die aber zum einen durch das Format definiert ist und zum anderen in den Anwendungen ohnehin nur zur Kenntnis genommen wird, wenn es sein muss. Stattdessen behandelt man solche Mediendatenobjekte in erster Linie als Ganzes. Das heißt, man erzeugt sie durch Aufzeichnung oder gibt sie aus.

> Von einem **Multimedia-Objekt** spricht man, wenn zwei oder mehr Medienobjekte zusammengefasst werden.

Im Sinne der Aggregationsklassen (→ 16.1) liegt dann eine multimodale Information vor, die durch Medienkomposition bereitgestellt wurde.

▶ *Hinweis:* Video ist in dieser Hinsicht etwas zwiespältig. Einerseits besteht es aus Bildfolgen und ggf. mehreren Tonspuren, ist also sicher multimodal. Andererseits werden diese Bestandteile aber nur sehr selten unabhängig voneinander verwaltet, sondern meist wieder als Einheit betrachtet. Deshalb wird erlaubt, ein Video auch einfach nur als Medienobjekt anzusehen. Bei Bedarf kann es aber auch als Multimedia-Objekt verwaltet werden, mit entsprechend größerem Aufwand.

16.2 Mediendaten

> Der Ausdruck **Mediendaten** wird als Oberbegriff für Medienobjekte und Multimedia-Objekte verwendet.

Wie Mediendaten im Einzelnen aussehen, kann hier nicht beschrieben werden. Dafür gibt es etliche Bücher /16.4/, /16.10/, /16.21/. Deshalb erfolgt hier nur eine Zusammenfassung aus Sicht der Speicherung in einer Datenbank.

Oft werden Mediendaten einfach als „unformatierte" Daten eingestuft. Das wird jedoch den Unterschieden in der Struktur, der Art der Elemente und der Zeitabhängigkeit überhaupt nicht gerecht. Die folgende Tabelle fasst diese Charakteristika in einigen Stichworten zusammen.

Tabelle 16.1 Merkmale typischer Medienobjekte

Medium	Elemente	Anordnung	typische Größe	zeitabhängig?	Sinn
Text	druckbare Zeichen	Folge	10 KB (5 Seiten)	nein	visuell/akustisch
Grafik	Vektoren, Flächen, …	Menge	10 KB	nein	visuell
Rasterbild	Bildpunkte (Pixel)	Matrix	1 MB (1024*1024)	nein	visuell
Tonaufnahme	Lautstärkepegel	Folge	600 MB (Audio-CD)	ja	akustisch
Bewegtbild (Video-Clip)	Rasterbild, Grafik	Folge	2 GB (30 min)	ja	visuell

Keiner der Einträge erfasst die Komplexität der Medienobjekte vollständig, aber darum geht es hier auch gar nicht. Erkennbar sollte vielmehr sein, dass eine weitere Vereinfachung durch Zusammenfassung von Medien nicht mehr sinnvoll ist. Die Elemente sind ohnehin verschieden und die Gruppe, die eine lineare Anordnung aufweist (Text, Ton, Video), ist verschieden von der Gruppe, die zeitabhängig ist (Ton, Video). Die Konsequenz für ein DBS lautet, dass alle fünf Medien spezifisch behandelt werden müssen. Eine einheitliche Behandlung als „BLOB" oder auch als „Objekt" wird den Mediendaten nicht gerecht.

Bei allen Unterschieden kann man aber auch einige Gemeinsamkeiten erkennen, die Medienobjekte von einfach strukturierten Daten unterscheiden und die für ein MMDBS besondere Herausforderungen darstellen:

1. *Größe*. Medienobjekte sind viel größer als die bisher in Datenbanken zu verwaltenden Zahlen und Zeichenketten, und das macht ganz andere Speicherungsformen erforderlich.

2. *Zeitabhängigkeit* bei einigen Medien (Ton, Video). Bei einfach strukturierten Daten ist es unerheblich, wie lange es dauert, sie für den Benutzer darzustellen. Zeitabhängige Medienobjekte dagegen müssen unter expliziter Berücksichtigung der Zeit ausgegeben werden.
3. *Suche*. Sie muss, wie in Abschnitt 16.1 schon erwähnt, über die Ähnlichkeit erfolgen und nicht über die Gleichheit.

Des Weiteren kann man bei allen Medienobjekten in ihren Formaten eine Dreiteilung erkennen, die ein MMDBS ebenfalls berücksichtigen und für seine Zwecke geeignet einsetzen muss. Neben den **Rohdaten**, die den größten Anteil haben und die eigentliche Information enthalten, gibt es stets auch noch **Registrierungsdaten**, die die korrekte Interpretation der Rohdaten überhaupt erst ermöglichen. Sie gehören zur Klasse der Metadaten, haben aber bei Medienobjekten eine spezifischere Rolle. Die Rohdaten müssen eine bestimmte Codierung verwenden, in den Registrierungsdaten ist festgehalten, welche Bedeutung die Codierung hat. Für Text ist das z. B. die Angabe, ob ASCII, EBCDIC oder Unicode verwendet wird. Bei Rasterbildern muss das Farbmodell benannt werden. Ohne solche Informationen ist die korrekte Darstellung der Rohdaten nicht möglich.

Weiterhin können Medienobjekte auch noch **Beschreibungsdaten** enthalten, die Inhalt oder Struktur in einem anderen Medium wiedergeben. Bei gesprochener Sprache kann das z. B. die Transkription als Text sein. Beschreibungsdaten sind im Gegensatz zu Registrierungsdaten nicht obligatorisch, aber sie erleichtern den Umgang mit dem Medienobjekt, vor allem die Suche. Mit **MPEG-7** /16.16/ gibt es einen Normungsvorschlag für die Struktur von Beschreibungsdaten.

Für die Aggregation bzw. Komposition von Medienobjekten zu Multimedia-Objekten gibt es eine Fülle von Strukturen. Hier sind zunächst die verschiedenen **Dokumentstrukturen** zu nennen (OLE, SGML/XML, ODA), die stets auch Medienobjekte als Bausteine zulassen. Während sie immer noch die Papierform als Vorbild haben, löst sich **Hypermedia** vollständig davon /16.20/. Hier werden die Bausteine, die wiederum auch Medienobjekte sein dürfen, durch Verweise (Links) miteinander verbunden, unter denen das normale Weiterblättern dann nur noch eine von vielen gleichberechtigten Möglichkeiten darstellt. Das World Wide Web (WWW) dominiert die heutige Vorstellung von Hypermedia; tatsächlich ist das Konzept aber sehr viel umfangreicher. Um die unterschiedlichen Systeme vergleichen zu können, ist das Dexter-Referenzmodell definiert worden /16.9/. Es stellt eine Menge von Begriffen bereit, mit denen sich die Besonderheiten des WWW ebenso wie die der anderen Systeme beschreiben lassen.

Als letztes Rahmenwerk für die Medienkomposition soll **MPEG-4** genannt werden /16.17/. MPEG ist zunächst ein Videoformat /16.12/. Mit MPEG-4 wurde jedoch auch zugelassen, ein Video aus Bausteinen zusammenzusetzen, die Texte, Animationen, Rasterbilder, Vektorbilder oder Tonaufnahmen enthalten. Dafür definiert MPEG-4 eine Struktur. Folglich lassen sich damit viel mehr Multimedia-Objekte erstellen als nur Videos, beispielsweise auch virtuelle Welten.

Ein MMDBS sollte nun in der Lage sein, alle diese Strukturen abzubilden. Das heißt nicht, dass die dazugehörenden Codierungen unmittelbar gespeichert werden. Vielmehr muss der Informationsgehalt in einer beliebigen Darstellung gespeichert sein und beim Zugriff auf die Daten kann eine Anwendung die Konvertierung in die von ihr benötigte Darstellung verlangen, sei es nun eine Dokumentstruktur oder MPEG-4.

16.3 Suche nach Mediendaten

Die Unterstützung der Suche auch nach Mediendaten gehört zu den zentralen Aufgaben eines MMDBS /16.19/, /16.18/, /16.6/. Zu den wenigen Gemeinsamkeiten über die einzelnen Medien hinweg zählt, dass die Gleichheit zwischen den Suchargumenten und den gespeicherten Daten kaum eine Rolle spielt. Stattdessen wird über die Ähnlichkeit gesucht. Auch bezieht der Vergleich nur selten die gesamten Rohdaten ein, weil sie zu umfangreich sind. Es werden vorab einige wenige charakterisierende Merkmale, sog. **Features**, aus den Rohdaten extrahiert, die man dann für den Vergleich heranzieht. Welche das sind, hängt nun allerdings vom Mediendatentyp ab.

16.3.1 Textsuche

Bei der Textsuche sind das vor allem Worte oder Phrasen, die den Text möglichst gut charakterisieren sollen. **Stichworte** entstammen immer dem Text selbst, **Schlagworte** können dagegen auch zugeteilt werden, wenn sie im Text selbst gar nicht vorkommen. Letzteres ist vor allem dann sinnvoll, wenn man einheitliche Charakterisierungen für eine große Menge von Texten erreichen will und von individuellen Wortschätzen und Formulierungen unabhängig werden muss. Dann verwendet man oft einen **Thesaurus**, das ist eine Liste aller zugelassenen Schlagworte und ihrer Verwendung bei im Text vorkommenden Stichworten (z. B. „bei DBS verwende Datenbanksystem"). Ein solcher Thesaurus erleichtert es dem Anwender, in einer Suche die Wörter zu verwenden, für die es überhaupt Treffer geben kann.

Diese Überlegungen und vor allem die darauf aufbauende Auswertung von Suchanfragen sind Gegenstand einer Disziplin, die als **Information Retrieval** bezeichnet wird /16.1/. Sie kann auf eine lange Tradition zurückblicken, die mit Bibliothekskatalogen begonnen und bis zu den heutigen Suchmaschinen des WWW geführt hat. Neben der Zuteilung von

Schlagworten zu Texten geht es dabei vor allem um den Vergleich von Schlagwortlisten, die in einer Suchanfrage genannt werden, mit denen von gespeicherten Textobjekten. Dabei reicht es bei weitem nicht aus, einfach nur zu prüfen, ob alle Schlagworte der Anfrage in der Beschreibung eines Textobjekts vorkommen. Hier wäre die Zahl der Treffer viel zu gering. Und ein Textobjekt, das beispielsweise nur neun von zehn Schlagworten aufweist, ist sicher auch noch interessant für den Suchenden.

Im Unterschied zu DBS beantworten Information-Retrieval-Systeme Suchanfragen nicht einfach mit einer präzise abgegrenzten Menge von Treffern. Vielmehr schätzen sie zu jedem gespeicherten Text die Wahrscheinlichkeit, mit der dieser Text für die Suchanfrage relevant ist. Die Ausgabe der Treffer erfolgt dann absteigend geordnet nach dieser Relevanzwahrscheinlichkeit, also mit dem relevantesten Text an der ersten Stelle.

▶ *Hinweis:* Dies ist bei den meisten Suchmaschinen des WWW auch so. Einige wenige präsentieren ihre Ergebnisse auch grafisch, wobei aber ebenfalls die Relevanzwahrscheinlichkeit die Anordnung bestimmt.

Dieses Verfahren bezeichnet man als **Ranking**. Der Schätzwert der Relevanzwahrscheinlichkeit heißt *Retrieval Status Value* (RSV), er wird mit verschiedenen Verfahren berechnet.

Ein einfacher Ansatz besteht zunächst darin, die einem gespeicherten Textobjekt zugeteilten Schlagworte noch mit einem **Gewicht** zu versehen. Wenn ein Schlagwort (oder das ihm zugrunde liegende Stichwort) im Text mehrfach vorkommt, erhält dieses Schlagwort für den Text ein höheres Gewicht. Die Häufigkeit des Vorkommens nennt man *term frequency* und schreibt dafür tf_{ij}. Sie wird für jedes Schlagwort i und jedes Textobjekt j ermittelt. Nun sind aber Schlagworte noch nicht allein deshalb geeignet zur Charakterisierung eines Textes, weil sie häufig darin vorkommen. Sind sie in sehr vielen verschiedenen Texten enthalten, so tragen sie nur wenig dazu bei, diese voneinander zu unterscheiden. Deshalb bezieht man auch noch die *document frequency* df_i ein, also die Zahl der Texte, in denen das Schlagwort i vorkommt. Das Gewicht eines Schlagworts i für ein Textobjekt j berechnet sich dann nach der Formel:

$$W_{ij} = tf_{ij} * \log \frac{N}{df_i}$$

Je näher df_i der Gesamtzahl N aller Textobjekte kommt, desto geringer wird das Gewicht des Schlagworts i für das Textobjekt j. Der RSV eines Textobjekts kann dann z. B. berechnet werden als Summe der Gewichte von allen Schlagworten, die auch in der Anfrage benannt werden.

Hier gibt es noch sehr viel bessere Verfahren. Eines der älteren ist das **Vektorraum-Modell**, bei dem alle Gewichte eines Textobjekts zu einem Vektor zusammengefasst werden. Auch die Suchanfrage kann als Vektor betrachtet werden, in dem die Schlagworte, die als gewünscht benannt wurden, mit 1 eingetragen sind und alle anderen mit 0. Der RSV wird dann als Abstand im hochdimensionalen Vektorraum berechnet, das Ranking erfolgt mit dem kleinsten Abstand zuerst. Heute wird statt des Vektorraum-Modells oft das probabilistische Modell verwendet, das auf der Wahrscheinlichkeitsrechnung beruht und verschiedene bedingte Relevanzwahrscheinlichkeiten einsetzt. Für die Details wird auf die bereits genannte Literatur verwiesen, insbesondere /16.18/.

▶ *Hinweis:* Diese Verfahren können auch genutzt werden, um Beschreibungsdaten (→ 16.2) anderer Mediendatentypen für die Suche zu verwenden. An die Stelle der Schlagworte treten dann Features, die diese geeignet charakterisieren.

16.3.2 Bildsuche

Wenn man von den Schlagworten abstrahiert und auch andere aus Medienobjekten extrahierte Charakterisierungen zulässt, kann man die Verfahren des Information Retrieval auf andere Medien als Text übertragen. Man spricht dann auch von **Multimedia-Information-Retrieval**.

Bei Bildern muss man zunächst Vektorbilder und Rasterbilder unterscheiden. Bei **Vektorbildern** kann man sich in hohem Maße auf mathematische, insbesondere geometrische Verfahren stützen. Ähnlichkeit bedeutet dabei, dass man sich hauptsächlich auf die Topologie bezieht und nicht auf die exakten Abmessungen oder die genaue Lage. Als Suchanfrage wird der Benutzer eine geometrische Form skizzieren, mit den entsprechenden Zeichensystemen ist er ohnehin vertraut.

Diese Möglichkeit ist bei **Rasterbildern** nur mit Einschränkungen nutzbar. Es ist nicht praktikabel, von den Benutzern die Eingabe von Pixelmustern zu erwarten. Stattdessen hat sich die Angabe von Beispielbildern stark verbreitet. Das MMDBS soll dann ähnliche Bilder in der Datenbank finden, und die Ähnlichkeit wird aufgrund der Farben, der Formen, der Texturen oder einer gewichteten Mischung von allen dreien festgestellt.

Um Farbähnlichkeit zu prüfen, werden **Farbhistogramme** erstellt. Dazu bildet man zunächst Intervalle, in denen benachbarte Farben zusammengefasst werden. Dann sind bei jedem Bild die Pixel zu zählen, die eine Farbe aus einem Intervall tragen. Für jedes Intervall erhält man so eine Zahl von Pixeln. Das ergibt einen Vektor pro gespeichertem Bild und auch einen für das Beispielbild, und es kann jeweils wieder ein Abstand ermittelt werden. Dieses einfache Verfahren weist eine Reihe von Nachteilen auf, für die jeweils Verbesserungen vorgeschlagen wurden; siehe /16.3/. Am gravierendsten ist, dass die Anordnung der Farben auf den Bildern völlig ignoriert wird. Das lässt sich beheben, indem man Vordergrund und Hintergrund separiert und für beide eigene Farbhistogramme aufstellt. Alternativ kann man ein Bild auch in Quadranten aufteilen und dann vier Histogramme berechnen. Beide Ansätze verbessern das Ergebnis deutlich.

Die **formbasierte Suche** nach Bildern erfordert in jedem Fall eine Segmentierung, also eine Detektion von Kanten und eine anschließende Zerlegung des Bildes in Flächen. Formen sind dann eine zusammenhängende Menge von Pixeln mit sehr ähnlichen Farben und deutlichen Unterschieden zu den außerhalb liegenden Pixeln. Hier ist denkbar, dass der Benutzer bei der Suche eine solche Form skizziert. Dabei wird nicht verlangt, dass er Lage, Position und Größe genau trifft. Vielmehr soll das System auch nach Formen suchen können, die verschoben, verdreht oder von anderer Größe sind. Für die Formen in den gespeicherten Bildern muss also eine Darstellung gefunden werden, die invariant bezüglich Translation, Rotation und Skalierung ist. Dafür gibt es eine Reihe von Verfahren, die eine Form mit wenigen Parametern beschreiben, z. B. mit Hauptachse und Exzentrizität /16.10, S. 143 ff./.

16.3.3 Audiosuche

Bei der Suche nach Tonaufnahmen stellt sich noch mehr als bei Bildern das Problem, wie der Benutzer überhaupt spezifiziert, was er sucht. Folgen von Lautstärkepegeln oder Frequenzen kann er sicher nicht angeben. Sehr nützlich ist zunächst eine Klassifikation in gesprochene Sprache, Musik und Sonstiges, weil dann innerhalb der Klassen viel spezifischer gesucht werden kann. Bei gesprochener Sprache ist es möglich, sich auf den Text zu beziehen und wie bei der Textsuche Schlagworte anzugeben. Bei Musik kann man ein Beispiel vorgeben („das, was gerade im Radio läuft") oder auch etwas vorsummen („query by humming", /16.7/). In allen Fällen ist die weitgehende Ausnutzung von Beschreibungsdaten immer hilfreich, also die Benennung des Sprechers bzw. Interpreten, des Titels usw.

Wie auch schon bei Rasterbildern ist eine exakte Übereinstimmung bei den Elementen kaum zu erreichen. Man muss also wieder Features extrahieren und die dann für den Vergleich heranziehen. Im Bereich der Tonaufnahmen sind das typischerweise:

- **Durchschnittliche Energie**: Sie charakterisiert die Lautstärke des Audiosignals und wird berechnet als

$$E = \frac{1}{N} \sum_{n=1}^{N-1} x(n)^2$$

N Gesamtzahl aller Messwerte
$x(n)$ Messwert Nr. n

- **Nulldurchlaufsrate** (*zero-crossing rate*): Sie entspricht der Häufigkeit des Vorzeichenwechsels im Signal und charakterisiert dadurch die durchschnittliche Frequenz.

$$ZC = \frac{1}{2N} \sum_{n=1}^{N} |\operatorname{sgn} x(n) - \operatorname{sgn} x(n-1)|$$

sgn $x(n)$ Vorzeichen von $x(n)$, d. h. sgn $x = 1$, wenn x positiv, und -1 sonst.

- **Anteil der Stille** (*silence ratio*): Das ist der Anteil der Messwerte, die einer Periode der Stille angehören, an der Gesamtzahl der Messwerte. Es gibt also zwei Schwellenwerte: zunächst den Amplitudenwert, unterhalb dessen Stille angenommen wird, aber auch noch die minimale Anzahl unmittelbar aufeinander folgender stiller Messwerte, die eine Stilleperiode bilden.

Diese Features gehören zur Zeitdomäne, denn sie beziehen sich auf die zeitliche Anordnung der Messwerte, also der Lautstärkepegel. Daneben gibt es noch Features in der Frequenzdomäne, die eine Fourier-Transformation, also eine Ermittlung aller in einem Audiosignal enthaltenen Frequenzen mit ihrer jeweiligen Energie, voraussetzen. Hier sind dann Features wie **Bandbreite**, **Energieverteilung**, **Zentroid** und **Harmonie** ableitbar.

Diese Features können zunächst dazu verwendet werden, die Klassifikation in Sprache und Musik vorzunehmen. So ist der Anteil der Stille bei Sprache deutlich höher als bei Musik, während dort die Bandbreite viel größer ist. Aber auch bei der Suche nach Musikaufnahmen können diese Features eingesetzt werden. Sie bilden dann wieder einen Vektor, zu dem sich Abstände ermitteln lassen.

16.3.4 Videosuche

Bei der Suche nach Videoaufnahmen kommt als ein neuer Aspekt hinzu, dass die Benutzer in der Regel nicht nur das Video suchen wollen, sondern auch noch eine ganz bestimmte Szene darin. Generell spielt die Struktur des Videos eine große Rolle.

> Ein **Schnitt** (*shot*) ist eine Videosequenz mit einer bestimmten Kameraeinstellung ohne Zeitsprung.
>
> Eine **Szene** ist eine Folge von Schnitten in derselben räumlichen Konstellation mit unterschiedlichen Kamerapositionen, aber ebenfalls ohne Zeitsprung.

Zwischen Szenen kann es harte Wechsel geben, aber auch weiche wie Überblendungen.

Es ist leider sehr aufwändig und auch fehleranfällig, Schnitte und Szenen in einem Video automatisch zu erkennen. Deshalb wäre es die bessere Lösung, die in der Produktion ja vorhandene Information über die Schnitte und Szenen aufzubewahren und mit dem Video abzuspeichern.

Liegt die Struktur vor, werden die Szenen durch sog. **Schlüsselbilder** (*key frames*) repräsentiert. Das kann ein einzelnes Schlüsselbild sein, aber auch eine Menge davon. Es kann der Szene selbst entnommen sein oder als fiktives „Durchschnittsbild" berechnet werden. Anschließend wird mit diesen Schlüsselbildern eine Bildsuche realisiert.

Dieses Prinzip der Videosuche kann man noch verfeinern, indem man die Schlüsselbilder um Bewegungsinformationen ergänzt. Die stehen in den verschiedenen Codierungsverfahren für Videos /16.10/, /16.2/ ohnehin zur Verfügung.

16.4 Mediendatentypen

Benutzer arbeiten nicht mit den Features direkt, sondern verwenden Vergleichsoperationen, die einen RSV für jedes gespeicherte Medienobjekt ermitteln. Ein MMDBS fasst diese – wie auch die übrigen Operationen zum Anlegen, Ausgeben, Ändern oder Löschen von Medienobjekten – zu einem Datentyp zusammen.

> Ein **Mediendatentyp** ist ein abstrakter Datentyp oder, in objektorientierter Sprechweise, eine Klasse mit einem abstrakten Modell des Medienobjekts und einer Menge von Operationen zu seiner Handhabung. Die Repräsentation des Medienobjekts bleibt dabei verborgen.

Bei geeigneter Wahl der Operationen gewährleisten die Mediendatentypen die geforderte Datenunabhängigkeit.

▶ *Hinweis:* Mediendatentypen lassen sich unabhängig davon definieren, welches Datenmodell das DBMS verwendet, in dem sie dann eingesetzt werden.

Hier wird die Syntax der Programmiersprache Java verwendet, um den Mediendatentyp Image als Beispiel einzuführen. Dazu wird zunächst eine **Schnittstelle** definiert, die das für die Benutzer sichtbare Verhalten des Datentyps umfasst.

```
interface Image {
    public int height ();
```

```
        public int width ();
        public int pixelcount (byte [ ] pixelvalue);
        public Pixrect getPixrect ();
        public Image replaceColormap (
                Code encoding,
                int colormapLength,
                int colormapDepth,
                int [ ] [ ] colormap
        ); ...
}
```

Die beiden Operationen `height` und `width` stehen dabei für einfache Zugriffsoperationen, die Informationen über das Bildobjekt abrufen. Daneben gibt es Auswertungen wie `pixelcount`, die die Zahl der Pixel mit einem bestimmten Farbwert ermitteln und so als elementare Operation in der Berechnung von Farbhistogrammen eingesetzt werden können. Die Operation `getPixrect` steht für eine große Gruppe von Operationen, die die Ausgabe des Bildobjekts in einem von der Anwendung direkt benutzbaren Format vornehmen (hier das von Sun eingeführte `Pixrect`-Format). Diese Ausgabeoperationen realisieren die Datenunabhängigkeit: Die Anwendung benennt einfach das von ihr gewünschte Format und das MMDBS hat die Aufgabe, das Bildobjekt in diesem Format zu liefern – unabhängig von der internen Repräsentation. Es versteht sich, dass es sehr viele dieser Ausgabeoperationen geben sollte.

`replaceColormap` steht schließlich noch als Beispiel für eine Änderungsoperation. Damit wird die Farbtabelle durch eine andere ersetzt, was bei fotografischen Aufnahmen eher unerwünscht sein wird, bei Bildern mit künstlichen Farben (Computertomographie, Wetterkarte) aber durchaus sinnvoll sein kann.

Um in Java tatsächlich Objekte eines Datentyps anlegen zu können, ist noch die Definition einer **Klasse** erforderlich. Damit geht dann auch die Definition eines **Konstruktors** einher, der aus einer externen Repräsentation eines Bildes ein datenbankinternes Bildobjekt erzeugt und deshalb für die Datenunabhängigkeit von großer Bedeutung ist:

```
class ImageClass implements Image {
        public ImageClass (
                int height,
                int width,
                int depth,
                float aspectRatio,
                Code encoding,
                int colormapLength,
```

```
            int colormapDepth,
            int [ ] [ ] colormap,
            byte [ ] pixelmatrix
    );
    ...
}
```

Die Parameter des Konstruktors beschreiben dabei nur das eingegebene Bild und machen keine Vorgaben für die interne Darstellung. Auch ein Parameter wie `encoding` gibt nur die in den anderen Parametern `colormap` und `pixelmatrix` verwendeten Codierungen an, die es dem System erlauben, die entsprechenden Parameterwerte korrekt zu interpretieren und in das eigene interne Format zu übersetzen.

Die Ergänzung der Mediendatentypen um die Beschreibungsdaten führt zu weiteren Operationen:

```
interface Image {
    ...
    public void newDescr (String descr);
    public void extendDescr (String descr);
    public int descrLength ();
    public String getDescr ();
    public boolean contains (String query);
}
```

Mit `newDescr` fügt man dem Bildobjekt die Beschreibungsdaten in `descr` hinzu und ersetzt dabei ggf. die bisherigen. `extendDescr` ergänzt die Beschreibungsdaten (sofern vorhanden) um die in `descr` gegebenen. `contains` schließlich prüft, ob die Inhaltsangabe `query` „enthält", d. h., ob sie auf den Suchausdruck in `query` passt. Das ist ein Repräsentant für eine Reihe von Vergleichsoperationen, die auf Bildern wie auf den anderen Mediendatentypen definiert werden können.

▶ *Hinweis:* In dieser Darstellung ist eine ganze Reihe von Vereinfachungen enthalten. So sind Beschreibungsdaten natürlich nicht immer Zeichenketten, und es kann auch noch Beschreibungsdaten geben, die als Features intern erzeugt werden und den Anwendern gar nicht zugänglich sind. Schließlich sollen die Vergleichsoperationen ja auch nicht nur boolesche Werte liefern, sondern Retrieval Status Values. Die Definition der Operationen in der Syntax von Java entsprechend zu ergänzen, sollte nach den vorherigen Erläuterungen aber nicht schwerfallen.

Die Definition solcher Datentypen muss in einem MMDBS mit den Mitteln erfolgen, die das Datenmodell bzw. die DDL dafür vorsieht. Mit der Sprachnorm SQL:1999 (→ 4) sind das **benutzerdefinierte Typen** (User-Defined

16.4 Mediendatentypen

Types, UDTs, → 10.3). Sie erfordern eine etwas andere Syntax, aber das Prinzip der Definition ist dasselbe wie bei Java.

In Ergänzung von SQL:1999, aber als eigene Norm, wurden auch schon die „SQL Multimedia and Application Packages" (**SQL/MM**) definiert /16.14/. Die Norm ist aufgeteilt in bisher fünf Pakete: ein Rahmenwerk, Volltext, Vektorgrafik, Rasterbild und Data Mining. Der Ansatz ist richtig, weil man damit den Anwendern erspart, alle diese Definitionen selbst vornehmen zu müssen, und außerdem eine Einheitlichkeit über die verschiedenen DBMS hinweg erreicht. Die Umsetzung lässt allerdings zu wünschen übrig und bleibt hinter den oben aufgezeigten Möglichkeiten zurück. Das soll am Beispiel Rasterbild kurz erläutert werden /16.22/.

Der Normungsvorschlag spezifiziert die UDTs SI_StillImage für die Bild-Daten selbst, SI_Feature für die Merkmale von Bildern und SI_FeatureList für Listen von solchen Merkmalen. Bei SI_StillImage wird interessanterweise die Liste der Attribute, also die interne Repräsentation, offengelegt, und man kann dann auch darauf Bezug nehmen:

```
CREATE TYPE SI_StillImage AS (
    SI_content BINARY LARGE OBJECT (SI_MaxContLength),
    SI_contentLength INTEGER,
    SI_format CHARACTER VARYING (8),
    SI_height INTEGER,
    SI_width INTEGER,
    ...
)
```

Das Attribut SI_content ist dabei so zu verstehen, dass es auch den Header, die Farbtabellen und dergleichen umfasst, also alle Registrierungs- und evtl. auch noch Beschreibungsdaten. Es wird als „Container" für das ganze Bild betrachtet. Das Attribut SI_format benennt dann das Format, in dem das Bild in diesem Container abgelegt ist, vergleichbar dem Suffix in einem Dateinamen. Hier unterscheidet der Vorschlag „unterstützte" und „benutzerdefinierte" Formate. Unterstützte Formate liest das DBMS selbst, so dass es den Inhalt des Containers interpretieren und z. B. Bildeigenschaften extrahieren kann. Benutzerdefinierte Formate dagegen verwaltet das DBMS nur als Namen; die Interpretation bleibt vollständig den Anwendungen überlassen.

Man erkennt deutlich, dass Datenunabhängigkeit hier kaum eine Rolle spielt, also die Anforderungen aus den früheren Abschnitten dieses Kapitels nur in geringem Umfang umgesetzt werden. Man hat sich offenbar mehr an den Vorbildern aus Dateisystemen orientiert als am Umgang von Datenbanken mit Typen. Aus diesem Grund werden die übrigen Aspekte des Datentyps (Features, Operationen) hier auch nicht mehr vorgestellt /16.22/.

16.5 Einbettung in Datenbanksysteme

16.5.1 Schemastrukturen

Die so definierten Mediendatentypen müssen nun noch so mit dem Datenmodell eines DBMS verbunden werden, dass man sie in einem Schema für eine Anwendung auch geeignet einsetzen kann. In relationalen DBMS, insbesondere auch denen, die sich nach der SQL:1999-Norm richten, sieht das so aus, dass die Mediendatentypen als Wertebereiche (domains) für die Spalten von Tabellen ausgewählt werden können.

▶ *Hinweis:* Eigentlich handelt es sich dann bereits um ein objektrelationales DBMS (→ 10). Diese Bezeichnung verwendet man, wenn ein relationales DBMS um einige Konzepte der Objektorientierung, beispielsweise Vererbung oder eben die Definition eigener Typen, erweitert wurde. SQL:1999 ist die internationale Norm für objektrelationale DBMS.

❏ *Beispiel:* Die übliche Tabelle Personen kann dann auch noch mit einer Spalte Passbild ausgestattet werden, deren Werte Rasterbilder (Mediendatentyp Image) sind.

In der Syntax von SQL sieht die Definition einer Tabelle dann folgendermaßen aus:

```
CREATE TABLE Personen (
    Nachname VARCHAR(50),
    Vorname VARCHAR(30),
    Geburtsdatum DATE,
    Anschrift VARCHAR(100),
    Passbild Image
);
```

Natürlich sind in einer Tabelle auch mehrere Spalten mit Mediendatentypen erlaubt:

```
CREATE TABLE Autos (
    Hersteller VARCHAR(50),
    Baujahr INTEGER,
    ...
    Foto Image,
    Motorengeräusch Sound
);
```

Dies wird kurz als *Relationenschema-Typ 1* bezeichnet, um es von den weiteren, noch einzuführenden Schematypen zu unterscheiden. Das letzte Beispiel zeigt, dass auch damit schon eine erste Medienkomposition zur Bereitstellung von Multimedia-Objekten möglich ist.

Nicht immer hat man es mit genau einem beschreibenden Bild oder genau einem Geräusch pro Gegenstand zu tun. Stattdessen kann auch eine variable Anzahl von Texten, Bildern usw. pro Gegenstand zu verwalten sein.

❏ *Beispiel:* In einem Krankenhaus sind zu einem bestimmten Patienten beliebig viele Röntgenbilder abzulegen.

Das erfordert in relationalen DBMS generell die Einrichtung von zwei Tabellen:

```
CREATE TABLE Patienten (
    Id INTEGER,
    Name VARCHAR(100),
    ...
    Passbild Image
);

CREATE TABLE Röntgenbilder (
    PatientenId INTEGER REFERENCES Patienten (Id),
    Datum DATE,
    Ansicht VARCHAR(30),
    Körperteil VARCHAR(40),
    Aufnahme Image
);
```

Dies wird als *Relationenschema-Typ 2* bezeichnet. Der Nachteil bei der Verwendung von Schemata dieses Typs ist, dass zum Lesen und Ausgeben von Röntgenbildern zusammen mit der Patienteninformation eine Verbundoperation (Join) benötigt wird. Das macht die Formulierung von Anfragen etwas umständlicher und ist in der Abarbeitung relativ aufwändig. Es liegt aber noch im Rahmen dessen, was relationale DBMS gut beherrschen.

Es kann weiterhin vorkommen, dass nicht nur Gegenstände durch eine variable Anzahl von Bildern dargestellt werden, sondern auch umgekehrt Bilder eine variable Anzahl von Gegenständen zeigen.

❏ *Beispiel:* Als Anwendung sollen hier Aufnahmen von Pferderennen dienen. Auf einem Rennfoto sind typischerweise mehrere Pferde „in Aktion" zu sehen, und zwar auf jedem Bild in anderer Zusammenstellung.

Eine derartige *M:N-Beziehung* muss in relationalen DBMS durch eine eigene Tabelle dargestellt werden:

```
CREATE TABLE Pferde (
    Name VARCHAR(50),
    Alter INTEGER,
    ...
```

```
);

CREATE TABLE Rennfotos (
    ArchivNr INTEGER,
    Datum DATE,
    Ort VARCHAR(80),
    Aufnahme Image
);

CREATE TABLE SindDargestelltAuf (
    Pferdename VARCHAR(50) REFERENCES Pferde (Name),
    ArchivNr INTEGER REFERENCES Rennfotos (ArchivNr),
    Position VARCHAR(10)
    ...
);
```

Das ergibt den *Relationenschema-Typ 3*. Hier wird die eigenständige Rolle eines Bildes nun sehr deutlich: Es können auch Bilder gespeichert werden, denen gar keine Pferde zugeordnet sind, sei es, weil auf ihnen keine zu sehen sind oder weil noch niemand die abgebildeten Pferde identifiziert hat. Damit wird gegenüber den beiden anderen Relationenschemata eine größere Flexibilität erreicht. Der Preis dafür ist, dass man nun zwei Verbundoperationen benötigt, um alle Bilder zu einem Pferd oder umgekehrt die Angaben zu den auf einem Bild gezeigten Pferden zu erhalten.

16.5.2 Anfrageformulierung

Der Umgang mit einem relationalen DBS, in dem neben den gewöhnlichen Spalten der Tabellen auch solche mit Mediendatentypen zu finden sind, wird nun am Beispiel der Anfragesprache SQL demonstriert. Die in den Anfragen verwendete Tabelle ist noch einfacher als in den bisher gezeigten Schemata; sie reicht mit ihren zwei Spalten dafür aber völlig aus:

```
CREATE TABLE Luftbildaufnahmen (
    Nr INTEGER,
    Bild Image
);
```

Zur Suche nach bestimmten Zeilen (nach bestimmten Bildern) können die üblichen Ausdrücke von SQL benutzt werden. Der Vergleich von Attributwerten mit Konstanten, der dabei eine zentrale Rolle spielt, ist allerdings zunächst nur bei den Basisdatentypen zugelassen. Bei den Mediendatentypen gibt es dafür spezielle Vergleichsoperationen (siehe unten).

Bei der Übergabe der Suchergebnisse an ein Programm lassen sich Attribute vom Typ Image nicht direkt Programmvariablen zuweisen, weil die Typen der Variablen von Anwendung zu Anwendung verschieden sein können. Vielmehr muss eine Auswahl von Komponenten und damit verbunden eine Typanpassung explizit durch geeignete Image-Operationen erfolgen:

```
SELECT Bild.getPixrect(), Bild.getColormap()
INTO :pr, :cm
FROM Luftbildaufnahmen
WHERE Nr = :k;
```

In diesem Beispiel wird in der Variablen k eine Bildnummer vorgegeben, zu der das Bild aus der Datenbank geholt werden soll, und zwar im Pixrect-Format.

Anstelle der einfachen Abfrage der Bildnummer können in der Auswahlbedingung natürlich auch die Vergleichsoperationen des Image-Datentyps selbst herangezogen werden:

```
SELECT Bild.getDescr(), ...
FROM Luftbildaufnahmen
WHERE Bild.contains("felsiges Gelände");
```

Mit diesen erweiterten Möglichkeiten einer Anfragesprache wie SQL lassen sich Datenbankanwendungen entwickeln, die auch multimediale Daten verwenden und in der Datenbank abspeichern können.

16.6 Einsatz

Für MMDBS, die nach den beschriebenen Prinzipien entwickelt wurden, eröffnen sich zahlreiche Einsatzmöglichkeiten, die man erst nach und nach nutzen kann. In /16.2/ werden einige dieser Anwendungen vorgestellt und dabei die Mediendaten eingeführt, die die Datenbank zu verwalten hat. Das gilt besonders für die Themen *Enterprise Content Management für digitales Publizieren* und *eLearning – Lernen im Multimedia-Zeitalter*. Hier werden einige weitere Einsatzmöglichkeiten skizziert.

> Unter **Content Management** versteht man die Verwaltung von i. Allg. auch multimedialen Inhalten, die in ganz unterschiedlichen Präsentationen, insbesondere solchen auf Papier und im WWW, verwendet werden können.

Dies stellt die konsequente Weiterentwicklung des Datenbankprinzips dar, wobei an die Stelle der verschiedenen Anwendungen nun die Präsentationsformen treten. Datenunabhängigkeit und die damit verbundene Erzeugung von spezifischen Ausgabeformaten sind auch hier von zentraler Bedeutung.

Content Management ist heute besonders in **Presse, Rundfunk und Fernsehen** von Bedeutung, weil es aufwändig ist, Material zusammenzutragen und es dann in unterschiedlichsten Präsentationen zu verwenden. Alle Arten der Suche werden benötigt, wobei man auf bereits vorliegende Techniken der systematischen Ablage und Schlagwortzuteilung zurückgreifen kann.

Auch wenn der Begriff des Content Managements dort noch nicht so verbreitet ist, tritt das Problem in **Bibliotheken** ebenfalls auf, und zwar in zunehmendem Maße. Die Ablösung der Papierform ist in vollem Gange. Immer mehr Zeitschriften stehen in elektronischer Form zur Verfügung und auch andere wissenschaftliche Veröffentlichungen wie Konferenzbände, Dissertationen oder Diplomarbeiten werden primär elektronisch abgeliefert. Zu ihnen gehören längst auch multimediale Daten, sei es der Mitschnitt eines Vortrags, sei es die Dokumentation eines Experiments. Für die entstehenden digitalen Bibliotheken /16.5/ ist die größte Herausforderung der potenziell sehr lange Aufbewahrungszeitraum. Die elektronischen Inhalte sollen auch in 100 Jahren noch lesbar, besser noch sogar weiterverarbeitbar sein. Dazu muss eine vollständige und explizite interne Darstellung gewählt werden, aus der auch einmal die noch gar nicht bekannten Formate der Zukunft erzeugt werden können. Das betrifft vor allem auch die Registrierungsdaten.

Als letztes Anwendungsgebiet sei das **Krankenhaus** genannt oder allgemeiner das Gesundheitssystem. Auch hier fallen immer mehr Patientendaten elektronisch an, und die vielen „bildgebenden Verfahren" sorgen dafür, dass dazu auch Bilder und Videos gehören. Die Gesundheitskarte und die elektronische Patientenakte werden diesen Trend noch verstärken. Ein großes Problem ist derzeit der Austausch dieser Daten zwischen den vielen beteiligten Einrichtungen mit ihren unterschiedlichen Systemen /16.8/. Eine Verwaltung in einer Datenbank kann dieses zumindest abmildern, wenn beim Zugriff eine Anpassung an die besonderen Verhältnisse der Einrichtung möglich ist.

17 Geodatenbanken

Thomas Brinkhoff

Geodatenbanken (*spatial databases*) sind essenzieller Bestandteil von *Geoinformationssystemen* (*GIS*) und anderen Anwendungen, die räumliche Daten verarbeiten oder bereitstellen. Sie dienen der Modellierung und Speicherung von Geodaten.

Geodatenbanksysteme (*spatial database systems*) erlauben eine standardisierte, *integrierte Datenhaltung* von Sach- und Geodaten und damit einen *Datenaustausch* und eine *Interoperabilität* zwischen verschiedenen Anwendungsprogrammen. Sie stellen insbesondere geometrische und topologische Verschneidungs- und Analysefunktionalitäten zur Verfügung /17.1/, /17.5/, /17.8/.

17.1 Geodaten

Zur effektiven Modellierung und Speicherung von Geodaten ist es erforderlich, deren spezifische Eigenschaften geeignet in ein Datenbankschema abzubilden.

17.1.1 Eigenschaften von Geodaten

Die Eigenschaften von Geodaten lassen sich in vier Kategorien einteilen.

Geometrische Eigenschaften

Geometrische Eigenschaften beschreiben die *Lage* und *Ausdehnung* (bzw. *Form*) von Objekten im Raum.

❏ *Beispiele:* die Lage eines Punktes (z. B. der Hochschule) oder Lage und Ausdehnung eines Gebietes (z. B. des Stadtgebietes).

Vektordaten bauen auf Punkten und Linien auf. Die Lage der Punkte wird über *Koordinaten* beschrieben. Auf dieser Basis werden komplexere Einheiten wie Streckenzüge und Polygone zur Beschreibung von Linien bzw. Flächen gebildet (→ Bild 17.1).

Rasterdaten bestehen aus gleichförmigen Teilflächen. Typischerweise erfolgt die Aufteilung in quadratische oder rechteckige *Rasterzellen*.

17 Geodatenbanken

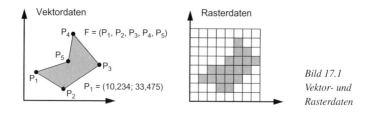

Bild 17.1 Vektor- und Rasterdaten

> **Geoobjekte** ((*geographic*) *features*) besitzen eine ausgezeichnete geometrische Eigenschaft, auf die sich räumliche Anfragen und Operationen beziehen. Daneben können sie weitere (geometrische und nicht geometrische) Eigenschaften aufweisen. Geoobjekte dienen der Beschreibung von Objekten oder Phänomenen der realen Welt, die einen Lagebezug zur Erde aufweisen.

Topologische Eigenschaften

Topologische Eigenschaften dienen zur Beschreibung der *relativen räumlichen Beziehungen* von Geoobjekten zueinander, wobei von der Geometrie abstrahiert wird.

❏ *Beispiele:* Topologische Beziehungen betreffen z. B. die Nachbarschaft, das Enthaltensein oder die Überschneidung von Geoobjekten.

Die Topologie einer Sammlung von Geoobjekten wird durch Transformationen wie das Verschieben (Translation), Drehen (Rotation) oder Skalieren aller Geoobjekte nicht verändert.

Thematische Eigenschaften

Thematische Eigenschaften entsprechen Sachattributen.

❏ *Beispiele: Nominale Eigenschaften* sind Bezeichnungen wie Städtenamen oder Postleitzahlen. *Qualitative Eigenschaften* können eine Straßenkategorie oder den Wochentag der Müllabfuhr repräsentieren. *Quantitative Eigenschaften* beschreiben beispielsweise die Niederschlagsmenge oder eine Einwohnerzahl.

Thematische Eigenschaften müssen geeignet dem (zwei- oder mehrdimensionalen) Raum zugeordnet werden. Bei *objektbasierten Datenmodellen* ist das Geoobjekt Ausgangspunkt der Betrachtung. Dem ausgezeichneten Geometrieattribut lassen sich alle übrigen Attributwerte zuordnen.

❏ *Beispiel:* Besitzt eine Stadt die thematischen Attribute „Steueraufkommen" und „Einwohnerzahl", so gelten die Attributwerte für das Stadtgebiet, falls dies das ausgezeichnete geometrische Attribut ist.

Bei *raumbasierten Datenmodellen* ist der Datenraum der Ausgangspunkt der Betrachtung. Mit jedem Punkt im Raum ist ein Attributwert verknüpft. Dieser Ansatz wird typischerweise bei Rasterdaten verfolgt. Man spricht hierbei auch von *Coverages*.

> Zu einem Geoobjekt kann es mehrere thematische Attribute geben. Dann bilden alle Geoobjekte zu jeweils einem dieser Attribute eine **thematische Ebene** (*layer*). Gleiches gilt, wenn bei einem raumbasierten Datenmodell jeder Punkt mit einem Vektor von *n* Attributwerten verknüpft ist. Dann liegen *n* thematische Ebenen vor.

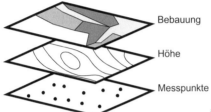

Bild 17.2 Thematische Ebenen

Temporale Eigenschaften

Temporale Eigenschaften beschreiben für Geoobjekte (Gültigkeits-) *Zeitpunkte* oder *Zeiträume*. Liegen die Geometrie und die übrigen Eigenschaften eines Objektes für mehrere (aufeinander folgende) Zeitpunkte bzw. -räume vor, so kann die *Dynamik* eines *bewegten Geoobjektes* (*moving object*) beschrieben werden.

Spatio-temporale Datenmodelle berücksichtigen in gleichberechtigter Weise räumliche und temporale Eigenschaften /17.2/.

17.1.2 Metadaten

Metadaten repräsentieren Informationen über die eigentlichen (Geo-)Daten.

❏ *Beispiele:* die Thematik, das Datenformat, die Qualitätseigenschaften, die Erfassungsart, die Aktualität der Geodaten.

Metadaten erlauben eine sachgerechte Einschätzung und einen angemessenen Umgang mit Geodaten. Außerdem unterstützen sie die externe Suche nach geeigneten Geodaten und die Verwaltung von vorhandenen Datenbeständen. Eng mit Metadaten verbunden ist der Begriff der *Qualität*, wobei

Qualität mit der „Gesamtheit aller charakteristischen Eigenschaften eines Produktes" gleichzusetzen ist.

ISO 19115 „Geographic Information – Metadata" definiert ein Metadatenschema für digitale Geodaten. Es umfasst u. a. Informationen über Titel, Ausdehnung, Qualität, räumliche und temporale Eigenschaften und Vertrieb der Geodaten.

17.2 Datenschemata

17.2.1 Standardisierung

Eine wesentliche Voraussetzung, um eine Interoperabilität zwischen verschiedenen raumbezogenen Anwendungen zu erreichen, ist die *Standardisierung der Geodatenmodelle*. Dabei spielen (neben dem ISO/IEC-SQL-Komitee zur Entwicklung der SQL-Norm) die folgenden beiden Organisationen eine hervorgehobene Rolle:

- **Open Geospatial Consortium (OGC):** eine internationale, nicht auf Profit ausgerichtete Standardisierungsorganisation mit rund 470 Mitgliedern aus Wirtschaft, Verwaltung und Wissenschaft.
- **ISO Technisches Komitee 211 „Geographic Information/Geomatics" (ISO/TC 211):** internationales Normungsgremium der International Organization for Standardization, in dem rund 30 Mitgliedsstaaten aktiv mitarbeiten und etwa ebenso viele Staaten beobachtende Mitglieder sind.

Es werden insbesondere zwei Arten von Spezifikationen unterschieden:
- **Abstrakte Spezifikationen** bilden einen implementierungsunabhängigen Rahmen, an dem sich technische Spezifikationen ausrichten sollen.
- **Implementierungsspezifikationen** bieten Entwicklern eine Basis, auf der Software implementiert werden kann. Sie müssen so konkret sein, dass eine solche Software in der Lage ist, mit anderer Software, die die gleiche(n) Spezifikation(en) erfüllt, zu kommunizieren.

Seit 1998 gibt es eine Vereinbarung zur Zusammenarbeit zwischen dem ISO/TC 211 und dem OGC: Das ISO/TC 211 hat die Federführung bei abstrakten Spezifikationen, während im Gegenzug Implementierungsspezifikationen, die vom OGC erarbeitet worden sind, bei der ISO als Normvorschlag eingereicht werden.

17.2.2 ISO 19107 Spatial Schema

ISO 19107:2003 „Geographic Information – Spatial Schema" beinhaltet ein konzeptionelles Datenmodell, das die räumlichen Eigenschaften von

17.2 Datenschemata

geografischen Objekten beschreibt. Es umfasst die (Vektor-)Geometrie und Topologie bis zu einer maximalen Dimension von 3. Das Modell definiert räumliche Standardoperationen für Zugriff, Anfrage, Verwaltung, Verarbeitung und Austausch von Geoobjekten. Die abstrakte OGC-Spezifikation „*Feature Geometry*" (Version 5) entspricht dieser Norm.

Das Feature-Geometry-Modell besteht aus zwei Hauptpaketen:
- Paket Geometry: geometrische Eigenschaften der Geoobjekte
- Paket Topology: topologische Eigenschaften der Geoobjekte

Das Paket „Geometry" besteht aus fünf Teilpaketen (→ Bild 17.3):
- Geometry root enthält eine allgemeine Oberklasse für Geometrien.
- Geometry primitive beschreibt geometrische Primitive.

> **Geometrische Primitive** sind Objekte, die durch eine zusammenhängende Geometrie beschrieben werden können.

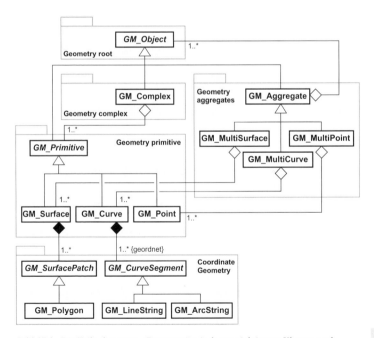

Bild 17.3 Die Teilpakete von „Geometry" mit deren wichtigsten Klassen und Beziehungen (ohne die 3-D-Klassen)

- Coordinate Geometry enthält die Klassen, die die Definition von Geometrien mittels Koordinaten erlauben. Ein geometrisches Primitiv wird durch ein oder mehrere Instanzen solcher Klassen beschrieben.
- Geometry aggregate erlaubt die Zusammenfassung von mehreren geometrischen Primitiven in losen *Geometrieaggregaten*. Dort müssen die Geometrien (bis auf die Zugehörigkeit zu bestimmten Klassen) keinen weiteren Bedingungen gehorchen.
- Geometry complex definiert die Zusammenfassung von mehreren geometrischen Primitiven zu einer *komplexen Geometrie*. Hierbei besteht eine enge Kopplung zwischen den Teilgeometrien eines Geometriekomplexes; insbesondere müssen alle Teilgeometrien (mit Ausnahme ihrer Ränder) untereinander überlappungsfrei sein.

17.2.3 ISO 19125 Simple Feature Access

ISO 19125:2004 „Simple Feature Access" ist eine Implementierungsspezifikation zur Beschreibung zweidimensionaler Vektorgeometrien. Die Norm besteht aus 2 Teilen:
- ISO 19125-1: Simple Feature Access – Common Architecture
- ISO 19125-2: Simple Feature Access – SQL Option

Neben geometrischen Datentypen werden räumliche Operationen für Zugriff, Anfrage und Verarbeitung von Geometrien definiert. Das Simple-Feature-Modell beruht auf einer Untermenge des abstrakten Feature-Geometry-Modells der ISO-Norm 19107, wobei es allerdings einige Unterschiede zwischen beiden Datenmodellen gibt.

17.2.3.1 Datenschema

> **Simple Features** sind nach ISO 19125 Geometrien im zweidimensionalen Raum, deren Stützpunkte geradlinig miteinander verbunden sind.

Bild 17.4 zeigt Beispiele für Geometrien, die Simple Features bzw. keine Simple Features sind.

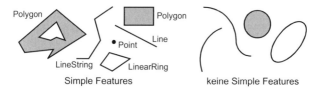

Bild 17.4 Simple Features

Die Oberklasse Geometry bündelt die Attribute und Methoden, die allen Simple Features gemein sind. So kann jeder Geometrie ein räumliches Bezugssystem (SpatialReferenceSystem) zugeordnet sein. Von der Klasse Geometry leiten sich vier Geometrieformen ab:
- Point beschreibt einen *Punkt*.
- Curve ist die abstrakte Oberklasse für Linien. *Streckenzüge* werden durch die Unterklasse LineString erzeugt. Es gibt zwei Spezialisierungen von Streckenzügen: Die Klasse Line entspricht einer *Strecke* und LinearRing repräsentiert einen *Ring* (→ Bild 17.4).

> Ein **Ring** ist ein einfacher, geschlossener Streckenzug. Ein Streckenzug ist **geschlossen**, wenn der erste und der letzte Streckenpunkt identisch sind. Ein Streckenzug ist **einfach**, wenn alle Streckenabschnitte bis auf die Streckenpunkte frei von Überlappungen sind und in den Streckenpunkten maximal zwei Streckenabschnitte aufeinanderstoßen.

- Surface ist die abstrakte Oberklasse für Flächen. Konkrete Flächenobjekte werden durch die Klasse Polygon erzeugt, die *einfache Polygone mit Löchern* repräsentiert. Ein Polygon besitzt immer genau einen *äußeren Ring*, der die Außenbegrenzung darstellt. Innerhalb des Polygons können sich *Löcher* als Aussparungen befinden, die durch *innere Ringe* beschrieben werden. Bild 17.4 zeigt als Simple Feature zwei Polygone: ein Rechteck ohne Loch und ein Polygon mit einem Loch.
- GeometryCollection beschreibt eine *Geometriesammlung*, die aus beliebig vielen Geometrien besteht, die alle das gleiche räumliche Be-

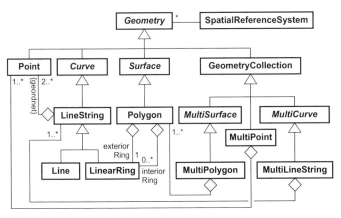

Bild 17.5 Klassenmodell nach ISO 19125 Simple Feature Access

zugssystem besitzen müssen. Eine Geometriesammlung ist restriktiver als ein Geometrieaggregat, braucht aber nur schwächere Vorgaben als ein Geometriekomplex zu erfüllen. Für den Fall, dass alle Elemente der gleichen Klasse angehören, gibt es eine Reihe von spezialisierten Geometriesammlungen, wobei nur die Unterklassen MultiPoint, MultiLineString und MultiPolygon instanziierbar sind.

Bild 17.5 gibt einen Überblick über das Klassenmodell.

Die Klassen stellen neben Zugriffsmethoden auf die Eigenschaften und Bestandteile der Objekte diverse geometrische Funktionen und Prädikate zur Verfügung (→ 17.3).

17.2.3.2 Datenrepräsentationen

Die Norm definiert zwei Repräsentationen für Simple Features:
- **Well-Known Text (WKT)** als Textrepräsentation.
- **Well-Known Binary (WKB)** als binäre Speicherrepräsentation.

Für beide Datenrepräsentationen werden entsprechende Konstruktoren (<Geom>FromText, <Geom>FromWKB) und Konvertierungsfunktionen (AsText, AsBinary) spezifiziert.

◊ *Spezifikation:* WKT-Definition
```
<Geometry Tagged Text> := <Point Tagged Text> |
   <LineString Tagged Text> | <Polygon Tagged Text> |
   <MultiPoint Tagged Text> | <MultiLineString Tagged Text> |
   <MultiPolygon Tagged Text> |
   <GeometryCollection Tagged Text>
<Point Tagged Text> := POINT <Point Text>
<LineString Tagged Text> := LINESTRING <LineString Text>
<Polygon Tagged Text> := POLYGON <Polygon Text>
<MultiPoint Tagged Text> := MULTIPOINT <Multipoint Text>
<MultiLineString Tagged Text> :=
   MULTILINESTRING <MultiLineString Text>
<MultiPolygon Tagged Text> :=
   MULTIPOLYGON <MultiPolygon Text>
<GeometryCollection Tagged Text> :=
GEOMETRYCOLLECTION <GeometryCollection Text>
<Point Text> := ∅ | ( <Point> )
<LineString Text> := ∅ | ( <Point> { , <Point> } )
<Polygon Text> := ∅ |
   ( <LineString Text> { , <LineString Text> } )
<Multipoint Text> := ∅ | ( <Point Text> { , <Point Text> } )
<MultiLineString Text> := ∅ |
   ( <LineString Text> { , <LineString Text> } )
```

```
<MultiPolygon Text> := Ø |
   ( <Polygon Text> { , <Polygon Text> } )
<GeometryCollection Text> := Ø |
   ( <Geometry Tagged Text> { , <Geometry Tagged Text> } )
<Point> := <Dezimalzahl> <Dezimalzahl>
```

❏ *Beispiel:* Simple Features in WKT

```
POINT (10.5 -13.7)
LINESTRING (10 10, 20 20, 30 40)
POLYGON ( (10 10, 10 20, 20 20, 20 15, 10 10) )
POLYGON ( (10 10, 10 20, 20 20, 20 15, 10 10) ,
          (15 15, 15 18, 18 18, 15 15) )
MULTIPOINT ( (10 10) , (20 20) )
MULTILINESTRING ( (10 10, 20 20) , (15 15, 30 15) )
MULTIPOLYGON ( ( (10 10, 10 20, 20 20, 20 15, 10 10) ),
               ( (60 60, 70 70, 80 60, 60 60) ) )
GEOMETRYCOLLECTION ( POINT (10 10), POINT (30 3),
                     LINESTRING (15 15, 20 20) )
```

17.2.4 ISO/IEC 13249-3 SQL/MM Spatial

SQL/MM Spatial ist Teil von *SQL/MM*, das Multimedia-Erweiterungen zu SQL standardisiert. Der ISO/IEC-Standard 13249-3:2011 SQL/MM Spatial spezifiziert ein Datenmodell für Geodaten. Bild 17.6 zeigt die wesentlichen Klassen.

Das Datenschema von SQL/MM Spatial weist recht große Ähnlichkeiten mit der ISO-Norm Simple Feature Access auf. Es lassen sich aber auch einige *Unterschiede* ausmachen:

- Die Klasse ST_Curve weist zwei zusätzliche Unterklassen auf: ST_CircularString und ST_CompoundCurve repräsentieren Linienzüge, die *Kreisbögen* enthalten, bzw. *zusammengesetzte Linienzüge*, die aus geradlinigen und kreisbogenförmigen Teillinien bestehen. Bild 17.7 zeigt entsprechende Beispiele.
- Explizite Unterklassen für Strecken und Ringe existieren nicht.
- Die Klasse ST_Surface weist eine zusätzliche Unterklasse auf: ST_CurvePolygon, deren innere und äußere Ringe durch Instanzen der Klasse ST_Curve repräsentiert werden und damit auch *Kreisbögen* enthalten können. Bild 17.7 zeigt auch hierfür Beispiele.

SQL/MM Spatial weist gegenüber der ISO-Norm Simple Feature Access Erweiterungen auf. Beispiele hierfür sind:

- ein Netzwerk- und Topologiedatenbankschema,
- 3D-Funktionen und Unterstützung von Dreiecksvermaschungen, Koordinatentransformationen,

508   17 Geodatenbanken

- lineare Bezugssysteme,
- die Bereitstellung einer XML-Repräsentation (der *Geography Markup Language*, die von OGC und ISO/TC 211 spezifiziert wurde).

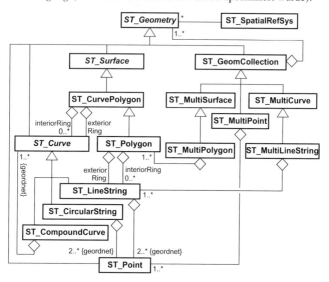

Bild 17.6   Klassenmodell nach ISO/IEC 13249-3:2011 SQL/MM Spatial

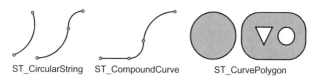

Bild 17.7   Geometrien mit Kreisbögen

17.2.5 Räumliche Bezugssysteme

Räumliche Bezugssysteme (*spatial reference systems*) erlauben es, Lageinformationen räumlich zu verorten. Im Regelfall werden dazu Koordinaten verwendet. Dann spricht man auch von **Koordinatenbezugssystemen** (*coordinate reference systems*). Ein Koordinatenbezugssystem besteht aus einem **Koordinatensystem** (*coordinate system*), einem Geltungsbereich und Angaben, die es erlauben, Daten aus unterschiedlichen Koordinatensystemen auf ein globales System abzubilden.

Die Zuordnung eines Koordinatenbezugssystems zu einer Geometrie ist zum Beispiel erforderlich, um aus den Koordinaten konkrete (metrische) Längen- und Flächenangaben ableiten zu können.

Georeferenzierende Koordinatensysteme sind Koordinatensysteme, die einen Bezug zu Positionen auf der Erdoberfläche haben. Es lassen sich zwei wesentliche Kategorien voneinander unterscheiden:

- **Geografische Koordinatensysteme** legen über Angaben im Winkelmaß Punkte der Erdoberfläche bezogen auf den *Äquator* und einen *Nullmeridian* fest. Die Abweichung vom Äquator wird als *geografische Breite* und die Abweichung vom Nullmeridian als *geografische Länge* bezeichnet (→ Bild 17.8).

❑ *Beispiel: WGS'84-Koordinaten*, wie sie vom Navigationssatellitensystem *GPS* bereitgestellt werden, sind geografische Koordinaten.

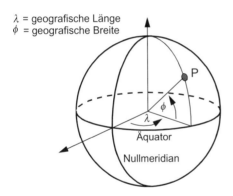

Bild 17.8 Geografische Koordinaten

- **Projizierte Koordinatensysteme** erlauben die mathematische Abbildung von Positionen der Erdoberfläche auf eine Ebene, was insbesondere für Karten- und Bildschirmdarstellungen vorteilhaft ist. Dabei gehen aber einige der ursprünglichen Eigenschaften des Raumes wie Flächen-, Winkel- oder Längentreue verloren; es kommt zu *Verzerrungen*, die nur für projektionsspezifische Gebiete klein gehalten werden können.

❑ *Beispiel:* In Deutschland wird zunehmend das *UTM-Koordinatensystem* als projiziertes Koordinatensystem verwendet. Da der Umfang der Verzerrungen vom Abstand eines ausgewählten Meridians abhängt, unterscheidet man UTM-Koordinatensysteme für *unterschiedliche Meridian-Streifen*.

17.2.5.1 EPSG-Bezugssysteme

EPSG-Bezugssysteme werden von der Geodäsie-Arbeitsgruppe der *International Association of Oil and Gas Producers* bereitgestellt. Die EPSG-Datenbank enthält mehrere Tausend georeferenzierende Koordinatenbezugssysteme, die durch einen eindeutigen *EPSG-Schlüssel* identifiziert werden.

❏ *Beispiel:* Der EPSG-Schlüssel 4326 steht für ein Koordinatenbezugssystem auf Basis von WGS'84 und 25832 für das UTM-Koordinatensystem (Zone 32N, Basis ETRS89).

17.2.5.2 Lineare Bezugssysteme

Lineare Bezugssysteme (*linear referencing systems*) erlauben die Identifizierung von Punkten auf einer Linie durch *Abstandsangaben* zu einem ausgezeichneten *Anfangspunkt*. Gerade in *Netzwerken* – zum Beispiel in Straßennetzen oder in Ver- und Entsorgungsnetzen wie Wasser- und Kanalnetzen – haben lineare Bezugssysteme eine große Bedeutung. Bild 17.9 zeigt einen Streckenzug, dessen Streckenpunkte neben Koordinaten auch Abstandsangaben aufweisen.

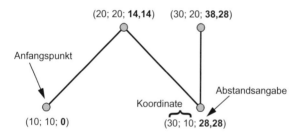

Bild 17.9 Abstandsangaben in einem linearen Bezugssystem

Liegt für eine Position auf einem Linienzug keine Abstandsangabe vor, so muss dieser Wert aufgrund benachbarter Abstandsangaben und der Länge des Linienzuges interpoliert werden. Eine andere wichtige Operation ist die Berechnung der Koordinaten eines Punktes aus einer Abstandsangabe.

17.3 Funktionen

ISO 19125 Simple Feature Access und SQL/MM Spatial definieren eine Reihe von geometrischen Funktionen und topologischen Prädikaten, die ein Geodatenbanksystem bereitstellen sollte.

17.3.1 Geometrische Funktionen

- Distance berechnet die geringste *Entfernung* zwischen zwei Geometrien.
- Buffer ermittelt für einen vorgegebenen Abstand die *Pufferzone* um eine Geometrie. Dabei entstehende Kreisbögen müssen ggf. durch Streckenzüge approximiert werden (→ Bild 17.10).
- ConvexHull berechnet die *konvexe Hülle* einer Geometrie (→ Bild 17.10).

> Eine Punktmenge M ist **konvex**, wenn für ein beliebiges Paar von Punkten $p, q \in M$ auch die Strecke zwischen p und q sich vollständig in dieser Punktmenge befindet. In analoger Weise lässt sich ein **konvexes Polygon** definieren. Die **konvexe Hülle** einer Geometrie g ist das kleinste konvexe Polygon, welches g vollständig enthält.

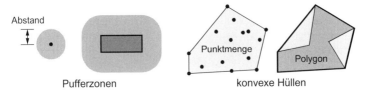

Bild 17.10 Berechnung von Pufferzonen und konvexen Hüllen

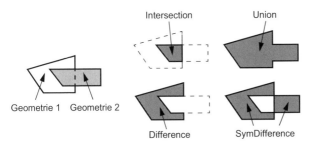

Bild 17.11 Verschneidungsoperationen

- Intersection berechnet den *Schnitt* zwischen zwei Geometrien.
- Union ermittelt die *Vereinigung* zweier Geometrien.
- Difference stellt die *Differenz* dar. Hierbei werden von einer Geometrie die Teile entfernt, die von einer zweiten Geometrie überdeckt werden.

- SymDifference berechnet die *symmetrische Differenz*, die die Vereinigung der wechselseitig gebildeten Differenz darstellt. SymDifference entspricht somit einem Exklusiv-Oder.

Bild 17.11 zeigt die Arbeitsweise der vier *Verschneidungsoperationen* an einem Beispiel.

17.3.2 Topologische Prädikate

> **Topologische Prädikate** sind boolesche Aussagen über topologische Beziehungen zwischen zwei Geometrien. Um die Semantik solcher Prädikate exakt festlegen zu können, bedient man sich des **9-Intersection-Modells (9IM)**. Dazu wird jede Geometrie G in den **Rand** G_R, das **Innere** G_I und das **Äußere** G_A der Geometrie aufgeteilt. Diese drei Bereiche sind paarweise disjunkt.

- Für *Polygone* bilden die Ringe den Rand. Die Punkte innerhalb des äußeren Rings, die nicht in oder auf einem inneren Ring liegen, stellen das Innere des Polygons dar. Das Innere der Löcher gehört zum Äußeren des Polygons.
- Für *Linien* bilden die Endpunkte den Rand und die übrigen Punkte das Innere der Linie.
- Bei einem *Punkt* bildet dieser das Innere des Punktes; der Rand ist grundsätzlich leer.

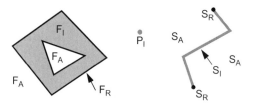

Bild 17.12 Das Äußere, der Rand und das Innere der Geometrien F, P und S

17.3.2.1 Boolesches Modell

Für die jeweils drei Bereiche A_X und B_Y zweier Geometrien A und B ($X, Y \in \{R, I, A\}$) lässt sich überprüfen, ob sie sich paarweise schneiden. Über diese insgesamt neun Kombinationen kann man topologische Prädikate $\otimes$ definieren.

17.3 Funktionen

Boolesches Modell: Die Definition der Schnittbedingungen erfolgt mittels einer booleschen 3 * 3-Matrix:

$$A \otimes B = \begin{bmatrix} A_I \cap B_I & A_I \cap B_R & A_I \cap B_A \\ A_R \cap B_I & A_R \cap B_R & A_R \cap B_A \\ A_A \cap B_I & A_A \cap B_R & A_A \cap B_A \end{bmatrix}$$

Da jede der Schnittbedingungen $A_X \cap B_Y$ entweder das Ergebnis T (= *true*) oder F (= *false*) hat, gibt es prinzipiell $2^9 = 512$ verschiedene Matrizen. Für Flächen existieren aber nur acht verschiedene sinnvolle topologische Beziehungen.

❑ *Beispiel:* Die topologische Beziehung Contains, bei der Fläche A die Fläche B ohne eine Randberührung enthält, ist über $\begin{bmatrix} T & T & T \\ F & F & T \\ F & F & T \end{bmatrix}$ definiert.

▶ *Hinweis:* Da das boolesche Modell auf Arbeiten von Max Egenhofer zurückgeht, werden die entsprechenden Prädikate auch als *Egenhofer-Operatoren* bezeichnet.

17.3.2.2 Dimensionsmodell

Um differenzierte Aussagen für beliebige Geometrien vornehmen zu können, werden in der *Dimensionally Extended 9-Intersection Matrix* (DE-9IM) anstelle von booleschen Werten Dimensionsangaben verwendet.

$$A \otimes B = \begin{bmatrix} d(A_I \cap B_I) & d(A_I \cap B_R) & d(A_I \cap B_A) \\ d(A_R \cap B_I) & d(A_R \cap B_R) & d(A_R \cap B_A) \\ d(A_A \cap B_I) & d(A_A \cap B_R) & d(A_A \cap B_A) \end{bmatrix}$$

d gibt die *maximale Dimension* der Schnittgeometrie an bzw. -1, falls kein Schnitt vorliegt.

Zur Beschreibung topologischer Prädikate mit Hilfe einer Dimensionsmatrix stehen neben den drei Dimensionsangaben zusätzliche Werte zur Verfügung:
- $T \Rightarrow d(x) \in \{0,1,2\}$ (es liegt ein Schnitt vor)
- $F \Rightarrow d(x) = -1$ (es liegt kein Schnitt vor)
- $* \Rightarrow d(x) \in \{-1,0,1,2\}$ („don't care")

Tabelle 17.1 definiert mehrere topologische Beziehungen und illustriert die damit abgedeckten Fälle.

▶ *Hinweis:* Die topologischen Prädikate nach dem Dimensionsmodell werden auch als *Clementini-Operatoren* bezeichnet.

Tabelle 17.1 Definition topologischer Prädikate nach dem Dimensionsmodell

Prädikat	Definition	Beispiel(e)
A.Disjoint(B)	$\begin{bmatrix} F & F & * \\ F & F & * \\ * & * & * \end{bmatrix}$	
A.Touches(B) ($d(A) > 0$ $d(B) > 0$)	$\begin{bmatrix} F & T & * \\ * & * & * \\ * & * & * \end{bmatrix}$ $\begin{bmatrix} F & * & * \\ T & * & * \\ * & * & * \end{bmatrix}$ $\begin{bmatrix} F & * & * \\ * & T & * \\ * & * & * \end{bmatrix}$	
A.Crosses(B) ($d(A) < d(B)$)	$\begin{bmatrix} T & * & T \\ * & * & * \\ * & * & * \end{bmatrix}$	
A.Crosses(B) ($d(A) = d(B) = 1$)	$\begin{bmatrix} 0 & * & * \\ * & * & * \\ * & * & * \end{bmatrix}$	
A.Within(B) B.Contains(A)	$\begin{bmatrix} T & * & F \\ * & * & F \\ * & * & * \end{bmatrix}$	
A.Overlaps(B) ($d(A) = d(B) \neq 1$)	$\begin{bmatrix} T & * & T \\ * & * & * \\ T & * & * \end{bmatrix}$	
A.Overlaps(B) ($d(A) = d(B) = 1$)	$\begin{bmatrix} 1 & * & T \\ * & * & * \\ T & * & * \end{bmatrix}$	
A.Intersects(B)	(B.Disjoint(A))	

Im Simple-Feature-Modell sind die topologischen Prädikate auf Basis des Dimensionsmodells definiert. Für jedes Prädikat existiert jeweils eine gleichnamige boolesche Funktion. Daneben gibt es die allgemeine Methode Relate, die neben den Geometrien eine DE-9IM als Argument erhält.

17.4 Räumliche Anfragen

Eine Hauptaufgabe eines Geodatenbanksystems ist die Bestimmung von Geoobjekten, die geometrische oder topologische Anfragebedingungen erfüllen.

17.4.1 Räumliche Basisanfragen

Weist eine Anfragebedingung einen Raumbezug auf, so führt ein Geodatenbanksystem die Anfrage auf eine *räumliche Basisanfrage* oder eine Folge von diesen zurück.

17.4.1.1 Räumliche Selektion

> **Räumliche Selektionsanfragen** bestimmen aus einer Menge von Geoobjekten (d. h. aus einer Relation bezüglich eines geometrischen Attributs) diejenigen, die eine vorgegebene **räumliche Anfragebedingung** erfüllen.

- **Punktanfragen** (*point queries*) bestimmen zu einem gegebenen Anfragepunkt *p* alle Geoobjekte, die *p* enthalten.
- **Rechteck-** oder **Fensteranfragen** (*window queries*) ermitteln zu einem gegebenen Anfragerechteck *r* alle Geoobjekte, die *r* schneiden (d. h. im Rechteck liegen oder einen Schnitt mit dessen Rand aufweisen).
- **Regionsanfragen** (*region queries*) bestimmen zu einem gegebenen Anfragepolygon *pol* alle Geoobjekte, die *pol* schneiden.
- **Abstandsanfragen** (*distance queries*) finden alle Geoobjekte, die sich in einer vorgegebenen Entfernung *dist* zu einem Anfragepunkt *p* befinden. Sie entsprechen kreisförmigen Regionsanfragen mit dem Radius *dist*.

❏ *Beispiele:* für räumliche Selektionen in SQL:

```
-- Punktanfrage:
SELECT * FROM Ortsnetze n WHERE n.Gebiet.Contains(
   PointFromText('POINT(7 3)'));
-- Rechteckanfrage:
SELECT * FROM Ortsnetze n WHERE n.Gebiet.Intersects(
   PolygonFromText('POLYGON((0 0, 0 5, 5 5, 5 0, 0 0))') );
-- Regionsanfrage:
SELECT * FROM Ortsnetze n WHERE n.Gebiet.Intersects(
   PolygonFromText('POLYGON((0 0, 3 9, 9 6, 5 2, 0 0))') );
-- Distanzanfrage:
SELECT * FROM Ortsnetze n WHERE n.Gebiet.Distance(
   PointFromText('POINT(7 3)')) < 14;
```

516 17 Geodatenbanken

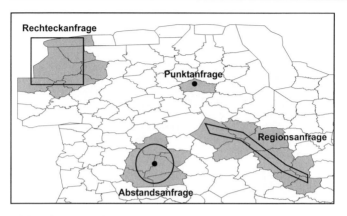

Bild 17.13 Beispiele für räumliche Selektionsanfragen

17.4.1.2 Räumlicher Verbund

> Der **räumliche Verbund** (*spatial join*) ist eine Verbundoperation zwischen zwei oder mehr Relationen, die mindestens eine **räumliche Verbundbedingung** beinhaltet. Solche Verbundbedingungen können topologischen Prädikaten oder Abstandsbedingungen entsprechen.

▶ *Hinweis:* Der räumliche Verbund ist die Grundlage für die *Verschneidung von Karten* (*map overlay*) in einem Geoinformationssystem.

Intersection Join ist der räumliche Verbund, der das topologische Prädikat *Intersects* prüft. Da er die Grundlage für die Bearbeitung anderer räumlicher Verbundoperationen darstellt, ist der Intersection Join ein wichtiger Spezialfall. Bild 17.14 zeigt ein Beispiel.

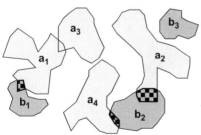

Resultat: { $(a_1, b_1), (a_2, b_2), (a_4, b_2)$ }

Bild 17.14 Beispiel Intersection Join

❑ *Beispiel:* für räumlichen Verbund in SQL:
```
SELECT a.*, b.*
FROM Ortsnetze a INNER JOIN Gemeinden b
ON a.Gebiet.Intersects(b.Gebiet);
```

17.4.1.3 Nächste-Nachbarn-Anfrage

> Die **Nächste-Nachbarn-Anfrage** (*Nearest Neighbor Query, NNQ*) /17.4/ bestimmt aus einer Relation M die nächstgelegenen Objekte im Hinblick auf ein Geoobjekt $p \in M$ oder einen Anfragepunkt p.

Dabei können die folgenden Varianten unterschieden werden:
- **Normale Nächste-Nachbarn-Anfragen** bestimmen das Geoobjekt aus M, das den geringsten Abstand zu p aufweist (und, falls p ein Geoobjekt aus M darstellt, ungleich p ist).
- **k-nächste-Nachbarn-Anfragen** liefern die k nächstgelegenen Nachbarn aus M zu p ($k \in M, k > 0$).
- **Inkrementelle Nächste-Nachbarn-Anfragen** bestimmen zunächst das zu p nächstgelegene Geoobjekt aus M. Danach kann man wiederholt das Objekt mit der geringsten Distanz zu p abrufen, das noch nicht als Antwort geliefert worden ist.

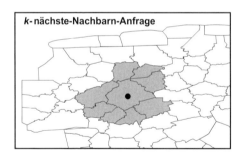

Bild 17.15 Beispiel einer k-nächste-Nachbarn-Anfrage

▶ *Hinweis:* Eine Formulierung von Nächste-Nachbarn-Anfragen in SQL auf Basis von Operationen aus ISO 19125 oder SQL/MM Spatial ist nicht möglich.

17.4.2 Mehrstufige Anfragebearbeitung

Die effiziente Bearbeitung räumlicher Basisanfragen wird durch einige *Charakteristika von Geodaten* erschwert:
- Die Anzahl der Objekte in einer Geodatenbank ist u. U. sehr hoch.

- Verglichen mit herkömmlichen Datentypen aus relationalen Datenbanken – Zeichenketten, Zahlen und Datumsangaben – ist die Verarbeitung geometrischer Datentypen weitaus komplexer.
- Geometrische Attributwerte zeichnen sich durch eine sehr große Variabilität aus. Dies bezieht sich auf ihre räumliche Ausdehnung, auf den Speicherplatzbedarf, auf die Form der Geometrien und ihre Verteilung im Raum.

Eine wesentliche Konsequenz aus diesen Eigenschaften ist die *mehrstufige Bearbeitung von räumlichen Anfragen* (→ Bild 17.16).

> Das Prinzip der **mehrstufigen Anfragebearbeitung** (*multi-step query processing*) bedeutet, dass eine Anfrage in mehreren Stufen durch **Filterschritte** verarbeitet wird. Dabei wird versucht, die Menge der Objekte, die die Anfragebedingung potenziell erfüllen können (die **Kandidaten**), in frühen Filterschritten so weit wie möglich einzuschränken. Kandidaten, bei denen erst später erkannt wird, dass sie die Anfrage nicht erfüllen, heißen **Fehltreffer**. Zusätzliches Ziel dieser Strategie ist es, möglichst viele Objekte, die die Anfrage sicher erfüllen (**Treffer**), durch die Filterschritte zu identifizieren. Im letzten Schritt, dem **Verfeinerungsschritt** (*refinement step*), wird schließlich der aufwändige exakte Test der Anfragebedingung auf einer reduzierten Kandidatenmenge ausgeführt.

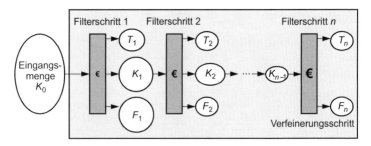

Bild 17.16 Prinzip der mehrstufigen Anfragebearbeitung

17.4.3 Approximationen

Approximationen sind ein wichtiges Konzept, um den Rechenaufwand in Filterschritten zu verringern. Sie legen in einer Näherung die Lage und die Ausdehnung der Geometrie (und damit des Geoobjekts) fest.

- **Konservative Approximationen** enthalten die approximierte Geometrie vollständig.
- **Progressive Approximationen** sind vollständig in der approximierten Geometrie enthalten.

❑ *Beispiele:* Minimal umgebende Rechtecke, konvexe Hüllen und minimal umgebende *N*-Ecke sind konservative Approximationen. Maximal eingeschlossene Rechtecke und Kreise sind progressive Approximationen (→ Bild 17.17).

▶ *Hinweis:* Generalisierende Approximationen sind weder konservativ noch progressiv und daher für eine Anfragebearbeitung ungeeignet.

Minimal umgebende Rechtecke (MURs) sind die gängigste Approximation; die Rechteckseiten sind orthogonal zu den Achsen des Koordinatensystems ausgerichtet.

- **Einelementige Approximationen** (wie in Bild 17.17) verwenden ein einzelnes Approximationselement.
- **Mehrelementige Approximationen** (→ Bild 17.18) bestehen aus mehreren Approximationselementen. Meist werden dazu quadratische Rasterzellen verwendet. Je nach Verfahren ist die Größe aller Zellen gleich oder beträgt ein Vielfaches der kleinstmöglichen Zelle. Durch Markierung der Randzellen können gleichzeitig die konservative und die progressive Approximation einer Geometrie gebildet werden.

konservative Approximation   progressive Approximation

Bild 17.17 Minimal umgebendes Rechteck (MUR) bzw. maximal eingeschlossenes Rechteck als einelementige Approximationen

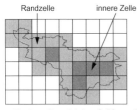
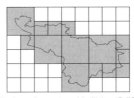

Rasterzellen gleicher Größe   Rasterzellen unterschiedlicher Größe

Bild 17.18 Mehrelementige Approximationen

17.5 Räumliche Indexe

Räumliche Indexe (*Spatial Access Methods, SAM*) dienen dazu, die Kandidaten zu bestimmen, die potenziell eine Anfragebedingung erfüllen. Herkömmlichen Indexen liegt typischerweise als *Indexstruktur* eine Datenstruktur (z. B. der B^+-*Baum*, → 8.3) zugrunde, die eine *lineare Ordnung* benötigt, um die Daten sortieren zu können. Eine solche lineare Ordnung ist für Zahlen oder Zeichenketten offenkundig gegeben, für geometrische Datentypen hingegen nicht. Daher können herkömmliche Indexstrukturen nicht (ohne weiteres) zur Indexierung von Geodaten eingesetzt werden.

Räumliche Indexstrukturen können Geodaten verwalten. Dazu müssen sie folgende Anforderungen erfüllen:

- Es sind Approximationen von Geometrien zu verwalten.
- Räumliche Basisanfragen müssen effizient ausgeführt werden. Eine unmittelbare Konsequenz aus dieser Forderung ist, dass Daten, die räumlich benachbart sind und daher in räumlichen Anfragen häufig gemeinsam eingelesen werden, mit hoher Wahrscheinlichkeit in einem gemeinsamen Datenbankblock liegen.
- Ein dynamisches Einfügen, Löschen und Verändern von Geoobjekten muss möglich sein. Die Effizienz der Indexstruktur sollte sich durch wiederholte Einfüge- und Löschoperationen nicht wesentlich ändern.
- Eine gute Speicherplatzausnutzung ist zu garantieren.
- Die Indexstruktur sollte robust gegenüber Ungleichverteilungen der Geoobjekte im Datenraum sein, ohne dass dadurch die Speicherplatzausnutzung degeneriert oder die Bearbeitungszeit für Anfragen stark ansteigt.

Blockregionen sind die Gebiete des Datenraums, die von einem Datenbankblock abgedeckt werden.

17.5.1 Grundtechniken

Zur Verwaltung von Geometrien, die eine Ausdehnung haben, gibt es verschiedene Grundtechniken.

17.5.1.1 Clipping

Clipping ordnet ein Geoobjekt bzw. dessen Approximation jeder Blockregion zu, die es schneidet. Bild 17.19 skizziert diesen Ansatz. Nachteile des Clippings sind, dass die Zahl der Einträge in der Indexstruktur stärker als die Zahl der gespeicherten Objekte steigt und dass Duplikate entstehen.

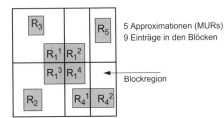

Bild 17.19 Clipping

17.5.1.2 Punkttransformationen

Punkttransformationen überführen k-dimensionale Rechtecke in $2k$-dimensionale Punkte.
- **Eckentransformation:** Ein Rechteck wird durch die Koordinaten der diagonal gegenüberliegenden Eckpunkte repräsentiert.
- **Mittentransformation:** Ein Rechteck wird durch den Mittelpunkt und die halbe Ausdehnung bezüglich jeder Dimension repräsentiert.

Vorteil dieses Ansatzes ist es, dass eine Indexstruktur für Punkte verwendet werden kann. Hauptnachteil ist, dass die geometrischen Verhältnisse aufgrund der Einbeziehung der Ausdehnung verlorengehen. Insbesondere die räumliche Nachbarschaft von Objekten bleibt nicht erhalten.

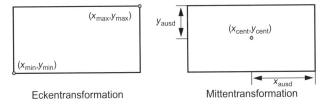

Bild 17.20 Ecken- und Mittentransformation für ein 2-D-MUR

17.5.1.3 Raumfüllende Kurven

Raumfüllende Kurven (*space-filling curves*) erlauben eine *Einbettung eines mehrdimensionalen Raums in den eindimensionalen Raum*. Dazu wird der Datenraum in Zellen gleicher Größe eingeteilt und diese Zellen über die Kurve durchnummeriert. Damit entsteht eine *lineare Ordnung* zwischen den Zellen.

> Bei der **Z-Ordnung** werden jeweils vier Zellen in einer Zickzackkurve durchlaufen, wobei sich dieser Vorgang rekursiv für jede wiederum in vier Zellen aufgeteilte Zelle wiederholt. Eine Zelle kann durch eine Binärfolge repräsentiert werden: Für jedes Halbieren wird eine 0 gesetzt, falls die zu beschreibende Zelle sich links bzw. unterhalb der Partitionierungslinie befindet. Anderenfalls wird eine 1 gesetzt. Die zuletzt bestimmte Ziffer entspricht der Stelle 2^0, die vorletzte Ziffer der Stelle 2^1 usw. Diese Binärfolge kann als Zahl interpretiert werden. Ein **Z-Wert** besteht aus dieser Zahl und der **Auflösung**, die der Länge der Binärfolge entspricht.

Man kann beobachten (vgl. Bild 17.21), dass raumfüllende Kurven wie die Z-Ordnung vielfach – aber nicht immer – in der Lage sind, räumliche Nähe zu erhalten.

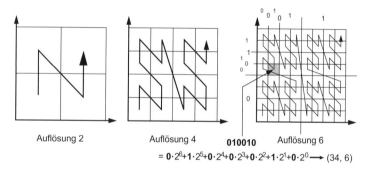

Auflösung 2   Auflösung 4   **010010**   Auflösung 6
$= 0 \cdot 2^6 + 1 \cdot 2^5 + 0 \cdot 2^4 + 0 \cdot 2^3 + 0 \cdot 2^2 + 1 \cdot 2^1 + 0 \cdot 2^0 \longrightarrow$ (34, 6)

Bild 17.21 Z-Ordnung und Berechnung von Z-Werten

▶ *Hinweis:* Eine weitere populäre raumfüllende Kurve für räumliche Indexstrukturen ist die *Hilbert-Kurve*.

17.5.1.4 Überlappende Blockregionen

Überlappende Blockregionen erlauben eine nicht disjunkte Aufteilung des Datenraums. Durch die Überlappungen der Blockregionen kann ein willkürliches Zerschneiden von Geoobjekten vermieden werden. Bild 17.22 skizziert diesen Ansatz.

Hauptschwierigkeit bei der Technik überlappender Blockregionen ist es, die Überlappungen möglichst klein zu halten. Durch die Überlappung wird insbesondere die Bearbeitung räumlicher Anfragen negativ beeinflusst.

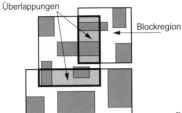

Bild 17.22 Überlappende Blockregionen

17.5.2 Quadtrees

Quadtrees (auch: *Quadrantenbäume*) sind räumliche Datenstrukturen, die einen k-dimensionalen Datenraum rekursiv in 2^k gleich große Zellen unterteilen /17.6/. Quadtrees werden in vielen Anwendungsbereichen der Computergrafik und der Bildverarbeitung genutzt. Je nach Variante lassen sich über Quadtrees Punkte, Linien oder Flächen verwalten. Bild 17.23 zeigt einen *PR-Quadtree*, der Punktgeometrien speichert. Dieser teilt eine Zelle so lange in vier neue Zellen auf, bis die Zelle nur noch einen Punkt enthält.

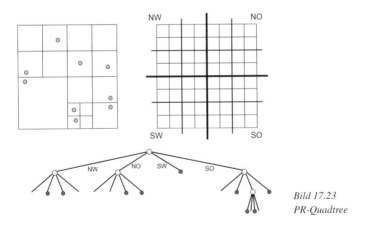

Bild 17.23 PR-Quadtree

Lineare Quadtrees

Damit ein Quadtree als Indexstruktur für Geodatenbanken verwendet werden kann, muss er in der Lage sein, mehrere Objekte in einem Datenbankblock zusammenzufassen.

Lineare Quadtrees bilden die Struktur des Quadtrees in den eindimensionalen Raum ab und verwalten das Resultat mittels einer herkömmlichen Indexstruktur (meist mit einem B^+-Baum).

Datenraumbezogene lineare Quadtrees beschreiben die Quadtree-Zellen mit Z-Werten und verwalten diese über eine herkömmliche Indexstruktur. Dazu ist es erforderlich, eine *lineare Ordnung* zwischen Z-Werten unterschiedlicher Auflösung zu definieren. Da der Vergleich von Z-Werten gleicher Auflösung wohldefiniert ist, wird bei Z-Werten unterschiedlicher Auflösung die längere Bitfolge auf die geringere Auflösung des anderen Z-Wertes transformiert, indem die hinteren Bits abgeschnitten werden. Bild 17.24 macht ein Problem dieses Ansatzes deutlich: Die Speicherplatzausnutzung der Quadtree-Datenblöcke variiert stark.

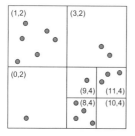
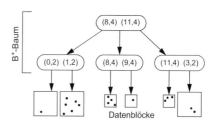

Bild 17.24 Datenraumbezogener linearer Quadtree

Datenbezogene lineare Quadtrees approximieren die Geometrien durch eine oder mehrere Quadtree-Zellen. Diese Zellen werden über Z-Werte beschrieben und von einer herkömmlichen Indexstruktur verwaltet. Bild 17.25 zeigt dies bei Verwendung von Z-Werten gleicher Auflösung. Das Beispiel macht deutlich, dass nicht rechteckige (R_3) und nicht zusammen-

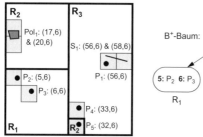
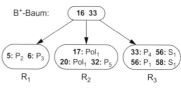

Bild 17.25 Datenbezogener linearer Quadtree

hängende Blockregionen (R_2) entstehen können. Durch die mehrelementige Approximation wird zudem bei der Anfragebearbeitung eine *Eliminierung von Duplikaten* erforderlich.

17.5.3 R-Bäume

R-Bäume (*R-trees*) organisieren *k*-dimensionale Rechtecke mithilfe überlappender Blockregionen /17.3/. R-Bäume sind balancierte Bäume, deren Blattknoten alle den gleichen Abstand zur Wurzel besitzen. Entsprechend unterscheidet man Daten- und Verzeichnisknoten.

- Ein *Verzeichnisknoten* umfasst Einträge *eintr* der Form (*ref*, *mur*), wobei *eintr.ref* einen Verweis auf den direkten Nachfahren darstellt und die Blockregion *eintr.mur* das minimal umgebende Rechteck um alle Rechtecke beschreibt, die in dem Sohnknoten und damit im korrespondierenden Teilbaum gespeichert sind.
- Bei einem *Datenknoten* enthält ein Eintrag das MUR als Objektapproximation und (einen Verweis auf) das eigentliche Geoobjekt.

R-Bäume sind vollständig *dynamisch*: Einfüge- und Löschoperationen können sich beliebig mit Anfragen aller Art mischen. Der Mindestfüllgrad der Knoten und damit die *Speicherplatzausnutzung* von R-Bäumen korrespondieren zu B^+-Bäumen.

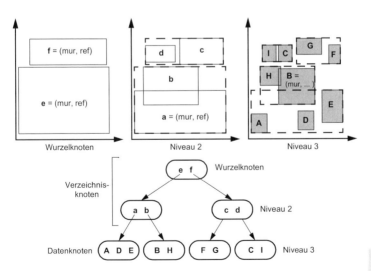

Bild 17.26 Beispiel eines R-Baums

Rechteck- und Punktanfragen beginnen bei der Wurzel und bestimmen alle Einträge, deren Rechtecke das Anfragerechteck schneiden bzw. den Anfragepunkt enthalten. Die Knoten, auf die diese Einträge verweisen, werden nacheinander in den Hauptspeicher eingelesen und entsprechend der Wurzel bearbeitet. Dieser Vorgang setzt sich rekursiv bis zu den Datenknoten fort. Aufgrund der Überlappung zwischen den Blockregionen kann auch eine Punktanfrage in mehrere Teilbäume verzweigen.

Einfügeoperationen bestimmen den Datenknoten, in den das neue Geoobjekt eingefügt werden soll. Falls es durch das Einfügen zu einem Überlauf kommt, muss der Knoten in zwei Knoten aufgespaltet werden. Vergleichbar zu B-Bäumen kann dadurch ggf. ein Überlauf im Vaterknoten entstehen. Beim Einfügen hat die konkrete Ausgestaltung zweier Operationen für das Leistungsverhalten des R-Baums eine besondere Bedeutung:

- Die Bestimmung des Eintrags, in dessen Datenknoten bzw. Teilbaum das neue Objekt eingefügt werden soll (ChooseSubtree): Dabei können drei Fälle eintreten: Das MUR des neuen Geoobjektes liegt innerhalb einer, keiner oder mehrerer Blockregionen, wobei es bei den beiden letztgenannten Fällen einen Freiheitsgrad gibt (→ Bild 17.27).
- Das Aufteilen eines Knotens, falls dessen maximale Kapazität durch eine Einfügeoperation überschritten wird (Split): Hierbei muss definiert werden, welche der Einträge in den neuen Knoten wechseln.

Verschiedene R-Baum-Varianten unterscheiden sich in den für ChooseSubtree und Split verwendeten Algorithmen.

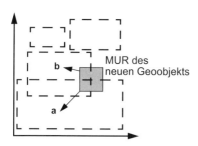

Bild 17.27 Freiheitsgrad bei „ChooseSubtree"

R*-Bäume führen ein zusätzliches Konzept ein, das versucht, den Baum durch Löschen und Wiedereinfügen von Einträgen schrittweise zu reorganisieren, so dass sich die Partitionierung des Datenraums an veränderte Datenverteilungen anpassen kann. Damit ist der R*-Baum weitgehend von der Einfügereihenfolge unabhängig. Die Operation ForcedReinsert teilt, falls ein neuer Eintrag in einen vollen Block eingefügt wird, diesen nicht gleich durch einen Split auf. Stattdessen werden die Einträge gelöscht, die den größten Abstand zum Mittelpunkt der Blockregion aufweisen, das minimal umgebende Rechteck wird im Vaterknoten entsprechend verkleinert und die gelöschten Einträge lassen sich wieder in den Baum einfügen. Dabei ist zu beachten, dass die Einträge auf ihrem ursprünglichen Niveau einzubringen sind. Löst das Einfügen eines Eintrags in einem anderen Knoten ein weiteres Überlaufen aus, wird kein weiteres Re-Insert vorgenommen, sondern der normale Split ausgeführt. Bewirkt dieser Split einen Überlauf in einem höheren Knoten, kann dort ein `ForcedReinsert` ausgeführt werden.

17.6 Geodatenbanksysteme

Mit Hilfe rein relationaler Datenbanksysteme können die Datenschemata von ISO 19125 Simple Feature Access und SQL/MM Spatial nicht geeignet umgesetzt werden. Dazu benötigt man Datenbanken, die komplexe Datentypen unterstützen. Oftmals werden hierfür *objektrelationale Datenbanksysteme* genutzt (→ 10).

IBM Informix Spatial DataBlade und **Geodetic DataBlade** sind die beiden räumlichen Erweiterungen von *IBM Informix*. Das Spatial DataBlade stellt geometrische Datentypen und Methoden zur Verfügung, die dem Simple-Feature-Modell entsprechen. Das nicht standardkonforme Geodetic DataBlade unterstützt geographische Koordinaten auf einem ellipsoiden Erdkörper, sodass präzise Längen- und Flächenberechnungen auch für großräumige Gebiete möglich sind. Zur Unterstützung räumlicher Anfragen setzen beide DataBlades R-Bäume als räumliche Indexe ein.

IBM DB2 Spatial Extender ist die räumliche Erweiterung von *IBM DB2*. Der Spatial Extender bietet geometrische Datentypen und Methoden, die zum Simple-Feature-Modell konform sind. Räumliche Anfragen werden durch eine hierarchische Gitterstruktur unterstützt.

Microsoft SQL Server bietet geometrische Datentypen auf Basis des Simple-Feature-Modells an. Daneben werden auch Geometrien mit Kreisbögen und geographische Koordinatensysteme für metrische Funktionsresultate unterstützt. Für die räumliche Anfragebearbeitung steht eine vierstufige Gitterstruktur als Index zur Verfügung. Die Bearbeitung von Nächsten-Nachbarn-Anfragen ist möglich.

Sybase SQL Anywhere unterstützt Geodaten auf Basis des Simple-Feature-Modells und von SQL/MM Spatial. Der Geometriedatentyp arbeitet in Abhängigkeit vom angegebenen Koordinatenbezugssystem mit einem planaren oder ellipsoiden Erdkörper. Eine räumliche Indexierung von Geometrieattributen wird angeboten.

Oracle Spatial ist die räumliche Erweiterung der Oracle Database, die es erlaubt, Geodaten objektrelational zu speichern. Das Datenmodell basiert auf dem Simple-Feature-Modell und SQL/MM Spatial, sodass auch Kreisbögen unterstützt werden. Man kann sowohl mit projizierten als auch mit geographischen Koordinatensystemen arbeiten. Als räumliche Indexe können R-Bäume und (eingeschränkt) lineare Quadtrees genutzt werden. Nächste-Nachbarn-Anfragen werden unterstützt. Es gibt außerdem produktspezifische Datenmodelle für lineare Bezugssysteme, für 3D-Daten, zur expliziten Speicherung der Topologie und für georeferenzierte Rasterdaten.

MySQL bietet geometrische Datentypen gemäß dem Simple-Feature-Modell an. Als räumlicher Index wird ein R-Baum verwendet.

PostGIS ist die räumliche Erweiterung des freien Datenbanksystems *PostgreSQL*, die das Simple-Feature-Modell vollständig umsetzt und zunehmend Funktionalität gemäß SQL/MM Spatial anbietet. Zusätzlich wird ein Datentyp angeboten, der Längen- und Flächenberechnungen auf einem ellipsoiden Erdkörper ermöglicht. Auch die Speicherung georeferenzierter Rasterkarten wird unterstützt. Die räumliche Indexierung erfolgt über den GiST-Index von PostgreSQL.

SpatiaLite ist ein freies Geodatenbanksystem, das als Erweiterung von *SQLite* insbesondere für mobile Anwendungen geeignet ist. SpatiaLite unterstützt das Simple-Feature-Modell, enthält einen räumlichen Index und erlaubt die Berechnung kürzester Wege in einem Netzwerk.

Abkürzungsverzeichnis

0NF...5NF	Keine Normalform ... Fünfte Normalform
2PC	2-Phasen-Commit-Protokoll
2PL	2-Phasen-Sperrprotokoll (two-phase locking)
3GL	Third Generation Language
4GL	Fourth Generation Language
9IM	9-Intersection-Modell
ABAP	Advanced Business Application Programming
ACID	Atomicity, Consistency, Isolation, Durability
ADO	ActiveX Data Objects
Ajax	Asynchronous JavaScript and XML
ANSI	American National Standards Insitute
API	Application Programming Interface
ASCII	American Standard Code for Information Interchange
ASP	Active Server Pages
BASE	Basically Available, Soft state, Eventual consistency
BCNF	Boyce-Codd-Normalform
BLOB	Binary Large Object
BOT	Begin of Transaction
BPEL4WS	Business Process Execution Language for Web Services
BSON	Binary JSON
CAD	Computer Aided Design
CAP	Consistency, Availability, Partition tolerance
CEP	Complex Event Processing
CGI	Common Gateway Interface
CLI	Call Level Interface
CLOB	Character Large Object
CLR	Common Language Runtime
CODASYL	Conference on Data Systems Languages
CPU	Central Processing Unit
CRM	Customer Relationship Management
CSS	Cascading Stylesheet
CSV	Comma Separated Value
CWM	Common Warehouse Model
DB	Datenbank
DBA	Datenbankadministrator
DBaaS	Database-as-a-Service
DBMS	Datenbankmanagementsystem
DBPL	Database Programming Language

DBS	Datenbanksystem
DBSCAN	Density Based Spatial Clustering of Applications with Noise
DCL	Data Control Language
DDL	Data Definition Language
DE-9IM	Dimensionally Extended 9-Intersection Matrix
DHP	Direct Hash and Pruning
DHTML	Dynamic HTML
DM	Datenmodell
DML	Data Manipulation Language
DNS	Domain Name Service
DOM	Document Object Model
DQL	Data Query Language
DSM	Decomposition Storage Model
DSMS	Datenstrommanagementsystem
DTD	Document Type Definition
DWH	Data Warehouse
DWS	Data Warehouse System
E/A	Eingabe-/Ausgabe
ECMA	European Computer Manufacturers Association
EERM	Extended ERM
EJB	Enterprise Java Beans
EPSG	European Petroleum Survey Group
ER	Entity Relationship
ERM	Entity-Relationship-Modell
ERP	Enterprise Resource Planning
ETL	Extraktion, Transformation, Laden
FDBS	Föderiertes Datenbanksystem
FIFO	First In First Out
FTP	File Transfer Protocol
GaV	Global-as-View
GB	Gigabyte
GIS	Geoinformationssystem
GiST	Generalized Search Tree
GM	Geometry Model
GUI	Graphical User Interface
HOLAP	Hybrid Online Analytical Processing
HTML	Hypertext Markup Language
HTTP	Hypertext Transfer Protocol
HTTPS	HTTP Secure
I/O	Input/Output
IEC	International Electrotechnical Commission
IIS	Internet Information Services

IMS	Information Management System
IP	Internet Protocol
IRI	Internationalized Resource Identifier
IS	Informationssystem
ISAM	Index-Sequential Access Method
ISO	International Standardization Organization
ISO/TC	ISO Technical Committee
J2EE	Java 2 Enterprise Edition
JCA	Java Connector Architecture
JCP	Java Community Process
JDBC	Java Database Connectivity
JDO	Java Database Objects
JNDI	Java Naming Directory Interface
JPA	Java Persistence API
JSON	JavaScript Object Notation
JSP	Java Server Pages
JVM	Java Virtual Machine
KB	Kilobyte
KDD	Knowledge Discovery in Databases
KF	Kompressionsfaktor
LAMP	Linux, Apache, MySQL, PHP
LAN	Local Area Network
LaV	Local-as-View
LBDC	Linked Data Benchmark Council
LDAP	Lightweight Directory Access Protocol
LDBS	Lokales Datenbanksystem
LFU	Least Frequently Used
LRU	Least Recently Used
LSN	Log Sequence Number
LUW	Logical Unit of Work
MB	Megabyte
MDBS	Mehrrechner-Datenbanksystem
MIS	Management-Informationssystem
MMDBS	Multimedia-Datenbanksystem
MOLAP	Multidimensional Online Analytical Processing
MPEG	Motion Picture Expert Group
MUR	Minimal umgebendes Rechteck
MVCC	Multi Version Concurrency Control
NF^2	Non First Normal Form
NFL	Normalformenlehre
NIDS	Network Intrusion Detection System
NIST	National Institute of Standards and Technology

NNQ	Nearest Neighbour Query
NoSQL	Not only SQL
OCI	Oracle Call Interface
ODA	Open Document Architecture
ODBC	Open Database Connectivity
ODMG	Object Data Management Group
ODS	Operational Data Store
OGC	Open Geospatial Consortium
OID	Objektidentifikator
OLAP	Online Analytical Processing
OLE	Object Linking and Embedding
OLTP	Online Tansaction Processing
OODB	Object Oriented Database
OQL	Object Query Language
PACELC	Partition Availability Consistency Else Latency Consistency
PB	Petabyte
PDO	PHP Data Objects
Perl	Partial Extraction and Reporting Language
PHP	PHP Hypertext Preprocessor, Personal Home Page
PL/SQL	Programming Language/SQL
PSM	Persistent Storage Module
QL	Query Language
RAID	Redundant Array of Inexpensive Disks
RDBMS	Relationales Datenbankmanagementsystem
RDM	Relationales Datenmodell
REST	Representational State Transfer
RMI	Remote Method Invocation
ROLAP	Relational Online Analytical Processing
RPC	Remote Procedure Call
RSV	Retrieval Status Value
SAM	Spatial Access Method
SCM	Supply Chain Management
SGML	Standard Generalized Markup Language
shtml	Server HTML
SIGMOD	Special Interest Group on Management of Data
SMIL	Synchronized Multimedia Integration Language
SMTP	Simple Mail Transfer Protocol
SOAP	keine Abkürzung, früher: Simple Object Access Protocol
SQL	Structured Query Language
SQL/MM	SQL Multimedia and Application Packages
SQL/PSM	SQL Persistent Storage Module
SQLJ	SQL Java

SSD	Solid State Disk
SSI	Server Side Includes
SSL	Secure Sockets Layer
SSL	Storage Structure Language
TAP	Transaktionsprogramm
TB	Terabyte
TCP/IP	Transmission Control Protocol/ Internet Protocol
TID	Tupelidentifikator
TPC	Transaction Processing Performance Council
UDDI	Universal Description, Discovery and Integration
UDT	User-Defined Type
UML	Unified Modeling Language
UnQL	Unstructured data Query Language
UoD	Universe of Discourse
URI	Uniform Resource Identifier
URL	Uniform Resource Locator
URN	Uniform Resource Name
V2PC	Verteiltes 2-Phasen-Commit-Protokoll
VB	Visual Basic
VDL	View Definition Language
VDBS	Verteiltes Datenbanksystem
VLDB	Very Large Databases
W3C	World Wide Web Consortium
WAL	Write Ahead Logging
WAN	Wide Area Network
WKB	Well-Known Binary
WKT	Well-Known Text
WSDL	Web Services Description Language
WWW	World Wide Web
XAMPP	X (versch. Betriebssysteme), Apache, MySQL, PHP, Perl
XHTML	Extensible HTML
XML	Extensible Markup Language
XSLT	Extensible Stylesheet Language Transformation
YCSB	Yahoo! Cloud Serving Benchmark

Literaturverzeichnis

1 Datenbanken: Grundlagen und Überblick

Allgemeine Lehrbücher

/1.1/ *Date, C. J.*: An Introduction to Database Systems. – 8. Auflage. – Reading, MA: Addison Wesley, 2003.

/1.2/ *Elmasri, R.; Navathe, S. B.*: Grundlagen von Datenbanksystemen. – 3. Auflage. – Pearson Studium IT. – München: Pearson Education Deutschland, 2009.

/1.3/ *Härder, T.; Rahm, E.*: Datenbanksysteme: Konzepte und Techniken der Implementierung. – Berlin: Springer, 2001.

/1.4/ *Heuer, A.; Saake, G.*: Datenbanken: Konzepte und Sprachen. – 5. Auflage. – mitp, 2013.

/1.5/ *Kemper, A.; Eickler, A.*: Datenbanksysteme: Eine Einführung. – 9. Auflage. – München: Oldenbourg-Verlag, 2013.

/1.6/ *Lockemann, P. C.; Dittrich, K. R.*: Architektur von Datenbanksystemen. – Heidelberg: dpunkt.verlag, 2004.

/1.7/ *Saake, G.; Heuer, A.; Sattler, K.-U.*: Datenbanken: Implementierungstechniken. – 3. Auflage. – mitp, 2005.

/1.8/ *Schneider, U. (Hrsg.)*: Taschenbuch der Informatik. – 7. Auflage. – Leipzig: Fachbuchverlag, 2012.

/1.9/ *Vossen, G.*: Datenmodelle, Datenbanksprachen und Datenbankmanagementsysteme. – 5. Auflage. – München: Oldenbourg-Verlag, 2008.

Wichtige Veröffentlichungen („Klassiker")

/1.10/ *Agrawal, R.; Imielinski, T.; Swami, A.*: Mining association rules between sets of items in large databases. Proceedings of the 1993 ACM SIGMOD International Conference on Management of Data, S. 207–216.

/1.11/ *Astrahan, M. M.; Blasgen, M. W.; Chamberlin D. D. et. al.*: System/R: a relational approach to data base management. ACM Transactions on Database Systems, Vol. 1, No. 2, June 1976, S. 97–137.

/1.12/ *Atkinson, M. P.; Bancilhon, F.; DeWitt, D. J.; Dittrich, K. R.; Maier, D.; Zdonik, S. B.*: The Object-Oriented Database System Manifesto. In: Kim, W.; Nicolas, J.-M.; Nishio, S. (Eds.): Proceedings of the First International Conference on Deductive and Object-Oriented Databases (DOOD 89), North-Holland/Elsevier Science Publishers, 1990, S. 223–240.

/1.13/ *Bachman, C. W.*: The programmer as navigator. Communications of the ACM, Vol. 16, 1973, S. 653–658.

/1.14/ *Bayer, R.; McCreight, E.*: Organization and maintenance of Large Ordered Indexes. Acta Informatica, Vol. 1, No. 3, 1972.

/1.15/ *Chen, P. P.-S.*: The Entity-Relationship model – toward a unified view of data. ACM Transactions on Database Systems, Vol. 1, No. 1, March 1976, S. 9–36.

/1.16/ *Codd, E. F.*: A Relational Model for Large Data Banks. Communications of the ACM, Vol. 13, No. 6, June 1970, S. 377–388.

/1.17/ *Date, C. J.*: Twelve Rules for a Distributed Database. Computerworld, Vol. 21, No. 23, 1987, S. 21.

/1.18/ *Dean, J.; Ghemawat, S.*: MapReduce: Simplified Data Processing on Large Clusters. OSDI 2004, S. 137–150.

/1.19/ *Gray, J. N.*: The Transaction Concept: Virtues and Limitations. Proceedings of the 7th International Conference on Very Large Databases (VLDB), Sept. 1981, S. 144–154.

/1.20/ *Gray, J. N.*: The Next Database Revolution. ACM SIGMOD Conference, 2004.

/1.21/ *Härder, T.*: Implementierung von Datenbanksystemen. – München: Carl Hanser, 1978.

/1.22/ *Inmon, W. H.*: Building the Data Warehouse. – John Wiley, 2nd Edition, 1996.

/1.23/ *Lutz, T.*: Was ist eine Datenbank. Bürotechnik und Automation, Mai 1967, S. 250–258.

/1.24/ *Lutz, T.; Klimesch, H.*: Die Datenbank im Informationssystem. – R. Oldenbourg Verlag, 1971.

/1.25/ *System Development Corporation, Walker, A. (Ed.):* Proceedings of the Symposium Development and Management of a Computer-Centered Data Base, 1964.

/1.26/ *Tsichritzis, D.*: Interim Report from the Study Group on Data Base Management Systems. FDT (Bulletin of the ACM SIGMOD), Vol. 2, No. 2, 1975.

/1.27/ *Wedekind, H.*: Datenorganisation. – Berlin: de Gruyter, 1970.

2 Informationsmodellierung

/2.1/ *Batini, C.; Ceri, S.; Navathe, S. B.*: Conceptual Database Design: An Entity-Relationship Approach. – Redwood City: Benjamin/Cummings, 1992.

/2.2/ *Chen, P. P. S.*: The Entity-Relationship-Model: Toward a Unified View of Data. ACM Transactions on Database Systems, 1(1976)1, S. 9–36.

/2.3/ *Dürr, M.; Radermacher, K.*: Einsatz von Datenbanksystemen. Informationstechnik und Datenverarbeitung. – New York, Berlin: Springer, 1990.

/2.4/ *Jarosch, H.*: Datenbankentwurf. – 3. Auflage. – Braunschweig: Vieweg, 2009.

/2.5/ *Lang, S. M.; Lockemann, P. C.*: Datenbankeinsatz. – New York, Berlin: Springer, 1995.

/2.6/ *Lausen, G.*: Datenbanken: Grundlagen und XML-Technologien. – Heidelberg: Spektrum Akademischer Verlag, 2005.

/2.7/ *Lockemann, P. C.; Schmidt, J. W. (Hrsg.)*: Datenbank-Handbuch. – New York, Berlin: Springer, 1987.

/2.8/ *Moos, A.; Daues, G.*: Datenbank-Engineering. – 3. Auflage. – Braunschweig: Vieweg-Verlag, 2004.

/2.9/ *Myrach, T.*: Temporale Datenbanken in betrieblichen Informationssystemen. – Wiesbaden: Teubner. 2005.

/2.10/ *Oestereich, B.*: Analyse und Design mit der UML 2.5: Objektorientierte Softwareentwicklung. – München: Oldenbourg-Verlag, 2012.

/2.11/ *Pernul, G.; Unland, R.*: Datenbanken im Unternehmen. – 2. Auflage. – München: Oldenbourg-Verlag, 2003.

/2.12/ *Schlageter, G.; Stucky, W.*: Datenbanksysteme: Konzepte und Modelle. – Stuttgart: B.G. Teubner, 1983.

/2.13/ *Smith, J. M.; Smith, D. C. P.*: Database Abstractions: Aggregation and Generalization. ACM Transactions on Database Systems, 2(1977)2, S. 105–133.

/2.14/ *Teorey, T. J.*: Database Modeling and Design: The Fundamental Principles. – San Mateo: Morgan-Kaufmann Publishers, 1994.

/2.15/ *Thalheim, B.*: Entity-Relationship Modeling. – Berlin: Springer, 2000.

/2.16/ *Vetter, M.*: Aufbau betrieblicher Informationssysteme mittels konzeptioneller Datenmodellierung. – Stuttgart: B. G. Teubner, 1991.

/2.17/ *Zehnder, C. A.*: Informationssysteme und Datenbanken. – Stuttgart: B. G. Teubner, 1989.

3 Relationales Datenmodell

/3.1/ *Codd, E. F.*: A Relational Model for Large Shared Data Banks. – Communications of the ACM, 13(1970)6, S. 377–387.

/3.2/ *Codd, E. F.*: Does Your DBMS Run By the Rules? – Computer World, 21.10.1985.

/3.3/ *Codd, E. F.*: Further Normalization of the Data Base Relational Model. In: *R. Rustin (Ed.):* Data Base Systems. – Englewood Cliffs: Prentice-Hall, 1972, S. 65–98.

/3.4/ *Codd, E. F.*: Is Your DBMS Really Relational? – Computer World, 14.10.1985.

/3.5/ *Kandzia, P.; Klein, H.-J.*: Theoretische Grundlagen relationaler Datenbanksysteme. – Mannheim: BI-Wissenschaftsverlag, 1993.

/3.6/ *Kleinschmidt, P.; Rank, C.*: Relationale Datenbanksysteme: Eine praktische Einführung. – New York, Berlin: Springer, 2002.

/3.7/ *Lang, S. M.; Lockemann, P. C.*: Datenbankeinsatz. – New York, Berlin: Springer, 1995.

/3.8/ *Lausen, G.*: Datenbanken: Grundlagen und XML-Technologien. – Heidelberg: Spektrum Akademischer Verlag, 2005.

/3.9/ *Lockemann, P. C.; Schmidt, J. W. (Hrsg.)*: Datenbank-Handbuch. – New York, Berlin: Springer, 1987.

/3.10/ *Meier, A.*: Relationale und postrelationale Datenbanken. – Berlin: Springer, 2010.

/3.11/ *Moos, A.; Daues, G.*: Datenbank-Engineering. – 3. Auflage. – Braunschweig: Vieweg-Verlag, 2004.

/3.12/ *Schlageter, G.; Stucky, W.*: Datenbanksysteme: Konzepte und Modelle. – Stuttgart: B. G. Teubner, 1983.

/3.13/ *Unterstein, M; Matthiessen, G.*: Relationale Datenbanken und SQL in Theorie und Praxis. – 5. Auflage. – Berlin: Springer, 2012.

/3.14/ *Zehnder, C. A.*: Informationssysteme und Datenbanken. – Stuttgart: B. G. Teubner, 1989.

4 Die Datenbanksprache SQL

/4.1/ ANSI/ISO/IEC 9075-1:2011. ISO International Standard: Database Language SQL – Part 1: Framework (SQL/Framework), 2011.

/4.2/ ANSI/ISO/IEC 9075-2:2011. ISO International Standard: Database Language SQL – Part 2: Foundation (SQL/Foundation), 2011. ANSI/ISO/IEC 9075-3:2011.

/4.3/ ISO International Standard: Database Language SQL – Part 3: Call-Level Interface (SQL/CLI), 2011.

/4.4/ ANSI/ISO/IEC 9075-4:2011. ISO International Standard: Database Language SQL – Part 4: Persistent Stored Modules (SQL/PSM), 2011.

/4.5/ ANSI/ISO/IEC 9075-9:2011. ISO International Standard: Database Language SQL – Part 9: Management of External Data (SQL/MED), 2011.

/4.6/ ANSI/ISO/IEC 9075-10:2011. ISO International Standard: Database Language SQL – Part 10: Object Language Bindings (SQL/OLB), 2011.

/4.7/ ANSI/ISO/IEC 9075-11:2011. ISO International Standard: Database Language SQL – Part 11: Information and Definition Schemas (SQL/Schemata), 2011.

/4.8/ ANSI/ISO/IEC 9075-13:2011. ISO International Standard: Database Language SQL – Part 13: SQL Routines and Types Using the Java Programming Language (SQL/JRT), 2011.

/4.9/ ANSI/ISO/IEC 9075-14:2011. ISO International Standard: Database Language SQL – Part 14: XML-related Specifications (SQL/XML), 2011.

/4.10/ *Chamberlin, D. D.; Astrahan, M. M.; Eswaran, K. P.; Griffiths, P. P.; Lorie, R. A.; Mehl, J. W.; Reisner, P.; Wade, B. W.*: SEQUEL2: A Unified Approach to Data Definition, Manipulation, and Control. IBM Journal Research and Development, 20(6):560–575, 1976.

/4.11/ *Chamberlin, D. D.; Boyce, R. F.*: SEQUEL: A Structured English Query Language. In Int. Conf. on Management of Data, Proc. of the 1974 ACM SIGFIDET Workshop on Data Description, Access and Control, Ann Arbor, Michigan, S. 249–264, 1974.

/4.12/ *Codd, E. F.*: A Relational Model of Data for Large Shared Data Banks. Communications of the ACM, 13(6): 377–387, June 1970.

/4.13/ *Kline, D. E.*: SQL in a Nutshell. O'Reilly, 2005.

/4.14/ *Melton, J.; Simon, A. R.:* SQL:1999 – Understanding Relational Language Components. San Francisco, CA: Morgan Kaufmann Publishers, 2001.

/4.15/ *Panny, W.; Taudes, A.:* Einführung in den Sprachkern von SQL-99. Berlin: Springer-Verlag, 2000.

/4.16/ *Türker, C.:* SQL:1999 & SQL:2003 – Objektrelationales SQL, SQLJ & SQL/XML. Heidelberg: dpunkt.verlag, 2003.

5 Datenbank-Anwendungsprogrammierung

/5.1/ ANSI/ISO/IEC 9075-3:2008: ISO International Standard: Database Language SQL – Part 3: Call-Level Interface (SQL/CLI).
– http://www.iso.org, 2008.

/5.2/ ANSI/ISO/IEC 9075-4:2011: ISO International Standard: Database Language SQL – Part 4: Persistent Stored Modules (SQL/PSM).
– http://www.iso.org, 2011.

/5.3/ Oracle® Database, SQLJ Developer's Guide and Reference 11g.
– http://docs.oracle.com/cd/B28359_01/java.111/b31227.pdf, Sept. 2007.

/5.4/ Oracle OCI.
– http://www.oracle.com/technetwork/database/features/oci/

/5.5/ JDBC Overview.
– http://docs.oracle.com/javase/tutorial/jdbc/overview/

/5.6/ JSR 221: JDBC 4.1 API Specification.
– http://jcp.org/aboutJava/communityprocess/mrel/jsr221/, Juli 2011.

/5.7/ *Schmidt, J.:* Some high level language constructs for data of type relation – ACM Transactions on Database Systems, Band 2, Nr. 3, S. 247–261, 1977.

/5.8/ *Atkinson, M.; Bunemann, O.:* Types and persistence in database programming languages – ACM Computing Surveys, Band 19, Nr. 2, S. 105–190, Juni 1987.

/5.9/ *Matthes, F.:* Persistente Objektsysteme. – Berlin: Springer Verlag, 1993.

/5.10/ *Keller, H.:* ABAP-Referenz: Das Standardwerk. – Bonn: SAP Press, 2010.

/5.11/ Hibernate. – http://www.hibernate.org

/5.12/ EclipseLink Project. – http://www.eclipse.org/eclipselink/

/5.13/ JSR 243: Java Data Objects 3.0.
– http://jcp.org/aboutJava/communityprocess/mrel/jsr243/, April 2010.

/5.14/ JSR 338: Java Persistence API 2.1.
– http://jcp.org/aboutJava/communityprocess/final/jsr338/, April 2013.

/5.15/ PHP Data Objects. – http://php.net/manual/de/book.pdo.php

/5.16/ Get Started with Entity Framework (EF).
– http://msdn.microsoft.com/en-us/data/ee712907

/5.17/ *Wehr H., Müller B.:* Java Persistence API 2: Hibernate, EclipseLink, OpenJPA und Erweiterungen. – München: Carl Hanser Verlag, 2012.

/5.18/ Apache JDO. – http://db.apache.org/jdo

/5.19/ Java EE. – http://www.oracle.com/technetwork/java/javaee
/5.20/ MySQLi. – http://php.net/manual/de/book.mysqli.php

6 Datenbanken im Web

/6.1/ *Advameg, Inc.*: Internet RFC/STD/FYI/BCP Archives. – http://www.faqs.org/rfcs

/6.2/ *Baumeister, J.*: Die Rolle von .NET als Application Server. Datenbank-Spektrum 8, S. 32–40, 2004.

/6.3/ *Buyens, J.*: Web Database Development Step by Step. – London: McGraw-Hill, 2002.

/6.4/ *Dehnhardt, W.*: Java und Datenbanken. – München; Wien: Hanser, 2003.

/6.5/ *Deßloch, S.; et al.*: Towards an integrated data management platform for the Web. Datenbank-Spektrum 2, S. 5–13, 2002.

/6.6/ *Eaglestone, B.; Ridley, M.*: Web database systems. – London McGraw-Hill, 2001.

/6.7/ *ECMA International*: Standard ECMA-262, ECMAScript Language Specification. – http://www.ecma-international.org/publications/standards/Ecma-262.htm

/6.8/ *Hammerschall, U.*: Verteilte Systeme und Anwendungen. – München: Pearson Studium, 2005.

/6.9/ The jQuery Foundation: jQuery. – http://jquery.com

/6.10/ *Kappel, G.; et al.*: Architektur von Web-Informationssystemen. In /6.22/, S. 101–134.

/6.11/ *Keidl, M.; et al.*: Web Services. In /6.22/, S. 293–331.

/6.12/ *Kim, St.*: Java Web Start: Developing and distributing Java applications for the client side. – http://www.java.com/de/download/faq/java_webstart.xml

/6.13/ *Lubkowitz, M.*: Webseiten programmieren und gestalten. – 2. Aufl. – Bonn: Galileo Press, 2005.

/6.14/ *Maurice, F.*: PHP5.5 und MySQL 5.6: Ihr praktischer Einstieg in die Programmierung dynamischer Websites. – Heidelberg: dpunkt.verlag, 2014.

/6.15/ *Meinel, C.; Sack, H.*: WWW: Kommunation, Internetworking, Web-Technologien. – Heidelberg, Berlin: Springer, 2012. – http://www.smarty.net

/6.16/ *Mössenböck, H.*: Web-Programmierung. In /6.23/, S. 1111–1134.

/6.17/ *Müller, K.-R.*: IT-Sicherheit mit System. – Wiesbaden: Vieweg, 2005.

/6.18/ *Müller, S.; Piatkowski, M.; Wurch, S.*: Web-Datenbanken für Dummies. – 2. Aufl. – Bonn: mitp-Verlag, 2002.

/6.19/ *Münz, S.*: Professionelle Websites – Programmierung, Design und Administration von Webseiten. – München: Addison-Wesley, 2005.

/6.20/ New Digital Group, Inc.: Smarty – PHP Template Engine. – http://www.smarty.net

/6.21/ *Oracle*: The Java tutorial, deployment, lesson applets. – http://docs.oracle.com/javase/tutorial/deployment/applet

/6.22/ *Rahm, E.; Vossen, G. (Hrsg.)*: Web & Datenbanken. – Heidelberg: dpunkt.verlag, 2003.

/6.23/ *Rechenberg, P.; Pomberger, G.*: Informatik-Handbuch. – 4. Aufl. – München; Wien: Hanser, 2006.

/6.24/ *Saccoccio, R.*: FastCGI. – http://www.fastcgi.com

/6.25/ *Schiffer, S.; Templ, J.*: Das Internet. In /6.23/, S. 1081–1110.

/6.26/ *Schneier, B.*: Angewandte Kryptographie. München: Pearson Studium, 2005.

/6.27/ *SELFHTML e. V.*: Die internationale Portalseite zu SELFHTML. – http://www.selfhtml.org

/6.28/ *Spona, H.*: Web-Datenbanken. – Bonn: Moderne Industrie, 2002.

/6.29/ *Tanenbaum, A. S.; Steen, M. v.*: Verteilte Systeme – Grundlagen und Paradigmen. – 2. Aufl. – München: Pearson Studium, 2007.

/6.30/ *Turau, V.; et al.*: Web-basierte Anwendungen entwickeln mit JSP 2. – 2. Aufl. – Heidelberg: dpunkt.verlag, 2003.

/6.31/ *Weikum, G.*: Web Caching. In /6.22/, S. 191–216.

/6.32/ *Weßendorf, M.*: Struts. – 2. Aufl. – Bochum: W3L, 2006.

/6.33/ *Wenz, C.*: AJAX. schnell und kompakt. – Unterhaching: Entwickler.press, 2006.

/6.34/ *Wikimedia Foundation Inc.*: Wikipedia – Die freie Enzyklopädie. – http://www.wikipedia.de

/6.35/ *Williams, H. E.; Lane, D.*: Webdatenbank-Applikationen mit PHP und MySQL. – 2. Aufl. – Köln: O'Reilly, 2004.

/6.36/ *Wöhr, H.*: Web-Technologien. – Heidelberg: dpunkt.verlag, 2004.

/6.37/ *World Wide Web Consortium*: CGI: Common Gateway Interface – http://www.w3.org/CGI

/6.38/ *World Wide Web Consortium*: W3C. – http://www.w3.org, deutschsprachige Präsenz http://www.w3c.de

/6.39/ *World Wide Web Consortium*: W3C Technical Reports and Publications. – http://www.w3.org/TR

/6.40/ World Wide Web Consortium (W3C): HTML5. – http://w3.org/TR/html5/

7 Komponenten eines Datenbankmanagementsystems

/7.1/ *Abadi, D.; Boncz, P. A.; Harizopoulos, S.; Idreos, S.; Madden, S.*: The Design and Implementation of Modern Column-Oriented Database Systems. Foundations and Trends in Databases, 5(3): 197–280, 2013.

/7.2/ *Balkesen, C.; Teubner, J.; Alonso, G.; Özsu, M. T.*: Main-memory hash joins on multi-core CPUs: Tuning to the underlying hardware. In: Proc. ICDE, 2013, S. 362–373.

/7.3/ *Bernstein, P. A.; Hadzilacos, V.; Goodman, N.*: Concurrency Control and Recovery in Database Systems. – Reading, MA: Addison-Wesley, 1987.

/7.4/ *Copeland, G.; Khoshafian, S.*: A Decomposition Storage Model. In: Proc. SIGMOD Conference, 1985, S. 268–279.

/7.5/ *Graefe, G.*: Query Evaluation Techniques for Large Databases. – ACM Computing Surveys, 25(2): 73–170, June 1993.

/7.6/ *Härder, T.; Reuter, A.*: Principles of Transaction-Oriented Database Recovery. – ACM Computing Surveys, 15(4): 287–317, Dec. 1983.

/7.7/ *Härder, T.; Reuter, A.*: Architektur von Datenbanksystemen für Non-Standard-Anwendungen. – In: Proc. GI-Fachtagung Datenbanksysteme für Büro, Technik und Wissenschaft (BTW 1985), S. 253–286.

/7.8/ *Härder, T.*: DBMS Architecture – The Layer Model and its Evolution (Part I). – Datenbank-Spektrum, 5(13):45–56, 2005.

/7.9/ *Kedem, Z.; Silberschatz, A.*: Non-Two-Phase Locking Protocols with Shared and Exclusive Locks. – In: Proc. 6th Int. Conf. on Very Large Data Bases (VLDB 1980), Montreal, Canada, S. 309–317.

/7.10/ *Lorie, R. A.*: Physical Integrity in a Large Segmented Database. – ACM Transactions on Database Systems, 2(1): 91–104, 1977.

/7.11/ *Mohan, C.; Haderle, D.; Lindsay, B.; Pirahesh, H.; Schwarz, P.*: ARIES: A Transaction Method Supporting Fine-Granularity Locking and Partial Rollbacks Using Write-Ahead Logging. – ACM Transactions on Database Systems, 17(1): 94–162, March 1992.

/7.12/ *Plattner, H.; Zeier, A.*: In-Memory Data Management: Technology and Applications. – 2. Auflage. – Berlin: Springer, 2012.

/7.13/ *Reuter, A.*: Fehlerbehandlung in Datenbanksystemen. – München: Carl Hanser Verlag, 1981.

/7.14/ *Saake, G.; Sattler, K.-U.*: Algorithmen & Datenstrukturen: Eine Einführung mit Java. – 5. Auflage. – Heidelberg: dpunkt.verlag, 2014.

/7.15/ *Steinbrunn, M.; Moerkotte, G.; Kemper, A.*: Heuristic and Randomized Optimization for the Join Ordering Problem. – The VLDB Journal, 3(6): 191–208, 1997.

/7.16/ *Vossen, G.; Weikum, G.*: Fundamentals of Transactional Information Systems. – San Francisco, CA: Morgan Kaufmann Publishers, May 2001.

8 Dateiorganisation und Indexe

/8.1/ *Comer, D.*: The Ubiquitous B-Tree. ACM Computing Surveys, Vol. 11, No. 2, June 1979, S. 121–137.

/8.2/ *Knuth, D. E.*: The Art of Computer Programming, Vol. 3: Sorting and Searching. – Addison Wesley, 1973.

/8.3/ *Kyte, T.*: Effective Oracle by Design. – Boston: McGraw-Hill Education, 2003.

/8.4/ *Litwin, W.*: Linear Hashing: A new Algorithm for Files and Table Addressing. Proceedings of the International Conference on Very Large Databases 1980, Aberdeen, S. 260–276.

/8.5/ *Lomet, D. B.*: Bounded Index Exponential Hashing. ACM Transactions on Database Systems, Vol. 8, No. 1, March 1983, S. 136–165.

/8.6/ *Morrison, D. R.*: PATRICIA – Practical Algorithm to Retrieve Information Coded in Alphanumeric. Journal of the ACM, Vol. 15, No. 4, Oct. 1968, S. 514–534.

/8.7/ *Nievergelt, J.; Hinterberger, H.; Sevcik, K. C.*: The Grid File: An Adaptable Symmetric Multikey File Structure. ACM Transactions on Database Systems, Vol. 9, No. 1, March 1984, S. 38–71.

/8.8/ *Ramakrishnan, R.; Gehrke, J.*: Database Management Systems. – 3rd Edition. – Boston: McGraw-Hill Education, 2003.

/8.9/ *Robinson, J.*: The k-d-b-Tree: A Search Structure for Large Multidimensional Indexes. Proceedings of the ACM SIGMOD Conference 1981, Ann Arbor, S. 10–18.

9 Optimierung von Datenbanken und Leistungsbewertung

/9.1/ *Agarwal, S.; Baryshnikov, B.; Elmore, K.; Thomas, J.; Cheng, K.; Patel, B.*: Microsoft SQL Server 2008, Troubleshooting Performance Problems in SQL Server 2008. – im Web.
 – http://msdn.microsoft.com/en-us/library/dd672789(v=sql.100).aspx, 2009.

/9.2/ *Ahrends, J.; Lenz, D.; Schwanke, P.; Unbescheid, G.*: Oracle 11g Release 2 für den DBA – Produktive Umgebungen effizient konfigurieren, optimieren und verwalten (Edition Oracle). – München: Addison–Wesley, 2010.

/9.3/ *Cooper, B. F.; Silberstein, A.; Tam, E.; Ramakrishnan, R.; Sears, R.*: Benchmarking Cloud Serving Systems with YCSB. – Proceedings of the 1st ACM Symposium on Cloud Computing (SoCC), Indianapolis, S. 143–154, 2010.

/9.4/ *IBM:* DB2 Fundamentals: Troubleshooting and Tuning Database Performance, Version 10.5. – im Web.
 – http://public.dhe.ibm.com/ps/products/db2/info/vr105/pdf/en_US/DB2PerfTuneTroubleshoot–db2d3e1050.pdf, 2013.

/9.5/ *LBDC:* Linked Data Benchmark Council. – Webseite. – http://www.ldbc.eu/, 2013.

/9.6/ *Mullins, C. S.*: Database Administration. – 2. Auflage. – Pearson Education, 2012.

/9.7/ MySQL: White Paper: MySQL Performance Tuning and Optimization Resources – Webseite. – http://www.mysql.de/why–mysql/performance/, 2014.

/9.8/ Oracle: Oracle Database, Performance Tuning Guide 12c Release 1 (12.1). – im Web. – http://docs.oracle.com/database/121/TGDBA/toc.htm, 2014.

/9.9/ PostgreSQL: Documentation. – Webseite. – http://www.postgresql.org/docs/, 2014.

/9.10/ *Shasha, D.; Bonnet, P.*: Database Tuning – Principles, Experiments, and Troubleshooting Techniques. – 2. Auflage. – San Francisco: Morgan Kaufmann, 2003.

/9.11/ TPC: Transaction Processing Performance Council. – Webseite.
 – http://www.tpc.org/, 2014.

10 Objektrelationale Datenbanken

/10.1/ *Brown, P. G.*: Object-Relational Database Development. – Upper Saddle River, NJ: Prentice Hall, 2000.

/10.2/ *Cattell, R. G. G.; Barry, D. K.; Berler, M.; Eastman, J.; Jordan, D.; Russel, C.; Schadow, O.; Stanienda, T.; Velez, F. (editors)*: The Object Data Standard: ODMG 3.0. – San Francisco, CA: Morgan Kaufmann Publishers, 2000.

/10.3/ *Dietrich, S. W.; Urban, S. D.*: An Advanced Course in Database Systems – Beyond Relational Databases. – Pearson Studium. Upper Saddle River, NJ: Prentice Hall, 2005.

/10.4/ Enterprise JavaBeans Technology. http://java.sun.com/products/ejb/

/10.5/ *Geppert, A.*: Objektrelationale und objektorientierte Datenbankkonzepte und -systeme. – Heidelberg: dpunkt.verlag, 2002.

/10.6/ *Heuer, A.*: Objektorientierte Datenbanken: Konzepte, Modelle, Standards und Systeme. – 2. Auflage. – Bonn: Addison-Wesley, 1997.

/10.7/ Hibernate – Relational Persistance for Java and .NET. http://www.hibernate.org/

/10.8/ Java Data Objects (JDO). http://db.apache.org/jdo/

/10.9/ *Melton, J.*: Advanced SQL:1999 – Understanding Object-Relational and Other Advanced Features. – San Francisco, CA: Morgan Kaufmann Publishers, 2002.

/10.10/ *Petković, D.*: SQL objektorientiert. – Addison-Wesley, 2003.

/10.11/ *Saake, G.; Schmitt, I.; Türker, C.*: Objektdatenbanken – Konzepte, Sprachen, Architekturen. – Bonn: International Thomson Publishing, 1997.

/10.12/ *Türker, C.*: SQL:1999 & SQL:2003 – Objektrelationales SQL, SQLJ & SQL/XML. – Heidelberg: dpunkt.verlag, 2003.

/10.13/ *Türker, C.; Saake, G.*: Objektrelationale Datenbanken – Ein Lehrbuch. – Heidelberg: dpunkt.verlag, 2005.

11 XML und Datenbanken

/11.1/ *Boag, S. et al (Hrsg.)*: XSLT 2.0 and XQuery 1.0 Serialization (Second Edition) W3C Recommendation 14 December 2010, http://www.w3.org/TR/2010/REC-xslt-xquery-serialization-20101214/

/11.2/ *Booth, D.; Liu, C. K. (Hrsg.)*: Web Services Description Language (WSDL) Version 2.0 Part 0: Primer W3C Recommendation 26 June 2007, http://www.w3.org/TR/2007/REC-wsdl20-primer-20070626

/11.3/ *Bourret, R.*: XML Database Products, http://www.rpbourret.com/xml/XMLDatabaseProds.htm#native

/11.4/ *Boyer, J., Marcy, G. (Hrsg.)*: Canonical XML Version 1.1 W3C Recommendation 2 May 2008, http://www.w3.org/TR/2008/REC-xml-c14n11-20080502/

/11.5/ Bray, T. et al (Hrsg.): Extensible Markup Language (XML) 1.0 (Fifth Edition) W3C Recommendation 26 November 2008,
http://www.w3.org/TR/2008/REC-xml-20081126/

/11.6/ Bray, T. et al (Hrsg.): Extensible Markup Language (XML) 1.1 (Second Edition) W3C Recommendation 16 August 2006, edited in place 29 September 2006, http://www.w3.org/TR/2006/REC-xml11-20060816

/11.7/ Bray, T. et al (Hrsg.): Namespaces in XML 1.0 (Third Edition) W3C Recommendation 8 December 2009,
http://www.w3.org/TR/2009/REC-xml-names-20091208/

/11.8/ Clark, J., DeRose, S.: XML Path Language (XPath) Version 1.0, W3C Recommendation 16 November 1999, http://www.w3.org/TR/xpath

/11.9/ Clement, L. et al. (Hrsg.): UDDI Version 3.0.2, UDDI Spec Technical Committee Draft, Dated 20041019,
https://www.oasis-open.org/committees/uddi-spec/doc/spec/v3/
uddi-v3.0.2-20041019.htm

/11.10/ Cowan, J.; Tobin, R. (Hrsg.): XML Information Set (Second Edition) W3C Recommendation 4 February 2004,
http://www.w3.org/TR/2004/REC-xml-infoset-20040204

/11.11/ Deutsch, A. et al.: XML-QL: A Query Language for XML, in Computer Networks. Volume 31, Issue 11-16, S. 1155–1169.

/11.12/ Dostal, W., Jeckle, M., Melzer, I.: Service-orientierte Architekturen mit Web Services Konzepte – Standards – Praxis. – Heidelberg: SPEKTRUM Akademischer Verlag, 2005.

/11.13/ Eastlake, D. et al. (Hrsg.): XML Signature Syntax and Processing Version 1.1 W3C Recommendation 11 April 2013,
http://www.w3.org/TR/2013/REC-xmldsig-core1-20130411/

/11.14/ Fallside, D.; Walmsley, P. (Hrsg.): XML Schema Part 0: Primer Second Edition W3C Recommendation 28 October 2004,
http://www.w3.org/TR/2004/REC-xmlschema-0-20041028/

/11.15/ Klettke, M., Meyer, H.: XML & Datenbanken. – Heidelberg: dpunkt.verlag, 2003.

/11.16/ Lehner, W., Schöning, H.: XQuery – Grundlagen und fortgeschrittene Methoden. – Heidelberg: dpunkt.verlag, 2004.

/11.17/ Le Hors, A. et al (Hrsg.): Document Object Model (DOM) Level 3 Core Specification Version 1.0, W3C Recommendation 07 April 2004,
http://www.w3.org/TR/DOM-Level-3-Core

/11.18/ Mitra, N.; Lafon, Y. (Hrsg.): SOAP Version 1.2 Part 0: Primer (Second Edition), W3C Recommendation 27 April 2007,
http://www.w3.org/TR/2007/REC-soap12-part0-20070427/

/11.19/ Oracle® XML DB Developer's Guide 11g Release 2 (11.2) E23094-02,
http://docs.oracle.com

/11.20/ Schöning, H.: XML und Datenbanken – Konzepte und Systeme. – München: Hanser Verlag, 2003.

/11.21/ *The Unicode Consortium*: Unicode 7.0.0.
http://www.unicode.org/versions/Unicode7.0.0/

12 NoSQL-Datenbanksysteme

/12.1/ Apache Hadoop. (2013). Abgerufen am 1. Oktober 2013 von http://hadoop.apache.org/

/12.2/ *Chang, F.; Dean, J.; Ghemawat, S.; Hsieh, W. C.; Wallach, D. A.; Burrows, M. et al.*: Bigtable: A Distributed Storage System for Structured Data. Proc. of the 7th Symposium on Operating Systems Design and Implementation (OSDI '06) – Seattle, WA, USA: 2006, S. 205–218.

/12.3/ *Chen, Y.; Alspaugh, S.; Katz, R. H.*: Interactive Analytical Processing in Big Data Systems: A Cross-Industry Study of MapReduce Workloads. Proc. of the VLDB Endowment, Volume 5 (VLDB 2012) – Istanbul, Türkei: 2012, S. 1802–1813.

/12.4/ *Cooper, B. F.; Silberstein, A.; Tam, E.; Ramakrishnan, R.; Sears, R.*: Benchmarking Cloud Serving Systems with YCSB. Proc. of the 1st ACM Symposium on Cloud Computing (SoCC '10) – Indianapolis, Indiana, USA: 2010, S. 143–154.

/12.5/ *Dean, J.; Ghemawat, S.*: MapReduce: Simplified Data Processing on Large Clusters. Proc. of the 6th Symposium on Operating System Design and Implementation (OSDI 2004) – San Francisco, California, USA: 2004, S. 137–150.

/12.6/ *Edlich, S.*: NoSQL - Your Ultimate Guide to the Non-Relational Universe! Abgerufen am 1. Oktober 2013 von http://nosql-databases.org/

/12.7/ *Edlich, S.; Friedland, A.; Hampe, J.; Brauer, B.; Brückner, M.*: NoSQL – Einstieg in die Welt nichtrelationaler Web 2.0 Datenbanken. – München: Carl Hanser Verlag, 2011.

/12.8/ JSON.org. Einführung in JSON. Abgerufen am 1. Oktober 2013 von http://www.json.org/json-de.html

/12.9/ *Kossmann, D.*: Big Data: Analytics Platforms (SIGMOD Plenary Session: Perspectives on Big Data). ACM SIGMOD 2012 – Scotsdalle, AR, USA: 2012.

/12.10/ *Parikh, J.*: Data Infrastructure at Web Scale (Keynote). VLDB 2013. – Riva del Garda, Trento, Italien: 2013.

/12.11/ *Redmond, E. W.*: Seven Databases in Seven Weeks: A Guide to Modern Databases and the NoSQL Movement. The Pragmatic Bookshelf, 2012.

/12.12/ *Robie, J.; Fourny, G.; Brantner, M.; Florescu, D.; Westmann, T.; Zaharioudakis, M.*: JSONiq – The JSON Query Language. Abgerufen am 1. Oktober 2013 von http://jsoniq.org/

/12.13/ *Robinson, I.; Weber, J.; Eifrem, E.*: Graph Databases. – O'Reilly Media: 2013.

/12.14/ *Sadalage, P. J.; Fowler, M.*: NoSQL Distilled – A Brief Guide to the Emerging World of Polyglot Persistence. – Pearson Education, Inc.: 2013.

/12.15/ *Scherzinger, S.; Klettke, M.; Störl, U.*: Managing Schema Evolution in NoSQL Data Stores. Proc. of the 14th International Symposium on Database Programming Languages (DBLP 2013). – Riva del Garda, Trento, Italien: 2013.

/12.16/ SQLite. UnQL. Abgerufen am 1. Oktober 2013 von http://unql.sqlite.org/

/12.17/ *Vaish, G.*: Getting Started with NoSQL. – Birmingham: Packt Publishing, 2013.

/12.18/ *Varley, I.*: HBase Schema Design. HBASE CON2012. – San Francisco, Kalifornien, USA: 2012.

13 Verteilte und föderierte Datenbanksysteme

/13.1/ *Abadi, D.*: Consistency Tradeoffs in Modern Distributed Database System Design: CAP Is Only Part of the Story. Computer 45.2, 2012, S. 37–42.

/13.2/ *Akidau, T. et al.*: MillWheel: Fault-Tolerant Stream Processing at Internet Scale. Proceedings of the VLDB Endowment 6.11, 2013.

/13.3/ *Alonso, G.; Hagen, C.; Schek, H.-J.; Tresch, M.*: Distributed Porcessing over Stand-alone Systems and Applications, in: Proc. Int. Conf. on Very Large Databases (VLDB), Athens, Greece, 1997.

/13.4/ *Bailis, P. et al.*: Probabilistically Bounded Staleness for Practical Partial Quorums. Proceedings of the VLDB Endowment 5.8, 2012, S. 776–787.

/13.5/ *Bernstein, P. A.*: Middleware – An Architecture for Distributed System Service, DEC Cambridge Research Lab, TR93/6, 1993.

/13.6/ *Bernstein, P. A.; Goodman, N.*: The Power of Natural Semijoins, SIAM J. Computing, 10 (4), 1981, S. 751–771.

/13.7/ *Bernstein, P. A.; Newcomer, E.*: Principles of Transaction Processing, Morgan Kaufmann, San Mateo, 1997.

/13.8/ *Beuter, T.; Dadam, P.*: Prinzipien der Replikationskontrolle in verteilten Datenbanksystemen, Informatik: Forschung und Entwicklung, 11(4), 1996, S. 203–212.

/13.9/ *Ceri, S.; Pelagatti, G.*: Distributed Databases: Principles and Systems: – New York, San Francisco, Washington, D. C.: McGraw-Hill, Inc., 1984.

/13.10/ *Chang. F. et al.*: Bigtable: A Distributed Storage System for Structured Data, OSDI'06: Seventh Symposium on Operating System Design and Implementation, 2006.

/13.11/ *Conrad, S.*: Schemaintegration – Integrationskonflikte, Lösungsansätze, aktuelle Herausforderungen, Informatik – Forschung und Entwicklung, 17, 2002, S. 101–111.

/13.12/ *Conrad, S.*: Föderierte Datenbanksysteme: Konzepte der Datenintegration. – Berlin: Springer, 1997.

/13.13/ *Cooper, B. F. et al.*: Benchmarking Cloud Serving Systems with YCSB. Proceedings of the 1st ACM Symposium on Cloud Computing. ACM, 2010.

/13.14/ *Corbett, J. C. et al.*: Spanner: Google's Globally-Distributed Database. Proceedings of OSDI. Vol. 1. 2012.

/13.15/ *Curino, Carlo, et al.*: Relational Cloud: A Database-as-a-Service for the Cloud. 2011.

/13.16/ *Dadam, P.*: Verteilte Datenbanken und Client/Server-Systeme. – New York, Berlin, Heidelberg: Springer-Verlag, 1996.

/13.17/ *Das, S.; Agrawal, D.; El Abbadi, A.*: Elastras: An Elastic Transactional Data Store in the Cloud. USENIX HotCloud 2, 2009.

/13.18/ *DeCandia, G. et al.*: Dynamo: amazon's highly available key-value store. SOSP. Vol. 7, 2007.

/13.19/ *Fagin, R.; Hernandez, M.; Popa, L.; Velegrakis, Y.; Miller, R. J.*: Translating Web Data, Proc. of the Int. Conf. on Very Large Databases (VLDB), 2002.

/13.20/ *Gessert, F.; Bücklers, F.*: ORESTES: Ein System für horizontal skalierbaren Zugriff auf Cloud-Datenbanken. Informatiktage. – Berlin: Springer, 2013.

/13.21/ *Gilbert, S.; Lynch, N.*: Brewer's Conjecture and the Feasibility of Consistent, Available, Partition-Tolerant Web Services. SIGACT News, 2002.

/13.22/ *Grant, J.; Litwin, W.; Roussopoulos, N.; Sellis, T.*: Query Languages for Relational Multi-databases, VLDB Journal, 2(2), 1993, S. 153–171.

/13.23/ *Gray, J.; Reuter, A.*: Transaction Processing: Concepts und Techniques. – San Mateo: Morgan Kaufmann, 1993.

/13.24/ *Härder, T.; Mitschang, B.; Nink, U.; Ritter, N.*: Workstation/Server-Architekturen für datenbankbasierte Ingenieuranwendungen, Informatik – Forschung und Entwicklung, Band 10, Heft 2, Springer, 1995, S. 55–72.

/13.25/ *Härder, T.; Sauter, G.; Thomas, J.*: The Intrinsic Problems of Structural Heterogeneity and an Approach to their Solution, VLDB Jounal 8(1), 1999, S. 25–43.

/13.26/ *Kossmann, D.*: The State of the Art in Distributed Query Processing, ACM Computing Surveys 32(4), 2001, S. 422–469.

/13.27/ *Kozlova, I.; Husemann, M.; Ritter, N.; Witt, S.; Haenikel, N.*: CWM-Based Integration of XML Documents and Object-Relational Data, in: Proc. 7th Int. Conf. on Enterprise Information Systems (ICEIS05), USA, 2005.

/13.28/ *Lakshmanan, L. V. S.; Sadri, F.; Subramanian, I. N.*: SchemaSQL: A Language for Interoperability in Relational Multidatabase Systems, Proc. 22nd Int. Conf. on Very Large Databases (VLDB), 1996, S. 239–250.

/13.29/ *Laney, D.*: 3D DataManagement: Controlling Data Volume, Velocity, and Variety. – Meta Group, 2001.

/13.30/ *Lehner, W.; Sattler, K.-U.*: Web-Scale Data Management for the Cloud. – Berlin: Springer, 2013.

/13.31/ *Lenz, R.*: Adaptive Datenreplikation in verteilten Systemen. – Leipzig: B. G. Teubner, 1997.

/13.32/ *Lenzerini, M.*: Data Integration: A Theoretical Perspective, in Proc. 21st ACM SIGACT-SIGMOD-SIGART Symposium on Principles of Database Systems (PODS), Madison, Wisconsin, USA, 2002, S. 233–246.

/13.33/ *Leymann, F.; Roller, D.*: Production Workflow – Concepts and Techniques. – Prentice Hall, 2000.

/13.34/ *Madhavan, J. et al.*: Generic Schema Matching with Cupid, in: Proc. 27th. Int. Conf. on Very Large Databases (VLDB), Rom, 2001, S. 49–58.

/13.35/ *Mell, P.; Grance, T.*: The NIST Definition of Cloud Computing. http://csrc.nist.gov/publications/nistpubs/800-145/SP800-145.pdf, 2009.

/13.36/ *Melnik, S. et al.*: Dremel: Interactive Analysis of Web-Scale Datasets. Proceedings of the VLDB Endowment 3.1-2, 2010: S. 330–339.

/13.37/ *Meyer-Wegener, K.*: Transaktionssysteme. – Stuttgart: B. G. Teubner, 1988.

/13.38/ *Moss, J. E. B.*: Nested Transactions: An Approach to Reliable Distributed Computing. – MIT Press, 1985.

/13.39/ *Naumann, F.*: Quality-Driven Query Answering for Integrated Information Systems, LNCS 2261. – Springer, 2002.

/13.40/ *Naumann, F.; Leser. U.*: Informationsintegration. – dpunkt.verlag, 2006.

/13.41/ *Özsu, M. T.; Valduriez, P.*: Principles of Distributed Database Systems. – Englewood Cliffs: Prentice Hall, 1999.

/13.42/ *Popa, R. A. et al.*: CryptDB: Protecting Confidentiality with Encrypted Query Processing. Proceedings of the Twenty-Third ACM Symposium on Operating Systems Principles. ACM, 2011.

/13.43/ *Pottinger, R. A.; Bernstein, P. A.*: Merging Models Based on Given Correspondences, in: Proc. 29th. Int. Conf. on Very Large Databases (VLDB), Berlin, 2003, S. 862–873.

/13.44/ *Pritchett, D.*: BASE: An ACID Alternative. ACM Queue 6, 2008, S. 48–55.

/13.45/ *Rahm, E.*: Mehrrechner-Datenbanksysteme: Grundlagen der verteilten und parallelen Datenbankverarbeitung. – Bonn, Paris, Reading: Addison-Wesley, 1994.

/13.46/ *Rahm, E.; Bernstein, P. A.*: A Survey of Approaches to Automatic Schema Matching, VLDB Journal, 10(4), 2001, S. 334–350.

/13.47/ *Ritter, N.*: DB-gestützte Kooperationsdienste für technische Entwurfsanwendungen, DISDBIS 33. – Sank-Augustin: infix-Verlag, 1997.

/13.48/ *Roth, M. T.; Schwarz, P.*: Don't Scrap It, Wrap It! A Wrapper Architecture for Legacy Data Sources, in: Proc. 23th. Int. Conf. on Very Large Databases (VLDB), 1997, S. 266–275.

/13.49/ *Sakr, S. et al.*: A Survey of Large Scale Data Management Approaches in Cloud Environments. Communications Surveys & Tutorials, IEEE 13.3, 2011: S. 311–336.

/13.50/ *Schmitt, I.*: Schemaintegration für den Entwurf Föderierter Datenbanken, DISDBIS 43. – Sank-Augustin: infix-Verlag, 1998.

/13.51/ *Seibold, M.; Kemper, A.*: Database as a Service. Datenbank-Spektrum 12.1, 2012: S. 59–62.

/13.52/ *Sheth, A. P.; Larson, J. A.*: Federated Database Systems for Managing Distributed, Heterogeneous and Autonomous Databases, ACM Computing Surveys 22 (3), 1990, S. 183–236.

/13.53/ *Shute, J. et al. F1*: A Distributed SQL Database That Scales. Proceedings of the VLDB Endowment 6.11, 2013.

/13.54/ *Spaccapietra, S.; Parent, C.*: View Integration: A Step Forward in Solving Structural Conflicts, IEEE Transactions on Knowledge and Data Engineering, 6(2), 1994, S. 258–274.

/13.55/ *Spaccapietra, S.; Parent, C.; Dupont, Y.*: Model Independant Assertions for Integration of Heterogeneous Schemas, VLDB Journal 1(1), 1992, S. 81–126.

/13.56/ *Weikum, G.; Vossen, G.*: Transactional Information Systems. – San Mateo: Morgan Kaufmann, 2001.

/13.57/ *Wiederhold, G.*: Mediators in the Architecture of Future Information Systems, IEEE Computer, 25(3), 1992, S. 38–49.

14 Data Warehouse

/14.1/ *Abadi, D. J.; Boncz, P. A.; Harizopoulos, S.; Idreos, S.; Madden, S.*: The Design and Implementation of Modern Column-Oriented Database Systems. Foundations and Trends in Databases, 5(3): 197–280, 2013.

/14.2/ *Abadi, D. J.; Madden, S.; Ferreira. M.*: Integrating Compression and Execution in Column-Oriented Database Systems. In: ACM SIGMOD Conference, S. 671–682, 2006.

/14.3/ *Anahory, S.; Murray, D.*: Data Warehousing in the Real World: A Practical Guide for Building Decision Support Systems. – Addison-Wesley, 1997.

/14.4/ *Bauer, A.; Günzel, H. (Hrsg.)*: Data Warehouse-Systeme – Architektur, Entwicklung, Anwendung. 2. Auflage. – Heidelberg: dpunkt.verlag, 2004.

/14.5/ *Berson, A.; Smith, S. J.*: Data Warehousing, Data Mining, and OLAP. 1. Auflage – McGraw-Hill, 1997.

/14.6/ *Chaudhuri, S.; Dayal, U.*: An Overview of Data Warehousing and OLAP Technology. SIGMOD Record, 26(1), März 1997.

/14.7/ *Dorendorf, S.*: Die fünf großen W der Datenbankreorganisation bei relationalen Datenbank-Management-Systemen. In: Hüsemann, F.; Küspert, K; Mäurer, F. (Hrg.): 11. Workshop Grundlagen von Datenbanken, Arbeitskreis Grundlagen von Informationssystemen, Luisenthal. Jenaer Schriften zur Mathematik und Informatik, Math/Inf/99/16, S. 12–16, FSU Jena, 1999.

/14.8/ *Elias, P.*: Universal codeword sets and representations of the integers. IEEE Transactions on Information Theory, 21(2): 194–203, 1975.

/14.9/ *Golomb, S. W.*: Run-Length Encodings. IEEE Transactions on Information Theory, 12(3): 399–401, 1966.

/14.10/ *Herden, O.*: Eine Entwurfsmethodik für Data Warehouses. Dissertation, Universität Oldenburg, FB Informatik. Verfügbar unter http://oops.uni-oldenburg.de, Dez. 2001.

/14.11/ *Hinrichs, H.*: Datenqualitätsmanagement in Data Warehouse-Systemen. Dissertation, Universität Oldenburg, FB Informatik. Verfügbar unter http://oops.uni-oldenburg.de, April 2002.

/14.12/ *Kemper, H.-G.*: Architektur und Gestaltung von Management-Unterstützungssystemen. – Stuttgart: B. G. Teubner, 1999.

/14.13/ *Kemper, H.-G.; Mehanna, W.; Unger, C.*: Business Intelligence – Grundlagen und praktische Anwendungen. – Braunschweig: Vieweg-Verlag, 2004.

/14.14/ *Kimball, R.; Caserta, J.*: The Data Warehouse ETL Toolkit: Practical Techniques for Extracting, Cleaning, Conforming, and Delivering Data. – John Wiley & Sons, 2004.

/14.15/ *Kimball, R.; Reeves, L.; Ross, M.; Thornthwaite, W.*: The Data Warehouse Life Cycle Toolkit. – John Wiley & Sons, 1998.

/14.16/ *Kimball, R.; Ross, M.*: The Data Warehouse Toolkit. The Complete Guide to Dimensional Modeling. 2. Auflage. – John Wiley & Sons, 2002.

/14.17/ *Küspert, K.; Nowitzky, J.*: Partitionierung von Datenbanktabellen. Informatik Spektrum, 22(2):146–147, April 1999.

/14.18/ *Lehner, W.*: Datenbanktechnologie für Data-Warehouse-Systeme. – Heidelberg: dpunkt.verlag, 2002.

/14.19/ *Lenz, H.-J.; Shoshani, A.*: Summarizability in OLAP and Statistical Data Bases. In: Ioannidis, Y. E.; Hansen, D. M. (Hrg.): Ninth International Conference on Scientific and Statistical Database Management, Proceedings, August 1997, Olympia (Washington, USA), IEEE Computer Society, 1997.

/14.20/ *Lusti, M.*: Data Warehousing and Data Mining: Eine Einführung in entscheidungsunterstützende Systeme. 2.Auflage – Berlin: Springer, 2001.

/14.21/ *Sattler, K. U.*: Column Stores. Datenbank-Spektrum. 30/2009, S. 39–40.

/14.22/ *Vavouras, A.; Gatziu, S.; Dittrich, K.*: The SIRIUS Approach for Refreshing DataWarehouses Incrementally. In: Buchmann, A. P. (Herausgeber): Datenbanksysteme in Büro, Technik und Wissenschaft (BTW'99), Proceedings, März 1999, Freiburg. – Berlin: Springer, 1999.

/14.23/ *Westmann, T.; Kossmann, D.; Helmer, S.; Moerkotte, G.*: The Implementation and Performance of Compressed Databases. SIGMOD Record, 29(3): 55–67, 2000.

/14.24/ *Wietek, F.*: Intelligente Analyse multidimensionaler Daten in einer visuellen Programmierumgebung und deren Anwendung in der Krebsepidemiologie. Dissertation, Universität Oldenburg, FB Informatik. Verfügbar unter http://oops.uni-oldenburg.de, März 2000.

15 Data Mining

/15.1/ *Alpar, P.; Niedereichholz, J.*: Data Mining im praktischen Einsatz. – Wiesbaden: Vieweg, 2000.

/15.2/ *Callan, R.*: Neuronale Netze im Klartext. – München: Pearson Studium, 2003.

/15.3/ *Cristianini, N.; Shawe-Taylor, J.*: An Introduction to Support Vector Machines And Other Kernel-based Learning Methods. – Cambridge University Press, 2000.

/15.4/ *Ester, M.; Kriegel, H.-P.; Sander, J.; Xu, X.*: A Density-Based Algorithm for Discovering Clusters in Large Spatial Databases with Noise. In: Proceedings of KDD'96. 1996, S. 226–231.

/15.5/ *Ester, M.; Sander, J.*: Knowledge Discovery in Databases. – Berlin: Springer Verlag, 2000.

/15.6/ *Han, J.; Kamber, M.*: Data Mining. Concepts and Techniques. – 3. Auflage. – Morgan Kaufmann Publishers, 2011.

/15.7/ *Hand, David J.; Hand, D. J.; Mannila, H.*: Principles of Data Mining (Adaptive Computation and Machine Learning). – Bradford Book, 2001.

/15.8/ *Hippner, H.; Küsters, U .L.; Meyer, M.*: Handbuch Data Mining im Marketing. – Wiesbaden: Vieweg, 2001.

/15.9/ *Kumar, V.; Steinbach, M.; Tan, P.-N.*: Introduction to Data Mining. – Addison Wesley, 2005.

/15.10/ *Larose, D.*: Data Mining Methods and Models. – Wiley John & Sons, 2006.

/15.11/ *MacQueen, J.*: Some Methods for Classification and Analysis of Multivariate Observations. In: 5th Berkeley Symposium Math. Statist. Prob., Band 1. 1967, S. 281–287.

/15.12/ *Maimon, O.; Rokach, L.*: Data Mining and Knowledge Discovery Handbook. – Berlin: Springer Verlag, 2005.

/15.13/ *Michie, D.; Spiegelhalter, D. J.; Taylor, C. C.*: Machine Learning, Neural and Statistical Classification. – Ellis Horwood, 1994.

/15.14/ *Neckel, P.; Knobloch, B.*: Customer Relationship Analytics: Praktische Anwendung des Data Mining im CRM. – Heidelberg: dpunkt.verlag, 2005.

/15.15/ *Park, J. S.; Chen, M.-S.; Yu, P. S.*: An Effective Hash Based Algorithm for Mining Association Rules. In: Carey, M. J.; Schneider, D. A. (Hrsg.): Proceedings of the 1995 ACM SIGMOD International Conference on Management of Data. San Jose, CA: ACM Press, 1995, S. 175–186.

/15.16/ *Petersohn, H.*: Data Mining: Verfahren, Prozesse, Anwendungsarchitektur. – München: Oldenbourg, 2005.

/15.17/ *Pyle, D.*: Data Preparation for Data Mining. – Morgan Kaufmann Publishers, 1999.

/15.18/ *Witten, Ian H.; Frank, E.*: Data Mining. Practical Machine Learning Tools and Techniques. – 3. Auflage. – Morgan Kaufmann, 2011.

16 Multimedia-Datenbanken

/16.1/ *Baeza-Yates, R.; Ribeiro-Neto, B.*: Modern Information Retrieval. – Addison-Wesley, 1999.

/16.2/ *Bruns, K.; Meyer-Wegener, K. (Hrsg.)*: Taschenbuch der Medieninformatik. – Leipzig: Fachbuchverlag, 2005.

/16.3/ *Castelli, V.; Bergman, L. D. (editors)*: Image Databases: Search and Retrieval of Digital Imagery. – New York: JohnWiley & Sons, 2002.

/16.4/ *Chapman, N.; Chapman, J.*: Digital Multimedia. – 2nd ed. – Chichester: JohnWiley & Sons, 2004.

/16.5/ *Endres, A.; Fellner, D.*: Digitale Bibliotheken: Informatik-Lösungen für globale Wissensmärkte. – Heidelberg: dpunkt.verlag, 2000.

/16.6/ *Faloutsos, C.*: Searching Multimedia Databases by Content. Volume 3 of The Kluwer International Series on Advances in Database Systems. – Boston: Kluwer Academic Publishers, August 1996.

/16.7/ *Ghias, A.; Logan, J.; Chamberlin, D.; Smith, B. C.*: Query by Humming: Musical Information Retrieval in an Audio Database. In: Proc. ACM Multimedia 1995, S. 231–236.

/16.8/ *Haas, P.*: Integrierte Gesundheitsversorgung durch elektronische Vernetzung. Datenbank-Spektrum, 6(17): 17–25, Mai 2006.

/16.9/ *Halasz, F.; Schwartz, M.*: The Dexter hypertext reference model. – Comm. ACM, 37(2): 30–39, February 1994.

/16.10/ *Henning, P.*: Taschenbuch Multimedia. – Leipzig: Fachbuchverlag, 2000.

/16.11/ *Koshafian, S.; Baker, A. B.*: MultiMedia and Imaging Databases. – San Francisco: Morgan Kaufmann, 1996.

/16.12/ *Le Gall, D.*: MPEG: A Video Compression Standard for Multimedia Application. Comm. ACM, 34(4), April 1991.

/16.13/ *Lu, G.*: Multimedia Database Management Systems. – Artech House computing library. – Boston, London: Artech House, 1999.

/16.14/ *Melton, J.; Eisenberg, A.*: SQL Multimedia and Application Packages (SQL/MM). ACM SIGMOD Record, 30(4): 97–102, December 2001.

/16.15/ *Meyer-Wegener, K.*: Multimediale Datenbanken: Einsatz von Datenbanktechnik in Multimedia-Systemen. – Leitfäden der Informatik. – 2. Auflage. – Stuttgart; Leipzig; Wiesbaden: B. G. Teubner Verlag 2003.

/16.16/ *Nack, F.; Lindsay, A. T.*: Everything you wanted to know about MPEG-7: Part 1. IEEE MultiMedia, 6(3): 65–77, 1999.

/16.17/ *Pereira, F.; Ebrahimi, T.*: The MPEG-4 Book. – IMSC Press. Prentice Hall PTR, Upper Saddle River, NJ, 2002.

/16.18/ *Schäuble, P.*: Multimedia Information Retrieval. – Kluwer Academic Publishers, 1997.

/16.19/ *Schmitt, I.*: Ähnlichkeitssuche in Multimedia-Datenbanken: Retrieval, Suchalgorithmen und Anfragebehandlung. – München: Oldenbourg, 2006.

/16.20/ *Specht, G.*: Multimedia-Datenbanksysteme: Modellierung – Architektur – Retrieval. – Habilitationsschrift, Technische Universität München, 1998, 270 S.

/16.21/ *Steinmetz, R.*: Multimedia-Technologie – Grundlagen, Komponenten und Systeme. – 2. Auflage. – Berlin u. a.: Springer-Verlag, 1999.

/16.22/ *Stolze, K.*: SQL/MM part 5: Still image: The standard and implementation aspects. In: Heuer, A.; Leymann, F.; Priebe, D. (Hrsg.): Datenbanksysteme in Büro, Technik und Wissenschaft: 9. GI-Fachtagung (Oldenburg, 7.–9. März 2001), Informatik aktuell. – Berlin: Springer-Verlag, 2001, S. 345–363.

/16.23/ *Subrahmanian, V. S.*: Principles of Multimedia Database Systems. – The Morgan Kaufmann Series in Data Management Systems. – San Francisco: Morgan Kaufmann, 1998.

17 Geodatenbanken

/17.1/ *Brinkhoff, T.*: Geodatenbanksysteme in Theorie und Praxis. – 3. Auflage. – Berlin; Offenbach: Wichmann VDE Verlag, 2013.

/17.2/ *Güting, R. H., Schneider M.*: Moving Objects Databases. – San Francisco: Morgan Kaufmann, 2005.

/17.3/ *Manolopoulos, Y., Nanopoulos, A., Papadopoulos, A. N., Theodoridis Y.*: R-Trees – Theory and Applications. – London: Springer, 2006.

/17.4/ *Papadopoulos, A. N., Manolopoulos, Y.*: Nearest Neighbor Search – A Database Perspective. – New York: Springer, 2005.

/17.5/ *Rigaux, P., Scholl, M., Voisard, A.*: Spatial Databases with Application to GIS. – San Francisco: Morgan Kaufmann, 2002.

/17.6/ *Samet, H.*: The Design and Analysis of Spatial Data Structures. – Reading: Addison-Wesley, 1990.

/17.7/ *Samet, H.*: Foundations of Multidimensional and Metric Data Structures. – San Francisco: Morgan Kaufmann, 2006.

/17.8/ *Shekhar, S., Chawla, S.*: Spatial Databases – A Tour. – New Jersey: Prentice Hall, 2003.

Sachwortverzeichnis

. 329
:: 333
|| 329
-> 329, 342
0NF 80
1:1-Beziehung 76
1:*N*-Beziehung 53, 77
1NF 86
2NF 86
3NF 87
3-Schichten-Architektur 201
4GL-Programmiersprache 174
4NF 89 f.
5NF 91
9-Intersection-Modell 512

A
ABAP 174
Abbildungsregel 75
Abbruch, kaskadierender 255
Abhängigkeit, funktionale 82
–, mehrwertige 83, 89
–, transitive 87, 89
–, volle funktionale 83, 86
Abhängigkeitstreue 84
Abort 413
ABS 122
Abstandsanfrage 515
abstrakte Spezifikation 502
access control 24
Accuracy 473
Achse, Kurznotation 352
–, XPath 351
ACID 249
Active Server Pages 218
Adabas 26, 39
Ad-hoc-Anfrage 437
ADO 218
ADO.NET 221
ADO.NET Entity Framework 179
AFTER 137

Agent 412
Aggregatfunktion 107
Aggregation 60, 240, 442
–, ERM 64
Aggregat-orientierte Modellierung 378
Aggregierbarkeit 444
Ajax 196
aktive Datenbank 43
algebraische Optimierung 244
ALL 107, 110, 113
Allokation 400
–, mit Replikation 400
–, redundanzfreie 400
ALTER TABLE 126
ALTER TYPE 335
ANALYZE 311
AND 121
Anforderungsanalyse 45, 59
Anfrage 99
–, räumliche 515
–, rekursive 114
–, verschachtelte 305
Anfragebearbeitung, mehrstufige 517
–, räumliche 517
Anfrageplan 238, 242
Anfrageprozessor 238
Anfragesprache, NoSQL 385
–, relationale 96
–, XML 350
Anfragetransformation 406
Anfrageverarbeitung 243
–, verteilte 405
Annotation 179
–, XML 362
Anomalie, Delete- 81
–, Insert- 81
–, Update- 81
Anomalieentdeckung 474
–, Verfahren 475

anteilige Verrechnung 443
Antwortzeit 288
Anwendungsarchitektur 27
Anwendungsoptimierung 301
ANY 113
API, Datenbank 203
–, DOM 208
–, Webserver 214
Applet 209
Applikationsserver 150, 201, 221
Approximation 518
–, einelementige 519
–, konservative 519
–, mehrelementige 519, 525
–, progressive 519
A-priori-Algorithmus 471
A-priori-Prinzip 471
Architektur 26, 227
–, DBMS 227
–, Prozess- 229
–, Schema- 27, 400
–, Webanwendung 201
Archiv-Datenbank 437
ARIES 265
arithmetischer Operator, SQL 121
–, XQuery 354
Armstrong-Axiome 83
ARRAY 328, 342
Arraytyp 328
Arraytypkonstruktor 328
AS 105 f., 125, 332
ASC 115 f.
ASP 218
ASP.NET 221
Assertion 421
Assoziationsanalyse 468
Assoziationsregel 468 f.
Atomarität 249, 259, 412
Atomisierung, XQuery 353
Attribut 52, 58, 68
–, Abbildung 75
–, abgeleitetes 60, 297
–, elementares 61, 76
–, mehrwertiges 61, 75
–, mengenwertiges 61, 75
–, Nichtschlüssel- 58

–, primäres 60
–, Schlüssel- 58
–, Speicherbedarf 294
–, strukturiertes 76
–, XML 346
–, zusammengesetztes 61
Attributwert 236
–, atomarer 85
Aufrufschnittstelle 158
Ausführungsplan 406
Ausnahmebehandlung 134
Ausreißer 474
äußerer Verbund 112
Authentifizierung 200, 204, 222
Authentisierung 222
AutoCommit-Modus 163, 204
Autonomie 418
–, Ausführungs- 418
–, Entwurfs- 418
–, Kooperations- 418
Autorisierung 222
AVG 107 f.

B
B*-Baum 276
B2B 224
B$^+$-Baum 276
–, Reorganisation 318
BASE 425
Basisdatentyp 99, 119, 121
Basisrelation 68
Batch Update 166
Bayes-Klassifikator 474
B-Baum 275
BCNF 89
Bearbeitungsanforderung 45
BEFORE 137
BEGIN 132, 135
BEGIN ATOMIC 138
Benchmark 318
Benutzer 30
benutzerdefinierte Funktion 131
–, SQL 135
–, SQL-Funktion 131
–, XQuery 355
benutzerdefinierte Ordnung 327, 337

benutzerdefinierte Prozedur 131
benutzerdefinierte Routine 100, 131
benutzerdefinierter Cast 327, 336
benutzerdefinierter Datentyp 99, 327
benutzerdefinierter Konstruktor 335
Benutzerrolle 30
Benutzersicht 28
Bereichspartitionierung 284, 454
Bericht 437
Beschreibungsdaten 484, 492
Beziehung 51
–, topologische 500, 512 f.
Beziehungsmenge 51
Beziehungstyp 52
–, $(1, M, N)$-Notation 54
–, 1:1 76
–, 1:N 77
–, Abbildung 76
–, Attribut 52
–, binärer 56
–, Kardinalität 54
–, $M:N$ 78
–, (min,max)-Notation 54
–, n-ärer 57, 78
–, rekursiver 56, 78
Bezugssystem, EPSG- 510
–, lineares 510
–, räumliches 508
Bibliothek 498
Big Data 424
BIGINT 120
Binary Large Object 480
Binary XML 361
bitemporale Zeitstempelung 65
BITLENGTH 123
Bitmap-Index 285, 455
Bitmap-Join-Index 458
Bitvektor-Filterung 410
BLOB 120, 236
Block 234
–, Füllgrad 308
–, Größe 315
Block-Nested-Loops-Verbund 242
Blockregion 520
–, überlappende 522
BOOLEAN 120 f.

boolesches Modell 512
Bottom-Up-Clustering 466
Boyce-Codd-Normalform 89
Brute-Force-Algorithmus 470
Bucket 278
Bulk Loader 460
Bulk Loading 277
Business Intelligence 40
Byte Code Enhancer 185

C

CALL 131
Call Level Interface 158
CAP-Theorem 390, 424
CARDINALITY 329
CASCADE 129, 340
CASCADED 339
CASE 132, 344
Cassandra 386
CAST 330, 334 f., 337
Cast 327, 336
CAST-Funktion 330
CEILING 122
Centroid 465
CEP 42
CGI 213
CHAR 120
CHARLENGTH 123
CHECK 127 f., 339
Checkin 397
Checkout 396
checkpoint 263, 309
–, fuzzy 309
Clementini-Operator 513
CLI 158
Client/Server-Datenbanksystem 396
Clipping 520
CLOB 120
CLOCK 234
Cloud 42
Cloud Data Management 423
Cloud-Datenbank 423
Cluster, Key 316
–, Technik 316
Cluster-Index 285

Clustering 462
–, dichtebasiertes 468
–, hierarchisches 464 f.
–, partitionierendes 463 f.
–, Verfahren 463
Clusterung 283
CODASYL 38
Code Migration 206
collection 373
–, XQuery 352
column family 375
Column Store 42, 317, 448
Column-Family-Datenbanksystem 374
COMMIT 135, 139
Commit 413
commit order preservation 422
COMMIT-Anweisung 250
Common Gateway Interface 213
Complex Event Processing 42
concurrency control 24
CONNECT 135
Connection Pooling 163
Consistent Hashing 390, 427
constraint 24, 99
CONSTRUCTOR 333 f.
Content Management 497
CONTINUE 134
CONVERT 123
Cookie 199
coordinate reference system 508
coordinate system 508
CORRESPONDING 109
Couchbase 386
COUNT 107 f., 113
Coverage 473, 501
CREATE CAST 336 f.
CREATE DOMAIN 127
CREATE FUNCTION 135 f., 336 f.
CREATE INDEX 286
CREATE METHOD 334 ff.
CREATE ORDERING 337
CREATE PROCEDURE 135
CREATE ROLE 143
CREATE SCHEMA 124
CREATE SEQUENCE 138
CREATE TABLE 124 f., 128, 338 f.
CREATE TRIGGER 137
CREATE TYPE 330–334
CREATE VIEW 130, 339 ff.
Criteria API 183
CROSS JOIN 110
CSS 195
CSV-Datei 206
CUBE-Funktion 458
Cursor 215, 302
Cursor-Konzept 152

D

data cube 441
Data Dictionary 167
data dictionary 23
Data Mart 436
Data Migration 434
Data Mining 438
data stream 42
Data Warehouse 430, 434
Database-as-a-Service 425
DatabaseMetaData 167
Data-Warehouse-System 430
DATE 120
Datei 19
–, sortierte 269
Dateiorganisation 269
–, mehrdimensionale 281
Dateischnittstelle 229
Dateisystem 312
Datenanalyse 45
Datenbank 20
–, aktive 43
–, Geo- 499
–, mobile 36
–, Multimedia- 478
–, relationale 67
–, Web- 190
–, XML- 22
Datenbankadministrator 31
Datenbankanbindung
–, clientseitige 206
–, Datenexport 206
–, direkte 202
–, serverseitige 212
–, Überblick 204

Datenbankclient 202
Datenbankdesigner 31
Datenbankentwurf 44, 75
–, konzeptioneller 46, 49
–, logischer 47
–, Phasen 44
–, physischer 49
Datenbankkatalog 167, 228
Datenbankmanagementsystem 21, 227
Datenbankmodell 21
Datenbankoptimierung 287
–, Datenbankschema 293
–, Phasen 292
Datenbankprogrammiersprache 168
Datenbankpuffer 306
–, Fehlzugriff 307
–, Größe 308
–, Komponenten 307
Datenbankschema 27
–, Optimierung 293
–, Qualität 293
–, relationales 67
Datenbankserver 201
Datenbanksprache 23
Datenbanksystem 21
–, dokumentenorientiertes 372
–, föderiertes 398
–, Geo- 499
–, In-Memory 267
–, Mehrrechner- 394
–, Multimedia- 480
–, NoSQL- 369
–, objektorientiertes 326
–, objektrelationales 322
–, paralleles 396
–, relationales 145
–, verteiltes 396, 398
Datenbankverbindung 161
Datenbankverwaltungssystem 21
Datendefinition 48
Datenexport 206
Datenextraktion 432
Datenlokalisierung 406 f.

Datenmodell 21, 494
–, hierarchisches 22
–, multidimensionales 440
–, Netzwerk- 22
–, objektbasiertes 500
–, objektrelationales 322
–, raumbasiertes 501
–, relationales 22, 56, 67
–, semantisches 22, 50
–, spatio-temporales 501
Datenpuffer 307
Datenqualität 431
Datenquelle 430
Datensatz 20, 235
Datenschutz 36
Datensicherheit 259
Datenstrom 42
Datenstrommanagementsystem 42
Datensystem 227
Datentransformation 434
Datenübertragungszeit 288
Datenunabhängigkeit 29, 405
– für Mediendaten 480, 490
–, logische 29
–, physische 30
Datenverteilung, partitionierte 414
–, replizierte 416
Datenwürfel 441
datenzentriert 347
Dauerhaftigkeit 249, 259
DB2 26, 39
DB2 Universal Database 364
dBASE 39
DBMS 21
–, objektorientiertes 40
–, objektrelationales 40
–, Produkte 25, 35
–, relationales 22
DBPL 174
DBS 21
DBSCAN 468
DCL 101
DDL 48, 101
Deadlock, Erkennung 416
–, globaler 415
–, Phantom- 416

DECIMAL 120
DECLARE 131
DECODE-Funktion 458
DEFAULT 124, 127
Default-Konstruktor 330 f.
DELETE 118
Delete-Anomalie 81
DELETE-Anweisung 118
Delta-Codierung 449
Denormalisierung 92, 296, 379
DEREF 329, 342 ff.
DESC 115 f.
Destruktor 323
Determinante 82
DHP-Algorithmus 471
DHTML 195
Diagnostiklimit 139
Dice 444
dicht besetzter Index 273
Dichte eines Datenobjektes 468
Differenz 95
Digitalbaum 277
digitale Bibliothek 190
digitale Medien 479
digitale Signatur 209
Dimension 441
dimensionally extended 9-intersection matrix 513
Dimensionshierarchie 442
Dimensionsmodell 513
dirty read 250
DISCONNECT 135
Diskriminator 61
distance query 515
Distanz 511
DISTINCT 105, 107, 110, 306
Distinct-Typ 327, 330
Division 96
DML 49, 101
DML-Operation 73
DNS 197
DOAG 41
document()
–, XQuery 352
Document Object Model 208
Document Type Definition 345

dokumentenorientiertes Datenbanksystem 372
Dokumentknoten 351
Dokumentstruktur 484
dokumentzentriert 347
DOM 208
domain 52
Domäne 68, 99
DOUBLE PRECISION 120
DQL 101
Drei-Ebenen-Architektur 28
Drei-Schichten-Architektur 201
Drill Down 444
Drilling 444
dritte Normalform 87
DROP CAST 337
DROP FUNCTION 136
DROP ORDERING 338
DROP PROCEDURE 136
DROP ROLE 143
DROP SCHEMA 124
DROP SEQUENCE 138
DROP TABLE 127
DROP TRIGGER 138
DROP TYPE 330, 333, 335, 339
DROP VIEW 131, 341
DTD 345
Duplikateliminierung 240, 525
Durchschnitt 95
dynamische Einbettung 155
dynamische Webseite 195
DynamoDB 426

E

Eager Loading 178
Eager Replication 427
Eckentransformation 521
EclipseLink 179
ECMAScript 208
Edge Chasing 416
EERM 50, 60
Effizienz 293
–, Speicher- 293
–, Zugriffs- 293
Egenhofer-Operator 513

Eigenschaft, geometrische 499
–, nominale 500
–, qualitative 500
–, quantitative 500
–, temporale 501
–, thematische 500
–, topologische 500
Einbettung 195
Einbettung in den eindimensionalen Raum 521
Einbettungsart 145
Einbettungstechnik 145
Eindeutigkeit, Schlüssel 71
Eingabe-/Ausgabezeit 288
eingebettete Speicherung 379 f., 382
EJB 222, 326
Elastizität 423
elektronische Patientenakte 498
elektronischer Marktplatz 191
ELEMENT 329
Element, XML 345
Elementkonstruktor 354
ELSE 344
embedded database 43
Embedded SQL 151
END 135
Entfernung 511, 515
Entitätsintegrität 71
Entity 51
Entity Bean 188
Entitymenge 51
Entity-Relationship-Modell 49
Entitytyp 52, 58
–, Abbildung 76
–, Attribut 52
Entscheidungsbaum 473
EPSG-Bezugssystem 510
EQUALS ONLY 337
Equi-Join 94
ER-Diagramm 50, 59
ERM 49 f.
–, Erweiterungen 60
erste Normalform 86
Erweiterbarkeit 83, 404
ETL 431
Eventual Consistency 390, 425

EXCEPT 108 f.
EXCEPT ALL 109
EXCEPT DISTINCT 109
EXEC SQL 152
Existenzabhängigkeit 55
EXISTS 113
EXIT 134
EXP 122
Export-Schema 419
Extended ERM 50
Extension 28, 324
Extent 285
EXTERNAL NAME 136, 335
externe Funktion 136
externe Routine 136
externes Schema 28, 419
Externspeicherfehler 259

F

Faktattribut 441
Fakten 440
Faktentabelle 446
FALSE 121
Farbhistogramm 487
FastCGI 214
Fat Client 148
Feature 485, 500
Feature Geometry 503
Fehltreffer 518
Feld 20
Fensteranfrage 515
Fernsehen 498
FETCH 153
FIFO 233
file 19
Filterschritt 518
FINAL 330 f.
Firewall 202
Fixieren 232
Fläche 505, 507
flache Extension 325, 340, 343
flach-gleiches Kopieren 324
flach-gleiches Objekt 324
FLOAT 120
FLOOR 122
FLWOR-Ausdruck 353

föderiertes Datenbanksystem 398
–, eng gekoppeltes 398
–, lose gekoppeltes 398
Föderierungsdienst 398
FOR 133
FOR EACH ROW 137 f.
FOR EACH STATEMENT 137
Force 260
Formular 193
–, verstecktes Formularfeld 199
Fragmentausdruck 406
Fragmentierung 400 f.
–, abgeleitete horizontale 403
–, horizontale 401, 407
–, kombinierte 403, 409
–, vertikale 295, 403, 408
Fragmentierungstransparenz 405
Fremdschlüssel 71 f.
Fremdschlüsselbedingung 72
frequent item set 469
FROM 104 f.
FROM-Klausel 106, 110
Front-End-Werkzeug 437
FTP 198
FULL JOIN 110 f.
Fünf-Schichten-Modell 230
fünfte Normalform 91
Funktion, geometrische 511
funktionale Abhängigkeit 82
Funktionsanalyse 45
Funktionsindex 286

G

geclusterter Index 272
Generalisierung 60, 295
–, Abbildung 79
–, ERM 61
–, Realisierung 295
Generalisierungshierarchie 64
Geodaten 499
–, Charakteristika 517
–, Eigenschaften 499
Geodatenbank 499
Geodatenbanksystem 499
Geodatenmodell 499
–, Standardisierung 502
–, temporales 501

geographic feature 500
Geography Markup Language 508
Geoinformationssystem 33, 499
Geometrie 499
–, Äußeres 512
–, Differenz 511
–, Inneres 512
–, Rand 512
–, Schnitt 511
–, symmetrische Differenz 512
–, Vereinigung 511
Geometrieaggregat 504
Geometriekomplex 504
Geometriesammlung 505
geometrische Funktion 511
geometrisches Primitiv 503
Geoobjekt 500
–, bewegtes 501
Gesellschaft für Informatik 41
Gesundheitskarte 498
GI 41
Global-as-View 422
globale Optimierung 409
globale Serialisierbarkeit 414
globales Schema 419
GRANT 141
Granularität 256, 442
Graph-Datenbanksystem 378
Grid-File 282
GROUP BY 105, 108, 113, 131
GROUP-BY-Klausel 106
GROUPING 458
Grundrechenoperationen 121
Gruppierung 240
–, SQL 106
–, XQuery 354
gültig, XML 346
Gültigkeitszeit 65

H

Hadoop 389
Hash-Datei 269
Hash-Funktion 278
Hashing 278
–, BIEH 281
–, erweiterbares 279

–, extendible 279
–, lineares 280
–, Spiral- 280
Hash-Partitionierung 284, 427, 454
Hash-Verfahren 241, 278
Hauptspeicher 289
HAVING 105, 108, 113
HAVING-Klausel 106
HBase 386
Heap-Datei 269
Heterogenität 418
–, semantische 418
Hibernate 179, 326
Hierarchieebene 442
Hilbert-Kurve 447, 522
Hint 311
Histogramm 248
Historisierung 434
hit ratio 234
HOLAP 448
horizontale Fragmentierung 401, 407
horizontale Partitionierung 454
horizontale Skalierbarkeit 390
horizontale Skalierung 368
host language 151
Host-Variable 152, 302
HTML 192
HTTP 198
HTTPS 200
Hypermedia 484
Hypertext 189

I

IBM, DB2 Universal Database 364
IBM DB2
–, Spatial Extender 527
IBM Informix, Geodetic DataBlade 527
–, Spatial DataBlade 527
ID 345
identisches Objekt 324
IDREF 345
IF 132
Impedance Mismatch 144
Implementierung 49
Implementierungsspezifikation 502

IMS 26, 39
IN 113, 127
Index 227, 272, 299
–, dichter 273
–, dünner 273
–, funktionsbasierter 286
–, geclusterter 272
–, Höhe 316
–, komprimierter 286
–, mehrdimensionaler 281
–, Nutzung 304
–, räumlicher 520
–, Reorganisation 318
–, reverser 286
–, überladener 300
–, ungeclusterter 272
–, verketteter 299
Indexanalyse 299
Indexierung, Geodaten 520
Index-Nested-Loops-Verbund 242
indexorganisierte Tabelle 285
Index-Scan 239
Index-Sequential Access Method 274
Indexstruktur 235, 272, 520
–, räumliche 520
Indikatorvariable 156
Information Extraction 36
Information Retrieval 36, 485
Information Schema 167
Informationsanforderung 45
Informationsintegration 394, 428
Informationsmodell 22
Informationsmodellierung 44
Informationsqualität 428
Informationssystem 32
–, Geo- 499
–, Management- 33
Informix 26
Infrastructure as a Service 223
Ingres 39
inhaltsorientierte Zerlegung 356
–, definitorisch 357
–, generisch 357
Inklusionsabhängigkeit 72
Inkonsistenz 20
In-Memory-Datenbanksystem 267

innerer Verbund 111
INOUT 135
IN-Parameter 135
INSERT 116 f.
Insert-Anomalie 81
INSERT-Anweisung 117
INSTANCE 333 f.
INSTANTIABLE 331
Instanz 27
Instanzmethode 333
INTEGER 120, 336
Integration von Datenbanksystemen 400
–, zusicherungsbasierte 420
Integrationskonflikt 420
Integrationsregel 420
Integrationstechnik 420
Integrität, Entitäts- 71
–, operationale 249
–, referenzielle 71, 73
–, semantische 249
Integritätsbedingung 21, 70, 99
–, SQL 128, 141
–, XML Schema 350
Intension 28, 324
interne Satzschnittstelle 228
internes Schema 28
Internet 189
INTERSECT 108 f.
INTERSECT ALL 109
INTERSECT DISTINCT 109
intersection join 516
INTERVAL 120
Intranet 207
IP-Adresse 197
IS 121
IS A SET 329
IS OF 332, 343 f.
ISAM 274
ISO, Technisches Komitee 211 502
ISO 19107 502
ISO 19115 502
ISO 19125 504
ISO/IEC 13249-3 507
Isolation 249

Isolationsebene 139 f., 251, 303
–, JDBC 164
item set 469
Item-Menge 469
ITERATE 134
Iteratorklasse 156

J
J2EE 188, 222
Java 136, 490
Java Connector Architecture 222
Java Data Objects 184
Java Database Connectivity 160
Java EE 188, 222
Java Enterprise Edition 222
Java Naming and Directory Interface 162
Java Persistence API 179
Java Server Pages 220
Java Treibertyp 161
Java Web Start 212
Java-Applet 209
Java-Bean 220
JavaScript 208, 215
Java-Servlet 214
JDBC 160
JDBC-ODBC-Bridge 161
JDO 179, 184, 326
JDOQL 188
JNDI 162
JOIN 110 f.
Join 94, 111
–, Equi- 94
–, Intersection 516
–, Natural 94
–, Outer 112
–, Self- 94
Join-Abhängigkeit 90
Join-Auswertung 409
JPA 179
JPQL, Java Persistence Query Language 183
JScript 208, 218
JSON 372, 380
JSONiq 386
JSP 220
JVM 195

K

Kandidat 518
Kanonisierung 347
Kapselung 323
Kardinalität 54
kartesisches Produkt 96
kaskadierender Abbruch 255
Katalog 100
kdB-Baum 281
Key-Value-Datenbanksystem 370
k-Item-Menge 469
Klasse 324
Klassifikation 472
Klassifikator, Entscheidungsbaum- 473
–, regelbasierter 473
k-means-Algorithmus 465
k-medoid-Algorithmus 465
k-nächste-Nachbarn-Verfahren 474
Knowledge Discovery 461
Kollektion 373
kombinierte Fragmentierung 403, 409
Kommunikation, Web 199
–, zustandsbehaftete 198
Kommunikationskosten 406
Komplexitätsgrad 54
Komponentenschema 419
Kompressionsfaktor 449
Kompressionsrate 450
Kompressions-Technik 317
Kompressionsverfahren 449
Komprimierung 317
Konfidenz 469
Konflikt 252
–, Beschreibungs- 420
–, extensionaler 420
–, Heterogenitäts- 420
–, struktureller 420
Konfliktgraph 252, 257
Konfliktserialisierbarkeit 251, 257
konjunktive Normalform 243
Konsistenz 23, 249
Konstruktor 323
–, SQL 331
–, XQuery 354
Konstruktormethode 333

konvexe Hülle 511
konzeptuelles Schema 28
Koordinate 499
Koordinatenbezugssystem 508
Koordinatensystem 508
–, geografisches 509
–, georeferenzierendes 509
–, projiziertes 509
Koordinator 412
Korrelationsvariable 97
Korrespondenz 420
Kostenmaß 247
Kostenmodell 246
Krankenhaus 498
Kreisbogen 507
Kreuzprodukt 96, 110

L

Laden von Daten 434
LAMP-Konfiguration 219
LAN 198
LANGUAGE 136
LANGUAGE JAVA 335
Large-Object-Datentyp 120
Lastverteiler 201
Lauflängencodierung 449
layer 501
Lazy Loading 179
Lazy Replication 427
LDBC 319
LEAVE 134
LEFT JOIN 110f.
Legacy-System 202
Leistungsbewertung 318
Leistungsverhalten 404
LFU 233
LIKE 113, 123
linear referencing systems 510
linearer Quadtree 523
–, datenbezogener 524
–, datenraumbezogener 524
lineares Bezugssystem 510
Linearisierung 447
Linie 505, 507, 512
Linienzug 507
–, zusammengesetzter 507

Link 193
Linked Data Benchmark Council 319
LN 122
Load Balancing 222
Local-as-View 422
lock 253
Logging 228, 261
logische Datenunabhängigkeit 29
logisches Schema 75
lokale Serialisierbarkeit 414
lokales Netzwerk 198
lokales Schema 419
Lokalität 231
Lookup 270
LOOP 133
lost update 250
LOWER 123
LRU 234

M
M:1-Beziehung 53
M:N-Beziehung 53, 78, 495
Management-Informationssystem 33
Mandantenfähigkeit 425
MAP WITH FUNCTION 337
MapReduce 387
MapReduce-Framework 389
materialisierte Sicht 452
materialized view 452
MAX 107, 113
MAX_CARDINALITY 329
md5 200
Medien 478
Mediendaten 483
Mediendatenobjekt 482
Mediendatentyp 490
Medoid 465
Mehr-Attribut-Index 274
Mehrbenutzer-Anomalie 250
Mehrbenutzerfähigkeit 24
mehrdimensionale
 Dateiorganisation 281
mehrdimensionaler Index 281
Mehrfachhierarchie 442
Mehrfachspezialisierung 325

Mehrrechner-Datenbanksystem 394
–, DB-Distribution 395
–, DB-Sharing 395
–, Shared Disk 395
–, Shared Everything 395
–, Shared Nothing 395
mehrstufige Anfragebearbei-
 tung 517 f.
Mehr-Wege-Join 411
mehrwertige Abhängigkeit 83
MEMBER 329
Mengenoperator 108
mengenorientierte Schnittstelle 227
MERGE 118 f.
MERGE INTO 456
MERGE-Anweisung 118
Merge-Sort-Verfahren 240
messaging 222
Metadaten 439, 501
–, Webseite 193
Metadaten-Repository 439
METHOD 333 f.
Methode 323, 333
Methodenaufruf 342
Methodenimplementierung 334 ff.
Methodenrumpf 323
Methodensignatur 323
Microsoft, Access 26
–, SQL Server 26
Microsoft SQL Server 365
Middleware 150, 399
Migration 390
MIN 107, 112
minimal umgebendes Rechteck 519
Minimalität 58
–, Schlüssel 70
(min,max)-Notation 54
Mittentransformation 521
mobile Datenbank 36
mobiler Code 206
MOD 122
Modul, XQuery 355
Modula/R 174
MOLAP 448
MongoDB 386, 388
Monitoring 308, 431

monomodal 478
moving object 501
MPEG-4 484
MPEG-7 484
MS Access 26
MS SQL Server 26
Multi Tenancy 425
Multicore-Prozessor 268
Multidatenbanksprache 419
multidimensionale Speicherung 447
multidimensionales Datenmodell 440
Multimedia 478 f.
Multimedia-Daten 479
Multimedia-Datenbanksystem 480
Multimedia-Information-
  Retrieval 487
Multimedia-Objekt 482
Multimengentyp 328
Multimengentypkonstruktor 328
multimodal 478
Multipolygon 506
Multiprozessor-Datenbanksystem 395
MULTISET 328 f., 331
MULTISET EXCEPT 329
MULTISET INTERSECT 329
MULTISET UNION 329
multi-step query processing 518
Multithreading 222
Multiversionen-Synchronisation 256
MySQL 26, 528
mysqli 158

N

Nächste-Nachbarn-Anfrage 517
–, inkrementelle 517
Namensraum, XML 346
NATURAL JOIN 104, 110 f., 113
Natural Join 94, 112
natürlicher Verbund 112
navigierende Anfrage 342
NCLOB 120
nearest neighbor query 517
nested query 112
Nested-Loops-Verbund 241
.NET Enterprice Services 223
Netzwerk 510

Netzwerk-Datenmodell 22
neuronales Netzwerk 474
NEW 333, 336
NEXT VALUE FOR 138
NF^2-Relation 80
Nichtschlüsselattribut 58, 71
NO ACTION 129
non-repeatable read 250
Normalform 80
–, Boyce-Codd- 88
–, dritte 87
–, erste 85
–, fünfte 90 f.
–, konjunktive 243
–, Projektion-Verbund- 90
–, vierte 89
–, zweite 86
Normalformenlehre 80, 85
normalisiert 80
Normalisierung 47, 83
NoSQL 37
NoSQL-Datenbank 41, 287
NoSQL-Datenbanksystem 369
NOT 121
NOT FINAL 331 ff., 341
NOT INSTANTIABLE 331
NOT NULL 115, 128
NULL 119
Nullwert 69, 119
–, XML 350
NUMERIC 120

O

Object-Server 397
Objekt 322
Objektidentifikator 323
objektorientiertes Datenbanksystem 40
objektrelationale Abbildung 177
objektrelationale Anfrage 341
objektrelationales DBMS 40, 494
OCI 158
ODBC 158
ODMG 326
OF 338
öffentliche Methode 323

Sachwortverzeichnis 567

öffentliches Attribut 323
OID 323, 327
–, Generierungsart 338 f.
OLAP 299, 438
OLTP 319
ON 111
Online Analytical Processing 438
ONLY 340 f., 343
opak 370
opake Speicherung 358
Open Database Connectivity 158
Open Geospatial Consortium 502
Open-Source-
  Datenbankmanagementsystem 40
Operational Data Store 431
operationale Integrität 249
Optimierer 310
–, Hint 311
–, kostenbasierter 310
–, regelbasierter 310
Optimierung 287
–, algebraische 244
–, Anwendung 301
–, globale 406, 409
–, Hauptspeicher 306, 312
–, Konflikt- 292
–, Leistungsindikator 291
–, lokale 407
–, physische 245
–, Speicherstrukturen 315
–, Ziele 291
Optimierungspotenzial 293
optimistische Synchronisation 257
OQL 326
OR 121
Oracle 26, 39
–, Indexstrukturen 285
–, Prozessarchitektur 230
–, Spatial 527
–, XML-Funktion 362
–, XMLType 361
Oracle Call Interface 158
ORDER BY 105, 115 f., 305
ORDER FULL 337
ORDER-BY-Klausel 106, 115

ORM, objektrelationale Abbil-
  dung 177
OR-Mapping 177
Ortstransparenz 405
OUT 135
outer join 112
OUT-Parameter 135
OVERLAY 123
OVERRIDING 334

P
PACELC 425
PACELC-Theorem 390
Page-Server 397
Paging 290
paralleles Datenbanksystem 396
Parallelisierung 290
Parallelität 396
Parallelverarbeitung 396
Partitinierung, Range- 427
Partition 454
Partitionierung 283, 290, 314, 453
–, Hash- 427
–, horizontale 454
–, vertikale 454
PARTITION-Klausel 455
Pascal/R 174
Path Pushing 416
Patricia-Baum 278
PDO 179
Perl 218
Persistence-Aware Class 185
Persistence-Capable Class 185
Persistence-Framework 326
Persistent Stored Module 168
Persistenz 19
Pfadausdruck, Positionsangabe 352
–, Selektionsprädikat 352
–, XPath 351
Phantom-Problem 250
Phasenmodell 44
PHP 218
PHP Data Objects 179
physische Datenunabhängigkeit 30
Pivotisieren 444
PL/SQL 169

point query 515
Polyglotte Persistenz 393
Polygon 505, 512
Pooling 221
Portnummer 198
POSITION 123
Positioned Update 154
PostGIS 528
PostgreSQL 26, 528
POWER 122
Prädikat 97
–, Relationenkalkül 97
–, Selektion 93
–, SQL 112
–, topologisches 512
Präfix-Baum 278
Prepared Statement 147
PreparedStatement 164
Prepared-Zustand 413
Prepare-Nachricht 412
Presse 498
Primärindex 273
Primärschlüssel 71
Primärschlüsselbedingung 70
PRIMARY KEY 128, 339
Primary-Copy-Verfahren 417
probabilistisches Modell 487
Produkt, kartesisches 96
Programmeinbettung, clientseitig 209
–, serverseitig 219
Programmiersprache, 4GL- 174
Programmierspracheneinbettung, dynamische 146
–, statische 145
Projektion 93, 240
Projektion-Verbund-Normalform 90
Prolog, XQuery 356
Protokolldatei 310
Prozessarchitektur 229
PSM 168
Publish-Subscribe-System 42
Puffer 231
–, Daten- 307
–, Datenbank- 306
–, Log- 307
–, Protokoll- 307
–, SQL-/Prozedur- 307
Pufferverwaltung 229 ff.
Pufferzone 511
Punkt 505, 512
Punktanfrage 515, 526
Punkttransformationen 521

Q
QBE 98
Quadrantenbaum 523
Quadtree 523
–, linearer 523
–, PR- 523
Qualität 501
QUEL 98
query 99
query rewrite 453
Query-Server 397
Quorum-Consensus-Verfahren 417

R
RAID 314
–, Level 0 314
–, Level 1 314
Range Search 270
Range-Partitinierung 427
Ranking 486
Rasterbild 479, 487, 493
Rasterdaten 499
Rasterzelle 499
raumfüllende Kurve 521
räumliche Anfrage 515
–, mehrstufige Bearbeitung 518
räumliche Selektion 515
räumlicher Index 520
räumlicher Verbund 516
räumliches Bezugssystem 508
Raw Device 313
R*-Baum 525 f.
–, Anfragebearbeitung 526
–, Einfügen 526
RDF 36
REAL 120
Rechenzeit 288
Rechteckanfrage 515, 526
record 20

Recovery 24, 228, 259
REDO 261, 263
Redundanz 20, 379
Reduzierung, Rückwärts- 411
–, vollständige 411
–, Vorwärts- 411
REF 328, 332, 338
REF FROM 331, 338
REF IS DERIVED 338
REF IS SYSTEM GENERATED 331 f., 338
REF IS USER GENERATED 338
REF USING 331, 338
REFERENCES 128
REFERENCING 137
Referenzattribut 324
Referenzgenerierung 338 f.
referenzielle Aktion 129
referenzielle Integrität 72
referenzierte Speicherung 380
Referenzkonstruktor 331
Referenzmodell 27
Referenztyp 328
Referenztypkonstruktor 328
Referenztypspezifikation 338
refinement step 518
Reflexivität 83
region query 515
Regionsanfrage 515
Registrierungsdaten 484, 498
Rekonstruktionsausdruck 407
rekursive Anfrage 114
Relation 68
–, Attribut 67
–, Grad 69
–, normalisierte 80
–, unnormalisierte 80
relational vollständig 96
relationale Sprache 96
relationales Datenmodell 67
Relationenalgebra 92, 96, 238
–, Operationen 92
–, Operatoren 92
Relationenkalkül 97
Relationenmodell 22, 39
Relationen-Scan 239

Relationenschema 67 f.
RELATIVE WITH FUNCTION 337
RELEASE SAVEPOINT 140
Reorganisation 317
–, Cluster 317
–, Datensatz 317
–, Index 318
–, Tabelle 317
REPEAT 133
Replikation 390, 416
Replikationstransparenz 405
RESTRICT 129
ResultSet 164
Retrieval Status Value 486
RETURN 131, 136
RETURNS 135 f., 333
reverser Index 286
REVOKE 143
rewriting 244
Rezeptor 478
RIGHT JOIN 110 f.
Ring 505
Rohdaten 484
ROLAP 448
Roll Up 444
ROLLBACK 135, 139, 250
Rollback-Anweisung 139
Rolle 53, 56, 143
ROLLUP-Funktion 458
Round-Robin-Partitionierung 284
Routine 131
ROW 328 f.
Row-Level-Trigger 172
R-tree 525
Ruby on Rails 215
Rücksetzbarkeit 252
Rundfunk 498
RUNSTATS 311

S
Sandbox 209
satzorientierte Schnittstelle 227
Satzschnittstelle, interne 228
Satzverzeichnis 237
SAVEPOINT 140
Scale-Out 426

Scale-Up 396, 426
Scan 239, 270
–, Index- 239
–, Relationen- 239
Schattenspeicherverfahren 266
Schedule 251
Schema 27, 100
–, Export- 419
–, externes 28, 46, 48, 297, 419
–, globales 419
–, integriertes 419
–, internes 28, 49, 298
–, Komponenten- 419
–, konzeptuelles 28, 46, 49, 59
–, logisches 47 f., 75
–, lokales 419
Schema Mapping 421
Schema Matching 421
Schemaarchitektur 27, 400
Schemadefinition 27
Schemaevolution 28
Schemaintegration 46, 419, 421
–, Konflikte 46
Schema-Management 389
Schichtenmodell 227
Schlagwort 485, 498
Schleifenkonstrukt 133
Schlüssel 58, 70
Schlüsselabhängigkeit 83
Schlüsselattribut 71
Schlüsselbild 490
Schlüsselkandidat 71
Schlüsseltransformation 272
Schlüsselzugriff 272
Schneeflockenschema 446
Schnitt 489
Schnittstelle, mengenorientierte 227
–, satzorientierte 227
SCOPE 328, 338
SCOPE-Klausel 338
Seite 229, 234
Seitenersetzungsstrategie 231, 233
Sekundärindex 273
Sekundärspeicher 289
–, Zugriff 289
SELECT 104 f., 108

SELECT INTO 135
SELECT-Klausel 105, 110
Selektion 93, 239
–, räumliche 515
Selektionsprädikat 93
Selektivität 248, 299
SELF 333–336
SELF AS RESULT 333 f.
Self-Join 94
semantische Integrität 249
Semijoin 403, 410
Semijoin-Filterung 410
Sequenz, XQuery 352
Sequenzgenerator 100
Serialisierbarkeit 251, 303
–, globale 414
–, Konflikt- 251
–, lokale 414
Serialisierbarkeitstester 257
Server Side Include 196
server side script 215
Servlet 214
Session 199
–, Verwaltung 222
SET 117, 131, 329
SET CONSTRAINT 141
SET DEFAULT 129
SET NULL 129
SET TRANSACTION 139
SET TRANSACTION ISOLATION
 LEVEL 251
Sharding 426
Shared Disk 395
Shared Everything 395
Shared Nothing 395
Sicherheit 200
Sicherungspunkt 140, 263, 309
–, asynchroner 309
Sicht 23, 28, 46, 100
–, materialisierte 298, 452
Sichtauflösung 242
Sichtenhierarchie 327
SIGMOD 41
SIGNAL 134
SIMILAR TO 123
simple feature 504

Simple Feature Access 504
Sitzung 199
Skalierbarkeit 192
Skalierung, horizontale 368
–, vertikale 368
Skript 194
–, clientseitiges 207
–, serverseitiges 215
Skripteinbettung 207
Skriptsprache 196
Slice 444
SMALLINT 120
Smarty 219
SMTP 198
Snapshot 432
snowflake schema 446
SOAP 224
Software as a Service 223
Solid-State-Drive 289
SOME 113
sortierte Datei 269
Sortierung 240
–, XQuery 353
space-filling curve 521
Spaltenfamilie 375, 384
spaltenorientierte Speicherung 448
spatial access method 520
spatial database 499
spatial database system 499
spatial join 516
spatial reference system 508
Spatial Schema 502
SpatiaLite 528
Speed-Up 396
Speicherformat 480
Speichergerät 480
Speicherkonsistenz 24
Speichersystem 228, 234
Speicherung, eingebettete 379 f., 382
–, geclusterte 235
–, opake 358
–, referenzierte 380
–, spaltenorientierte 448
– von XML 356
Sperre 253, 256
Sperrgranulat 303

Sperrmodus 303
Sperrprotokoll 303
Sperrverfahren 253
Spezialisierung 295, 325
–, ERM 61
Spiral-Hashing 280
Spring 215
SQL 96, 99
–, Einbettung 152
– für Mediendaten 496
–, Historie 101
–, prozedurale Erweiterung 298
SQL Server 527
SQL/CLI 158
SQL/MM 493
SQL/MM Spatial 507
SQL/XML 358
SQL:1999 492, 494
SQL-Anfrage 105
SQL-Datentyp 119
SQL-Funktion 135
SQL-Injection 146, 204
SQLite 528
SQLJ 156, 210
SQL-Methode 333 f.
SQL-Prozedur 135
SQL-Routine 135
SQL-Transaktion 138
SQRT 122
SSD 289
SSI 196
SSL 49
Standardisierung von Geodatenmodellen 502
standing query 43
Star Query 458
star schema 447
Starflake-Schema 447
START TRANSACTION 139
STATE 337
Statement-Level-Trigger 172
STATIC 333 f.
statische Einbettung 154
statische Methode 333
Statistik 247, 311
Steal 260

Sternschema 447
Stichwort 485
Storage Structure Language 49
STORAGE-Klausel 285
Stored Procedure 169
Stream 196
Strecke 505
Streckenzug 505
–, einfacher 505
–, geschlossener 505
strukturierter Typ 327, 330
strukturorientierte Zerlegung 357
Struts 196
Subklasse 325
SUBMULTISET 329
subquery 112
–, correlated 305
Subsicht 327, 340
Substituierbarkeit 325
SUBSTRING 123
Subtabelle 327, 339 f.
Subtyp 62, 79
–, Arten 62
–, SQL 327, 332, 334
Suche nach Mediendaten 482, 484 f.
Suchschlüssel 269
SUM 107
Superklasse 325
Supersicht 327, 340
Supertabelle 339 f., 343
Supertyp 61, 79
–, SQL 327, 332
Support einer Assoziationsregel 469
– einer Item-Menge 469
Support Vector Machines 474
Surrogat 403
Swapping 290
Sybase 26, 527
Synchronisation 257
–, Multiversionen- 256
–, optimistische 257
System Global Area 229
System R 39
Systempufferschnittstelle 229
Szene 489

T

Tabelle 99
Tabellenfunktion 108, 136
TABLE 108, 136
Tablespace 285
Tag 192
TCP/IP 198
Template Engine 219
temporale Daten 65
temporäre Typanpassung 343
Textknoten, XML 351
Textsuche 485
–, Oracle 364
Thematik 500
thematische Ebene 501
THEN 344
Thesaurus 485
Thin Client 148
three tier architecture 201
tiefe Extension 325
tief-gleiches Kopieren 324
tief-gleiches Objekt 324
TIME 120
Time-Out-Mechanismus 303
TIMESTAMP 120
Top-Down-Clustering 465
Topologie 500
TPC 319
–, Regularien 319
TPC-C 319
TPC-DS 320
TPC-E 319
TPC-Energie 321
TPC-H 320
TPC-Price 321
TPC-VMS 321
TP-Monitor 399
Transaktion 24, 249
–, geschachtelte 412
–, JDBC 163
–, kurze 302 f.
–, Sub- 412
–, verteilte 412
Transaktionsanalyse 302
Transaktionsmanager 412
Transaktionssystem, verteiltes 399

Sachwortverzeichnis

Transaktionszeit 65
Transitionstabelle 137
Transitionsvariable 137
Transitivität 83
TRANSLATE 123
Transparenz 404
TREAT 332
Treffer 518
Trefferrate 234
Trie 277
Trigger 100, 137, 170
TRIM 123
TRIM_ARRAY 329
TRUE 121
trusted applet 209
Tupel 69
–, unechtes 84, 91
Tupelidentifikatoren 237
Tupeltyp 328
Tupeltypkonstruktor 328
Tupelvariable 97
Typhierarchie 343
typisierte Sicht 327, 339
typisierte Tabelle 327, 338
Typkonstruktor 327
typspezifische Anfrage 343
Typvererbung 325

U

Überdeckung 63
überladbare Methode 334
überlappende Blockregion 522
überschreibbare Methode 334
UDDI 224
Umbenennung 95
Unabhängigkeit 405
unbalancierte Hierarchie 442
UNDER 332
UNDO 134, 261, 264
ungeclusterter Index 272
Unicode 345
UNION 108 f., 306
UNION ALL 109, 114 f.
UNION DISTINCT 109
UNIQUE 113, 128
UNIQUE-Index 286

Universe of Discourse 46
UNKNOWN 121
UNNEST 329, 341
unnormalisiert 80
UnQL 386
Unteranfrage 112
–, abhängige 305
Untermengenbedingung 325
UPDATE 117
Update Anywhere 427
Update-Anomalie 81
UPDATE-Anweisung 117
UPPER 123
URI 197
URL 197
URL-Rewrite 200
URN 197
User-Defined Function 170
User-Defined Type 493
USING 111
UTM-Koordinaten 509

V

V2PC 412
–, Fehlerbehandlung 414
VALUE 127
VARCHAR 120
Variety 424
VBScript 218
VDL 48
Vektorbild 487
Vektordaten 499
Vektorraum-Modell 487
Velocity 424
Veracity 424
Verarbeitungsanweisung, XML 346
Verbindung, zustandslose 199
Verbund 94
–, äußerer 112
–, Block-Nested-Loops- 242
–, Gleichheits- 94
–, Index-Nested-Loops- 242
–, innerer 111
–, Menge- 242
–, natürlicher 94, 112
–, Nested-Loops- 241

–, räumlicher 516
–, SQL 104, 110
–, XQuery 354
Verbundbedingung, räumliche 516
Verbundoperator 110
Verbundtreue 84
Verdichtung 442
–, nicht vollständige 444
Vereinigung 95
vereinigungsverträglich 95
Verfeinerungsschritt 518
Verfügbarkeit 192, 404
Vergleichsoperation 492, 496
Vergleichsoperator, SQL 112
–, XQuery 355
Verklemmung 255
Versant 26
verschachtelte Anfrage 112
Verschneidungsoperation 512
verteilte Transaktion 412
verteiltes Datenbanksystem 396, 398
Verteilung, Daten 313
–, Eingabe-/Ausgabelast 313
–, Protokolldatei 314
Verteilungstransparenz 405
vertikale Fragmentierung 403, 408
vertikale Partitionierung 454
vertikale Skalierung 368
Verzweigungskonstrukt 132
Video 479, 482
vierte Normalform 89
view 28, 100
View Definition Language 48
Virtualisierung 42
Visual Basic Script 218
VLDB 41
Voting-Verfahren 417

W

WAN 198
Wartung 49
Web 189
Webanwendung 190
–, Anforderungen 192
–, Architektur 201
Webclient 201

Webdatenbank 190
Webseite 192
–, dynamische 190, 195
–, Elemente 193
Webseitengenerator 212
Webserver 201
–, API 214
Webservice 223
Webshop 190
Website 190
Weitverkehrsnetzwerk 198
Well-Known Binary 506
Well-Known Text 506
Weltausschnitt 46
Wertebereich 52, 68
WGS'84-Koordinaten 509
WHEN 137, 344
WHERE 105, 112
WHERE-Klausel 106, 110
WHILE 133
Wide Column Store 374
Wiedergabetreue 357
Wiederholgruppe 85
wildcard, XML 349
window query 515
Wirtssprache 151
WITH [NO] DATA 125
WITH CHECK OPTION 130, 339 f.
WITH OPTIONS 339
WITH ORDINALITY 341
WITH RECURSIVE 114 f.
wohlgeformt, XML 346
Workflow-Management-System 399
World Wide Web 189, 484
Wörterbuchkompression 449
Wrapper 399
Write Ahead Logging 262
Write-All-Verfahren 416
WSDL 224

X

XAMPP-Konfiguration 219
XML 120, 484
–, Anfragesprache 350
–, Attribut 346
–, DB2 Universal Database 364

Sachwortverzeichnis

–, digitale Signatur 347
–, Document Type Definition 345
–, Element 345
–, Kanonisierung 347
–, Microsoft SQL Server 365
–, Oracle 361
–, Speicherung 356
–, Verarbeitungsanweisung 346
–, Version 1.0 345
–, Version 1.1 345
XML Schema 347
–, all 349
–, any 349
–, anyAttribute 349
–, Attributgruppe 349
–, Auswahl 349
–, choice 349
–, einfacher Datentyp 347
–, Einschränkung 347
–, Ersetzungsgruppe 350
–, Erweiterung 349
–, extension 349
–, Folge 349
–, Gruppe 349
–, Integritätsbedingung 350
–, komplexer Typ 349
–, list 347
–, Listenbildung 347
–, restriction 347
–, Schlüssel 350
–, sequence 349
–, unbestimmtes Element 349
–, union 347
–, Vereinigung 347
–, vordefinierter Typ 349
–, wildcard 349
XMLAGG 360
XMLATTRIBUTES 123
XMLCOMMENT 359
–, SQL/XML 361
XMLCONCAT 123, 360
XML-Datenbank 40
XML-Datenbanksystem 366
XML-Datentyp 121
XML-Deklaration 345
XMLELEMENT 123, 359

XMLFOREST 123
XML-Funktion 124
XMLPARSE 360
XMLPI 359
XML-QL 350
XML-Schema-Dokument 350
XMLSERIALIZE 360
XMLType
–, Oracle 361
XML-Wert 121
XPath 350
–, Positionsangabe 352
–, Selektionsprädikat 352
XQuery 352
–, Atomisierung 353
–, benutzerdefinierte Funktion 355
–, Elementkonstruktor 354
–, FLWOR-Ausdruck 353
–, Geschlossenheit 352
–, Gruppierung 354
–, Konstruktor 354
–, Modul 355
–, Prolog 356
–, Sequenz 352
–, Sortierung 353
–, Verbund 354
xs:key 350
xs:keyref 350
xs:nillable 350
xs:unique 350
xsi:nil 350
xsi:schemaLocation 350
xsi:type 350
XSLT 206

Y

Yahoo! Cloud Serving Benchmark 319, 429
YCSB 319, 429

Z

Zeit 501
Zeitabhängigkeit 484
Zeitmarke 258
Zeitstempel 258, 432
Zeitstempelung 65

Zeitstempelverfahren 258
Zerlegung, abhängigkeitstreue 84
–, inhaltsorientierte 356
–, strukturorientierte 357
–, verlustlose 84
Z-Kurve 447
Z-Ordnung 522
Zugriffskontrolle 24
Zugriffslücke 231
Zugriffsmodus 139
Zugriffspfad 227

Zugriffsplan 247
Zugriffsrecht 101, 141
Zugriffssystem 227, 234
Zusicherung 421
zustandslose Verbindung 199
Zuverlässigkeit 404
Zwei-Phasen-Commit-Protokoll 412
Zwei-Phasen-Sperrprotokoll 254
zweite Normalform 86
Zwei-Wege-Join 411
Z-Wert 522, 524